HOOLIGANS

HOOLIGANS

BRITISCHE HOOLIGANS VON A-Z

Nick Lowles und Andy Nicholls

KAR VERLAG

Deutsche Erstausgabe

1. Auflage 2009 KAR Verlag

Titel der Originalausgaben: HOOLIGANS The A-L of Britain´s Football Hooligan Gangs
HOOLIGANS 2 The M-Z of Britain´s Football Hooligan Gangs
Verlegt von MILO BOOKS LTD

Die deutsche Ausgabe wurde auf die wesentlichen Kapitel reduziert,
alle im Werk enthaltenen Kapitel sind jedoch ungekürzt übersetzt worden.

Illustration und Grafik-Design Jens Wagner

KAR Verlag Hamburg

ISBN 978-3-9812801-0-4

Inhaltsverzeichnis

Aberdeen
SCHOTTLAND
Edinburgh
Glasgow
Motherwell
Newcastle
Middlesbrough
Manchester
Leeds
Liverpool
Sheffield
ENGLAND
Stoke-on-Trent
WALES
Birmingham
Cardiff
London
Portsmouth

Vorwort

Fußball-Hooligans sind seit vierzig Jahren ein bekannter Bestandteil der britischen Gesellschaft. Auf dem Höhepunkt der Szene, in den späten Siebziger- und frühen Achtzigerjahren, waren Zehntausende junger Männer aus allen Ecken des Landes jedes Wochenende an Ausschreitungen beteiligt. Es war nicht ungewöhnlich, dass Mobs mit einer Stärke von über 1.000 Mann im Stadion aufeinander prallten. Polizeieinheiten wurden vergrößert, um Krawalle zu vermeiden, zwischenzeitlich ereiferten sich die Medien, jede Eskapade mit Bergen von Zeitungsberichten und Metern von Film aufzudecken.

Selbst heute, wo die britische Hooligan-Szene wahrscheinlich unwiederbringlich dem Untergang geweiht ist, sind Tausende Möchtegern-Rowdys jeden Samstag unterwegs. Zu der Zeit als dieses Buch geschrieben wurde, hatten bereits 4.000 Leute Stadionverbot und jede Woche werden es mehr. Ohne die großen Undercoveroperationen und Überwachungsmaßnahmen der Polizei, wäre die Hooligan-Szene zweifellos belebter.

Gewalt spielt beim Fußball seit über 100 Jahren eine Rolle, aber Hooligans wie wir sie heute kennen, tauchten erstmals in den späten Fünfzigerjahren auf. Höchstwahrscheinlich im Nordwesten Englands, wo Zug-Zertrümmern eine Wochenendbeschäftigung unter den Anhängern der größeren Clubs wurde. Das Entstehen der britischen Jugendkultur in der Nachkriegsgesellschaft, veranlasste Jugendliche nach Wegen zu suchen, sich von den älteren Generationen zu unterscheiden. Ausgestattet mit genügend Geld um ihren Fußballvereinen nachzureisen, waren sie unabhängig von ihren Eltern. Diese neue Identität und das dazugehörige Selbstvertrauen überschwemmte förmlich die Tribünen der Stadien in den späten Sechzigerjahren mit Skinheads.

Modebewusst, lokalpatriotisch und gewalttätig war der Skinhead der Arbeiterklasse, das Gegenteil des Mittelschicht Hippies. In bestimmten Abschnitten der Stadien bildeten sich Reviere, die sogenannten ´Ends.´ Anerkennung wurde denen zuteil, die es schafften das gegnerische End einzunehmen, während man versuchte, das eigene End zu halten. Die ersten Hooligans waren jung, die meisten gerade mal Teenager. Im Gegensatz zu heute, wo viele Leute des harten Kerns altersmäßig in den Dreißigern bis Vierzigern und seit zwanzig Jahren oder länger aktiv sind. Im Mai 2002 wurde beispielsweise ein sechsundfünfzig Jahre alter Mann schuldig gesprochen, an den Saisonabschluss-Krawallen bei Millwall beteiligt gewesen zu sein. Die Jugendlichen frönten damals dem Nachahmungsverhalten. Sie lasen in den Zeitungen von den Straßenschlachten der Rocker und Mods an der britischen Küste, hörten Geschichten von Skinheads, Bootboys und Ausschreitungen. Also versuchten sie sich ihre eigenen Freiräume zu schaffen.

In den frühen Siebzigerjahren tauchten erste Hooligans in vielen Fällen nur kurzfristig auf, aber schon bald wurden sie durch eine neue Generation ersetzt und das Thema war wieder in den Schlagzeilen. 1973 brachte das Time Out Magazin einen Bericht über die Londoner Fußball-Szene, der Verfasser verspottete Chelsea und die Spurs als die größten Vereine mit den schwächsten Mobs, eine Tatsache, die sich schnell ändern sollte. Jahre später brachten das sarkastische Liverpool Fanzine The End und das Musik- und Modemagazin The Face Artikel über die wechselnde Mode und Taktiken der Hooligans.

TV- Berichterstattungen über Platzstürmungen und Auseinandersetzungen auf den Tribünen wurden gierig beäugt. Medien, Polizei und Regierung zeigten sich verzweifelt angesichts des anhaltenden Durcheinanders. Zeit und Ort mochten wechseln, aber die Probleme blieben die gleichen.

In den späten Siebzigerjahren begann der wohl größte Umschwung in der Hooligan-Subkultur. Der Fußball-Rowdy (Casual) ordentlich angezogen in Markenkleidung, ersetzte auf den Tribünen die Skinheads, Mods, Punks und Greaser. Plötzlich waren Hooligans nicht mehr an ihren Schals, Anstecknadeln oder Springerstiefeln zu erkennen, sondern vielmehr durch das nicht vorhanden sein dergleichen. Das Image wurde zunehmend wichtiger. Fußball-Gangs gaben sich reißerische Namen und druckten ihre eigenen Visitenkarten. Einige von ihnen wie West Hams I.C.F und Chelseas Headhunters waren bald berüchtigt. Wobei es so schien, als ob die Polizei einige Jahre brauchte, um dahinter zu kommen. Die Verantwortlichen schlugen gelegentlich zurück. Schuhe mit Stahlkappen wurden nun als Angriffswaffen bewertet (obwohl die Hooligans sie längst nicht mehr trugen), in den Stadien machte man die Trennung der Fangruppen und die Sperrung bestimmter Bereiche zur Regel. Es wurde Ende der Siebzigerjahre zunehmend schwerer die gegnerischen Ends einzunehmen.

Die Hooligans begannen jetzt sich in Stadionnähe auf die Suche nach Konfrontationen zu machen. Die erlebnisorientierten Fans wechselten nun immer häufiger von den Stehplätzen auf die Sitzränge. Dies geschah aus zwei Gründen: Prestige und weniger Polizei in diesen Teilen des Stadions. In den frühen Achtzigerjahren wurden Gewalttätigkeiten dann zunehmend abseits der Stadien ausgetragen.

Die Heysel Katastrophe 1985, die im Fernsehen ausgestrahlten Ausschreitungen von Millwall Fans in Luton, das wiederholt schlechte Benehmen englischer Fans im Ausland und die Toten von Hillsborough 1989, erwiesen sich als entscheidende Momente für den britischen Fußball. Hooligans wurden Ausgestoßene.

Englische Clubs wurden, als Folge Heysels, von allen europäischen Wettbewerben ausgeschlossen. Die Thatcher-Regierung versprach ein hartes Durchgreifen und der Polizei gab man neue Mittel, um den Unruhrstiftern Herr zu werden. Eine Serie von Undercover-Polizeieinsätzen, gepaart mit der aufkommenden Rave-Kultur, erzeugten einen starken Rückgang der Hooligans bei vielen Vereinen.

Das Time Out Magazine zeigte 1973 Fotos von einigen auffällig jung aussehenden Anführern der Ends.

Die Polizei begann öffentliche Plätze mit Kameras zu überwachen und wurde mit tragbaren Videokameras ausgerüstet, in der Hoffnung Randalierer identifizieren zu können.

Fanprojekte wurden ins Leben gerufen und Magazine, sowie Fußball-Fanzines ersetzten die Krawalle durch andere Themen. Die Auswirkungen der Rave-Szene erwiesen sich als kurzlebig, aber Fußball hatte sich zu einem riesigen Wirtschaftszweig entwickelt, bei dem Hooligans nur den Profit gefährdeten. Als das Spiel seriöser wurde, änderte sich auch die Anhängerschaft. Die Eintrittspreise stiegen und aus den Arbeiterbezirken, aus denen die meisten Hooligans kamen, konnte sich kaum noch jemand die teuren Karten leisten.

Nach Hillsborough, Stadien ohne Stehplätze, neuen Premier League-Bauvorschriften und Ausschreitungen zwischen den bedeutenden Mobs, wurden Chelsea, Leeds und West Ham durch Cardiff, Stoke und Hull als Hooligan-Hochburgen ersetzt. Millwall blieb Millwall.

Im Mai 2002 wurde aus Angst, dass es wie zwei Jahre zuvor, zu weitläufigen Ausschreitungen kommen könnte, das Play-Off Spiel zwischen Stoke und Cardiff City unter der Bewachung von 2.000 Polizisten durchgeführt. Im selben Monat sorgten 900 Millwall Fans nach ihrer Play-Off Niederlage gegen Birmingham City vier Stunden lang für Unruhen. Sechsundfünfzig Polizisten wurden dabei verletzt und mehr als 100 beteiligte Fans später verurteilt. Der zuständige Einsatzleiter der Polizei beschrieb die Vorkommnisse schlimmer als die Brixton-, die Broadwater- und Poll Tax-Unruhen zusammen. Solche Zwischenfälle sind heute eher die Ausnahme als die Regel. Wie dieses Buch noch zeigen wird, waren solche Vorkommnisse aber in den Siebzigerjahren normal, doch diese Zeiten sind vorbei. Fußballgewalt erobert immer noch die Schlagzeilen, doch das ganz große Medieninteresse ist verflogen und die Auseinandersetzungen selbst sind heute relativ isoliert wenn auch brutal.

Im Jahre 1977 erließ der Staatssekretär für Inneres Geldstrafen gegen sechs Verurteilte in Höhe von zusammen 160 £. Grund waren Ausschreitungen von Chelsea Fans, in deren Verlauf das Charlton Stadion vollkommen auseinandergenommen wurde und selbst angrenzende Häuser waren in Mitleidenschaft gezogen worden. Nur zum Vergleich: Im Jahre 2004 kam es zur Verurteilung von mehr als zwanzig Chester Hooligans. Sie erhielten Gefängnisstrafen für den Versuch, eine Schlägerei mit ihren Gegnern aus Wrexham anzuzetteln, wobei einige nicht einmal zuschlugen.

Seit dem neuen Jahrtausend gibt es eine Welle junger Gangs, die dem Staat wieder Sorgen machen. Misstrauischer gegenüber den Polizeipraktiken und eventueller Unterwanderung, sind diese jungen ´Firms´ auch schneller und ungehemmter dabei Waffen einzusetzen oder normale Fans zu attackieren.

Aber wie es in Burnley veranschaulicht wurde, halten konzentrierte Polizeieinsätze Dutzende Rowdys davon ab ins Stadion zu gehen. In den vergangenen Jahren hat der harte Kern der Hooligans zahlreiche Verurteilungen angehäuft. Dieses Buch versucht so genau wie möglich die Geschichte der verschiedenen britischen Hooligan-Gangs wiederzugeben. Es gibt Einblick in Streitereien, durch Gespräche mit den Leuten, die darin verwickelt waren, durch die staatlichen Behörden, durch Zeitungsarchive und es berichtet auch aus der Perspektive der Personen, deren Leben dadurch vermiest wurde. Es gibt bis jetzt noch kein Buch, dass die Geschichte der Hooligans beleuchtet und wie nicht anders zu erwarten, gibt es bei den hier ausgeführten Darstellungen, sehr unterschiedliche Erinnerungen an ein und den selben Vorfall. Dieses Buch hätte man nicht vor zwanzig Jahren, zur Spitzenzeit der Hooligan-Bewegung, schreiben können. Ein Grund dafür ist, dass viele der über 200 Personen, die im Laufe des Projektes interviewt wurden, noch aktiv waren. Die meisten, die zu Wort kommen sind heute nicht mehr an Krawallen beteiligt.

Medien und Obrigkeit schrieen bei jedem Ausbruch von Tumulten vor Entsetzen laut auf, besonders wenn es um Auswärtsspiele der englischen Nationalmannschaft ging. In den Augen der Regierung brachte so etwas Schande über die Nation, während die rechtsgerichtete Boulevardpresse die Schuld an diesen Zuständen der nachgiebigen, liberalen Gesellschaft gab, in der Recht, Ordnung und Respekt aussterben würden. Bei Fußballkrawallen wurden eine Menge Schandtaten in diesem Land begangen und trotz des Leugnens, dass es überhaupt Hooligans gibt, wurden Tausende davon mitgerissen und lebten sich aus.

Obwohl vierzig Jahre vergangen sind, seit die ersten Fernsehreportagen über fußballbedingte Ausschreitungen liefen, fragen sich immer noch Menschen: „Warum tun Hooligans was sie tun?“ Die Gesetze werden zunehmend drakonisch, bis hin zu dem Punkt, wo man rechtmäßig für einfaches ´Betrunkensein´ Stadionverbot erhält oder jemand für Drohgebärden, ohne einen anderen zu verletzen, bis zu zwei Jahre Haft bekommen

Blackpool Hooligans 1985 vor dem Stadion in Bury.

kann. Wenn ein Übeltäter erwischt wird, sind Strafen so gut wie sicher, sei es Inhaftierung oder ein langes Stadionverbot. Das macht die Frage nach dem warum noch relevanter. Es gibt zwei Antworten. Die Erste: Viele Hooligans finden es macht Spaß, schlicht und einfach. Hooliganismus ist weit mehr als nur Schlägereien. Es ist wie eine Flucht aus dem Alltag, ein Wochenende woanders, ein Urlaub. Es geht um Trinken, mit seinen Kumpels zusammen sein und zu lachen. Die eigentliche Natur des Fußballs ist, Dorf gegen Dorf, Stadt gegen Stadt, zunehmend mit Abmachungen zwischen den rivalisierenden Mobs. Wenn dann der Ärger beginnt, ist es meist auch ein bisschen mehr, als ein Ringelpiez mit Anfassen. Das soll kein herabsetzen der Brutalität sein. Aber ohne zu verstehen, warum es trotz zunehmend schärferer Gesetzte immer weiter ging, werden wir dieses Übel auch nie ausrotten. Ja, Hooliganismus nimmt ab, aber genau wie in den Siebzigern und Achtzigern, als Fußballkrawalle Rivalitäten zwischen Schulen oder Stadtteilen ersetzten, sieht man heutzutage, dass solche lokalen Auseinandersetzungen wieder zunehmen. Härtere Gesetze, ohne aber die Ursache der Probleme zu beheben, sorgten einfach für eine Verlagerung der Gewalt. Die zweite Erklärung ist vielleicht, dass es in Großbritannien eine Trink- und Prügelkultur gibt. Trinken bis zum Umfallen ist ein Stück britischer Kultur. Studenten aus der Mittelschicht sind da nicht anders als der normale Arbeiter. Sich zu betrinken gehört dazu, wenn man Spaß haben will. In vielen Gemeinden werden Männer, die nicht trinken, als unheimlich oder verweichlicht angesehen. Schlägereien sind ein anderes hervorstechendes Merkmal vieler Gegenden, wer hart ist, ist angesehen.

Der Niedergang der traditionellen Industrie und die Entindustrialisierung vieler Gebiete, intensivierten noch das Machtgehabe unter den Männern. Im Jahre 1996 war einer der Autoren in einem Bergarbeiterdorf in Südwales. Die Kohleminen sind dort seit langen geschlossen. Arbeitslosigkeit, Drogen und Gewalt zeichneten diese Region schwer. Seine Gastgeber waren fünf Cardiff City Hooligans. Die Gespräche gingen um die Waffen, die sie auf Lager hatten, wer der härteste Kerl im Ort ist und Geschichten von Krawallen. Auf dem Rückweg nach Cardiff drehte sich einer der Jungs um und fragte den Gast, was er von der vergangenen Woche mit ihnen halte. Er antwortete, dass sie einen guten Haufen hätten und die Zeit mit ihnen interessant war. Der Cardiff Typ guckte etwas verzweifelt und sagte schwermütig: „Es ist wirklich ein bisschen traurig. Hier gibt es nichts. Fußballrandale macht Spaß, aber es ist auch alles was wir haben." Der Autor zuckte mit den Schultern und schwieg, aber er wusste was gemeint war.

An einem Samstag Nachmittag, wenn er durch die Einkaufspassagen und Innenstädte ganz Englands zog und normale Bürger beim Einkaufen schockte oder gegnerischen Fans Angst einjagte, war dieser junge Mann wichtig. Die Sorgen und Nöte des Alltags waren vergessen, andere Leute mussten jetzt Notiz von ihm nehmen.

Ein Jahr zuvor traf sich der selbe Autor mit Andy Frain vom Chelsea Mob, besser bekannt als ´Nightmare,´ im Mitre Pub in Reading. Es war nur ein paar Tage nach Ausschteitungen in Dublin und die Medien waren in einer richtigen Hooligan-Hysterie. Frain blickte verächtlich auf einige Zeitungen. Er entgleiste förmlich über deren Heucheleien: „Es gab immer Leute wie uns, Kanonenfutter. Vor zweihundert Jahren hätte man uns in rote Uniformen gesteckt und an die Front geschickt." Und irgendwie hatte er Recht. In verschiedenen Kriegen über zwei Jahrtausende leerte Großbritannien seine Gefängnisse, was zur Folge hatte, dass die härtesten und gemeinsten Männer auf dem Schlachtfeld starben. Die liberale Gesellschaft der Sechzigerjahre hat die Hooligans nicht erschaffen, sie waren immer da. Fußball wurde nur die Bühne, weil es ein in der Arbeiterklasse beliebter Sport war. Die entscheidende Antwort auf die Frage ´Warum?´ muss wohl letzten Endes den Hooligans selbst überlassen werden.

Bereits vor über 20 Jahren veranschaulichten zwei Akademiker die Ursprünge der Hooligan- und Jugendkultur der britischen Arbeiterklasse, in dem einflussreichen Buch We Hate Humans. Ein Arsenal Fan gab darin eine einfache Erklärung für seine Teilnahme an Ausschreitungen. Diese Beschreibung ist heute genauso zutreffend wie damals: ´Du kannst eine miese Woche haben, Krach mit deiner Freundin, Ärger mit deinem Vater, deinen Job verlieren, es kann einfach alles schief gehen.... Wenn du dann aber auf den Rängen stehst und mit den anderen zusammen brüllst, verfliegen deine Sorgen, du bist der Mittelpunkt der Erde.´

Trotz alldem schockierenden und zerstörerischen an ihren Taten, Hooligans sind normale Leute, die einer normalen Gesellschaft entsprangen.

Glauben Sie es oder nicht, es gibt eine ganze Menge Journalisten, Polizisten und sogar Parlamentsmitglieder, die es einst in die Stadien zog.

HOOLIGANS ist die Geschichte von Tausenden, die in den letzten vierzig Jahren davon betroffen waren.

Kurz vor dem Start der Weltmeisterschaft 2006 in Deutschland erließ das britische Innenministerium 3.286 Ausreiseverbote in das Gastgeberland, mehr als jemals zuvor verhängt wurden. Die Obrigkeit zwang Leute, die bereits als potentielle Unruhestifter identifiziert waren, ihre Reisepässe für die Dauer des Turniers abzugeben. Gleichzeitig verkündete der Gastgeber, dass britische Störer vor Schnellgerichten binnen vierundzwanzig Stunden abgeurteilt würden. Wie es heute üblich ist bei internationalen Turnieren, wurde ein Haufen britischer Polizeibeamter zusammengetrommelt. Ihre Aufgabe war es, Informationen zu gewinnen und die deutschen Behörden zu unterstützen, achtundvierzig Beamte in Uniform und einunddreißig in Zivil. Eigentlich waren sie nur Begleitung von vier ´fliegenden Staatsanwälten´ der königlich britischen Staatsanwaltschaft (Crown Prosecution Service(CPS)), ausgerichtet darauf, Beweise gegen Randalierer zu sammeln, die man bei Gerichtsverfahren in Großbritannien verwerten könnte. Es war das erstemal, dass der CPS und die britische Polizei im Ausland zusammen arbeiteten. Die von ihnen gesammelten Informationen wurden an ein Netzwerk spezialisierter Staatsanwälte in England und Wales übermittelt, die mit Hilfe eines neuen Gesetzes der ´Violent Crime Reduction Bill´ und den Beweisen, in der Lage seien sollten noch mehr Ausreiseverbote (sogenannte Banning Orders) an Spielorte zu verhängen. Ein anderer Abschnitt dieses neuen Gesetzes verlängerte die Dauer solcher Banning Orders und gab Staatsanwälten die Möglichkeit Entscheidungen umgehend von einem Richter bestätigen zu lassen. Das Innenministerium nannte es: „Das umfangreichste Paket von Maßnahmen, das je geschnürt wurde, um Unruhen speziell von englischen Hooligans zu vermeiden."

Die Autoren möchten all denen danken, die in diesem Buch Erwähnung finden, denen, die persönlich oder per Telefon Interviews gaben oder Informationen in Form von E-Mails sandten. Sie möchten auch besonders den Leuten Dank aussprechen, die großzügig Fotos zur Verfügung stellten um das Buch zu komplettieren.

Es gibt Anzeichen, dass die Zerschlagung der Hooligan-Szene zunehmend funktioniert. Im November 2005 veröffentlichte Statistiken zeigen, dass die ansteigende Zahl der sogenannten ´Banning Orders,´ die Menge der Festnahmen um 11% senkte. Haftstrafen die mit Fußball in Verbindung stehen, gingen in der Saison 2004/2005 um 10% zurück, wenn man diese mit den Zahlen der Saison 2003/2004 vergleicht. Die Saison 2004/2005 war zudem die Spielzeit mit den größten Zuschauerzahlen seit fünfunddreißig Jahren. Mehr als 29.000.000 Anhänger besuchten Ligaspiele, dabei sorgte ein Haufen Beamter für einen problemlosen Ablauf mit nur 2.725 Festnahmen.

Die Regierung unter Tony Blair rief zudem eine britische Fußball-Überwachungseinheit ins Leben, alles unter der Aufsicht des Innenministeriums und der Polizeiführung (Association of Chief Police Officers (ACPO)). „Es ist klar, dass mit der neuen Gesetzgebung zur Bekämpfung von Fußball-Hooligans, die gezielte Überwachung effektiv fortgesetzt wird," sagte Innenminister Paul Goggins.

Die Meinungen unter den Hooligans selbst scheiden sich an einem Punkt. Während einige glauben, dass die Kultur mit der sie aufwuchsen ein für alle Mal am Ende ist, warnen andere vor einer neuen Generation von ´jungen´ Mobs, die sich durch staatliche Mittel nicht einschüchtern lassen und noch nicht polizeibekannt sind. Fußballkrawalle haben sprichwörtlich große Kreise gezogen. Vor vierzig Jahren als Fußballgewalt, wie wir sie heute kennen aufkam, waren die Zeitungen voll mit reißerischen Berichten über außer Kontrolle geratene Teenager. Heute kommt eine neue Generation von Hooligans und löst die alteingesessenen ´Jungs´ ab, weil diese in Folge von Polizei- und Strafmaßnahmen zunehmend aus der Szene verschwinden. Diese neuen Hooligans werden als unkontrollierbar angesehen, nicht nur von Presse und Polizei sondern auch von ihresgleichen. „Sie halten sich nicht an die Regeln der Alten," sagte ein NCIS (National Crime Intelligence Service) Officer einem der Autoren. „Sie machen keinen Unterschied zwischen Hooligans und normalen Fans und haben auch keine Skrupel die Polizei anzugreifen."

Ein zehn Jahre alter Portsmouth Anhänger ist ein Fall, auf den genau diese Beschreibung zutrifft. Im Laufe eines Gerichtsprozesses, wegen eines Steinwurfes auf einen Polizeibeamten, bei einem aufgeheizten Spiel gegen Southampton, wurde er vom Richter gefragt, ob er Angst gehabt hätte. „Nein," antwortete der Junge. „Warum sollte ich? Ich war mit meinen Kumpels unterwegs und wir kämpften gegen die Polizei."

In Stockport wird die neu formierte ´Baby Squad´ von einem Elfjährigen angeführt. Und aus Swansea reiste ein fünfzehn Mann starker Mob von Heranwachsenden zu einen Auswärtsspiel nach Yeovil, ihr Alter war zwischen elf und fünfzehn Jahren. „Einige von ihnen sind Söhne von Old-School-Hooligans," sagte ein Beamter der Polizei Swansea. „Sie haben genug Geld, um zu allen Heimspielen zu gehen. Sie sammeln sich dann meist in Stadionnähe, mit der Absicht gegnerischen Anhängern aufzulauern und deren Busse mit Steinen zu bewerfen. Sie sind ein Albtraum für die Polizei. Wir kennen sie nicht und weil sie unter sechzehn sind, greifen die bewährten Überwachungsmethoden, wie beispielsweise Informanten, bei ihnen nicht. Die Voraussetzungen sind andere und wir haben Probleme damit zurecht zu kommen." Die meisten Hooligan-Firms weisen allerdings ein höheres Durchschnittsalter auf, wobei der Hauptteil jedoch auch erst Endteenager oder Anfang zwanzig ist. Während immer mehr betagtere Hooligans die Szene verlassen, wird die neue Generation diese britische Subkultur noch eine Weile fortführen. Die meisten Leute haben aber verstanden, dass Hooliganismus, wie er einst existierte, tot ist.

Die Tage an denen sich Tausende Fans Schlägereien in und um die Stadien lieferten sind vorbei, aber es wird niemals ganz vorbei sein. Pokalspiele, Freundschafts- und Relegationsspiele oder Lokalderbys werden immer einige bekannte Gesichter auf den Plan rufen. Mehr und mehr Spiele sind jetzt ´Polizei-frei´ und in einigen Gemeinden fängt man sogar an, die Fußballüberwachungseinheiten zu verkleinern. Ein Fußballspiel heute zu besuchen ist sicherlich angenehmer aber nicht zwangsläufig spannender als vor dreißig Jahren. Die sozialen und ökonomischen Umstände, die dazu führten, dass Hooligans ein kulturelles Problem wurden, das so viel Schande über das Land brachte, sind nicht verschwunden. Nach mehr als einem Jahrhundert voll Unruhen bei britischen Fußballspielen wird dieses Problem auch unmöglich schlagartig aussterben.

Nick Lowles und Andy Nicholls

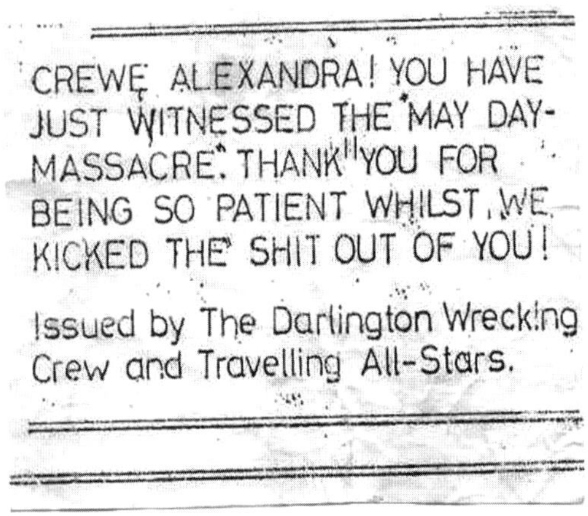

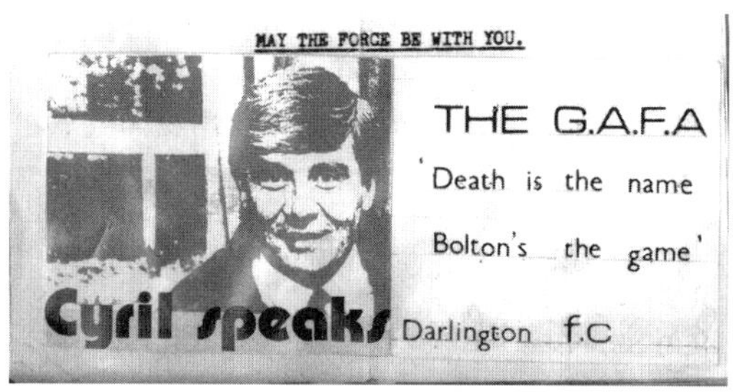

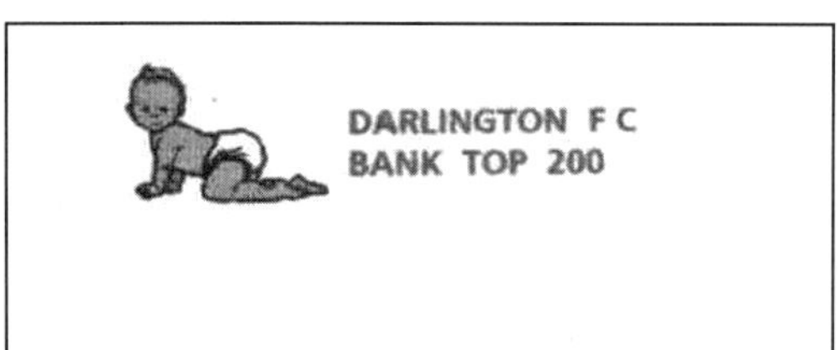

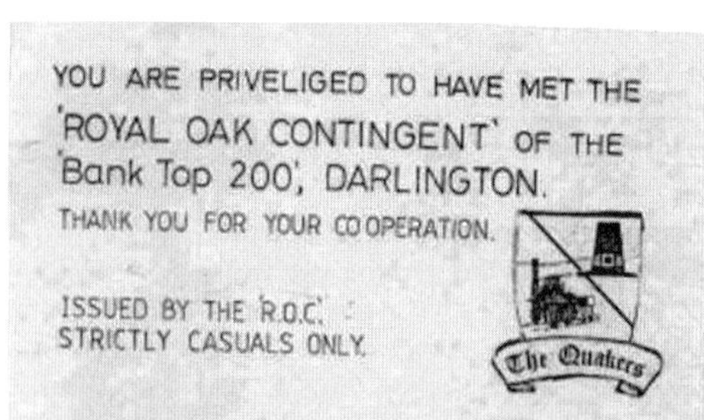

Einige Visitenkarten der Darlington FC Hooligans.

England

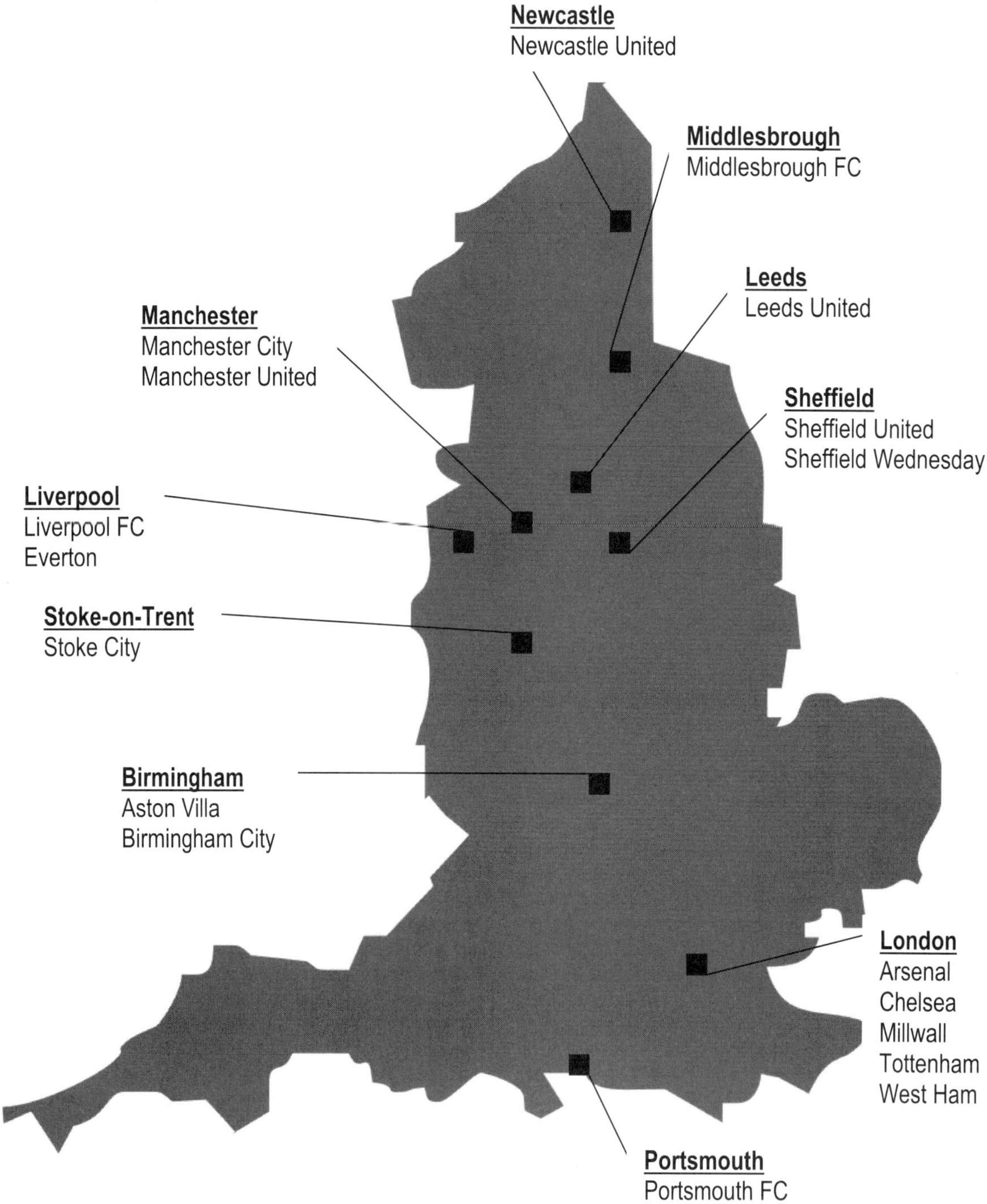
Newcastle
Newcastle United
Middlesbrough
Middlesbrough FC
Leeds
Leeds United
Manchester
Manchester City
Manchester United
Sheffield
Sheffield United
Sheffield Wednesday
Liverpool
Liverpool FC
Everton
Stoke-on-Trent
Stoke City
Birmingham
Aston Villa
Birmingham City
London
Arsenal
Chelsea
Millwall
Tottenham
West Ham
Portsmouth
Portsmouth FC

A

Arsenal

Stadion: Ehemals Highbury, heute Arsenal Stadium
Firm: Gooners, The Herd
Feinde: Tottenham Hot Spur, Manchester United
Polizeioperationen: Evild, Barron

Wenn man heute einen Blick ins Arsenal Stadium wirft und sich die Fans anschaut, ist es schwer zu glauben, dass dieser Verein einst den gefürchtetsten Hooligan-Mob Londons hatte und den wohl am besten organisierten in ganz Großbritannien. Dort wo jetzt die Sitzreihen von Saisonkartenbesitzern aus der Mittelschicht belegt sind, auf der North Bank, war einst das Zuhause von Johnny Hoy, Nick 'The Hammer' und Leggo, alles frühere Legenden unter den Arsenal Hooligans. Für viele Jahre, in den späten Sechzigern und Anfang der Siebziger war die North Bank augenscheinlich uneinnehmbar. Viele versuchten sie zu stürmen aber fast alle, abgesehen von ein paar wenigen, scheiterten. Die Gewalt ist nicht ganz von den Rängen bei Arsenal verschwunden, einige Männer, die heute brav ihrem titelgewinnenden Team applaudieren, wissen wie einschüchternd die North Bank einst wirkte.

Gegründet von Arbeitern des Bezirks Woolwich Arsenal, wurde der Arsenal FC in den Dreißigerjahren zu einer festen Größe im britischen Fußball. Man gewann zwischen 1931-1935 vier Meistertitel in fünf Spielzeiten und zweimal den FA Pokal. Highbury war alle vierzehn Tage vollgestopft mit 50.000 Zuschauern, die alle die äußerst erfolgreiche Seite des Vereins sehen wollten.

Arsenal setzte seinen Lauf auch nach dem Krieg fort, indem man 1948 und 1953 Meister wurde und 1950 den FA Pokal holte. Der Krieg hatte allerdings die einst große Einheit von Fans zerschlagen und die Evakuierung von Menschen, raus aus London, hatte sich bei der Anhängerschaft des Vereins verheerend ausgewirkt. Als die kurze Nachkriegseuphorie vorbei war, kamen nur noch halb so viele Zuschauer im Vergleich zu den Dreißigerjahren. Fußballinteressierte ohne Vereinsbindung, die einst reindrängten um den Ruhm Arsenals zu teilen, gingen nun zunehmend rüber an die White Hart Lane. 'Das Wegbleiben der Kriegsgeneration, die Arsenals tiefen Fall miterlebt hatte, machte die Tribüne frei für die Kids,' schrieben Philip Cohen und David Robins, die Autoren von Knuckle Sandwich. 'Jungs würden jetzt nicht mehr mit ihren Vätern oder Onkeln ins Stadion gehen müssen, sie gingen nun mit ihren Kumpels dort hin. Der Reiz sich schlecht zu benehmen wurde dadurch entschieden größer.'

In der frühen Nachkriegszeit wurden alle Anwohner von Islington umgesiedelt, Grund war der Wiederaufbau der bombengeschädigten Bezirke. Die Eltern versuchten sich ein neues Leben aufzubauen, doch die Jungen hatten Schwierigkeiten mit dem Ortswechsel. Sie waren Großstadtjungs, die in die Vororte abgeschoben wurden und den meisten von ihnen gefiel das gar nicht. Einige beteiligten sich am örtlichen Gang-Leben und kriminellen Machenschaften, aber viele zog es zurück in ihre Heimat, nach London und zu Arsenal.

Mitte der Sechzigerjahre war Fußball gerade bei den Jüngeren angesagt. Die Weltmeisterschaft hatte das Image des Sports verändert und Arsenal Spieler wie Charlie George wurden zu Superstars. Die verachteten Jugendlichen machten das Stadion zu ihrem Zuhause. In der Saison 1966/67, nahm die gewaltorientierte Gefolgschaft die North Bank als ihre Heimat an, das war ein wirklich großes End. Sie waren eine Ansammlung von kleinen Mobs und spiegelten die verschiedenen Bezirke wieder, in denen Arsenal unterstützt wurde. Die ansässigen Essex Road-, Chapel Street- und Packington-Mobs erhielten Zulauf aus Basildon, Borehamwood, Uxbridge und Elstree.

Die aufkommende Skinhead-Kultur gab den Anhängern auf der North Bank eine geeinte Identität, die sie von den anderen Fans unterschied und mit Gewalt verbunden war. Das merkte man schnell, schon im ersten Jahr in dem die North Bank als End existierte. Die Vereinsführung diskutierte, wie man den Ärger eindämmen könne. Eine Idee, die im Oktober 1967 vorgetragen wurde, war eine Mauer um das Spielfeld zu errichten, damit wollte man Zuschauer davon abhalten auf den Platz zu springen, um das Spiel zu unterbrechen. 'Diese Barriere, bestimmt 1,45 Meter Hoch und 1,90 Meter innerhalb der bereits vorhandenen Absperrung, sollte vorsorglich an bestimmten Stellen mit Stahlplatte verstärkt werden,' schrieb die Times.

Der berüchtigtste Anführer der North Bank war Johnny Hoy. Obwohl jeder kleine Mob seine eigenen Führungspersönlichkeit hatte, beherrschte Hoy das End. Unter seiner Führung war die North Bank bis 1972 uneinnehmbar, dann schaffte es der Mob von Manchester United. Hoy war 1,90 Meter groß und wog neunzig Kilo, so stand er bald in dem Ruf ein wahrer Hüne zu sein. Er wurde nahe dem Highbury Stadium geboren und man vermutete, dass er Verbindungen zu einer lokalen Gang namens Big Highbury hatte.

Der Verein war so besorgt, er könne Krawalle organisieren, dass den Ordnern auf der North Bank eine Beschreibung von ihm gegeben wurde, in der Hoffnung ihn rausschmeißen zu können. Das Vorhaben scheiterte natürlich. Vielleicht empfanden einige der Ordner auf den Rängen auch einfach ein bisschen Sympathie für Hoy, denn der Chef der North Bank war in seinem weißen Schlachterkittel, auf dem groß ´ARSENAL´ stand, kaum zu übersehen.

Vor Heimspielen versammelte sich der harte Kern von Hoys Gefolgschaft an der langen Theke des Gunners Pub. Pläne wurden geschmiedet, Waffen verglichen und rumgereicht. Darunter waren zum Beispiel Fleischklopfer, angeschärfte Metallkämme oder mit zerbrochenen Rasierklingen besetzte Schlagringe. Vor der Kneipe und auf der Straße warteten die Jüngeren, voll Erwartung von den Plänen zu erfahren.

Neben Hoy gab es noch einige andere ´Prominente´ auf der North Bank, die normalerweise alle ihren eigenen, kleinen Mob führten. Leggo leitete die Packington Skins, während Nick ´The Hammer´ Russell damit prahlte eine Armee von 400 Hooligans anzuführen „...die mehr Gewalt ausüben kann als sonst irgendjemand.“ Sein Kumpel Pat Stone sagte mal: „Russell rennt nie weg, er nimmt es mit jedem auf. Er ist unser Anführer.“

Der Chef der Arsenal Bromley Boys war Jenko, der bis in die frühen Achtziger eine Rolle beim Arsenal Mob spielte.

Auch auswärts zeigten sich die Londoner gewalttätig. Bei einem FA Pokalspiel 1967 gegen die Bristol Rovers prügelten sie die lokalen Hooligans nieder und nahmen deren ´Tote End´ ein.

Zweimal richteten Arsenal Anhänger in Leicester verheerende Schäden an. Bei der zweiten Begegnung, es war das erste Saisonspiel 1974, wurden diese Ausschreitungen ausführlich von der Presse dokumentiert.

Sie überrannten 1971 auch den Mob aus Portsmouth bei einem FA Pokalspiel, das unentschieden endete und genauso machten sie es auch mit den Hooligans aus Woverhampton auf deren North Bank.

Die Arsenal Firm nahm damals auch die Tribüne von Tottenhams Park Lane um 14.15 Uhr ein und zu den Klängen der gewohnten Sprechchöre ´Wo seid ihr?´ begannen sie sich auf das Unvermeidliche vorzubereiten. Fünfzehn Minuten später tauchten die Tottenham Hooligans auf und Chaos brach aus. Auch nach zehn Minuten andauernden Ausschreitungen war Arsenals Mob nicht zurückgewichen. Mit Rufen wie: ´Wir haben die Park Lane eingenommen,´ verspotteten sie ihre verbitterten Rivalen. Dazu gewannen sie auch noch das Spiel mit 1:0, bevor sich die Auseinandersetzungen in den benachbarten Straßen fortsetzten.

Ein noch erfreulicheres Ergebnis gab es bei der Begegnung in der folgenden Saison, als Arsenal am letzten Spieltag nur noch einen Punkt brauchte, um sicher Meister zu werden. Man gewann 1:0. Für die Fans konnte es keinen besseren Saisonabschluss geben. Beim Schlusspfiff stürmten die Arsenal Leute das Spielfeld und nahmen das gesamte Stadion ein. Als die Spurs Fans bereits lange Zuhause waren, beschäftigten sich einige Arsenal Leute damit den Platz umzugraben. Arsenal gewann fünf Tage später im FA Pokal gegen Liverpool, um das Double zu komplettieren und die Liverpooler wurden vom Arsenal Mob außerhalb des Stadions überrannt.

Ein anderer Londoner Fußball-Mob, der Hoys Manövern zum Opfer fiel, war der von Chelsea. Vier aufeinander folgende Jahre wurde das End der West Londoner von ihren Rivalen aus dem Norden der Stadt eingenommen. Einer der Arsenal Hooligans, der namentlich nicht genannt werden möchte und in eine dieser Auseinandersetzungen verwickelt war, berichtet wie entsetzt er war, als sie sich an der St. Pancras Station trafen. Denn dort sah er Arsenal Hooligans aus dem Zug steigen, die Chelsea Schals trugen. „Ich dachte was zur Hölle soll das? Und auch mir gaben sie einen Chelsea Schal. Ich sagte ihnen, wo sie sich den hin stecken könnten, aber sie bestanden darauf und erklärten mir, wir bräuchten die Schals um in ´The Shed´(Chelseas End) zu kommen. In dem Zug Richtung Earls Court trafen wir noch mehr Gooners mit Chelsea Schals. Einer von ihnen erzählte, dass Chelseas Mob in einem der folgenden Zügen einsteigen würde. Wie er das wissen konnte werde ich wohl nie erfahren, aber er hatte Recht. Der nächste Zug kam an und das worauf wir warteten war da, ihr Haupt-Mob. Die Türen gingen auf und sie starrten in unsere Gesichter. ´Stockwell, Stockwell, Stockwell,´ (ein Londoner Stadtteil) und ´Arsenal wo seid ihr?´ hallte es durch den Bahnhof. Die Türen schlossen sich und das Gebrüll ´Arsenal, Arsenal´ hielt an, wir schlugen sie verheerend auf dem Bahnsteig. Einer unserer bekannten Leute kämpfte mit einem von Chelseas besten Jungs, dem schwarzen Burschen, dem ein Arm fehlte und der Kampf weitete sich bis auf die befahrenen Gleise aus. Die Bullen kamen von allen Seiten und die Stromzufuhr wurde unterbrochen, so dass alle Züge halten mussten. Danach setzten wir unseren Marsch Richtung Chelsea Stadion fort, wo wir von einer Polizeieskorte direkt in den Block der Heimfans geführt wurden. Der Trick mit den blauen Schals hatte also geklappt. Wir waren drin. ´Chelsea, Chelsea,´ sangen wir und es dauerte nicht lange, dass sich uns immer mehr Arsenal Leute anschlossen. Sie hatten den gleichen Trick angewandt. Das Geschrei war groß. ´Arsenal wo seid ihr?´ sangen wir. Das Gerücht machte die Runde, dass Arsenal Jungs am Earls Court verprügelt worden wären. Bringt mich bitte nicht zum Lachen. Ich war dabei.

Schließlich wurde einer unserer älteren Kerle von ein paar Chelsea Leuten erkannt, doch noch bevor sie etwas machen konnten, holte ein Begleiter des Erkannten eine Spraydose raus und besprühte die Chelsea Typen von Kopf bis Fuß mit gelber Farbe. Es ging richtig ab. Wir gewannen 1:0 und eroberten ihr End."

Arsenal und Chelsea waren erbitterte Feinde, auf und neben dem Spielfeld. Einige Schlägereien, die verabredet wurden, waren nicht einmal an Spieltagen. Eine dieser Verabredungen wurde im Juni 1974 im Westen Londons, zwischen einkaufenden Passanten und Touristen, ausgetragen. Das waren wohl die Höhepunkte, der von Arsenal Hooligans verursachten Krawalle, aber es waren nicht die letzten.

Ihr Ruf war eine Einladung für andere Gangs und der feste Zusammenhalt, der während der Skinhead-Ära zwischen den verschiedenen Gruppen bestand, fing an zu bröckeln. Der Erfolg auf dem Spielfeld brachte Möchtegern-Fans mit sich, die nicht in der Lage und gewillt waren ´ihr End´ zu verteidigen. Letztendlich wurden viele der frühen Arsenal Anführer vom Alter eingeholt.

Johnny Hoy hatte Verbot die North Bank zu betreten, ihm wurde verboten zu dem Ort zu gehen, der einst sein Reich war. Doch er hatte die Möglichkeit sich auf einem Sitzplatz im Clock End zur Ruhe zu setzen, während Leggo eine lange Zeit im Gefängnis Borstal absitzen musste. Der Zusammenhalt auf der North Bank war einfach nicht mehr so stark. Die bekannten Anführer wurden durch Neulinge ersetzt, die Mobs hatten verschiedene Einstellungen und obwohl sie sich gegen große Gegner zusammenschlossen, stieg die Tendenz sich untereinander zu bekämpfen.

Das durchschnittliche Alter im End fiel von fünfzehn bis siebzehn Jahre zwischen 1968 bis 1972 auf dreizehn bis fünfzehn Jahre 1973.

Im Jahr 1972 war der Mob von Manchester United der erste, der die North Bank einnehmen konnte und das mit Stil. Über 1.000 Mann der Red Army marschierten die Meile von King´s Cross rüber nach Highbury und verbreiteten auf ihrem Weg Angst und Schrecken. Sie stürmten die North Bank und hielten sie das ganze Spiel über besetzt.

Auch den Hooligans von Chelsea, bis dahin von Arsenals Firm klar dominiert, gelang es die North Bank einzunehmen. Die Entscheidung der Chelsea Jungs einen Generalangriff auf Arsenals Home End zu starten war an dem Tag gefallen, als sich der Zwischenfall mit der gelben Farbe ereignet hatte. Arsenal Hooligans verzeichneten diesen Tag als Sieg, der Chelsea Mob allerdings auch. Die Westlondoner stellen es so dar, dass sie nur zurückwichen, um nicht mit dem Verrückten mit der Farbdose in Berührung zu kommen, ihre wogenden Massen hätten die Eindringlinge aber nicht ins Herz ihres Ends gelassen. ´Die Leute in ´The Shed´ interpretierten die Ereignisse als großen Sieg,´ wird Martin King zitiert. ´Greenway und Eccles (zwei Chelsea Anführer) gaben sich die Hände und klopften sich auf die Schultern. „Nächste Saison stürmen wir die North Bank," kündigte Eccles an.´

Im Jahr 1974 zählte der harte Kern auf der North Bank immer noch 500 Mann, aber die Aktionen verlagerten sich mehr ins gegenüber liegende Clock End. Weniger Polizei und der Weggang der früheren harten Kerle der North Bank, ließen ein neues End auf Highbury entstehen. Arsenals Firm kam langsam ins Straucheln, andere dagegen wurden erfahrener und organisierter.

Arsenal Fan Colin Ward beschreibt in seinen Buch Steaming In sehr eindrucksvoll die problembehafteten Auswärtsfahrten nach Middlesbrough und Bristol, in der Saison 1976/77. Er berichtet auch über den Stimmungswechsel im Highbury Stadion: ´Sich Arsenal Spiele anzusehen wurde zur Qual. Das Team war entsetzlich schlecht geworden und wäre in der Saison 1975/76 beinahe abgestiegen.

Auch auf den Rängen begannen Arsenals Hooligans an Ansehen zu verlieren, die Leute nahmen sich ihre Freiheiten bei ihnen.´

In dieser Saison spielte Arsenal gegen West Ham im FA Pokal. Die Hammers kamen in großen Massen und nahmen das Stadion ein, auf der North Bank mit einer zwei-zu-eins Übermacht gegenüber dem Arsenal Mob. Das war die vierte Demütigung infolge von Seiten der Hammers. Ein Arsenal Oldtimer sagte dazu: „Wir waren Richtung Stadion unterwegs und konnten es bewerkstelligen, uns unter einen West Ham Mob zu mischen, der zuvor die Arsenal Tavern zerlegt hatte. Ich nahm meinen Schal ab und ich glaube, ich legte ihn den ganzen Tag nicht mehr an. Wir gingen so gegen 12.00 Uhr ins Stadion. Der West Ham Mob ist immer früh in die gegnerischen Ends gegangen. Sie hatten das gleiche bei den Spurs und Chelsea gemacht. Ihre Taktik war es, das End mit Trotteln und Idioten zu besetzen und dann zu warten, bis sich die Firm der Heimmannschaft zeigte. Die North Bank war bereits voll von denen und wir gingen weiter nach vorne wo sich eine Menge jüngerer Arsenal Hooligans versammelt hatte. Eine große Gruppe von Arsenal Jungs stürmte dann aus Richtung Stadioneingang in die North Bank und somit in den West Ham Mob. Wir rannten rüber und unterstützten sie, so dass wir einen großen Teil der North Bank zurück eroberten. Wir rannten zum hinteren Teil, wo die jüngeren Hammers waren. Massen von West Ham Typen saßen rum, plauderten oder lasen Programmhefte als wir auf sie trafen. Spaß war angesagt. Wir prügelten auf die ein, die wir packen konnten, es war für ein paar Minuten ein wahres Massaker.

Es hört sich merkwürdig an, aber das Geräusch von Doc Martens, die über eine Tribüne rennen, lädt uns alte Spinner, die wir es noch kennen, einfach auf. Es gibt nichts, dass auch nur annährend so klingt.

Die Bullen bildeten Menschenketten, um die beiden Parteien voneinander zu trennen. Zu Beginn dachte ich, wir hätten die Überhand und würden sie aus der North Bank drängen, ich lag falsch. Diese Hoffnung bestand jedoch, bis die West Ham Jungs uns auf der Hinterseite der North Bank in den Rücken fielen. Wie gesagt, wir waren die jüngeren Arsenal Leute und diese Hammers waren riesige Bastarde.

Mir wurde die Jacke über den Kopf gerissen und ich wurde zu Klump getreten. Ich schaffte es mein Gesicht zu schützen, aber der Rest von mir war grün und blau. Mir gelang es wegzukommen und ich fand den Rest des Arsenal Mobs, der an zwei Seiten gegen West Ham Hools kämpfte. Mir wurde von einem Typen ins Gesicht geschlagen, der doppelt so alt war wie ich und auch mindestens doppelt so groß. Um mich herum sah es nicht anders aus, Männer gegen Jungs und da wusste ich, wir sind erledigt.

Das Spiel war das Einseitigste, das ich je gesehen habe. Arsenal schoss ein Tor nach dem anderen. Aber ich kann mich nicht mehr an Details erinnern, soviel passierte um mich herum. Ich wurde von einigen Hammers entdeckt, doch einer von ihnen, der erkannte wie jung ich war und dass ich schon einiges abbekommen hatte, hielt die anderen davon ab mich anzugreifen. Dann sagte er mir, ich sollte mich von dort verpissen und dass tat ich dann auch.

Nach einem Tor wurde eine Gruppe von fünfzehn Arsenal Leuten gleich rechts von mir, von einer großen Gruppe Hammers überrannt. Wir wurden jetzt an allen Ecken des Stadions fertig gemacht und es war Zeit für mich abzutauchen. Ich verhielt mich jetzt ruhig und versuchte bei jedem Tor das für Arsenal fiel möglichst unglücklich auszusehen. Die West Ham Leute nahmen die Demütigung auf dem Spielfeld persönlich und es wurde immer schlimmer und schlimmer."

Die nächste Saison begann nicht besser. Das erste Spiel war zu Hause gegen Bristol City und auch dieses Mal kamen auswärtige Hooligans in Massen, sie nahmen die North Bank ein und hielten sie das ganze Spiel über.

Sogar die Spurs tauchten nach Jahren in der Versenkung, wieder als eine der führenden Hooligan-Kräfte auf und sie schafften es zweimal die North Bank einzunehmen. Bei einer Auswärtsbegegnung 1976 bekam Arsenals Mob von den Spurs Leuten eine Abreibung inner- und außerhalb des Stadions.

Am ersten Weihnachtstag 1977 war Chelseas Firm an der Reihe die North Bank zu stürmen und sie tat es in Massen. Abgesehen von West Hams Auftritt beim FA Pokal, war dies die größte Demütigung in Arsenals Hooligan-Geschichte. Von diesen Tag an wurde der Chelsea Mob die dominierende der beiden Gangs.

Ende der Siebziger erwies sich die Arsenal Mannschaft wieder als gutes Team und erreichte in beiden Pokalwettbewerben das Finale (FA- und Ligapokal). Ihr Erfolg führte sie auch gegen Liverpool FC, die damals wohl beste Mannschaft Europas. Die Arsenal Jungs sahen einer heißen Zeit mit der Liverpool Firm entgegen.

1978 trafen die Teams im Halbfinale des Ligapokals aufeinander. Arsenal Hooligans reisten in zwei vollgestopften Doppeldeckerbussen zum Hinspiel an die Anfield Road. Nach dem Spiel stellten sie sich und kämpften. Aber an diesem Tag gewann die Firm aus Merseyside (Bezeichnung für die Region rund um Liverpool). Es gab außerdem Ärger bei einem Wohltätigkeitsspiel beider Vereine im Jahre 1979 und der Londoner Mob wurde wieder geschlagen. Es war dieses Spiel, bei dem die meisten Londoner erstmals den Casual-Look bei gegnerischen Anhängern wahrnahmen, wie Paul Webster in seinem Buch Casuals erwähnt: 'Sie rieben sich den Schlaf aus den Augen, als würden sie einen nervösen Tick haben, als sie die Leute sahen, einige sportlich andere eher schick gekleidet. Ich muss zugeben es sah ziemlich eindrucksvoll aus,' schrieb er. 'Es dauerte etwas bis sich der neue Look durchsetzte, doch nach kaum mehr als einem Jahr war es soweit. London wurde Casual-verrückt nach diesem Ereignis und jeder Verein in der Hauptstadt bekam seine eigene gut ausstaffierte Crew. Es wurde schnell wichtiger der best gekleidetste, als der härteste Mob zu sein.'

Während bei West Ham Marken wie Burberry und Pringle angesagt waren, wurde bei Arsenal Fila bevorzugt und ab 1982 Nike Turnschuhe.

Eine andere langanhaltend Fehde gab es mit Ipswich, sie resultierte daraus, dass der Club aus Norfolk die Gunners im FA Pokalfinale 1978 besiegt hatte. Die Zahl der Arsenal Hooligans war zu dieser Zeit wieder angestiegen und sie attackierten ihre Gegner außerhalb des Wembley Stadions wie verrückt. Als die Londoner im Jahre 1979 dann nach Ipswich reisten, wurden siebenundfünfzig Mann festgenommen und es gab weitläufige Ausschreitungen. Diese Feindschaft setzte sich auch in den Achtzigern fort.

Erst in den späten Siebzigern tauchten mehrere schwarze Hooligans beim Arsenal Mob auf. Ende der Sechziger waren die meisten noch weiß und viele offen rassistisch. Oft gerieten sie in ihrer Gegend mit den lokalen schwarzen Gangs aneinander, zudem war das Umfeld des Vereins das Ziel für Rekrutierungen der National Front (NF) und des British Movements (BM). Es reflektiert beides, die Mentalität in der Gegend zu dieser Zeit und das mangelnde Fußballinteresse der ersten Generation der afro-karibischen Gemeinde. Doch das sollte sich ändern.

Die Zusammensetzung der Anwohner änderte sich durch die anhaltende Immigration, auch zogen viele der eher rassistischen Familien raus aus London.

Ihre Begeisterung für Sport von Cricket bis Fußball, trieb eine neue, junge Generation von Schwarzen in die Stadien. Als Arsenals Firm 1980 in Middlesbroughs Holtgate eindrang, war der Großteil der sechzigköpfigen Crew schwarz. Der Arsenal Mob genoss zwischen 1979 bis 1983 eine wahre Wiederbelebung durch das Erscheinen dieser Jungs. Zwei separate Mobs entwickelten sich, 'The Gooners' und 'The Herd.' Die wichtigste Person bei den Gooners war ein Schwarzer namens Denton Connor, in der Hooligan-Szene einfach als Denton bekannt. Der Name Gooners wurde eigentlich von ein paar Spurs Hooligans erfunden zwecks eines Schmähgesangs (ein Wortspiel aus Goons = engl. Dussel und Gunners), das wurde aber von den Arsenal Hooligans überhört und der Name wurde übernommen, noch bevor ihre Rivalen ihn benutzen konnten. Denton und einige andere führende Jungs der Gang sorgten später für die Sicherheit der Pet Shop Boys, einer von denen war nämlich ein großer Arsenal Fan.

Nach einem Wiederholungsspiel im FA Pokal in Shrewsbury, gingen einige Gooners noch auf einen Drink in den Three Fishes Pub im Ortskern. Sie waren nur ein halbes Dutzend und verbrachten ihre Zeit damit, sich mit den anwesenden Frauen zu unterhalten und ihnen Karten für ein anstehendes Pet Shop Boys Konzert anzubieten. Einige Kerle der ortsansässigen Firm, der 'English Border Front' (EBF) waren deshalb so außer sich, dass sie einen dreißigköpfigen Mob bildeten und versuchten den Pub zu stürmen. Nach dem einleitenden Zersplittern geworfener Gläser, stand einer der Arsenal Jungs, ein riesiger schwarzer Kerl, auf und zog ein Messer aus seiner Manteltasche. In der Geschichte, die damals die Runde machte, wurde daraus eine Machete, aber das kann auch ein Versuch der EBF gewesen sein ihr Gesicht zu wahren. Es prügelten sich Männer gegen Halbstarke und einige der Shrewsbury Typen können froh sein, dass sie sich bei Eintreffen der Polizei freiwillig in deren Gewahrsam begaben.

The Herd wurde von einem Weißen, der Miller genannt wurde, geleitet. Sie waren getrennte Firms, aber natürlich schlossen sie sich bei wichtigen Spielen zusammen. Im Stadion folgten die Gooners den alten Legenden wie Hoy in das Clock End, das sich 1980 endgültig als 'ihr End' herauskristallisierte.

Hier hinein hatte sich im September 1980 ein fünfzehn Jahre alter Stoke City Anhänger gewagt. Mark Chester würde zu einem bekannten Mann unter den Hooligans werden und die berüchtigten 'Naughty Forty' anführen. Aber damals 1980 wurde ihm eine Lektion erteilt, was Hooligans sind. In seinen Memoiren Naugty beschreibt er es als ein Theater des Grauens: 'Wir saßen im Herzen des Clock Ends fest, umgeben von sarkastischen Bemerkungen, Gesten uns die Kehle durchzuschneiden und ständig auf uns geschnippten Zigaretten. Anstatt uns zu schlagen oder zu treten, spielten die Arsenal Jungs mit uns wie eine Katze mit einer Maus, die sie quält, bevor sie ihr den tödlichen Schlag versetzt. Den ganzen Tag über hatte ich Dutzende der bekannten Gesichter aus Stoke gesehen, die normaler Weise hoch motiviert und nicht zu bändigen waren. Als ich unten mit dem Rücken zur Wand am Teeverkauf stand, konnte ich sie alle sehen, wie sie unbeteiligt taten und das so schlecht, dass einige geradewegs einen Schlag auf die Nase kassierten, der aus dem Nichts zu kommen schien und sie dumm dastehen ließ.

Es war offensichtlich, dass Stoke für dieses Zeitalter der Fußballgewalt noch nicht reif war.´

Ein denkwürdiger 3:2 Sieg im FA Pokalfinale über Machester United beförderte Arsenal in den europäischen Wettbewerb. Siege über Fenerbace, FC Magdeburg, IFK Göteborg und Juventus Turin führten sie ins Finale, wo sie auf das spanische Team vom FC Valencia trafen. Im Gegensatz zu anderen britischen Vereinen wie Liverpool, Leeds, Man United oder den Nachbarn Tottenham, die in Europa für einige Unruhe sorgten, war es bei Arsenal Spielen mit einer Ausnahme, der Abwehr von einer Gruppe italienischer Fans im Halbfinale, ruhig geblieben. Das sollte sich im Mai 1980 in der belgischen Hauptstadt Brüssel ändern. Es gab bereits einige Entgleisungen vor dem Spiel, als über 20.000 Fans ankamen. Die Innenstadt war in höchste Alarmbereitschaft versetzt und die Festnahme von neununddreißig Engländern in dieser ersten Nacht, sorgte erst einmal für Ruhe unter den Leuten. Arsenal verlor das Spiel im Elfmeterschießen und die größte Angst der Anwohner wurde Realität, als Tausende Londoner anfingen zu randalieren. Wieder zu Hause organisierte sich der Arsenal Mob nun zunehmend besser und in den frühen Achtzigern gab es eine Reihe von aufreibenden Auseinandersetzungen mit West Hams ICF. Das beruhte auf zweierlei, zum einen waren sie eine andere Londoner Firm und zum anderen hatten sie in den späten Siebzigern zahllose Male die North Bank eingenommen, besonders aber hatten sie die Nordlondoner beim FA Pokalfinale in Wembley gedemütigt. Wie auch immer, die berüchtigtste Schlacht um die North Bank tobte 1982.

Bei dem Gedanken an diese Begegnung wird man zwangsläufig an den Tod eines jungen Arsenal Fans erinnert, der kurz nach dem Spiel an der Haltestelle Finsbury Park erstochen wurde.

Es ereigneten sich an diesem Tag ein paar Vorfälle, die von beiden Seiten verschieden bewertet werden. West Ham Leute behaupten, sie griffen die Arsenal Jungs an, als diese in kleinen Gruppen auftauchten und jagten sie von der North Bank, wobei viele Gooners auf den Platz flüchteten. Eine Rauchbombe wurde in diesem Chaos losgelassen und als sich der Rauch verzog, waren die hinteren Ränge fest in der Hand der Hammers, drei verschiedene East End Mobs feierten ihren gemeinsamen Sieg. 'Wir wurden noch in unserer Masse verstärkt, indem Leute, die vorher rausgeworfen worden waren, abermals bezahlten und wieder reinkamen,´ erinnerte sich Terry Sherrin von den West Ham Jungs in dem Buch Congratulations, You Just Met the ICF. 'Wir waren von uns selbst reichlich überzeugt und hielten Arsenals Firm für total mies. Wir führten unser eigenes Musical auf, der Gesang 'ICF, ICF!´ wurde um die Strophe verlängert: 'Vielen Dank für die North Bank Highbury, wir danken euch, vielen, vielen Dank.´´

Der West Ham Haufen wurde nun von Arsenal Hooligans herausgefordert. „Wir hatten rechts und links von ihnen Firms und die ICF konnte machen, was sie wollte, sie kam daran nicht vorbei," versicherte einer. „Der Teil der ICF den man rechts sah, wenn man Richtung Spielfeld guckte, wurde verjagt und ich sah ihn nie wieder. Als die Rauchbombe gezündet worden war, taten sich die aus der Mitte mit denen der linken Seite zusammen und die Hölle brach los. Jeder stürmte nun auf sie ein, die Hooligans, Leute in Trikots, die Schalträger, Junge und Alte, keiner wich zurück. Sechzig der ICF Leute wurden allmählich nach links abgedrängt, wo sie von den Bullen eingekesselt wurden. Wir starteten einen ernsthaften Versuch durch die Polizeireihen zu brechen, aber es waren zu viele Cops. Verfluchte ICF, ihr ganzes Leben lang hatten diese Typen versucht der Polizei aus dem Weg zu gehen, doch ich wette an diesen Tag waren sie froh, dass die Bullen da waren. Jeder kann sich noch an die Gesänge erinnern, die an diesen Tag von der North Bank hallten: 'Wir dachten ihr seid hart, lagen wir falsch, lagen wir falsch?´"

Was außer Frage stand war, dass Arsenal wieder einen anständigen Mob hatte.

Die frühen Achtziger waren ein Austeilen und Kassieren. Die Arsenal Hooligans überfielen den Spurs Mob am New Street Bahnhof in Birmingham, als ihr Team auswärts in West Brom spielte und ihre Rivalen im FA Pokalhalbfinale im Villa Park antreten mussten. Sie sorgten 1985 während eines FA Pokalspiels in York für Ausschreitungen, wurden in Watford verprügelt und in Northampton auf dem Rückweg von einem Spiel in den Midlands von der Polizei gestoppt. Außerdem hatten sie eine langanhaltende Fehde mit dem Mob der Queens Park Rangers, in deren Verlauf traf man gelegentlich durch Zufall im Londoner Nachtleben aufeinander, was dann oft zu spontanen Schlägereien führte.

Der Mob von Arsenal war eine der wenigen Firms, die es schaffte, an einem Freitagabend vom Bahnhof Liverpool Limestreet, von der Polizei unentdeckt zum Goodison Park zu marschieren, dort eine eindrucksvolle Show abzuliefern und danach das Angebot der Polizei abzulehnen mit öffentlichen Verkehrsmitteln zurück zum Bahnhof gebracht zu werden, stattdessen gingen die Londoner zu Fuß.

In den frühen Siebzigern waren Arsenal Hooligans selten auf Millwall Leute getroffen, weil die Südlondoner noch in den unteren Ligen spielten. Aber das holte man, Ende der Achtziger und in den frühen Neunzigern, mehr als nach. Arsenal zog 1988 das Los, zu Hause gegen Millwall im FA Pokal zu spielen und von September 1992 bis August 1995 sollten die Vereine in FA- und Ligapokal noch fünfmal aufeinandertreffen.

Diese Begegnungen bleiben einem im Gedächtnis wegen des Hasses, der Arsenals Torjäger Ian Wright entgegenschlug, aber was abseits des Spielfeldes passierte war noch viel schlimmer. Der Millwall Mob tauchte zu der Pokal Begegnung 1988 früh in Nordlondon auf und besetzte einige Kneipen, die sonst von Arsenal Fans besucht wurden. Als die Gooners endlich auftauchten, bestanden sie aus einem hundertköpfigen, bunt zusammengewürfelten Haufen, bei dem viele keine Kampferfahrung hatten und einfach nur mit dem Mob rumhingen. Sie drückten sich an der Polizei vorbei und hielten in Richtung eines Pubs, als einer der jüngeren Arsenal Kerle eine Flasche gegen die Kneipenscheibe warf.

Das alarmierte ihre Gegner von ihrer Anwesenheit und gab ihnen Zeit sich auf einen Gegenangriff vorzubereiten. Einige Arsenal Hooligans beachteten nicht den Millwall Typen, der vor dem Pub eine umgebaute, mit Benzin gefüllte Lötlampe als Flammenwerfer einsetzte. Die Kleidung eines der Arsenal Jungs wurde angezündet und er musste mit Verbrennungen ins Krankenhaus gebracht werden.

Die Gooners erhielten derweil Verstärkung, ihre zahlenmäßige Übermacht brachte schließlich die Entscheidung. Die Polizei trennte die beiden Gruppen, beendete einige Plänkeleien und schaffte es, den Rest des Tages ohne weitere Ausschreitungen über die Bühne zu bringen.

Die Beleidigungen, die sich anschließend gegen Arsenals Ian Wright richteten, intensivierten die gegenseitige Abneigung noch.

Im Januar 1995 reisten die Arsenal Hooligans für ein weiteres FA Pokalspiel zu Millwall. Die beiden Mobs gerieten vor dem Blind Bagger Pub und in der Nähe des Sainsbury Parkplatzes aneinander. Als schließlich die Polizei eintraf, trennte sie die Gruppen, Arsenal auf einer Seite der Straße Millwall auf der anderen. Die Arsenal Jungs verbuchten diesen Tag für sich, was elf Tage später, beim Rückspiel für Ärger sorgen sollte.

Die Millwall Leute tauchten in Massen auf, besetzten die Straßen und nahmen den größten Teil des Stadions ein. Die 500 Polizeibeamten, die Dienst hatten, konnten nichts gegen den Ansturm der Südlondoner ausrichten. Es gab dreiundvierzig Festnahmen und zweiundsiebzig Mann wurden des Stadions verwiesen. Um Arsenals Anhang vollends zu demoralisieren gewann Millwall auch noch mit 0:2.

Die Zwischenfälle mit Millwall waren der Auslöser für Ermittlungen der Metropolitan Police und ´Operation Evild´ wurde ins Leben gerufen. Während Undercoveroperationen meist Monate dauerten, beanspruchte Evild nur ein paar Wochen. Anfang Februar stürmten neunzig Beamte von Mertropolitan- und British Transport Police, sechsundzwanzig Wohnungen in Nordlondon samt Einzugsgebiet und nahmen neunzehn Personen fest.

Unter den Gegenständen, die der Presse stolz als offensichtliche Beweise der Schuld präsentiert wurden, waren Gewehre, Springmesser, eine Armbrust und Totschläger. Auch einige Tagebücher, Fotos und Notizbücher wurden vor den gierigen Medienvertretern ausgebreitet. „Wir hoffen durch die Festnahme dieser Leute, einem Grundelement der Ausschreitungen bei Arsenal Spielen, das Rückgrat gebrochen zu haben," sagte Detective Superintendant Graham Howard, der die Ermittlungen leitete.

Begleitet von fast dem gleichen Aufsehen wie die Festnahmen, wurden einige Monate später die Klagen fallen gelassen. Zuvor war ein Prozess gegen einige Chelsea Hooligans geplatzt, der die ganze Undercover-Arbeit der Polizei infrage stellte. Während einige bekannte Arsenal Jungs noch auf ihre richterliche Bestrafung warteten, bestrafte sie der West Ham Mob, indem er weiter austeilte. Bei einem Ligaspiel gegen Ende der Saison kam es zu einem äußerst wilden Angriff der ICF gegen einen Zug voll mit jungen Arsenal Hooligans. Vielleicht war es Zufall, aber die vorangegangene Bahn, voll mit älteren Arsenal Schlägern blieb verschont.

Ein Gooner gab eine Beschreibung von dieser schrecklichen Attacke: „Als der Zug in Plaistow einlief, war der ganze Bahnsteig voller Typen. Ich muss zugeben, ich wusste damals nicht was vor sich ging, bis sich die Türen öffneten und man das Geschrei der ICF hören konnte. Gleichzeitig wurden jede Menge Fenster mit Mauersteinen und Feuerlöschern eingeschlagen. Dann drängten sie rein und begannen wahllos auf jeden einzuschlagen. Ich sah noch, wie einem Kerl von dem ich wusste, dass er vom West Ham Mob war, eine von diesen langen Leuchtstoffröhren, wie es sie in der Bahn gibt, übergezogen wurde. Dann schlossen sich die Türen und die Bahn setzte ihre Fahrt fort. Dumm war nur, dass die ICF Typen auch noch im Zug waren.“

Um 1990 herum war Arsenal wieder eine Hooligan-Macht mit der man rechnen musste, obwohl sich die Zwischenfälle bei denen es Ärger gab verringerten, speziell in der Hauptstadt.

Im Jahr 1993 verzeichnet der NCIS (National Crime Intelligence Service), dass Arsenal die bedeutendste Firm in London hätte, diese Ansicht wurde von den Spurs oder Chelsea Hooligans natürlich nicht geteilt.

Anlässlich eines Spiels gegen Chelsea kauften Arsenal Hooligans 100 Karten für das Home End bei einem Schwarzhändler, was sie nicht wussten, war, dass die Chelsea Firm davon informiert wurde. Als der Arsenal Mob nun das Stadion betrat, wurde er ohne Umschweife wieder rausgeprügelt. In der folgenden Saison war es nun an den Chelsea Jungs eine Show abzuliefern und sie kauften 200 Tickets für Arsenals Home End beim selben Schwarzhändler. Dreihundert Chelsea Hooligans machten die Reise durch London und die beiden Mobs trafen vor einer Gooner Kneipe aufeinander.

Noch zwei weitere Aufeinandertreffen fanden vor dem Spiel statt, aber die ´Hauptveranstaltung´ sollte erst nach Abpfiff los gehen, als die Chelsea Leute nach einer Kneipe suchten, in der angeblich der Arsenal Mob warten sollte. Die Chelsea Crew splitterte sich auf als sie die Kneipe nicht finden konnte. Dazu kam, dass einige das Interesse verloren hatten und zur U-Bahn gingen. Nach Angaben von Chelsea Leuten griff dann ein zweihundertköpfiger Arsenal Mob eine kleine aber gute, fünfzig Mann zählende Chelsea Firm an. „Es war mörderisch,“ erzählte einer der Angegriffenen: „Sie nahmen sich einfach alles was sie in die Finger bekamen, darunter eine Menge Verkehrsschilder und wir wurden nieder gehämmert.“ Einem Chelsea Typen Namens Marcus wurde der Rücken aufgeschlitzt und er musste mit 200 Stichen genäht werden. In der folgenden Saison kam Chelseas Mob wieder, um Rache zu nehmen. ´Die Laune war angespannt,´ schrieb Martin King. ´Das würde keine normale Schlägerei werden. Was sie Marcus angetan hatten, ließ die Sache persönlich werden.´

Während der Veranstaltung gab es jedoch keine besonderen Vorkommnisse im Vergleich zum Vorjahr. Einige Chelsea Jungs gingen nach dem Spiel in die Kneipe des Arsenal Mobs und wollten wissen, wer ihren Freund aufgeschlitzt hatte, doch niemand trat vor.

Die Ausflüge der Arsenal Firm wurden seltener und zwischen ihnen lag oft viel Zeit. Der Schwerpunkt der Hooligan-Aktivitäten hatte sich weg von den oberen Ligen entwickelt und vor allem raus aus London. Die Firm von Arsenal wie auch die der anderen Londoner Clubs, hatten sehr unter den Undercover-Operationen der Polizei gelitten, viele Hooligans stiegen aus, denn die Aussicht auf einige Jahre Gefängnis beunruhigte sie.

Im Januar 1990 traf Arsenal im FA Pokal auswärts auf Stoke City. Viele Londoner sahen die Firm aus Stoke als einen der aufstrebenden Mobs Englands an, obwohl der Club schon seit den Siebzigern eine wahrnehmbare Hooligan-Gefolgschaft hatte. Auf der anderen Seite hielten die Stoke Jungs bis zu diesem Spiel nicht viel von Arsenals Firm, daher waren sie über das Auftauchen so vieler Gooners verwundert.

´Wir waren ein bisschen geschockt, dass uns 400 Gooners in eine Umzäunung drängten,´ schrieb Stokes Anführer Mark Chester. ´Jetzt mussten wir sie zurückschlagen. Es dauerte ein paar Sekunden bis der Rest des Stoke Haufens, bestehend aus Spinnern, Hooligans und alten Kerlen in Donkey Jackets, uns zur Hilfe eilte und wir es schafften die Masse von Gooners wieder die Straße hoch zu treiben. Ich erinnere mich wie alle riefen: „Wo ist Denton, der große, schwarze Bastard?“ Er war damals ihr Anführer.´

Während der Neunziger hatte Arsenal viele Auseinandersetzungen mit der wiedererstarkten Firm der Spurs, die Intensität dieser Ausschreitungen waren jedoch nicht mit den Schlachten der Siebziger vergleichbar. Das Pendel schwang zurück und die meisten Zwischenfälle gingen zu Gunsten von Tottenhams wachsendem Mob aus.

Bei einem dieser Aufeinandertreffen, einer nächtlichen Schlägerei vor dem Gas Light Pub im Finsbury Park, beschmissen sich dreißig Leute von jeder Seite mit Gläsern, Flaschen und anderen Wurfgeschossen.

„Sie verabreden die Kämpfe per Mobiltelefon,“ kommentierte Superintendent Andy Smith. Zuvor hatte eine Polizeiaktion, an der 250 Beamte beteiligt gewesen waren verhindert, dass es zu größeren Ausschreitungen während des Spiels kommen konnte.

Die News of the World verurteilte die Vorkommnisse, als sie über ein Aufeinandertreffen der Mobs berichtete: ´Der gestrige Gewaltausbruch zeigt, was seit neustem unter Derbyrivalität verstanden wird, es ist die Hölle oder schlimmer. Es ist Hass. Als Wright einen Elfmeter verwandelte, zeigte der folgende Ausbruch von Gewalt, dass sich ein Fußballballspiel schnell in einen Kriegsschauplatz verwandeln kann. Den jubelnden Torschützen hätten die Spurs Fans am liebsten umgebracht.

Ist es in Nordlondon soweit gekommen, dass ein Fußballspieler nicht einmal ein Tor bejubeln darf, ohne dass er Hass auf sich zieht ? Eine Schlägermentalität hat sich bei diesem einst großen Derby breitgemacht und hinterlässt merklich Spuren.´

In den Neunzigern kam es zwischen Arsen Wenger und Alex Ferguson zu regelmäßigen Wortgefechten, die den Hass zwischen Man U und Arsenal Fans anheizten. Obwohl Arsenal niemals richtig mit Man Uniteds vereinten Mobs mithalten konnte, gab es zwischen ihnen einige kleinere aber brutale Prügeleien im Laufe der Jahre.

Bei einem Ligaspiel 1999 wurde ein Man United Anhänger aus dem Zug gezerrt und auf dem Bahnsteig von einer Gruppe Arsenal Hooligans übel zusammengeschlagen. Bei einem anschließenden Gerichtverfahren kam auch zur Sprache, dass die Gooners, nachdem ihr Team 1:0 verloren hatte, einen rivalisierenden Mob in Highbury überrannten.

Dieser Vorfall war von Überwachungskameras aufgezeichnet worden, die Polizei rief daraufhin ´Operation Barren´ ins Leben, um die Beteiligten zu identifizieren. „Wir haben mehr als zwanzig sehr, sehr gefährliche, mutmaßliche Arsenal Hooligans, die an der Sache mit einem bestimmten Man United Fan beteiligt seien sollen," verkündete ein Officer. Man dachte, dass diesmal nicht nur Fußsoldaten, sondern auch Rädelsführer in die Sache verwickelt wären.

Arsenals Team war wieder an der Spitze des britischen Fußballs, Pokale wurden mit Man United hin und her getauscht und die beiden Mobs tauschten bei jeder Gelegenheit Schläge aus. Nach einer Niederlage im FA Pokalhalbfinale, dass durch ein Wundertor von Ryan Giggs berühmt wurde, stürmten Hooligans beider Seiten auf dem Spielfeld aufeinander los. Einige Jahre später verlor Arsenal wieder, im gleichen Wettbewerb und am selben Ort. Außerhalb des Stadions brachen Massenausschreitungen los, die von vielen als die größten zwischen diesen beiden Mobs, seit zwanzig Jahren angesehen wurden.

Doch Arsenals wachsender Erfolg als Fußballverein übertrug sich nicht nennenswert auf die Masse der Hooligans. Fußball wurde ´trendy.´ Nirgendwo mehr als bei Arsenal, wo durch Nick Hornbys Buch Fever Pitch die Mittelschicht auf den Sport aufmerksam wurde.

Die Fanbasis bei Arsenal hat sich dramatisch geändert und Stadien ohne Stehplätze, sowie sechs Jahre Wartezeit für eine Dauerkarte, ließen eine neue Generation Hooligans gar nicht erst aufkommen. Aber Arsenal Fans können immer noch Ärger machen. Im Mai 2000 stand der Club im UEFA-Pokalfinale dem türkischen Verein Galatasaray Istanbul gegenüber. Austragungsort war die dänische Hauptstadt Kopenhagen. Und auf einmal hielten alle Kerle aus England zu den Gunners. Der Grund dafür war einfach, Galatasaray hatte gegen Leeds United im Halbfinale gespielt und vor diesem Spiel wurden zwei englische Fans getötet. Eine Fülle von Internet-Seiten hatte Arsenal in diesen Krieg berufen. 2.000 Polizisten waren bei diesem Spiel im Dienst, ein Fünftel aller Polizisten der Stadt, aber auch sie konnten die erbitterten Kämpfe, die sich in der Innenstadt ereigneten nicht verhindern. Es gab Opfer auf beiden Seiten. Ein Arsenal Fan erlitt einen Messerstich in den Bauch und einem Türken wurde fast das gesamte Ohr abgerissen. Die Verletzungen hätten aber auch leicht schlimmer ausfallen können.

Eine Gruppe türkischer Fans fand sich plötzlich von einer viel größeren Gang Arsenal Fans umzingelt und konnte nur gerettet werden, indem die Polizei mit Fahrzeugen in die Mitte der Gruppe fuhr und Tränengas einsetzte.

Siebenunddreißig Arsenal Anhänger erhielten ein Verbot künftigen Spielen beizuwohnen, nachdem sie auf Fotos und Fernsehbildern aus Kopenhagen erkannt worden waren. Ein anderes Zeichen dafür, wie sich der Fußball verändert hatte ist, dass diese Ausschreitungen live übertragen wurden, in Haushalte der ganzen Welt.

Das Ausschlachten des Themas durch die Medien, brachte zwangsläufig ein hartes Durchgreifen der Polizei mit sich. Zeitungen veröffentlichten Namen und Beschreibungen Dutzender Arsenal Hooligans. Viele Festnahmen folgten und die Stimmung innerhalb des Mobs wurde misstrauischer, doch es gibt diese Firm noch immer.

Weiterführende Literatur: Knuckle Sandwich, Philip Cohen und David Robins (Penguin), Steaming In, Colin Ward (Simon & Schuster)

Aston Villa

Stadion: Villa Park
Firms: The Steamers, C Crew, Villa Hardcore, Villa Hardcore Apprentices
Feinde: Birmingham City, West Bromwich Albion

„Auf diesen Tag wurde lange gewartet. Ja, wir haben uns in der Stadt unsere Freiheiten genommen, früher und heute. Aber hier ging es um die erste Liga-Begegnung seit 1987 und jeder Arsch war auf den Beinen: C Crew, Steamers, Villa Youth und Villa Hardcore." So beschrieb ein Mitglied der 'Villa Hardcore' den wohl schwersten Vorfall der jüngeren Vergangenheit gegen die verhassten Rivalen von Birmingham City. Der sogenannte 'Krieg an der Rocky Lane' 2002 führte zu Verhaftungen und Gefängnisstrafen und auch zu verschiedenen Darstellungen der Ereignisse. Für den Villa Mob war es ein denkwürdiger Tag. „So ungefähr acht von uns kamen in der New Street an, kein geringerer als unser bester Mann hatte entschieden, dass wir uns treffen. Wir warteten auf einen Telefonanruf und spazierten in die Innenstadt. Caps und Stone Island Label wurden abgelegt, zwei von uns gingen in die Hurst Street und sahen wie ein Taxi nach dem anderen vor dem PJ's (einen Treffpunkt der Birmingham City Hooligans) hielt. Natürlich gingen wir noch vorbei und wagten einen Blick durch das Fenster. Wir sahen geradewegs ein Dutzend ihrer Top Leute am Tresen sitzen. Hauptsächlich die bekannteren schwarzen Jungs.

Wir erhielten den erwarteten Anruf und uns wurde gesagt, wir sollen ins Sensations kommen. Wir hatten nie von dem Laden gehört, aber er sollte irgendwo in Moseley sein also sprangen wir in ein Taxi. Dort angekommen trafen wir gleich einen der führenden Jungs von der C Crew, jedoch keinen unserer Leute (Villa Hardcore war eine separate Firm). Beiläufig erfuhren wir, dass die Hardcore Jungs sich im O'Reilly's treffen würden. Im Sensations war alles voll mit Leuten der C Crew und der Steamers, über fünfzig Mann und immer mehr kamen in Taxis an. Zwei Rädelsführer der C Crew hatten gerade bei einen Spaziergang getestet, wie lange man von dem Laden bis zum Stadion brauchte, um dort auf die Zulus (Brimingham Citys Firm) zu treffen. Das war militärische Präzision vom Feinsten. Das beste an allem war, dass die Zulus das O'Reilly's bereits ausgespäht hatten. Sie hatten ein paar schwarze Jungs, die herum fuhren und sie wussten, dass unser Anführer und 250 Leute da drinnen waren. Was sie nicht wussten war, dass es eine zweite Firm gab, die an einem anderen Treffpunkt wartete und nun schon über 100 Mann zählte. Wir hatten vor diese Wichser von zwei Seiten anzugreifen. Wir sprangen schnell in ein Taxi Richtung O'Reilly's um uns noch Eintrittskarten zu organisieren. Als wir gerade auf der Straße waren, kam eine Horde Leute auf uns zugelaufen. Unser Taxi wendete und wurde mit Flaschen, Gläsern, Kugellagern, einem Auspuff, Vergasern und Radkappen bombardiert. Diese verfluchten Zulu-Arschlöcher hatten auf ihrem Weg zu uns einen Schrottplatz geplündert. Ich bekam ein Kugellager gegen den Kopf und der Typ neben mir hatte eine klaffende Wunde, verursacht von einer Auspuffhalterung, am Schädel. Als ihr Angriff erst einmal abgeebbt war, rannten wir auf sie zu. Es wurden kräftige Schläge ausgeteilt, es war wohl so etwas wie eine übernatürliche Kraft, keiner wollte aufhören und zuerst klein beigeben.

Uns war klar, dass die Bullen da waren und uns filmten. Fäuste flogen hier und da, aber wir konnten sehen, dass ihre wichtigsten Leute kurz vor dem Aufgeben waren. Die Hauptakteure auf beiden Seiten versuchten den Kampf aufrecht zu halten. Es entwickelten sich nun kleinere Rangeleien, die Blues (Birmingham City) schrieen 'Zulus' und kamen etwas vor, wobei ihre guten Leute einige Schläge und Tritte landeten, Villas Mob blieb jedoch stehen und antwortete mit gleichen Mitteln, es schien eine der üblichen Schlägereien zu werden.

Meiner Meinung nach müssen die Bullen vor Freude geheult haben. Mehr und mehr Leute versuchten jetzt ihre Mützen tief runter zu ziehen, sich Kapuzen aufzusetzen oder sich mit Schals zu vermummen. Die Cops ließen es einfach weiter laufen und machten eine Menge Fotos. Du kannst auf niemanden sauer sein, weil er nicht voll Gas geben kann, wenn die Bullen nur ein paar Meter entfernt stehen und filmen. Und ich kann immer noch nicht die Gefängnisstrafen begreifen, die für diesen Zwischenfall verhängt wurden.

Das Lustigste was ich sah, war wie einer unserer Jungs, der sich an die Zulus anschlich, mit einem abgerissenen Regenrohr auf sie einschlug. Ich kann nicht sagen wie lange das alles dauerte, aber es schienen Ewigkeiten zu sein, was natürlich nicht stimmte. Als die Prügelei allmählich ausklang, trafen Mannschaftswagen voll mit Polizisten ein. Ich bemerkte eine kräftige Hand auf meinen Schultern und mir wurde gesagt, ich solle mich verpissen.

Eine Sache muss aber zwischendurch klargestellt werden. Die Zulus erzählen uns heute noch, wie sie mit vierzig Mann gegen 200 von uns stehen geblieben wären. Was denken sich diese Spinner nur, wir waren auch gerade mal vierzig Leute. Als die Jungs im O´Reilly´s merkten, dass draußen die Zulus aufliefen, rannten immer mehr von ihnen die Straße runter, sie wurden aber durch einen LKW gestoppt, der den Weg blockierte. Menschen reagieren langsam wenn sie betrunken sind.

Wegen des Ausrufs ´Zulus!´ wurde an diesem Tag noch einige Male Fehlalarm geschlagen.

Was die Schlacht des Jahrhunderts werden sollte, hatte sich in eine Art mexikanisches Duell verwandelt. Es stand unentschieden. Beide Firms hatten versucht die jeweils andere auszuschalten und beide waren gescheitert. Die Bullen sammelten alle ein und brachten uns auf den Parkplatz des O´Reilly´s, wo sie uns filmten und kontrollierten ob wir Karten für das Spiel hatten. Wir hatten keine, erhielten einen Platzverweis und entschieden uns zurück in Richtung Innenstadt zu gehen.

Als wir uns dem Stadion nährten, sahen wir einen Hubschrauber kreisen und Krawalle losbrechen. Was war das für ein Anblick, wie die Zulus beim Ankommen der C Crew über die Straße flitzten. Die Jungs von Birmingham City wurden in ihrem eigenen Revier überrannt. Sie versuchten sich heraus zu reden, dass ihre Top Jungs nicht da gewesen wären, aber verdammt sie waren da. Ihr Problem war nur, dass die Masse ihrer Leute an der Rocky Lane in einem McDonalds saß.

Die wenigen von ihnen, die stehen blieben, wurden umgehauen, der Rest flüchtete. Es war ein nettes Schauspiel, als die Polizei die C Crew Jungs einsammelte und zum Stadion eskortierte. Als sie an uns vorbei gingen sangen sie ´Eins Null für die Villa Jungs!´ Wir applaudierten ihnen. Die Zulus hatten ihre Chance und haben sie vertan.“

Die Third Divison war eine Beleidigung für einen Verein wie Aston Villa. Sie haben vielleicht nicht die größte Titelsammlung im Land, aber ein Club der Massen von mehr als 55.000 Menschen anlocken konnte, sollte nicht soweit unten spielen, das war nicht richtig. Als ob die Villa Fans ihren Unmut über die Spielklasse dadurch ausdrücken wollten, liefen sie Amok, begonnen mit dem Eröffnungsspiel auswärts in Chesterfield.

Einige Villa Anhänger kannten einfach kein anderes Benehmen. Sie setzten es fort Streit bei Auswärtsspielen zu suchen, auch wenn sie nicht immer als Sieger hervorgingen.

Als sie Anfang September 1972 in Cardiff waren, lief so einiges schief. Der Quinton Mob, hauptsächlich Skinheads aus Birminghams Stadtteil Quinton, hatte es geschafft vor dem Spiel in das Cardiff City End zu kommen und hielt sich dort eine Weile. Aber die pure Kraft rasender Waliser drückte sie raus und wütete brutal unter ihnen, noch bevor der Schiedsrichter zur Halbzeit pfiff.

Villas Auswärtstrip in die Midlands zu ihren Rivalen von Nottingham Forest war ein weiteres schwieriges Unterfangen, wie sich einer der Quinton Veteranen erinnerte: „Es war ein irrer Tag, vom Anfang bis zum Ende. Villa stand in der Tabelle ziemlich weit oben und 6.000-8.000 Anhänger fuhren mit zu Forest. Nur zwei Wochen zuvor hatte es bei einem abendlichen Ligapokalspiel zwischen den Vereinen eine Schlägerei gegeben, die aus Villa-Sicht günstig ausgegangen war. Wir kamen zum Stadion und bis dahin war fast nichts passiert. Doch dann begann der Spaß. Den ersten Angriff startete Forests East Stand Mob noch vor dem Anpfiff und wir prügelten ihn die Tribüne runter Richtung Trent End. Es wurden auch mehrere Versuche von uns gestartet ins Trent End einzudringen, doch es bestand keine Chance.

Etwa zehn Minuten vor Spielende verließen beide Parteien Villa, als auch Forest gleichzeitig das Stadion. Wir rannten auf die Rückseite des Trent End und jagten alles vor uns her, was wir für Nottingham Hooligans hielten. Sie rannten auf die Rampe am Stadion zur Trent Bridge, drehten um, blockierten die Rampe und waren nicht weg zu bewegen. Einige Villa Jungs wurden in den Fluss befördert, am auffälligsten dabei war ein asiatischer Typ, der beinahe ertrunken wäre, hätte ihn ein Forest Skingirl nicht herausgefischt. Es entstand nun ein totales Chaos, bei dem der Villa Mob in kleine Gruppen um und auf der Brücke zersplittert wurde. Es endete damit, dass jeder auf sich gestellt, versuchte zur Haltestelle zu kommen.

Die Arkwright Street wurde für uns zu einer Straße vieler kleiner Niederlagen. Und die paar Villa Leute die bereits an der Haltestelle waren, steckten in richtigen Schwierigkeiten. Es war die schlimmste Abreibung die ich mit dem Villa Mob erlebt habe.

Wie dem auch sei, erster Weihnachtstag, die gleiche Saison, Rache ist Süß. Die paar Hooligans die Forest aufbot gingen ins Witton End und warteten dort auf die brutalste Trachtprügel, die ich je gesehen habe. Arme Kerle, ich hatte beinahe Mitleid mit ihnen, aber nur beinahe.“

Die Villa Jungs kamen auch 1973 in Oxford ins Straucheln, obwohl sie mit zwei Sonderzügen, die je 800 Mann Besatzung hatten anreisten. Die Hooligans gingen geradewegs ins Home End und erhielten eine Weile Gegenwehr. Dann fielen sie auf ein klassisches Ablenkungsmanöver rein, als zehn Oxford Typen sie vom Spielfeld aus provozierten. Der Villa Mob bewegte sich auf sie zu, ohne darauf zu achten, dass sich hinter seinem Rücken eine schlagkräftige Oxford Firm versammelte. Diese Firm stürmte dann nach vorne in Richtung Spielfeld und prügelte dabei den Villa Mob aus ihrem End bis auf den Platz.

Die Mannschaft von Aston Villa war 1975 in bestechender Form und schaffte auswärts bei Sheffield Wendsday den Aufstieg in die zweite Liga. Villa Anhänger besetzten nicht nur das Home End, was bei dem Ruf der Wendsday Leute keine besondere Kunst war, sondern sie besetzten gleich das komplette Stadion. Beim Abpfiff rannten mindestens 2.000 Fans friedlich auf das Spielfeld. Einige fielen auf ihre Knie und priesen Trainer Ron Saunders.

Ein neuer Mob tauchte damals bei Villa auf, der sich 'The Steamers' nannte. Er trat das erstemal in Erscheinung, als 100 Mitglieder dieser Gang in Man Citys Kippax stürmten, daher auch der Name Steamers.

Ein anderer großer Kampf fand 1975 gegen Manchester Uniteds Red Army auf einer Tankstelle statt. Es gab zu der Zeit so viel Ärger, dass Busse mit Fußballfans nicht mehr an Raststätten halten durften und das wurde auch unablässig von der Polizei kontrolliert.

Die wichtigen Personen bei den Steamers waren Woody, Melvyn, Foxy, Mouse, Big H, Rosco, Johnny Green, Dewar, Ginger, Dave und Pete 'The Greek.' Sie tranken oft in einem Pub der 'The Hole' hieß und im Birmingham City Centre war, dort trafen sie sich auch vor wichtigen Spielen, wie beispielsweise gegen die Blues. Sie versammelten sich und gingen von da zum St. Andrew's Park. Das war ihre Verbindung zu dem Laden über dessen Theke jahrelang eine Tafel hing, auf der über 100 ihrer Namen verewigt waren. Sie waren Freunde, Saufkumpanen und Kameraden im Kampf.

Obwohl Melvyn der Anführer und bis in die Mitte der Neunziger aktiv war, war Pete The Greek der Bekanntere von Beiden. „Bei einem Heimspiel gab er einem Polizeipferd eine Kopfnuss, das Tier war Teil einer Absperrung, die uns von den anwesenden Man U Fans trennen sollte," erinnerte sich einer der alten Villa Hooligans. „Er wurde angeklagt und es wurde die Schlagzeile in der Evening Mail." Ein anderer rief die Ereignisse eines Spiels in der Third Division Anfang der Siebziger wieder in Gedächtnis: „Die Preston Jungs hatten uns entdeckt und in einer Sackgasse abgeschnitten. Pete war bei uns und während die Meisten es für eine ausweglose Situation hielten, begann er einen Holzzaun auseinander zu nehmen und die Zaunlatten für unser letztes Gefecht zu verteilen. Die Preston Hooligans, die zahlenmäßig weit überlegen waren, schienen daraufhin ein wenig von ihrer Aggression zu verlieren. Dann hatte Pete genug, er entschied, dass wir sie angreifen sollten. Es entstand ein totales Chaos, doch plötzlich hatten wir die Oberhand, der Preston Mob zerstreute sich, jedenfalls der Teil, der nicht umgefallen war. Danach erfuhren wir, dass der nächste Zug voll mit Villa Jungs angekommen war. Irgendwie hatten sie von unserer Zwangslage erfahren und die Preston Leute von hinten angegriffen."

Der Villa Mob wurden hin und wieder daran erinnert, dass nicht jeder Tag so erfolgreich sein konnte wie ihre Auswärtsfahrt zu Man City. Beispielsweise als sie eine Kostprobe erhielten, was schottische Hooligans sind.

Im Oktober 1976 war der Verein Gastgeber eines Freundschaftsspiels gegen den schottischen Fußball-Riesen Glasgow Rangers. Fast 100 Leute wurden festgenommen und das Spiel musste abgebrochen werden, als die Rangers Fans das Spielfeld stürmten. Die Massen aus Glasgow gaben eine lehrreiche Vorstellung in Sachen Fußballrandale, wobei die Birmingham Post hauptsächlich dem Verein Aston Villa die Schuld gab.

Man hätte wissen müssen, dass es bei Spielen der Rangers oft zu Ausschreitungen kam. 'Villa war nicht verpflichtet dieses Spiel auszutragen,' schrieb der Journalist Ian Willams. 'Hätte der Verein einmal eine kurze Umfrage unter den Anwohnern in Aston gemacht, ob das Spiel stattfinden soll, eine klare Antwort wäre dabei rausgekommen. Und diese Antwort wäre NEIN gewesen, nicht in hundert Jahren.'

Fast genau ein Jahr darauf standen die Villa Anhänger wieder im Mittelpunkt des Medieninteresses, nachdem sie in Leicester für Krawalle gesorgt hatten. Die Polizei war auf die Tausenden Villa Fans, die anreisten nicht vorbereitet. Der Gästeblock, sowie zwei weitere Abschnitte des Stadions waren voll, als beschlossen wurde, einen weiteren Block, der eigentlich von heimischen Fans besucht wurde zu öffnen. Um die Fangruppen von einander zu trennen, bildete die Polizei eine Menschenkette, über der sich bald eine Art Tennis mit Wurfgeschossen entwickelte. Der Tag wurde vom Leicester Mercury eingehend beschrieben:

Die Polizei bemerkte die aufsteigende Aggression und bereitete sich außerhalb des Stadions, auf den Ärger nach dem Schlusspfiff vor. Wie es üblich ist wurden Beamte aus dem Stadion abgezogen, um Posten an markanten Punkten zu beziehen, damit nach dem Spiel die Fangrup-

pen voneinander ferngehalten werden konnten.

Leicester lag jetzt 0:2 zurück und es schien nicht mehr viel zu passieren. Als die Zahl der Wurfgeschosse plötzlich stark zunahm und ein Kampf auf den Rängen entbrannte sprangen Leicester Fans über die Absperrungen und Werbebanden auf das Spielfeld. Polizei und Ordner versuchten vergeblich sie aufzuhalten. Schiedsrichter Robinson hatte keine andere Wahl, als die Spieler für einige Minuten vom Platz zu nehmen, bis wieder Ordnung hergestellt war. In Block Eins zerstörten Villa Anhänger, einige offensichtlich betrunken, die Glasscheiben auf der Rückseite mit Füßen, Ellenbogen und sogar mit Händen, um so an Munition für eine neue Salve zu kommen.

Die Polizeikräfte, die außerhalb des Stadions oder auf den Weg nach draußen waren, konnten nicht eingreifen, so dass die Zahl der Beamten im Stadion beim Schlusspfiff geringer als normal war. Die Polizei versuchte selbstlos, die Fan Gruppen um jeden Preis getrennt zu halten. Es gab in dieser Polizeikette nur ein einziges Loch, aber durch das strömten die Hooligans, mit der Absicht die Straßen zu verwüsten. Mindestens 200 von ihnen rannten die Sawday Street runter, wobei sie Autos demolierten, Scheiben einschmissen und alles in Schutt und Asche legten.

Als sie in der Ayleston Road ankamen, stand eine Auseinandersetzung kurz bevor. Sie stellten fest, dass sie unbemerkt zwischen zwei Polizeieinheiten geraten waren, von denen eine die Villa Fans eskortieren sollte und die andere die Leicester Anhänger abschirmte. Hier sahen die Hooligans ihre Chance und als die Polizeilinie erst einmal durchbrochen war, entbrannte eine wahre Schlacht. Flaschen, Dosen, Steine, Münzen, Muttern und Schrauben ..... es war ein wahrer Regen von Geschossen, der viele, darunter auch Polizeibeamte verletzte.

Es gab auch einige hässliche Schlägereien bei denen hauptsächlich Stiefel als Waffe eingesetzt wurden. Eine etwa zwölf Mann starke Gruppe Villa Hooligans trat mindestens zwei Minuten auf einen Leicester Fan ein, als schließlich ein Krankenwagen eintraf, war er bereits tot. Die Polizei schritt ein und trennte die Fanlager, aber es gab schon in den folgenden Minuten wieder mehrere kleine Konfrontationen mit weniger schlimmen Ausgang. Es besteht nicht der geringste Zweifel, dass die Villa Hooligans den Ärger angefangen haben, aber die Randerscheinungen in Leicester besiegelten das Chaos vollends. Jeder verfügbare Polizist hatte Dienst, bis alle Busse, Autos und Züge die Stadt verlassen hatten.

Die Zwischenfälle wurden so häufig, dass sich der Verein im September 1978 gezwungen sah, mit einem Appell an die Fans zu treten: ´Die Mitteilung, die der Club Aston Villa diese Woche einer bestimmten Gruppe von Anhängern machen möchte, ist: WENN IHR EUCH NICHT BENEHMEN KÖNNT, BLEIBT WEG. Es existiert kein Grund es zu verschweigen, es gibt Leute, die in den Villa Park kommen und hier einfach nicht erwünscht sind. Es wird wohl auch niemanden überraschen, dass wir die sogenannten Fans aus dem Wilton End meinen. Es gibt nach unserer Ansicht keine Zweifel, dass Leute die Villas Farben trugen, in diesem Teil des Stadions gegnerische Fans vorsätzlich provoziert haben.´

Es bedurfte keines Grundes die Chelsea Hooligans zu provozieren, die später in dieser Saison anreisten. Die Londoner standen bereits als Absteiger fest und ihr harter Kern wollte sich mit Stil aus der Liga verabschieden. Sie hatten es weniger auf das Wilton End abgesehen. Sie wollten etwas größeres – und nahmen das Holte End ein. Sie schlichen sich in kleinen Gruppen in das Holte End und auf ein Signal von Chelsea Anführer Eccles brach eine wilde Prügelei aus, in deren Verlauf die heimischen Fans aus dem End geworfen wurden.

Aber auch außerhalb des Stadions gab es Ärger. Bei einem dieser schockierenden Vorfälle war ein asiatischer Ladeninhaber von einer Gruppe Chelsea Jungs mit Motorradketten angegriffen worden, diese Jungs aus Hounslow sollten noch als die Headhunters bekannt werden. Selbst fünfundzwanzig Jahre nach dieser Attacke, waren einige der Beteiligten noch immer bei Chelseas Firm aktiv. Chelsea war aber nicht der einzige Londoner Verein, dessen Mob das Holte End einnahm.

In der nächsten Saison entschloss sich eine kleine Gruppe von jungen West Ham Hooligans sich einen Namen zu machen, indem sie Villas Kurve einnahmen, unter ihnen war Andy Swallow. Begleitet vom Beifall des Rests ihrer angereisten ´Armee´ prügelten sie die Heim Fans vor sich her. Dieser Sieg war die Geburtsstunde von West Hams Inter-City Firm.

Im März 1980 bot sich dem Villa Mob, bei einem FA Pokal-Viertelfinale in West Hams Upton Park, die Chance für eine Revanche. Doch die C Crew sollte eine ihrer herbsten Niederlagen kassieren, wie sich einer von ihnen erinnerte: „Wir kamen ins Stadion und standen im Block direkt hinter dem Tor, alles was wir hören konnten war ´Kommt schon Villa.´ So zirka 100 der besten West Ham Jungs hatten sich gegen 14.45 Uhr in unseren Block geschlichen und was sie jetzt machten, kann man wohl am besten als Blitzangriffe beschreiben – sie kamen schnell, verprügelten ein paar Leute und veranstalteten Chaos, dann verpissten sie sich wieder eilig. Ich sah einige von denen in ihrem Block, aber irgendwie schafften sie es alle fünfzehn Minuten wieder zu uns zu kommen, wohl mit Hilfe der Ordner. Alle die verhaftet wurden waren Villa Jungs.

In der zweiten Halbzeit wurde es schlimmer. Da waren Ordner an den Durchgängen, die auf einem Auge blind zu seien schienen wenn West Ham Hooligans durchflitzten. Einige von uns glaubten, dass sie in den Plan eingeweiht waren.

Es war bis dahin ein Schlagen und Weglaufen vom West Ham Mob, doch jetzt griffen die Londoner in Massen an. Als die Villa Leute versuchten aus dem Block zu flüchten, trafen sie auf eine Gruppe von West Ham Hooligans, die in den unteren Rängen auf sie gewartet hatten. Viele Villa Jungs versuchten zurück zu laufen, aber sie waren gefangen wie in einer Sardinenbüchse.

So etwas hatte wohl noch keiner von uns erlebt. Sie waren gut organisiert, wir hingegen naiv, unvorbereitet und Angst schien sich breit zu machen. Es kam so schlimm, wie es kommen konnte. Du sahst, wie Leute zu denen du aufgeschaut hast, überrannt und verprügelt wurden. Auf dem Platz sah es auch nicht besser aus, wir kassierten ein Tor durch einen umstrittenen Elfmeter. Abseits des Spielfelds stürmten immer noch Hunderte von West Ham Hools auf uns los und es gab keine Möglichkeit sich zu verstecken. Alle liefen auseinander, nur wenige vom Villa Mob hielten zusammen.

Zu viert machten wir uns auf den Weg zu unserem Auto. Doch plötzlich wurden wir von etwa fünfzig West Ham Typen entdeckt, die es auf das Auto abgesehen hatten. Nach einigen Versuchen sprang der Wagen endlich an. Das Resultat: Zwei eingeschlagene Autoscheiben und eine Beule in der Seite – und sie hatten gewonnen." Herzlichen Glückwunsch, sie sind soeben der ICF begegnet.

In der Saison 1980/81 dominierte Aston Villa die erste Liga. Man holte die erste Meisterschaft seit 1901 und komplettierte das Ganze indem man das Double beim Erzfeind Birmingham City holten. In der folgenden Saison gewann der Verein den Europa Pokal und 1983 den europäischen Super Pokal. Es war eine gute Zeit für die eine Seite Birminghams, aber der Erfolg trug nur wenig zur Eindämmung der Gewalttaten bei. Sehr zum Ärger der Anwohner, die wiederholt Kämpfe auf ihren Straßen erdulden mussten. Das Problem wurde so groß, dass sich eine Bürgerwehr gründete, um die Häuser in Stadion Nähe zu schützen.

Als Antwort auf die wachsenden Beschwerden, veröffentlichte der Verein im Oktober 1980 Pläne für den Bau eines neuen Busparkplatzes für Gäste und der Einführung von Polizeieskorten zum Stadion, sowie nach Spielende zu den Fahrzeugen, um so jegliches Aufeinandertreffen mit lokalen Anhängern zu vermeiden.

Das Aufgeben des Holte Ends gegen Chelsea und West Ham war eine große Demütigung für die Villa Jungs. Während sie sich darauf eingeschossen hatten, die Auswärtigen Leute im Wilton End zu terrorisieren, war ihr eigenes End verwundbar geworden.

Ein neuer Hooligan Mob tauchte auf, um Niederlagen, wie die vorangegangenen zu verhindern. Er wurde C Crew genannt, der Name kam von der unteren rechten Ecke des Holt End, der ersten Verteidigungslinie für den Fall, dass Gegner eindringen wollten. Zu den besten Zeiten konnte der Mob 500 Mann zusammentrommeln. Es waren sehr gute Leute wie Brownie, Billy, Black Danny, Heaffy, Coley und Fordie unter den Mitgliedern.

Black Danny sollte einer der berüchtigsten unter den Villa Hooligans werden. Er war Gründungsmitglied der C Crew, groß, drahtig und er hatte Mut. „Er und zwei andere Typen starteten in den späten Siebzigern, bei einem Spiel im Scunthorpe einen Angriff auf das Home End, zur Halbzeit war das End geräumt," erinnerte sich einer der Villa Burschen. „Gewöhnlich ging er immer zum Boxtraining in einen Laden Namens Alcan Plate, in Birminghams Bezirk Lee Village. Die Zulus hatten davon gehört und kamen dort mit vierzig Leuten hin, als das Boxtraining beendet war. Sie warteten draußen auf ihn und taten groß, aber er trat vor die Tür und holte ein verdammtes Schwert raus - es traute sich natürlich keiner an ihn ran. Wahrscheinlich fingen sie damals an ihn ernst zu nehmen. Ich würde nicht sagen, dass er unser Anführer war, doch er hatte eine sehr gute Firm um sich versammelt."

Als Villa dann Liverpools Vorherrschaft im englischen Fußball angriff, war es nicht verwunderlich, dass auch die Anhänger beider Vereine wiederholt aneinander gerieten. „Unsere größten Prügeleien in den späten Siebzigern, schienen die gegen Liverpool FC zu sein," sagte ein Ex-Steamer. „Wir fuhren immer mit viel Gefolgschaft zu ihnen, aber oft wurden wir irgendwie getrennt. Entweder bei den Bussen zum Bahnhof oder auf dem Weg zu beziehungsweise von den Bussen Richtung Stadion. Es gab keine schlimmeren Auswärtsspiele als die an der Anfield Road, aber bei den

Rückspielen im Villa Park gab es dann immer eine 'Wiedergutmachung.'"

Die C Crew machte da weiter wo die Steamers aufgehört hatte. 1980 kurz nachdem sich der Mob gegründet hatte, wurden einige Mitglieder von Liverpoolern schwer verprügelt. Keiner hatte mehr abbekommen als Black Danny, der auch wegen seiner Hautfarbe zur Zielscheibe geworden war. Bei dem nächsten Besuch von Liverpools Mob war man auf Rache aus. „Nach der Scheiße die 1980 an der Anfield Road passiert war, speziell mit Black Danny, beschloss die C Crew : Wir werden sie schlagen und wir werden sie früh schlagen," erzählte ein Mitglied. „Wir warteten darauf, dass ihr Zug einlief, wir ließen sie die Rolltreppe hochkommen, dann knallte es! Wir schlugen von überall auf sie ein und zu ihrem Pech wurden viele Messer gezogen. Die Liverpool Jungs rannten in Läden, Villa Hooligans verfolgten sie schlitzend und stechend. Viele der Opfer hatten Schnittwunden und Black Danny wurde festgenommen, kein Wunder wenn man 1,95 Meter ist, da wird man leicht erkannt.

Er wurde beschuldigt sechs von ihnen mit einem Messer verletzt zu haben, doch dass war nicht alleine er gewesen. Die Liverpooler waren eindeutig in der Überzahl, aber wir waren wilder und schlitzten jeden Arsch, den wir erwischen konnten auf. Blut floss über den Bürgersteig und in die Eingänge der Geschäfte. Um alles noch schlimmer zu machen, passierte das alles vor den Augen entsetzt schreiender Passanten, die gerade einkauften."

Aus Angst vor Vergeltung, machten die Jungs von der C Crew ihre nächste Fahrt nach Liverpool in sieben Reisebussen. Sie waren, wie einer der Villa Hooligans sagte, vorbereitet sie zu ficken. „Das zeigt, wie sehr wir Liverpool hassten." Black Danny hatte eine saftige Gefängnisstrafe bekommen, aber die C Crew war auf einem Höhenflug, sie folgte ihrer Mannschaft quer durch England und nach Europa.

Die Villa Hooligans waren so selbstbewusst, dass sie sogar in Birmingham Citys Kurve gingen, wo sie den Zulu Mob, der weiter oben auf den Rängen saß einfach überrannten.

Im April 1982 überschlugen sich die Schlagzeilen nach Krawallen bei einem Europapokalspiel in Anderlecht. Hunderte C Crew Mitglieder machten die Reise, viele ohne Eintrittskarte. Aber vor Ort und durch Schwarzhändler zu Hause, die alle Tickets verkaufen wollten, war es nicht schwer ins Stadion zu gelangen. Die Stimmung heizte sich vor dem Spiel auf, als zwei Anderlecht Anhänger mit ihrer Vereinsflagge auf das Spielfeld liefen. Zwei Villa Fans sprangen aus der Masse über den Zaun, sie prügelten und traten auf die Holländer ein. Die Polizei reagierte nicht, sondern ließ die beiden wieder über den Zaun in ihren Block klettern.

Ermutigt durch die Tatenlosigkeit der Ordnungshüter und erbost durch anti-britische Falkland Gesänge der Heimfans, begannen etwa 100 Villa Hooligans sich in Richtung des holländischen Mobs zu bewegen, der hinter dem Tor war. Es brachen kurzzeitig kleinere Schlägereien aus, bis die Polizei dazwischen ging.

Zwanzig Minuten nach Anpfiff brachen dann Massenausschreitungen hinter dem Tor los. Rivalisierende Banden tauschten Schläge und Tritte aus. Fans strömten auf den Platz, einige um zu flüchten, andere um die Flüchtenden zu jagen.

Ein paar Villa Spieler gingen rüber und versuchten die Anhänger zu beruhigen und es klappte, jedenfalls für den Augenblick. Das Spiel wurde für acht Minuten gestoppt und Polizeieinheiten bezogen Stellung. Unter anderem wurde ein Polizeibeamter bewusstlos aus dem Stadion getragen. Das Spiel wurde dann mit einer Polizeikette hinter dem Tor fortgesetzt, um die beiden Parteien getrennt zu halten.

Man verhaftete vierzig Personen und zählte sechsundzwanzig Verletzte. Villas Trainer warnte davor, dass so ein Verhalten die Finalteilnahme gegen Bayern München gefährden könne, während der Vorsitzende Ron Bendall erklärte: „Das waren nicht unsere Anhänger. Diese Leute kamen hier her und haben im Park übernachtet. Wir haben einige gesehen, die mit Whiskyflaschen rumliefen. Wir haben alle Vorsichtsmaßnahmen wie, Formulare, Fotos und Passkontrollen beachtet, wir können nicht verantwortlich gemacht werden."

Ein Sprecher der Brüsseler Polizei stimmte da nicht zu. Er nannte die Villa Fans 'Tiere' und sagte: „Sie sind eine Beleidigung für Englands Fahne. Sie sind nicht die Sorte Mensch, die in unserem Land gerne sehen. Alles was sie tun wollen ist, sich zu betrinken und Ärger zu machen."

Drei Jahre danach, sollte man sich im Zusammenhang mit der Brüsseler Heysel-Katastrophe an seine Worte erinnern.

Am folgendem Tag als sich Aston Villa und der englische Fußballverband darauf vorbereiteten Disziplinarmaßnahmen durchzuführen, beantragte Anderlechts Vereinssekretär Michael Verschueren den Ausschluss des englischen Clubs aus dem europäischen Wettbewerb: „Wir sympathisieren mit den Vereinen, die versuchen alle Vorschriften einzuhalten. Doch langsam aber sicher werden die Probleme immer größer. Es muss etwas getan werden."

Er sagte außerdem, dass die Spielunterbrechung, die Konzentration seiner Mannschaft zerstört hätte. Er beantragte, dass Villa aus dem Wettbewerb geschmissen oder wenigstens das Spiel wiederholt werden würden.

Das Warten auf das Urteil der UEFA war zermürbend. Viele dachten wegen der Ausschreitungen in die englische Hooligans während der letzten Jahre verwickelt waren, würde man ein Exempel statuieren. Während dessen äußerte der disziplinarische Ausschuss der UEFA seinen Unmut über das Verhalten englischer Fans im Ausland. „Brüssel war bereits dreimal betroffen," wurde Reportern gesagt und die Stadt werde bald keine Spiele mehr ausrichten an denen englische Vereine beteiligt sind.

Am Ende verständigte sich die UEFA darauf, dass das Ergebnis bestand hatte. Villa blieb im Wettbewerb und holte den Europapokal. Zu dieser Zeit gab es bei Villa einen Typen Namens Cockney Dave, einigen wohl auch als ´Raincoat Dave´ bekannt. Viele könnten Geschichten von dieser Nummer Eins unter den Fans erzählen, der bis aufs Mark Villa war und versuchte jeden Gegner zu stoppen, der sich im Villa Park Freiheiten rausnehmen wollte. Normalerweise bekleidet mit einem langen, dreckigen Regenmantel, alten abgetragenen Jeans und Stiefeln mit Stahlkappen, war er ein Relikt der Siebziger, aber deswegen nicht weniger beliebt. ´Jetzt gibt's was an die Ohren,´ war eine seiner Phrasen wenn er auf gegnerischem Gebiet war. ´Ich kannte Dave aus dem Crown Pub,´ schrieb Skittle vom Villa Hardcore Mob. ´Er war ein Schlägertyp, der auf uns Jungs in den frühen Achtzigern wie ein Magnet wirkte, mit seinen verrückten Geschichten und seinem Wissen über Fußballausschreitungen des gesamten zwanzigsten Jahrhunderts. Als wir jünger waren, hatte Dave immer ein Auge auf uns. Ich erinnere mich da an ein Spiel so um 1983 gegen Albion, ein großer schwarzer Typ, der auf der Straße stand, forderte die Villa Leute auf gegen ihn zu kämpfen, doch es schien so, als ob sich keiner an ihn ranwagte.

Das nächste woran ich mich erinnern kann ist, dass Dave ganz ruhig zu ihm rüber ging und ihn mit seinen Stahlkappen gegen das Schienbein trat. Du konntest den Typen bis in die Vororte, aus denen Dave kam, schreien hören, er kroch mit zertrümmertem Schienbein auf dem Boden.

Dave ging weiter die Straße entlang als wäre nichts passiert, wie ein ganz normaler alter Kerl auf seinem Heimweg, der aber insgeheim schon wieder Ausschau nach seinem nächsten Opfer hielt.´

Im Jahre 1984 spielte Aston Villa im Halbfinale des Milk Cup gegen Everton. Villa brachte die größte Gefolgschaft mit, die jemals bei Everton anreiste, darunter Hunderte Hooligans. Sie gingen in den Blue House Pub, einen der Treffpunkte der Everton Firm. Ein aufgebrachter Everton Mob stürmte augenblicklich den Pub und eine brutale Schlägerei folgte. Das Liverpool Echo berichtete, dass zehn Personen schwere Schnittverletzungen hatten, acht davon waren aus Birmingham.

Everton gewann das Spiel mit 2:0 und obwohl Villa das Rückspiel mit 1:0 für sich entschied, war man ausgeschieden. Es gab auch beim Rückspiel Kämpfe als Everton Hooligans nach Abpfiff auf das Spielfeld stürmten. Diese Auseinandersetzungen dauerten in der Gegend um das Stadion noch bis in die Nacht.

Über siebzig der Gäste wurden festgenommen, obwohl die Gewalttätigkeiten nicht so schlimm wie beim Hinspiel waren. Als die Angeklagten vierzehn Tage später zum Gerichtstermin anreisten, lauerte ihnen ein Villa Mob an der New Street Station auf und die Leute aus Liverpool erhielten eine Polizeieskorte zum Gericht.

Mitte der Achtziger tauchte eine neue Firm von jungen Villa Hooligans auf. Sie nannten sich Villa Youth und später Villa Hardcore, die Mitglieder waren rechts gesinnt, loyalistisch und weiß. Dieser Mob war auch stark von der National Front beeinflusst, was zu noch größeren Ärger mit den Zulus führte, die wie ihr Name schon verrät, eine Firm waren, der Leute mit verschiedenen Hautfarben angehörten. Obwohl die Villa Jungs ihren Lokalrivalen verachteten, standen sie Hooligan-mäßig immer in deren Schatten. Die Zulu Warriors machten Schlagzeilen im ganzen Land, Schlagzeilen brachten Zulauf und beides zusammen brachte Selbstvertrauen. Das zeigte sich auch bei den Zusammenstößen der beiden Gruppen.

Über 100 Leute wurden bei einem Vorfall festgenommen, den die Presse einen ´weiteren Tag der Schande´ nannte, dass war im September 1985. Die schlimmsten Kämpfe fanden damals an der Feuerwache am Lancaster Circus statt und berittene Polizei musste eingesetzt werden, um die beide Mobs zu trennen. Beide Seiten sind sich einig, dass die Zulus an diesem Tag gewonnen haben.

Der Anführer der Villa Hardcore war Stephen Fowler, der noch zu einem bekannten Gesicht bei Länderspielen der englischen Nationalmannschaft werden sollte. Das hatte aber auch Folgen für ihn, er wurde 1998 während der WM aus Frankreich verwiesen und 2000 in Belgien, sowie 2004 in Japan wurde ihm die Einreise verweigert.

Es war sein Verdienst, dass Villa über mehre Jahre auf den Landkarten der Hooligans erschien, aber auch dass Villa Hardcore den Ruf hatte, eine der rassistischsten Firms des Landes zu sein. Nach anfänglichen Verbindungen mit der National Front, haben einige Mitglieder der Firm die Nazi Gruppierung Combat 18 und vor nicht allzu langer Zeit die British National Party unterstützt. Ein paar der Leute waren auch in britischen Unterstützergruppen für nordirische Paramilitärs.

Villas rechtsradikale Verbindungen verärgerten natürlich die Zulus, sorgten aber auch für einen Bruch mit den früheren Villa Mobs, bei denen Leute wie Black Danny eine tragende Rolle gespielt hatten. „Bei einem Kampf gegen Birmingham Citys Firm (2002 an der Rocky Lane) sah Fowler ein, dass der Villa Mob durch die Spaltung auf viele gute Leute verzichten musste," sagte ein altes Mitglied der Crew.

Fowler hatte auch viele Feinde über das ganze Land verstreut. Huddersfields Firm, die einige schwarze Jungs in ihren Reihen hatte, hasste ihn besonders. Sogar Evertons Mob, der nicht gerade viele Schwarze anzog, bekamen eine starke Abneigung gegen ihn und seine Gefolgschaft. Nach einem Aufeinandertreffen in einer Liverpooler Kneipe mit Fowler und seinen Leuten, musste einer der Everton Hooligans mit 160 Stichen im Gesicht genäht werden.

Villa scheiterte weiterhin an Birmingham City, dieses Mal war es auf dem Spielfeld. Spät in der Saison verloren sie demütigend mit 3:0, in einem Spiel das entscheidend für den Klassenerhalt war. Der aufgebrachte Villa Trainer Graham Turner sagte nach dem Spiel: „Einige Ergebnisse sind inakzeptabel, doch nicht die Umstände wie sie zustande kamen.

Birmingham gebührt Anerkennung für ihr organisiertes Team und um ehrlich zu sein, haben sie auch entschlossener angegriffen." Diese Worte konnte man auch für die Aktivitäten neben dem Spielfeld geltend machen. West Brom, Birmingham und Villa belegten die drei letzten Plätze der Liga. Turners Worte schienen gewirkt zu haben, denn Villa schaffte es, aus den nächsten Spielen so viele Punkte zu holen, dass sie wieder einige Plätze in der Tabelle gut machten.

Bei der nächsten Begegnung mit Birmingham City gab es vor dem Spiel eine Schlägerei zwischen siebzig Villa Leuten und vierzig Zulus, die ihrer Polizeibegleitung entwischt waren. Villa schaffte im Gegensatz zu ihren Lokalrivalen den Klassenerhalt und die Demütigungen schienen zumindest für eine Weile beendet zu seien.

Doch Villas Rettung war nur kurzlebig, denn schon in der nächsten Saison stieg man ab. Das brachte sie wieder mit Birmingham City zusammen, doch die Villa Hardcore Firm war jetzt erfahrener und mutiger geworden, während die Zulus mit polizeilichen Repressalien zu kämpfen hatten.

Die erste Begegnung verlief ereignislos, aber die Villa Hooligans planten eine Show für das Rückspiel. Die Polizei hatte nur einige Wochen zuvor morgendliche Hausdurchsuchungen bei den Zulus durchgeführt und es gab noch immer Undercoverbeamte in jedem organisierten Mob. Mit großem Selbstvertrauen wagten sich siebzig Villa Hooligans in die Kurve von Birmingham City und ermutigt durch ihre Anwesenheit, kletterten Hunderte andere aus der Gästekurve, dem Tilton End, über die Zäune und legten los. Für einige Minuten entstand ein Chaos und die Polizei versuchte sich ihren Weg durch die Menge zu bahnen, um die beiden Mobs zu trennen.

Es gab sechsundzwanzig Verletzte und dreiundzwanzig Festnahmen im Stadion. Später sagte die Polizei, dass man zehn Minuten lang Angst gehabt hätte, die Ausschreitungen könnten wieder so schlimm werden wie 1985 gegen Leeds. Nach dem Spiel stellte Birmingham City einen 300 Mann starken Mob auf die Beine, jedoch sorgte die Polizei dafür, dass nichts passierte. Diesen Tag werteten die Villa Leute als großen Sieg für sich. So erinnerte sich einer von ihnen daran: „Villa war auf Tour, die umliegende Gegend war voll mit unseren Leuten und sie versuchten zu Hunderten an der Polizei vorbei, in die Birmingham City Kurve zu kommen. Natürlich sahen sie die Villa Firm im gegnerischen End und der alte Schlachtruf : 'Villa Youth!' wurde angestimmt. Die Zulus griffen sie an, was einen Massenansturm von Villa Hooligans auslöste, die über den Zaun kletterten und mehr und mehr kamen von hinten oder über den Zaun.

Man sah die Blues Masse verteilt durch den Block flüchten. Ich will nicht sagen wir hätten das End eingenommen, aber wir waren drin und sie rannten weg."

Die Blues sahen das anders: „Sie waren nicht in großer Zahl da und es war nicht organisiert," sagte ein Zulu-Veteran. „Viele Leute von uns waren aus dem Verkehr gezogen worden (bei den morgendlichen Durchsuchungen) und Undercoverpolizisten verfolgten uns die ganze Zeit. Achtzig von uns trafen sich im Iron Horse Pub gleich neben McDonalds, das war ein verfluchtes Gedränge, weil der Laden nur die Größe eines Wohnzimmers hatte.

In der Stadt war nichts von den Villa Hools zu sehen und auf dem Weg zum Stadion passierte auch nichts. Als wir ankamen sahen wir ein paar von den Pennern, sie hatten sich das erstemal seit Jahren

Karten für unsere Kurve geholt. Dazu kamen noch einige, die über den Zaun sprangen als es los ging.

Keiner von unseren wichtigen Leuten war da, als es passierte. Die Villa Leute kämpften gegen normale Fans und Besoffene. Schließlich kletterten sie zurück ins Tilton End. Ja, die Aktion war mutig, aber hätten sie dass auch gewagt wenn bei uns nicht soviel Jungs wegen den Festnahmen gefehlt hätten?

Nach dem Spiel gingen wir in ihre Richtung. Endlich zeigten sich einige von ihnen, wir verfolgten sie mit 300-400 Leuten die Garrison Lane runter, aber wegen der starken Polizeipräsenz geschah nichts. Wir gingen alle zum Boogies und warteten darauf, dass sie sich zeigen würden. Aber weil sie wussten, dass eine gute Blues Firm anwesend war, passierte nichts."

Was auch immer die Wahrheit ist, die Zwischenfälle im Stadion warnten die berüchtigten Zulu Warriors davor, dass sich die Machtverhältnisse auf Birminghams Straßen schnell verschieben könnten.

Die Villa Jungs sahen die Schlacht von 1987 als den ersten von drei Siegen infolge. Es sollte sechs Jahre dauern bis die beiden Teams wieder gegeneinander antraten und jetzt hatten die Zulus definitiv an Stärke verloren. Die beiden Mobs trafen im Garrison Park aufeinander. Für die Villa Jungs gab es dabei nur einen Sieger: „Hunderte von Villa Leuten trafen sich in zwei Kneipen. Wir hatten von der Innenstadt an eine Polizeieskorte, schafften es aber auszubrechen und verwüsteten einige Kneipen der Zulus.

Der alte 'Zulu, Zulu!' Schrei erklang, während auch schon Flaschen und alles mögliche andere Zeug auf uns zuflog. Als den Werfern die Munition ausging, wurden sie überrannt. Ich kann mich noch an einen Villa Burschen erinnern, der mit einem großen Rastafari am Boden kämpfte. Als der Kampf vorbei war hatte er die Rastalocken des Zulus in der Hand. Ihr wichtigster Rädelsführer war sauber ausgeknockt."

Die Blues hielten sich nur ein Jahr in der ersten Liga und zum nächsten Aufeinandertreffen kam es erst neun Jahre später. Als Birmingham im Mai 2002 aufstieg bot sich wieder ein Anlass. Es wurde in den Kneipen der Umgebung viel geredet und die Zulus verspotteten die Villa Hooligans, dass sie keine Chance hätten. Sie wollten Rache nehmen für die Schlacht am Garrison Park. Um die Begegnung baute sich eine solch aggressive Stimmung auf, dass sogar 'Beobachter' von Firms aus anderen Städten anreisten, darunter ein berüchtigter Chelsea Anführer, eine Gruppe der Wolves und sogar Typen aus West Brom. Dieser Tag sollte durch die schon erwähnte Schlacht an der Rocky Lane berühmt werden. Doch der eigentliche Kampf fand erst etwas später statt. Es gab dabei nur einen Sieger, den Villa Mob.

Das Spiel im St. Andrew's war ein Abendspiel, dass hinderte aber 400 Villa Hooligans nicht daran sich in zwei Pubs zusammenzufinden. Die größte der Gruppen war Villa Hardcore, sie hatte sich im O'Reilly's versammelt, während eine kleinere Gruppe in einem Club in Mosley saß, mitten im Revier der Zulus.

Diese Gruppe bestand aus alten Villa Leuten von der C Crew und sogar einigen Steamers, keiner von ihnen war unter fünfunddreißig. Einer von dieser Gruppe nannte es: „Die beste Firm, die wir in den letzten fünfzehn Jahren zusammenbrachten." Ihr Selbstvertrauen überschlug sich fast als einer ihrer Rädelsführer aufstand und eine geradezu kirchliche Ansprache hielt: „Ich erklär jetzt wie das läuft," sagte er. „Jeder der damit nicht einverstanden ist, kann sich dann verpissen, denn wer wegrennt kriegt später was auf die Fresse. Die ganze Scheiße, die wir uns über die Jahre anhören mussten, wer Erster oder Zweiter in der Stadt ist endet heute Nacht. Sie werden kommen und wir werden stehen bleiben, so ist unsere Firm."

Das Adrenalin fing an zu strömen als sie aus dem Pub gingen. Es war weit und breit kein Polizist zu sehen, während sie ihren Weg zum Stadion fortsetzten. Einige gingen neben dem Mob und sorgten dafür, dass alle zusammen und ruhig blieben. Bald machte das Gerücht die Runde 250 Zulus hätten sich vor dem Stadion versammelt. Alle wichtigen Jungs waren da. Steine und Flaschen wurden auf die Gruppe Villa Hooligans geworfen und sie wichen kurzzeitig zurück. Dann stürmte die Villa Firm in den Zulu Mob. „Alle ihre Leute bekamen was ab," erzählte einer der Villa Jungs. „Ich sah nicht wie Cuddles zu Boden ging, aber andere haben es gesehen. Einer unserer Jungs Big Ginger erhielt einen harten Schlag, doch er knockte seinen Gegner, einen Cage Fighter, auf der Stelle aus. Sie zogen sich dann zurück, wobei Villa Leute immer wieder zwischen sie stießen und sie so zersplitterten. Sie konnten es nicht fassen, denn ihrer Meinung nach war Villas Haupt-Mob an der Rocky Lane.

Einer von uns soll Blendgranaten dabei gehabt haben, kam aber nicht in die Verlegenheit sie benutzen zu müssen. Ich kann euch sagen, wir waren auf ihre besten Leute getroffen und sie rannten weg. Dem Villa Mob wird immer nachgesagt rechtsradikal zu sein, also auf der Insel waren fünf schwarze Jungs dabei.

Am nächsten Tag rief Cuddles bei dem bekanntesten unserer schwarzen Jungs an und sagte: „Nichts gegen euch, aber wer war eure Verstärkung?“ Ihm wurde gesagt, dass es keine Verstärkung gab, nur die alten Typen waren mal wieder zurückgekommen um ein bisschen mitzumischen.

Sky Chanel filmte, wie unser Mob singend ins Stadion ging ´Eins Null für die Villa Jungs,´ und die Reporter ärgerten sich, dass sie alles verpasst hatten.“

Die Schlacht an der Rocky Lane wurde von fünf Polizeibeobachtern aufgenommen, die nur wenige Meter entfernt standen. Ein paar Wochen nachdem die Lokalpresse eine Fotoserie davon präsentiert hatte, wurden Türen in der ganzen Stadt eingetreten. Die verfeindeten Gangs waren dabei gefilmt worden, wie sie sich mit Messern, Billardkugeln, CS Gas, Knüppeln und Steinen bekämpften.

Elf Villa Hooligans und acht Zulus erhielten Gefängnisstrafen und fünf andere mussten gemeinnützige Arbeiten verrichten. Zudem bekamen sie bis zu zehn Jahre Stadionverbot. Unter den Villa Leuten war auch Stephen Fowler, der Anführer der Villa Hardcore, der auch bei Länderspielen in Erscheinung getreten war. Die Birmingham Jungs sagten später, dass sie an der Rocky Lane zahlenmäßig stark unterlegen waren, einige gaben insgeheim aber zu, dass sie gedemütigt worden.

Für das Rückspiel hatten sich 300 Zulus versammelt, die Richtung Villa Park marschierten. Villas Mob hatte zwar beim ersten Spiel ein Zeichen gesetzt, aber sie hatten nicht genügend Leute um dieses Mal vor Spielbeginn anzutreten. Während des Spiels stürmten Dutzende von Zulus auf den Platz, als Kämpfe auf den Rängen ausbrachen. Das stellte sich als große Dummheit heraus, da die Überwachungskameras auch hier liefen, für viele gab es ein gerichtliches Nachspiel.

Auch West Brom Hooligans kamen in den Villa Park, nachdem ihr Verein im August 2004 wieder in die erste Liga aufgestiegen war. Während das Spiel lief prügelten sich vor dem Uplands Pub in Handworth achtzig Personen. In diese Kämpfe verwickelt waren auch viele bekannte Gesichter beider Mobs und wieder wurde alles von der Polizei gefilmt. Eine Lokalzeitung kommentierte den Vorfall folgendermaßen:

Fast sechzig West Bromwich Albion und Aston Villa Hooligans erwarten Gerichtsverfahren, nachdem sich die beiden Mobs Schlägereien geliefert hatten.

Am Montag waren bereits zweiundzwanzig Albion Anhänger auf der Polizeiwache in Wendsbury geladen und heute müssen sich sechsunddreißig Villa Fans auf der Polizeiwache Digbeth einfinden. Es handelt sich hierbei ausschließlich um Männer die zwischen 17-49 Jahre alt sind. Detectiv Inspector Claire Mason sagte, sie hofft dass es eine Warnung an alle ist, die vorhaben am nächsten Wochenende bei dem Spiel im Villa Park Ärger zu verursachen. Sie fügte hinzu, die Operationen der letzten sieben Monate zeigen, dass man dem Hooligan-Problem Herr werden könne.

Dass von einer achtzig Mann starken Gruppe sechzig Leute festgenommen wurden spricht für die gesammelten Beweise der Polizei. Anfang August 2005 wurden fünf Villa Leute, wegen einer Auseinandersetzung mit Chelsea Hooligans einige Monate zuvor in Nordlondon, zu Gefängnisstrafen verurteilt, acht andere bekamen Geldstrafen oder mussten gemeinnützige Arbeiten verrichten. Dem Gericht wurde vorgetragen wie der Verkehr zum erliegen kam, weil Chaoten sich mit Flaschen, Gläsern und Verkehrspylonen bewarfen. Der Anführer der Villa Hardcore Stephen Fowler wurde zu einem Jahr Haft verurteilt, nachdem man dem Gericht vortrug: „Er hat geflucht und geschrieen bevor er seine Chelsea Rivalen angriff.“ Außerdem wurde noch der dreiundzwanzigjährige Gareth Howells, der mehrfach den Hitlergruß gezeigt hatte, während er ´Youth´ schrie, inhaftiert. Der Richter sagte, dass richtige Fußballfans der Fels wären auf dem dieser Sport gebaut ist, aber so wie es neben einem Felsen auch immer andere Steine gibt, so sicher lauern auch immer niedrige Lebensformen neben Zivilisierten. Diese bösartigen Elemente versuchen sich gewissenlos und gewalttätig beim Fußball einzunisten.

Auch wenn sich Feindseligkeiten zwischen Villa und Birmingham City zukünftig fortsetzen werden, die Gerichte und die Polizisten in Birmingham, galten wenn es um Hooligan-Angelegenheiten ging immer als die härtesten im Land. Diese Linie werden sie wohl auch bei zukünftigen Zwischenfällen verfolgen. Daher kann man einige Austritte aus der Szene als nicht ganz freiwillig betrachten.

B

Birmingham City

Stadion: St. Andrew´s
Firm: The Zulu Warriors, Zulu Juniors, Junior Buisness Boys
Feinde: Aston Villa, Millwall, Leeds
Polizeioperationen: Red Card

„Acht Uhr morgens bei Geno´s Cafe. Die Blues (Birmingham City) spielten zwar nicht, aber Villa spielt auswärts gegen Coventry, das könnte lustig werden. Die Jüngeren waren bereits auf einige Villa Leute getroffen oben an den Rolltreppen der New Street Station und es gab eine kleine Auseinandersetzung.

Ein paar ältere von uns tauchten auf und wir nahmen mit ungefähr fünfzig Mann den Zug nach Coventry, ohne Polizei im Schlepptau zu haben. Als wir ankamen waren weder Hooligans der Heimmannschaft, noch welche von Villa zu sehen. Ungefähr eine halbe Meile vom Bahnhof entfernt erreichten wir eine U-Bahnstation, irgendwer schien etwas zu wissen. Nachdem wir ein wenig rumhingen, was uns wie eine halbe Ewigkeit erschien, zeigte sich tatsächlich eine etwa 150 Mann starke Villa Firm. Ich dachte nur, jetzt geht es los! Ihr bekannter schwarzer Typ führte sie an. Wir stürmten aus der U-Bahnstation und ein Ruf ging durch unsere Reihen: ´Zuuluuu!!!´

Ein oder Zwei von ihnen blieben stehen, doch der Rest der Villa Firm verpisste sich. Einige wurden verletzt, als Stiefel zum Einsatz kamen. Dann wurden die Taschen von Designer Klamotten geleert, wie es damals üblich war.

Ein paar von ihnen kamen zurück, also formierten wir uns neu und jagten sie nochmals. Diesmal stoppten wir nicht und trieben sie bis zum Bahnhof! Es war verdammt amüsant zu sehen, wie sie sich gegenseitig behinderten, beim Versuch über die Absperrungen vor den Ticketschaltern zu flüchten. Die Bullen tauchten auf und wir ließen noch einmal den Birmingham-Schlachtruf erklingen, damit jeder wusste, wer hier gewesen war.

Die Villa Hooligans wurden von einer Polizeieskorte weggeführt. Wir aber wurden in einen Warteraum auf dem Bahnsteig verfrachtet und instruiert wieder nach Hause zu verschwinden. Doch auf dem gegenüberliegenden Bahnsteig lief ein Zug aus Birmingham ein, an Bord ein großer Mob von uns. Es war die Verstärkung und die Gesetzeshüter würden versuchen, auch sie zurück zu schicken. Doch einige schafften es aus dem Bahnhof über die grasbewachsenen Bahndämme zu flüchten. Wir rannten raus, um uns mit ihnen zusammen zu schließen, die Bullen waren deshalb wirklich sauer und steckten alle, die sie erwischen konnten, sofort in den Zug nach Birmingham.

So gegen 18.00 Uhr am gleichen Abend hingen zirka 400 Birmingham City Hooligans in der Midland Red Bus Station rum und warteten auf die Rückkehr der Villa Jungs. Nach einer Weile kam ein Polizist durch den Busbahnhof und wollte nachsehen was da vor sich ging, also teilten wir uns. Wir trafen uns in Colmore Row wieder und versteckten uns in den etwa fünfzehn Bushaltestellen, die es dort gab. Einer der Jüngeren erzählte uns, die Villa Leute wären auf dem Weg aus Richtung Rackhams.

Die Meisten von uns standen in den Bushaltestellen, doch einige, die an einer Kirche warteten, machten die Villa Hools auf sich aufmerksam. Als sie nah genug waren, schwärmten wir aus. Wieder einmal erklang der Schlachtruf ´Zuuluu!´ und es war das zweitemal, dass die Villa Jungs wie blöd wegrannten."

Birmingham Citys Zulus sind bekannt dafür, dass sie viele schwarze Jungs in ihren Reihen haben, aber das war nicht immer so. Bis zur Saison 1982/83 war der Birmingham City Mob fast ausschließlich weiß. In den späten Sechzigern nahm zum Beispiel eine große Skinhead Gang aus Birmingham das ´Tote End´ der Bristol Rovers ein.

Erst als schwarze Spieler im englischen Fußball mehr Bedeutung erlangten, fing auch die jüngere Generation der afro-karibischen Einwanderer an sich mit dem Sport zu identifizieren. Rassismus war zu dieser Zeit auf den Stadionrängen weit verbreitet und Birmingham City war da keine Ausnahme.

Der Soziologe David Robins zitierte in seinem Buch, *We Hate Humans,* einen Birmingham Fan: ´Wir fuhren mit den Blues an diesem Samstag alle nach West Brom. Einige unter uns sangen Lieder der National Front. Bei West Brom gab es diesen farbigen Spieler, Regis. Man sang, ´Regis, Regis, gib mir die Banane.´ Dann war noch zu hören, ´Nigger, Nigger, leck mir die Stiefel´ und ´Tarzan will einen Affen´ und solche Sachen. Nach dem Spiel liefen wir durch die Stadt und sangen: ´Wir hassen Schlitzaugen!´´

Die Blues hatten auch einen Song über die Wolves, in dem sie sich darüber ausließen, dass deren Stadion voller ´Nigger´ wäre. Heute Jahre später, ist es der Birmingham City Mob, der von Rassisten im ganzen Land beleidigt wird.

Die ganzen Siebzigerjahre über gab es Ausschreitungen bei Spielen von Birmingham City, zum Beispiel durch Gäste, die versuchten das Tipton End einzunehmen, wobei Birminghams Hooligans auswärts versuchten, das Gleiche mit gegnerischen Home Ends zu machen.

Im März 1973 wurden bei einem Besuch von Manchester United fünfunddreißig Personen festgenommen und zehn Leute verletzt. Es gab auch wahre Schlachten mit den Villa Anhängern: Im September 1975 wurden fünfunddreißig Mann festgenommen und beim Auswärtsspiel in der gleichen Saison waren es fünfzig.

Nach einem Spiel gegen die Spurs im März 1977 zettelten 300 Birmingham Hooligans Krawalle an. Es wurden Reisebusse zerstört und es gab einige Verletzte durch Pflastersteinwürfe. Schon am Anfang der nächsten Spielzeit wurden beim Birmingham Derby im Villa Park erneut fünf Busse mutwillig beschädigt und dreißig Leute festgenommen. Beim Rückspiel im St. Andrew´s waren es dann siebenunddreißig Festnahmen. Zwischen diesen beiden Spielen lieferten sich die Blues Hooligans beim Besuch von Leeds schwere Auseinandersetzungen mit der Polizei.

Die Saison 1978/79 war ausgesprochen gewalttätig. Bei einem Heimspiel gegen Chelsea starb ein Fan aus London und im gleichen Monat fand das erste, von vielen Aufeinandertreffen mit dem Mob von Liverpool FC statt. Fünf Polizeibeamte und dreißig Fans wurden verletzt, als sich die Gangs mit Dartpfeilen, Pflastersteinen, Flaschen und Münzen bewarfen. Es folgten achtundvierzig Verhaftungen.

Bei einem Heimspiel gegen Aston Villa im Oktober gab es zehn Verletzte und fünfundfünfzig Festnahmen. Das Rückspiel brachte weitere siebenundzwanzig Verhaftungen und einige Schaufensterscheiben gingen zu Bruch.

Während der Siebziger bestand die Birmingham Kurve aus mehreren kleinen Mobs. Sie schlossen sich an Spieltagen zusammen, um ihr End zu verteidigen oder bei Auswärtsfahrten um gegnerische Ends einzunehmen. Es gab unter ihnen aber auch Konflikte und Stadtteil kämpfte gegen Stadtteil oder Schule gegen Schule.

Ende des Jahrzehnts schlossen sich diese verschiedenen Gangs zu einer großen zusammen, der Name dieses Mobs war ´The Apex,´ Birmingham Citys erster großer Mob. Den Namen übernahmen sie von einem Bauunternehmen, das genauso hieß. Die Rädelsführer des Mobs waren Iren der zweiten Generation, sie kamen aus dem Stadtteil Acocks Green. Sie hoben sich von anderen Mobs und sogar von anderen Birmingham City Fans, durch ihre einheitlichen Frisuren ab. Auf der einen Seite waren die Haare keilförmig ausrasiert, auf der anderen ganz weg rasiert (Wedge Cut). Sie waren ein großer, ausschließlich aus Weißen bestehender Mob. Das überraschte, da Acocks Green ein multikultureller Bezirk war.

´ZS,´ einer vom Apex Mob erinnerte sich an ein Birmingham Derby, bei dem sie es dem Villa Mob so richtig gaben. „Sie kamen in unsere Kurve," sagte er. „Zwei Gruppen des Apex Mobs stürmten mit fünf Minuten Abstand über das Spielfeld. Wir mussten nur noch den Zaun überwinden, bevor wir uns die Villa Leute vorknöpfen konnten.

Bei einem Gedenkspiel zu Ehren von Joe Gallagher vier Monate später, verließ Villas C Crew das Stadion bereits früh und rannte um unsere Kurve herum, direkt auf den Apex Mob zu, der sich auf der Coventry Road befand. Das war ein anständiger Kampf, bei dem beide Seiten den Sieg für sich beanspruchten."

Es sollte auch für eine Weile die letzte große Schlägerei gewesen sein, denn die C Crew verschwand und wurde durch die Villa Youth ersetzt, die mit ihren Lokalrivalen anfangs nicht mithalten konnte. Aber auch bei den Blues gab es Veränderungen.

1982 bei einem Spiel an der Maine Road wurde ein neuer Mob ins Leben gerufen. ´Die Zulus haben ihren Namen bei einem Spiel gegen Man City erhalten,´ wird Brains, ein langjähriges Zulu Mitglied, in Cass Pennants Buch *Top Boys* zitiert. ´Es begann mit einem Rugby Song, glaub es oder nicht. Wir waren an der Maine Road und überall im Stadion waren Gesänge zu hören. Wie gewohnt, verloren wir das Spiel mit 4:0 und ein paar Jungs stimmten diesen Rugby Song an: ´Get them down you Zulu Warriors....;´ was als Witz gemeint war.

Als wir nach dem Spiel aus dem Stadion raus auf die Straße gingen, rief einer aus unserem Mob „Zulu!" und von überall hallte es zurück ´Zulu!´ es schien, als wären Hunderte von uns da und jeder würde schreien. So kam es zu dem Namen Zulu Warriors, durch einen Rugby Song.´

Der Anführer der Zulus war ein dreiundvierzigjähriger Typ Namens Cuddles. „Er wurde seit dem Eröffnungsspiel der Saison 1983 bei West Ham, als unser Top Mann angesehen, damals wurden 236 von uns in Euston festgenommen," erzählte ein anderer Blues Hooligan. „Er und siebzig weitere schafften es trotzdem bis zum Upton Park und nach dem Spiel stellten sie sich einer großen Gruppe West Ham Hooligans. Cuddles wurde von drei

Leuten umringt, doch er wich nicht zurück, letztendlich ließen ihn die West Ham Jungs gehen."

Immer mehr schwarze Jungs kamen in der Saison 1982/83 dazu, das sorgte für Spannungen mit der rein weißen Apex Crew. Während eines Heimspiels gab es im Tilton End eine Massenschlägerei zwischen einem weißen und einem gemixten Mob. Diese Schlägerei könnte aber auch durch die Feindschaft zweier Stadtteile ausgelöst worden sein. Jedenfalls vergrößerten die Zulus ihre Vormachtstellung schnell und einige Apex Mitglieder wechselten die Seiten, andere stiegen aus. Es gab auch seltsame Fälle, bei denen Birmingham City Hooligans zur Villa Firm wechselten, weil ihnen die Dominanz der schwarzen Jungs bei den Zulus zu stark war. Villas Mob war Mitte der Achtziger rein weiß geworden und hatte Verbindungen zu rechtsradikalen Organisationen.

Ein Zulu erinnerte sich an den Tag, an dem er die Firm von Birmingham City das erstemal in Aktion sah: „Ich glaube, ich realisierte in der Saison 1982/83 wie es mit mir weiter gehen sollte. Ich bin sicher es war beim Derby gegen Villa. Wie immer nach Spielende leerte sich das Tilton End und die Skinheads versuchten in den Park zu gelangen. Wir waren zu Hunderten im Stadion und jeder spazierte jetzt in Richtung Garrison Lane. Ich ging da so adrenalingeladen lang und war verwundert, wie viele Leute sich hier befanden. Ich blickte mich um und sah einen Mob auftauchen. Ich war unschlüssig was ich tun sollte, dann aber entschloss ich mich umzudrehen, um zu sehen wer diese Leute waren.

Es waren ungefähr 300 Mann, die langsam und leise die Straße runter gingen, sie schienen sich nur um sich selbst zu kümmern. Vorne weg ging dieser große, drahtige, schwarze Kerl. Tatsächlich waren da eine Menge Schwarze. Wo zum Teufel kommen die her, dachte ich bei mir. Ihre Kleidung war anders, als die der ´normalen Fans.´ Wohl die Hälfte von ihnen trug Fila, der Rest Pringle oder Lyle and Scott. Für einen vierzehnjährigen Jungen waren sie wie ein Köder und ich hing am Haken."

Anfang der Achtzigerjahre trafen Birmingham Citys und West Hams Firm bei verschiedenen Gelegenheiten aufeinander. Im Oktober 1981 lieferten sie sich eine Schlacht auf dem Spielfeld im St. Andrew´s, dreißig Mann wurden festgenommen.

Zwei Spielzeiten später kam die Auswärtsfahrt nach Ostlondon, bei der Cuddles sich einen Namen machte, trotz oder gerade wegen der starken Überlegenheit der ICF. Wie auch immer, die größte Schlacht zwischen diesen beiden Mobs gab es im Februar 1984, als sie im St. Andrew´s Park gegeneinander antraten. Nachdem Billy Wright einen Elfmeter zur 3:0 Führung für Birmingham verwandelt hatte, brachen Unruhen im Stadion aus. Hunderte von West Ham Anhänger stürmten auf den Platz, in der Hoffnung, dass die Partie abgebrochen werden würde. Die Polizei schaffte es aber wieder Ordnung herzustellen und das Spiel fünf Minuten fortzusetzen, bis die West Ham Hooligans es bewerkstelligten, durch eine fünfzig Mann starke Polizeikette zu brechen und auf der gesamten Haupttribüne Schlägereien zu provozieren.

Das Chaos setzte sich auch außerhalb des Stadions fort, ein Polizist von der Motorradstaffel wurde von einem Mauerstein im Gesicht getroffen. Das Endergebnis des Tages waren dreißig Verletzte und hundertneun Festnahmen, zweiunddreißig davon im Stadion.

Es gibt verschiedene Auslegungen über die Ereignisse dieses Tages. West Ham Hooligans verbuchten es als Sieg der ICF. Wem immer man glaubt, es gibt keine Zweifel, dass was die ICF an diesem Tag vollbracht hatte, wäre bei weniger guten Firms daneben gegangen. Wenige andere, wenn überhaupt jemand, hätte den Mumm gehabt, das zu wagen was sie im St. Anderw´s taten.

Bei Birmingham Citys Firm wird die Sache natürlich ganz anders gesehen, wie ein Zulu berichtete: „Ja, die West Ham Jungs kamen rumgelaufen zum Railway End, kurz bevor ein zweiter Mob von ihnen auf das Spielfeld stürmte, aber als einige unserer Jungs rauskamen, um sie sich vorzunehmen, flüchteten sie.

Ich kann mich daran erinnern, weil ich nach der Verfolgung der Hammers aus dem Railway End ausgesperrt war. Ich wollte zurück in die Kurve und gerade über den Zaun klettern, als der zweite Platzsturm begann. Aber dieses Mal sprangen auch die Blues Hooligans auf das Spielfeld und nach zirka einer Minute wurden die West Ham Leute vom Platz in ihren Block gedrängt.

Nichts gegen die Hammers, sie waren rübergekommen, viele andere hätten das nicht gemacht, nicht mal Leeds war so weit gegangen, doch sie waren nicht unbesiegbar und wir haben sie an diesem Tag geschlagen. So berüchtigt wie die ICF war, könnte man denken, wir wären verängstigt gewesen, dass war aber nicht der Fall."

Der Fußball Verband ordnete sofort nach den Krawallen Untersuchungen an und Birmingham City kam in die Kritik, weil der Gästeblock nicht umzäunt war. Der Verein erwiderte, dass er für die Gewalttätigkeiten von West Hams Anhängern nicht verantwortlich sei.

Der Präsident des Verbandes (FA) war bei dem Spiel anwesend gewesen und gab sofort einen Einblick in seine Sicht der Dinge: „Das waren einige der schlimmsten Szenen, die ich je in einem Fußballstadion gesehen habe. Natürlich waren es die Tribünen ohne Zaun, von denen diese sogenannten Fans kamen. Man kann deshalb davon ausgehen, wenn dort ein Zaun gewesen wäre, es wäre nichts passiert."

Trotz allen Aufsehens handelte er besonnen und verkündete, dass er nicht beabsichtige sich dem FA Untersuchungsausschuss als Zeuge aufzudrängen. ´Ein Mann mit etwas Rückgrat und seiner hohen Stellung in der Fußballwelt, würde etwas unternehmen wollen,´ war einer der Kommentare in der Presse. Ein anderer lautete: ´Wenn Männer wie er nicht aufstehen und ein Zeichen setzen, was gibt es dann für Hoffnung auf ein Ende der Ausschreitungen, die es nötig machen, dass Fans wie Primaten hinter Gittern sitzen müssen?´

Der Verband befand beide Vereine für verantwortlich und suspendierte sie zwei Jahre von der Teilnahme am FA Cup. Doch beide Clubs legten Einspruch ein und das Urteil wurde zurückgezogen.

Anfang der Achtziger sah man einen zunehmend aktiveren Birmingham City Mob im ganzen Land Ärger verbreiten. Im August 1982 zertrümmerten fünfzig Blues Anhänger einen Pub bei einem Saisonvorbereitungsspiel in Wallsall.

Die Mannschaft verlor ein Ligapokalspiel in Burnley und die Gefolgschaft richtete einen Schaden von 1.000 £ an als sie anschließend in einer Hotel Bar randalierte.

Beim letzten Saisonspiel in Southampton sah man nach dem Spiel Hunderte von Zulus, die sich Kämpfe mit den einheimischen Hooligans lieferten. Am Anfang der folgenden Saison mussten die Zulus einen Angriff der Spurs auf ihren Sitzplatz-Block abwehren, anschließend gab es dreiundzwanzig Festnahmen. In dieser Zeit gab es auch weitere Konfrontationen mit der Villa Firm. Beide Vereine spielten in der ersten Liga. Die Blues mussten jedoch erdulden, wie der Lokalrivale erst Meister wurde und danach den Europapokal gewann.

Es war nicht überraschend, dass es bei jeder Begegnung der Clubs Ärger gab. 1982 im Februar wurden fünfzig Personen festgenommen, die sich nach einem Spiel im St. Andrew´s Park Kämpfe im City Centre geliefert hatten.

Im Oktober 1983 gab es achtundvierzig Verhaftungen, nachdem ein Villa Hooligan niedergestochen worden war. In der gleichen Saison stieg Birmingham City ab. Aber die Hoffnung, die gegenseitigen Anfeindungen wären dadurch beendet, wurde bald zerschlagen. Ein ehemaliger Zulu erinnerte sich: „Es war mitten in der Saison 1984/85, wir waren abgestiegen, ein Spiel gegen Villa daher unmöglich, also mussten wir uns andere Wege suchen. Aston Villas C Crew hatte gerade ihren Namen in Villa Youth geändert und sie waren nicht wirklich viele. Die Kämpfe zwischen der C Crew und dem Apex Mob waren o.k., aber jetzt waren wir eindeutig die alten Hasen.

Ein paar Wochen nach dem Überfall auf den Villa Mob beim Coventry Spiel (siehe Anfang), spielten wir zu Hause gegen Shrewsbury und Villa hatte West Ham zu Gast.

Wir verließen das Stadion schon früh, als die Tore sich öffneten gingen 300 von uns in Richtung Pigeon Park in der Hoffnung auf Gegner zu treffen, egal wen. Zwei Leute von unserem Mob hatten noch auf dem Weg eine Schlägerei miteinander. Warum war unklar, aber das versetzte alle in die richtige Stimmung.

Nach etwa zehn Minuten hatte sich unsere riesige Firm am Anfang einer Straße versammelt und da sahen wir etwa 400 von ihnen. Wir dachten, das muss die ICF sein, Villa würde nicht so viele auf die Beine stellen!

Wir konnten sie sehen, sie uns aber nicht. Als sie um eine Ecke gingen kamen wir aus unserem Versteck und trafen direkt auf sie, doch das waren keine West Ham Leute, es waren unsere Lokalrivalen von Villa!

Das Entsetzen auf ihren Gesichtern war die Krönung des gelungen Überfalls. Nicht einer von ihnen blieb stehen, ihre ganze Firm verteilte sich und das Gleiche taten wir, als ein paar Sekunden später die Polizei auftauchte. Sie müssen wohl die Leute vom Villa Park eskortiert haben. Aber warum waren die Villa Jungs nicht stehen geblieben? Sie waren mehr als wir! Sie hatten sich ein weiteres Mal lächerlich gemacht."

Im März 1984 wurden vierundvierzig Fans bei einem Auswärtsspiel gegen Coventry festgenommen. Der Ärger hatte wenige Minuten nach Anpfiff damit begonnen, dass Hunderte von Anhängern auf den Platz sprangen. Fans tauschten Schläge aus und es dauerte einige Minuten bis die Polizei beide Gruppen trennen konnte und die Ordnung wieder hergestellt war. Nach dem Spiel veranstalteten Hunderte Blues Hooligans Randale und lieferten sich zahllose Kämpfe mit Anhängern der gastgebenden Mannschaft.

Die Polizei nannte diese Unruhestifter ´gewissenlose Schwachköpfe.´ Dieser Gewaltausbruch war ein Schock für Coventry City, der Verein hatte gedacht, ihr All-Seater Stadion würde Hooligans abschrecken.

Zwei Monate darauf spielte Birmingham wieder gegen Southampton, diesmal zum Saisonabschluss zu Hause. 500 Birmingham City Hooligans lieferten sich, außerhalb des Stadions, Prügeleien mit der Polizei.

Die folgende Saison schloss da an, wo die vorherige geendet war. Bei einem Auswärtsspiel in Oldham im August gab es bereits vor dem Anpfiff Rangeleien zwischen 300 Zulus, lokalen Hooligans und der Polizei, anschließend brachen die Jungs aus Birmingham die Eingangstore zum Stadion auf. Zwei Monate später schmissen 400 Zulus Steine und Holzklötze auf Polizisten, beim Versuch, den zu Gast befindlichen Mob von Oxford United anzugreifen.

Im selben Monat war Brightons Trainer Chris Cattlin in sehr schlechter Laune, Grund waren Ausschreitungen, die Birminghams Gefolgschaft im Goldstone Stadion veranstaltet hatte. Etwa 100 Zulus hatten das Stadion frühzeitig verlassen, nachdem sie die Polizei an einem Platzsturm gehindert hatte. Jedoch nur um das Stadion zu umrunden und an der anderen Seite in die Heimkurve einzudringen. Pflastersteine, Holzlatten und Flaschen waren nur einige der Gegenstände, die von den Zulus geworfen wurden. Anschließend brach in den Straßen rund ums Stadion abermals eine Schlägerei zwischen den rivalisierenden Gangs aus, die fünf Schwerverletzte zur Folge hatte. Cattlin kritisierte die Polizei und versuchte auf sie einzuwirken, die Stadiontore nicht mehr so früh zu öffnen.

Beim Rückspiel gegen Oxford, das für den Klassenerhalt wichtig war, wurden im März vierzehn Leute verhaftet. Hunderte von Birmingham City Hooligans hatten Krawalle ausgelöst. Dank eines großen Polizeieinsatzes, konnten 400 Zulus, die mit einem Frühzug angereist waren, gesammelt und zum Stadion eskortiert werden. Aber die geringe Zahl an Ordnungskräften konnte Ausschreitungen während und nach dem Spiel nicht verhindern.

Dutzende Blues Fans kletterten über den Zaun als ihr Team mit drei Toren führte, sie verhöhnten dabei die gegnerischen Fans. Einige Oxford Anhänger sprangen über die Absperrungen und es entstand ein grausamer Kampf mit Faustschlägen und Tritten. Nachdem das Spiel beendet war, zerstörten einige Birmingham Anhänger noch beim Verlassen Zäune im Ausgangsbereich des Manor Ground Stadions.

Dann strömten sie auf das Gelände des John Radcliffe Krankenhauses, wo sie zwei unbeaufsichtigte Polizeibusse umschmissen. Und im Bezirk Headley Way musste die Polizei rivalisierende Hooligans voneinander trennen, das war ganz in der Nähe der Reisebusse des Birmingham Mobs und es gab noch einige andere Zwischenfälle über die Stadt verteilt.

Am entscheidenden Tag der Saison brauchte Birmingham City einen Sieg gegen Leeds United, um den Klassenerhalt endgültig zu sichern. Während die Gäste immer noch die Chance hatten, durch einen Auswärtssieg den dritten Platz und somit einen Aufstiegsplatz zu erreichen. Diese Umstände gekoppelt damit, dass es ein Saisonabschlussspiel zwischen zwei Vereinen mit großen Hooligan Firms war, garantierten förmlich Ärger.

Aber wirklich niemand konnte das Gemetzel voraussehen, das kommen sollte. Es war schlicht, eine der schlimmsten Unruhen, die man je bei einer Sportveranstaltung gesehen hatte. „Ich kann mich noch daran erinnern, dass wir um 10.30 Uhr die Aussie Bar angriffen," sagte Brimingham Hooligan ´KN.´ „Wir hatten gehört, dass die Leeds Jungs da drinnen sitzen sollten, also gingen wir los. Da waren aber nur vierzig Leeds Leute, wir waren zirka 150 jüngere und ein paar ältere Hooligans, wir verwüsteten die Kneipe.

Beim Spiel fingen die Leeds Hools kurz vor der Halbzeit an im Stadion zu randalieren. Als der Schiedsrichter schließlich zur Halbzeit pfiff, stürmten Birmingham City Anhänger auf das Spielfeld. Die dadurch entstandene Unterbrechung dauerte vierzig Minuten.

Unsere Leute drehten durch! Es schien als wären alle Wahnsinnigen aus Süd- und Ost Birmingham an diesem Tag unterwegs. Ich glaube die Leeds Jungs hatten sich etwas übernommen, doch dass würden sie nie zugeben. Die Bullen steckten die Prügel ein, die für die Leeds Jungs bestimmt war. Der Tag versank in einer Welle der Gewalt."

Auf der anderen Seite waren 6.000 Leeds Anhänger ins Stadion geströmt. So viele, dass die Polizei die Tribüne öffnen musste, die eigentlich als Trennung der Fanlager vorgesehen war. Als die Leeds Fans ihre Lieder sangen, sickerte die Meldung durch, dass Manchester City sie überholt hatte und Leeds Aufstiegschancen nun nicht mehr sehr realistisch waren. Daraufhin zündete jemand den Imbiss-Stand hinter dem Gästeblock an und Holzlatten wurden von den Leeds Anhängern zum unteren Teil der Tribüne gereicht, um sie aufs Spielfeld zu werfen. Die Stimmung kochte.

Der ausschlaggebende Moment war jedoch, als Martin Kuhl in der vierundvierzigsten Minute ein Tor schoss, es sollte das einzige Tor der Begegnung bleiben. Schiedsrichter Joe Worall pfiff umgehend zur Halbzeit und Hunderte von Leeds Fans sprangen auf den Platz. Als die Polizei, darunter sechzehn berittene Beamte, versuchte die Gäste zusammen zu treiben, empfing sie ein Hagel aus Steinen, Flaschen und Holzlatten. Dann tauchten hinter ihnen Birmingham Hooligans auf, die darauf aus waren, sich mit ihren Rivalen aus Leeds zu messen.

Ein Dutzend roter Leuchtraketen wurde auf die Polizisten abgeschossen, als sich Randalierer aus zwei anderen Blöcken an den Krawallen beteiligten. Leeds Boss Eddi Grant und Birminghams Sekretär Andrew Waterhouse gingen zum Block der Leeds Fans, wo sie versuchten beruhigend einzuwirken. Was damit endete, dass beide unter einer Flut von Drohungen flüchten mussten. Über Lautsprecher appellierte man an die Fans wieder Ordnung einkehren zu lassen. Es wurde gesagt, dass das Spiel fortgesetzt werden würde, egal wie viel Ärger es gäbe. Schließlich konnte sich die Vernunft durchsetzen und Ruhe kehrte ein.

Hunderte von Polizisten verschwanden, aber nur um ihre Helme zu holen. Einige Leeds Fans räumten sogar die Wurfgeschosse vom Spielfeld. Auch die nicht gewalttätigen Fans erhoben jetzt ihre Stimme und sangen: „Ihr seid der Abschaum der Ellen Road!"

Doch der Frieden hielt nicht lange. Der Abpfiff war das Signal für einen noch größeren Platzsturm, diesmal inszeniert von Birmingham City Leuten. Währenddessen rissen die Leeds Fans Sitze aus den Verankerungen und schmissen sie aufs Spielfeld. 100 berittene Polizisten bildeten eine Kette quer über den Platz, in einem Versuch die rivalisierenden Banden von einander zu trennen. Werbeschilder, Holzlatten, Sitze und sogar eiserne Halterungen waren unter den Waffen, mit denen die Beamten von den Blues Hooligans angegriffen worden.

„Im Namen des Fußballs, geht bitte nach Hause," schrie der Stadionsprecher in sein Mikrofon. Er wurde von Ron Saunders unterstützt, der auch an die Fans appellierte, heimzugehen.

„Draußen am alten Kartenverkaufshäuschen hatten zirka sechzig von uns einen Kampf mit siebzig Leeds Jungs," erzählte ein Zulu. „Sie blieben stehen und wir schlugen uns, es endete damit, dass wir sie bis hinter das Stadion jagten. Ich glaube, das Ziel der Leeds Hooligans war es einfach das Stadion zu verwüsten. Dass war ihr Ding, richtige Mobs hatten deshalb nicht viel für sie übrig."

Die Statistiken zu diesem Spiel sind erschreckend. Ein junger Leeds Fan, der das erstemal bei einem Spiel gewesen war, wurde getötet, als eine Mauer im hinteren Bereich des Stadions einstürzte. Einige Berichte schätzten, dass zum Höhepunkt der Ausschreitungen 2.000 Leute daran beteiligt waren. Acht Zuschauer und sechsundneunzig Polizisten wurden verletzt, an diesem Tag gab es 125 Festnahmen und es sollten in den nächsten Monaten noch einige folgen.

Die Empörung verstummte ein wenig, als die Ereignisse von einem noch schlimmeren Zwischenfall überschattet wurden. Etwa hundert Meilen entfernt starben sechsundfünfzig Personen und viele waren verletzt worden, als im Valley Parade Stadion von Bradford City ein Feuer getobt hatte. Führende Persönlichkeiten des Fußballs trafen zusammen, um die Ereignisse im St. Andrew´s Park zu verurteilen. „Ich hatte gehofft, dass die Gewalttätigkeit beendet wäre," sagte der FA Vorsitzende Bert Millichip. „Aber es scheint als würde sich eine neue Welle der Gewalt über das Land ergießen. Wir müssen sofort etwas dagegen unternehmen. Es darf nicht zugelassen werden, dass es so weitergeht."

Ron Saunders sprach erneut davon, dass man zur alten Linie zurück finden müsse. ´Fußball hat sich zu einer samstäglichen Obszönität entwickelt,´ schrieb Leo Hickman in der Birmingham Evening Mail. ´Das war gegen die Polizei, gegen die Gesellschaft und gegen die Zivilisation. Der Blutlust wurde eine Bühne gegeben und die Leute, die diesen Anblick ertragen mussten waren angeekelt. Hunderte unter den Leeds Anhängern waren mit dem Vorsatz gekommen, sich an Birmingham City zu rächen.

Als dann die ersten Gegenstände flogen, kam das Fass zum überlaufen. Es erinnerte an die schrecklichen Ereignisse im Valley Parade Stadion. Es war der finale Höhepunkt der Saison und eine Chance für die Rüpel aus Leeds, wieder einmal die blutige Flagge der Anarchie zu hissen.´

Die Schuldigkeit wurde schon bald an den üblichen Punkten festgemacht: Die liberale Gesellschaft, Faschismus und kriminelle Jugendliche. Das Parlamentsmitglied Denis Howell, der in den späten Siebzigern Minister für Sport war, behauptete Informationen zu haben, die auf die National Front als Hauptschuldige schließen ließen. Ein Bericht vermittelte sogar, dass Chelsea Hooligans sich ins Stadion eingeschlichen hätten. Die lokale Conservative Party hielt allerdings an der Behauptung eines Evening Mail Lesers fest, die besagte, dass Kindern aus unterprivilegierten Familien, die auch in die Krawalle verwickelt waren, Freikarten von der Gemeinde erhalten hätten.

In den Tagen nach dem Vorfall liefen die meisten Zulus mit gesenktem Kopf durch die Gegend. Für die Leute, die an dem Tag nicht festgenommen wurden, bestand die permanente Sorge, dass jeden Augenblick die Polizei vor der Tür stehen könnte. Einige von ihnen hielten aber die Idee wieder ein normales Leben zu führen, für nicht denkbar. Sie waren in die wohl schlimmsten Krawalle verwickelt gewesen, die es jemals in einem Fußballstadion gab. Doch zu ihrer Enttäuschung ernteten die Kinder von Arbeitslosen und Chelsea Hooligans den ´Ruhm´ dafür.

Für einen jungen Zulu war das zu viel. Sieben Tage nach den Ausschreitungen kam eine Lokalzeitung mit einer Exklusiv Story: ´Krawalle beim Blues Spiel wurden durch organisierte Banden angezettelt.´ Der Artikel basierte auf einem anonymen Brief, den die Zeitung von einem Hooligan erhalten hatte. Er behauptete, als erster auf dem Spielfeld gewesen zu sein. Der Inhalt las sich folgender Maßen: ´Ich bin einer der Junior Business Boys und ich glaube, die Ausschreitungen am Samstag im St. Andrew´s Stadion, sind die besten gewesen, an denen ich je beteiligt war und auch die besten, die ich je gesehen habe. Nach dem Spiel haben wir Sitze, Steine und Latten auf die Polizisten geschleudert, weil sie uns nicht zu den Leeds Hooligans durchgelassen haben. Wenn uns die Gesetzeshüter nicht gestoppt hätten, wäre das gleiche mit den Leeds Mob passiert.´

Mit im Umschlag waren Visitenkarten mit der Aufschrift: ´Junior Business Boys, Stolz der Midlands.´ Der Verein sagte, man hätte von den Zulus gewusst, aber bis zu diesem Spiel noch nichts von den Junior Business Boys gehört.

Auch die Polizei hatte erst am Tag des Spiels gegen Leeds von den Juniors gehört, als sie einen Michael Cotterrill wegen bedrohlichem Verhalten festnahm. Während des Verfahrens, bei dem er vier Monate Jugendarrest erhielt, wurde dem Gericht vorgetragen, dass er einem schwarzen Jungen zu Hilfe eilte, der mit einem Polizisten rang. „Guckt nur was die Bastarde ihm antun!" hatte er in Richtung einer zehnköpfigen Gruppe von Polizeibeamten geschrieen. Dann brüllte er „Kommt schon Zulu Juniors."

„Wir Jugendliche sind Zulu Juniors!" und auf zwei indische Kerle zeigend sagte er: „Die sind Zulu Warriors."

Die Polizei gestand auch vor der Presse die Wissenslücke ein: „Wir wussten, dass die Zulu Warriors die Hooligan Gang von Birmingham City sind, aber wir wussten nichts von einer Junior Gang. Doch jetzt wissen wir, dass sie sich Junior Businessmen nennen."

Verschiedene Gerichtsprozesse rückten die Zulus in das Rampenlicht der Medien: ´Polizei und Fußballvereine blicken mit zunehmender Besorgnis auf die Fraktion der Zulu Warriors, wenn Birmingham City spielt,´ schrieb die Evening Mail. ´Sie verfolgen treu die Heim- beziehungsweise Auswärtsspiele der Blues und sie haben einen Schlachtruf. Ihren Namen haben sie von dem bekannten Film Zulu abgeguckt und sie imitieren den Kriegsgesang aus dem Film, um ihre Gegner zu verängstigen.´

Ein Pressesprecher der Polizei sagte: „Es muss Hunderte in dieser Vereinigung geben, doch für uns besteht das Problem darin, die Jungs zu identifizieren, da sie keine Anstecknadeln oder andere Erkennungszeichen tragen. Sie behaupten, den Namen der Blues zu verteidigen, aber eigentlich sind sie nur Schläger.

Wann immer wir bei Spielen von Birmingham City Hooligans festgenommen haben, sie haben stets geleugnet Mitglied der Zulu Warriors zu sein. Obwohl ich glaube, dass diese Gruppe den Großteil der Unruhestifter ausmacht. Die Zulu Warriors sind Jungs zwischen achtzehn und den Zwanzigern.

Die Juniors sind Halbstarke um die fünfzehn, sechzehn, sie tragen oft Visitenkarten bei sich, die sie verteilen. Die Jüngsten sind auch bekannt als die Junior Business Bovver Boys. Wobei sie Leute verprügeln als ihr ´Business´ betrachten."

Nach den Leeds Krawallen appellierte der Verein mit Hilfe der Evening Mail an die Zulus hervorzutreten und Gespräche mit Offiziellen zu führen. „Unglücklicherweise ohne augenscheinliche Resonanz," erklärte ein Sekretär von Birmingham City. „Die Zulus waren dafür bei unseren Auswärtsspielen eindeutig zu beobachten und bei ihnen Mitglied zu sein wurde beinahe zum Kult. Ich vermute sie glauben, dass sie für den Verein in die Schlacht ziehen würden und so den Namen des Clubs verteidigen. Alle Jugendlichen in den Schulen scheinen über die Zulus Bescheid zu wissen, es ist einfach eine subversive Seite des Großstadtlebens."

Doch die Behörden wussten noch immer wenig darüber, wie die Hooligans in Birmingham organisiert waren. Die Juniors wurden in der Saison 1983/84 aktiv.

„Einige der verrücktesten und tollkühnsten Typen gehörten zu diesem Haufen," sagte ZS. „Sie waren außerdem eine Bande von stehlenden Bastarden. Sie konnten sich die Klamotten damals nicht leisten, also erleichterten sie ihre Rivalen um deren Kleidung. Diese Jungs hatten die Australian Bar vor den Leeds Krawallen alleine zertrümmert, die Älteren hielten sich derweil im Hintergrund und guckten zu. Ich war mit ihnen bei einigen Vorbereitungsspielen in Stratford, Sutton und Lichfield und es endete immer gleich - klauend und Villa Leute verprügelnd.

In den folgenden Spielzeiten fuhren sie mit den älteren Leuten zusammen und einige von ihnen wurden auch 1987/88 bei der ´Operation Red Card´ verhaftet. Manche hörten auf, aber die meisten, die ich kenne, fahren noch bis heute."

Dutzende Zulus und Leeds Hooligans erhielten Gefängnisstrafen für ihre Beteiligung an den erwähnten Krawallen. Fast sechs Monate später wurde der Neunzehnjährige Mark Hewitt zu sechs Monaten Jugendarrest verurteilt. Er wurde erkannt, als er eine 1,80 Meter lange Holzlatte auf Polizisten warf, außerdem sollte er einer der mutmaßlichen Anführer gewesen sein. Einige sorgten sich um ihre Freiheit und stiegen aus. Doch der Großteil hatte das Gefühl, dass die Krawalle sie zu einer bekannten Adresse gemacht hatten. Es tauchten auch viele neue Gesichter auf.

Beim Start der nächsten Saison waren Teile des St. Andrew´s Parks noch im Bau und bei einem Heimspiel gegen West Ham bestätigten sich die schlimmsten Befürchtungen der Behörden, als es zu Gewaltausbrüchen kam. Einige Wochen danach lieferten sich Blues und Villa Hooligans Kämpfe im City Centre. Ein fünfzig Mann starker Mob der Zulus griff eine Kneipe an und zertrümmerte die Scheiben. Acht Leute waren schwer verletzt und es gab über 100 Festnahmen. ´Das Spiel verlief ohne Zwischenfälle, aber es gab Streit, als sich rivalisierende Gangs an der Feuerwehrwache Lancaster Circus begegneten. Die Polizei vermutet, dass es sich hier um eine verabredete Schlägerei handelte,´ kommentierte die Evening Mail.

Ron Saunders sagte, dass es eine bittere Enttäuschung sei, nachdem der Verein erste Erfolge bei der Hooligan-Bekämpfung hatte. Damit meinte er die neuen Zäune und ein 25.000 £ teures Kameraüberwachungssystem. Saunders rief außerdem die ´Rettet unsere Gesellschaft´ Kampagne ins Leben, die Fußball- und Showstars in den Kampf gegen Hooligans einband.

In den nächsten paar Monaten wurden drei Leute in Luton mit Messern verletzt, ein West Brom Fan mit einen Hammer attackiert und achtzehn Personen aus Birmingham wurden bei einem Spiel in Coventry festgenommen, nachdem sie gegnerische Fans und Polizisten mit Wurfgeschossen beschmissen hatten.

Als Birmingham City dann spät in der Saison im Villa Park antrat, war es für beide Vereine ein wichtiges Spiel. Die Blues waren Vorletzter mit 25 Punkten, Villa stand nur einen Platz über ihnen mit 26 Punkten. KN erinnerte sich folgender Maßen: „Eine große Firm hatte sich im Bull´s Head in Newtown versammelt und wir begaben uns in Richtung des Crown and Cushion Pubs, um uns mit unseren ´Kumpels´ zu treffen. Ein Bullenwagen tauchte auf und wurde attackiert, also mussten wir uns sofort verpissen. Die Polizei würde hier bald in Massen auftauchen, man musste also so schnellst möglich zu dem Pub kommen.

Wir hörten Sirenen als wir Perry Bar (Bezirk) erreichten, wo der Pub war, aber sie waren noch weit genug entfernt. Wir sahen die Villa Firm und rannten die Straße runter in ihre Richtung. Aber die Bullen erschienen plötzlich und kamen auf uns zu. So verhinderten sie, dass etwas passieren konnte. Noch mehr Blues wurden von der Polizei gesammelt und zum Stadion eskortiert. Das waren aber nicht wirklich alle, zirka zwanzig Leute, darunter unser bester Mann, blieben im Hintergrund und taten unbeteiligt als der Rest weggeführt wurde.

Wir waren also mit zwanzig Leuten auf ihrem Gebiet, mit ein paar Bullen und etwa 300 Villa Jungs gegen uns. Das machte Laune. Wir gingen dann durch die U-Bahnstation und kamen auf der anderen Straßenseite neben dem Crown and Cushion raus. Eine Firm von vierzig Villa Leuten war links von uns, sie rannten sofort weg, als sie uns sahen. Rechts von uns standen zirka siebzig von ihnen. Wir gingen auf sie zu. Sie hatten eine Mauer im Rücken und schienen vor Angst starr zu sein. Sie hätten uns schlagen können, entschieden sich aber dagegen. Unsere Jungs in der ersten Reihe wurden langsam ungeduldig und der alte Zulu Schlachtruf erklang. Einige der Villa Jungs bewegten sich in unsere Richtung, wir gingen langsam auf sie zu und als sie nah genug waren, ging es los.

Wir prügelten uns eine gute Minute und im ersten Moment mussten sie zurückweichen. Das war eine gelungene Schlägerei mit zwei Gruppen von Jungs, die es wirklich wissen wollten. Die Polizei tauchte auf, wie auch eine Menge Villa Leute, die über die Straße kamen. Schlagstöcke wurden von den Beamten gezogen, um die Villa Hooligans zurückzudrängen.

Wir rannten schließlich die Straße hoch und sprangen in einen Bus Richtung Stadion, unverletzt. Sie hätten uns besiegen müssen, taten es aber nicht, sie hatten definitiv Angst vor uns."

Birmingham City gewann das Spiel, stieg aber trotzdem ab, Villa hingegen schaffte den Klassenerhalt. Eine Woche später spielten die Blues gegen Manchester United zu Hause. Die Wut über den Abstieg kochte hoch, als 500 Hooligans beider Seiten nach dem Spiel, auf Birminghams New Street aufeinander prallten. Es gab vierzig Festnahmen.

Wieder in der Second Division trafen die Zulus auf Portsmouths 6.57 Crew und es kam zu einigen umkämpften Schlachten zwischen diesen beiden Mobs. Im April 1985 gab es zwanzig Verhaftungen, nachdem die Blues in Portsmouth gewesen waren. Auch bei einem erneuten Besuch dort gab es Auseinandersetzungen. Beim Rückspiel in Birmingham, wurde der voll mit Portsmouth Leuten besetzte Fox Pub, von Zulus, die mit Billardqueues, Steinen und Faschen bewaffnet waren, angegriffen. Abgesehen von den Feindseligkeiten bildeten sich auch einige Freundschaften zwischen Hooligans beider Mobs, die auf gegenseitigen Respekt beruhten.

Dem Buch *Rolling with the 6.57 Crew* von Cass Pennant und Rob Silvester nach, war die Situation wie folgt: ´Die Polizei fing an die Dinge zu überschauen und morgendliche Hausdurchsuchungen waren im ganzen Land an der Tagesordnung. Die Zulus schienen sich darum nicht zu kümmern und sie brachten eine guten Mob mit, der sich nach dem Spiel auf der Fratton Bridge stellte und sich mit Stil schlug. Sie zerlegten einige Zäune und gingen mit Holzlatten zur Sache und um ehrlich zu sein, wir bekamen den Arsch voll!

Sie schlugen sich an diesem Tag wirklich gut und setzten den Weg bis zum Air Balloon Pub fort, wo eine kleine aber geschlossene Gruppe von ihnen eine wahre Glanzvorstellung ablieferte. Sie waren den ganzen Weg von der Fratton Bridge bis zum Pub gejoggt, eine Distanz von immerhin drei Meilen. Die Zulus kämpften an diesem Tag wie Männer, so wurden wir leider nur Zweiter. Sogar die meisten unserer Leute würden da wohl zustimmen.

Der Birmingham Mob lieferte das beste Beispiel eines Mann für Mann Kampfes ab, das je in Portsmouth gesehen wurde.´

Das Fehlverhalten von Birmingham Anhängern konnte nicht ewig so weitergehen und so wurden am 7. Oktober die Türen von sechsunddreißig Wohnungen eingetreten. ´Überraschungsschlag gegen die Zulus,´ titelte die Evening Mail. ´Sechsunddreißig Festnahmen im Zuge des Kampfes gegen den Fußball-Terror.´ Die Festgenommenen kamen aus Birmingham, Warwickshire und Staffordshire. Ihr Alter ging vom Teenager bis zum Mittvierziger. Die Durchsuchungen waren das Ergebnis einer achtmonatigen Undercoveroperation, genannt ´Red Card,´ die von einem fünfzehnköpfigen Polizei Team, der Steelhouse Lane Wache durchgeführt wurde. Einige der Beamten arbeiteten verdeckt.

´Gefährliche Zulu-Gang lief in die Falle verdeckter Ermittler,´ berichtete die Sun.

Die Hausdurchsuchungen hinterließen nachhaltig Wirkung bei den Zulus. Zusammen mit den vierzig Festnahmen sorgten die Ereignisse dafür, dass viele in den nächsten Monaten die Füße still hielten. Erhöhte Überwachung der Spiele nach den Durchsuchungen sorgte für noch mehr Druck auf die Firm. Als die Blues ein paar Wochen später gegen Villa spielten, waren die Zulus nur noch ein Schatten ihres sonst so organisierten Mobs und ihre Gegner nutzten den Vorteil. Sie nahmen das Home End der City Hooligans ein.

„Viele der Jungs hatten die Polizei zu Hause gehabt und es wurde etwas ruhiger um uns," sagte KN. „Aber nicht so bei den Villa Leuten, ein paar Samstage nach den Hausdurchsuchungen bei uns, kamen sie zu unseren Treffpunkten. Sie wussten, dass viele von uns Platzverweise hatten und dass die Blues auswärts spielten, so würde ihnen kein richtiger Gegner entgegentreten. Fünfzig von ihnen kamen ins Boogies und verprügelten sieben oder acht Blues, die dort zur Happy Hour ein paar Drinks nahmen. Danach gingen sie ins benachbarte Edwards No. 7, trafen aber statt auf unsere Leuten, nur auf einige Säufer."

Drei Jahre nach dem ersten Abstieg stieg Birmingham City nochmals ab. Der Verein hatte sich mit dem Schicksal abgefunden, als man am letzten Samstag der Saison zu Crystal Palace reiste. Der Trainer machte bereits Versprechen hinsichtlich neuer Verpflichtungen, aber die Zulus hatten mehr Interesse ihr eigenes Ding zu machen. Das Spiel wurde für siebenundzwanzig Minuten gestoppt, weil Blues Fans das Spielfeld stürmten. Sechzehn Leute kamen danach ins Krankenhaus und vierundzwanzig wurden verhaftet.

Stunden später randalierten Birmingham City Hooligans noch auf einer Raststätte, sie warfen mit Essen und Geschirr um sich und zerstörten die Einrichtung. Ein Randalierer wurde vor Ort festgenommen, zweiundvierzig weitere wurden erwischt, als man ihren Reisebus anhielt.

Es gab zusätzlichen Ärger in einem Zug mit dem Fans nach Hause fuhren. Sitze wurden aus den Verankerungen gerissen und umhergeworfen. „Es wundert einen, angesichts des Hillsborough Unglücks, was sich diese gewissenlosen Idioten denken," kommentierte Deputy Chief Constable Paul Leopard die Situation.

Am Meer liegende Städte hatten sich über die Jahre für die Blues Fans als attraktiv erwiesen.

In den Achtzigern benahmen sie sich in Torquay, Great Yarmouth und Brighton daneben, aber die größten Krawalle brachen in Blackpool aus, wo Hunderte den ganzen Tag lang randalierten. Als Konsequenz aus dem Ärger bei Crystal Palace, wurde dem Verein die Auflage gemacht, ein an die Eintrittskarten gekoppeltes Identifikationssystem einzuführen, aber auch das konnte Hunderte nicht davon abhalten die Auswärtsfahrten ohne Ticket anzutreten.

Siebenundfünfzig Leute wurden festgenommen, als 300 Amok liefen, Schaufenster einschlugen und Geschäfte plünderten. Sondereinheiten der Polizei wurden erstmals in Blackpool eingesetzt, um zu verhindern dass 500 Hooligans sich randalierend den Weg ins Stadion bahnen würden. Nach dem Spiel musste der Blackpool Pleasure Beach in seiner hundertjährigen Geschichte das erstemal gesperrt werden, weil er von 400 Schlägern belagert wurde.

Später am Abend brachen einige Birmingham Fans in Blackpools Stadion ein, zerstörten die Torpfosten und verteilten Glasscherben im Strafraum. Die Birmingham Post nannte dieses Wochenende ´die Schande von Blackpool.´

Ein Labour Politiker forderte mehr verdeckte Polizeiaktionen, sowie eine Einstufung von Krawallen beim Fußball. Das Fußballverbandsmitglied Bert Millichip erklärte: „Wir können so etwas nicht ignorieren, wir müssen uns von diesen unerwünschten Elementen lossagen." Der Stadtrat von Birmingham schrieb eine öffentliche Entschuldigung an den Rat der Stadt Blackpool. Der Verein geriet jedoch erneut in Verlegenheit, als heraus kam, dass der Direktor des Managements Ken Wheldon, einige Eintrittskarten vor dem Stadion verkauft hatte.

Durch die Rave-Szene verschwanden einige Hooligan Firms, nicht aber die von Birmingham City. Hausdurchsuchungen, Massenverhaftungen und Medieninteresse kamen und gingen, aber die Zulus machten unbeeindruckt weiter. In dem Monat nach den Ausschreitungen in Blackpool, gab es Zusammenstöße mit den Hooligans von Northampton und Manchester United bei Heimspielen und auswärts in Rotherham.

Im Januar versuchten über 300 Zulus den Mob von Bristol City zu überfallen, sie waren mit Steinen und Flaschen bewaffnet, es sollte die Rache für Gewalttätigkeiten sein, die es zuvor im Ashton Gate Stadion gegeben hatte. Im folgenden Monat gerieten Hunderte Zulus mit Bolton Hooligans aneinander.

Reading war das Abschlussspiel der Saison und wie es viele Male zuvor passiert war, wurde auch hier der Platz von Birmingham City Anhängern gestürmt, wobei ein Spieler der gegnerischen Mannschaft attackiert wurde. Dutzende von Sitzen wurden rausgerissen oder beschädigt und neunzehn randalierfreudige Fans wurden festgenommen.

Mitte der Achtzigerjahre entwickelte sich eine erbitterte Feindschaft mit Stoke City, dem wohl zweitgrößten Mob in den Midlands, nach den Zulus. Bei einem Spiel im August 1986 kämpften hundert Zulus gegen eine gleich große Anzahl von Stoke Leuten. Das passierte noch vor dem Anpfiff und es gab weitere Ausschreitungen im Stadion.

In der folgenden Saison griffen Blues Schläger die Reisebusse des Stoke City Anhangs mit Steinen an. Im Februar 1992 gab es wieder große Krawalle, ausgelöst von Birmingham Fans, nachdem Stoke City ein umstrittenes Tor erzielt hatte. Minuten nach dem Stoke diesen Treffer schoß, stürmten die Blues Anhänger den Platz, weil sie dachten, dass Stoke ausgeglichen hätte. Das Tor war regelwidrig, doch selbst als der Spielstand korrigiert wurde, blieben die Fans auf das Spielfeld. Andere schlossen sich ihnen an und zusammen versuchten sie den Block von Stoke zu stürmen. Birmingham Anhänger strömten über das Feld in Richtung Gästekurve, in einer wie es ein Journalist beschrieb ´menschlichen Welle der Blutlust,´ während andere den Schiedsrichter und einen Stoke Spieler angriffen.

An einem Teil des Zauns verteidigten sich die Stoke Hooligans. ´Nur die Entscheidung des Schiedsrichters, das Spiel fünfzig Sekunden vor Ende abzubrechen, ließ den Wahnsinn zum Abschluss kommen,´ schrieb der Journalist. Als schließlich die Ordnung wieder hergestellt wurde, gab es noch einen finalen Schlagabtausch. Nachdem der Schiedsrichter und beide Trainer sich beraten hatten, entschieden sie das Spiel fortzusetzen – fünfzehn Minuten nachdem es abgebrochen wurde. Fünfunddreißig Sekunden nachdem das Spiel wieder lief, wurde es auch schon abgepfiffen. ´Gewissenlose Randalierer – ihr habt Schande über den Verein und die Stadt gebracht,´ lautete die Schlagzeile in der Evening Mail.

´Birmingham City ist mal wieder gestrandet, gesteuert von einem Mob hirnloser Hooligans. Egal wie der Verein die Fehler entschuldigt – wozu jeglicher Grund besteht – man steht im Moment im Fokus des Hasses und der Abscheu der gesamten Nation.´

Als die Polizei wieder einmal versuchte die Verantwortlichen zu fassen, riss Birmingham Citys Vorsitzender vom Leder, dass es nur durch die schlechten Entscheidungen des Schiedsrichters zu den Krawallen gekommen war.

Dieser Kommentar brachte ihn und den Verein direkt vor den Fußballverband (FA). Derweil forderte der Vorsitzende von Stoke, Birmingham City die Punkte abzuerkennen, wenigstens aber eine Geldstrafe oder eine Stadionsperrung. „Punktabzug ist vielleicht das einzige Mittel, um diese Hooligans in die Schranken zu weisen," sagte er.

Dabei versuchte er krampfhaft nicht zu erwähnen, dass beide Vereine gute Aufstiegschancen hatten. Seine Freude über das Benehmen der eigenen Anhänger, war genauso groß wie der Stolz den Mark Chester, der Anführer der Stoke Hooligans empfand, nur aus genau entgegengesetztem Grund. Die Stoke Jungs waren zufrieden, dass sie die Attacken der Zulus hatten aufhalten können.

Der Ärger flammte nach dem Stoke Spiel noch einmal auf. Aber abgesehen von dreißig Festnahmen beim Saisonabschlussspiel in Stockport, gab es in der folgenden Saison keine größeren Zwischenfälle.

In der Spielzeit 1993/94 gab es nur zwei nennenswerte Ereignisse, ein Heimspiel gegen Villa mit vierzig Festnahmen und Krawalle zum Saisonabschluss in Southport, nachdem die Blues in Tranmere gespielt hatten. Hier gab es sechsundvierzig Verhaftungen.

Im Jahr 1995 konnte man wieder eine Zunahme von Ausschreitungen beobachten, auch weil die Mannschaft im Januar zweimal im FA Pokal gegen Liverpool FC antrat. Nach einem Torlosen Spiel im St. Andrew´s Park, deckten die Blues Anhänger die Reisebusse der Gäste mit Steinen ein. Das Rückspiel wurde dann von sechs Messerstechereien, einer großen Bandbreite von Gewalttätigkeiten und dreißig Festnahmen überschattet. Zum Ende der Saison gab es eine Massenschlägerei auf dem Spielfeld, als Cardiff City zu Gast war und auch beim Spiel gegen Carlisle gab es Ärger. Nach dem zuletzt erwähnten Spiel wurde auch ein Pub im Londoner Stadtteil Paddington angegriffen. Für das letzte Spiel der Saison fuhr Birmingham nach Huddersfield und nach erneuten Kämpfen wurden dreiundzwanzig Leute verhaftet.

Im November 1995 spielte Birmingham City zu Hause gegen Millwall. Sitze wurden rausgerissen und geschmissen, als Hooligans sich im Stadion bekriegten. Außerhalb des Stadions wartete eine mehrere hundert Mann starke Gruppe Zulus bewaffnet mit Steinen, Flaschen, Messern und Baseballschlägern auf die Busse der Gegner. Einer der attackierten Busse, war der von Millwalls Mannschaft und ein Spieler der Londoner wurde verletzt.

Der Verband ordnete erneut Untersuchungen an, als sich Birmingham City und die Polizei nicht einig wurden was passiert war. Die Polizei suchte die Schuld bei den Heimfans. Sie erklärte, dass die Wurfgeschosse aus dem Railway Stand kamen, der über dem Gästeblock lag. Karen Brady, die Direktorin des Managements bestand darauf, dass auf den Überwachungskameras kein einziges Wurfgeschoss zu sehen sei, also wäre es augenscheinlich unmöglich Birmingham City Fans verantwortlich zu machen. „Die ersten zwei Reihen des oberen Teils der Tribüne waren mit einer Kette aus Ordner besetzt, die alle Leute davon abhalten sollten sich überzulehnen. Für diese Vorkommnisse kann man uns nicht zur Verantwortung ziehen." Sie behauptete außerdem, dass die zerbrochenen Sitze alle aus dem Gästeblock stammten.

Mit dem Angriff auf den Millwall Bus begann in Birmingham eine Reihe ähnlicher Anschläge. Ein paar Wochen später entstanden 3.000 £ Schaden an Reisebussen von Charlton Athletic Fans und zu Beginn des neuen Jahres wurden die Spieler von Leeds United mit Billardkugeln, Münzen und anderen Wurfgeschossen attackiert.

Ein Linienrichter wurde im Februar 1997 von einem Objekt getroffen und im Oktober 1998 wurde der Mannschaftsbus von Huddersfield mit Gegenständen beschmissen.

Während eines Auswärtsspiels bei Manchester City gab es ebenfalls weitläufige Krawalle in und um das Stadion. Der Ärger begann im Block der Birmingham City Fans, als der Schiedsrichter kurz vor Ende einen Handelfmeter gegen die Blues pfiff. Der Clubbesitzer, David Sullivan drohte danach damit, den St. Andrew´s Park zu schließen und die Fans von Auswärtsspielen zu verbannen. „Falls es in irgendeiner Form Ärger bei Heimspielen gibt, werden wir nicht zögern und die Spiele in Zukunft vor einem leeren Stadion austragen," sagte er. „Es ist sehr besorgniserregend, dass der Ärger von Dauerkartenbesitzern ausging, denn sie haben alle 2.500 Karten bekommen, die uns von Manchester zugeteilt worden waren. Diese Leute, oder besser fünfzig bis achtzig von ihnen, bringen den Verein in Verruf. Diese Idioten ruinieren uns."

Beim Saisonabschlussspiel 1997 gegen Ipswich verursachten die Blues Hooligans Ausschreitungen im Great Yarmouth Stadion, sie beschmissen Polizisten mit Flaschen und Steinen. Und auch ein Freundschaftsspiel gegen Villa vor dem nächsten Saisonstart, war alles andere als freundlich, Anhänger der Clubs hatten vor und nach dem Spiel schwere Auseinandersetzungen, das Ergebnis waren achtundzwanzig Festnahmen.

In der folgenden Spielzeit wurden vier Personen

schwer verletzt, als Birmingham zu Hause gegen Nottingham Forest spielte und es schon vor dem Spiel zu Schlägereien kam. Es folgte noch mehr Ärger! Zu Hause und auswärts in Huddersfield.

Am 13. Mai 1999 durchsuchte die Polizei die Wohnungen von mutmaßlichen Hooligans, das war nachdem im Vormonat, beim Spiel gegen die Wolves, 200 Birmingham Hooligans ihre Rivalen angegriffen hatten. Die Polizei ermittelte, um herauszufinden, wer die Zulu Warriors waren. John Perkins von der Polizei der West Midlands sagte, dass die Gruppe Fußball nur als Vorwand für ihre sinnlose Gewalt nutze. Er fuhr fort: „Ob sie für die aktuellen Ereignisse im Stadion verantwortlich sind, wird sich noch klären. Sie sind aber auf jeden Fall organisiert und veranstalten Auseinandersetzungen an Orten, die wir erst lokalisieren können, wenn es schon zu spät ist. Wir müssen diesem Treiben ein Ende bereiten."

Ein anderer Polizist fügte hinzu: „Sie tragen teure Baseballcaps, Burberry Pullover und diverse Designer Klamotten, die einige hundert Pfund kosten. Sie mögen so ein Auftreten. Sie sind keine Armen oder Ausgestoßenen, die ein schweres Leben haben, sie sind Leute, die eher zu viel Geld haben."

In der nächsten Saison gab es wieder Ärger bei einem Spiel gegen die Wolves, aber dieses Mal beanspruchten die Gäste den Sieg für sich. Ein Birmingham Hooligan bekam eine fünfjährige Gefängnisstrafe, weil er einen Wolves Fan mit einem Mauerstein attackiert hatte.

Dann waren es Millwalls Hooligans, die der Polizei von Birmingham wieder Kopfschmerzen bereiteten, weil die Londoner Citys erster Gegner in der Saison 2001/02 waren. Man organisierte einen Großeinsatz, nachdem in Erfahrung gebracht worden war, dass Millwall Schläger in solcher Masse anreisen wollten, dass sie die Zulus schlagen könnten. Hunderte von Polizeibeamten warteten bereits am Bahnhof auf die Südlondoner und eskortierten sie direkt zum Stadion. Nach dem Spiel versuchten die Zulus die Eskorte anzugreifen und der Polizeieinsatz geriet außer Kontrolle als 100 Wolves Hooligans, die auf dem Rückweg von Coventry waren, im City Centre auftauchten.

Mangels Fotos vom Zulu Mob, hier ein Bild von Unruhen bei einem Spiel zwischen Caenarfon Town und Stockport County (1986).

Zwischenfälle werden in Birmingham zunehmend seltener, was sicherlich auf den Ausstieg einiger, die Banning Orders und die besseren Polizeiüberwachung zurückzuführen ist. „In den letzten fünf Jahren ist es eindeutig ruhiger geworden," bestätigte ZS. „Es passiert ab und zu noch mal was und viele der Leute, die schon 1982 dabei waren, sind immer noch nicht erwachsen, aber es wird nie wieder so schlimm werden wie es mal war.

Wir können immer noch eine Firm von über 200 Leuten auf die Beine stellen, wie wir mit unseren Fahrten zu Millwall, zu den Spurs, Leeds, Sheffield United und Villa bewiesen haben. Aber bei den meisten Anlässen vermasseln es uns die Bullen. Es werden noch immer viele Versuche gemacht, das Gesetz zu brechen, aber es gibt heutzutage einfach zu viele Probleme. Leute wurden schon festgenommen, nur weil sie sich in aggressiver Weise angeguckt haben."

Es ist unmöglich, das Kapitel Birmingham City zu beenden, ohne auf die Schlacht an der Rocky Lane 2002 einzugehen, bei der Villa Leute behaupten, ihre Rivalen gedemütigt zu haben. „So ungefähr zehn Schläge sind bei dem berüchtigten Kampf an der Rocky Lane gefallen," sagte KN abwertend. „Aber später gerieten noch einige von uns mit einer etwas älteren Villa Firm am Stadion aneinander. Wir waren so zirka dreißig Blues gegen gut achtzig Villa Leute, beide Seiten kämpften wie in den alten Zeiten. Der einzig wahre Gewinner war die Polizei, die anstatt einzugreifen im Hintergrund blieb, die beiden Mobs gewähren ließ und sie derweil filmte. Viele bekamen Haftstrafen und noch mehr Stadionverbot, für eine Sache, die wir auf dem Höhepunkt der Zulu-Ära, als einen kleinen Zwischenfall bewertet hätten." Ein anderer Zulu fügte hinzu: „Lass den Villa Jungs ruhig fünf Minuten der Anerkennung und dann frag mal jede Hooligan Firm in England, für wen sie stimmen würde und verrate mir das Resultat. Ich wette sogar Villa Leute würde für uns stimmen."

Weiterführend Literatur: Top Boys, Cass Pennant (Blake Publishing); Zulu, Caroline Gall (Milo Books)

C

Chelsea

Stadion: Stamford Bridge
Firm: Headhunters
Feinde: Spurs, West Ham, Leeds, Leicester
Polizeioperationen: Own Goal, Extra Time, Hungarian

Es wurde über die Hooligans keines anderen Vereins soviel geschrieben, wie über die von Chelsea. Bücher, Zeitungsartikel und Fernsehreportagen haben über vierzig Jahre ihre Taten begleitet. Durch den starken Einfluss der Kings Road mit ihrem Flair und der Aura die Chelsea umgibt und noch mehr die Headhunters, haben die Hooligans eine Art Gütesiegel unter ihresgleichen. Millwall mochte die Muskelkraft haben. Manchester United die Massen. West Ham die Taktiken. Doch Chelsea hatte einen besonderen Stil, der oft durch die Leute veranschaulicht wurde, die den Mob anführten.

***

Versetzen wir uns zurück in den November 1955. Chelsea spielte zu Hause gegen West Brom und der zehnjährige Mickey Greenaway war an diesem Tag das Maskottchen des Vereins. Er war Chelsea. Und er sollte eine Chelsea Legende werden. Niemand hatte mehr Einfluss auf die Massen an der Stamford Bridge, als er. Er formte ´The Shed,´ ihr End und kreierte Lieder, die man noch heute hört. Er war auch eine Art Vaterfigur für kommende Generationen von Hooligan-Anführern. Greenaway wurde im Juni 1945 in eine Familie von Chelsea Anhängern geboren. Sein Großvater war beim ersten Spiel, das im Stadion an der Stamford Bridge stattfand und sein Vater war während der Dreißigerjahre bei fast allen Spielen.

Chelsea war in den Fünfzigern nur noch ein Schatten, der bedrohlichen Bastion von einst. Von den Rängen war kaum etwas zu hören und die Anhängerschaft bestand aus der Londoner Mittelschicht, sie waren das totale Gegenteil der Hafen- und Fabrikarbeitern im Osten der Stadt. Autoren, Schauspieler und Künstler wurden durch Chelseas Nähe zum West End angezogen. All das sollte sich ändern, und ein junger Mick Greenaway war teilweise dafür verantwortlich.

Als Teenager begann Greenaway bereits Chelsea zu Auswärtsspielen zu folgen. Noch bevor so etwas modern war. Ein paar Dutzend Leute fuhren manchmal zusammen, unter ihnen die Spieler, enge Freunde und die Familien. Er guckte sich nicht nur Chelsea Spiele an. 1964 fuhr er nach Manchester, um ein Wohltätigkeitsspiel zwischen United und Liverpool anzuschauen.

Eine mehr jugendlich geprägte Fußballkultur kam im Nordwesten auf. Ends bildeten sich, und es gab gewalttätige Zusammenstöße zwischen Fans. All das war neu für Greenaway, doch er liebte es auf Anhieb. Er war besonders von den Liverpool Anhängern begeistert. Sie hatten die erste richtige Fankurve im Land etabliert und waren auch mit ihren Songs ganz vorne. Als Chelsea in den Sechzigern gegen den Abstieg bei Liverpool spielte, sangen die Heimfans: ´Chelsea, Chelsea, get down, get down, get down,´ zu der Melodie eines bekannten Gilbert O´Sullivan Lieds.

Auswärtsfahrten überzeugten Greenaway davon, dass Chelsea ein Home End haben musste. Er suchte sich das South End aus und zog eine Grenze auf halben Weg, von dort wo sich die jüngeren Leute trafen. Dieser Teil des Stadions ist auch besser bekannt als The Shed.

Die Kings Road war der Ort, wo Dinge passierten, das war schon so bevor das Modebewusstsein immer mehr junge Männer in The Shed trieb. Ihr berühmtester Song ging so: ´Zigger, zagger, zigger, oy, oy, oy.´ Wo der Ursprung des Lieds entsprang ist ungeklärt. Vielleicht wurde es zuerst von einem Stoke City Fan gesungen, der Zigger Zagger Pat genannt wurde. Für eine kurze Zeit, war der Song auch in Liverpool zu hören. Aber Mick Greenaway war es, der ihn berühmt gemacht hat. Es war wie ein Sammelruf der Chelsea Leute auf Tribünen und Straßen. In den Tagen bevor die Fans im Stadion getrennt wurden, war es so durch einen Ausruf möglich, Chelseas harten Kern zusammen zu bekommen. Später würden die Medien behaupten, es wäre eine Art Kriegsschrei, eine Aufforderung zum Angriff, aber Greenaway wendete immer ein, dass das nicht der Fall wäre.

Ein anderer Song, der von Greenaway eingeführt wurde war ´One man went to mow´ (Ein Mann ging zum Mähen). Greenaway hatte das Lied beim Rückflug, von einer Chelsea Tour durch Florida, aufgeschnappt. Er saß neben einem besoffenen Typen, der den Song vor sich hin murmelte. Greenaway stimmte früh in der nächsten Saison das Lied an und es schlug ein. The Shed formte sich langsam, doch es sollte noch einige Zeit vergehen, bevor die jungen Männer, die sich um Greenaway scharrten, ernsthaft gewalttätig wurden. In der Tat bedurfte es einiger Niederlagen für den Chelsea Mob, bevor die Leute anfingen sich zu organisieren.

Im September 1965 besetzten Everton Anhänger The Shed. Einen Monat später machte die Chelsea Gefolgschaft dann eine heiße Erfahrung in Italien, als sie in der ersten Runde des Inter-Cites Fairs Cups auf Rom traf. Ein Unentschieden hätte zum Weiterkommen gereicht. Doch man verlor, wobei die Chelsea Spieler fast das ganze Spiel hindurch mit Müll beschmissen worden, zwei gingen sogar zu Boden. Bereits zur Halbzeit war das Spielfeld voll mit Orangenschalen, Papier, Münzen und anderen, schwereren Objekten. Trotz einer Polizeieskorte aus dreißig Polizeibeamten in vier Jeeps, sowie fünfzig Beamten zu Fuß, wurde der Chelsea Reisebus von brüllenden Rom Anhängern mit Steinen beschmissen, als er das Stadion verließ.

Chelsea erreichte im April 1966 das Viertelfinale im FA Cup, verlor aber gegen Sheffield Wendnesday. Viele Zuschauer auf beiden Seiten hatten Spazierstöcke dabei, die das Spiel über mit verheerendem Effekt genutzt wurden.

Ein Jahr später kündigte ein Programmheft an: ´Ab heute, sind Flaggen und Fahnen im Stadion an der Stamford Bridge verboten. Das gleiche gilt für Stöcke, da sie in der Vergangenheit zu Problemen führten und für die kommenden Heimspiele eine Gefahr darstellen.´

Im April 1967 erreichten die Londoner das drittemal in Folge das Viertelfinale des FA Pokals, diesmal gegen Leeds United. Chelsea schlängelte sich glücklich durch, verlor aber im Finale gegen die Spurs. Diese Spiele waren der Auslöser für Feindschaften mit den Anhängern beider Vereine, die noch bis heute Bestand haben (Siehe Leeds und Tottenham).

Greenaway war bekannt an der Stamford Bridge. Als Manchester Uniteds Mob im November 1966 The Shed einnahmen, wurde ihm eine Brechstange über den Schädel geschlagen. Ein Jahr darauf waren es West Ham Leute, die Amok liefen. Und wieder wurde Greenaway eine besondere Trachtprügel verabreicht. Aber Chelsea Fans standen ihm zur Seite, bei zukünftigen Spielen war er immer von einigen harten Burschen umgeben, die sich entschlossen hatten ihn zu beschützen.

Anfang der Siebziger war Chelsea der wohl glamouröseste Verein in London, vielleicht sogar in ganz England. Dem Gewinn des FA Pokals gegen Leeds folgte in den Siebzigern ein Sieg im Europapokal der Pokalsieger über Real Madrid. Chelsea gewann im Rückspiel mit 2:1. Auch Greenaway war da, in seiner üblichen Rolle, ein kleines Kontingent an Auswärtsfans anführend. Man nahm sogar an den Freudenfeiern der Spieler auf dem Platz teil. Greenaway war der König von The Shed, doch er war nicht der geborene Kämpfer. Seine Rolle war eher die des Hirten, der seine Herde führte.

Während eines Ausfluges nach Nottingham ging Greenaway mit einer kleinen Gefolgschaft von Chelsea Fans und einigen Mitgliedern der Spielerfamilien Richtung Stadion, als sich eine bedrohlich aussehende, menschliche Barriere von Heimfans vor ihnen aufbaute. Unbeeindruckt machte Greenaway einen Schritt nach vorne, schwang seinen Spatzierstock über den Kopf und brüllte ´Zigger, zagger,´ dann ging er weiter vorwärts. Die überraschten Forest Fans machten Platz und die Chelsea Leute konnten unangetastet passieren.

Chelsea Fan und Autor Martin King kann sich nicht erinnern, jemals gesehen zu haben, dass Greenaway zuschlug, doch eins war klar, er lief vor Streit nicht weg. ´Er war wohl einer der merkwürdigsten Anführer,´ schrieb King, ´aber ich glaube, er hat sich selbst nie als solcher gesehen.´ Chelsea Hooligan Steve Hickmott beschrieb ihn als eine Vaterfigur.

Seine einzige Verurteilung wegen Gewalttätigkeiten beim Fußball erhielt Greenaway 1983 nachdem es in Brighton zu Krawalle gekommen war.

Er war von einer Zeitung als Anführer der Chelsea Hooligans gebrandmarkt worden und auch der Club prangerte ihn an. Das waren entsetzliche Erfahrungen für einen Mann, der für seinen Verein lebte. Greenaway ging von da an nicht mehr ins Stadion. Nach dem Tod von Matthew Harding (ein finanzieller Förderer Chelseas) 1996 gab er noch einen kurze Kostprobe von ´Zigger, zigger´ in Hardings Kneipe, dem Imperial Pub. Greenaway starb 1999 in Armut, doch sein Geist ist noch heute zu spüren.

***

The Shed war geboren und schon bald tauchten neue Anführer auf. Der erste war Daniel Harkins, den Chelsea Fans besser bekannt als ´Eccles.´ Bei Chelsea gab es immer mehrere Mobs, die aus den kleineren Städten der Umgebung stammten, beispielsweise aus Berkshire, Surrey und Kent. An den Spieltagen gab es bestimmte Leute, die als Anführer in Erscheinung traten, doch in den Siebzigern war Eccles unumstritten der Boss.

´In einem Gespräch, zu erwähnen, dass du Eccles kanntest, hat dich besonders gemacht,´ schrieb

Chris ´Chubby´ Henderson. ´Deine Kumpels schauten auf dich mit Respekt, wenn du ihn auf der Straße trafst und er dich mit Namen grüßte und du ihn mit seinem echten Namen, Harkins.´ „General Eccles, machte ordentlich Eindruck auf mich," erzählte Martin Knight. „Ich kann mich erinnern, seinen Namen das erstemal in der sechsten Klasse gehört zu haben. Damals 1969 war er bereits eine Art Volksheld in der Welt des Fußballs. Sein Name prangte nahe dem Nell Gwynn auf der Kings Road jahrelang an eine Wand geschmiert. Ihn zu treffen, oder ihn tatsächlich in Aktion zu erleben, war als träfe man einen Nationalspieler oder einen Popstar. Er war gewiss charismatisch und hatte eine große, treue Anhängerschaft."

Auf einem Auswärts-Trip des Chelsea Mobs nach Bolton 1977, zeigte sich Eccles organisatorisch von seiner besten Seite. Erst mal befahl er ´seinen Truppen´ Richtung Norden zu marschieren. Er hatte sogar eine Karte vom gegnerischem End, über der er und seine Leutnante die Köpfe zusammensteckten, um einen Angriff zu planen. Auf Eccles Anweisung hin, schlichen sich dann einige Hundert Chelsea Hooligans in die Bolton Kurve. Dort verteilten sie sich zwischen den Heimfans, die schließlich begannen die Londoner zu beschimpfen. Gebrüll setzte ein und die Bolton Fans flohen, Chelseas Mob hatte ihr End genommen.

Aber Eccles hatte noch nicht genug. Außerhalb des Stadions befahl er einem kleinen Mob die Polizei abzulenken, während er selbst mit dem Haupt-Mob auf die Suche nach Gegnern ging.

Ein paar Wochen später bei West Brom wählte er eine andere Herangehensweise. Man wartete bis Spielende und griff die Anhänger der Heimmannschaft an, als diese das Stadion verließen. Es gab einen kurzen taktischen Rückzug, als die Massen von West Brom Fans aus dem Stadion kamen. Aber wieder unter Eccles Befehl bildete die fünfzigköpfige Gruppe eine Kette. Sie gingen so vereint auf den gegnerischen Mob zu und konnten ihn in die Flucht schlagen. Auch andere Ends wurden unter Eccles Leitung genommen, darunter Aston Villas riesiges Holte End, The Shelf der Spurs und Arsenals North Bank.

Neben Eccles wurde der Chelsea Mob von einem einarmigen schwarzen Mann angeführt, der Babs genannt wurde. Sein stämmiger Körperbau und seine Tollkühnheit, glichen seine Behinderung mehr als aus. Für einige Außenstehende war es allerdings unverständlich, dass ein schwarzer Mann, ein so bekannter und akzeptierter Chelsea Hooligan seien konnte. Zu einer Zeit als die National Front (NF) und das British Movement (BM) bewusst versuchten Fuß in den Stadien zu fassen und nirgendwo trat das offener zu Tage als bei Chelsea. „Babs war Chelseas bester Mann, in einer Welt in der Weiße nun mal rechts waren," gab Chris Henderson zu, der selbst in Machenschaften von NF und BM verwickelt war. Aber für Henderson und andere rechte Chelsea Hooligans war Babs einfach ein Teil ihres Mobs. Er war auch nicht der einzige bekannte Schwarze im Umfeld, da waren noch Steff, Black Jim und Black Willy.

Babs war außerdem auch eine der führenden Kräfte bei London United. Unter diesem Namen versuchte man alle Skinhead Mobs Londons zu vereinen. Sie wollten so die großen Firms aus dem Norden angreifen. Die Idee dazu entstand 1975, nachdem Babs und Steve Woods, einer der führenden West Ham Hooligans, eine Schlägerei hatten.

Doch die Rivalitäten unter einander waren am Ende größer. Kleidung war für Babs wichtig, er achtete darauf immer gut angezogen zu sein. Er umgab sich mit einer loyalen, eng verwobenen Truppe. Sie operierten unabhängig von Eccles Mob, schlossen sich jedoch diesem bei größeren Schlägereien an, das geschah besonders häufig bei Auswärtsspielen.

Eccles plante seine Angriffe mit militärischer Präzision und griff nur an, wenn ein Sieg greifbar schien. Die Gruppe um Babs nutzte eher Muskeln als Hirn.

Es war Babs, der die Einnahme der North Bank von den Wolves anführte. Viele Chelsea Hooligans glaubten auch nicht, dass Eccles den Angriff geleitet hätte, weil die Aussicht auf einen Sieg zu gering war. Diese zwei Männer arbeiteten oft zusammen, es gab aber auch Spannungen.

Der Nordosten Englands war eine besonders unfreundliche Region, speziell wenn es um Auswärtsfahrten der Londoner Mobs ging und es gab nichts viel Schlimmeres, als bei Sunderland auswärts anzutreten zu müssen. Chelsea war gerade in die Second Divison abgestiegen und ihr erstes Spiel der neuen Saison war auswärts im Roker Park. Es war sechs Jahre her, dass Chelsea dort gespielt hatte, damals in der selben Liga. Das bedeutete auch, dass es für die meisten, die im Bahnhof Kings Cross am 12. August um 7.30 Uhr den Zug bestiegengen, die erste Reise nach Sunderland war. Als der Zug im Bahnhof Seaburn einlief, stand Eccles da um den Chelsea Mob zu inspizieren. Er war ruhig, nachdenklich und stand über allem, er organisierte. Seine Gang sollte die erste bei der Ankunft sein, es mussten alle zusammen bleiben, bei einem kleinen Mob hatte das die größte Priorität.

Eine Gruppe von 700 Chelsea Hooligans traf dann auf die gleiche Zahl von Einheimischen. Plötzlich tauchten von den Seiten immer mehr Sunderland Leute auf, sie kreischten, schrieen und wollten Cockney Blut. Die Londoner kämpften und schließlich rannte der Sunderland Mob. Chelsea erzielte auf dem Platz eine schnelle Führung, was zu erneuten, kleineren Gewaltausbrüchen führte. Sunderland schoss auch noch ein Tor, doch dann punktete Chelsea. Außerhalb des Stadions schien es so, als hätten sich Tausende Anhänger der Heimmannschaft versammelt, um auf die Londoner zu warten. Viele der Chelsea Jungs zappelten nervös herum, bis ein drahtiger Kerl, mit lauter Stimme auf eine Absperrung kletterte und zu reden begann:

„Guckt sie euch an," schrie er und deutete auf den Sunderland Mob. „Ein Haufen verschissener Wichser. Sie haben nichts, keine Hoffnung, keinen Job, gar nichts. Sie leben in verdammten Höhlen und können nicht einmal richtig Englisch sprechen. Lasst uns da raus gehen und ihnen die Scheiße aus dem Körper prügeln. Zeigt ihnen, dass wir Chelsea Leute sind und stolz darauf. Wir haben keine Angst vor ihnen, sie sind alle beschissene Räuber, nicht einmal richtige Geordies (Bezeichnug für Leute aus Nordost England)."

Seine Ansprache hatte den gewünschten Effekt, die Menge brüllte zustimmend. Chelseas Mob stürmte raus, Babs, Eccles und Co. an der Spitze. Sie kämpften verbissen und schließlich erfolgreich gegen die Massen. Der Name des jungen Redners war Steve ´Hicky´ Hickmott, er sollte sich noch zu einer Chelsea Legende entwickeln.

Im Februar 1976 spielte Chelsea zu Hause im FA Cup gegen Crystal Palace. ´Die traurige Seite des Fußballs, wurde mal wieder zur Schau gestellt,´ so fing der Artikel, einer Zeitung an. ´Und es kam nicht überraschend, nachdem Chelsea gegen die Gäste von Crystal Palace mit 3:2 unterlag. Neun berittene Polizisten wurden ins Stadion beordert, es war das erstemal, dass es so etwas gab, seit 1923 die Massen in Wembley die Tore aufbrachen. Die Vereinsführung von Chelsea hatte beschlossen Mitgliedsausweise für die Anhänger einzuführen, nachdem Fans im August, das Spielfeld in Luton stürmten. Es hätte auch am Samstag einen Platzsturm gegeben, wäre nicht die acht Fuß hohe Mauer gewesen, die der Verein vor zwei Jahren errichten ließ.´

Die nächste Saison war wahrscheinlich Chelseas schlimmste, was die Aktivitäten der Hooligans anging. Das erste Spiel war gegen den kleinen Londoner Club Leyton Orient, im Lauf dieser Begegnung brach eine Mauer zusammen, als 100 Chelsea Fans aufs Spielfeld stürmten.

Das nächste Auswärtsspiel war gegen Millwall und es gab Dutzende Festnahmen nachdem die Südlondoner den Chelsea Mob im Stadion von allen Seiten angegriffen hatten. Sieben Tage danach gab es in Plymouth schwere Ausschreitungen in und um das Stadion. Während des Spiels stürmte der Chelsea Mob durch das Home End, doch nach dem Spiel gab es böse Attacken von Seiten der Plymouth Hooligans. Es gab weniger Ärger bei Heimspielen, doch eine Begegnung gegen Cardiff City stellte eine Ausnahme dar. 4.000 Waliser reisten nach London und richteten im Stadion an der Stamford Bridge erheblichen Schaden an, wobei auch die neue Anzeigetafel zerstört wurde. Außerdem kam es zu Krawallen bei einem Heimspiel gegen die Wolves, mit Schlägereien in der U-Bahn und rund ums Stadion.

Am 20. November gab es vierunddreißig Festnahmen, beim Auswärtsspiel gegen Nottigham Forest, das von zehn Stunden Randale begleitet wurde. Das Spiel wurde für vier Minuten angehalten, als sich Anhänger beider Seiten im Stadion Schlägereien lieferten. Nach dem Abpfiff waren 200 Polizisten nötig um weitere Ausschreitungen zu verhindern. Im anschließenden Gerichtsprozess wurde einiges über das ´animalische Benehmen´ der Chelsea Fans berichtet.

Chelseas Anhang reiste am 29. Dezember zum Stadion an der Kenilworth Road in Luton und es gab erneut Krawalle. Auch in der folgenden Saison stürmten Hunderte von Chelsea Fans das Spielfeld in Luton, sie hielten das Spiel an und sorgten für ein riesiges Chaos.

Die Gewalttätigkeiten waren beim zweitenmal nicht so schlimm, das lag aber wohl daran, dass die meisten Pubs geschlossen hatten und zusätzliche Polizisten anwesend waren. Dreißig Haus- und Ladenfenster wurden dennoch von Chelsea Anhängern zerstört, die wütend auf die 4:0 Niederlage ihrer Mannschaft reagierten. Im Stadion waren extra für dieses Spiel errichtete Zäune von 3.000 Chelsea Leuten einfach niedergewalzt worden.

Ein paar Tage danach räumte die Polizei ein, dass der Verein vor dem Spiel einen Brief erhalten hatte, in dem die Gewalttätigkeiten angekündigt worden waren. Das Schreiben hatte folgenden Wortlaut: ´Wenn ich wüsste, wie man Briefbomben herstellt, wäre das eine. Euer Stadion wird wie ein Trümmerfeld aussehen wenn wir fertig sind. Versucht uns zu stoppen, es gibt 20.000 Leute, die wie ich denken.´ Ein Aufeinandertreffen mit Southampton im FA Pokal, wurde auch von Ausschreitungen begleitet und beim Heimspiel gegen Millwall war es ebenfalls nicht überraschend, dass es Gewalttätigkeiten gab. Dann war da noch das Ligaspiel gegen Bolton auswärts, bei dem Eccles die Einnahme des Home Ends beaufsichtigte.

Die Androhung weiterer Krawalle bewegte Nottingham County dazu, ein Spiel zu verlegen, da Nottingham Forest auch ein Heimspiel hatte. Die Ligaverantwortlichen lehnten anfangs diesen Vorschlag ab, wurden dann aber vom Verein und der Polizei überzeugt.

Chelseas Auswärtsspiel in Cardiff erntete Schlagzeilen: ´Cardiffs schlimmster Tag in Sachen Fußballkrawall,´ hieß es im South Wales Echo. Neunundachtzig Personen wurden festgenommen und Dutzende wurden verletzt, als es vor, während und nach dem Spiel zu Ausschreitungen kam. Die schlimmsten Szenen spielten sich schon vor dem Anpfiff im Stadion ab. Ein Polizist wurde mit Wurfgeschossen übersäht und ein Feuerwerkskörper wurde von Chelsea Anhängern auf den Platz geschleudert. Siebenundvierzig Verhaftungen gab es bereits während des Spiels, nachdem sich rivalisierende Banden auf den Rängen des Grangetown Ends Auseinandersetzungen geliefert hatten. Die Polizei griff ein, um Festnahmen zu machen. Ein junger Chelsea Anhänger wurde im Schwitzkasten abgeführt. Aber das Schlimmste kam, als der Schiedsrichter einem Verteidiger von Chelsea, kurz vor der Halbzeit, eine Verwarnung erteilte.

Chelsea Anhänger schleuderten Flaschen und Bierdosen, in den Block der Cardiff Fans.

400 Cardiff City Hooligans verließen das Stadion zehn Minuten vor Abpfiff, sie trafen draußen auf einen zweihundertköpfigen Chelsea Mob, der genauso gehandelt hatte. „Man hätte eine Armee gebraucht, um sie zu stoppen," sagte ein Polizeisprecher. Die Ausschreitungen hielten eine Stunde an, bis der Chelsea Mob seine Rivalen verjagte. Die Polizei beschrieb es als: „Die am längsten dauernden Ausschreitungen, die man je bei einem Spiel von Cardiff City gesehen hatte."

Und es war noch nicht vorbei. Die Polizei musste die Chelsea Hooligans wortwörtlich über die Grenze von Wales prügeln. Der Zug brauchte nur um die vierzehn Meilen nach Newport zurückzulegen zwei Stunden und ein Waggon musste ausgewechselt werden, weil die Räder vom ständigen Benutzen der Notbremse defekt waren. „Die Chelsea Fans am Eingang vor dem Grandstand benahmen sich nur ein wenig besser als Tiere," erklärte Cardiff Citys Vorsitzender Stefan Terlezik.

„Es war schrecklich," sagte eine Rentnerin. „Es machte mir Angst hier weiter zu leben." Sie wohnte nahe dem Stadion und bereits bei vier vorangegangenen Ereignissen waren bei ihr Fenster zu Bruch gegangen, aber nichts war so schlimm, wie diese Erfahrung durch den Chelsea Mob. Ein frustrierter Chief Constable der Polizei von Südwales sprach sich dafür aus, bei ´Risiko Spielen,´ Karten nur noch im Vorverkauf auszugeben. „Es hat uns und den Steuerzahlern Hunderte und Tausende Pfund gekostet, den Ninian Park in den vergangenen Spielzeiten zu sichern," sagte er. „Die Zeit ist gekommen, sich zu fragen, ob wir weiterhin Unsummen in den Schutz einer Sache investieren wollen, die offensichtlich zum Schlachtfeld rivalisierender Banden geworden ist. Wenn ich nicht die Pflicht hätte, für die öffentliche Sicherheit zu sorgen, würde ich einfach jegliche Polizeieinsätze bei zukünftigen Spielen streichen."

Beim Heimspiel gegen Millwall gab es noch mehr Festnahmen und es bot sich der Blick auf ein totales Chaos. ´Ein Polizist wurde außerhalb des Stadions erstochen und über dreißig Personen wurden verhaftet. Es stellt sich die Frage, was wird passieren, wenn Chelsea im nächsten Jahr auf die Vereine der Großstädte in der First Divison trifft?´ hieß es im Evening Standard. ´Das Hooliganproblem begleitet uns jetzt schon eine ganze Zeit und das Gefühl dagegen machtlos zu sein, beschlich einige Beobachter auf der Haupttribüne. Ich selbst, sah am Samstag den Ärger, der bereits eine halbe Stunde vor Spiel ausbrach und habe dabei nichts mehr gefühlt. Es schien, als würden die Schlägereien jeden Samstag dazugehören. Die Laune der Hooligans auf den Rängen schien schlechter als normal zu sein, doch auch die Polizei machte einen aggressiveren Eindruck als sonst. Die Kämpfe waren schrecklich.´

Chelsea fuhr am Osterwochenende nach Charlton, immer noch in der Hoffnung aufzusteigen, woran aber nach einer 4:0 Niederlage nicht mehr zu denken war. Chelsea Anhänger verwüsteten daraufhin das Stadion. Auf den Rängen wurde ein großes Lagerfeuer aus Zeitungen und Programmheften entzündet, mit der Absicht, so das Spiel zu unterbrechen. Kurz vor Abpfiff traten die Chelsea Leute die hölzernen Tore auf und strömten auf die Straßen. Autos wurden beschädigt und Fensterscheiben eingeschmissen. Die Randale weitete sich in die anliegende Nachbarschaft aus.

Die Reaktionen nach dem Spiel gegen Charlton kamen rasch. Innenminister Denis Howell war entsetzt über die geringen Strafen, die den Festgenommenen gegeben wurden und verlangte härtere Urteile. „Die in Gewahrsamnahme scheint mehr zu bringen, als zu lasche Strafen," sagte er. Diese Rede hielt er, nachdem fünf Leute zu einer Geldstrafe von insgesamt 160 £ verurteilt worden waren. Er forderte einen vollständigen Bericht über die Gewalttaten, in der Erwartung, den Chelsea Hooligans ein Verbot zu erteilen, sich Eintrittskarten zu kaufen. Diese Strafe hatte sich bereits bei Manchester United in der selben Saison bewährt. Von anderen Politikern war auch zu hören: „Es ist wohl in Ordnung, dass Mr. Howell sich für Strafen von 1.000 £ während seiner Amtszeit ausspricht. Er muss dann aber auch versuchen, das Geld einzutreiben." Eine Woche später wurde dem Chelsea Anhang ein Verbot erteilt, für die nächsten zwei Jahre Auswärtsspiele ihres Vereins zu besuchen. Aber offensichtlich hatte irgendwer vergessen, von diesem Verbot zu berichten. Denn Chelseas letztes Spiel der Saison war gegen die Wolves und die British Rail setzte einen Sonderzug ein, um die Londoner in die Midlands zu fahren. Die Polizei erwartete die Horden bereits bei ihrer Ankunft. Und es wurde entschieden, die Chelsea Leute lieber ins Stadion zu bringen, als sie streitsuchend durch die Straßen Woverhamptons ziehen zu lassen. 500 Beamte waren an diesem Tag im Einsatz, aber auch sie konnten nicht verhindern, was Polizeisprecher Roy Mellor „Den gewalttätigsten Zwischenfall der Saison, bei den Wolves," nannte.

Es gab sechsundsiebzig Verhaftungen und dreiundzwanzig Verletzte.

Die Reise war zwar unternommen worden, aber nicht ganz ohne Angst auf Seiten des Chelsea Mobs. Steve Hickmott erinnerte sich an ein Gefühl der Furcht, als die Chelsea Leute, die berüchtigte U-Bahn der Wolves, auf ihrem Weg zum Stadion betraten. Nachdem sie die Angriffe der heimischen Hooligans in der U-Bahn überstanden hatten, wählten sie die bereits allzu bekannte Taktik, in kleinen Gruppen in das Home End einzusickern. Eccles brüllte laut und die North Bank wurde eingenommen. Der Schlusspfiff beendete eine Saison voller Krawalle.

Hicky hatte sich zu einem der wichtigsten Chelsea Jungs in den Siebzigern entwickelt. Eccles und Babs entfernten sich augenscheinlich von der Hooligan-Szene, doch Chelsea hatte immer noch unzählige kleine Mobs. Hicky war der Mann, dem man folgen musste, wenn man Aktion haben wollte. ´Die meisten Leute mochten ihn, aber sein Stil war anders als gewohnt,´ schrieben Martin King und Martin Knight. ´Ihm bedeute der Ruhm ein End einzunehmen nichts, er wollte direkte Konfrontation und die bekam er. Hickys Mob war meisterlich wenn es darum ging an unerwarteten Orten zu unerwarteten Zeiten aufzutauchen, um dann Gegner anzugreifen, die nicht damit rechneten.´

Einer dieser unerwarteten Orte war die Bob Bank von Cardiff City, wo er und eine Busladung seiner Leute 1980 bei einem Ligaspiel auftauchten. Umringt von Cardiffs hartem Kern, holte Hickmott eine Englandfahne raus und schwenkte sie. Die Fans auf der gegenüberliegenden Tribüne jubelten ihm wild zu, die Einheimischen hingegen begannen sich aufzuregen. Sie stürmten auf den kleinen Chelsea Mob los und versetzten ihm eine ordentliche Trachtprügel. Hickmott und seine Crew blieben standhaft solange sie konnten, aber die Massen und die Unmengen an Schlägen überrollten sie. Als sie letztendlich um das Spielfeld herum zum Gästeblock geführt worden waren, wurden sie dort wie Helden gefeiert.

Hickmotts Eskapaden wurden legendär, seine Stunts genauso wie seine Kampfbereitschaft. Man sah ihn oft ein knallrotes Barett tragen, auf einer Auswärtsfahrt nach Swansea trug er sogar ein Gorillakostüm. Und es wurde bei einem U 21 Spiel in der Türkei, ein berühmtes Foto von ihm geschossen, auf dem er eine Fliegerbrille trug.

Bei einem Spiel in Sunderland randalierte Hicky in den Straßen, auf seinem Weg zu einem verabredeten Treffen. Plötzlich hielt ein Mannschaftswagen der Polizei und man fragte ob er und seine Leute sich verlaufen hätten. Hicky spielte ihnen etwas vor, so dass die Polizisten ihn und seinen kleinen Mob Richtung Stadion brachten, wobei sie zahllose Polizeisperren passierten, die den Mob eigentlich hätten aufhalten sollen. Der Beamte, der fuhr schien offensichtlich nicht von der ansässigen Polizei zu sein, denn Hickmott musste ihm den Weg erklären. Kurz bevor sie ihren Treffpunkt erreichten, fragte er den Mann am Steuer, ob sie aussteigen könnten, mit dem Vorwand, dem Fahrer den Stau nahe dem Stadion zu ersparen. So kam er mit Hilfe der Polizei, früh an dem mit dem Sunderland Mob verabredetem Ort an.

Bei einem Auswärtsspiel in West Brom kletterten Hickmott und einer seiner Freunde auf das Dach der Gästetribüne. Für einige Minuten unterhielten sie die Chelsea Fans indem sie auf dem Dach tanzten und rumhüpften, sehr zum Entsetzen der Offiziellen West Broms. Schließlich wurde es Hickmott zu langweilig und als letzte Showeinlage ließ er sich vom Dach in die Menschenmassen darunter fallen.

1982 in Huddersfield stürmte Hickmotts Mob in das Home End und verjagte einen zahlenmäßig weit überlegenen Mob. Trotz zäher und brutaler Versuche der Einheimischen, war die Chelsea Gruppe nicht weg zu bewegen. Beim Schlusspfiff stand Hickmott am Rand des Spielfelds und schüttelte seinen Chelsea Freunden die Hände.

Hickmotts Busreisen wurden berüchtigt. Es fing mit einem Bus an, der ihn und einige seiner Freunde, von seinem Wohnort in Tunbridge Wells abholte. Das war noch lange bevor es üblich wurde, sich an Treffpunkten in London zu sammeln und dann mit Bussen zu fahren. Bald wurden Flugblätter gedruckt und die Bustickets schon lange vor den Spieltagen verkauft. Es gab sogar einen Song über Hickmott und diese Busreisen.

Die Polizei begann langsam aber sicher einen Einblick in die Hooligan-Szenen an der Stamford Bridge zu gewinnen. Schon lange bevor es szenekundige Beamte gab, wurden Polizisten an den Einlässen der North Bank postiert, um bekannte Gesichter auszusortieren. Die Reaktion der Chelsea Anführer war, dass sie nun über den West Stand, durch Tor 13 ins Stadion gingen. Es dauerte eine Zeit bis die Polizei dahinter kam, aber schließlich fand sie es heraus. Die Ausschreitungen verlagerten sich nun in die Straßen, U-Bahnen und sogar in die Londoner Innenstadt.

Chelsea traf in der Second Division wieder auf Leeds und Leute beider Seiten ließen die Feindschaft, die seit den Sechzigern bestand, wieder aufleben. Es gab auch normaler Weise Ärger bei Derby County, deren Stadion von Chelsea Hooligans 1970 und 1973, sowie zweimal in den Achtzigern, verwüstet wurde.

Die Achtziger waren die Jahre der Flugblätter. Chelsea und andere große Firms nutzten sie, um ihre Leute zu mobilisieren. Vorher hatte noch eine Mund zu Mundpropaganda genügt, doch in den Achtzigern wurden die Flugblätter, genau wie die Namensgebungen der Firms, eine Mode. Für ein Spiel in Manchester hatte der Chelsea Mob entschieden, sich an dem berüchtigten Stretford End zu versuchen. ´Chelsea gegen Man United,´ verkündete ein Flugblatt, das Wochen vor dem Spiel in Umlauf gebracht wurde. ´Das darf nicht verpasst werden. Holt euch alle Karten für den Gästeblock, also erscheint ordentlich angezogen, ausschließlich im Munich End. Wir hoffen auf die besten Jungs und viel Glück bei der wichtigsten Mission, die wir je hatten.´

In dieser Zeit tauchte auch der Name ´The Headhunters´ auf. Es begann alles mit einem Spaß, als einer der Chelsea Jungs den Namen einer Arbeitvermittlung benutzte. Es wurden ein paar Visitenkarten gedruckt, die Medien sprangen sofort darauf an und der Name stand.

Einem Mob einen Namen zu geben erschien den älteren Chelsea Hooligans merkwürdig, aber es war einfach ein Teil des neuen Bewusstseins der Hooligans. Es war in den frühen Achtzigern selten, dass über die Chelsea Anhänger nichts in der Presse stand. Während eines Heimspiels gegen Leeds, in der Saison 1982/83, gab es mehr als 200 Festnahmen, drei Viertel davon in der Londoner Innenstadt. In der gleichen Saison nahm der Chelsea Mob auch das End von Blackburn ein, wobei man die Heimfans einfach aufs Spielfeld jagte. Bei einem Auswärtsspiel im Milk Cup, gab es in Tranmere Schlägereien auf den Rängen und Presseberichte beschäftigten sich eingehend mit Chelsea Hooligans, die bei einem Spiel gegen Nottingham County den Hitlergruß gezeigt hatten. Zu Saisonende gab es noch gewalttätige Aufeinandertreffen bei Auswärtsspielen gegen die Wolves, Leeds und Burnley. Das letzte Spiel auswärts war in Bolton, wo der Chelsea Mob für Krawalle auf der Haupttribüne sorgte.

Das Eröffnungsspiel der nächsten Saison in Brighton wurde von 125 Verhaftungen begleitet und auch am letzten Spieltag gab es weiträumige Ausschreitungen, als man zu Hause gegen Leeds spielte. Die Hooligans hätten es sich nicht besser ausmalen können, als durch einen 5:0 Sieg über ihre meist gehassten Feinde, den Aufstieg zu sichern.

In der First Divison war Chelsea wieder in einer Liga mit den Londoner Rivalen West Ham und Spurs. Doch eine der schlimmsten Ausschreitungen ereignete sich bei einem Liga-Pokalspiel gegen Millwall. Einige Wochen später wurde ein Ersatzspieler von Chelsea bei einer Schlägerei mit einem Messer verletzt. Die größten Krawalle in dieser Saison gab es aber bei der Heimbegegnung im Milk Cup gegen Sunderland. Chelsea verlor dieses Spiel 2:3 und das Rückspiel 5:2. Die Reaktion der Chelsea Anhänger war, dass sie den Platz stürmten und das Spiel aufhielten. Mehr als 100 Personen wurden festgenommen und es gab dreiundvierzig Verletzte, darunter zwanzig Polizeibeamte. Münzen und Holzlatten wurden auf die berittenen Polizisten geworfen, als sie versuchten die Hooligans vom Spielfeld zu scheuchen. Es passierte sogar, dass ein Chelsea Fan Sunderlands Torschützen Clive Walker über den Platz jagte. Der Fußballverband kündigte Untersuchungen an. Was allerdings auf wenig Interesse stieß, besonders nachdem man den Anhänger der Walker verfolgt hatte frei ließ, weil große Teile der Chelsea Fans es in Sprechchören gefordert hatten. Eine Zeitung beschrieb die Gewalttätigkeiten als ´einen Einblick in die Hölle.´

Die anhaltenden Krawalle bei Chelsea, zusammen mit der Heysel Katastrophe, sorgten dafür, dass die Verantwortlichen zunehmend entschlossener gegen Hooligans vorgingen. Während Chelseas Vorsitzender Ken Bates den Bau von Elektrozäunen in die Wege leitete, stellte die Metropolitan Police sechs Officer ab, deren Job es war, die Anführer der Hooligans zu identifizieren und Beweise gegen sie zu sammeln.

Das Ergebnis dieser sechsmonatigen Undercoveroperation war die Festnahme von Hickmott und einigen anderen angeblichen Chelsea Hooligans. Morgendliche Hausdurchsuchungen wurden zur Normalität und die Polizei präsentierte der Presse stolz das gefundene Waffenarsenal.

Beim anschließenden Prozess wurde Terry Last, weniger Steve Hickmott, beschuldigt, der Anführer des Chelsea Mobs zu sein. Last wirkte mit seinen 1,67 Meter Größe und seiner schlanken Gestalt, eher ungewöhnlich für den Kopf einer Hooligan-Gang. Er arbeitete als Büroangestellter bei einer Anwaltskanzlei, war passionierter Vogelbeobachter und Schachspieler. Doch er wurde als der gefährlichste Anhänger des Vereins dargestellt, er wäre: ´Ein sich gut artikulierender, intelligenter Kommandeur der Chelsea Headhunters.´ Und der Richter beschrieb ihn bei der Urteilsverkündung, als ´arroganten´ zweitklassigen Anführer, auf dessen Konto die Organisation einer Menge Gewalttaten gehe, die bei Chelsea Spielen statt gefunden hatten.

Im Vergleich dazu, wurde Hickmott nur als sein treuer Handlanger präsentiert. Bei der Beschreibung von Last wurden auch Teile seines Tagebuches verwendet, das er geführt hatte, als er für Chelsea fuhr. Darin prahlte er über Schlägereien und beschrieb seine Ungeduld bezüglich kommender Konfrontationen. Last und Hickmott erhielten Haftstrafen von zehn Jahren, einige andere bekamen kürzere. Der Richter lobte die Polizeioperation und die Metropolitan Police posaunte ihren Erfolg groß raus, um anderen Einheiten zu zeigen, dass man dem Model folgen sollte.

Sie guckten alle dumm aus der Wäsche, als ein Jahr später die Urteile widerrufen wurden, weil Zweifel über die Art der Informationsbeschaffung einiger Officer laut wurden. Das stellte sich im Laufe eines zweiten Prozesses, mit dem Codenamen ´Extra Time´ raus. Dieser konzentrierte sich hauptsächlich auf die neue Generation der Headhunters, die von Chris Henderson geleitet wurde. Hickmott wurde freigelassen, erhielt als Wiedergutmachung eine Entschädigungszahlung und wanderte nach Südostasien aus.

Doch er ist den Virus nie ganz los geworden und auch er wurde nicht vergessen. Er kam zu großen Chelsea und England Spielen und schrieb regelmäßig Karten an die Polizei in Fulham, um sie daran zu erinnern, dass er ein freier Mann ist.

Der Ausstieg von Hickmott hat bestimmt zur Minderung der Krawalle bei Chelsea beigetragen, sie jedoch nicht verschwinden lassen. Chelsea Anhänger attackierten bei einem Heimspiel im April 1987 eine U-Bahn, die mit Everton Fans besetzt war. Einige Scheiben gingen zu Bruch und eine Leuchtrakete wurde in ein Abteil geschossen. Als sich die Everton Leute zur Wehr setzten, wurden sie mit Baseballschlägern angegriffen. In der folgenden Saison gab es einen Platzsturm bei den Queens Park Rangers und auch in Old Trafford gab es Ärger. Mit der Absicht, die Liverpooler an den dreißigsten Jahrestag des Flugzeugabsturzes ihrer Mannschaft zu erinnern, ließen Chelsea Fans ein brennendes Modellflugzeug auf den Platz fliegen.

Die Red Army nahm Revanche, als sie nach dem Spiel Chelsea Fans jagte, die auf dem Weg zur Piccadilly Station waren. Chelsea beendete die Saison als Drittletzter und musste an den Relegationsspielen teilnehmen. Einer Niederlage gegen Middlesbrough folgten schwere Ausschreitungen und darauf weitere Sanktionen der FA. Der Verein musste 75.000 £ Strafe zahlen, sowie die ersten vier Heimspiele der kommenden Spielzeit vor leeren Rängen austragen.

Die Verflechtungen von Chelsea Hooligans mit Rassismus wurden lange dokumentiert, doch es gab auch immer viele unter ihnen, die diese Verbindung ablehnten. Die Wahrheit ist, dass manche zugaben, lockere Verbindungen mit der National Front zu haben und das zeigten auch die Hausdurchsuchungen, bei denen Flugblätter der NF gefunden wurden. Wahr ist auch, dass viele einräumten, dass rassistische Sprechchöre und sogar der Hitlergruß, in den späten Siebzigern und frühen Achtzigern, zu Chelseas Stadionkultur gehörten. Viele der Lieder, die sich gegen die Spurs richteten, waren von Grund auf antisemitisch. Aber die Hooligans behaupteten, es wäre eher ein Spaß gewesen und die Absicht zu schocken, als politische Überzeugung.

´Obwohl der durchschnittliche Hooligan gesagt hätte, dass er Schwarze hasst, tat er es nicht wirklich,´ schrieb Chris Henderson in seinem

Buch *Who Wants It?* 'Wir schrieen tagsüber „Neger raus!" und tanzten abends zu der Mowtown Musik von Elgins.'

Natürlich waren die rassistischen Sprechchöre für einige nur ein 'Spaß' und umso mehr Reaktionen kamen, desto öfter taten sie es. Aber der Chelsea Anhang hatte doch ein beträchtliches, rassistisches Potential.

Bei einem Auswärtsspiel gegen Aston Villa 1979, wurden asiatische Geschäfte angegriffen und ein Jahr später wurde eine Moschee von 150 Chelsea Hooligans attackiert. Vier Personen wurden dabei durch Würfe von Mauersteine und Flaschen verletzt, denen Schläge und Tritte folgten, ein Opfer wäre dabei fast gestorben.

Bei einem Auswärtsspiel gegen Crystal Palace im April 1982 wurde Paul Canoville, Chelseas erster schwarzer Spieler von der Masse ausgebuht. Er musste das gleiche auch einige Wochen später, bei seinem Heimdebüt gegen Luton ertragen.

Die Achtziger und Neunziger über wurden Großbritanniens rechtsradikale Gruppen von Chelsea Anhängern unterstützt. Das erreichte den Höhepunkt mit der Untergrundgruppe Combat 18 (C18). Als C 18 von einem Wahlsieg der British National Party 1993 bei Millwall profitieren wollte, um Leute anzuwerben, trafen sie auf wenig Interesse, weil sie auf die Südostlondoner wie ein Chelsea Mob wirkten.

Henderson, der in den Achtzigern zu einer Schlüsselfigur auf den Rängen an der Stamford Bridge wurde, ist in Bezug auf seine führende Rolle, die er in der rechten Szene spielte zurückhaltend, doch er war bei Musikveranstaltungen und Aufmärschen tätig. In seiner Autobiografie vergisst er allerdings das Hakenkreuz-Tattoo auf seinem Oberkörper zu erwähnen, das könnte ihn wohl in Verlegenheit bringen. Auch seine Behauptung, dass schwarze Fans Schulter an Schulter mit Mitgliedern der British National Party standen und keinen Anstoß an den Liedern nahmen, ist falsch. Martin Knight berichtete von einem seiner engen Freunde, einem schwarzen Chelsea Fan, der von dem rassistischen Verhalten einiger Personen entsetzt war.

Die Wahrheit ist, beim Chelsea Mob gab es Leute wie Babs, doch augenscheinlich zogen sie sich vom Geschehen zurück, als sich der Rassismus um 1979 festsetzte. Es gibt immer noch einen Teil, auch bei der jetzigen Generation der Headhunters, die mit Rechtsradikalen zusammenarbeiten, es sind aber wesentlich weniger als in der Vergangenheit.

Einer der Angeklagten im Extra Time Prozess war Stuart Glass, der Anführer des Hounslow Mobs. Wenn Leute über Chelsea und die Verwicklungen mit der rechten Szene sprechen, wissen sie oft nicht, dass sie eigentlich über diese Westlondoner Firm reden. Die Mitglieder waren Ende der Siebziger fast alle in der National Front, von der Glass persönlich 1978 als Kandidat aufgestellt wurde. Sie unterstützten die BNP noch während der Achtziger und waren in den Neunzigern bei Combat 18 tätig. Einige von ihnen waren verantwortlich für einen rassistischen Angriff auf einen Ladenbesitzer, der durch die Attacke mit einer Motorradkette fast ums Leben kam. Auf ihr Konto gingen auch die rassistischen Beschimpfungen gegen John Barnes auf dem Rückflug von Brasilien 1984 und auch die Verfolgung der 'Chelsea Independent Supporters Association,' nachdem diese eine anti-rassistische Kampagne unterstützt hatte. Glass und der harte Kern seines Mobs wurden 1977 aktiv und sie waren es auch noch im neuen Jahrtausend.

Untereinander nennen sie sich die 'Northstandi Family,' eine Anspielung auf die italienische Mafia, oder auch die 'West London Deviants.' Die Deviants reisten zusammen durch die Welt, für Fußball, Politik, Urlaub und am wichtigsten Sex. Mit einem Zwischenfall hätten sie beinahe für diplomatische Unstimmigkeiten gesorgt, als einer aus ihrer Gruppe, bei einem U-21 Länderspiel in Istanbul, auf einen Flutlichtmast kletterte und die Hosen runter ließ. Aus einem Land ausgewiesen zu werden, war für sie eine Ehre. Bei einer Reise nach Kuba, weigerten sie sich den Flughafen zu verlassen, bevor sie nicht den Stempel 'AUSGEWIESEN' in ihren Reisepässen hatten, nachdem sie eine argentinische Fußballmannschaft attackiert hatten, bekamen sie ihn.

Die Gruppe war verrückt nach Abenteuern, es ging sogar soweit, dass sie die Liste des Auswärtigen Amts nach Reisezielen durchkämmten, die möglichst von Briten gemieden werden sollten. Bei einer dieser Reisen, nach Kolumbien, machten sie einen Abstecher in die Kokainanbauregion. Auf ihrem Weg legten sie einen Zwischenstopp in einer kleinen Hütte ein, um eine Erfrischung zu sich zu nehmen, als sie von einer bewaffneten Räuberbande überfallen wurden, die Geld und Wertgegenstände forderte. Glass guckte sich um und wusste, dass sie ein Problem hatten. Doch bevor Glass seine Habseligkeiten übergab, kam ein anderer der Deviants, der mit Glass zusammen 1977 angefangen hatte sich beim Fußball zu prügeln, von der Toilette. Als er realisierte was vorging, stellte er Glass als ´Don Corleone Northstandi´ vor. Im gleichen Moment verbeugte er sich und küsste die Hand von Glass. Die Banditen waren daraufhin schwer beeindruckt von ihrem hohen Besuch und spielten mit ihren Gästen eine Runde Domino.

Nicht alle ihre Reisen waren für sie erfolgreich und der Name Deviants, was soviel wie gegen die Norm heißt, war hart erarbeitet. Die meisten von ihnen taten das in den Rotlichtvierteln der besuchten Städte.

Mitte der Neunzigerjahre waren Glass und seine Crew weniger aktiv, aber Chelseas Teilnahme an europäischen Wettbewerben rief sie wieder auf den Plan. Das Erstrundenspiel sollte in Prag stattfinden, es wurde aber aus Angst vor Massenausschreiungen in das sechzig Kilometer entfernte Jablonec verlegt. 400 Chelsea Hooligans machten die Reise, unter ihnen Leute aus allen Dekaden. In der Nacht vor dem Spiel gab es Kämpfe in Prag und auch am Spieltag waren kleinere Schlägereien zu beobachten.

Als nächstes reiste Chelsea nach Wien, wo man wieder gewann.

Die folgende Runde führte sie gegen Brügge, das war nur eine Woche nach Englands verhängnisvollem Spiel in Dublin im Februar 1995.

In der belgischen Stadt herrschte eine Art Ausnahmezustand. In wahrer belgischer Polizeimanier wurde jeder ohne Eintrittskarte und auch viele mit Ticket, als Hooligans behandelt und das Spiel über eingekesselt. Bei einem Zwischenfall gerieten sechs Chelsea Leute, alle über dreißig Jahre alt, an 200 Mitglieder der Brügge Crew. Die überraschten Belgier konnten die Wildheit, mit der die Engländer ihre ´Selbstmordattacke´ starteten nicht fassen.

Glass und andere wurden dann bei einem Überraschungsangriff der Polizei festgenommen und in einen Flugzeughangar gesperrt, wo ihre Gemüter mit Wasserwerfern abgekühlt wurden. Es gab dort einige Aufregung, die Glass zu seiner Flucht nutzen wollte. Er sprang, samt seiner obligatorischen Sonnenbrille, Goldschmuck und Designerklamotten in einen Fluss, obwohl seine Hände noch mit Kabelbindern gefesselt waren. Doch unglücklicher Weise, war diese Steve McQueen Imitation nicht von Erfolg gekrönt. Als Glass das andere Ufer erreichte und hinaufklettern wollte, sah er auf die Füße von bereits wartenden Polizisten.

Chelseas letzter Ausflug in diesem Wettbewerb, ging nach Saragossa in Spanien. Die Deviants reisten in einem Kleinbus an, in dessen Heckscheibe ein selbst gemachtes Schild prangte, auf dem ´Hate Bus´ stand. „Es war dumm aber lustig," erzählte einer der Passagiere. „Die Leute brachten kistenweise Bier mit und einer sogar eine Gummipuppe."

Diese Reise verkörperte den Innbegriff ihrer Mentalität, zu schocken, zu beschimpfen und zu beleidigen. „Diese Spanienreise hatte nur zum Teil mit Fußball zu tun. Wir waren einfach eine Gruppe Typen, die einen Ausflug machte. Es ging darum, total betrunken zu sein, Ärger zu provozieren und Ladungen von Schlampen zu bumsen. Das war abseits der Normen eines normalen Lebens. Es ging verrückt zu. Fußball war nur die Entschuldigung, um die Reise zu machen. Und der Hauptgrund warum wir wollten, dass unser Team gewinnt, war, dass wir dann nächsten Monat noch mal das gleiche machen konnten. Es ist einfach ein gesellschaftliches Ereignis, besonders im Ausland. Du reist in Länder wie Spanien und du weißt es wird Spitze. Du fährst da einfach in einem paar Shorts hin und benimmst dich widerlich. Das klingt kindisch, aber das ist schon die halbe Miete für mich."

Die Prozesse, die sich an die Operationen Own Goal und Extra Time anschlossen, sorgten dafür, dass ein Kapitel bei Chelsea geschlossen wurde. Einige Angeklagte mögen davon gekommen sein, während bei anderen die Urteile aufgehoben wurden, doch manche hörten auch einfach auf. Chubby Henderson eröffnete eine Bar in Thailand und Steve Hickmott wanderte auf die Philippinen aus. Ein paar andere machten weiter wie zuvor, doch eine neue Generation von ´Top Jungs´ tauchte auf.

Am 31. Mai 1988 erhielt die Metropolitan Police einen Bericht der Zeitung The Sun, in dem stand, dass Tony Covele, der neue Anführer der Chelsea Hooligans wäre. Damals, er war Ende zwanzig, wusste die Polizei einiges über ihn, jedoch nicht, dass er einer der Rädelsführer sein sollte. Er wurde im Februar 1978 das erstemal bei einem Fußballspiel festgenommen. Einige Jahre später wurde er verurteilt, ein Einsatzfahrzeug umgeworfen und zwei Polizeibeamte attackiert zu haben. Im Jahr 1986 ließen polizeiliche Beobachtungen vermuten, dass er der ´Finanzminister´ für den Own Goal Prozess war, in dem er auch einem der Angeklagten ein Alibi gab. Weitere zuverlässige Informationen landeten bald auf dem Schreibtisch der Chelsea betreuenden Polizeiabteilung, im Revier Fulham. Im Januar 1991 nannte eine sichere Quelle Covele als Anführer der Headhunters. Er wurde beschuldigt, einen Bus nach Sheffield organisiert zu haben, dessen Besatzung für Ärger gesorgt hatte. Außerdem sollte er in Kämpfe, am letzten Spieltag gegen Aston Villa, verwickelt gewesen sein und die Planung einer Reise, außerhalb der Saison, nach Edinburgh gehabt haben, bei der es zu Konfrontationen mit dem Hibs Mob kommen sollte. Drei Minibusse vollgepackt mit dreißig Chelsea Hooligans verließen damals den Stag Pub in Victoria, als sie sich auf ihre Reise durch die West Midlands nach Penrith machten. Dort plünderte die Gruppe einen Waffenladen und stach einen Polizeibeamten, der außer Dienst war nieder, als er einschreiten wollte. Der Plan war es, sich mit Rangers und Hearts Hooligans zusammenzuschließen, doch sie sollten nie am Treffpunkt ankommen. Die Polizei wusste gut über ihre Absichten Bescheid und ihre Bewegungen wurden von dem Augenblick an, als sie ihre Fahrzeuge bestiegen, beobachtet. Als eines der Fahrzeuge kurz vor Edinburgh eine Reifenpanne hatte, schlug die Polizei zu. Versteckt hinter den Innenverkleidungen der drei Kleinbusse fand man eine Ansammlung von Waffen, darunter Baseballschläger, mit Ammoniak gefüllte Plastik-Zitronen, Rauchfackeln, Rauchgranaten, Signalraketen, Messer und Visitenkarten der CFC Headhunters.

Ein Jahr später verhinderte die Polizei, durch ihr Eingreifen einen weiteren Ausflug abseits der regulären Spielzeit. Covele und dreißig andere durften vorsorglich nicht nach Brighton reisen. In dem Auto in dem Covele saß fand die Polizei einen Baseballschläger, ein Messer und drei Schrotpatronen. Coveles Ruf wuchs und verbreitete sich im ganzen Land.

Im April 1993, bei einem WM Qualifikationsspiel gegen die Niederlande im Wembley Stadion, stellte sich Covele als eine der Schlüsselfiguren heraus. Er brachte mehrere kleine Mobs unter der Führung von Chelseas Firm zusammen. Das wurde besonders deutlich auf einem Überwachungsvideo, dass beim Rückspiel im folgenden Oktober, in Rotterdam gemacht wurde. Am Spieltag traf man sich um 15.00 Uhr am Bahnhof, als Covele mit einem achtzigköpfigen Chelsea Mob ankam, traten andere Hooligan Anführer vor und gaben ihm die Hand. Zusammen waren sie 300 Leute, der England Mob war nun bereit.

Der Allgemeinheit bekannter war Andy Frain, alias ´Nightmare.´ Im Jahr 2000 wurde er zu sieben Jahren Haft verurteilt. Auslöser war eine BBC Undercoverreportage, die ihn ins Rampenlicht des nationalen Interesses stellte. Bei vielen Hooligans im ganzen Land war er bereits berüchtigt. Es war auch polizeilich bekannt, dass er einer der gewalttätigsten Fußballschläger war. Frain hatte sechsunddreißig Verurteilungen gesammelt und war wegen zahlreicher Vorfälle im Gefängnis. Er war in Machenschaften des KKK, der National Front, der BNP und von Combat 18 verwickelt, hatte aber zur gleichen Zeit schwarze Freunde bei Chelsea und in Reading wo er lebte. Bei der BBC Reportage prahlte er damit, bei einem missglückten Treffen mit den Hibs in Edinburgh, einem nicht im Dienst befindlichen Polizisten das Gesicht aufgeschlitzt zu haben.

Zwei weitere bekannte Köpfe des Chelsea Mobs sind die Sim Brüder, besser bekannt als ´die Zwillinge.´ Wenn Eccles der Organisator war und Hickmott der Joker, dann waren Ian und David Sim die Muskeln. Geboren 1972 und in Orpington aufgewachsen, waren die Sims zwei angsteinflößende Männer. Im April 1998 waren sie in gewalttätige Ausschreitungen gegen die Spurs Firm in der Londoner Innenstadt verwickelt. Fünfundsiebzig Spurs Hooligans kamen um 11.15 Uhr, lange vor dem Spiel, an der Stamford Bridge an. Sie gingen auf ein paar Drinks in den Imperial Arms Pub, einer Kneipe, die an Spieltagen normaler Weise von Chelsea Anhängern frequentiert wurde. Die Chelsea Jungs konnten diese Dreistigkeit ihrer ärgsten Feinde nicht fassen, also marschierten die Sims und ein weiterer Chelsea Hooligan in den Pub. Wie sie später der Polizei sagten, ging es um einige Streitigkeiten. Die Polizei konnte eingreifen und schickte sie weg.

Kurz vor Anstoß machten sich die Spurs Hooligans, die Karten hatten auf zum Stadion. Der Rest, ungefähr vierzig, gingen Richtung Gloucester Road. Die Gruppen schlossen sich nach dem Spiel wieder in Victoria zusammen, bevor sie sich zum Argyll Arms Pub, gleich an der Oxford Street begaben. Während dessen hatte sich auch der Chelsea Mob in der Londoner Innenstadt gesammelt, Zeugen nach wurde per Telefon eine Schlägerei arrangiert.

Überwachungskameras hielten fest wie die Chelsea Hooligans den Pub angriffen. In der ersten Reihe sah man die Sims, einer der Brüder schwang eine Baugerüststange. Diese Stange und Flaschen wurden in die Kneipenfenster geschleudert. Der Spurs Mob stürmte aus dem Pub und konnte anfänglich die Angreifer abdrängen. Die Headhunters sammelten sich aber wieder und jagten ihre Rivalen zurück in den Pub. Der Kampf dauerte fünf Minuten und konnte nur durch die Ankunft einer Polizeieinheit beendet werden. Einige Festnahmen wurden getätigt und viele weitere folgten, nachdem die Polizei die Aufnahmen der Überwachungskameras und ihrer Fotografen ausgewertet hatte. Vier Personen, darunter David Sim hatten Kopfverletzungen erlitten, aber nur einer nahm medizinische Hilfe in Anspruch. Der Fall wurde am Southwark Crown Court verhandelt, während man die Spurs Leute laufen ließ, wurden die Headhunters ins Gefängnis gesteckt, wobei die Sims Brüder die härtesten Strafen erhielten.

Die Chelsea Firm ist wie so einige große Mobs der Siebziger und Achtzigerjahre, nur noch ein Schatten ihrer Selbst. Polizei Operationen und noch ausschlaggebender, die wachsende Popularität und die soziale Aufwertung des Fußballs hielt einige Leute davon ab, weiter ins Stadion zu gehen und andere wurden davon überzeugt, dass der Verlust einer bereits bezahlten Dauerkarte zu hoch ist.

Chelsea stellt keinen so großen Mob mehr auf die Beine wie einst, die Polizei schätzt die Zahl auf 50-70 Mann. Dennoch, in dieser Gruppe sind einige der gewalttätigsten Hooligans die es gibt. Man würde zweimal darüber nachdenken, bei einem Kampf 20 gegen 20, gegen sie zu setzen. Ein Freundschaftsspiel zwischen Reading und West Ham, im Juli 1996, schien ein normales Spiel zu sein, doch nach dem Spiel prügelten sich Dutzende Männer im Bahnhof von Reading. Die Gäste trafen auf einen Mob, der sich aus lokalen und Chelsea Hooligans zusammensetzte, sie nutzten die Gelegenheit, um sich mit ihren alten Feinden aus dem East End zu messen. In der Tat wurde diese Schlägerei von einem Chelsea und einem West Ham Hooligan arrangiert, die sich einige Monate zuvor im Gefängnis begegnet waren. Vierzig Personen wurden von der Polizei eingesammelt und dreizehn benötigten medizinische Behandlung. Am schwersten war einer der West Ham Jungs verletzt, er wurde wie eine Zeitung berichtete ´von einer mit Messern und Gläsern bewaffneten Bande aufgeschlitzt, geschlagen und getreten.´ Jemand rief einem der Typen mit dem Messer zu: „Schneid ihm den verdammten Kopf ab!" Der West Ham Kerl hatte einen Schnitt über die Kehle, der von einem Ohr zum anderen ging und eine Sehne in seinem Arm war durchtrennt. Es bedurfte 368 Stichen, seine Verletzungen zu versorgen. Ein Überwachungsvideo in schlechter Qualität von diesem Zwischenfall führte zu Anzeigen gegen sieben Männer. Darunter auch Leute, die von der Polizei zum harten Kern der Headhunters gezählt wurden, einige Officer konnten ihre Freude darüber nicht verbergen. Am Ende hatten sie ihre Zielpersonen und Anzeigen zur Hand, die so schwer wogen, dass die Übeltäter wohl einige Jahre von der Bildfläche verschwinden würden. Diese Euphorie wandelte sich in Unglauben und Wut, als das Gericht die Verfahren einstellte. Das Opfer der Messerattacke erschien nicht vor Gericht und der Richter beschloss, dass das Video alleine nicht zu einer Verurteilung ausreiche. Die Angeklagten verließen den Gerichtssaal als freie Männer.

Weiterführende Literatur: Hoolifan, Martin King & Martin Knight (Mainstream); Armed For The Match, Colin Ward mit Steve Hickmott (Headline); Who Wants It?, Colin Ward und Chubby Henderson (Mainstream); White Riot, Nick Lowles (Milo Books)

on the FOOTBALL FRONT

CHELSEA FANS ARE STILL TOP OF THE RACIST LEAGUE!

CHELSEA fans are champions of the Racist League for the second year running.

Last year they were put at the top of the Racist League by the *Daily Star*. The *Star* called it the "League of Louts" and they said that Chelsea had the most "NF thugs" amongst their supporters.

This season Chelsea fans are still as racist as ever. Three supporters were kicked out of the Shed by the police during the friendly match against Arsenal. They were kicked out when the whole of the Shed end started to chant "Get that nigger off the pitch!"

West Ham and Leeds are close behind Chelsea in second and third place. West Ham fans were slagged off in *The Sun* newspaper last season because they were racists. *The Sun* said: "*At West Ham, fascist White louts threw bananas on the pitch at two Black players on the opposing side.*"

"THE LEAGUE OF LOUTS"

1. CHELSEA
2. WEST HAM UNITED
3. LEEDS UNITED
4. LINFIELD
5. BIRMINGHAM CITY
6. MILLWALL
7. COLERAINE
8. TOTTENHAM HOTSPUR
9. GLASGOW RANGERS
10. CARLISLE UNITED

Im Bulldog, einem Magazin der National Front, wurde regelmäßig eine Liga der rassistischsten Fans veröffentlicht, wobei der Chelsea Anhang oft an der Spitze rangierte.

E

Everton

Stadion: Goodison Park
Firms: Scallies, Snorty 40
Feinde: Middlesbrough, Manchester United, Chelsea

Es wurde als die schlimmste Fußballausschreitung beschrieben, die jemals in der Region Merseyside stattfand, zudem war es die längste Attacke, die Liverpools Polizei seit den Toxteth-Krawallen vor zwanzig Jahren erdulden musste. Die Titelstory des Liverpool Echo am 21. Februar 2005 war nicht nur ein Weckruf für die sogenannte ´Super Firm´ aus Manchester, sondern auch für die Polizei und die Verantwortlichen, dass bei Everton die Fußballgewalt förmlich tobte.

´Als die Manchester Fans vom Goodison Park wegeskortiert wurden, gerieten sie bei Erreichen von Everton Valley und Scotland Road in einen Hagel aus Mauresteinen und Flaschen,´ stand in dem Artikel und er fuhr fort: ´Obwohl einige Meter entfernt fünfunddreißig Mannschaftswagen standen, Dutzende von abgerichteten Polizeihunden vor Ort waren und ein Hubschrauber der Ordnungskräfte über ihnen kreiste, stellten die Hooligans die Kämpfe nicht ein. Diese Übergriffe waren die brutalsten und längsten, die es in Liverpool seit langer Zeit gab.´

Chief Inspector Chris Armitt sagte der Zeitung folgendes: „Ungefähr 300 gegnerische Anhänger tauchten auf und es kam zu einer weiträumigen, brutalen Schlägerei. Officer griffen ein, wurden aber attackiert. Die Hooligans rissen Zäune nieder und nahmen sich Steine, die sie in die Menschenmenge warfen.

Es dauerte ehrlich gesagt sehr lange, die Masse von Fans die Scotland Road lang zu führen. Das Bombardement dauerte über eine Stunde. Ich mache jetzt meinen Job seit geraumer Zeit und kann sagen, dass das die schlimmsten auf Fußball basierenden Gewalttaten waren, die ich je in Liverpool erlebt habe.“

Während dieser Krawalle wurden dreiunddreißig Personen festgenommen und über Nacht auf verschiedenen Polizeirevieren festgehalten, bis sie am nächsten Morgen gegen Kaution entlassen wurden.

Polizeisprecher Mick Giannasi sagte: „Wir erwarten im Nachhinein noch einige Verhaftungen. Das war ein gezielter Anschlag, bei diesem Spiel waren bekannte Hooligans anwesend.“

Für die Hooligans von Everton und Manchester United, waren die Ausschreitungen keine Überraschung. Und das Medieninteresse ließ Hunderte Möchtegern-Hooligans im Land aufhorchen und wissen, dass Everton immer noch eine Größe in der Hooligan-Welt war, mit der man rechnen musste. Während dessen spotteten Old School Hooligan-Veteranen über die Schlagzeilen und erinnerten sich, dass ein Besuch im Goodison Park oft ereignisreich war.

In der Stadt Liverpool wurde wohl mehr Einfluss auf das Erscheinungsbild der modernen Fußball-Hooligans genommen, als an sonst einem Ort in Großbritannien. Im Liverpool der späten Siebziger wurde viel über die neu entstehende Casual-Fashion, mit ihren Frisuren und der Markensportbekleidung geschrieben. Die ersten Anzeichen, die man von dieser Subkultur wahrnahm, sorgten dafür, dass Tausende britischer Jugendliche über drei Generationen kriminalisiert wurden.

In der Nachkriegszeit mit dem aufkommenden Wirtschaftsboom, dominierten die Städte Manchester und Liverpool eindeutig den Fußball. Durch die steigenden Löhne und dem dadurch zur Verfügung stehenden Geld, wurde es unter den jungen Leuten bald modern, ihrem Verein auch zu Auswärtsspielen zu folgen. Und nirgendwo sonst war dieses Phänomen so ausgeprägt wie bei Everton und dem Nachbarn Liverpool FC. Die Anhänger beider Vereine hatten bald den Ruf, die schlimmsten Zug-Verwüster von allen zu sein. Eine Reportage der Times vom März 1956 liest sich wie folgt: ´Ein Offizieller der British Railways, beschrieb die Schäden, die durch Everton Fans verursacht wurden, als diese auf dem Heimweg vom Spiel gegen Manchester City waren, als die schwersten in der Geschichte des Unternehmens. Er listete die Zerstörungen auf, die am letzten der sechs Fußballsonderzüge entstanden waren, der um 23.20 Uhr Liverpool erreichte: Acht Türscheiben und fünf Seitenscheiben waren eingeschlagen, vierzehn Bilder zerstört, zwei Spiegel zerschlagen, eine Tür fehlte ganz, eine andere war beschädigt, ein Türgriff war verschwunden, einige Glühbirnen wurden entwendet, Einbauten waren blutüberströmt und Gepäcknetze waren abgebrochen weil, Leute darauf rumgewippt haben, außerdem wurden ein paar Sitze aufgeschlitzt.´

Das war kein Einzelfall. Die späten Fünfziger und frühen Sechziger über waren Everton Fans dafür bekannt Zugwaggons zu verwüsten, eine Zeitung nannte sie auch die ´Merseyside Maniacs.´

Ihre bevorstehende Ankunft löste Besorgnis in den betroffenen Städten aus. ´Ladenbesitzer schließen ihre Geschäfte, wenn Everton Anhänger in der Stadt sind,´ schrieb eine Lokalzeitung im November 1964.

Anfang Oktober 1963 machten Everton Fans erneut Schlagzeilen, weil sie eine Zug zerstört hatten. Zehn von elf Waggons eines Zuges, der sie von einem Spiel aus Birmingham nach Hause transportierte, hatten die Randalierer so stark beschädigt, dass sie außer Betrieb gesetzt wurden. Scheiben waren eingeschlagen, Glühbirnen entfernt oder zerbrochen, Lampenfassungen rausgerissen, Feuerlöscher waren geleert worden und sogar eine Kloschüssel war rausgerissen. Im Laufe dieses anhaltenden Problems brachte das Liverpool Echo einen Bericht, wonach bei einem Treffen der British Railways auf höchster Ebene, über die Möglichkeit diskutiert worden war, alle Fußballsonderzüge von und nach Liverpool zu streichen.

Am nächsten Tag wurde den Schuljungs, von denen man vermutete, dass sie hinter dem Vandalismus steckten, besondere Aufmerksamkeit zu teil. Eine Idee war die Streichung von ermäßigten Fahrpreisen bei Sonderzügen, in der Absicht, die Teenager dadurch zu entmutigen. Aber am Ende kam wie so oft, wenn sich die Verantwortlichen mit dem Hooligan-Problem befassten, nichts dabei raus. Den starken Worten folgten keine Taten und einige Monate später gab es neue Berichte über Everton Fans die Züge verwüsteten, in denen sie von Spielen heimwärts fuhren.

Im Herbst 1963 waren Fußballkrawalle, außerhalb von Liverpool oder Manchester, immer noch sehr selten. Aber auch auf dem Spielfeld wurde disziplinloses Verhalten zu einem wachsendem Problem, wie Evertons Trainer Harry Catterick Mitte November beanstandete: „Das Spiel fällt kranken Launen zum Opfer. Vielleicht geht es um die hohen Beträge, die Spieler und Vereine kassieren, oder ist es vielleicht einfach die neue Generation, eventuell auch beides zusammen? Ich weiß es nicht. Vielleicht ein bisschen von beiden. Wann immer einer in Rage kommt, verliert er sofort die Kontrolle.“

Catterick sprach vom Fußball im allgemeinen, doch sein Einwand kam kurz nach der Heimniederlage Evertons gegen die Blackburn Rovers. Bei diesem Spiel wurden drei Everton Spieler verwarnt und ein Vierter vom Platz gestellt. Das zusammen mit dem Umstand, dass keiner der Blackburn Spieler verwarnt wurde, erzürnte das Publikum so sehr, dass das Schiedsrichtergespann seine Köpfe vor dem auf sie geschmissenen Müll schützen mussten. Außerhalb des Stadions versperrten Tausende des Everton Anhangs den Spielereingang und grölten: „Wir wollen den Schiedsrichter!“ Es bedurfte berittener Polizei, um sie zu verscheuchen. Ein paar Tage später trafen sich Liverpools Polizeichef und der Vorsitzende des Vereins, um über Sicherheitsmaßnahmen bezüglich der Wurfgeschosse zu diskutieren. Dabei ging es um die Errichtung von Schutzzäunen hinter den Toren, sowie einen sechzehn Fuß tiefen Graben zwischen Tor und Fans, außerdem wollte man mit Rundschreiben an das Publikum appellieren. ´Die Zuschauer hinter den Toren einzusperren ist keine dauerhafte Maßnahme,´ notierte das Liverpool Echo, ´aber einige Verantwortliche sind der Meinung, dass jetzt etwas passieren muss, um das schlechte Benehmen bei bestimmten Begegnungen zu unterbinden.´ Der Bericht endete damit, dass der Verein dadurch vielleicht das Eintrittsgeld von ein paar hundert Fans verlieren würde. ´Das wäre aber ein kleiner Preis den man zahlen müsse, um effektiv gegen diese Leute, die Gegenstände schmeißen vorzugehen.´

Diese neuen Maßnahmen gegen Hooligans schützten den Verein nicht vor Kritik des Fußballverbands. Schon einen Tag nachdem der Club den Bau von Zäunen und Schutzzonen verkündete, drohte die Spielaufsicht mit Stadionschließung, sollten sich weitere Ausschreitungen ereignen.

„Wir haben zwei schwerwiegende Briefe vom Fußballverband bekommen. Diese Briefe waren die Folge von Zwischenfällen, die sich bei den Heimspielen gegen Tottenham Hotspur und die Blackburn Rovers zugetragen haben,“ verkündete ein niedergeschlagener, jedoch trotzig wirkender Vorsitzender John Moores der Presse. „Der erste Brief macht uns für den Wurf eines Dartpfeils verantwortlich, dabei gibt es keine Beweise, dass der Pfeil von unseren Anhängern geworfen wurde. Wir haben auch viele Briefe von Zuschauern erhalten, die aussagen, dass Tottenhams Torwart zum Zeitpunkt, als der Pfeil geschleudert wurde, nicht mal auf dem Spielfeld war. Im zweiten Brief, in dem ein strengerer Ton angeschlagen wird, bezog man sich auf das Fehlverhalten einiger Fans beim Spiel gegen die Blackburn Rovers.“ Während Moores wiederholt erwähnte, dass in den letzten zwanzig Jahren kein Everton Anhänger verurteilt wurde, war er doch darum bemüht, zukünftigen Ärger mit dem Verband zu vermeiden. „Weil wir Sorge darum haben Evertons guten Ruf zu erhalten und weil durch weitere Unruhen eine Stadionschließung von Verbandsseite droht, haben wir uns für einige

Sicherheitsmaßnahmen entschieden. Wir werden Schutzzäune hinter den Toren errichten und hoffen auf die Kooperation unserer treuen Anhänger, dass es zu keine weiteren Zwischenfälle kommt. Es einen Zaun zu nennen ist eigentlich falsch, wir zäunen unsere Fans nicht ein. Viel mehr handelt es sich um einen Schutzwall, direkt hinter den Toren, der nur einen geringen Teil abschirmt. Wir haben auch die Verbandsverantwortlichen um Hilfe gebeten, uns bei diesem Problem, das es auch bei anderen Vereinen gibt zu helfen. Aber bis heute haben wir keine konkreten Vorschläge erhalten."

Die neuen Maßnahmen wurde vom Sportreporter Leslie Edwards im Liverpool Echo begrüßt: 'Es würde passen, wenn in der Stadt, in der es die ersten Tornetze gab, auch die ersten Schutzmaßnahmen gegen Wurfgeschosse eingeführt würden.'

Doch nach den Untersuchungen des Fußballverbandes, wegen der anhaltenden Probleme, wurde Everton nur eine Strafe von 100 £ auferlegt. Zusätzlich wurde der Club verpflichtet, vor den Spielen Bekanntmachungen aufzuhängen, in denen die Fans vor zukünftigem Fehlverhalten gewarnt wurden. Das Verbandskomitee stellte aber auch fest, dass beim Spiel gegen die Blackburn Rovers Gegenstände geworfen wurden. Hätte der Verein nicht bereits Maßnahmen ergriffen, wäre die Strafe wohl höher ausgefallen.

Ein paar Tage darauf wurde Chelsea Trainer Tommy Docherty von einem Wurfgeschoss im Gesicht getroffen, der Werfer war ein Everton Anhänger.

Noch mehr Gegenstände flogen, als Everton auswärts gegen Fulham spielte, aber dieses Mal wurden zwei ihrer eigenen Spieler verletzt. Darunter der auf der Bank sitzende Derek Temple, der von einer Metallkrampe am Hinterkopf getroffen wurde.

Von dieser Zeit an, bis zur Heysel Katastrophe, hatte Everton den Ruf eine der aktivsten Hooligan-Gangs Großbritanniens zu haben. Die Eskapaden hunderter Jungs, die dem Verein über dreißig Jahre lang quer durchs Land folgten, fügten dem Fußball erheblichen Schaden zu. Während nur wenige Vereine eine große Anhängerschaft mit in den Goodison Park brachten, folgten Massen zu Evertons meisten Auswärtsspielen. Der Goodison Park wurde zu einer Art Festung, zumindest Abseits des Spielfelds. Es war üblich, dass die Gäste versuchten das Home End einzunehmen, aber nur wenige wagten sich einen Fuß in das Gwladys Street End zu setzen. Eine bemerkenswerte Ausnahme war Millwall, doch es war wohl kaum der erfolgreichste Tag in der Krawall-Geschichte von Millwalls F-Troop. 'Nachdem ein siebzehnjähriger Millwall Fan mit einer Stichverletzung ins Walton Krankenhaus eingeliefert wurde, suchten Polizisten nach den Messerstechern und auch zehn Millwall Fans,' berichtete eine Zeitung. 'Kevin Stroker aus Stepney musste notoperiert werden und wird noch eine Weile mit der Verletzung zu kämpfen haben, obwohl das Krankenhaus heute mittelte, dass sich sein Zustand langsam stabilisiere. Er und andere Fans waren am Samstag im Gwladys Street End des Goodison Parks, vor der Pokalbegegnung zwischen Everton und Millwall angegriffen worden. Vier weitere Opfer von Messerstichen wurden außerdem im Krankenhaus behandelt und über Nacht dabehalten. Detectiv Chief Inspector Frank Jones leitete heute die Fahndung nach den Verantwortlichen ein. Er sagte: „Wir haben das Stadion nach Waffen abgesucht, die eventuell benutzt wurden."

Eines der Opfer einer Messerattacke sagte Reportern folgendes: „Viele Everton Hooligans kamen auf uns zu. Einige von uns wollten auch zu ihnen, doch der Rest versuchte nur weg zu kommen. Ich drehte mich um und fühlte einen stechenden Schmerz in meinem Rücken. Offensichtlich hatte jemand ein Messer. Einige Leute sprachen darüber Schraubenzieher und ein Beil gesehen zu haben. Es war das erstemal, dass ich in Merseyside war. Ich hätte nie gedacht, dass mir so was passieren würde."'

Nach den Presseberichten über die Messerstechereien, wurden große Gefolgschaften von Gastmannschaften selten. Eine Ausnahme war Manchester United, wie auch die beiden großen Clubs aus dem Nordosten, Newcastle und Sunderland, ansonsten brachten nur die Wolves, Bolton , Leeds, Spurs und Forest einen wahrnehmbaren Anhang mit.

In den Siebzigern machte die Trennung der Fans, die im Park End eingeführt wurde, die Situation zumindest im Stadion sicherer. Schon bald brachten Vereine wieder kleine Gefolgschaften mit, doch nur wenige traten als Mob auf und noch weniger suchten Streit. Der gefürchtete Ruf des Goodison Parks hatte damit zu tun, dass man vermutete viele der Everton Hooligans würden Messer einsetzen. Diese Angst war auch begründet, da viele Straßen-Gangs aus der Region Merseyside für ihre Messerattacken berüchtigt waren. Durch die Einführung der leicht zu versteckenden Stanley Teppichmesser, war ein neuer Trend auf den Tribünen entstanden. Beide Everton und Liverpool FC Hooligans nutzten das zu ihrem Vorteil, bevor es Anfang der Achtziger zur allgemeinen Bewaffnung wurde. Das verhalf beiden Firms zu trauriger Berühmtheit.

Aber das Repertoire der Hooligans beruhte nicht

nur darauf Leute aufzuschlitzen. Hunderte mit Messern oder anders bewaffnet, lungerten an Spieltagen in den Straßen rund um die Stadien. Liverpool war ein heißes Pflaster, die Stadt war von Armut und Kriminalität gezeichnet. Das brachte Massen von Jugendlichen mit sich, die darauf versessen waren ihre Frustration an jedem auszulassen, der sich in ihr Revier wagte.

Die fußballerischen Misserfolge in den Siebzigern entmutigten die treuen Fans nicht, die Unterstützung, die der Verein erhielt war beeindruckend. Mit Ausnahme einiger Spielzeiten in den späten Achtzigern, als das Interesse am Fußball allgemein an einem Tiefpunkt war, hatte Everton bei Heimspielen immer zwischen 36.000 bis 38.000 Zuschauer und auch die Auswärtsspiele wurden von Massen begleitet.

Von Mitte der Siebziger- bis in die frühen Achtzigerjahre, bestand der harte Kern der Anhängerschaft bei Auswärtsspielen aus etwa 2.000 Leuten. Der Großteil davon wurde als Hooligans angesehen, oder wenigstens als Typen die kämpfen würden falls nötig. Da Everton nicht besonders viele Titel oder Pokale gewann, gingen Glücksritter und viele der nicht festgelegten Fans bald zu Liverpool FC an die Anfield Road. Deshalb blieb Evertons Firm verschont von Leuten, die wegliefen wenn es hart auf hart kam. So kam es, dass andere Mobs mit steigender Begeisterung loszogen, um sich mit der Everton Firm zu messen. Plötzlich gab es bei Vereinen wie Aston Villa, West Brom, Derby und Bristol City Gangs, die auf das Eintreffen der Scouser (Liverpooler) Horden warteten. Orte, die früher als Spielplatz erachtet wurden, konnten nun unangenehm werden.

Damals so gegen 1979 erhielt die Großspurigkeit von Evertons Hooligan Mob bei verschiedenen Auswärtsspielen einen Dämpfer. Doch viele der Leute, die auswärts fuhren, waren auf den Straßen Liverpools groß geworden oder abgehärtete Hafenarbeiter, so war ein Gewaltpotential stetig vorhanden.

In den dunklen Tagen von Platzstürmungen, Kämpfen um Ends und Massenausschreitungen konnte Everton mit seinen Rivalen immer mithalten. Zahlreiche Ausflüge nach London wurden als leicht angesehen, mit der Ausnahme von einem zu West Ham. Evertons Mob reiste nicht in der Masse an, wie es normalerweise der Fall war, aber sie bestanden darauf, dass sie immer noch mehr waren als die Reds von Liverpool, deren Sonderzug abgesagt worden war, weil nur vierzehn Leute zur Abfahrtzeit auf dem Bahnsteig waren. Manchmal laufen Sachen einfach schief.

Bei mindestens vier Anlässen Mitte der Siebziger, gab es Momente wo Evertons Firm nicht gut aussah. Der erste war eine Reise nach Leeds. Es war nie einfach an der Elland Road, aber dieser Besuch war ein totaler Schock, wie Steve, einer der zu dieser Zeit Everton durch das ganze Land folgte, berichtete: „Wir traten die Fahrt wie so oft in Reisebussen an. Doch mir wurden die Augen geöffnet und es war das letzte Mal, dass ich diese Beförderungsmethode gewählt habe.

Wir fuhren auf die letzte Tankstelle an der M62, verprügelten die dort anwesenden Huddersfield Fans, klauten ihnen ihre Schals und plünderten die Tankstelle. Wir wussten, dass keine Polizei vor Ort war, da wir noch zehn Minuten Fahrzeit vom Stadion entfernt waren. Zurück im Bus war alles in Ordnung. Doch der schwerste Teil des Weges zum Stadion kam erst. Nämlich der, wo man diesen Arschlöchern auf den Autobahnbrücken ausweichen musste, die versuchten Gehwegplatten durch die Oberlichter des Busses zu werfen. Das war immer ein großes Problem in Leeds, von dem auch der Busfahrer wusste und mit dem er unseren Übermut etwas zügelte. Wir kamen aber schließlich am Hauptparkplatz in der Nähe des Stadions an und verteilten uns unter den angeschlagenen Huddersfield Typen.

Wir stellten uns in der Reihe für das Cowshed End an, wie wir es nannten. Das war der Startschuss für einen belebten Spaziergang vor dem South Stand. Die Leeds Hooligans auf der rechten Seite waren eingezäunt, doch ein wichtiges Detail war, dass ein Tor nicht verschlossen war. Wie das passieren konnte werde ich nie verstehen.

Nach dreißig Minuten Spielzeit lagen wir bereits zwei Tore zurück und die Leute des Leeds Mobs kamen beständig durch das obere Tor, darauf vorbereitet sich mit uns einen Kampf zu liefern.

Das war ein großer Fehler! Es müssen um die fünfzig Docker in den obligatorischen Donkey Jackets gewesen sein, die zu allem bereit waren. Das Resultat auf dem Spielfeld war 5:2 für Leeds, auf den Rängen gab es jedoch eine Abreibung für die Docker.

Wir stürmten alle auf sie los und die Docker flohen. Dann verließen wir das Stadion. Wir näherten uns dem Rugby Stadion und das hohe Tempo des Leeds Mobs bedeutete, dass wir fünf Minuten hinter her waren, als wir unseren Treffpunkt erreichten. Wir sammelten uns, waren aber nur noch Wenige, während die Leeds Jungs alle auf der anderen Straßenseite warteten. Sie schnürten ihre Acht- und Zehnloch Doc Martens, aber das Schlimmste war, diese Wichser grinsten.

Jeder ohne Leeds Schal war Freiwild. Wir waren Zahlenmäßig total unterlegen und wurden am oberen Ende des Busparkplatzes niedergemacht. Wir waren alle Teenager oder Anfang zwanzig, unsere Gegner hingegen hatten bereits Kinder in unserem Alter. Einige Jungs liefen in den Park, andere auf die Autobahn. Oh, was war das für ein Spaß, als die verschiedenen Mobs sich zwischen den Bussen trafen. In dem Durcheinander bekam jeder etwas ab. Niemand konnte feststellen, wer wen schlug, jeder suchte nur seinen Bus. Es war im Nachhinein betrachtet irrsinnig komisch, aber nur wenige empfanden so in der Situation. Endlich kamen wir am Bus an und mussten feststellen, dass sechs von uns fehlten. Wir sammelten zwei auf der Autobahn ein, einer davon hatte den Abdruck einer Doc Martens Sohle auf der Stirn. Wir schissen auf die anderen vier und machten uns auf den Heimweg. Zwei Tage nach dem Spiel hörten wir, dass einer der Vier mit Hirnverletzungen im Krankenhaus lag, nachdem er schwere Tritte abbekommen hatte. Es ging ein Jammern durch die Reihen der Leeds Leute, als wir sie beim Rückspiel im Goodison Park mit Hämmern und einem Beil jagten."

Zu einem FA Pokalspiel gegen Cardiff auswärts reiste ein großer Everton Mob an, doch darauf waren die Waliser vorbereitet. Es gab Schlägereien vor, während und nach dem Spiel, bei denen die Heim Firm als Sieger hervorging. Steve war einer der Everton Hooligans, die in Cardiff ankamen ohne zu ahnen was für ein Empfang sie erwartete. „Das war ein vier ein halb Stunden Trip für die Leute, die einen normalen Zug nahmen, statt mit dem Sonderzug zu fahren. Der war zwar sicherer, doch es herrschte ein Bierverbot in dem Sonderzug und wir waren ja Evertons Mob, also verzichteten wir auf die Eskorte, die uns sicher zum Stadion gebracht hätte. Das war im Nachhinein ein Fehler.

Wir kamen am Hauptbahnhof Cardiff an und standen da wie verlorene Lämmchen, keiner hatte einen Plan wohin wir sollten oder wen man fragen könnte. Direkt vor dem Bahnhof war der Busbahnhof, irgendwer mit wenig Einfällen und noch weniger Hirn, ging rüber und fragte einen 1,90 Meter großen Waliser, wie man zum Stadion käme. Das war der zweite große Fehler an diesem Tag. Er lachte uns durch einige Zahnlücken an und grunzte, dass es ein halbstündiger Marsch bis zum Ninian Park wäre, im selben Moment wurden wir schon von drei Seiten angegriffen. Einer von uns streckte einen Cardiff Typen mit einer vollen Dose Newcastle Brown nieder und wir verschwanden. Wenn du weg kamst war alles in Ordnung, die es nicht schafften waren dran. Das war Pech für mich, denn ich war nie ein guter Sprinter, besonders nicht wenn ich Boots trug, die eine Nummer zu groß waren. Folglich blieb nur die zweite Option, ich bekam Prügel.

Aber es war nicht alles schlecht. Nach einer erstklassigen Schlägerei halfen mir einige Cardiff Jungs hoch, sie sagten, dass wir besser als der Tottenham Mob waren, der in der Vorrunde den ganzen Weg zum Stadion gerannt wäre. Sie nahmen uns mit in einen Pub Namens The Craddock Arms, es war offensichtlich ihr Laden. Ich wurde Veggie aus Barry Island und dem Rest der Crew, die uns überfallen hatte vorgestellt. Mir wurden den Tag über viele Bier ausgegeben, die mir dabei halfen, die stechenden Schmerzen in meinen Eiern zu vergessen. Nach einiger Aufregung kamen zwei Polizisten ins Craddock, ich habe bis heute nicht wieder erlebt, dass Polizisten so schlecht behandelt worden sind. Sie zeigten keine Reaktion, es schien so, als würde es ihnen gefallen. Es war ein Irrenhaus und gleich neben uns tanzte ein Typ mit einem Holzbein auf dem Tisch.

Dann gingen wir Richtung Stadion, und verdammt, es war voll von Everton Leuten. Wie auch immer, die Cardiff Anhänger kamen durch den gleichen Eingang rein wie wir. Es wurde offensichtlich, dass die meisten von uns Scousers nie weiter südlich in Wales waren als bis nach Rhyl. Alle schienen an einer Fehleinschätzung zu leiden. Man meinte es wäre hier so nett wie in einem der nordwalisischen Badeorte.

Ich ging auf die Ränge der Bob Bank, wo sich die meisten Everton Hooligans versammelt hatten, ich fühlte mich sicher mit meinem neuen walisischen Freund Veggie, der mir den Rücken freihielt. Er war nicht sonderlich beeindruckt, dass die auswärts Anhänger ihr End eingenommen hatten, er entschied schließlich, dass zu viele Scouser hier waren und verschwand. Die Bob Bank in Cardiff wirkte wenig einschüchternd, jedoch riesig. 5.000 Everton Jungs waren dort und wesentlich weniger Cardiff Leute. Das ist keine Herausforderung mögen viele gedacht haben, doch sie lagen falsch. Zur Halbzeit führte unsere Mannschaft 0:1 aber Hunderte von uns lagen am Boden. Das ganze Spiel über wurden wir angegriffen. Ein Kerl fragte mich ob ich ihm helfen könne, als ein Cardiff Typ mit einem Messer Ausschau nach ihm hielt. Sie mischten uns an diesem Tag richtig auf. Nach dem Spiel gab es nichts Schlimmeres, als zu sehen, wie unsere Leute, die am Stadtbahnhof auf die Sonderzüge warteten den Rest bekamen. Es war Zeit tief durchzuatmen und den dreißigminütigen Weg zum Hauptbahnhof mit gesenkten Kopf anzutreten."

Ein Spiel mit ähnlichen Geschehnissen gab es gegen Newcastle an einem schönen Freitag oder einem ´schrecklichen Freitag,´ wie es die Zeitung Daily Mirror nannte, nachdem der Schiedsrichter das Spiel wegen Ausschreitungen stoppen musste. Die Presse suchte einen Schuldigen, egal wen. Eine Woche vor dem Spiel behauptete die Zeitung News of the World, dass 9.000 Everton Fans anreisen würden. Also war in Newcastle jeder Hooligan auf den Beinen, um auf sie zu treffen. Phil war ein Newcastle Typ, der Zeuge dieses blutigen Schauspiels wurde. „Die 9.000, die von der News of the World angekündigt wurden, waren wohl eine Fehlinformation, denn es waren nicht einmal 900 Everton Anhänger da. Auf der gesamten Länge des East Stand gab es Löcher im Zaun, die von Leuten genutzt wurden, um auf den Platz zu kommen. Einige behaupteten, dass Jungs, die im Stadion arbeiteten, Stücke aus dem Zaun gesägt hätten, um diese Löcher größer zu machen und so die Scouser angreifen zu können.

Es war eines dieser Spiele wo man wusste, dass etwas passieren würde, denn bereits weit vor Anpfiff hatten sich Newcastle Hooligans unter die Everton Anhänger gemischt. Dann brachen auch die Leute aus dem Gallowgate End durch und strömten auf das Spielfeld, so dass das Spiel gestoppt werden musste. Ich hatte kein Mitleid mit ihnen, denn damals war der Goodison Park ein genauso heißes Pflaster für auswärtige Fans. Wenn ich den Burschen zuhöre, die heutzutage die sogenannten Top Firms repräsentieren, könnte ich mich vor Lachen bepissen. Die meisten dieser neuen Crews würden gegen die alten Gangs aus Everton, Newcastle oder sonst woher keine fünf Minuten bestehen."

Im gleichen Jahr schlug Everton Manchester United 0:3 im Viertelfinale des FA Pokals im Old Trafford. In dem Augenblick, als das dritte Tor fiel, zerplatzte endgültig Man Uniteds Traum vom Finale und im Stadion waren Sprechchöre: „Wir sehen uns alle draußen!" zu hören. Sie hielten Wort und es war die wahrscheinlich schlimmste Auswärtsfahrt, die Evertons Mob je nach Manchester unternommen hatte. Aber in den kommenden Jahren würde es für sie besser aussehen. Die Everton Hooligans ließen sich durch solche Zwischenfalle nicht abhalten und im ganzen Land war der Schlachtruf zu hören: „Wer sind wir? Everton!"

Die Unterstützung bei Auswärtsspielen wuchs und der Anschein der Unbesiegbarkeit lag über beiden Liverpooler Firms, nachdem sich die sogenannte Casual-Szene in der Region Merseyside durchgesetzt hatte und die Reds (Liverpool FC) einige Überfälle auf fremden Boden gemacht hatten. Wenn man Andy Nicholls, dem Co-Autor dieses Buches, Glauben schenkt, gab es ein kleines Geheimnis um die Entstehung des Scally- oder Casual-Looks: „Liverpools Anhänger waren jedes Jahr in Europa unterwegs, sie raubten Geschäfte aus, die Sportbekleidung führten, kopierten den verrückten Haarschnitt eines Popsängers und kauften gerade geschnittene Lois Jeans bei asiatischen Markthändlern, fertig war der Hooligan. Dieses Auftreten gab beiden, der roten und der blauen Firm Liverpools ein Image des Unschlagbaren. Die Mobs dachten nun sie sind die besten im ganzen Land, es ging jetzt nicht mehr darum nur bester im Norden zu sein."

Doch Hochmut kommt bekanntlich vor dem Fall, dieser Fall kam für Evertons Firm mit dem ersten Spieltag der Saison 1978/79. Als Hunderte Anhänger, die Schals und Boots gegen Fred Perry oder Stan Smith Kleidung getauscht hatten, von der Lime Street aus zu einem Spiel gegen Chelsea fuhren. Nach einem ziemlich ereignislosen Nachmittag verwandelte sich die Rückfahrt in der U-Bahn Richtung Euston in einen wahren Alptraum, als der Zug an der Station Kensington High Street überfallen wurde. Ihnen wurde das zuteil, was noch immer als Evertons schlimmste Niederlage abseits des Spielfelds gilt. Später ging das Gerücht um, dass die Chelsea Leute einen Kontaktmann unter den Mitarbeitern in der U-Bahnstation hatten, denn als die Bahn einfuhr und sich die Türen öffneten, wurde auch der Strom abgeschaltet, so dass es für den Zug und seine Passagiere kein Entkommen gab. Ein massiver Angriff folgte, bei dem viele Everton Hooligans verletzt wurden, einige davon mit Stichwunden. Ihr Wiederstand wurde gebrochen und die Londoner Firm, die von Punks und Skinheads unterstützt wurde glitt in eine Art ´Scouser-Verprügeln´ ab.

Für das Rückspiel wurden Flugblätter verteilt, die jede Gang und jeden Schläger aufriefen sich in Gerald Gardens zu treffen, um Rache für ´Kenny High Street´ zu nehmen. Nur durch einen massiven Polizeieinsatz, was 1978 noch sehr selten war, konnten größere Ausschreitungen verhindert werden. Obwohl die Chelsea Hooligans nicht in großen Massen erschienen, zeigten sie sich. Doch die Wiedergutmachung musste auf die nächste Saison verschoben werden. In einer Lokalzeitung wurde berichtet, dass sich 500 Hooligans zwei Stunden vor Anstoß versammelt hatten, sie wurden jedoch zerstreut, als die Polizei einen Zugriff startete. Ein Polizeisprecher wurde mit den Worten zitiert: „Es hätte das stattfinden können, was man als einen gezielten Angriff bezeichnen kann."

Ein Foto wurde veröffentlicht, das dass Waffenarsenal zeigte, was beim Spiel konfisziert worden war. Trotz der großen Polizeipräsens endete das Match für drei Londoner im Krankenhaus. Chelseas Abstieg nach dieser Saison sorgte dafür, dass Evertons Chance auf Rache für unbestimmte Zeit aufgeschoben werden musste. Nachdem dann ein paar Jahre vergangen waren, schaffte Chelsea einen beeindruckenden Aufstieg und die Begegnung gegen Everton sollte am zweiten Samstag der Saison in London stattfinden. Darauf wartete der Everton Mob seit der Demütigung vor fünf Jahren.

Es war auch das erste live Spiel, das im landesweiten Fernsehen ausgestrahlt wurde und durch neue TV-Verträge der FA wurde die Begegnung auf einen Freitagabend verschoben. Das kam dem Everton Mob entgegen, da die Masse der normalen Fans das Spiel zu Hause vom Sofa aus ansehen würde und so nur der harte Kern der Anhängerschaft beim Spiel auftauchen sollte.

Mehr als 400 Everton Hooligans trafen sich in Euston aber vom Chelsea Mob war weit und breit nichts zu sehen. Ein halbherziger Versuch die Ränge der Heimfans einzunehmen, trug nur wenig dazu bei ihre Wut zu befriedigen. Nachdem Everton gewonnen hatte, starteten die Chelsea Hooligans einen unbedeutenden Angriff auf den großen Auswärtsblock, der mit weniger als 600 Anhängern aus Everton besetzt war. Diese Attacke wurde durch einige Leuchtraketen, die auf die Londoner abgefeuert wurden niedergeschlagen und nicht zuletzt bekamen so Millionen von Fernsehzuschauern mit, dass die Everton Hooligans anwesend waren.

Als die Scouser wieder in Euston eintrafen sah es so aus, als ob die Aufregung um die Revanche und sogar die Position Chelseas als Hooligan-Hochburg in Frage gestellt wäre. Doch plötzlich erschienen einige unbekannte Gesichter auf dem Bahnhofsvorplatz und sagten, dass der Chelsea Mob in einigen Pubs nahe King´s Cross sitzen würde. Man hatte das entschieden, um nicht von der Polizei erwischt zu werden und wartete nun auf eine Auseinandersetzung abseits des Stadions. Der größte Teil der Polizei war bereits abgezogen und einige Beamte der Bahnpolizei konnten nur ungläubig zusehen, wie sich Hunderte Hooligans durch den Seitenausgang quetschten und den kurzen Weg mit Ziel King´s Cross zu Fuß machten. Es dauerte nicht lange, bis sich ein großer Chelsea Mob zeigte, der jedoch nicht so riesig wie der von Everton war. Bewaffnet mit Gerüstbaustangen, Signalpistolen und Reizgas griffen die Londoner von allen Winkeln aus an. Einem Opfer wurde eine Metallmülltonne über den Schädel geschlagen. Er wurde liegen gelassen, in der Annahme er sei tot, nachdem er noch mit einem Messer im Gesicht und am Körper malträtiert worden war. Die Chelsea Jungs versuchten sich wieder zu sammeln, doch auf eine solche Masse von Everton Hooligans waren sie nicht vorbereitet. Sie zogen sich zurück, die eintreffende Polizei konnte nur noch beobachten, wie sich der Bahnhof Euston wieder mit jubelnden Everton Leute füllte. „Es war ein langer Heimweg, in Viehwagen, die nicht für den menschlichen Transport bestimmt waren, aber das störte niemanden," sagte einer der Everton Firm.

Die Saison endete erfolgreich für Everton, sie holten ihre erste Meisterschaft seit vierzehn Jahren und abseits des Platzes hatten sie bei jedem Spiel einen großen Mob. Genau wie Chelseas Mob, der große Gegner in dieser Saison, wurden auch die Hooligans von Manchester United, Manchester City und Leeds United bei Pokalspielen besucht und überwältigt.

Doch die Firm bekam bei den Queens Park Rangers gehörig den Arsch versohlt, das war eine Warnung für die Jungs aus Merseyside, dass London egal gegen wen man spielte ein heißes Pflaster war. Innerhalb der Everton Firm gibt es noch immer Diskussionen über dieses peinliche Aufeinandertreffen. Einige sagen, es wäre ein Chelsea Mob gewesen, als Rache für den King´s Cross Zwischenfall, andere behaupten eine berühmte Firm aus dem Stadtteil White City hätte die Hände im Spiel gehabt. Eines ist jedoch Fakt, der Everton Mob suchte Streit und wurde von einem großen Londoner Mob in Westlondon überfallen. Bei diesem Mob waren viele farbige Jungs, die aus dem besagten Stadtteil kamen. Die Gruppe war auch schwer bewaffnet, eine große Flasche Ammoniak flog zwischen die angreifenden Everton Hooligans, Leuchtraketen wurden abgefeuert und bevor der Everton Mob sich wieder sammeln konnte, wurde er in Richtung Bahnhof gejagt. Ein paar hatten Stich- und Schnittverletzungen, doch während die Wunden heilten, war der Stolz noch immer verletzt. Einige Everton Jungs erschaudern noch heute, wenn sie an diesen Vorfall erinnert werden. Doch die Gemüter wurden besänftigt als Everton durch einen 1:2 Auswärtssieg über ihren stärksten Rivalen, die Spurs die Meisterschaft errangen. An diesem Tag warteten Hunderte Tottenham Hooligans an der Seven Sisters Road, doch die vierhundertköpfige Everton Firm entschied sich, das

Schicksal nicht heraus zu fordern. Sie folgte den Polizeianweisungen und nahm eine alternativ Rute über den Northumberland Park zur Bahnstation.

Es war der Abend, an dem ein junger Kerl Namens ´Spike´ auf sich aufmerksam machte. Als die Masse der Everton Fans unter Polizeischutz ins Stadion geführt wurde begann er zu gackern und die eigenen Fans als ´Hühner´ zu verspotten. Innerhalb von Minuten sprangen Hunderte darauf an. Und zur Überraschung der Londoner Polizei und der rieseigen Spurs Firm, stürmte der Everton Mob die Seven Sisters Road hoch und verjagte den Tottenham Haufen, so konnten die Scouser diesen Abend als Triumph verbuchen.

Es war eine aufregende Zeit für den Verein und für die Firm. In seinem Buch *Naughty* beschreibt Mark Chester die Erfahrungen, die er und ein guter Mob aus Stoke in dieser Saison mit den Blues aus Liverpool machten: ´Nachdem wir eine Kneipe in Stadionnähe angegriffen hatten, rannten wir um die Ecke die County Road runter, als wir von überall her attackiert wurden. Wir hatten die Initiative übernommen, aber scheiterten am Ende. Es war kein Spaziergang. Beim Rückspiel besetzte der Everton Anhang unsere gesamte Innenstadt und verhöhnte uns den ganzen Tag.´

Die Folgen der Heysel Katastrophe 1985, die dafür sorgte, dass englische Vereine von europäischen Wettbewerben ausgeschlossen wurden, waren ein bittere Pille für Everton. Viele vertraten die Meinung, dass man soweit war, auf dem Spielfeld einen ernsthaften Versuch starten zu können den Europapokal zu holen. Ganz abgesehen von der freudigen Erwartung der Anhänger, die hofften Europareisen machen zu können, wie es ihre Lokalrivalen von der anderen Seite des Stanley Parks auch über Jahre gemacht hatten. Das Verhalten der Everton Fans in Europa war eigentlich tadellos, wenn man von einer Reise nach Dublin absieht, bei der sie eine Fähre entführten und den Kapitän fesselten.

Nach den tragischen Ereignissen in Brüssel entschieden viele Everton Hooligans, genug ist genug und zogen sich aus der Szene zurück.

Die bereits schrumpfende Zahl wurde noch geringer, als viele der Leute begannen den Party-Pillen zu verfallen. Sie fingen an zu Raves, an merkwürdigen Orten zu fahren, statt beispielsweise auswärts zu West Ham. Das war das zweitemal, dass der Mob durch Drogen geschwächt wurde. Ein paar Jahre zuvor, als Heroin in den Straßen von Merseyside auftauchte, sah man so manchen ehemals kräftigen, respektierten Hooligan zu Saisonbeginn um einige Kilo leichter und in elender Verfassung, weil er abhängig war. Andere sah man nie wieder.

Doch es gabt noch immer einen harten Kern von Männern, die der Versuchung von Heroin und Ecstasy widerstanden und die heute noch in der ersten Reihe der Everton Firm stehen. Viele von ihnen sind mittlerweile Ende dreißig, Anfang vierzig. Durch diesen harten Kern konnte der Everton Mob im Laufe der Neunzigerjahre, als andere Vereine keine Firm hatten oder nur bei Derbys aktiv waren, ihren Ruf abseits des Spielfeldes auffrischen.

Große Ausschreitungen ereigneten sich bei einem Spiel gegen Manchester City. Die Dry Bar eine Bastion der City Anhänger wurde angegriffen. Und innerhalb nur weniger Monate gab es Gewalttätigkeiten in den Straßen von Leicester, Bristol und Middlesbrough, als einige alte Mitglieder der Firm aus der Versenkung auftauchten, sie waren jetzt von Ecstasy auf Kokain umgestiegen. Das weiße Pulver war unter ihnen so beliebt, dass die Firm den Spitznamen ´Snorty 40´ (Verschnupfte 40), von einem bekannten Sheffield United Hooligan bekam. Er besuchte regelmäßig den Goodison Park und hatte die Jungs in Aktion gesehen, sowohl mit den Fäusten, als auch mit den Nasen.

Ein Zwischenfall, der für nationale Schlagzeilen sorgte war der ausgebrannte Mannschaftsbus von Wimbledon FC, bei einen wichtigen Spiel gegen den Abstieg im Goodison Park. Nachdem berichtet wurde, der sogenannte harte Kerl Vinney Jones hätte gesagt, es wäre nicht sein Anliegen Everton absteigen zu sehen, weil die Anhänger nicht feindselig wären, wurde der Bus auf dem Parkplatz des Lord Daresbury Hotels angezündet.

„Wir behandeln diesen Vorfall mit großem Eifer," sagte ein Sprecher der Polizei. Everton gewann das Spiel 3:2, nachdem man bereits 0:2 zurücklag, aber die Sache mit dem Bus war nicht das einzige was komisch erschien, auch die Leistung von Wimbledons Torhüter Hans Segers war äußerst fragwürdig.

Auch wenn sie zurückging, die Gewalt verschwand nie vollständig und zu gegebenen Anlässen erschienen bekannte Gesichter in alter Stärke. Das war vor allem so, wenn Everton gegen Middlesbrough spielte, zwischen diesen beiden Mobs gibt es eine Jahrzehnte lange Feindschaft. Doch auch zu wichtigen Begegnungen im FA Pokal ging es mit großer Besetzung.

Es gibt nicht viele Vereine, deren Anhänger behaupten können, so viele Platzstürmungen wie die Everton Fans gemacht zu haben. Im FA Pokal Viertelfinale 1984 gegen Southampton wurden in Zuge eines solchen Vorkommnisses, die schlimmsten Krawalle gefilmt, die bis dahin in einem britischen Fußballstadion stattgefunden hatte. Nach einem späten Tor in der Verlängerung strömten Hunderte von Everton Anhängern auf den Platz und an einigen Stellen brachen Schlägereien aus noch bevor das Spiel fortgesetzt werden konnte. Mit dem Schlusspfiff wurde das Spielfeld zum Schlachtfeld, berittene Polizisten versuchten vergeblich den Platz frei von prügelnden Mobs zu halten. Insgesamt wurden fünfundsiebzig Hooligans festgenommen, der Großteil aus Merseyside, außerdem gab es 100 Verletzte. Eine Staffel von Krankenwagen brachte die Verletzten ins Hospital, darunter waren auch zehn Polizisten, von denen einer wegen Stichverletzungen behandelt werden musste. Die meisten Verhafteten wurden anschließend vom Highbury Magistrate Court zu Geldstrafen verurteilt.

Fünf Jahre später wurden neunundzwanzig Everton Hooligans härter bestraft. Für einen Angriff auf den Woodine Pub in der Blackstock Road im Laufe eines Spiels gegen Arsenal erhielten sie Gefängnisstrafen zwischen sechs Monaten und zwei Jahren, das war im Dezember 1989. In der selben Saison erreichte Everton nach sechzehn Jahren wieder ein FA Pokalfinale. Bereits beim Viertelfinale im Villa Park wurden achtundsechzig Everton Fans festgenommen.

Zehn Jahre später gab es trotz eines 4:1 Sieges über Tottenham Ausschreitungen auf dem Spielfeld an der Elland Road, daran waren achtzig Everton Hooligans beteiligt. Polizisten die einschreiten wollten, wurden mit CS Gas besprüht. Tottenhams Torjäger Jürgen Klinsmann sagte später, er wäre geschlagen worden, als er versuchte vom Platz zu fliehen. Es kam auch zu überraschenden Zusammenstößen zwischen dem Everton und Liverpool FC Mob, die nicht an Spieltagen stattfanden, sondern sich einfach so im City Centre ereigneten. Traditionell waren diese Aufeinandertreffen hart umkämpft, jedoch nicht übermäßig brutal. Wenn es Ärger gab, war dass meist weit weg von einem Stadion. Es passierte meist aus Frust oder zur Verteidigung, weniger aus Hass. Natürlich gab es auch Zusammenkünfte von Everton Hooligans in der Liverpool Kurve und umgedreht, doch das wurde nicht von allen gern gesehen. Die deutliche Abkühlung der Beziehung zwischen den beiden Mobs beruht wohl auf den mangelnden Respekt, der jüngeren Generation Hooligans untereinander. Vor Jahren schlossen sich noch die Firms beider Seiten zusammen und kämpften gegen auswärtige Mobs auf der Lime Street, sie unterstützten sich sogar bei Auswärtsspielen abseits der Stadien. Doch das ist heute nur noch eine entfernte Erinnerung. Die Liverpooler FC Leute beschuldigen die Everton Anhänger, die Feindseligkeiten begonnen zu haben, sie behaupten die Everton Fans hätten die Stille während einer Schweigeminute zu Ehren der Opfer der Hillsborough Tragödie gebrochen, das war zehn Jahre nach diesem Unglück. Es war tatsächlich so, auch wenn die Evertonians darauf bestanden, dass niemand die Opfer und Hinterbliebenen hätte mehr unterstützten können als sie.

Sie sagen der Bruch zwischen beiden Lagern liege weiter zurück und nennen die Heysel Katastrophe als Auslöser. Das Verhalten der Liverpool Fans wäre der Auslöser dafür gewesen, dass alle britischen Vereine von europäischen Wettbewerben ausgeschlossen wurden, was Everton, damals eine Größe im europäischem Fußball natürlich hart traf.

Das Verhältnis zwischen beiden Seiten erreichte einen neuen Tiefpunkt, als eine Gedenkstatue für die Everton Legende Dixie Dean zweimal mit roter Farbe übergossen wurde. Nach jedem dieser Vorfälle, wurde am folgen Tag die Gedenkstätte des Hillsborough Unglücks aus Vergeltung verwüstet.

In den vergangenen fünf Jahren gab es Ausschreitungen im Goodison Park und an der Anfield Road und in den Abendstunden bei Derbytagen wird das City Centre schwer bewacht. Spät eines Nachts, gerieten nach einem Spiel Gangs aneinander, es war das Wochenende, an dem eine Jury die Stadt besuchen sollte, die entschied ob Liverpool europäische Kultur-Hauptstadt werden würde. Merseysides Polizeichef wurde bezüglich des Ärgers kontaktiert, es endete damit, dass ihn ein Hubschrauber direkt in seinem Garten aufsammelte. Von oben konnte er mit eigenen Augen sehen, wie die Krawalle seine Leute an den Rand der Belastbarkeit drängten, angeblich soll er dabei noch immer seinen Pyjama getragen haben. Er gab eindeutige und harte Anweisungen die Gangs zu zerschlagen, dazu wurden führende Mitglieder beider Firms ins Visier genommen. Schon bald wurden bekannten Hooligans Schreiben zugestellt, in denen sie gewarnt wurden, anstehende Spiele zu besuchen, außerdem sollten sie sich vom City Centre fernhalten.

Nach Jahren der Beweissammlung ging die Polizei in die Offensive, sie erlangte richterliche Verfügungen, die einige der ´Kategorie C´ Hooligans betrafen. Viele Platzverweise wurden erteilt, seit Liverpool zur Kultur-Hauptstadt ernannt wurde. „Aus einer 400 seitenstarken Akte, die gegen mich vor Gericht verwendet wurde, gehen die Namen von fünfundvierzig weiteren, sogenannten Ermittlungszielen bei der Everton Anhängerschaft hervor," sagte Autor Andy Nicholls.

„Ich wollte die Klage anfechten, obwohl ich einundzwanzigmal bei Fußballspielen festgenommen worde und Nummer zwei auf ihrer geheimen Liste war. Doch das Gericht meinte es nicht gut mit ´Evertons Hooligan Autor.´ Ich erhielt nicht nur ein Stadionverbot für alle Stadien national, sowie international, in denen Everton spielen würde. Ich durfte mich auch nicht mehr in den Bezirken von Liverpool aufhalten, die den Postcode L1 bis L32 hatten, wenn Liverpool FC, Everton oder Tranmere spielten.

Und um nicht die Gelegenheit zu verpassen Ordnung in die eigenen Reihen zu bringen, gab mir der Verein Everton ein lebenslanges Stadionverbot für den Goodison Park." Nach einer eilig einberufenen Vorstandssitzung verkündete ein Sprecher: „Nach langen Beratungen des Vorstands haben wir entschieden, dass Andy Nicholls die Sorte Mensch ist, mit der Everton nicht in Verbindung gebracht werden möchte."

Sergeant Ian Millar war da etwas genauer: „Nach monatelanger, intensiver Undercoverarbeit, die Tausende von Pfund verschlungen hat, haben wir es letztendlich geschafft, einem gefährlichen Schläger die Teilnahme an Fußballveranstaltungen zu verbieten."

Nicholls antwortete darauf in einer lokalen Radiostation, indem er sagte: „Tausende Pfund wurden zum Fenster raus geschmissen, nur um mir ein Stadionverbot oder einen Platzverweis zu geben. Alles was die Polizei von Merseyside hätte tun müssen, wäre in eine Buchhandlung zu gehen und sich für 15 £ mein Buch zu kaufen. Ich bin für die darin erwähnten Taten mitverantwortlich."

Die Gefolgschaft von Everton wird oft beschuldigt rassistisch zu sein, der Verein selbst hatte nach dem Krieg auch nur einen schwarzen Spieler verpflichtet. Das änderte sich erst Mitte der Neunziger. Das Fehlen anderer Kulturen fällt auch auf, wenn man die Ränge des Goodison Parks betrachtet, während andere Vereine Hunderte von schwarzen und asiatischen Fans haben, scheint bei Everton die Anhängerschaft fast ausnahmslos weiß zu sein. Die Ausnahme stellten zwei schwarze Jungs dar, die in den Siebziger- und Achtzigerjahren bei ihren Hooligan Freunden sehr angesehen waren.

„Der Verein hätte wahrscheinlich mehr machen können, um aus dieser rassistischen Ecke rauszukommen, aber es wurde nichts unternommen. Am Ende ist der Club genauso schuldig wie die Hetzer auf den Rängen," sagte Andy Nicholls. „Auf eins sollte aber aufmerksam gemacht werden, es gab bei Evertons Hooligans nicht viele NF oder BNP Mitglieder. Tatsache ist aber auch, dass zu vielen Gelegenheiten von diesen Organisationen versucht wurde Mitglieder zu werben. Bei so einem Anlass wurden auch schon mal flugblattverteilende Skinheads von den Everton Hooligans angegriffen. Auf der anderen Seite passierte das gleiche aber auch einer linken Gruppe, die für die Unterstützung der Anti-Nazi-League warb."

Während der Sechzigerjahre hatte der Verein einige Verbindungen mit Katholiken, was für einige gleich hieß, Everton wäre ein katholischer Club. Was da auch gesagt wurde, die Mitglieder der Firm kümmerten sich um so etwas nicht. Weder Celtic noch Rangers sind bei Everton beliebt und bei Vorbereitungsspielen bekamen beide Vereine Besuch von einem großen Mob aus Liverpool. Wenn überhaupt, hat Liverpool FC´s Freundschaft mit Celtic, einige Everton Jungs mehr auf die Seite der Rangers gezogen, doch man weiß ja, wie unbeständig solche Verbindungen sind.

In den Achtzigern griff eine Gruppe von Everton Schlägern einen pro-irischrepublikanischen Umzug an, das war kurz nach dem Tod des hungerstreikenden Bobby Sands. Einige Jungs von Evertons Firm nahmen viele Jahre auch an den Orange Lodge Paraden in Merseyside Teil. Doch diese Verbindungen waren alle vergessen, als die Rangers 1997 zu einem Dave Watson Gedenkspiel anreisten. Das Liverpool Echo berichtete, dass Schlägereien die gesamte Begegnung überschattet hätten, außerdem gab es siebzig Verhaftungen.

Trotz der Verlockungen von Drogen und der organisierten Kriminalität, sowie der Abschreckung durch härtere Polizeimaßnahmen, Everton konnte noch immer eine gute Firm auf die Beine stellen. Andere Vereine hatten da so ihre Probleme. Der Everton Mob war es auch, der im Juli 2002 in die schlimmsten Krawalle verwickelt war, die seit Jahren von einem englischen Verein im Ausland verursacht wurden. Schon eine Stunde vor Beginn dieses Testspiels trafen Hundert Everton Hooligans in Brüssel auf belgische Schläger. Nach dem Spiel brachen dann 500 der Gäste durch die Polizeiabsperrung und randalierten auf ihrem Rückweg in die Innenstadt. An einem gewissen Punkt flohen die Polizisten und ließen Schutzkleidung, sowie Schlagstöcke zurück. Diese Ausrüstung wurde dann gegen sie eingesetzt.

Abgesehen von einigen Versuchen die Gäste unter Kontrolle zu bringen, war die Polizei eigentlich mehr auf dem Rückzug. Sogar ein Wasserwerfer wurde zurück beordert, als er von einer Menge umstellt wurde, die versuchte den Fahrer mit Eisenstangen und Zaunlatten anzugreifen. Es gab noch weitere Reisen, die den harten Kern der Hooligans ansprachen. Eine war Wolverhampton auswärts in der Saison 2004/05. Gee, ein Everton Hooligan beschrieb die Vorgänge aus seiner Sicht: „Mit etwas Abstand von Evertons Haupt Mob zu reisen kann auch seine Vorteile haben, zum Beispiel weniger Beachtung durch die Polizei. Also stehen die Chancen besser nicht erwischt zu werden, wenn man mit einer Gruppe von sechzig Leuten reist. Es wurde gesagt, dass viele anreisen würden. Und das stimmte. Als wir ankamen wurde mir erzählt, dass der größte Teil unseres Mobs bereits eingekesselt sei und unter Beobachtung der West Midlands Police stehe. Auf dem Weg zum Stadion wussten wir, dass irgendwo etwas passieren würde. Dann war da noch die Polizei der West Midlands, sie schlug wahllos auf jeden ein. Es schien, als wollten die Beamten zeigen, wer der Boss ist. Erwartungsvoll kamen wir am Stadion an und sahen nur wenig mehr als einige Gestalten in Burberry Klamotten und von Akne gezeichnete Bengel die riefen ´Ihr Scouse Wichser!´

Um die Hooligans der Wolves war es wohl nicht mehr gut bestellt. Es schien ein normaler Tag zu werden, an dem die Bullen mal wieder die Sieger wären. Es machte ein bisschen den Eindruck, als würden die Polizisten es darauf anlegen, die Muskeln spielen zu lassen, indem sie Everton Anhänger mit Schlagstöcken und Hunden attackierten. Sie waren aber weniger aufmerksam, als sich aus unseren Reihen ein Mob herauslöste und sich auf den Weg zum Asda Parkplatz machte, wo schon ein Wolves Firm wartete um uns zu empfangen. Evertons Mob hatte nur ein kleines Problem, genügend Leute mussten einen Zaun überwinden, um an dem Spaß teilzunehmen. Als wir grade genug waren ging es los in Richtung Parkplatz. Die Wolves hatten ein paar gute Jungs dabei, doch die Everton Firm war an diesem Tag eine Klasse für sich. Viele alte Gesichter waren zu sehen und der Wolves Mob war schnell in die Flucht geschlagen. Nenn es neu ordnen, nenn es Rückzug. Du kannst es nennen wie du willst, sie liefen weg. Als uns die Bullen zum Bahnhof brachten, fiel erst mal auf was für ein guter Haufen wir waren. Egal was diese Klebstoffschnüffler in ihren Burberry Klamotten erzählen, an einem guten Tag ist der Everton Mob eine Herausforderung für jeden.“

Das sollte auch Man Uniteds Mob am 20. Februar 2005 erfahren. Die Ereignisse nach dem Spiel machten nationale Schlagzeilen, doch für die Hooligans von Everton kamen das nicht überraschend. Sie wussten alle was passieren würde. Dazu gehörte auch Gee: „Dieses Spiel war wie eine Zeitreise in die gute alte Zeit oder die schlimme alte Zeit, es kommt darauf an welchen Standpunkt man vertritt.

Die traditionelle Feindschaft beider Vereine wurde noch dadurch verstärkt, dass Wayne Rooney von Everton nach Man U gewechselt war, nun war der Tag an dem der verlorene Sohn heimkehren würde. Die Atmosphäre bei diesem Pokalspiel, das an einem Samstagabend statt fand, war unglaublich. Praktisch jeder der sich bei Evertons Firm einmal gezeigt hatte war da. Abgesehen von einem Blödmann, der ein Buch geschrieben hatte. Und jeder der da war wollte das Blut fließt. Als wir das Spiel verloren und kurz vor Abpfiff das Stadion verließen, war die Laune blutlustig. Es sprach sich herum, dass die Polizei, wie in den alten Tagen, ein besonderes Augenmerk auf die Eskorte der Man U Anhänger hatte. Eine kleine Gruppe von Uniteds besten Jungs hatte es aber geschafft, die Eskorte zu umgehen und machte sich auf den Weg, um eine Empfehlung bei dem Everton Mob abzugeben. Doch an diesem Abend, in dieser Atmosphäre war es nicht gerade das Schlauste was man machen konnte. Als sie sich dem Valley Pub näherten, stand ungefähr ein Dutzend Everton Hools davor. Der Manchester Mob griff kurz an und zog sich dann zurück. Der Pub leerte sich und schon bald waren die United Hools auf der Flucht. Welle auf Welle von Everton Jungs kam über sie. Einige der Manchester Typen waren echt harte Burschen, doch das hatten wir auch erwartet. Jeder der sagt, sie seien nur viele, erzählt Scheiße. Es war auf jeden Fall so, dass die ersten zehn von ihnen wirklich wollten, so bekamen sie was sie forderten, während die von ihnen, die weiter hinten standen, wie verschreckte Hasen wirkten. Ich kann mir ehrlich vorstellen, dass einige aus dieser Ausreißer Firm dachten, es würde wie immer laufen und sie könnten eine große Show abziehen. Aber dieses Mal ging der Plan nicht auf. Sie stolperten übereinander, als sie versuchten zu entkommen. Es dauerte einige Minuten bevor die Polizei mitbekam was vorging. Als sie es merkte, versuchte sie die Ordnung wieder herzustellen und packten die Man U Hooligans zum Rest der Gefolgschaft. Uniteds Haupt Mob machte allerdings keine Anzeichen die Polizeieskorte zu durchbrechen, man schien eher froh zu sein wieder heil zur Lime Street zu kommen. Und wer könnte ihnen das verdenken?“

Weiterführende Literatur: Scally, Andy Nicholls (Milo Books)

L

Leeds United

Stadion: Elland Road
Firms: Service Crew, Infant Hit Squad, Intensiv Care Unit, Very Young Team
Feinde: Man United, Sheffield United, Chelsea
Polizeioperationen: Wild Boar

Es war ein tiefer Fall! Keine Mannschaft kann immer an der Tabellenspitze bleiben, doch der rapide Absturz von Leeds United schockte die eigenen Fans genauso stark, wie er die anderer Vereine amüsierte.

Zwischen 1965 und 1975 hatte Leeds zweimal die Meisterschaft gewonnen, war fünfmal zweiter geworden und wurde in den anderen Spielzeiten mindestens Dritter oder Vierter. Sie hatten zweimal den Fairs (heute UEFA) Pokal gewonnen und standen noch zwei weitere Male im Halbfinale. Auch den FA Pokal holten sie zweimalig und unterlagen zweimal im Finale. Im Mai 1975 erreichte der Verein das Finale des Europapokals und es gibt immer noch Leeds Fans, die der Meinung sind, dass Fehlentscheidungen des Schiedsrichtergespanns ihnen den Titel gekostet hätten.

Diese Zeit war der Höhepunkt des Erfolgs und der Anfang vom Niedergang. Innerhalb weniger Jahre setzten sich die meisten Star-Spieler zur Ruhe oder wanderten zu anderen Vereinen ab. Don Revie war nur noch eine Erinnerung, als Leeds ins Straucheln geriet. Die Fans sangen immer noch: „We are the champions, champions of Europe!" Das amüsierte viele der gegnerischen Anhänger, das Schlimmste dabei war, dass sie den wichtigsten europäischen Pokal niemals gewonnen hatten, das machte den Absturz noch schmerzhafter.

Die einzige Freude für die Leeds Fans, die das 3:3 ihrer Mannschaft gegen West Brom sahen, das den Abstieg besiegelte, war dass Manchester United, trotz all dem Geld und der Großspurigkeit, wieder nicht Meister geworden war, wie seit fünfzehn Jahren.

Gewalt war für viele Jahre in Leeds an der Tagesordnung. Im Januar 1970 nahmen Leeds Anhänger das Home End von Stoke City ein, sehr zum Unmut der heimischen Fans. Einundsechzig Personen kamen daraufhin ins Krankenhaus, vierzehn davon nur unter Zwang, viele hatten schwere Kopfverletzungen. Im selben Jahr musste der Verein auch vier Begegnungen unter Ausschluss von Zuschauern spielen, weil Fans bei einem Spiel auf den Platz gestürmt waren und den Schiedsrichter angegriffen hatten. Einige Jahre später erstürmte der Leeds Mob die Kurve von Sheffield United.

Als der Daily Mirror im Mai 1973 eine ´Liga der Beschämung´ veröffentlichte, landete Leeds auf Platz Sieben, mit 181 Festnahmen an der Elland Road. Die Polizei sagte, dass man froh wäre, weil die Ausschreitungen nachlassen würden, doch schon im folgendem Jahr stieg die Zahl der Verhaftungen auf 239 bei Leeds, somit rückte man auf Platz Drei der Liste.

Nachdem Leeds United 1975 in Paris von Bayern München 0:2 geschlagen worden war, wüteten die Fans so schwer, dass der Verein für zwei Jahre von europäischen Wettbewerben ausgeschlossen wurde. Leeds Anhänger hatten bereits vor dem Spiel deutsche Fans angegriffen.

Doch der Auslöser von Stunden langen Gewalttätigkeiten war, das nicht gegebene Tor von Peter Lorimer. Ein deutscher Reporter verlor ein Auge und eine Fernsehkamera wurde zerstört. Hunderte von Sitzen wurden aus den Verankerungen gerissen und als Wurfgeschosse gegen Polizisten und gegnerische Fans eingesetzt. Fenster wurden eingeschmissen und auch vor Privateigentum wurde kein Halt gemacht. All das, wo Leeds United erst kurz zuvor eine Geldstrafe wegen dem Fehlverhalten der Fans in Belgien hatte zahlen müssen.

Zurück zu Hause prügelten sich die Leeds Hooligans quer durchs Land. Es gab Zusammenstöße mit Man United, Man City, Cardiff City, den Mobs aus Sheffield und denen aus Liverpool. Leeds Anhänger waren überall gleichermaßen unbeliebt.

Im Januar 1981 kam ein siebzehnjähriger Leeds Fan ums Leben, als er und andere von Spurs Hooligans angegriffen wurden. Dieser Zwischenfall führte zu einer langwierigen Fehde mit den Londonern.

In der nächsten Saison wurden auch die beiden Begegnungen, zwischen Leeds und West Ham United von Schlagzeilen in den Zeitungen begleitet, nachdem sich die Hooligans Auseinandersetzungen geliefert hatten. Dem Abstieg folgte die schlimmste Spielzeit, die der Verein aus der Grafschaft Yorkshire je hatte. Dieser Umstand wurde von vielen Leuten im ganzen Land freudig vernommen. Als der Club 1980 in die Second Division abstieg, gründete sich die ´Service Crew (SC).´ Sie nannten sich nach den ´Service Trains,´ den Zügen, die sie nutzten, statt mit den von der Polizei schwer bewachten Sonderzügen zu fahren. Ihr

Ziel war es, national und international berüchtigt zu werden. Durch dieses Handeln brachten sie den Verein in eine missliche Lage.

Die Leeds Hooligans setzten bei ihrer Begegnung gegen West Brom, als sie abstiegen, noch ein Zeichen, indem sie das komplette Stadion zerlegten. Vierunddreißig Polizisten und dreizehn Fans wurden verletzt, als schätzungsweise 3.000 Leeds Hooligans den drei Meter hohen Sicherheitszaun niederrissen. Es waren Ausrufe zu hören wie: „Tötet sie!“ während sie sich auf dem Platz und vor dem Stadion Schlachten mit der Polizei lieferten.

Beiden Vereinen wurden Konsequenzen für die Ausschreitungen angedroht. Doch am Ende verfügte der Verband nur, dass Leeds United ein Rundschreiben herausgeben musste, in dem Fans davor gewarnt wurden, dass zukünftiges Fehlverhalten Folgen haben würde. Der Vorsitzende des Vereins Manny Cousins sagte, dass er mit der Entscheidung sehr zufrieden wäre.

Doch die Warnung des Fußballverbandes stieß auf taube Ohren beim Leeds Mob. Nur zwei Wochen nach dem Urteil wegen der Krawalle in West Brom, benahm sich die Gefolgschaft von Leeds United wieder daneben.

Es war die erste Begegnung in der Second Division in Grimsby. 600 Mann trafen sich bereits die Nacht davor in Cleethorpes, wie die Sun es beschrieb begannen sie hier ´....eine Trinkorgie, lungerten rum und griffen wahllos Leute an, sie verwandelten einen gemütlichen Ferienort am Meer, in einen Ort des Schreckens.´

Ted Croker vom Verband sagte, er sei wütend, doch er unternahm nichts. „Die FA (der Fußballverband) beabsichtigt, harte Maßnahmen gegen das anhaltend schlechte Verhalten der Fans einzuführen,“ sagte er. Grimsby Town war davon nicht beeindruckt und behielt einfach 16.000 £ der Erlöse ein, die Leeds zugestanden hätten. Von dem Geld wurden anschließend die Schäden im Stadion behoben.

An der Elland Road herrschte Verzweifelung, als nach einem Spiel gegen Newcastle im Oktober, zwei der Newcaslte Spieler, darunter auch Englands Star Kevin Keegan von Wurfgeschossen getroffen wurden. Die FA ordnete umgehend ein neues Untersuchungsverfahren an.

Beim nächsten Heimspiel stand im Programmheft eine Bitte an die Fans: ´Die Zukunft des Vereins Leeds United steht auf der Kippe. Das ist keine Übertreibung oder leere Drohung. Trotz wiederholter Bitten und Warnungen, haben Aktionen von einer gewissenlosen Minderheit, am letzten Samstag für einen enormen Grad an Verunsicherung beim Verein gesorgt. Wir wissen aus Briefen, die uns zugesandt wurden, dass viele der echten Fans verurteilen was beim Spiel gegen Newcastle passiert ist. Wir möchten um die Hilfe und die Zusammenarbeit all jener bitten, denen Leeds United am Herzen liegt und wir glauben, dass ist die Mehrheit unserer Anhänger. Helft uns diese Schläger von den Rängen zu vertreiben, auch wenn sie nur wenige sind. Doch durch ihre abscheulichen Taten haben sie viele Probleme verursacht und gefährden so die Existenz des Vereins.´

Im neuen Jahr waren die Leeds Hooligans wieder in den nationalen Schlagzeilen. Sie hatten im Stadion von Derby County 500 Sitze zerstört. Anscheinend hatten sie den Ernst der Lage nicht begriffen, der durch die vorangegangenen Ausschreitungen hervorgerufen worden war. Derbys Vorsitzender Mike Watterson sagte: „Was heute passiert ist, ist nicht nur eine Schande für den Fußball, sondern auch eine Schande für die Menschheit. Ich habe so etwas in meinem ganzen Leben noch nicht gesehen, diese Leute waren schlimmer als Tiere.“

Die Berichterstattung auf der Rückseite der Times beschrieb die Schwere der Lage: ´Dieser Aufstand könnte das Ende für Leeds United bedeuten.´ Zwei Monate zuvor hatte der Fußballverband angeordnet, dass der Verein zwei Heimspiele vor leeren Rängen austragen müsse. Leeds Vorsitzender Manny Cousins erklärte, dass United zwei Millionen Pfund Schulden hätte und die Verluste von zwei Spielen ohne zahlendes Publikum kaum überstehen werde.

Weil das Schlimmste befürchtet wurde, gab der Verein 1.200 von den 1.600 Karten zurück, die für ihr FA Cup Spiel bei Arsenal zur Verfügung standen. Der Londoner Club hatte Verständnis für die Motive von Leeds, doch man wusste, dass man nun mit vielen Leeds Anhängern rechnen musste, die ohne Ticket kommen würden und versuchen könnten sich Einlass ins Home End zu erzwingen. Diese Ängste wurden bestätigt, als verfeindete Hooligans im Stadion aufeinander losgingen. Der Vorstand von Leeds United appellierte letztlich auch an die Regierung, härtere Strafen gegen Hooligans einzuführen. Und erneut zeigte der Fußballverband Verständnis für den Verein, Ted Croker akzeptierte, dass der Club alles tat, um sich von den Hooligans zu distanzieren. Die Vereinsverantwortlichen schätzten sich auch glücklich, dass die Ermittlungen der FA dazu führten, dass nicht nur sie sondern auch Derby schuldig gesprochen wurde, es versäumt zu haben, auf die Anhänger einzuwirken. Beide Vereine wurden gewarnt, dass es bei zukünftigem Fehlverhalten härtere Strafen geben würde. „Es ist ein schwerwiegendes Problem und nicht einfach eine Lösung zu finden," sagte Bert Millichip, der Vorsitzende des Verbands.

Die Hoffnungen schon bald wieder oben mit zu spielen, wurden enttäuscht. Die meisten bekannten Spieler verließen Leeds United und wurden durch unbekannte ersetzt. Die Fans bereiteten sich auf eine weitere Saison in der Zweitklassigkeit vor.

Man stand nun im eigenen, einstmals großen Schatten. Der Beginn der neuen Saison verlief relativ ruhig, selbst als ein dreihundertköpfiger Mob aus Portsmouth auftauchte. Weil sich vor den Spielen oft keine Leeds Hooligans zeigten, wurden sie von einigen größeren Firms kritisiert.

Rob Silvester, ein Veteran der 6.57 Crew, sagte dazu: „Ich war sehr enttäuscht von Leeds. Vor der Begegnung erzählten alle, dass es eine Menge Ärger geben würde." Doch er gab zu, dass der Mob aus Yorkshire, als er bei ihnen zu Besuch war, direkt versuchte durch den Einlass für die Heimfans zu kommen, so etwas war äußerst selten in Portsmouth passiert.

Ungefähr zur selben Zeit gab es einen Zusammenstoß mit den Hooligans von Sheffield Wednesday im Vorfeld eines Auswärtsspiels und die Versuche von 200 Leeds Hooligans, in Middlesbrough Krawalle anzuzetteln, konnten nur durch den konsequenten Einsatz von Polizeihunden verhindert werden.

Im November wurde der Torhüter von Carlisle durch ein Wurfgeschoss niedergestreckt, das von Leeds Fans geschmissen worden war und unter den Sachen, die später vom Spielfeld gesammelt wurden, waren auch Dartpfeile.

In den Achtzigern gab es einige gewalttätige Aufeinandertreffen mit dem Chelsea Mob, die Feindschaft zwischen den Hooligans beider Seiten bestand bereits seit Mitte der Sechzigerjahre. Die Vereine standen sich damals im Halbfinale des FA Cups gegenüber, was die überlegenen Londoner mit nur einem Tor für sich entschieden. Die Leeds Anhänger fühlten sich um den Sieg betrogen, weil ein ihrer Ansicht nach regelgerechtes Tor, das durch einen Freistoß von Peter Lorimer gefallen war, abgepfiffen wurde. Die Begründung war, dass die Chelsea Mauer sich zu früh nach vorne bewegt hatte.

In der folgenden Saison gab es Rache, auf und abseits des Spielfelds. Leeds schlug Chelsea mit 7:0 und auf den Rängen war die Niederlage noch deutlicher, man sah Londoner Hooligans, die förmlich um ihr Leben rannten. Die Laune war beeinflusst durch eine Aussage von Don Revie gegenüber der Presse, die sich darauf bezog, dass ein Chelsea Fan dem Vorsitzenden ein Paket voll Exkremente geschickt hatte.

Beide Vereine trafen sich im FA Cup Finale 1970 wieder und Chelsea gewann. Hass kochte auf den Rängen hoch, als beide Vereine in der Second Division wieder gegen einander spielten. Die Hooligan Firms beider Seiten waren versessen darauf, den ersten Platz unter den englischen Hooligan Mobs zu besetzen. Obwohl die Firms von West Ham und Millwall vermutlich gewalttätiger und besser organisiert waren, war der Hass der Service Crew gegen sie nicht so groß, wie auf den Chelsea Mob.

Die Feindschaft wurde noch durch den *Bulldog*, einem Magazin der National Front, angeheizt. Da beide Hooligan Firms viele NF Mitglieder in ihren Reihen hatten (West Ham und Millwall hatten das nicht), wurden sie von dem Magazin auserwählt, um den Titel der rassistischsten Firm im Land zu kämpfen. Jedes Auswärtsspiel bei Chelsea war für die Gefolgschaft von Leeds United ein Grund zur Mobilmachung. Die Service Crew gab teilweise sogar Flugblätter raus, um die Anhänger so zu besonderer Anstrengung anzutreiben. Der Inhalt dieser Schreiben las sich folgender Maßen: ´Dieses Flugblatt richtet sich an alle treuen Unterstützer von Leeds United FC, nicht an diese Typen, die wie Weihnachtsbäume aussehen, zu Hause stehen und singen „Chelsea wir kommen," und die dann beim Spiel nicht erscheinen. Wir sind nicht die Art von Leuten, die Stadien zerstören wollen. Solche Vorfälle begeistern nur Idioten und sind schlecht für den Verein. Die Leeds Service Crew braucht keine Polizeieskorten, WIR sind die härtesten und das haben wir überall unter Beweis gestellt. SCUM (Man U), YIDS (Tottenham) und sogar WEST HAM hatten die Ehre und können das bestätigen. Es war die Service Crew, die am Upton Park stehen blieb. Kein anderer Mob hat das bei West Ham gewagt. Die Scum Leute liefen alle weg. Die Yids hatten sogar Angst sich zu stellen, es ist eine Tatsache, dass alle anderen Londoner Firms Angst vor West Ham haben, doch nicht so die aus LEEDS. Die Service Crew hält immer zusammen. Nun werden wir den Chelsea Leuten zeigen, was wir von ihnen halten…..´ Unterschrieben war das Flugblatt mit: ´Dave, Leeds United Service Crew, National Front.´

Die Polizei zog auf dem Weg nach London 120 Leeds Hooligans aus dem Verkehr, doch viele andere schafften es in die Hauptstadt. Als sich die Gelegenheit bot, stürmten sie in der U-Bahnstation Piccadilly auf den Chelsea Mob los. Die Chelsea Firm war bis dahin ziellos durch das West End gestreift, bis sie sich entschied Richtung Stamford Bridge zu fahren, um einen Drink zu nehmen. Was dann passierte, wurde von der News of the World als ´Die blutige Schlacht von Bahnsteig 4´ beschrieben. Die Chelsea Hooligans fielen über den Leeds Mob her und jagten sogar einige Leute in die dunklen Tunnel.

Es gab 1984 eine weitere Demütigung auf dem Spielfeld, als Chelsea 5:0 gegen die Rivalen aus Leeds gewann und sich so den Aufstieg sichern konnte. Die Londoner Anhänger verhöhnten ihre Kontrahenten aus dem Norden und stürmten zu zwei Gelegenheiten auf den Platz. Obwohl bereits in Daves Flugblatt darum gebeten worden war, es zu unterlassen, wurden Sitze aus den Verankerungen gerissen und Flaschen auf Polizisten geschleudert. Zudem landete eine Holzlatte in der neuen elektronischen Anzeigetafel. Gut 100 Personen wurden daraufhin festgenommen.

Der Leeds Mob mochte bei dem Zwischenfall in der U-Bahn nicht gut weggekommen sein, doch die Zerstörungen im Stadion würden am folgenden Tag viele Schlagzeilen machen. Die Headhunters für ihren Teil verspotteten die Leeds Jungs, dass sich eine Anzeigetafel ja nicht zu Wehr setzen könne.

Wenn der Vorstand von Leeds United nun dachte, das Schlimmste sei überstanden, hatte man sich gehörig vertan. Das erste Spiel der Saison 1984/85 war auswärts gegen Nottingham County und wurde vor der Kulisse eines Bergarbeiterstreiks bestritten, der in vollem Gang war. Ein geschockter Reporter schrieb danach: ´Es waren nicht nur wenige Gewissenlose, die Streit suchten. 3.000 oder 4.000 Leeds ´Fans´ waren auf Ärger aus.´

Diese Spielzeit brachte auch eine Fülle von Derbys, innerhalb von drei Wochen im Oktober spielte Leeds zu Hause gegen Sheffield United und Middlesbrough, sowie auswärts gegen Barnsley und Huddersfield. Die Verantwortlichen bei Leeds United würden sich später über die dichte Aneinanderreihung solch explosiver Spiele beklagen, doch das geschah wie immer erst als alles schon passiert war.

Obwohl die ´Blades Business Crew´ aus Sheffield mit einem Mob von 300 Mann anreiste und es bereits vor dem Spiel zu Zusammenstößen kam, blieben größere Ausschreitungen aus. Was von dem Spiel gegen Barnsley nicht behauptet werden kann, dort zettelten Tausende Leeds Hooligans eine Schlacht gegen rivalisierende Fans und Polizisten auf dem Spielfeld an. Die Eckfahnen wurden als Wurfspeere genutzt und Steine wurden in einen Block geschleudert, in dem auch Behinderte Zuschauer saßen.

´Randalierer´ und ´Tiere,´ waren zwei der Zeitungsüberschriften am nächsten Montag. Ein Polizeisprecher sagte: „Im Vergleich mit diesen Leuten, wirken die Streikposten der Bergarbeiter wie Gentlemen."

Eine Woche danach gab es wieder Krawalle durch die Gefolgschaft von Leeds United, dieses Mal nachdem der Verein auswärts in Huddersfield verloren hatte. Die Heimfans wurden mit Metallstücken und großen Kugellagern bombardiert. Vierunddreißig Sitze wurden herausgerissen, Scheiben eingeschlagen, Türen eingetreten und die Toiletten des Gästeblocks zerstört. Außerhalb des Stadions waren acht Autos zerstört worden und fünfundsechzig Leeds Anhänger wurden letztendlich festgenommen.

Der verzweifelte Leeds Trainer Eddie Gray wusste keine Antwort auf die Zwischenfälle. Er sagte: „Ich kann es niemandem übel nehmen, wenn er weg bleibt, nach dem Ärger am Samstag. Ich möchte mich bei den echten Fans entschuldigen, doch man kann nicht gerade behaupten, dass der Ärger am Samstag von einer Minderheit verursacht wurde." Er kündigte auch an, dass seine Frau und seine Kinder in Zukunft nicht mehr die Auswärtsspiele des Vereins Besuchen würden. Das war keine leichte Entscheidung, für eine Familie, die für den Verein lebte, doch es verdeutlicht, wie schlimm die Lage war. Die Verantwortlichen des Clubs versuchten verzweifelt weiteren Ärger zu unterbinden, denn man war sich klar darüber, dass weitere Spiele ohne Publikum den finanziellen Ruin mit sich bringen konnten. Ein neuer Vereinssekretär bezeichnete die Unruhestifter als ´Ungeziefer´ und kündigte eine Reihe von Maßnahmen an, um die Hooligans zu bekämpfen. Eine Versammlung wurde abgehalten, an der die Vereinsführung, der Fanclub und die Polizei teilnahmen. Es wurde entschieden, dass Karten für Auswärtsspiele nur noch an Mitglieder des offiziellen Fanclubs und an Dauerkartenbesitzer verkauft werden sollten. Zudem sollten mehr Polizisten an der Elland Road größere Ansammlungen von Fans auflösen und für die Identifizierung von Störern sorgen. Die Reaktion der Service Crew folgte einen Monat später, als sie ein Auswärtsspiel gegen Oxford stoppte. Holzlatten wurden von einer Übertragungskabine abgerissen und auf das Spielfeld geschleudert, außerdem wurde Oxfords Torhüter von einem Wurfgeschoss am Kopf getroffen. Eddie Gray rief seine Spieler vom Platz und gab sich geschlagen.

Die Service Crew war auch auf Krawall aus, als sie im März nach Sheffield reisten, es war der erste Besuch in der Steel City seit 1978. Leeds kam mit einem guten Mob an, doch der wurde von 600 Sheffield United Hooligans erwartet. Diese

Masse war auf ein Flugblatt zurückzuführen, das in den Wochen vor dem Spiel in den Pubs von Sheffield die Runde gemacht hatte. Nach kleineren Scharmützeln vor, beziehungsweise während des Spiels, sowie dem obligatorischen Sitzwerfen, kam es dann im City Centre zu den eigentlichen Auseinandersetzungen. Sogar die Jungs der Blades Business Crew, die sonst die Vandalen und Sitzwerfer aus Leeds verachteten, gestanden ihnen an diesem Tag gewisse Fähigkeiten zu.

Das Abschlussspiel dieser Saison fand in Birmingham statt, dem Zuhause der berüchtigten Zulus. Jeder wusste, dass es eine große Sache werden würde, ein Aufeinandertreffen von zwei der schlimmsten Hooligan Firms im Lande. Diese Ängste wurden schon beinahe vor dem Anstoß bestätigt. Und es war nur eine Frage der Zeit, bis die beiden pöbelnden Mobs aneinander gerieten. Der Halbzeitpfiff war das Signal für den Beginn der Ausschreitungen, als die Spieler in den Tunnel Richtung Kabinen verschwanden, strömten Hunderte von Hooligans beider Seiten auf das Spielfeld. Steine, Flaschen und Zaunlatten wurden als Waffen benutzt und als diese nicht mehr greifbar waren, wurde sich mit Schlägen und Tritten bekämpft. Die Polizei versuchte anfänglich vergeblich die beiden Gruppen zu trennen, die zweite Halbzeit konnte dann aber doch, mit zweiundvierzig Minuten Verspätung, angepfiffen werden. Die Kämpfe setzten sich auch nach dem Spiel fort, es waren insgesamt ungefähr 4.000 Leute daran beteiligt.

Der Polizeichef der West Midlands Police beschrieb es, als den schlimmsten Vorfall seiner ganzen Karriere. Diesem Gemetzel fielen einige Personen zum Opfer. Ein fünfzehn Jahre alter Leeds Fan aus Northampton, der sein erstes Fußballspiel besuchte, wurde von einer einstürzenden Mauer erschlagen. Weitere 500 Leute, unter ihnen Dutzende Polizisten, erlitten Verletzungen.

Diesen Krawallen folgte eine große Berichterstattung und wieder einmal befand sich der Verein aus Leeds auf der Anklagebank. Da ereignete sich eine noch größere Tragödie, als bei einem verheerenden Feuer im Stadion von Bradford City sechsundfünfzig Fans zu Tode kamen. Es war bis dahin der schwärzeste Tag für den britischen Fußball, dem kurz darauf das Heysel Desaster in Belgien folgte.

Die Regierung war nun gezwungen einzugreifen, es wurden Untersuchungen bezüglich Massenausschreitungen und der Sicherheit, unter der Schirmherrschaft von Lord Popplewell, getätigt. Das Schicksal meinte es wieder einmal gut mit Leeds, als der Richter sein Urteil verkündete. Beide Vereine erhielten von der FA lediglich eine Geldstrafe von 5.000 £, wegen dem unkontrollierten Verhalten der Anhänger, Leeds bekam noch zusätzlich, als erster britischer Verein die Auflage, Karten nur an Fans zu verkaufen, die sich vorher ausgewiesen hatten.

Der Kommentar der Times, betreffend der Maßregelung, war typisch: ´Das Urteil der FA ist vollkommen unangemessen. Der Verband spannte seine kümmerlichen Muskeln an und lieferte ein Beispiel für seine anhaltende Schwäche.´ An der Elland Road war jedoch Erleichterung spürbar. Die Service Crew befand sich jetzt allerdings im Visier von Polizei und Presse und durch die neue Regelung bei den Eintrittskarten wurde es zunehmend schwerer mit vielen Leuten ins Stadion zu kommen.

Doch die Hooligans fanden einen Weg, als sie drei Monate nach Saisonbeginn im Stadion von Millwall erschienen. Es lag Spannung in der Luft, als Hunderte von Millwall Schlägern, an diesem November Nachmittag, auf den Leeds Mob warteten. Beide Vereine hatten einige Jahre nicht mehr gegeneinander gespielt und der gemeinste Mob der Hauptstadt wollte die Jungs aus Yorkshire daran erinnern, wer die härtesten Hooligans im Land waren. Die Service Crew reiste mit einem 500 Leute zählenden Haufen an, sie waren trotzdem in der Unterzahl. Als sie ankamen stürmten die Millwall Hooligans aus den Kneipen und bombardierten sie sofort mit Steinen und Flaschen. Polizisten tauchten auf, verschwanden jedoch als die Ausschreitungen eskalierten, sie erschienen erst wieder, um die Verletzten zu verhaften, die überall auf der Straße lagen.

Der Ärger setzte sich auch während des Spiels fort und vier Polizeibeamte wurden verletzt, einem von ihnen war ein Mauerstein ins Gesicht geschleudert worden. Wieder einmal wurden die Leeds Fans von Auswärtsspielen ausgeschlossen, doch da das Thema Hooligans langsam erschöpft schien, wurde der Zwischenfall nur mit einem sechszeiligen Bericht in der Yorkshire Post erwähnt, die Evening News schrieb gar nichts darüber.

Die Leute in Leeds und die Journalisten waren es Leid, immer wieder schlechte Nachrichten zu hören beziehungsweise zu verbreiten. Den Rest der Saison ereigneten sich nur kleine Zwischenfälle und es schien sich zu zeigen, dass das Verbot Anhänger zu Auswärtsspielen mitzunehmen, Wirkung hatte. Die Gewalt bei Heimspielen nahm dadurch jedoch nicht sofort ab und im August 1986 attackierten vierzig Birmingham Hooligans eine Kneipe der Leeds Jungs. Sie schrieen: „Zulus!"

versprühten CS Gas und in dem anschließenden Kampf wurden zwei Personen durch Messerstiche verletzt. Es blieb vorerst aber bei diesem Einzelfall und im September 1986 wurde das Verbot, das die Leeds Fans hinderte zu Auswärtsspielen zu fahren, aufgehoben.

Der Zeitpunkt hätte nicht schlechter gewählt werden können. Die erste Auswärtsbegegnung war gegen Bradford, Austragungsort war das Odsall Stadium, weil das Valley Parade Stadion noch durch das schreckliche Feuer, sechzehn Monate zuvor, zerstört war. Einige der Leeds Anhänger schienen wenig Respekt vor den nahen Nachbarn zu haben und noch weniger vor den Opfern des schicksalhaften Feuers. Zwei Minuten nach Anpfiff wurde ein Imbisswagen angezündet und die Tribüne runter gerollt, als auch schon Hunderte der Leeds Hooligans über die Zäune kletterten, um an die verängstigten Bradford Fans zu kommen.

Die Leeds Anhänger richteten dann ihre Aggressionen gegen Polizisten, die mit Steinen und Flaschen beworfen wurden. Bradford gewann das Spiel mit 2:0 vor der Kulisse eines fast gänzlich verlassenen Stadions. Es war ein weiterer Tag voll Gewalt, dem eine Untersuchung durch den Verband folgte. Der Daily Star schrieb hierzu: ´Die Rüpel aus Leeds sind viel zu lange damit durchgekommen. Sie haben Terror auf den Rängen verbreitet, Innenstädte verwüstet und viele normale, aufrichtige Fans aus den Stadien vertrieben. Sie wurden zu oft laufen gelassen. Wir sind es leid, uns das fortwährende Gerede von den Vereinsverantwortlichen anhören zu müssen, die immer wieder behaupten, es handele sich um eine ´Minderheit,´ die dieses Chaos verursacht. Diese Minderheit war in den letzten vierzig Monaten in dreizehn grausame Zwischenfälle verwickelt. Wir bedauern es, sagen zu müssen, dass die Verantwortlichen versagt haben. Leeds United MUSS aus dem Verkehr gezogen werden.´

Leeds Anhänger waren jetzt wieder die Ausgestoßenen der Fußball-Welt. Es muss auf den Verein West Bromwich Albion, den Schauplatz der Abstiegskrawalle 1982, beängstigend gewirkt haben, als sie nur einige Wochen darauf Gastgeber für Leeds United seien sollten. Diese Ängste wurden bestätigt, als Leeds Anhänger mit Benzin der Stadionmähmaschine einen Schuppen in Brand setzten. Siebzehn Leute wurden verhaftet und neunzehn weitere Personen des Stadions verwiesen.

In der dritten Runde des FA Cups traf Leeds auf den Amateurverein Telford United. Die Polizei von West Mercia verbot die Austragung des Spiels, obwohl Telford auf den Heimvorteil verzichtet hätte. Der Sportminister Dick Tracey nannte es, einen traurigen Tag für den Fußball.

Viele Leute hatten jetzt genug. Rund um das Stadion verteilte die lokale Handelskammer nun eine anti-faschistische Zeitung, mit dem Hintergedanken die National Front zu verdrängen. Rassismus war seit langem ein Problem bei gewissen Anhängern des Vereins und das wurde schlimmer, als die Leistungen auf dem Spielfeld nachließen. Rassistische Sprechchöre spiegelten das schlechte Benehmen der Leeds Anhänger wieder. Es war nichts außergewöhnliches, dass Tausende Fans bei Heimspielen schwarze Spieler beschimpften. Der Farbige Michael Brown war gerade sechzehn, als er sein erstes Spiel für Shrewsbury Town auswärts in Leeds bestritt. Es war eine Feuertaufe, bei der er nacheinander aus den verschiedenen Fanblöcken beschimpft wurde. Schließlich, unter großem Applaus der Mehrheit im Stadion, gab das End der Leeds Hooligans seinen Teil dazu. Brown erzählte, wie er in die Kabine ging und von seinen Mannschaftskameraden moralische Unterstützung erwartete. Doch niemand sagte ein Wort, sie beachteten ihn nicht, als würde er an einem anderen Spiel teilnehmen. Er tat trotzdem als ob nichts wäre und Shrewsbury gewann das Spiel 2:3. Als der Neuling kurz vor Ende des Spiels ausgewechselt wurde und die 130 mitgereisten Shrewsbury Anhänger anerkennend applaudierten, klatschten aber auch viele Leeds Fans.

Die Service Crew war oft der Ausgangspunkt der rassistischen Sprechchöre, denn viele Mitglieder unterstützten die National Front. 1985 fuhr eine Gruppe von Sheffield United Hooligans nach Leeds, sie trafen auf eine große Abteilung der Service Crew, die sie mit dem Hitlergruß willkommen hieß. Die Blades Business Crew hatte Dutzende schwarzer Jungs in ihren Reihen und als Antwort auf das Verhalten der Leeds Hooligans, feierten sie jeden einzelnen von ihnen. Steve Cowens schrieb hierzu: ´Unsere Reaktion war, dass wir unsere schwarzen Kollegen auf unseren Schultern trugen. Und um die Leeds Anhänger zu verspotten machten auch die Schwarzen den Hitlergruß. Ich staunte wie wütend der Leeds Mob werden konnte. Dann legten wir noch eine kleine Show ein, um unseren schwarzen Jungs unseren Respekt zu erweisen, sangen wir Loblieder auf jeden von ihnen zu der Melodie von Black Betty.´

Abseits der Öffentlichkeit trug die Polizei die Resultate von Ermittlungen zusammen, deren Ziel es gewesen war, die Anführer unter den Leeds Hooligans ausfindig zu machen. Das kam mit der besten Saison des Vereins seit Jahren einher. Leeds United ereichte das Halbfinale des FA Pokals und spielte gegen Charlton um den Aufstieg in die erste Liga, auch wenn sie mit 2:1 unterlagen, sie hatten bis fünf Minuten vor Abpfiff vorne gelegen. Der Versuch von jemandem aus der Masse, einen Sitz aus der Verankerung zu reißen wurde mit dem Sprechchor : „Du bist der Abschaum der Elland Road!“ unterbunden. Es schien, dass sogar die eigenen Leute von dem sinnlosen Vandalismus genug hatten.

Operation ´Wild Boar´ wurde von einer ehemaligen Polizeiwache aus gestartet, die nahe der Polizeischule von West Yorkshire lag. Vier Polizeibeamte hatten sich zwischen 1986 und 1987 in den Leeds Mob eingeschlichen und zusammengetragen, was sie gesehen hatten. Da man sich bewusst war, wie schwierig sich solche Undercoveroperationen gestalten können und man von den Pleiten vor Gericht in den Fällen von Chelsea und West Ham wusste, arbeitete man eng mit der Staatsanwaltschaft zusammen. Die Undercoverarbeit wurde von Sgt. Mick Fickling geleitet, der bei den Leeds Hooligans unter dem Namen David ´Simmo´ Simpson bekannt war. Er war angeblich Fensterputzer, arbeitete aber wenig, weil er einige jüngere Leute beschäftigt hatte. Einer seiner Mitstreiter war Paul ´Gibbo´ Gibson, der in echt Paul Crehan hieß und Detectiv war. Bärtig, über 85 kg schwer, mit schulterlangen Haar und blonden Stränchen, stach er aus der Masse raus. Er stellte sich selbst als Wilderer vor, der aus Südyorkshire kommen würde. Um das zu unterstreichen, lieferte er seinen Kumpels je nach Anlass auch mal ein Kaninchen oder eine Ringeltaube. Einmal wurde er in Bradford am Bahnhof verhaftet, was offensichtlich seinen Ruf untermauerte.

Ende des Jahres 1987 war die Undercoverarbeit beendet und die Wohnungen von elf Leeds Hooligans wurden durchsucht, ihr Alter war zwischen siebzehn und dreißig Jahren. Gegen sie wurde wegen Anstiftung zu Schlägereien ermittelt.

Bei dem Prozess im folgenden Frühjahr war Fickling der Hauptbelastungszeuge der Staatsanwaltschaft. Er erzählte dem Gericht, wie er auf die Spur der Person gekommen war, die er für den Anführer hielt und wie er sich ihm vorstellte, um die Aufmerksamkeit des jungen Mannes zu erregen und sich mit ihm anzufreunden. Er trieb das Spiel soweit, bis der Mann, der später als David Brown identifiziert wurde, ihm vertraute.

Der Rassismus der Service Crew Mitglieder war auch ein wichtiger Bestandteil in dem neunwöchigen Prozess. Fickling beschrieb eine Reise zu einem Spiel in Ipswich, wo er sah, wie der dreiundzwanzigjährige Martin Pickard einen Schwarzen attackierte, danach schrie er: „Ich hab den Nigger da drüben verprügelt.“ Ein anderer Angeklagter soll gebrüllt haben: „Komm schon Nigger. Mein Freund hat dir in die Fresse gehauen. Komm schon du Wichser. Hast du Bananen dabei? Ich werd dir deine Leber rausschneiden.“ Dann erschienen noch mehr Leeds Hooligans und rassistische Sprechchöre wurden laut. Der Mann setzte derweil seine Beschimpfungen fort: „Hey Nigger, du bist tot. Du bist ein toter Neger.“

Fickling beschrieb auch eine Schlägerei, die in einem Pub in Südlondon, vor einem Spiel von Leeds United bei Crystal Palace stattfand. Er sagte, dass es draußen, vor dem Pub einen Knall gegeben hätte und jemand geschrieen hat: „Da draußen ist eine Gruppe Nigger.“ Der Sergeant erzählte, der einundzwanzigjährige Patrick Slaugter wäre zu Tür gerannt und hätte gebrüllt: „Los Leeds, alle raus und auf sie!“ Während einige der Angreifer rausrannten, kam eine Gruppe von fünf Schwarzen auf sie zu, die mit Messern rumfuchtelten und Knüppel schwangen. „Bleibt stehen Leeds, bleibt stehen,“ rief Slaugther, aber die Leeds Leute liefen zurück in den Pub, um sich auch zu bewaffnen. Ausgerüstet mit Barhockern und Gläsern gingen sie wieder auf die Straße und suchten nach den Farbigen.

Im Kreuzverhör behauptete ein Anwalt der Angeklagten, der Polizist hätte die Leute zu solchen Handlungen provoziert. Dem Gericht wurde sogar ein Foto vorgelegt, auf dem zu sehen war, wie Fickling neben Leeds Hooligans stehend die geballte Faust hoch hielt.

Der Anwalt Benjamin Nolan sagte dazu: „Ich vermute, sie wollten die Gruppe zu irgendwelchen Handlungen provozieren. Ich habe den Eindruck, dass sie sich wie ein eingeschleuster Provokateur benommen haben.“ Fickling verneinte das entschieden. Nach sechs Wochen Prozess musste der Richter feststellen, dass einige Mitglieder der Jury Angst vor Repressalien hatten. Nach dem Freispruch zweier Angeklagter, konnte man beiläufig hören, wie eines der Jurymitglieder sagte: „Auf keinen Fall werde ich irgendjemanden in diesem Prozess schuldig sprechen.“ Diese Aussage ließ demonstrativen Applaus im Zuschauersaal aufkommen. Während eines Essens, später am gleichen Abend, sagte einer der Juroren zu einem der Reporter, die gierig auf ein exklusives Interview warteten: „Ich weiß, dass wir nicht über den Prozess reden dürfen, doch ich kann ihnen soviel sagen, wir sind verängstigt. Sie können die Luft im Gerichtssaal mit einem Messer schneiden.“ Der Richter zeigte wenig Verständnis: „Der einzige Schutz für die Gesellschaft sind Polizisten, die bereit sind ihren Dienst zu verrichten und genauso sollte auch die Jury bereit sein ihre Aufgabe wahrzunehmen,“ erklärte er.

Seine kleine Ansprache zeigte Wirkung, am nächsten Tag sprach die Jury fünf der Angeklagten schuldig. Es waren David Brown, John Milner, Martin Pickard, Patrick Slaughter und ein siebzehnjähriger Junge. Der Rest wurde freigesprochen.

Der Anführer der Gruppe war der sechsundzwanzigjährige ´Para Dave´ Brown, der selbst ernannte General von ´Para´s little Army.´ Er war Sohn von zwei hohen bediensteten der Heilsarmee. Er war auch Mitglied einer Militärkapelle der Fallschirmjägern gewesen, bevor er 1979 in die medizinische Abteilung wechselte. Er hatte Erfahrungen im Falklandkrieg gesammelt, wo er unter schwerem Beschuss verletzte Kameraden behandelte. Vier Tage vor seiner Abreise dort hin, war sein Onkel, der bei der Royal Ulster Constabulary Dienst tat, erschossen worden. Dieses Erlebnis rief bei ihm post-traumatischen Stress hervor.

Milner war dreiundzwanzig, er wurde als der Finanzchef der Gang und als Organisator des Reisebusses beschrieben, der als der ´One Punch Battalion Bus´ bekannt war. Der Mitarbeiter eines Lagerhauses sammelte Geld für zukünftige Ausflüge und führte Buch über die Busreisen.

Patrick Slaugter war angehender Rechtsanwalt, er hatte gerade sein zweites Examen abgeschlossen.

Brow, Milner und Slaughter erhielten alle jeweils vier Jahre Haft.

Pickard, der dreiundzwanzig war, wurde als Schläger, jedoch nicht als Anführer beschrieben, er bekam eine zweieinhalbjährige Haftstrafe und der Teenager wurde zu fünfzehn Monaten Jugendarrest verurteilt. Der Richter konnte nicht verstehen, warum es bei Fußballspielen Krawalle geben musste und gab einen kurzen Einblick in seine Kindheit, als er zu Spielen von Burnley FC ging: „Wenn mal etwas nicht nach Plan lief, warfen die Männer ihre Mütze auf den Boden. Das war alles."

Frühere Service Crew Mitglieder bezeichneten den Prozess, als unnötige Zeitverschwendung. In einem Interview der Yorkshire Evening Post behauptete einer der Veteranen, dass die Service Crew sowieso seit 1985 nicht mehr existieren würde: „Wenn die Polizei früher zugeschlagen hätte, wäre sie auf eine Goldgrube gestoßen. Sie wären auf Hunderte von aggressiven Schlägern getroffen. Aber die meisten der Service Crew Jungs haben sich zurückgezogen. Es gibt immer noch ein paar, doch die Zeiten der SC sind vorbei. Da sind einige Ableger wie die ´Intensive Care Unit,´ die jetzt den größten Mob hat, oder das ´Very Young Team,´ einige harte Männer sind doch übrig geblieben. Wenn man in der SC war hatte man am Samstag etwas zu tun. Es war wie eine Droge. Wenn du einmal dabei warst, war es schwer wieder aufzuhören."

Die Gewalt verschwand nie ganz, doch die Zwischenfälle wurden seltener und weniger intensiv. Das hatte viel mit der wechselnden Atmosphäre im Stadion an der Elland Road zu tun, dazu kam eine strengere Kontrolle beim Verkauf von Eintrittskarten und ein allgemeiner Rückgang der Hooligan-Szene.

Das war so bis zur Saison 1989/90, jetzt wurde über Leeds Hooligans durch die nationale Presse in einem Ausmaß berichtet, wie es bis heute nicht wieder vorkam. Keine noch so gute Polizeiüberwachung oder neue Gesetze, können die von einem Computer gelosten Spieltermine beeinflussen. Und in dieser Saison hatte der Computer den Leeds Hooligans eine besondere Freude gemacht, weil ihnen ein Urlaubsort am Meer, an einem Bank Holiday (britischer Feiertag) Wochenende im Mai zugelost wurde. Die Reise ging nach Bournemouth, zusätzlich hatte Leeds die Chance mit einem Unentschieden wieder in die First Division aufzusteigen. Das war die Art von Begegnung, die Hooligans mochten.

Obwohl Leeds United nur 2.000 Karten zur Verfügung standen, reisten sechsmal so viele, an einem sonnigen Wochenende zum Austragungsort, mit dem Wissen, das Spiel wahrscheinlich nicht zu sehen. Es ging nur drum da zu sein. Bournemouth erwartete die Ankunft der Massen aus Leeds mit Bangen. Die Polizei bat zweimal um Verlegung des Spiels, doch bizarrer Weise lehnte die Fußballliga das ab.

Also rüstete die Stadt auf, es standen mehrere Polizei Hundertschaften bereit. Nur eine Kneipe war an diesem Freitagabend noch offen. Die Leeds Anhänger stürmten dort nur so rein, es dauerte nicht lange und auch dieser Laden wurde geschlossen, Grund war, dass jemand einen Zigarettenautomaten angezündet hatte. Schlägereien zwischen gelangweilten Leeds Hooligans und der Polizei, setzten sich noch bis spät in die Nacht fort. Danach behaupteten Leeds Anhänger, die Polizei hätte wenig zur Problemvermeidung getan, sie hätte lieber Fans gestört, die am Strand schlafen wollten. Im Nachhinein kann man sagen, dass die Handlungen der Polizei einem guten Verhältnis zwischen beiden Gruppen wenig zuträglich waren. Diese Aktionen waren maßgeblich für den weiteren Verlauf des Wochenendes.

Am folgenden Tag gab es die gleichen Vorkommnisse, bloß wesentlich häufiger. Stundenlange Trinkgelage wurden von Angriffen auf die Polizei vor dem Stadion abgelöst. Zwischen 2.000 und 4.000 Leeds Hooligans, je nachdem welche Zeitung man las, jagten Hunderte Polizisten und stoppten erst, als berittene Einheiten sie abdrängten. Es ging stundenlang hin und her. Die einzige Abwechslung war, dass die Kämpfe gelegentlich von einer der Parteien intensiviert wurden. Die Aggressivität des Leeds Mobs steigerte sich, als das Gerücht die Runde machte, einer von ihnen sei von der Polizei überrannt und dabei getötet worden. Auch die Polizei steigerte sich zunehmend in die Auseinandersetzungen, als ihrerseits rumging, zwei Leeds Jungs hätten einen Beamten mit einem Ast von seinem Pferd befördert und ihn anschließend erstochen. Einige Leute aus Leeds waren klar auf Ärger aus, aber auch die auf Konfrontation ausgelegte Polizeistrategie trug ihren Teil zum Verlauf bei.

Zu der vorhandenen Anspannung kam ein schlechtes Gefühl, bei dem Gedanken, welche Rolle sie, die Polizisten, wohl in dem anstehenden Bergarbeiterstreik spielen würden. Sie wurden immer wieder von Hunderten der Leeds Fans durch Sprechchöre daran erinnert, dass die Bergleute der Region Yorkshire viele Unterstützer hatten. Endlich war Spielbeginn, doch die Kämpfe gingen einfach weiter. Erst als Leeds 0:1 in Führung ging, beruhigten sich die Gemüter ein wenig. Hier stand nun Leeds United, kurz vor dem größten Erfolg, den die Mannschaft seit Jahren errungen hatte und draußen prügelten sich Hunderte, wenn nicht Tausende Hooligans mit der Polizei. Einige der älteren Leeds Jungs begannen die jüngeren zu kritisieren. Ein früheres Mitglied der Service Crew schrie: „Was denkt ihr verflucht noch mal, was ihr da macht? Wir werden noch wegen euch Idioten aus der Liga geworfen, ihr Spinner!“

Die Zeitungen waren voller Verurteilungen für Leeds. ´Es ist Krieg,´ lautete eine. ´Leeds Anhänger fielen über die Polizei her,´ eine andere. ´Der Abschaum aus Leeds ist wieder da,´ schrieb der Daily Mirror. ´Schmeißt sie raus,´ forderte der Sportchef des Daily Star. ´Leeds United sollte bei dem Rennen um die Meisterschaft in der Second Division aus dem Verkehr gezogen werden. Ihnen sollten so viele Punkte abgezogen werden, dass ein Aufstieg unmöglich wird,´ schrieb Bob Driscoll. Der Artikel war mit einem Bild unterlegt, auf dem man sehen konnte, wie die Spieler von Bournemouth vom Platz flohen und die Polizei, mit Hunden und Spezialeinheiten versuchte, die Leeds Hooligans daran zu hindern auf das Spielfeld zu stürmen. Eine andere Zeitung veröffentlichte ein Foto, auf dem ein Leeds Fan, einem regungslos am Boden liegenden Polizisten mit seinem Stiefel anstieß. Die Yorkshire Evening Post hielt die Verzweifelung und Frustration fest, die von den meisten Leeds Fans geteilt wurde. ´Der größte Tag in der Geschichte von Leeds United seit acht Jahren und es musste wieder so enden. Grausame Szenen einer Schlägerei, die durch eine gewissenlose Minderheit verursacht wurde, zerstörten den Augenblick des Aufstiegs in die First Division für die normalen Fans. Die Hooligans, die sich in Bournemouth Schlachten mit der Polizei lieferten, waren nicht angereist um ihre Mannschaft anzufeuern. Diese Minderheit wollte den Augenblick nutzen, um mit Fäusten und Stiefeln zur Tat zu schreiten. Das Endresultat war, dass mehr als zwanzig Leute verletzt wurden und 120 Festnahmen erfolgten. Und über der Teilnahme von englischen Clubs an Spielen auf dem europäischen Kontinent schwebt nun wieder ein Fragezeichen.´

Die Leeds Leute kümmerten sich nie um die Meinung anderer, doch nach den Krawallen an der Südküste stand das Überleben ihres Vereins auf der Kippe.

Als vor drei Gerichten die Prozesse gegen die Festgenommenen begannen, forderte die Labour Party eine volle Aufklärung über die ´uneffektive´ Überwachungsarbeit der Polizei. Die Regierung deutete an, ´spezielle Maßnahmen´ gegen Leeds United einzuleiten. Ein Parlamentsmitglied der Tory Partei aus Bournemouth stellte die Forderung auf, Leeds den Aufstieg zu verwehren – wahrscheinlich hat er nicht darüber nachgedacht, dass das bedeutet hätte, dass seine Heimatstadt noch einmal von der Gefolgschaft von Leeds United besucht worden wäre.

Der Verein war wie vorauszusehen sehr defensiv, nur der Vorsitzende Leslie Silver, versuchte auf die ihm eigene Art, die Kohlen aus dem Feuer zu holen. Er sagte Folgendes: „Nach dem Hillsborough Desaster, bei dem zahlreiche Leute ums Leben kamen, wurde auch kein Verein aus irgendeinem Wettbewerb geschmissen. Glücklicherweise gab es in unserem Fall keine Toten. Leeds United sollte noch eine Chance bekommen. Wir haben versucht die Probleme zu bekämpfen.“

Viele Menschen in der Fußball-Welt waren entsetzt, dass Silver die sinnlose Gewalt von Bournemouth mit der Hillsborough Katastrophe verglich, die gerade ein Jahr zurück lag und bei der es sechsundneunzig Tote gegeben hatte. Doch der Vereinschef bereute nichts.

Schon in den Zeiten bevor es die Premier League gab, flossen Millionen in die oberste Spielklasse und das war der Schlüssel zum Überleben des Vereins. Leeds hatte Glück, auch die Boulevardpresse ließ ihre Wut an den Ligaverantwortlichen ab, denn sie hatten die Hinweise der Polizei nicht ernstgenommen, das Spiel zu verlegen. In einem Aufmacher des Mirror wurde die Schuld der Liga förmlich zugeschoben: ´Die Fußballkrawalle in Bournemouth waren vorhersehbar, vorhersehbar und verhinderbar.

Nur die Fußballliga war auf einem Auge blind, alle Warnungen wurden missachtet und nun hat man ein blaues Auge. Der Ligapräsident Bill Fox sagte gestern, man bereue im Nachhinein, dass man alle Warnungen der Polizei missachtet hätte. Was aber Orte wie Bournemouth, die zertrümmert, überrannt und mit Blut beschmiert wurden brauchen, ist nicht die Reue der Männer, die im Fußball bestimmen. Sie brauchen ein vorausschauendes Denken dieser Personen. Und wenn die Leute, die jetzt den Vorsitz haben, nicht in der Lage sind, ihre Arbeit korrekt auszuführen, müssen sie anderen weichen, die in der Lage sind die Verantwortung zu übernehmen. Das sollte passieren, bevor noch mehr Läden geplündert, Kneipen zertrümmert, Menschen schwer verletzt oder sogar getötet werden.´

Auch am folgenden Tag stand Leeds United im Mittelpunkt der Zeitung: ´Zwanzig Wege die Schläger aus Leeds zahlen zu lassen,´ lautete die Schlagzeile einer zwei Seiten langen Story. Die Liste fing an mit dem Vorschlag, von jedem Leeds Fan bei Heimspielen eine Abgabe von einem Pfund zum Eintrittsgeld zu nehmen, um davon zur Wiedergutmachung Zahlungen an den Ort an der Südküste zu machen. Bis hin zu dem Einfall, die Spieler sollten spezielle Armbinden tragen, durch die ihr Respekt für den Sport symbolisiert werden sollte. Die Zeitung stimmte auch noch mit in den Chor der Leute ein, die der Meinung waren, Leeds United hätte die Chancen der englischen Vereine wieder an europäischen Wettbewerben teilzunehmen verschlechtert. Die Liga befand sich in einer schwierigen Situation. Es musste etwas gegen Leeds unternommen werden, doch man war auch selbst schuldig. Als nächster Schritt wurde vom Verband in Erwägung gezogen, Leeds United Fans von allen Auswärtsspielen auszuschließen. Diese Maßnahme wurde umgehend abgelehnt und als eine Demütigung der normalen, friedlichen Fans angesehen, außerdem war so etwas schwer durchzusetzen.

Der Chef des offiziellen Supporter Clubs, der auf ein nun augenscheinlich von Schlägereien freies Stadion an der Elland Road blickte, beschrieb solche Regelungen als nutzlos. Er sagte: „Solche Vorschriften helfen nicht, denn sie werden Fans nicht davon abhalten zu Spielen zu gehen. Sie würden sich irgendwo Eintrittskarten besorgen und dann wäre die Trennung der Anhänger nicht mehr gewährleistet.“

Leeds United hatte Glück, es gab nur eine Ermahnung von der FA. Jetzt waren sie zurück in der obersten Liga, man hoffte, dass der Rassismus und die Gewalt, die den Verein während der dunklen Zeiten in der zweiten Liga begleitet hatten, nun endgültig der Vergangenheit angehören würden.

Es gibt keinen Club, der von den Leeds Hooligans mehr gehasst wird als Manchester United. Die Feindschaft entstand durch einen simplen Streit und fing bereits in den Sechzigerjahren an, als diese beiden Vereine das Beste waren, was es im britischen Fußball gab. In den Jahren 1965, 1970 und 1975 trafen die beiden Clubs im Halbfinale des FA Pokals aufeinander, beim erstenmal musste ein Wiederholungsspiel stattfinden, beim zweitenmal brauchte man zwei Wiederholungsspiele, nur die dritte Begegnung wurde beim ersten Versuch entschieden, wenn auch nur mit einem Tor unterschied.

Leeds United war in den späten Sechzigern und Anfang der Siebziger dominierend im britischen Fußball. Zur gleichen Zeit entstand in Manchester die ´Red Army,´ Englands mächtigster Hooligan Mob, so war es nur natürlich, dass die beiden Fanlager eine Abneigung gegen einander hatten. In der Tat schien es so, dass Leeds Anhänger Man U mehr hassten, als umgekehrt. Leeds hatte keinen direkten Lokalrivalen in Sachen Fußball, während Man U ja City hatte und natürlich Liverpool. Der Verein aus Yorkshire musste auch mit ansehen, wie einige der Top Spieler zum Rivalen abwanderten, das waren in den Siebzigern Joe Jordan und Gordon McQueen und später auch Eric Cantona. In jüngerer Vergangenheit waren es Rio Ferdinand und Alan Smith, die den Weg die M62 Richtung Westen antraten. Diese Vorgänge trugen zu einer Schlichtung zwischen den Fanlagern so viel bei, wie Adolf Hitler zum Weltfrieden.

Bei den meisten Spielen zwischen den Vereinen gab es Ärger und das war auch 1972 an der Elland Road der Fall. Kurz vor Abpfiff, als die Stadiontore geöffnet wurden, stürmte eine große Gruppe von Leeds Hooligans zum Gästeblock. Die Manchester Anhänger wurden bis zum City Centre gescheucht, wo sie sich stellten und kämpften. Ein Zug der die Fans wieder nach Manchester bringen sollte, wurde als er aus dem Bahnhof fuhr mit einem Steinhagel eingedeckt, dieser Überfall war ganz offensichtlich geplant.

Im Oktober 1975 war Leeds erneut Gastgeber für Man United. Von 11.00 Uhr bis 18.00 Uhr lieferten sich die Hooligans offene Schlachten auf den Straßen der Stadt, später wurden dafür sechzig Personen vor Gericht zur Verantwortung gezogen. Der Staatsanwalt Ian Pollard sagte: „Die personelle Belastbarkeit der Polizei wurde voll ausgeschöpft. 365 Beamte waren im Einsatz, vierundachtzig im Stadion und 281 außerhalb. Sie hatten es mit Schlägereien zwischen einzelnen Personen zu tun, mit größeren Auseinandersetzungen in den Seitenstraßen und mit wahren Massenschlägereien, an denen Hunderte beteiligt waren, die mit Steinen und anderen Gegenständen warfen. Verängstigte Fußgänger mussten sich in Sicherheit bringen, als ihnen Steine um die Ohren flogen. Sie hörten auch das grausame Geräusch von Stiefeln, die auf am Boden liegende Körper treffen. Wenn Menschen, die an den Krawallen teilnahmen hinfielen oder niedergeschlagen wurden, wurde gnadenlos auf sie eingetreten." Bei dieser Begegnung kamen die Hooligans aus Manchester schlecht weg.

Doch 1977 bei dem FA Pokal Halbfinale, das in Sheffields Hillsborough Stadion stattfand, wollten sie Rache nehmen. Der Austragungsort war in Alarmstimmung und es wurden zwei bis drei Meter hohe Stahlzäune, im Wert von 6.000 £, errichtet. Die Polizei befürchtete das Schlimmste, deshalb waren 1.200 Beamte im Einsatz, 160 davon im Stadion. Man U gewann und stand somit das zweitemal infolge im Finale.

Die Polizei behauptete, die Begegnung wäre relativ friedlich abgelaufen, obwohl es immerhin 100 Festnahmen gab. Und während des Spiels mussten Beamte die Fanlager durch eine Menschenkette trennen, weil Absperrungen fehlten.

Ein Journalist der Times beobachtete den aufkeimenden Streit: ´An einem Punkt auf den oberen Rängen brach eine Prügelei aus. Man konnte erkennen, dass jemandem mit einem langen Gegenstand auf den Kopf geschlagen wurde, ich konnte nicht erkennen, wer wen schlug, doch die Leute um mich herum schienen es zu wissen. Der Kampf sorgte für eine hysterische Stimmung unter den Zuschauern. Als die Polizei die oberen Ränge erreichte, flüchtete die Gruppe aus dem Stadion und lief die Penistone Road runter. Die Erklärungsversuche von Akademikern, Soziologen und sogar einigen Ministern sind schwer zu akzeptieren, wenn man sich vor Augen führt, dass Scheiben eingeschmissen, parkende Autos demoliert und Anwohner terrorisiert werden. Was ich sah war vielleicht nicht so schlimm, doch es war auf einem so hohen Niveau, dass es störte. Es geht nicht nur um die Kosten für die Überwachung des Ganzen oder den eingebüßten Verdienst lokaler Geschäfte, die einer neutralen Stadt wie Sheffield schaden. Es geht auch darum, dass tyrannische, augenscheinlich unkontrollierbare Jugendliche Angst und Schrecken verbreiten.´

Der erneute Abstieg von Leeds sorgte dafür, dass die beiden Vereine acht Jahre nicht mehr gegeneinander spielten. Als man sich dann 1990 wieder in der Premier League gegenüber stand, hatte das Duell ein wenig an Schrecken verloren. Das war logisch, weil die Firm aus Manchester in der Zwischenzeit neue Rivalen gefunden hatte, obwohl sie auf der Hass-Liste der Leeds Hooligans immer noch ganz oben stand.

Der Verkauf von Eric Cantona 1992 für nur 900.000 £ an Man U, löste hysterische Reaktionen aus. Der Club aus Yorkshire hatte gerade die Meisterschaft gewonnen, was Manchester seit fünfundzwanzig Jahren nicht gelungen war. So bestand berechtigte Hoffnung, dass sich das Kräfteverhältnis wieder ändern würde. Was für die Leeds Anhänger aber noch schöner war, ist die Tatsache, dass sie ihren Erzfeinden, die sie auch als ´The Scum´ bezeichneten, den Titel am letzten Spieltag wegschnappten. Wegen dem Wechsel von Cantona war die Polizei in höchster Alarmbereitschaft, als kurz darauf Manchester im Stadion an der Elland Road erwartet wurde. Und es gab viel Ärger, vor und nach dem Spiel. Nur eine Minderheit der Leeds Anhänger war in die Kämpfe verwickelt, doch es schien als ob jeder Fan Manchester United hassen würde, der Song ´Stand up if you hate the Scum´ ist gelegentlich noch heute im Stadion an der Elland Road zu hören.

Während der Neunziger wurden auch David Beckham und seine Frau Victoria zur Zielscheibe vieler anti-Man U Songs, obwohl sie keinen so wahrnehmbaren Effekt hatten, wie die ´München 58´ Songs, die bei einem Teil der Leeds Fans sehr beliebt waren. Der verabscheuenswürdigste Zwischenfall fand im Januar 1994 bei einem Spiel gegen Man U in Blackburn statt, als ein Teil der Leeds Anhänger, während einer Schweigeminute zu Ehren des kurz vorher verstorbenen Sir Matt Busby, buhte. Im Jahre 1996 gab es vierzig Festnahmen nach einer Begegnung mit Man U und im September 1997 lautete die Schlagzeile der Yorkshire Post: ´Das blutige Gesicht der Fußballgewalt.´ Neben dem Artikel war ein Bild zu sehen, dass einen Fan zeigte, der aus einer Wunde am Kopf blutete. Die Polizei sprach von einer angsterregenden Atmosphäre rund um das Stadion. Als Leeds United 2001 gegen Manchester City spielte und Man U in Bradford, verabredete man sich zu einem Treffen in Rochdale, doch die Polizei konnte noch rechtzeitig eingreifen und so das Schlimmste verhindern.

Es folgte noch mehr Ärger. Weniger als zwei Monate danach, bekämpften sich Schläger aus Manchester und Leeds auf den Nebenstraßen der Elland Road. Dabei wurde einem Beobachter der Polizei Manchester, mit einem Gegenstand ein Schlag auf den Hinterkopf versetzt. Aber für die Polizei gab es nicht nur schlechte Nachrichten, einer ihrer Beobachter hatte das Aufeinandertreffen gefilmt und zur Freude der Behörden, waren bekannte Gesichter von beiden Firms zu erkennen. Auf dem Film sah man, wie sich die Gruppen, mit Zaunlatten und sogar einer rollbaren Mülltonne, bekämpften.

Zwei der anschließend Verurteilten, waren Neffen des ehemaligen Europapokal Gewinners Brian Kidd, der Assistenztrainer unter Alex Fergusson gewesen war und der über Blackburn nach Leeds gekommen war, wo er die gleiche Aufgabe hatte. Die Probleme im folgenden Jahr waren noch größer. Vor dem Stadion prallten 250 Schläger aus Manchester auf 150 Hooligans aus Leeds.

Die meisten Auseinandersetzungen der jüngeren Vergangenheit gingen zum Vorteil für Manchester aus, doch nicht die im Frühjahr 2004. Leeds stand wieder kurz vor dem Abstieg und 200 Hooligans aus Yorkshire marschierten durch das City Centre von Manchester, ohne auf Widerstand zu stoßen. Man Uniteds Mob war nicht mehr so stark wie einst und der von Leeds hatte gerade einen Höhenflug. Niemand wusste, wann die Vereine wieder gegeneinander antreten würden.

Im April 2000 wurden zwei Leeds Fans in Istanbul erstochen, nur Stunden bevor ihre Mannschaft im Halbfinale des UEFA Cups gegen Galatasaray spielte. Was eine schöne, von den Fans lange erwartete Nacht werden sollte, wurde zu einem der dunkelsten Tage in der Geschichte des Vereins. Obwohl das Verhalten einiger Leeds Anhänger den Türken gegenüber respektlos war, so gab es doch keine Anhaltspunkte, dass Cristopher Loftus oder Kevin Speight irgendetwas Falsches gemacht hätten. Aus Angst vor gewalttätigen Reaktionen wurde das Spiel trotzdem gestartet. Die Spieler von Leeds mussten unter Polizeischutz auf den Platz gebracht werden, wobei sie mit Schutzschilden abgedeckt wurden. Der türkische Verein erhielt anschließend nur kleine Strafen. So gab es ein Verbot, für die türkischen Fans zum Rückspiel nach Leeds zu reisen, dass war hauptsächlich zu ihrer eigenen Sicherheit. Das hinderte aber Hunderte von Leeds Anhängern nicht, den Bus der türkischen Mannschaft anzugreifen. Darauf hin veröffentlichte die Yorkshire Evening News die Fotos von neunundzwanzig Personen, einige davon wurden später verhaftet.

Im ganzen Land erwiesen Fans ihren Respekt für die getöteten Leeds Anhänger, außer in Manchester. Bei ihrem Besuch im Old Trafford im Oktober, wurden die Männer aus Yorkshire mit Galatasrayfahnen und Gesten begrüßt, die andeuteten, dass ihnen die Kehle durchgeschnitten würde. Einige Leeds Fans beantworteten das mit Gesängen über das Flugzeugunglück in München. Die gegenseitigen Demütigungen setzten sich fort, auch wenn es vielleicht nicht mehr so intensiv zuging wie früher.

Das Qualifikationsspiel zur Europameisterschaft 2004 zwischen England und der Türkei in Sunderlands Stadium of Light im April 2003, stellte einen weiteren potentiellen Gefahrenherd dar. Es gingen Geschichten rum, die Hooligan Firms würden alle Streitigkeiten außer Acht lassen, um den Leeds Mob bei seiner Rache zu unterstützen. Die Polizei vermutete, dass sich zirka 500 Hooligans aus Leeds auf den Weg machen würden. Es gab sogar das Gerücht, eine kleine Gruppe aus Batley würde ausgerüstet mit ´Werkzeug´ anreisen, um einen Türken zu töten. Das Spiel selbst verlief relativ ruhig, obwohl die Polizei unter höchster Anspannung stand. Es wurde berichtet, dass Gruppen von Leeds Hooligans sich morgens auf den Weg gemacht hatten, doch dann verlor die Polizei sie aus den Augen. Besorgt warteten die Beamten in Sunderland und suchten überall nach der verschollenen Service Crew.

Schließlich wurden um 17.00 Uhr 100 Leeds Fans eingekesselt, nachdem sie durch die Haupteinkaufsstraße marschiert waren. Am Stadion traf ein weiterer Leeds Mob genau in dem Augenblick ein, als man auch die ersten Busse der türkischen Fans sah. Einige Fahrzeuge wurden attackiert, doch die Polizei konnte das Treiben schnell unterbinden. Später wurden fünf Leeds Anhänger für den Zwischenfall zu Gefängnisstrafen verurteilt.

Der lang ausgehandelte Waffenstillstand zwischen den Firms kam nicht zustande. Ein Mob aus Nottingham tat sich mit einem aus Newcastle zusammen und sie attackierten Hooligans aus Sunderland.

Doch der heftigste Zwischenfall entstand, als 100 der alten Leute aus Middlesborough 150 Sunderland Jungs jagten. Die Kämpfe starteten im Ortskern und wurden bis zu einer Kreuzung am Stadion ausgetragen. Viele Augenzeugen waren über die Härte der Auseinandersetzungen schockiert, doch für die ortsansässige Polizei war es ein normaler Fußball-Arbeitstag.

Als sich das Beobachtungsteam der Polizei anschließend zu einer Nachbesprechung traf, wurde der Zwischenfall vom Einsatzleiter nicht einmal erwähnt.

Während der Jahre in der obersten Liga setzte sich bei Leeds die Gewalt fort. Eine Gang aus sechzig Leuten griff Middlesborough Fans mit Flaschen und CS Gas an, 300 Mann attackierten bei einem Heimspiel einen Pub in dem Sheffield Wednesday Anhänger saßen und in Sheffield beschädigten fünfzig Leeds Hooligans eine Straßenbahn, bevor sie die darin befindlichen Fans angriffen. Es gab

Schlägereien bei den Begegnungen mit Nottingham Forest, Newcastle, Huddersfield, Bradford, West Brom und den Spurs.

Zu einem Vorbereitungsspiel gegen Hull 2003, reisten achtzig Hooligans aus Leeds an und lieferten sich vor dem Bahnhof einen Kampf mit dem Mob aus Hull. Die Zeitungen berichteten, dass es der größte Polizeieinsatz gewesen wäre, der je bei einem Spiel von Hull stattgefunden hätte. Es gab auch Artikel, die von zahlreichen Auseinandersetzungen in der ganzen Stadt kündeten. Die meisten dieser Zwischenfälle waren kleinere Scharmützel, doch die Zahl und die Intensität steigerte sich augenscheinlich im neuen Jahrtausend. Im August 2003 führten Leeds Hooligans die Liste der erteilten Platzverweise an und ein Jahr später ergab ein statistisches Gutachten der Bahn, dass sie auch in den Zügen mehr Ärger verursacht hatten, als die Fans irgendeines anderen Vereins.

Leeds Hooligans bei einem Angriff auf den Cardiff City Mob an der Elland Road.

Eine neue Generation von Hooligans kam auf. Die Meisten davon hatten Verbindungen zur Infant Hit Squad, sozusagen der Jugendabteilung der Service Crew. Sie hatten auch ihre eigenen Visitenkarten, auf denen folgendes zu lesen war:

„IHS - Infant Hit Squad - Kein Krieg – Kein Sieg - Die Elite unter Großbritanniens jungen Hooligan Firms – Es ist nichts persönliches sondern unser Geschäft“

Die IHS lieferte sich mit den Leuten von 'The Ointment' aus Bradford Kämpfe in Leeds und sie war auch in Schlägereien beim Worthington Pokalspiel gegen Sheffield Uniteds Mob verwickelt. Ein ehemaliges Service Crew Mitglied sagte: „Ich weiß, dass es einige tollkühne Jungs gibt, die wieder bei Leeds United rumhängen. Damals in den Achtzigern gab es das Very Young Team und einige von ihnen wurden echt gute Kämpfer.“

Cameron Young von der Bahnpolizei kann das wiederauftauchen der Leeds Hooligans bestätigen: „In den letzten sechs Monaten konnte man feststellen, dass wieder mehr Hooligans aus Leeds unterwegs sind. Es scheint, als würden viele junge Leute unter ihnen sein.“

Es gab auch eine besondere auswärts Begegnung, zu der viele der Alten Leute auftauchten. 400 bis 500 Hooligans, darunter viele ehemalige Mitglieder der Service Crew, begaben sich auf die lange Reise nach Cardiff, anlässlich eines Spiels im FA Pokal 2002. Die eine Hälfte machte sich über Hereford mit dem Zug auf den Weg und die andere fuhr mit Bussen direkt zum Stadion. An jedem anderen Tag, in jedem anderen Stadion wäre dieser Mob wohl kaum in Probleme gekommen, doch nicht so an diesem kalten Nachmittag im Ninian Park. Vor ihnen bauten sich Buchstäblich Tausende Jugendliche und Männer aus Cardiff auf, die ihr Blut fließen sehen wollten. Es war mehr als Cardiff City gegen Leeds United oder Wales gegen England, es war die Soul Crew gegen die Service Crew und jeder wusste, das bedeutete Ärger.

Berittene Polizei war nötig, um den Mob zu vertreiben.

Ein ziviler Beobachter der Polizei entdeckte in der Halbzeitpause einige bekannte Gesichter aus Leeds. Als er sich erkundigte, was sie nach dem Spiel vorhätten, bekam er die Antwort: „Mach dir keine Sorgen. Wir werden keinen Streit anfangen, wir sind 500 gute Leute und werden uns verteidigen, wenn wir angegriffen werden, aber wir werden wohl umgebracht wenn wir angreifen.“

Cardiff gewann 2:1 und ungefähr 1.000 Hooligans aus Wales sprangen aufs Spielfeld und verspotteten den Leeds Mob. Die Einsatzkräfte waren sich einig, dass eine Niederlage der Waliser schlimmere Folgen gehabt hätte. Vor dem Stadion beklagten sich Leeds Fans über das unmögliche Benehmen der Cardiff Anhänger. Die Ironie dabei war, dass das Benehmen der Service Crew jahrelang auch nicht besser war.

Zum Zeitpunkt des Spiels gegen Cardiff war Leeds ganz oben in der Tabelle, doch eine Reihe von schlechten Ergebnissen sorgte erneut für einen tiefen Fall und man fand sich in der alten Second Divison wieder. Während der Verein die Zukunft durch immer höher steigende Schulden bedroht sah, wurde es um die Hooligans immer ruhiger, abgesehen von einigen Ausnahmen.

Eine dieser Ausnahmen war die fortlaufende Fehde mit Cardiff City, über eine Begegnung der beiden Fanlager in Leeds, berichtete die Yorkshire Post im August 2005:

Hooligans, die sich an Massenkrawallen gegen die Polizei beteiligen, haben gestern eine Warnung bekommen, von einem Richter wurde ihnen gezeigt, wie schnell sie im Gefängnis landen können. Richter Norman Jones aus Leeds verurteilte fünfzehn Männer, die in die fürchterlichen Zusammenstöße bei einem Spiel von Leeds United Anfang des Jahres verwickelt waren. Der Richter verkündete auch, dass so ein Benehmen, egal ob von Betrunkenen oder jedem anderen, nicht toleriert wird. Er fügte hinzu: „Das war ein erschreckender Zwischenfall und hätten die Polizisten keinen kühlen Kopf bewahrt und ihren Dienst so diszipliniert versehen, wäre mit Sicherheit schlimmeres passiert." Der Richter verhängte für vierzehn der Angeklagten Haftstrafen. Sie waren im Januar bei der Begegnung gegen Cardiff City in eine Massenschlägerei verwickelt gewesen. Unter ihnen war auch ein Soldat und ein Mann, dessen Anwalt sagte, dass sein Mandant bereits bei Leeds United und Bradford City Fußball gespielt hätte. Der letzte Angeklagte wurde dazu verurteilt gemeinnützige Arbeit zu leisten, der Richter sagte ihm, wenn er diese nicht pünktlich verrichten würde, käme auch er ins Gefängnis.

Außerdem erhielten alle fünfzehn ein nationales Stadionverbot. Der Richter fügte hinzu, dass Gewalt für lange Zeit eine starke Belastung für den englischen Fußball war und am Ende zum Ausschluss von den europäischen Wettbewerben geführt hat. „Es ist keine spontane Gewalt, sondern sie wird von Leuten organisiert und ausgeführt, die kein Interesse am Spiel haben, sondern an Ausschreitungen. Für eine Zeit dachten wir, wir wären dieses Übel los. Doch dieser Zwischenfall zeigt, es ist noch nicht ganz ausgerottet." Er warnte auch, dass Personen, die Polizisten angreifen, mit Gefängnisstrafen rechnen müssten. „Die Gerichte haben die Pflicht, die Allgemeinheit und die friedlichen Fans vor Gewalttaten zu schützen. Sie haben auch die Pflicht, den englischen Fußball vor einer Gewaltstigmatisierung zu schützen. Und sie werden sich um diese Pflichten nicht drücken."

Vor der Begegnung am 15. Januar hatten einige Leeds Fans bereits ein schlechtes Gefühl, wenn sie daran dachten, dass die Cardiff City Fans kommen würden. Das rührte von einer früheren Begegnung, bei der mehrere Leeds Anhänger verletzt worden waren. Die Polizei war gewarnt, dass einige Leute eine Gelegenheit suchen würden, um die Cardiff Anhänger anzugreifen. Es gab auch Mitteilungen auf einer Internet Seite, die Leeds Fans zur Gewalt aufriefen, doch die Polizei war fest entschlossen, so etwas zu verhindern. Eine große Masse Polizisten samt einer berittenen Einheit wurde versammelt. Während des Spiels wurden die Cardiff Fans, von denen der Heimmannschaft getrennt und auch nach dem Spiel wartete man erst bis die Leeds Anhänger abgezogen waren, solange wurden die Leute aus Cardiff im Stadion festgehalten. Der Richter sagte, er akzeptiere, dass es keine Beweise gäbe, dass die Angeklagten, die dann folgenden Ausschreitungen geplant hätten. Doch sie hätten sich daran beteiligt, als 400 sogenannte Fans sich vor dem Stadion versammelten und riefen: „Lasst sie raus!" Überwachungskameras und Kameras von Polizeibeobachtern zeichneten alles fünfundvierzig Minuten lang auf, Polizisten wurden dabei mit Steinen, Flaschen, Gläsern, Verkehrspylonen und Münzen beworfen. Es wurden von den berittenen Beamten acht Versuche gemacht, die Menge aufzulösen, doch diese wurden mit Wurfgeschossen beantwortet. Vier Polizisten und vier Pferde erlitten schwere Verletzungen. Einige der Beteiligten wurden, durch eine öffentliche Kampagne ausfindig gemacht. Alle fünfzehn Angeklagten gaben die Tat zu.

Die Jahre als ihre Mannschaft zum Besten im englischen Fußball gehörte sind vorbei und die Fans, sind auch nicht mehr die Randalierer, die sie einst waren. Aber frag mal jemanden, dessen Stadt in den Siebzigern oder Achtzigern von den Männern aus Yorkshire heimgesucht wurde, - sie können sich erinnern als wäre es Gestern gewesen.

Liverpool

Stadion: Anfield
Firm: The Ordinary Mob, The Urchins
Feinde: Manchester United, Everton

Es gab in den vergangenen dreißig Jahren zwei Spiele, die den gesamten britischen Fußball und die Hooligan-Szene beeinflusst haben und an beiden war der Liverpool FC (LFC) beteiligt. Die Schatten, die von Heysel 1985 und Hillsborough 1989 geworfen wurden, brachten große Veränderungen. Beide Zwischenfälle nahmen großen Einfluss auf die Psyche der Vereinsführung, der Fans und auch der Hooligans. Niemand konnte sich den Auswirkungen entziehen.

Nachforschungen zufolge, hat sich die erste moderne Hooligan-Szene in Liverpool entwickelt. Es war an der Anfield Road, wo das erste End, 'The Kop' entstand. In den Sechzigerjahren, wandelte man in The Kop, Lieder von Musikern aus der Stadt zu Fußballsongs um. Bands wie die Beatles, mit ihrem smarten und coolen Auftreten, haben vielleicht ein wenig dazu beigetragen, dass die modernen Hooligans, in der heutigen Form entstanden. Dieser Einfluss wurde gemischt mit einer stark ausgeprägten Bandenkultur, die teilweise religiös geprägt war und mit den Tausenden Zuwanderern aus Irland und Schottland im 19. und 20. Jahrhundert eingeschleppt worden war. Das war nicht die einzige Gemeinsamkeit mit Glasgow, es gab auch hier Armut und Arbeitslosigkeit, was dazu führte, dass viele Leute tranken und schnell zu Waffen griffen. Auch politische Militanz hat eine lange Geschichte in Liverpool, was dazu führte, dass Misstrauen gegen staatliche Behörden bestand und die Bereitschaft gegen sie zu kämpfen. Das waren die Schattenseiten dieser ansonsten so renommierten Stadt.

Bei einer Begegnung im FA Pokal 1958 in Blackburn gab es zahlreiche Verletzte, darunter auch einen Polizeibeamten, daraufhin wurden zwanzig Leute festgenommen. An den drei Sonderzügen, die Fans zurück nach Liverpool brachten, entstand erheblicher Schaden. Vierzehn Fenster waren zerstört, eine Tür rausgerissen, sechzig Lampen gestohlen und drei Sicherungskästen beschädigt. Randale in Zügen wurde zu einem anhaltenden Problem für die Bahngesellschaft. Ab Mitte der Fünfzigerjahre veranstalteten Anhänger von Liverpool FC und Everton Krawalle im Transportsystem, sie randalierten in den eigenen Zügen und überfielen in Bahnhöfen andere Fans.

1963 wurden Offizielle beider Vereine gezwungen, öffentlich an die Fans zu appellieren, dass sie keine Züge mehr zerstören sollten. Im folgenden Jahr entschied die British Rail alle Fußballsonderzüge, die von Liverpool starteten, zu streichen, da es wiederholt Warnungen vor Hooligans gegeben hatte. Ein Sprecher der Gesellschaft sagte: „British Railways kann das schlechte Benehmen dieser Irren aus Merseyside (Bezeichnung für die Region Liverpool), die sich selbst Fußballfans nennen, nicht länger tolerieren."

Ab Mitte der Sechziger waren Gewalttätigkeiten bei Spielen des LFC üblich, besonders bei Begegnungen gegen die Rivalen aus dem Norden, Manchester und Leeds.

Im April 1966 wurden die jungen Liverpool Hooligans daran erinnert, dass sie noch viel zu lernen hatten, als sie im Pokal der Pokalsieger auf Celtic Glasgow trafen. Ihre Stadt wurde von der Celtic Gefolgschaft schlicht überschwemmt. Im Gegensatz dazu, hatten sich die Liverpool Fans beim Hinspiel in Glasgow gut benommen.

Die Liverpool Anhänger zeigten beträchtlich mehr Tollkühnheit als ihr Club einen Monat später im Hampden Park gegen Borussia Dortmund antrat. Als Roger Hunt den Ausgleich für Liverpool FC erzielte, stürmten viele das Spielfeld. Es gab einige Verhaftungen und die Polizei war gezwungen, für den Rest des Spiels eine Menschenkette um die Ränge mit dem Liverpool Anhang zu bilden.

Die nächsten Jahre über hatten die Liverpool Hooligans Ärger mit den Mobs von Arsenal, Tottenham, Leeds, sowie beiden Vereinen aus Manchester und Birmingham. Der Besuch von Liverpool FC in Ipswich 1975, wurde von der Polizei als ein erfolgreicher Einsatz verbucht, da es dreiundzwanzig Festnahmen gab. Fünf Sonderzüge brachten damals Tausende der Reds in die Provinz East Anglia, wo sie sich mit Hunderten trafen, die über Nacht den Weg auf eigene Faust gemacht hatten. Von Sonnenaufgang an lungerten Jugendliche auf den Straßen rum, sehr zum Unmut offensichtlich besorgter Anwohner.

Das Stadion an der Anfield Road war ein wirklich ungemütlicher Ort für Fans von außerhalb. Die Rudel Liverpooler Gangmitgliedern, die rumliefen, schlugen nicht nur zu, sie hatten auch keine Skrupel Messer zu benutzen oder Geld und eventuell Klamotten zu klauen.

In seinem Buch *Steaming In* beschreibt Colin Ward, die Torturen einiger Londonern, die ein Spiel in Liverpool besuchten: 'Fans wurden ihrer Kleidung beraubt, mit Messern angegriffen und gehetzt. Eine Welle der Gewalt löste die andere ab.'

Es war also nicht verwunderlich, dass sich nur we-

ner wurde mit einem Teppichmesser an der Kehle verletzt. „Offensichtlich hatten sich nur wenige ein Zimmer genommen, die anderen suchten sich einfach bei denen, die einen Raum hatten einen Platz auf dem Boden," erzählte ein Liverpooler.

Schon bevor es die ersten Probleme gab, hatten die Verantwortlichen sich Sorgen darüber gemacht, dass Tausende von Fans ohne Eintrittskarte anreisen würden, um das Finale gegen Real Madrid zu sehen. Denn Liverpool FC wurden nur 12.000 Karten zur Verfügung gestellt, doch 30.000 Fans machten die Reise. Am Nachmittag des Spiels wurden 100 Liverpool Anhänger festgenommen, nachdem sie sich im Rotlichtbezirk Schlägereien mit der Polizei geliefert hatten. Doch die Mehrheit wurde nach der Zahlung einer kleinen Strafe wieder auf freien Fuß gesetzt. Ein englischer Fan musste ins Krankenhaus, er war mit einem Messer verletzt worden.

„Wir saßen in einem McDonalds, als eine französische Gang rein kam, sie zeigten Springmesser und Rasierklingen. Ein Typ am Nachbartisch sagte ihnen, sie sollten verschwinden, weil wir keinen Streit suchen würden, als er seine Hand hob wurde ihm ein Schnitt über das Handgelenk verpasst," berichtete ein Augenzeuge. Währenddessen entschuldigte sich das britische auswärtige Amt, bei seinen französischen Kollegen für den Ärger.

Als der Liverpool FC ein weiteres Europapokalfinale in Rom, gegen die dort heimische Mannschaft bestritten hatte, gab es eine recht gemischte Berichterstattung im Liverpool Echo. Die Überschrift lautete: ´Freud und Leid, die roten Massen feierten, doch dreißig Personen wurden durch römischen Schlägern verletzt.´ Liverpool hatte das Spiel im Elfmeterschießen gewonnen und die Italiener waren darüber nicht besonders erfreut. Hunderte stürmten aus dem Stadion und attackierten die weggehenden englischen Fans mit Messern, Stöcken und Flaschen. Noch mehr Italiener hatten sich am großen Busbahnhof gesammelt, sie griffen die Liverpooler an, als diese dort eintrafen. Dreißig Liverpool Anhänger bedurften ärztlicher Behandlung, fünf davon wegen Stichverletzungen.

Für die italienischen Medien stand fest wer für die Gewalttaten verantwortlich war. ´Der schwerwiegendste Aspekt ist, dass die Engländer die Gewalt nicht provoziert haben. Sie haben sich extrem gut verhalten,´ wurde im Il Messaggero geschrieben. Die Schlagzeile in La Republica lautete: ´Menschenjagd auf die Engländer.´

Im Corriere Della Sera war zu lesen: ´Die Römer haben weder Gelassenheit noch Selbstbeherrschung bewiesen, das sind eigentlich typisch englische Charakterzüge. Es war eine Nacht voll abscheulicher, blinder Gewalt, die durch nichts entschuldigt werden kann.´

Die britische Botschaft kam zur gleichen Ansicht und die Liverpool FC Fans wurden gelobt. Ein Sprecher sagte: „Die Anhänger aus Liverpool haben sich so benommen, wie es zu erwarten war. Sie haben so ihren guten Ruf bestätigt." Tatsächlich aber waren die Liverpool Fans nicht ganz schuldlos. Die Polizei hatte früher am Tag fünfzig Messer bei ihnen sichergestellt. Zehn Italiener mussten ins Krankenhaus gebracht werden, einem war mit einem Hammer auf den Kopf geschlagen worden. Einer der gewalttätigsten Zwischenfälle ereignete sich auf einer Brücke über den Tiber, wo sich rivalisierende Fangruppen offene Schlachten lieferten.

Als man dann zwölf Monate später im europäischen Pokalfinale gegen Juventus Turin antreten musste, war die Erinnerung an das brutale Gemetzel der Italiener noch wach –dazu später mehr.

In der Folgenden Saison traf Liverpool wieder einmal im Halbfinale des FA Cups auf Manchester United. Ein großer Teil vom Man U Mob, schätzungsweise 800 Leute, sprangen aus einem Zug, als dieser kurz vor der Lime Street Station einen Stopp machte. Sie marschierten die Gleise entlang durch einen Tunnel, dabei schrieen sie laut: „Krieg, Krieg!" Dann rannten sie auf die Lime Street und vertrieben die dort anwesenden Liverpool Hooligans. Und das war nur die Vorhut von Manchesters Armee.

Es ist nicht verwunderlich, dass es in Liverpool eine eigene Version der Ereignisse gibt. „Sie kamen an diesem Tag mit einer guten Firm, doch dass mussten sie auch, weil sie ein paar Jahre zuvor verprügelt worden waren. Doch zu behaupten, sie wären damals Amok gelaufen wäre lachhaft," sagte Steve. „Sie waren in unserem End bevor das Spiel begann, doch wir haben sie wirklich sauber rausgeprügelt. Genau so einen Quatsch erzählten sie auch über das Wiederholungsspiel an der Maine Road. Sie sagen sie hätten uns geschlagen, was Schwachsinn ist. Sie feierten alle auf dem Spielfeld, während wir durch ihr Revier, Moss Side, marschierten und alles auf den Kopf stellten, ohne auf Gegenwehr zu stoßen."

In diesen Jahren gab es nicht nur Ärger mit den Anhängern von Manchester United, doch man traf nur selten auf ernstzunehmende Gegner. Paul erzählte uns: „Wir hatten nur Augen für Man United und mit ein bisschen weniger Nachdruck für Man City. Das ist wohl die Mentalität, die wir Scouser haben, auf alle herab zu blicken, also benahmen wir uns überall im Land gleich, ob es nun bei Villa oder Sheffield Wednesday war. Wednesday stellte für eine kurze Zeit in den Achtzigern einen Gegner dar, doch dass war nichts in den Dimensionen unserer Feindschaften mit Man United oder City. Unsere kleine Crew hatte eine Fehde mit Wednesdays besten Leuten, bis wir ihnen 1984 eine brutale Abreibung verpassten. Wir stürmten in ihre Kneipe ohne größere Probleme und es endete damit, dass sie uns anflehten rauszugehen. Wir lachten sie einfach nur aus. In der folgenden Saison starteten sie einen halbherzigen Versuch sich zu revanchieren. Doch sie gingen zum falschen Pub in Huyton, dort beleidigten sie das Personal und einen Mann, der mit seinem Hund in dem Laden war. Also stürmten wir beim nächsten Auswärtsspiel wieder das Burgoyne Arms, doch dieses Mal wurden auch ein paar Schläge ausgeteilt.“

Bei der Verteidigung der europäischen Krone, gelang es Liverpool abermals in das Finale zu kommen. Sie mussten gegen den italienischen Meister Juventus Turin im Brüsseler Heysel Stadion antreten. Die Geschehnisse dieses Tages sind ausführlich dokumentiert und ermittelt worden, doch es wurden nur wenige Aussagen von den Leuten veröffentlicht, die an den Ausschreitungen beteiligt waren. Keine der Personen, die für dieses Buch interviewt wurden, versuchte die Vorgänge zu rechtfertigen. Alle waren sich einig, dass der Preis, der für die Vorkommnisse gezahlt wurde, ein schrecklicher war. Aber ihre Erinnerungen an das, was passiert ist, zeigt ein anderes Bild, als das des blutdurstigen Wahnsinnigen, das uns die Medien immer vorführen.

Die Schuld an den Ereignissen wurde erst mal der National Front zugeschoben, wobei der Vorsitzende von Liverpool FC und die Zeitung Sun nicht ganz unbeteiligt waren. Zwei Tage nach dem Spiel lautete die Überschrift der Zeitung: ´Sechs Nazi-Hooligans verkünden: Wir haben das getan!´ Der Bericht fuhr fort: ´Sechs Nazi-Schläger, die auch Chelsea Anhänger sind, prahlten damit, für die beschämenden Zwischenfälle beim Europapokalfinale verantwortlich zu sein. Die brutale Bande umzingelte Liverpools Vorsitzenden John Smith und einer von ihnen sagte, sie wären Mitglieder der National Front. Sie gaben zu, Steine geschmissen und gezielte Jagd auf Juventus Fans gemacht zu haben. Smith sagte, als er von der Reise zurückkehrte: „Sie gaben damit an Probleme verursacht zu haben. Und sie waren sehr zufrieden mit ihren Aktionen.“´

Der Vereinsvorsitzende betonte besonders, sie hätten behauptet Chelsea Fans zu sein.

Die Sun präsentierte noch weitere ´Beweise,´ die, die Anklage untermauern sollten: ´Treue Liverpool FC Anhänger und auch Offizielle des Vereins, sagen sie hätten im Brüsseler Stadion NF Mitglieder gesehen. Fahnen mit Chelsea und NF Aufdruck wären auch geschwenkt worden. Verrohte Liverpool Anhänger erhielten Unterstützung von Skinheads mit Londoner Akzent. Einige Liverpool FC Fans und der ehemalige Trainer Bob Paisley beschwerten sich darüber, dass NF Anhänger in den VIP Bereich eingedrungen wären.´

Der Liverpool FC wollte allerdings keinen Kommentar zu den Anschuldigungen geben, dass von Fans des Vereins, in der Nacht vor dem Spiel, bei einem geplanten Überfall Juwelen im Wert von 150.000 £ gestohlen worden waren. Auch dass es in vielen Bars der belgischen Hauptstadt Schlägereien und Diebstähle gab wurde nicht erwähnt.

Die Sun ließ schließlich noch einen Psychiater, den Lesern einen Einblick in die ´böse Gedankenwelt eines Hooligans´ geben sollte. Dieser Experte schrieb, der normale Hooligan hätte einen übersteigerten Sexualtrieb, wäre von der Gesellschaft frustriert und nutze jede Chance um Gewalt auszuüben. Außerdem wäre er dumm und wolle im Mittelpunkt stehen. Er könne auch eine Freundin und ein ausgefülltes Sexualleben haben, die Überproduktion von männlichen Hormonen hätte bei ihm den Nebeneffekt Aggressionen auszulösen. Dieser Dr. Glenn Wilson, vom Institut für Psychiatrie gab auch den Eltern eine Teilschuld, er nannte sie ´lasch und nachsichtig.´ Er argumentierte damit, dass das britische Volk seit vierzig Jahren, seit dem Zeiten Weltkrieg nicht mehr zur Ader gelassen wurde.

In Wahrheit hätte die Tragödie, die sich im Heysel Stadion abgespielt hat, auch in vielen anderen Stadien, zu verschiedensten Anlässen geschehen können. Jedes Mal wenn ein Hooligan Mob hinter einer Tribüne auftauchte und die Anhänger auf das Spielfeld getrieben wurden, bestand die potentielle Gefahr, dass es Schwerverletzte oder Tote gibt. Schlechte oder einfach nicht vorhandene Absperrungen, sowie das böse Blut zwischen den Fans, gepaart mit uneffektiver Polizeiarbeit trugen ihren Teil zum Unglück bei.

Ein Liverpool Hooligan, der wegen seiner Beteiligung an den Vorfällen im Gefängnis saß, sagte folgendes: „Die Leute müssen einfach wissen, dass bei jedem anderen Verein, der zu dieser Zeit eine große Firm hatte, genau das selbe passiert wäre. Ich weiß, es wird dadurch nicht besser, aber das Stadion war ein echtes Dreckloch und die Polizisten schissen sich in die Hosen. Die Absperrungen waren ein Witz, und ich gebe zu, wir marschierten da einfach durch. Die ICF, die Firms aus Manchester oder die von Chelsea und egal was sie auch sagen, auch die von Everton, hätten es genauso gemacht.“

Als die Regierung ein Ende dieser Ausschreitungen versprach und die UEFA englische Vereine von den europäischen Wettbewerben ausschloss, fand die Polizei in den Medien, einen willigen Helfer, um die Verantwortung einigen von Liverpools bekannten Hooligans zu zuschieben. Einer von ihnen sagte: „Ich wurde verhaftet und ich wusste ja, für welches Aufsehen der Zwischenfall in Liverpool gesorgt hatte. Überleg dir das mal, du liegst im Bett und dann kommt ein Polizist und sagt dir, wir nehmen sie wegen des Verdachts fest, den Tod von neununddreißig Leuten verursacht zu haben. Da liegt deine Welt erst mal in Trümmern. Wir sind ja drüben kurz im Knast gewesen, wurden aber glücklicherweise bald entlassen. Denk dir nur mal, was das damals für ein Gefühl war, vielleicht zwanzig Jahre in einem ausländischen Gefängnis einsitzen zu müssen. Niemand wollte, dass jemand stirbt. Doch man kann Dinge nicht ungeschehen machen. Für mich war diese Sache mit den Krawallen somit beendet. Im Nachhinein war das alles verwirrend. Wenn ich zu einem Spiel gehen wollte, dachte ich einige Leute würden sich abwenden, manche würden mich beschuldigen und anspucken und wieder andere würden mir ein Bier ausgeben, als ob ich ein Held wäre. Keiner der Jungs, die ich kenne machte irgendwas in der Art. Ein Teil der Verurteilten waren Liverpool FC Hooligans, es gab aber auch Typen, die nur mit ihren Kumpels auf einer Sauftour gewesen waren oder welche die einfach auffielen. Ich weiß nicht wie viele davon betroffen waren, doch Presserummel und Polizeidruck, veranlassten eine Menge Leute auszusteigen. Die Heysel Katastrophe beendete die Ära, in der LFC einen großen Fußball Mob hatte.“

Ein anderer ehemaliger Liverpool FC Hooligan, Graham behauptete, dass der meiste Ärger von normalen, betrunkenen Fans ausging, weniger von den Hooligans. Er beanstandete auch, dass die Italiener als unschuldige Opfer dargestellt wurden: „Am Spieltag hatten sich Hunderte Liverpool Anhänger vor den Kneipen an der Hauptstraße gesammelt und tranken seit morgens Bier. Doch um 10.00 Uhr wurde uns langweilig, also suchten wir uns eine kleine stille Bar. Schon bald tauchte ein mit Italienern besetzter Reisebus auf und als sie ausstiegen, sahen wir, dass sie auf Ärger aus waren. Sie zogen sich ihre Schals in die Gesichter und begannen in unsere Richtung zu kommen, wir dachten alle, jetzt geht es los. Wir stellten uns hin, doch im nächsten Moment drehten sie ab, weil sie von einem zweiten Liverpool Mob gesehen worden waren, der uns zu Hilfe eilte. Dieser Zwischenfall sorgte für die angespannte Stimmung an diesem Tag. Nachdem im Vorjahr in Rom viele von unseren Leuten Stichverletzungen erlitten hatten, sammelten sich jetzt die Jungs, die keine Eintrittskarten hatten und blieben in der Gruppe. Wir wussten, dass italienische Mobs unterwegs waren, die es wissen wollten. Als wir am Stadion ankamen wurden wir sogar von einem Polizisten aus Liverpool gewarnt, in den nächsten Bereich zu gehen, weil dort im Block Z, für den einige von uns auch Karten hatten, jemand mit einem Messer verletzt worden sei. Von außen konnte man Löcher im Zaun des Z-Blocks sehen und man sah auch, dass Leute sich einen Weg durch die Mauer getreten hatten. Auf den Rängen angekommen suchten wir uns einen Platz am Zaun, der uns von diesem Block trennte, das taten wir in den meisten Stadien, um den gegnerischen Mob abzuchecken. Von beiden Seiten des Zauns wurden Gegenstände auf die andere geschleudert. Doch als von der italienischen Seite ein Feuerwerkskörper geschmissen wurde, schien die Stimmung zu kippen. Einige Leute stürmten los, die belgischen Polizisten verschwanden, der Zaun wurde niedergerissen und schon bald sah man einige Liverpooler in den Reihen der Italiener wüten, der Rest ist Geschichte. Als es losging sah ich mir die Leute an, die in den italienischen Block stürmten und ich konnte keinen der echten Liverpool FC Hooligans ausmachen. Es schien vielmehr, als wären einige Blödmänner am Werke. Das war noch Ewigkeiten vor dem Anpfiff und alle die Karten hatten, waren noch in der Stadt, um zu klauen oder zu saufen.

Eine Sache, die dir jeder erzählen wird, der dabei war ist, dass niemand bemerkte, dass Leute zu Tode kamen. Wir hörten erst später davon. Doch als dann das Gerücht umging, drehten die Italiener im ganzen Stadion durch, da wussten wir, es muss etwas Schlimmes passiert sein. Kurz vor Spielbeginn kamen einige Jungs ins Stadion, die uns mittelten, dass viele Menschen zu Tode gekommen sein. Außerdem sagten sie, vor dem Stadion würden wütende italienische Mobs warten. Als wir nach dem Spiel das Stadion verließen, wurden wir von Spezialeinheiten der belgischen Polizei in Empfang genommen und in die Stadt eskortiert.

Wir fanden eine Kneipe, voll mit Jungs der echten Yankee Crew und keiner von ihnen konnte fassen, dass so viele Leute tot sein sollten. Niemand war schadenfroh. Ich weiß, dass Liverpools Mob immer beschuldigt wird, die Verantwortung abzulehnen, doch die Schuld lag nur bei den Leuten, die sich ohne Karte so früh ins Stadion geschlichen hatten. Ein schwedisches Fernseh-Team kam rein, um einige Hooligans zu interviewen, jemand sagte: „Erzähl ihnen nichts langweiliges, du kommst nur ins Fernsehen, wenn du erzählst, dass du ein paar Italiener umgebracht hast.“ Dann sagte einer der Jungs zu den Fernsehleuten: „Das war nur eine Übung für unser Spiel gegen Manchester nächste Saison.“ Doch nur wenige fanden das lustig.“

Über Nacht hatte Liverpool FC keinen Mob mehr, Ausnahme waren nur große Spiele, wie gegen Manchester United.

Im Februar 1986 griffen Liverpool Hooligans die Spieler von Manchester United an, als diese anlässlich eines Ligaspiels an die Anfiel Road kamen. Erst wurde Tränengas auf die Spieler gesprüht als sie den Bus verlassen wollte, dann wurden einige Steine geworfen, es kam dabei zu zweiundzwanzig Verletzten. Der Vorsitzende von Manchester United, Martin Edwards sagte: „Das war purer Hass. Wenn man so dasitzen musste und einen Mob wie diesen beobachtete, bekam man den Eindruck, dass die Hooligans nach dem Vorfall in Brüssel keinerlei Reue empfanden. Ein Pflasterstein wurde in Richtung des Busses geschleudert und wenn er nicht an einem Laternenpfahl abgeprallt wäre, hätte er Mark Hughes getroffen. Er hätte tot sein können.“

Auch bei Begegnungen zwischen Liverpool und Chelsea gab es noch Ausschreitungen. Bei einer Begegnung im FA Pokal kam es zu Auseinandersetzungen auf den Rängen und bei einem Ligaspiel 1986, bei dem Liverpool FC den Klassenerhalt sicherte, reisten Tausende aus Merseyside in die Hauptstadt. Es gab nach dem Abpfiff Massenschlägereien zwischen den Hooligans und die Liverpooler beanspruchten für sich, den Chelsea Mob an der Edgeware Road überrannt zu haben.

Vier Jahre nach Heysel ereilte eine weitere Tragödie den Verein, als bei einer Begegnung im FA Pokal gegen Nottingham im Hillsborough Stadion, sechsundneunzig Leute erdrückt wurden. Ungeachtet des verwirrenden Journalismus der Sun, die dem Verein aus Merseyside noch immer nicht verziehen hatte, wurde die Schuld diese Mal nicht bei den Fans gesucht, trotzdem hatte der Zwischenfall großen Einfluss auf die Reste des Liverpool Mobs. Durch die Geschehnisse in Sheffield, schien es der Allgemeinheit so, als ob die Gewalt in den Stadien auf den Vormarsch sei.

Paul war einer von denen, die damals das Interesse an Fußballkrawallen verloren, er sagte dazu: „Hillsborough war für mich der Schlusspunkt. Ich war von mir selbst angeekelt, zusammen mit einigen anderen begann ich ganz legal Eintrittskarten zu kaufen und benahm mich. Es schien fast, als wäre an diesem Tag im Jahre 1989 die Firm von Liverpool FC gestorben. Und sie erholte sich erst weit in den Neunzigern wieder.“ Auch Steve hatte das Gefühl, dass dieses Unglück das Ende seiner Hooligan-Karriere besiegelte: „Die Schlägereien bei den Spielen nahmen sowieso ab und die vielen Toten führten den Leuten vor Augen, dass es das nicht wert war. Der Vorfall hatte nichts mit Hooligans zu tun, doch die Presse versuchte es noch immer so darzustellen und schürte so die Angst. Einige Jungs machten weiter, doch viele haben sich seit dem nicht mehr gerührt. Bei uns waren die Hooligans nicht in einem großen Mob organisiert, sie kamen zusammen wenn es nötig war. Aber abgesehen von Spielen gegen Manchester, gibt es nur wenige Gründe, für nur einen Zwischenfall eine Gefängnisstrafe zu riskieren.“

Da war aber auch noch ein anderer Faktor im Spiel. Liverpool entwickelte sich schnell zu einem Hauptumschlagplatz für harte und weiche Drogen. Von hieraus wurde der Norden Englands, Schottland, Wales und Teile der Midlands versorgt. Einige der führenden Hooligans erlagen den Versuchungen, die von der organisierten Kriminalität ausgingen. Sie zogen sich aus den Stadien zurück, weil sie es nicht länger riskieren wollten, sich wegen haltlosen Sachen wie Fußballkrawallen festnehmen zu lassen. Ihre kriminellen Machenschaften führten sie in ein finsteres Milieu, doch bei attraktiven Spielen tauchten sie wieder auf. Wie bei einem Pokalfinale, zu dem einige der Top Hooligans in einem gechartertem Flugzeug anreisten. Ein Polizeibeamter sagte damals enttäuscht: „Hätte man eine Boden-Luft-Rakete gehabt, man hätte mit einem Schlag die Spitze von Liverpools Drogendealern ausschalten können.“

Dann im Januar 1995 spielte Liverpool FC auswärts gegen Birmingham City im FA Pokal. Das Spiel endete mit einem enttäuschenden und torlosen Unentschieden, doch nach dem Abpfiff wurden die Reisebusse aus Liverpool von den Birmingham Anhängern mit Steinen bombardiert. Bei dem Rückspiel war der Liverpool Mob auf dem Posten, denn man war sich sicher, dass die Zulus sich auf die Reise machen würden.

Das Ergebnis waren zwanzig Festnahmen, nachdem es auf den Straßen Schlägereien und Messerstechereien vor und nach dem Spiel gegeben hatte. Drei Fans wurden mit Stichverletzungen ins Krankenhaus gebracht, konnten jedoch noch am selben Abend entlassen werden. Ärger flammte vor Sam Dodds Vine Bar und vor dem Albert Pub auf, doch die größten Auseinandersetzungen gab es auf der Anfield Road. Ein Sprecher der Polizei von Merseyside sagte: „Wir waren mit besonders vielen Einsatzkräften vor Ort, weil es sich um ein Pokalspiel handelte und wir mit allen Eventualitäten rechnen mussten. Doch wir hatten es mit einer ungeheuren Zahl an kleineren Zwischenfällen rund um das Stadion zu tun. Wir bedauern, dass es für niemanden möglich war, das Spiel in Ruhe zu genießen und dann friedlich nach Hause zu gehen."

Im September 1998 waren die Liverpool Hooligans auf eine Revanche gegen Manchester Uniteds Mob aus, weil sie in der Saison zuvor von eben diesem Mob gedemütigt worden waren. Es endete damit, dass einem der Manchester Jungs die Kehle durchschnitten wurde. Dieser Zwischenfall sorgte für Wut bei den wichtigen Leuten in Manchesters Hooligan-Szene. Einer der noch aktiven Liverpool Hooligans sagte betreffend des Vorfalls: „Wir fuhren mit Autos nach Manchester und schlitzten einige von ihnen auf. Wir waren bewaffnet, weil wir es seien mussten. Glaub´ diesen Spinnern nicht, wenn sie sagen, sie würden fair kämpfen, sie schleppen immer haufenweise Messer mit sich rum."

Zwölf Personen wurden anschließend festgenommen.

Dieses blutige Ereignis rief einen beträchtlichen Presserummel hervor. Bei der Auseinandersetzung waren auch zwei berittene Polizisten von ihren Pferden gerissen worden, als sie versuchten Ordnung herzustellen. Auch eindeutig unschuldige Fans wurden in die Schlägerei mit reingezogen, wie zum Beispiel der siebzehnjährige Ian Bagot, der mit vierzig Stichen genäht werden musste, nachdem er, wie die Ärzte annahmen, einen Hieb mit einem Schlagring abbekommen hatte.

Zwei Spielzeiten später versuchte schon wieder eine Busladung Liverpool FC Hooligans nach Manchester zu kommen. Doch die Polizei rechnete mit ihnen und fing sie ab. An Bord des Busses wurden Messer, Eisenstangen, CS Gas und Schlagringe gefunden. Unter den Liverpool Hooligans im Bus war auch Peter Lyons, der bereits im August 2002 ein landesweites Stadionverbot erhalten hatte. Die Richter sahen es damals als erwiesen an, dass er für Ärger bei Heim- und Auswärtsspielen verantwortlich war. Er und Gary Ferguson, der auch Stadionverbot hatte, wurden zudem bei einer UEFA Pokalbegegnung in Kiew, in der Ukraine festgenommen. Der Grund war, dass sie bereits vor dem Spiel Schäden in einer Bar angerichtet und sich Einheimischen gegenüber aggressiv verhalten hatten. Dem Gericht wurde auch mitgeteilt, dass Ferguson mit seinen Genitalien vor den Polizeibeamten rumgewedelt und sich wie ein Affe in einem Käfig aufgeführt hatte.

Normale Fans waren mit den Überwachungsmaßnahmen bei Spielen zwischen Liverpool und Manchester nicht immer glücklich. Kritik wurde laut, als Polizisten zwölfjährige Kinder durchsuchten, nur weil sie zufällig in dem Bus saßen, in dem die Waffen gefunden worden waren. Einer der Fans sagte der Presse, er hätte an diesem Tag mit seinem Sohn zu diesem Spiel fahren wollen, weil der Junge gerade vierzehn geworden sei. „Die Polizisten haben David durchsucht, er musste sogar Schuhe und Socken ausziehen, nachdem man uns aus dem Bus gezogen hatte. Er musste den Beamten außerdem seinen Namen und seine Adresse nennen. Das war für ihn ein sehr schockierendes Erlebnis. Ich habe 40 £ für zwei Eintrittskarten bezahlt, dazu kommen noch 10 £ für den Bus und am Ende wurde uns nicht einmal erlaubt, das Spiel anzusehen. Ich werde mich jetzt rechtlich beraten lassen."

Ein anderer Fan, der mit seinem zwölfjährigen Sohn unterwegs war, beschrieb es als sein schlimmstes Erlebnis rund um ein Fußballspiel: „Die Polizisten behandelten uns wie Tiere. Ich bin dem LFC durch ganz Europa nachgereist und habe nie Ärger gehabt.

Ich werde nie wieder zu einem Spiel im Old Trafford fahren! Dieser Vorfall hat meinem Sohn und den anderen Kindern sehr viel Angst gemacht. Viele von ihnen weinten."

Die Polizei erlaubte dem Bus weiter nach Manchester zu fahren, doch dort wurde der gesamten Busbesatzung der Eintritt ins Stadion untersagt. Das Rückspiel an der Anfield Road sorgte für Proteste nachdem Fans von Spezialeinheiten der Polizei wahllos angegriffen worden waren, als die Beamten versuchten, nach Ausschreitungen, vier Kneipen zu räumen. Ein Rechtsanwalt beklagte sich über die Vorgänge und bezeichnete das Vorgehen als ´unkontrolliert.´ Die eigentlichen Streitereien brachen aber erst fünf Stunden nach dem Spiel aus. Gegen fünf Personen wurde daraufhin ermittelt, denn zwei Polizeibeamte wurden dabei verletzt.

In den Letzten paar Jahren hat sich beim Liverpool FC wieder ein Mob gebildet, der sich nicht nur bei Spielen gegen Manchester United zusammen tut. Ein West Brom Albion Hooligan erzählte dazu folgendes: „Vor drei Jahren tauchten sie mit sechzig Mann bei uns auf. Unter ihnen waren keine jungen Leute, es waren einfach die alten Typen. Der Teufel weiß warum sie nach Albion kamen, aber auf jeden Fall haben sie Eindruck auf uns gemacht. Während das Spiel lief, rief einer von unseren Jungs: ´Sie sind verflucht noch mal hier!´ Fünfzehn von uns liefen die Treppen runter in ihre Richtung, die Liverpooler sprangen auf und verteilten Schläge. Ich wurde auch von einem getroffen. Die Polizei kam und drängte sie weg, als unsere Zahl zu steigen begann, wir waren plötzlich über vierzig Mann. Wir starteten einen letzten Angriff, doch die Bullen trieben uns zurück. So endete also diese Begegnung. Dieser Liverpool Mob fuhr dann noch weiter nach Wolverhampton, wo er in den Pub der Wolves Firm marschierte und die Kasse mitnahmen."

Es gab auch Auseinandersetzungen mit Millwalls Mob, wo Liverpool FC im Herbst 2004 zu einem Spiel im Coca Cola Cup antrat. Achtundsechzig Sitze wurden im Auswärtsblock rausgerissen und vier Personen wurden des Stadions verwiesen. Die Polizisten mussten Schutzkleidung anlegen, um die Liverpool Anhänger davon abzuhalten, auf den Platz zu stürmen. Auch ein behinderter Fan wurde in dem Handgemenge, das den 0:3 Sieg von Liverpool überschattete verletzt. Die Liverpooler behaupteten, die Fans der Heimmannschaft hätten sie durch Gesänge über Hillsborough provoziert, dass wurde natürlich von Millwalls Vereinsführung vehement bestritten. Joe Broadfoot, ein Vorstandsmitglied des Millwall Fanclubs ´Lions Trust´ sagte: „Ich habe nie irgendwelche Sprechchöre betreffend Hillsborough gehört und Leute aus meinem Umfeld sagen das gleiche. Wir waren sehr überrascht, als wir von dieser Behauptung, Seitens der Liverpool Fans gehört haben. Ich glaube sie wollten damit nur ihr Benehmen im Gästeblock entschuldigen. Wenn es diese beleidigenden Rufe gab, warum hat kein Mikrofon sie aufgezeichnet oder warum haben die Ordner nichts davon mitgekriegt?" Der Vereinsvorsitzende Theo Paphitis sah es genauso, er behauptete, sein Club sei unschuldig. Auf der Website des Vereins war folgende Stellungnahme von Paphitis zu lesen: ´Tatsache ist, dass die Liverpool Anhänger mit der Polizei in den unteren Bereich des North Stands aneinander gerieten, sie versuchten dabei auch an die Millwall Fans heran zu kommen. Ihre Auslegung ist die, dass sie von unseren Fans durch Schmährufe in Hinblick auf die Hillsborough-Katastrophe provoziert wurden, doch solche Rufe gab es nicht, wie die breite Masse der Stadionbesucher bestätigen kann. Wenn es solche Rufe gegeben hätte, wäre es natürlich unverzeihlich und würde von schlechten Geschmack zeugen.´ Weiter argumentierte er, ein Liverpool Anhänger wäre im Home End gewesen und hätte den Ärger angefangen.

„Soll ich auf ihr Auto aufpassen?" Diese Frage, wurde um die Stadien an der Anfield Road und am Goodison Park, über Jahre hinweg oft gestellt. Es war ein Trick, den einige Schläger nutzten, um herauszufinden, ob die Angesprochenen auswärtige Anhänger waren. Wenn das der Fall war, wurden sie ausnahmslos verfolgt und verprügelt. Noch heute wird diese Frage oft an Spieltagen gestellt. Es gibt Gangs, die aus jungen Burschen bestehen, die im Auftrag von organisierten Kriminellen, nur Ausschau nach auswärtigen Fahrzeugen halten, um sie später aufzubrechen, komplett zu stehlen oder sie für ein angemessenes Trinkgeld zu verschonen. Viele dumme Autofahrer antworten auf die Frage mit: „Nein, danke." Doch wenn sie nach dem Spiel zu ihrem Fahrzeug zurückgehen, ist es ausgebrannt, geknackt oder sogar ganz verschwunden. Es ging auch die Geschichte rum, dass ein Autofahrer von einem Jungen gefragt wurde, ob er für ein paar Pfund auf sein Fahrzeug aufpassen solle. Der Fahrer zeigte nur auf seinen Wagen, auf dessen Rücksitz ein großer Deutscher Schäferhund saß. Der Junge fragte ihn darauf: „Kann der Hund auch Feuer löschen und Reifen wechseln?" Dieses ´aufpassen´ auf Autos wurde zu einem Problem, so dass die Polizei sich auf die Suche nach den Tätern machte. Sie fanden heraus, dass alleine eine der Gangs, pro Spieltag zwischen 400 £ und 1000 £ mit dieser Masche einnahm.

Das Liverpool Echo schrieb folgendes: ´Ein junger Hooligan, der in der Vergangenheit Schäden an den Fahrzeugen von auswärtigen Fußballfans verursacht hat, obwohl er sich für die Bewachung der Autos bezahlen ließ, bekam jetzt ein Verbot sich an Spieltagen in Stadion Nähe aufzuhalten. Thomas Young, der in der Stanley Road in Sandhills lebt, hatte in den letzten achtzehn Monaten für Ärger rund um die Stadien am Goodison Park und an der Anfield Road gesorgt. Er ist schon der zweite Jugendliche, der sich laut richterlicher Anordnung, an Spieltagen nicht mehr in der Nähe der Stadien aufhalten darf, wenn einer der Liverpooler Clubs spielt. Vor Gericht kam heraus, dass der fünfzehnjährige Young Mitglied der gleichen Gang ist, wie der ebenfalls fünfzehnjährige Parick Garret, der wegen asozialen Benehmens auch ein Stadionverbot hat. Diese Auflage wurde ihm gemacht, weil er im Mai Fans gezwungen hatte, ihm ihr Geld zu geben. Young gab zu, Geld dafür genommen zu haben, damit er auf Autos aufpasst, er gestand auch, einen Polizisten, der außer Dienst war, aus einem gestohlenen Fahrzeug raus beleidigt zu haben. Zudem wurde er für die Beschädigung eines Laternenmastes und für das Bewerfen eines Hauses mit Eiern verurteilt. Das Urteil, das gesprochen wurde, beinhaltete, dass er sich zwei Stunden vor Spielen von Everton oder Liverpool FC nicht auf den Straßen südlich des Goodison Parks aufhalten darf.´

Während Teenager, die Fahrzeuge ´bewachten´ und Schwarzhändler sich rund um die beiden Stadien mischten, konnte man das von den Firms der Vereine nicht behaupten (siehe Everton). Steve aus Liverpool sagte dazu: „Du weißt ja wie es jetzt ist, es gibt keine Verbindungen mehr zwischen den Hooligans der zwei Clubs. Wir beschuldigen sie dafür und umgekehrt ist es genauso. Sie haben das Hillsborough Denkmal beschmiert und wir die Statue von Dixi Dean. Ich weiß, dass der Hass langsam abnimmt. Doch die Drohungen der Everton Leute, sie würden uns eines Tages die Türen eintreten, werden langweilig. Sie sollen es doch einfach machen. Irgendwann wird es auch noch mal zwischen beiden Mobs krachen, dann werden wir vor Gericht stehen und die Bullen werden sich freuen, wenn wir drei oder vier Jahre Haft kriegen. Diese Stadt ist echt krank, doch warum nur?"

Die Tage, an denen sich die Mobs beider Vereine zusammenschlossen, um Leute aus Manchester anzugreifen und gemeinsam ´Merseyside´ zu schreien, sind vorbei. Und ein Bericht im Liverpool Echo nach dem letzten Derby zeigt, dass diese Zeiten wohl auch nicht wieder kommen werden:

´Beim Merseyside Derby am Sonntag im Stadion an der Anfield Road, das LFC 2:1 gewann, kam es zu Gewalttätigkeiten und zu insgesamt dreiunddreißig Verhaftungen. Bei den Ausschreitungen am Sonntagabend erlitt ein Polizeipferd eine fünfundzwanzig Zentimeter lange Wunde, als versucht wurde Everton Anhänger, vor dem Blue House Pub, davon abzubringen Liverpool Fans anzugreifen. Das Pferd wurde verletzt, als von Seiten der Everton Anhänger Flaschen und Gläser auf die Liverpool FC Leute geschleudert wurden. Ian Ross, der Pressesprecher von Everton sagte, weil die Ausschreitungen nicht in der Nähe der Anfield Road statt gefunden hätten, sondern eher in Nähe des Goodison Parks, wären die beiden Vereine frei von jeder Schuld." Er fügte hinzu: „Die Festnahmen sind sehr bedauerlich, doch sie waren relativ weit vom Stadion entfernt und wir sollten uns fragen, ob es hier wirklich um ein Fußball-Problem geht oder um ein gesellschaftliches?"

Ross wurde auch in einer weiteren Reportage des Liverpool Echos zitiert, in der es um die gegenseitigen Attacken auf die Denkmäler der Vereine ging. ´Randalierer ruinieren die Derbyparty,´ war die Überschrift. ´Fußball Fans waren entsetzt, als die Denkmäler vor den Stadien mit Farbe besudelt wurden. Das Hillsborough Memorial wurde nur wenige Tage nach dem vierzehnten Jahrestag der Katastrophe, bei der sechsundneunzig Menschen ihr Leben verloren, Ziel eines Anschlags. Man hatte das Denkmal, das mit Blumen der Familien von Opfern geschmückt war, überall mit blauer Farbe beschmiert. Bei einem anderen Zwischenfall im Vorfeld des am Samstag stattfindenden Derbys, wurde die Statue, die an Dixi Dean erinnert, mit roter Farbe und Graffitis verunstaltet. Die Vereine, Liverpool FC als auch Everton verurteilen diese Vorgänge. Eine Minderheit der Anhänger wurde von den Vereinsverantwortlichen kritisiert, weil es wiederholt nach Spielen beider Vereine zu Auseinandersetzungen im City Centre gekommen war.

Am Goodison Park mussten geschockte Stadionmitarbeiter feststellen, dass die Dixi Dean Statue nur einige Stunden vor dem Spiel mit roter Farbe beschmiert worden war. Vereinssprecher Ian Ross sagte: „Es macht auf uns den Eindruck, als wäre es vielmehr sinnloser Vandalismus, als ein Streit zwischen Hooligans."´

In der jüngeren Vergangenheit gab es bei Liverpools Reisen ins Ausland, eindeutig mehr Ärger, als bei Spielen im eigenen Land, das lag aber bestimmt auch daran, dass der Ruf der Engländer immer wieder Hooligans aus anderen Ländern auf den Plan rief. Im Februar 2001 wurde ein Liverpool Fan bei einem Spiel gegen AS Rom niedergestochen. Es war die erste Begegnung der Vereine, seit dem berüchtigten Europapokalfinale 1984. Zwei weitere Liverpool Fans erlitten Kopfverletzungen, als rivalisierende Banden in der Innenstadt aufeinander trafen. Doch diese Ereignisse waren eher eine Randerscheinung der Hauptschlacht, die Zwischen den Rom Anhängern und der Polizei tobte. Auslöser war, dass die Polizei einige Wochen vor dem Spiel einen Rom Fan eine Treppe runter geschubst hatte, der nun im Koma lag.

Ein italienischer Fan berichtete: „Die AS Rom Fans attackierten die Polizei mit kleinen Bomben, Knüppeln, Steinen und Leuchtraketen. Zwei Mannschaftswagen, einige Autos und Motorräder wurden in Brand gesetzt. Die Polizisten reagierten anfangs mit Tränengas darauf, mussten dann aber flüchten."

Bei einem Champions League Spiel gegen Basel, griff ein aus Schweizern und Deutschen bestehender Mob die Briten an. Ein Liverpool Hooligan wurde dabei verletzt und es gab bereits vor dem Spiel neunzehn Festnahmen. Ein Molotowcocktail wurde in ein McDonalds Restaurant geschleudert und verletzte einen fünfunddreißigjährigen Fan. Ungefähr 100 Leute waren an diesem Angriff beteiligt, zu dem ein lokaler Polizeisprecher sagte: „Bei den Krawallen wurde das Fast Food Restaurant in Brand gesetzt, Stühle und andere Gegenstände wurden durch die Scheiben geworfen und die Eingangstür wurde vollkommen demoliert."

Viele der Hooligans aus der Schweiz und Deutschland hatten sich drei Stunden zuvor in Zürich getroffen, um von da aus nach Basel zu fahren, wo sie auf die Engländer treffen wollten.

Im Laufe der Saison 2004/05 geriet Liverpool FC in der Liga ins Straucheln, doch man konnte sich international behaupten. Man spielte gegen Grazer AK, Olympiakos Piraeus, Monaco, Deportivo La Coruna und Bayer Leverkusen, bis man im Viertelfinale gegen Juventus Turin antreten mussten. Seit der Heysel Katastrophe war es das erste Aufeinandertreffen der Vereine. Das Hinspiel war an der Anfield Road und der Verein aus Merseyside, die Fans, die Gemeinde und die Polizei taten alles, um den Opfern des Unglücks vor zwanzig Jahren Respekt zu zollen. Eine große Freundschafts-Flagge im Stadion, sowie eine Schweigeminute, waren der Versuch von Seiten Liverpools sich zu entschuldigen und für eine freundliche, würdevolle Atmosphäre zu sorgen. Die meisten der Gäste begrüßten diese Gesten, obwohl ein Teil während der Schweigeminute buhte und obszöne Gesten machte.

Dann kam die Begegnung, vor der sich die italienische Polizei immer gefürchtet hatte. Ein Großeinsatz wurde geplant, bei dem 1.000 bewaffnete Polizisten und Hunderte von zusätzlichen Ordnern zum Einsatz kamen. Die Stimmung war durch einige Idioten angeheizt worden, die sich im Internet gegenseitig bedroht hatten, doch kam es nicht zu den, von vielen befürchteten Ausschreitungen. Während des Spiels wurden die Liverpool FC Anhänger die Zielscheibe von buchstäblich Hunderten Wurfgeschossen. Eine Zeitung berichtete: ´Steine, Feuerwerkskörper und Sitze, die von italienischen Hooligans geworfen wurden, prasselten auf die Gäste nieder.´

Viele unter den Turin Fans schienen den Liverpool Anhängern nicht vergeben zu haben. Auf einem Transparent in der Südkurve, dem Stammplatz der lokalen Ultras, stand geschrieben: ´Es ist leicht zu reden, doch schwer zu verzeihen,´ auf einem anderen stand: ´Wir können nicht vergessen.´ Auf einem dritten war das Datum der Hillsborough Katastrophe und darunter war gekritzelt: ´Es gibt einen Gott.´

Die Polizisten taten nur wenig im Stadion, sie hielten sich sogar im Hintergrund, als italienische Fans in einen neutralen Block eindrangen, um Leuchtraketen auf die Engländer abzufeuern. Die Liverpooler legten im Vergleich ein tadelloses Benehmen an den Tag, sie wurden sogar vom britischen Konsul gelobt.

Nachdem die Begegnung gewonnen war trat der LFC gegen Chelsea an und sicherte sich die Finalteilnahme. Zwanzig Jahre nach Heysel stand man wieder in einem europäischen Pokalfinale, doch der Austragungsort bereitete den Verantwortlichen bei der UEFA doch einige Sorgen. Im Liverpool Echo hieß es hierzu: ´Der Besuch von Liverpool in Istanbul wird von der größten Polizeiaktion begleitet werden, die es in der neunundvierzigjährigen Geschichte der europäischen Wettbewerbe gab. Die türkischen Behörden werden in Zusammenarbeit mit der UEFA alles dafür tun, um einen sicheren Ablauf der Veranstaltung zu gewähren. William Gaillard, Pressesprecher der UEFA sagte, dass es um die größte und umfangreichste Operation geht, die je stattfand.´

Dave Lewis von der Polizei Merseyside sagte: „Wir werden die Fans am Taksim Square sammeln, dort werden wir sie nochmals darauf hinweisen, dass sie sich gut benehmen sollen. Außerdem werden wir sie daran erinnern, dass sie auch Botschafter des Vereins und ihrer Heimatstadt sind." Die Veranstaltung lief friedlich und für die Fans aus Merseyside erfolgreich ab.

Viele der Liverpooler machten vor ihrer Heimfahrt noch einen Abstecher nach Bulgarien. Am berühmtem Gold Strand kam es dann dazu, dass ein Barkeeper mit einem Pflasterstein am Kopf verletzt wurde und ins Koma fiel. Einmal mehr stand das Benehmen der Liverpool Anhänger im Rampenlicht.

Michael Shields, ein achtzehnjähriger Student, wurde wegen versuchten Mordes an dem fünfundzwanzigjährigen Martin Georgiev verhaftet. Georgiev hatte eine Gruppe Liverpooler angesprochen, die vor der Bar, in der er arbeitete Flaschen zerschmiss und sang. Obwohl ein Geständnis, des zwanzigjährigen Elektrikers Graham Sankey vorlag, dass von seinem Rechtsanwalt nach Bulgarien gefaxt worden war, ließ die Richterin Angelina Lazarova diese Beweismittel nicht zu. Sankey gestand bei seiner Ankunft in Liverpool das Verbrechen, nachdem er und seine Familie bedroht worden waren. Doch es war für ihn angenehmer vor einem britischen Gericht zu stehen, als vor einem in Bulgarien. Sein Geständnis wurde aber noch immer nicht von dem bulgarischen Gericht anerkannt und so wurde Michael Shields am 26. Juli zu fünfzehn Jahren Haft wegen versuchten Mordes verurteilt.

Heute ist der Liverpool Mob nicht mehr das was er einst war. Die Tage in denen Firms mit 400 Leuten von der Lime Street nach Euston, Manchester oder Picadilly fahren, existieren nur noch in den Erinnerungen einiger Leute. Es gibt noch immer einen harten Kern von zirka fünfzig Hooligans, die sich zu wichtigen Spielen zeigen. Doch mit der sinkenden Zahl der Leute und dem großen Medieninteresse, wurde es bald unvermeidlich, dass die gewalttätigen Anhänger ins Fadenkreuz der Polizei gerieten.

Das war auch der Fall, als Liverpool zur Kultur-Hauptstadt gewählt wurde, die Polizei hatte Anordnungen erhalten, bekannte Hooligan Anführer aus dem Verkehr zu ziehen, um die wieder aufkommenden Gewalttaten bei Fußballspielen im Keim zu ersticken.

Das Liverpool Echo hatte große Freude daran, auf der Titelseite eine Geschichte über einen Schläger zu bringen, der überraschenderweise ein dreijähriges Stadionverbot akzeptierte, nachdem die Polizei ihm mit einem Zivilprozess gedroht hatte.

Obwohl der Mann nie wegen Fußballkrawallen verurteilt worden war. Dieser Mann Stephen Jeffers (31), aus Mile End, wurde als einer der Anführer genannt. Diese Anschuldigung wurde von sechsunddreißig Polizeiberichte über Ausschreitungen untermauert. Unter den Beweisen waren auch Fotos von Jeffers, die gemacht worden waren, als er an der Spitze einer Gruppe Liverpool FC Hooligans war, die gerade den Birmingham Mob angriff. Ein anderes zeigte ihn in der ersten Reihe, zusammen mit anderen bekannten Unruhestiftern, wie sie gegen eine Firm aus Manchester kämpften. Es gab auch noch ein Bild, das ihn als Insassen eines Autos zeigte, das in eine Gruppe von Southampton Anhänger raste. Diese Beweise wurden von Jeffers Anwalt, wie nicht anders zu erwarten, als wahllose Ansammlung von Material bezeichnet, er fügte hinzu: „Diese Beweise bestehen nur aus Hören Sagen und werden von einem Gericht nicht zugelassen werden."

Ein weiterer Liverpool Hooligan, über den die Zeitungen berichteten, war Tristan Berry. Er wurde festgenommen, als er zusammen mit Freunden, an seinem zwanzigsten Geburtstag, ein Flugzeug nach Madrid besteigen wollte. Berry hatte zuvor ein dreijähriges Stadionverbot erhalten und sich damit einverstanden erklärt. Bereits zuvor war er zu einem Jahr Haft verurteilt worden, weil er bei einem Vorbereitungsspiel gegen Aberdeen 2003 eine Leuchtrakete in eine Menschengruppe abgefeuert hatte.

Liverpool FC Veteran Graham hat mittlerweile akzeptiert, dass es die Urchins nicht mehr gibt. „Der Name lebt weiter, doch die Meisten der echten Urchins haben sich zurückgezogen. Es sind hauptsächlich Leute aus dem nördlichen Einzugsgebiet, die jetzt gelegentlich daran erinnern, dass es uns noch gibt. Aber es ist hart, wenn du alles neu organisieren musst. Um ehrlich zu sein, wir hatten einen guten, kleinen Mob, bevor die Polizei anfing uns ins Visier zu nehmen. So sieht es jetzt also bei normalen Spielen aus, Spiele in Europa sind noch etwas anderes. Wer könnte schon den Kampf von dreißig Liverpool Hooligans gegen hundertfünfzig Männer aus Marseille vergessen. Es ging fünf Minuten hin und her, bis wir schließlich wegen ihrer zahlenmäßigen Überlegenheit den Rückzug antreten mussten." Nicky Allt war einer von den Leuten, die mit dem Verein in den guten Zeiten jede Reise machten, doch wie viele andere Annie Road Enders, hat auch er nicht den Wunsch die Uhr zurück zu drehen. Dem Liverpool Echo sagte er: „Es gibt noch immer Hunderte, die in Designer Klamotten rumlaufen und nach Streit suchen. Ich glaube, sie versuchen dadurch verzweifelt sich wieder jung zu fühlen. Das ist echt ein Witz. Bei Jungs, die so um die Zwanzig sind, ist es einfach ein Dampf ablassen. Es gibt aber nur noch Wenige. Ich glaube die Polizei hat in der heutigen Zeit die Sache besser unter Kontrolle. Wobei den Überwachungskameras eine nicht unbedeutende Rolle zuzuschreiben ist.

M

Manchester City

Stadion : Ehmals Maine Road, heute Manchester City Stadium
Firms: Cool Cats, Mayne Line Service Crew, Guvnors, Young Guvnors
Feinde: Manchester United, Leeds, Everton
Polizeioperationen: Omega

Eine Zeit lang speziell in den Siebzigerjahren, wurde Manchester City als ein familienfreundlicher Verein angesehen. Vielleicht wirkte es so, wenn man die Fans mit ihren Lokalrivalen von Manchester United verglich, deren Red Army zu dieser Zeit der Schrecken des britischen Fußballs war. Es ist trotzdem verwunderlich, gerade wenn man die Tatsache beachtet, dass das Stadion von City mitten in Moss Side stand, einer Gegend, die bereits in den Sechzigern in dem Ruf stand, ein gefährliches Ghetto zu sein.

Im Stadion wurden die verfeindeten Fanlager oft nur durch ein Seil getrennt, was für eine ungemütliche Atmosphäre sorgte. Mickey Francis schreibt in seinem Buch *Guvnors*: ´Das Stadion hatte reichlich Potential zu einem gewalttätigen Hexenkessel zu werden. Die Mobs waren groß, die Trennung der Anhänger lasch und die Sicherheitsmaßnahmen waren ein Witz. Auswärtige Fans konnten sich leicht in den Nebenstraßen und Sackgassen rund ums Stadion verlaufen, besonders wenn es dunkel war. Wir hingegen kannten jeden Stein und jeden Winkel, wir wussten wo wir uns verstecken konnten, wo wir anderen auflauern mussten und wo hin wir flüchten konnten.

Die Gäste wurden meist von den Bullen eskortiert, doch es gab Dutzende Plätze, von denen man Angriffe starten konnte, ohne erwischt zu werden. Die Polizei griff meist erst ein, wenn die Kämpfe bereits begonnen hatten, sie war nicht besonders gut darin Ärger vorzubeugen. Du konntest fast alles machen und bist damit davongekommen.´

Die Hooligans von Manchester City waren in einige der ersten Fußballkrawalle der Neuzeit verwickelt. Seit den frühen Sechzigerjahren lieferten sie sich Schlachten mit rivalisierenden Fans, sei es in Merseyside oder in Yorkshire.

Im September 1963 erschien in der Times ein Bericht, der sich mit einem Zugbegleiter befasste. Der Mann musste entsetzt mit ansehen, wie 200 Manchester City Fans, in dem Zug, der sie von Sunderland nach Hause fuhr, randalierten. Nachdem er von dem tobenden Mob bedroht wurde, hatte er die Polizei gerufen. Es konnten jedoch keine Ermittlungen angestellt werden, da der Zugbegleiter aus Angst um seine eigene Sicherheit, die Aussage zurück zog. Einige Monate darauf wurden in einem Zug, der 334 City Anhänger von einem Spiel in Swindon Heim fuhr, 100 Glühbirnen zerstört, Lampenschirme waren zerschlagen, Gepäckablagen verbogen und Tische aus dem Zug geschmissen worden. Derek Bailey der Manager der British Rail im Raum Manchester sagte daraufhin, man habe die Hooligans in den Zügen langsam satt.

Eine Begleiterscheinung bei Heimspielen war, dass Gegenstände, überwiegend Klopapierrollen auf das Spielfeld geworfen wurden. Ende der Saison 1964/65 verkündete der Verein selbstbewusst, dass man diesem Treiben einen Riegel vorgeschoben hätte. Doch mit dieser Behauptung lag man falsch.

Gleich zu Beginn der neuen Saison gab es Ausschreitungen bei dem Besuch von City in Huddersfield Town. Auch bei einem Ligaspiel gegen Leeds in den späten Sechzigern brachen Kämpfe aus und beim Eröffnungsspiel der Saison 1967/68 wurden zwölf Personen bei einem Heimspiel gegen Liverpool FC festgenommen.

Eine Reise nach Stoke wurde von Zusammenstößen mit den Hooligans von Stoke City überschattet. Diese Aufeinandertreffen ereigneten sich während und nach dem Spiel in Stokes Victoria Ground. Acht Personen wurden verhaftet, sechs davon waren aus Manchester und noch einige mehr wurden des Stadions verwiesen.

Ein Polizeisprecher sagte: „Wir hatten zwar den ganzen Nachmittag zu tun, doch es gab bei anderen Spielen schon mehr Ärger. Einer der Brennpunkte war der Bahnhof von Stoke, wo die Polizei hingerufen wurde um rivalisierende Fangruppen zu trennen."

Um weitere Ausschreitungen zu vermeiden, kündigte der Verein im August 1970 an, das Stadion an der Maine Road in Blöcke zu unterteilen, um so eine Trennung der Fans zu gewährleisten. Neun abgezäunte Blöcke standen zu Beginn der nächsten Saison bereit, diese Maßnahme kostete dem Club 350.000 £. Ein Officer der Polizei von Manchester begrüßte die Änderung mit den Worten: „Unser Hauptproblem ist es, Fans daran zu hindern von einem Teil des Stadions in den anderen zu kommen. Die neuen Bedingungen erleichtern diese Aufgabe.“ Er sagte auch, dass bei einer maximalen Zuschauerzahl von 60.000 Menschen nur wenige Hundert darauf aus wären Ärger zu machen. Der Verein hatte erst kurz davor, durch die Polizei unterstützt, mit der Identifizierung von Unruhestiftern angefangen, so waren sie in der Lage, die gewonnen Informationen an andere Vereine weiter zu leiten.

Bei Derbys in Manchester war Ärger immer garantiert. 1970 weigerten sich Busunternehmen aus Manchester und Salford, Fans zu einer dieser Begegnungen zu fahren. Das Spiel gewann City 4:0, im Verlauf der Begegnung wurden dreiundvierzig Leute des Stadions verwiesen. Vier Jahre später trafen die Lokalrivalen zweimal gegen Ende der Saison aufeinander. Die erste Begegnung war ein Heimspiel an der Maine Road und endete torlos. Es war ein hartes und gemeines Spiel, das an Intensität nur durch die Gewalttätigkeiten der rivalisierenden Hooligans übertroffen wurde. ´Die Spur des Hooligan-Terrors,´ lautete die Schlagzeile in der Manchester Evening News:

Anwohner und Ladenbesitzer rund um das Stadion an der Maine Road erstellten Rechnungen über die Schäden, die durch Vandalismus beim letzten Manchester Derby entstanden. Tobende Mobs, schmissen Scheiben ein, demolierten Autos und attackierten sich gegenseitig. Der dabei entstandene Schaden beläuft sich auf 800 £. Die Polizei wurde mit Notrufen von verängstigten Anwohnern überschwemmt, als Fans begannen Steine durch deren Fenster zu schleudern. An der Kippax Street neben dem Stadion, gab es kaum ein Haus ohne Schäden.

Fünfundvierzig Personen waren verletzt worden.

Das Spiel selbst war ähnlich brutal, was nicht verwunderte, wenn man bedachte, dass es ein Lokalderby war. United rangierte zu dieser Zeit in den unteren Regionen der Tabelle. Ein Journalist brachte seine Ansicht zum Ausdruck, er hoffe, der Klassenerhalt von United möge nicht von dem Rückspiel gegen City, am Ende der Saison abhängen. Er schrieb Folgendes: ´In Namen des Fußballs hoffe ich, dass Uniteds Mannschaft das Tief überwunden hat, bevor sie im letzten Spiel der Saison auf Manchester City trift. Anderenfalls werden wir wahrscheinlich Zeugen von noch schlimmeren Ausschreitungen, als bei den letzten Krawallen an der Maine Road. Die Aussicht darauf, dass United eventuell am 27. April um den Klassenerhalt kämpfen muss und noch ein oder zwei Punkte braucht, ist beängstigend. Auch das Benehmen der Mannschaften beider Clubs war beschämend, als im Laufe der letzten Begegnung zwei Spieler des Feldes verwiesen wurden und es vier gelbe Karten gab. Es wurden insgesamt fünfundvierzig Fouls registriert, davon zweiundzwanzig von City und dreiundzwanzig von United. Schließlich ordnete Weltmeisterschaftsschiedsrichter Clive Thomas eine fünfminütige Pause an, um die Gemüter zu beruhigen. Konkreter Auslöser war ein Zusammenstoß von Mike Doyle und Lou Macari, für den beide ein gelbe Karte erhielten.´

Die folgenden Vorstellungen von United waren nicht überzeugend, so dass es zum finalen Spiel gegen City kam, bei dem nicht einmal ein Sieg zum Klassenerhalt gereicht hätte. Es war eine denkbar angespannte Partie vor 57.000 Zuschauern, von denen nur 2.000 City Fans waren. Sieben Minuten vor Ende machte der frühere United Held Denis Law das 0:1 für City durch einen Hackentrick. Die City Anhänger brachen in Jubel aus, während die United Fans versuchten das Spielfeld zu stürmen, um so für einen Spielabbruch zu sorgen. Ein Reporter eines lokalen Radiosenders beschrieb die Ereignisse wie folgt:

Es sind jetzt mindestens 4.000-5.000 Leute vor uns auf dem Platz. Sie haben ihrer Banner und Fahnen bei sich, sie tun mit diesem Verhalten dem Verein, den sie ewig unterstützen wollen bestimmt keinen Gefallen.....und da ist plötzlich eine Menschenkette bestehend aus 150 Polizisten, man sieht Fans zu Boden fallen.....es gibt Krawalle auf dem Platz, der einst so wichtig für die Fußballwelt war. Ein Polizist hat seinen Helm verloren und es sieht aus, als säße er in der Klemme, ein anderer Beamter liegt am Boden und drei oder vier Fans stehen über ihm. Plötzlich taucht wieder eine Welle von Polizisten auf, sie versuchen Ruhe und Ordnung wieder herzustellen

Es ist der Schlimmste Anblick, den man haben kann, besonders weil es in einem Stadion stattfindet, dass so viel für diesen Sport bedeutet....das Spiel wurde abgebrochen. Zumindest für eine Saison war es das letzte Aufeinandertreffen der beiden Lokalrivalen in der ersten Liga.

Die letzten Bilder aus Old Trafford sind Bilder der Zerstörung und der Gewalt, Bilder, die wie wir hoffen, sich nicht wiederholen werden. Damit verabschieden wir uns aus dem Stadion.

Das Spiel wurde zwar kurz vor Ende abgebrochen, doch der Verband wertete das 0:1 für City und somit war United demütigend abgestiegen. 1975 trafen die beiden Vereine im Ligapokal aufeinander, wobei es zu weitläufigen Ausschreitungen kam. Ein Polizeibeamter wurde von einem Mauerstein am Kopf getroffen und dreißig Personen wurden des Stadions verwiesen. Noch in der selben Spielzeit kam es zu einem kurzlebigen Phänomen, auch bekannt als die Manchester Coalition. Damals taten sich die Mobs beider Vereine zusammen und kämpften gegen große Gegner. Stan Foy ein achtundvierzigjähriger United Hooligan erzählte dazu seine Sicht der Dinge: „Im April 1975 wurde das entscheidende Spiel zwischen Fulham und Birmingham City im FA Pokal im Stadion an der Maine Road Stadion ausgetragen. Austragungstermin war ein Mittwochabend und es versprach eine der gewalttätigsten Begegnungen zu werden, die jemals in Manchester stattgefunden hatten. Fulham wurde von Londoner Schlägern verschiedener Vereine unterstützt, ihnen gegenüber standen Tausende von Brummie Bootboys, Skins, Schwarze, Rastas, Rocker und alle erdenklichen Schläger. Und dann war da noch, zu ersten und letzten Mal die Manchester Koalition, die extra einen Waffenstillstand zwischen den Gangs von City und United ausgehandelt hatte.

Es war komisch Salford Reds zusammen mit den Gorton Blues zu sehen, diese beiden Fraktionen waren vor dieser Allianz und auch danach erbitterte Feinde. Die Firms aus Manchester trafen sich um 18.00 Uhr in den Piccadilly Gardens. Von United waren an diesem Abend Firms aus folgenden Gegenden präsent, Stretford, Davyhulme, Chorlton, Wythenshawe, Salford, Cheetham Hill, Moston und Middleton. Die Firms von City kamen aus Moss Side, Gorton, Levenshulme, Denton, Failsworth, Stalybridgem, Ardwick und Burnage. Da müssen alles in allem 500 Leute gewesen sein, von denen viele ihren jeweiligen Schal trugen. Den ganzen Tag über waren Tausende Brummies (Leute aus Birmingham) in Manchester angekommen und gegen 17.00 Uhr begann sich die Pubs rund um das City Centre mit ihnen zu füllen. Die Cockneys (Londoner) kamen mit Zügen, die über Piccadilly fuhren nur wenig später an. Es kam zu vielen Schlägereien zwischen Cockneys und Brummies. Währenddessen marschierte unsere große Manchester Firm Richtung Maine Road, als sie am Stadion ankam waren bereits viele der Cockneys und Brummies dort. Vor den Tickethäuschen kam es zu einer Massenschlägerei, an der mehr als 1.000 Jugendliche aus verschiedensten Teilen Englands beteiligt waren. Dazu kam noch, dass sich die übereifrige Polizei aus Manchester, mit ihren großen Knüppeln in das Geschehen einmischte, so dass es zu vielen Verletzten kam. Dutzende Krankenwagenbesatzungen und Sanitäter behandelten die Verletzten. Derweil wurden Autos umgeschmissen und ein totales Chaos entstand, das zwanzig Minuten andauerte, bevor die Ordnungskräfte etwas Ruhe in die Sache bringen konnten. Die Meisten des Manchester Mobs gingen auf die Nord Tribüne, nur einige Hundert gingen unten in 'The Kippax' und schon bald füllten Brummies den Rest vom Kippax. Die Londoner waren in der oberen Ecke des Kippax. Das ganze Spiel über terrorisierten die Brummies die Londoner, doch als für die letzten zehn Minuten die Tore geöffnet wurden, stürmten alle Manchester Leute von der Nordtribüne in das End. Doch die Brummies jagten uns bis auf den Parkplatz. Sie waren uns zahlenmäßig weit überlegen, sie waren Tausende. Wir, die Manchester Jungs sammelten uns am Ende des Parkplatzes und warteten das Spielende ab. Beim Abpfiff stürmten die Brummies die Treppen hinunter und auf den Parkplatz. Sie hatten 0:1 verloren, die Cockneys feierten, doch die Brummies drehten völlig durch, sie griffen Polizisten und jeden normalen Fan, der keinen Birmingham City Schal trug, an.

Obwohl wir über 500 Leute waren, sorgten die Brummies schon bald dafür, dass wir auf der Flucht waren. Die Mobs beider Vereine aus Manchester, beschuldigten den jeweils anderen, gerannt zu sein. Die Wahrheit ist aber, dass dieses Bündnis zusammenbrach, weil viele der United und City Anhänger sich auf ihrer Flucht durch Moss Side gegenseitig attackierten. Diese Uneinigkeit spielte den Brummies einen Erfolg zu und in den nächsten Stunden liefen sie völlig Amok, viele von ihnen gingen in die Innenstadt und zertrümmerten dort Bars. Die Polizei bekam die Lage nicht in den Griff, obwohl es viele Festnahmen gab. United und City Hooligans gingen wieder getrennte Wege, sie kümmerten sich um sich selbst und starteten keinen weiteren Versuch die Verrückten aus Birmingham anzugreifen.

Die fehlgeschlagene Koalition und der Fakt, dass die Brummies the Kippax eingenommen hatten, tat den Jungs aus Manchester weh. Jetzt wurden City und United Leute ausfallend, sie bedrohten sich gegenseitig, sich beim nächsten Aufeinandertreffen fertig zu machen. Genau wie in Liverpool hielten auch in Manchester die verschiedenen Hooligan Gruppen nicht zusammen und bis heute empfinden sie tiefen Hass für einander.“

Im Jahr 1977 schlichen sich United Anhänger in den Gästeblock des Old Trafford, um sich mit ihren Rivalen von City zu messen. Und im September 1978 kam es zu Unruhen, als City Hooligans United Leute beim Brewers Arms Pub in der Market Street, mitten in Manchester, überfielen. Eisenstangen, Betonbrocken und Flaschen wurden durch die Kneipenfenster geworfen. Am nächsten Tag wurde in vielen Zeitungen ein Foto veröffentlicht, dass einen City Fan zeigte, der von einem Dartpfeil getroffen worden war. Beim Rückspiel war es ein Polizist, der von einem Dartpfeil getroffen wurde, er musste allerdings das Medieninteresse mit einer Rauchgranate teilen, die auf das Feld geschleudert worden war. In den Berichten erwähnte man auch, dass 122 Leute des Stadions verwiesen wurden. Außerhalb des Stadions jagte ein 1.000 Mann zählender United Mob einige hundert City Anhänger. Wenn auch wiederwillig, so zollen einige von Citys berüchtigtsten Hooligans ihren Gegnern von United doch einigen Respekt. Obwohl das Medieninteresse was dem United Mob entgegengebracht wurde einigen Unmut bei den City Jungs hervorrief.

Frank, einer der seit drei Jahrzehnten in Citys Aktivitäten abseits des Spielfelds verwickelt war sagte dazu: „Um ehrlich zu sein, sie hatten einige große Auftritte bei uns. Aber ich und die meisten anderen City Hools wissen, dass ihr harter Kern auch nicht anders aussieht als unserer, der Rest von ihnen sind nur Schafe, die von ihren Schäfern geführt werden. Vergleiche die Jungs von City und United und du wirst kaum einen Unterschied sehen, tatsächlich übertreffen wir sie wohl.

Es geht doch nicht darum, dass sie mit einem 3.000 - 4.000 Mann Mob bei uns auftauchten und eine Show abzogen. Nachts in den Straßen und Pubs schnitten sie nicht so gut ab, das könnt ihr mir glauben. City wäre eine Herausforderung für sie, wenn die vielen Mitläufer bei United wegfielen. In den Siebzigern hatten sie einen riesigen Mob und einige Spiele im Stadion an der Maine Road waren für sie wie Heimspiele, sie waren einfach überall. Sie nahmen immer die Platt Lane ein und stürmten sogar einmal die Nordtribüne. Doch außerhalb des Stadions auf den Straßen, sah es anders aus, dort hatten sie so viele schlechte Momente, wie sie im Stadion gute hatten.

Unserem Verein wurden bei Begegnungen im Old Trafford niemals so viele Karten zugeteilt, wie ihnen, wenn sie bei uns spielten, dass war teilweise schon sehr ungerecht. Vor zirka drei Jahren waren wir anlässlich eines Pokalspiels mit 250 Leute bei ihnen, doch von ihren Jungs war wie so oft niemand zu sehen. Das zeigt wieder mal, dass bei ihnen nur die Masse zählt."

Die Gewalt folgte City quer durch das Land. Bei einem Auswärtsspiel in Oldham kam es zu zwanzig Festnahmen und Dutzenden wurden des Stadions verwiesen. 1975 wurden bei einem Aufeinandertreffen zwischen City und Wolves Anhängern zwei Leute durch Messerstiche verletzt. In der gleichen Saison wurden sechsundzwanzig Personen bei einem Spiel gegen Birmingham City festgenommen. Eine der ersten Firms die 1975 an die Maine Road kam, war die der Spurs. Die Londoner schlichen sich mit 100 Leuten in The Kippax, sammelten sich im hinteren Teil der Tribüne und stürmten auf ein vorher verabredetes Signal die Ränge. Auch in anderen Teilen des Stadions brachen Kämpfe aus und nach dem Spiel wartete ein riesiger City Mob darauf, den Londoner für ihren gewagten Angriff auf das Home End eine Lektion zu erteilen.

Zwei Jahre später im April 1977 kamen Middlesbroughs Hooligans mit einer großen Firm zum Spiel gegen City und sie versuchten ebenfalls The Kippax einzunehmen. Doch Hunderte von City Jungs wehrten den Angriff ab, nur das Eingreifen der Polizei sorgte dafür, dass es bei den Gästen nicht zu schlimmeren Verletzungen kam. Der Mob aus Middlesbrough wurde anschließend mit einer Polizeieskorte weggeführt. Und auch bei einem Ligapokalfinale gegen Newcastle in London kam es zu fünfzig Verhaftungen.

Die ersten City Hooligans waren in losen Verbindungen, die in verschiedenen Stadteilen entstanden organisiert. Es gab die Beano Boys aus Gorton, die Wythenshawe und Fallowfield Firms sowie die Chadderton Jungs, die enge Beziehungen zu der National Front pflegten.

Obwohl das Stadion mitten in Moss Side lag, erschienen die ersten schwarzen Hooligans erst Mitte der Siebzigerjahre auf den Rängen an der Maine Road. Der erste größere Mob waren die ´Cool Cats,´ oder auch ´Kool Kats,´ die von Donald Francis angeführt wurden, dem ältesten der drei Francis Brüder, die anderen waren Mike und Chris. Die Cool Cats waren hauptsächlich Schwarze und Jungs verschiedener Herkunft, die sich gemeinsam stark fühlten.

Das NF Kontingent bei City wurde von Leuten wie Scotty geführt, sie waren ein feindseliger Haufen und schwarze Jungs aus Moss Side konnten schon mal von ihnen verprügelt werden, wenn sie alleine im Home End auftauchten. Als jedoch Donalds jüngster Bruder Chris bei einem Spiel, auf der Toilette, vom NF Mob außer Gefecht gesetzt wurde, gingen die Cool Cats zu Angriff über. ´Wir hatten einfach genug und warteten nach dem Spiel darauf, dass sie das Stadion verließen. Dann machten wir sie fertig,´ erinnerte sich Donald in dem Buch *Guvnors*: ´Wir stürmten auch das

Sherwood Inn nahe dem Stadion, was zu dieser Zeit ihre Kneipe war. Sie bekamen danach echte Angstzustände, wenn sie einen Mob von fünfzig Schwarzen oder Mulatten sahen. Es wurde eine Art Psychospiel.´

Die Cool Cats bildeten sich 1974 und existierten bis 1983. „Die Brüder hatten alles unter Kontrolle," sagte Frank. „Sie konnten bei wichtigen Spielen 400 Jungs zusammenrufen und darunter waren nicht nur Fußballleute. Angenommen wir fuhren nach London, dann erzählten sie jedem in Moss Side, es würde eine große Sache werden, von der man profitieren könnte. Viele fuhren einfach mit um ihrem Alltagsleben zu entfliehen. Es war wie eine Entschuldigung dafür, der Gesellschaft einen Schlag zu versetzen. Bei Heimspielen war es genau so, wenn sie die Trommel rührten erschienen die Leute."

Es gab immer einige weiße Jungs unter den Cool Cats, doch die älteren NF orientierten Hooligans blieben auf Distanz. Donald Farrer ein schwarzer City und England Fan, der wegen seiner Eskapaden auch als ´Daft Donald´ (der bekloppte Donald) bekannt ist, (weil er gerne mit gefälschten Besucherausweisen unter den Namen Mike Tyson oder Freddie Krüger ins Stadion ging und der in einer Zeitung verkündete er werde bei der EM´96 einen Deutschen töten), erklärte diese schwierigen Verhältnisse: „City hatte eine große Gefolgschaft, die auch bei der NF war, doch das war nur zu der Zeit so, als es beim Fußball angesagt war rechts zu sein. Wie verdammt noch mal sollte ein Verein, dessen Stadion mitten in Moss liegt auch eine große NF Gefolgschaft haben? Es kam zu den alten Streitereien, als wir im Kippax als Firm auftraten, doch schon bald machten die alten NF Jungs Platz oder zogen sich ganz zurück."

Für mehr als zwanzig Jahre spielte die ethnische Zugehörigkeit keine Rolle, bis dieses Problem im neuen Jahrtausend überraschend wieder auftauchte. Frank sagte dazu: „Bei einem Abendspiel in Stockport kam es beinahe zum Zusammenstoß dieser beiden Mobs. Die Brüder hatten aus irgendeinen Grund eine Firm von fünfzig Schwarzen um sich versammelt, es waren alles große Kerle, die tadellos gekleidet waren und schwarze Mäntel trugen. Sie stellten sich vor die Chadderton Jungs und riefe: „Kommt schon ihr Nigger-Hasser, wo ist den jetzt eure verdammte NF?" Es passierte nichts, doch es herrschte eine angespannte Atmosphäre, wie es sie selten bei Spielen von City gab. An diesem Abend hätte es nur einen Sieger gegeben."

Die Cool Cats waren aber nur ein Mob von einigen, der Manchester City folgte. Oft war die geographische Lage für diese Gangs wichtiger als die Hautfarbe. Die Cool Cats zogen viele Kämpfer an, weil sie immer berüchtigter wurden, doch sie waren nie im Stande die verschiedenen Gruppen zu vereinen, was dazu führte, dass alles ziemlich schlecht organisiert war. Frank fügte noch hinzu: „The Kippax war wie das End anderer Clubs Anlaufpunkt für Bootboys. Doch als die Brüder auftauchten wurden die Bootboys durch die Cool Cats ersetzt. Unter den Cool Cats waren auch eine Menge weißer Jungs, doch der Hauptteil des harten Kerns war schwarz.

Wir waren mit Sicherheit auch einer der am schlechtesten organisierten Mobs, die es gab. Jeder machte sein eigenes Ding abseits der Firm. Auch deshalb erlangten wir nie die Beachtung, die uns unserer Meinung nach zugestanden hätte."

Gegen Mitte der Siebziger waren die Cool Cats allgemein bekannt, zu einer Zeit, als sich nur wenige große Firms bereits einen Namen gemacht hatten. Die führenden Köpfe trafen sich immer im Keller des Hauses der Francis Familie, das nahe dem Stadion lag, dort wurden dann die Strategien für den Tag geplant. Für Auswärtsspiele wurden die Anreisen organisiert und bei Heimspielen wurde sich über Orte für Überfälle abgestimmt. Einer von ihnen schrieb sogar alle Vereine in England an, gegen die City spielte, er gab sich als jemand aus, der Gruppenreisen organisierte, um so an Programmhefte für die Spiele zu kommen. In diesen Heften war auch immer eine Skizze des Stadions, mit deren Hilfe man versuchte Schwachpunkte zu finden, um die gegnerischen Ends einzunehmen. Es gab sogar ´Späher,´ die einige Tage vor den Spielen in die jeweiligen Städte fuhren und dort versuchten rauszufinden, welche Pubs von den lokalen Hooligans besucht wurden, außerdem hielten sie Ausschau nach möglichen Sammelpunkten für ihren eigenen Mob.

Eine der gewalttätigen Begegnungen zu dieser Zeit war ein Auswärtsspiel 1976 bei Everton. Die Cool Cats organisierten für diese kurze Reise sechs Busse und tatsächlich waren sie der einzige Man City Mob, der an diesem Tag anreiste. Der Everton Mob war ihnen zahlenmäßig weit überlegen, als sie nach dem Spiel angegriffen wurden. Doch es sollte sich als ein entscheidender Moment für diesen City Mob erweisen. Zuvor hatte ihr Anführer gesagt, dass weglaufen nicht in Frage käme. Es wurde gesagt, wegzulaufen hätte nicht nur die Konsequenz, dass man nicht mit dem Bus zurück fahren dürften, man würde auch persönlich dafür bestraft werden. Einer von ihnen sagte später: „Wir zogen unser Ding durch, doch wir hatten auch viele Verletzte in unserem Bus."

Im September 1977 kam es zu Problemen mit der UEFA, nachdem ein City Anhänger einen gegnerischen Spieler gejagt hatte, der im UEFA Pokalspiel gegen Lodz den Ausgleichstreffer erzielt hatte. Die Begegnung endete unentschieden und der ein-Mann-Platzsturm hätte mit Sicherheit mehr Medieninteresse ausgelöst, hätten nicht in der gleichen Nacht Manchester United Hooligans für Krawalle in St. Etienne gesorgt. Aber City steckte trotzdem in Schwierigkeiten, wie der Vorsitzende Peter Swales schnell feststellen musste: „Solchen Ärger gab es noch nie bei unseren Spielen, wir können nur hoffen, dass wir mit einer Verwarnung davon kommen. Das Schlimmste wäre, wenn die UEFA uns zwingen würde noch mehr Zäune im Stadion zu errichten, da wir so etwas bis jetzt ablehnen. Ich glaube aber nicht, dass man uns aus dem Wettbewerb schmeißen wird. Das wäre wirklich lächerlich."

In den folgenden Tagen entschied der Verein Manchester City jedoch, dem Urteil der UEFA vorab zu begegnen und einen Zaun im Werte von 10.000 £ rund um das Spielfeld bauen zu lassen. Swales erklärte: „Uns ist diese Entscheidung nicht leicht gefallen. Wir wollen unsere Fans nicht einpferchen, doch wir müssen auch verhindern, dass Leute auf den Platz laufen. Wir sind gewiss nicht glücklich darüber, diesen Zaun bauen zu müssen, doch wir wollen mit der Zeit gehen. Tatsächlich bevorzugen wir auch das Wort Sicherheitsabsperrung an Stelle von Zaun. Solche Absperrungen gibt es bereits vor den Rängen an der Kippax Street und wir werden umgehend damit beginnen, sie im gesamten Stadion zu errichten."

Eine der Schlüssel-Gruppen, der Manchester City Hooligans rekrutierte ihre Mitglieder nicht in Moss Side, sie kamen viel mehr aus dem östlichen und nördlichen Innenstadtgebiet Manchesters. Obwohl diese Gang keinen Namen hatte, waren einige der berüchtigtsten Hooligans von der Maine Road unter ihnen. Heute sind die meisten von ihnen Mitte vierzig. „Es begann für uns in der Saison 1974/75," erinnerte sich einer der anonym bleiben wollte. „Wir waren einfach eine Gruppe von Freunden, die aus Levenshulme, Beswick und Nordmanchester stammten und die alle durch etwas verbunden wurden: Nämlich den Fußballverein Manchester City.

An Spieltagen trafen wir uns in einer der Passagen an der London Road nahe dem City Centre. Dort warteten wir oft auf gegnerische Anhänger, die von ihren Zügen kamen und die Busse Richtung Stadion nahmen. Wenn wir mal in Unterzahl waren setzten wir unsere Gürtel als Waffen ein und es ist echt schmerzhaft eine Gürtelschnalle an den Kopf zu bekommen. Zu Auswärtsspielen fuhren wir meist gemeinsam mit dem Zug, aber gelegentlich fuhren wir auch per Anhalter von einer Raststätte aus. Wir kamen in den Städten an, plünderten einige Geschäfte wegen Klamotten und Geld und versuchten manchmal zu den gegnerischen Ends vorzudringen, um eine ordentliche Schlägerei zu erleben. Auf vielen Heimfahrten waren Leute unter uns, die mehr Geld als vorher in den Taschen oder ein neues Outfit hatten. Die meisten Zwischenfälle ereigneten sich von Mitte der Siebziger bis Anfang der Achtzigerjahre. In den Achtzigern gab es an jedem Spieltag Ausschreitungen im ganzen Land. Wir waren eine der wenigen Gruppen, die sich auch die Spiele anguckte. Alle Gangs kannten sich untereinander, doch jede machte ihr eigenes Ding. Aber damals wie heute schlossen wir uns zusammen, wenn eine der großen Firms anreiste. Unsere Erzfeinde in den Siebziger- und Achtzigerjahren waren die Jungs von Manchester United, doch die am besten geplanten und gewalttätigsten Aufeinandertreffen gab es mit den Liverpooler Mobs. Gegen Everton und Liverpool FC gab es immer Schlägereien, sei es in Manchester oder bei ihnen. Viele der älteren von uns haben noch immer Narben von diesen Begegnungen."

Die East Lancs Road und später die M62 Schnellstraße waren die Wege zum Krawall. Von Mitte der Siebzigerjahre an gab es Ausschreitungen zwischen den vier Vereinen aus Manchester und Liverpool, mit der gleichen Regelmäßigkeit, wie sich die Mannschaften auf dem Platz begegneten. Die Mobs aus Manchester gingen nie Bündnisse ein, um die Firms aus Merseyside zu bekämpfen, ganz im Gegensatz zu den Jungs aus Liverpool. Doch die City Hools nutzten oft die Begebenheit, dass viele FA Pokal Halbfinals an der Maine Road ausgetragen wurden dazu die verhassten Gegner zu überfallen. In den Siebzigerjahren gab es nur wenig Veränderung dies betreffend. Als die Hooligans sich dann mehr organisierten und ihre Aktivitäten außerhalb des Stadions aufnahmen, wurde es noch schlimmer, wie bei den schweren Ausschreitungen rund um den Goodison Park 1976 zu sehen war. Es gab Fälle von Messerstechereien mit schweren Folgen. 'Niedergestochener Fußballfan kämpft um sein Leben,' lautete die Schlagzeile des Liverpool Echos, nachdem City im März 1980 an der Anfield Road gewesen war. 'Ein junger Fußballfan kämpfte im Krankenhaus um sein Leben, er wurde Opfer einer grausamen Messerattacke, die sich nach dem Ligaspiel zwischen Liverpool

FC und Manchester City ereignet hat. Ein Stich den der siebzehnjährige Neil Jackson erhielt, traf seine rechte Lunge und ein weiterer verfehlte sein Herz nur um Zentimeter. Die Angreifer zerschlugen außerdem noch Flaschen auf seinen Armen und Beinen.´ Die Polizei vermutete, dass der City Fan aus den eigenen Reihen angegriffen worden war. Man glaubte, er wäre für einen Liverpool Fan gehalten worden, weil er einen roten Schal von seinem zweiten Lieblingsverein Stoke City trug. Ein Sanitäter, der Neil mit ins Krankenhaus gebracht hatte sagte, dass der Junge froh sein konnte noch am Leben zu sein.

In der folgenden Saison spielte City innerhalb von wenigen Wochen gegen Liverpool FC im Ligapokal und gegen Everton im FA Pokal. Die Situation eskalierte. Liverpool gewann das Hinspiel an der Maine Road, das von Ausschreitungen außerhalb des Stadions überschattet wurde. Die Manchester Evening News berichtete, dass sich rivalisierende Gangs Schlachten auf den Straßen von Moss Side geliefert hatten. Verschiedene Läden wurden dabei angegriffen und während einer dieser Schlägereien stürmten Leute in ein Süßwarenladen und verängstigten die Belegschaft. „Mehr als zwanzig Liverpool Fans stürmten plötzlich in den Laden. Sie hatten das Geschäft bereits verwüstet, als sie im Oktober gegen City gespielt hatten und wir dachten uns drohe das selbe noch einmal," sagte die siebenunddreißigjährige Tochter des Besitzers. „Doch dieses Mal waren sie auf der Flucht vor Man City Hooligans. Sie sagten, wenn wir ihnen nicht erlauben würden sich zu verstecken, würden sie den Laden auseinandernehmen. Sie waren Männer, keine Jugendlichen, aber trotzdem packte ich einen von ihnen am Kragen," fuhr die Frau fort. „Er war echt verängstigt und sagte, dass er nur einen Platz suche, wo er sich verstecken könne. Dann versammelte sich ein große Gang von City Fans vor dem Laden. Es kam zu Kämpfen auf der Straße und vor dem Ladeneingang, die Liverpooler nahmen Flaschen und schleuderten sie nach draußen. Sie behaupteten, dass einige der City Hooligans mit Messern bewaffnet waren." Doch es gab nur einen Fall in dem belegt ist, dass Messer zum Einsatz kamen, dieser ereignete sich im City Centre und das Opfer war ein sechzehnjähriger Man City Anhänger.

Beim Rückspiel erhielten fünf Personen Stichverletzungen und es gab dreißig Festnahmen. Ein Polizeisprecher sagte danach: „Es war eine anstrengende Nacht. Wir vermuten, dass es mehr Messerstechereien gab, als wir dokumentieren konnten." Es kam zu weiteren Krawallen, als City nach Merseyside fuhr, um gegen Everton in der sechsten Runde des FA Pokals anzutreten. In einer Lokalzeitung war zu lesen: ´Rivalisierende Banden von Manchester City und Everton Anhängern, lieferten sich am Nachmittag Schlachten auf den Straßen von Liverpool. Es gab scheußliche Szenen am Bahnhof Lime Street, als die erste Zugladung mit 100 City Fans ankam. Als sie den Bahnhof verließen, wurden sie von einem aus Schlägern bestehenden Mob attackiert und es kam zu einigen Zwischenfällen. Gepäckwagen wurden dabei als Rammböcke genutzt. Es wird vermutet, dass die Angreifer Everton und Liverpool FC Hooligans waren, die sich gegen ihre Rivalen aus Manchester zusammengeschlossen hatten. Ein Polizeibeamter sagte, dass es immer das selbe wäre, wenn Manchester Fans nach Liverpool kommen. Die Everton und Liverpool Hooligans schließen sich zusammen und suchen Streit.´

Frank kommentierte es so: „Gelegentlich hatte man den Eindruck, man wäre in einem Kriegsgebiet. Wir hatten einen der besten Mobs, der jemals zu einem Pokalspiel bei Everton anreiste. Beim Rückspiel reisten auch sie mit voller Stärke an und bei beiden Begegnungen gab es nichts was die Lager stark unterschied. In meinen Augen war es die beste Saison, die es je gab. Everton Hooligans waren für City ein verhassterer Gegner als die von Liverpool FC, was mit ihrer rassistischen Einstellung zusammenhing. Als wir aus dem Stadion gingen wurden wir sofort angegriffen und es gab keine Möglichkeit für die schwarzen Jungs, sich zu verstecken. Alles was man hören konnte war: „Packt euch die Nigger!" Spiele bei Everton waren für viele der Jungs beängstigend, weil ihnen der pure Hass entgegen schlug." (siehe Politik und Rassismus).

Ein anderer Erzrivale von Man City war Leeds United. Es gibt Berichte, dass es bereits Mitte der Sechzigerjahre Ärger bei Begegnungen der beiden Vereine gab. Doch in den späten Siebzigern nahmen die Feindseligkeiten zu, was teilweise dadurch kam, dass Citys von Schwarzen geleiteter Mob, ein Gräuel für einige der rassistischen Leeds Hooligans war.

Bei einem FA Pokalspiel in Leeds 1977 versuchten die Cool Cats den Platz zu stürmen, um einen Spielabbruch zu erzwingen. Der Versuch misslang und fast das ganze Spiel über beschmissen die Leeds Anhänger die Gäste mit Steinen.

Ein Jahr später, wieder im FA Pokal, waren es dieses Mal Leeds Fans, die versuchten auf das Spielfeld zu kommen. Das Spiel musste für sechzehn Minuten unterbrochen werden. City gewann zwar mit 1:2, doch nach dem Abpfiff wurden 800 Leute aus Manchester von Leeds Hooligans überfallen, als sie eine Unterführung durchschritten die zum Bahnhof führte.

Ein Zwischenfall 1979 abermals an der Elland Road, sorgte dafür, dass die Feindschaft am Leben gehalten wurde. City Fans kamen in ein Sperrfeuer aus Wurfgeschossen, die von Leeds Anhängern geworfen wurden, es gab Dutzende Verletzte und dreiunddreißig Personen wurden festgenommen. Ken Smith aus Manchester hatte seinen siebenjährigen Sohn als Überraschung zu seinem Geburtstag mit zu Spiel genommen, dass bewahrte ihn aber nicht davor, dass er von fünfzig Hooligans umzingelt wurde. Sie ließen ihn mit einer Augeverletzung und dem Verdacht auf einen Schädelbruch zurück.

Leeds wurde zum ´schlimmsten Club im Land´ ernannt, daraufhin kündigte der Verein lediglich an, Teile des Stadions zu sperren. Der Supporters Club von Manchester City war verständlicher Weise wütend und forderte seine Mitglieder auf, Spiele an der Elland Road zu ihrer eigenen Sicherheit zu boykottieren. Der Präsident, das frühere City Idol Roy Clarke sagte den Medien: „Diese Leeds Hooligans erklären jedem den Krieg, der in ihr Stadion kommt um ein Spiel zu sehen. Es gab durchgehend Beleidigungen, die auf die City Leute bezogen waren. Ich stand in meiner Karriere einigen angsteinflößenden Stiernacken gegenüber, doch verglichen mit den Rüpeln, die sich an der Elland Road rumtreiben, waren sie harmlos."

Abseits der offiziellen Vereinsgeschäfte, sinnten die Hooligans von City auf Rache und beim Rückspiel wurden die Gäste von einem Empfangskomitee abgepasst. Als Parlamentsmitglieder aus Manchester davon hörten, dass es Drohungen bezüglich Krawalle bei der Begegnung gab, versprachen sie, ihre Erkenntnisse an das Innenministerium weiter zu leiten. Ken Marks ein Parlamentsmitglied aus Gorton sagte: „Viele der Anhänger von Manchester City sagen, sie fürchten an Orten wie Leeds oder Liverpool um ihre Sicherheit. Also haben wir uns gedacht, dieses Spiel stellt eine gute Gelegenheit dar, zu zeigen wie gesittet solche Begegnungen in Manchester ablaufen."

Das Spiel verlief relativ friedlich. Doch in der Innenstadt abseits der Blicke der Politiker, trugen Hunderte von Hooligans, nah dem Arndale Centre, ihre Schlacht aus. Einer der City Jungs wurde schwer verletzt, als er an einen dreißig Leute zählenden Leeds Mob geriet. Er hatte Tritte an Kopf und Körper abbekommen und Brieftasche, sowie Uhr waren ihm gestohlen worden.

Im Januar 1980 erlitt Manchester City eine der peinlichsten Niederlagen der Vereinsgeschichte, als man im FA Pokal gegen Halifax Town mit 0:1 verlor. Fast zwangsläufig fingen einige der 7.000 mitgereisten City Fans an Randale zu machen. Und auch die Gastgeber beteiligten sich an den Krawallen. Der Halifax Courier kommentierte es folgendermaßen: ´Eine wogende Masse von Halifax Fans marschierten am Samstag nach dem Spiel im Shay Stadion, in einer Siegesparade durch die Stadt. Die Polizei nahm über vierzig Leute wegen verschiedener Delikte fest, die meisten davon nach dem Spiel. Der Verkehr brach zusammen und entsetzte Passanten blieben zurück, als Man City Fans in Richtung Cross Field Busbahnhof gejagt wurden. Am George Square schmissen die Anhänger aus Manchester mit Holzlatten, Flaschen und Pflastersteinen und nur der Einsatz Dutzender Polizisten mit Diensthunden, konnte schlimmere Ausschreitungen verhindern. Die Krawalle dauerten mehr als eine halbe Stunde an, bis alle Fans schließlich davon überzeugt werden konnten, ihre Busse oder Züge nach Hause zu besteigen. Zuvor waren beim Abpfiff auch wütende City Fans unter Geschrei aus dem Stadion gestürmt, sie rannten querfeldein in Richtung Shaw Hill. Eine Gruppe von 450 Manchester Leuten hielt direkt in Richtung Innenstadt, dicht gefolgt von 500 Halifax Anhängern. Auch hier kam der Verkehr zu erliegen, als Kämpfe auf der Straße und auf dem Bürgersteig neben dem Schwimmbad ausbrachen. Beide Gruppen jagten sich gegenseitig, doch niemand wurde schwer verletzt.´

Von den vierundvierzig Verhafteten kamen dreiundzwanzig aus Manchester und einundzwanzig aus Halifax. Auch weit abseits des Stadions gab es Ärger, eine Wagenladung von City Fans stahl bei einem auf dem Weg stattfindendem Amateurspiel den Ball. Das Spiel musste für neun Minuten unterbrochen werden, nachdem der Ball auf der Straße gelandet und von amüsierten Fans malträtiert worden war. Der Trainer der einen Mannschaft, dem Irish Democratic Club sagte: „Das Ärgerliche daran ist, dass wir den 25 £ teuren Lederball erst vor zwei Wochen gekauft haben und wir ihn erst zu zweitenmal benutzten."

Im Jahre 1983 machten die Cool Cats der ´Mayne Line Service Crew´ Platz, doch es war viel mehr ein Namenwechsel, als ein Wechsel der Personen. Einige der alten Leute gingen in ´Pension,´ doch sie wurden von Hooligans der neuen Generation ersetzt. Der neue Name war an ein Busunternehmen angelehnt, der Mayne Line, mit dem die Jungs meistens reisten. Flugblätter wurden unter dem neuen Namen angefertigt und die Mitfahrenden wurden darüber informiert, dass sie auf eigenes Risiko reisen würden. Und wie bei anderen Vereinen zu dieser Zeit, gab es auch bei ihnen Visitenkarten, die zum Beispiel die Aufschrift hatten: ´You´ve just been tuned in by the Mayne Line Motorway Service Crew.´

Doch wie die Cool Cats vor ihnen, war die Mayne Line Crew nicht in der Lage, die verschiedenen kleinen Mobs zu vereinen. Laut Frank war das einer der Gründe, warum die City Hooligans nicht in einem Atemzug mit denen von Leeds, West Ham, Chelsea oder Man United genannt wurden. „Viele der weißen Jungs wollten mit den schwarzen Gangs nichts zu tun haben, sie machten ihr eigenes Ding. Hätten wir alle vereint, hätten wir vielleicht den Respekt errungen, den die Firm von Man U glaubt gehabt zu haben.....“

Für die Saison 1982/83 konnte es kein spannenderes Ende geben, als das Heimspiel von City gegen Luton. Die Blauen aus Manchester standen nur einen Tabellenplatz vor den Abstiegsplätzen und hatten nur einen Punkt Vorsprung vor ihren Verfolgern, Luton war auf den letzten Platz. City hatte gerade gegen Brighton gewonnen und der Klassenerhalt schien wahrscheinlich, doch nach einer desolaten Vorstellung verlor man mit 0:1 und stieg ab. Diesem Spiel folgte ein Platzsturm, bei dem die Mannschaft aus Luton von den Manchester Fans attackiert wurde.

City war nun nicht mehr in der höchsten Spielklasse, doch dafür befand sich der Verein jetzt in der Fußballliga, die man als erste Liga der Hooligans bezeichnen konnte. Cardiff City, Leeds United und Chelsea spielten alle in der zweiten Liga, zudem musste man jetzt wieder bei den Nordderbys gegen Oldham, Blackburn, Huddersfield und Sheffield Wednesday antreten. In den nächsten beiden Spielzeiten waren die Jungs vom Mayne Line Service und kleineren City Mobs an fast all diesen Orten in Gewalttätigkeiten verwickelt. Im Januar 1984 waren die City Anhänger wieder in den Schlagzeilen, nachdem sie in Blackpool randaliert hatten. Die Reize dieses Urlaubsortes sorgten dafür, dass der City Mob bereits früh anreiste, etwa gegen 10.30 Uhr kamen sie in Blackpool an. Der Benny´s Mob aus Blackpool war auch in voller Kraft angetreten und zumindest bei einem Aufeinandertreffen mit einem City Mob nahe dem Stadion, noch vor dem Spiel, war das glücklichere Ende auf Seiten der Einheimischen. Doch während und nach dem Spiel war der Mob aus Manchester so groß, dass die Hooligans aus Blackpool nichts entgegensetzen konnten. Das Spiel musste auch für einige Minuten unterbrochen werden, nachdem City Anhänger auf das Spielfeld gerannt kamen und sich Kämpfe mit der Polizei lieferten.

„Es war ein unglaublicher Tag,“ berichtete später einer der Young Guvnors der Manchester Evening News. „Unsere Jungs nahmen sich den ganzen Tag über ihre Freiheiten. Sie plünderten die Kartenverkaufsstelle vor dem Spiel, dann verkauften sie die Tickets an andere City Fans, dass bedeutete, dass viele aus Manchester Karten für Blackpools Home End hatten.

Als Blackpool Tore schoss, brach die Hölle los. Die City Anhänger fingen Prügeleien mit der Polizei an, die bald darauf den Rückzug antreten musste. Ein Paar der Manchester Leute kletterten auf das Stadiondach und schmissen Asbestplatten runter. Teile davon fielen zu Boden und einige von uns bewarfen damit die Polizisten. Diese Sache ging fast vierzig Minuten, die Polizei bekam es einfach nicht unter Kontrolle.“

Für die meisten der älteren City Leute war der Mob von Chelsea, der am meisten geachtete aus London. Citys Hooligans scheiterten zuhause und auswärts an der Firm aus Westlondon. Viele erin nern sich noch gut an ein Freitagsspiel Anfang Mai 1984, zu dem 7.000 Hooligans kamen. „Diese Firm war hundertprozentig die beste, die je ins Stadion an der Main Road gekommen war,“ sagte Frank. „Sie waren einfach überall und wir kamen an diesem Abend nicht an sie ran. Niemals zuvor war so ein Mob bei uns gewesen und wahrscheinlich wird so etwas auch nie wieder passieren. Sie hatten einfach alles, harte Typen, eine große Masse und sie waren gut organisiert, um es kurz zu machen, sie haben es uns gezeigt. Sie stürmten aus drei Blöcken auf das Spielfeld und hatten auch sonst den ganzen Tag über alles unter Kontrolle. Die Londoner kamen bereits mittags an, obwohl das Spiel erst abends stattfand und um ehrlich zu sein, liefen sie den ganzen Tag über Amok.“

Von den anderen Londoner Firms war nur West Ham bei den City Hooligans geachtet. „Auch die West Ham Hools lieferten ungefähr zu gleichen Zeit eine gute Vorstellung ab, doch sie reichte nicht an die des Chelsea Mobs ran, trotzdem waren sie ein gute Firm, die bestens organisiert war. Üblicher Weise gingen die gegnerischen Firms auf die Tribüne an der Platt Lane, doch die ICF Jungs machten es besser, sie gingen mit 150 Leuten auf die Haupttribüne, sie waren alle gut gekleidet und mutig.

Für einige Jahre tauschten die Hooligans The Kippax gegen die Sitzplätze an der Platt Lane. Und wenn berüchtigte Firms anreisten wurde auch dieser Teil des Stadions zum Schlachtfeld. Leeds, Liverpool und Birmingham, sie alle tauchten dort auf und machten sich ziemlich gut, genau wie Everton, deren Firm einmal überraschender Weise unser End einnahm. Sie versuchten es ein Jahr später noch einmal mit der selben Masche, doch der Versuch scheiterte und wir jagten sie auf den Platz. Diese Weicheier hätten lieber ruhig seien sollen, als sie einmal gut da standen."

´Fans drehten bei Nord-Derby durch,´ lautete die Überschrift des Oldham Evening Chronicle, nach einer besonders gewalttätigen Begegnung am Karfreitag 1984. Die Zeitung berichtete: ´Banden randalierender Fußballfans sorgten für Gewalt und Terror auf den Straßen von Oldham und Chadderton. Mit einer Orgie der Zerstörung sorgten sie dafür, dass der Karfreitag zu einem schwarzen Freitag wurde. Fenster wurden eingeschmissen, Läden und Kneipen geplündert und Fahrzeuge wurden gestoppt, wobei man die Fahrer angriff und ausraubte.´

Auch die Ordner im Boundary Park Stadion wurden angegriffen und vier Polizisten wurden verletzt, als City Hooligans versuchten über das Spielfeld zu rennen, mit dem Ziel den Oldham Mob im Ford Stand anzugreifen. Das Polizeiaufgebot war nicht stark genug um sie zu stoppen und so sah man die Fans der Heimmannschaft verängstigt fliehen. Dann war der Punkt erreicht, an dem der Vorsitzende von Oldham Athletic, Ian Stott darüber nachdachte, die betroffene Tribüne ganz zu evakuieren.

Das Spiel wurde für fünf Minuten unterbrochen und Vereinsoffizielle, die Polizei und der Schiedsrichter berieten sich. Stott sagte später: „Am Ende überließen wir die Tribüne einfach den anstürmenden Massen. Wenn wir versucht hätten, sie des Stadions zu verweisen, wäre vielleicht die Hölle los gebrochen und das wollten wir nicht riskieren. Das Endergebnis waren siebenunddreißig Festnahmen, sowie 100 Stadionverweise."

Der anschließende Bericht des Chronicles war unmissverständlich: ´Wenn Manchester City nicht den Aufstieg schaffen sollte, können wir nur hoffen dass Athletic in die dritte Liga absteigt, was natürlich sehr bedauerlich wäre. Es scheint aber der letzte Ausweg zu sein, um diesen Schlägern aus Manchester zu entkommen.´

Einer der brutalsten Zwischenfälle in der Ära des Mayne Line Mobs, war eine Schlacht gegen Stoke Citys Firm im Dezember 1984, auf der Raststätte Rothersthorpe an der M1. Die City Hooligans waren auf dem Weg nach Charlton und eine Busladung von ihnen kam nur kurz vor einem Bus aus Stoke auf der Raststätte an, der auf dem Weg zu einem Spiel gegen Chelsea war. Es brachen sofort Ausschreitungen aus, die mindestens zehn Minuten andauerten. Die Busse wurden gegenseitig zu Schrott verarbeitet, einige Leute waren verletzt und es gab 100 Festnahmen (siehe Stoke). Einer der Verhafteten war Donald Francis.

Im folgenden Monat wurden beim Ausscheiden aus dem FA Pokal in Coventry 500 Sitze aus den Verankerungen gerissen und einige Ordner wurden attackiert. Zwei Monate darauf gab es Ärger bei einem Abendspiel gegen Birmingham City und die Saison war noch lange nicht vorbei. Im April war Man City Gastgeber für die alten Feinde von Leeds United. Und wie nicht anders zu erwarten gab es Ärger. In der Manchester Evening News war zu lesen: ´Hooligans spielten im Manchester City Centre verrückt, als Gruppen von Man City und Leeds Anhängern aneinander gerieten. Ein Convoy bestehend aus fünfundzwanzig Bussen, sollte die Fans aus Yorkshire vom Stadion an der Maine Road abtransportieren, doch als sie sich der Victoria Station nährten wurden sie attackiert. Trotz einer starken Polizeieskorte wurden elf Busse beschädigt und es gab dreizehn Festnahmen wegen Störung des öffentlichen Friedens. Ein Sprecher der Verkehrsbetriebe von Manchester gab an, dass siebzehn Fenster eingeschlagen worden und zwanzig Sitze aus den Bussen geworfen wurden.´

Die City Anhänger glaubten noch immer an den Aufstieg, bis sie am letzten Spieltag der Saison 1984/85 bei Nottingham County spielten. Die geplante Aufstiegsfeier endete in einem Desaster, weil City das Spiel 3:0 verlor. Die Fans zerstörten Teile der Sicherheitszäune, stürmten aufs Spielfeld und deckten die Polizisten mit allen erdenklichen Wurfgeschossen ein. Die Manager beider Vereine appellierten derweil an die Leute, sich zu beruhigen. City Boss Ian McNeil sagte den Anhängern seines Vereins sogar noch, dass selbst ein Spielabbruch, auf den die Fans anscheinend hofften, dafür sorgen würde, dass die Punkte Nottingham zugesprochen würden.

Nach dem Spiel stürmten zirka vierzig City Fans in die Umkleideräume der Gastmannschaft. „Ich sagte ihnen, sie sollten sich benehmen, damit keine Nachteile für die friedlichen Anhänger und noch wichtiger für die Mannschaft entstünden," kommentierte McNeil später.

´Eine Schande für den Fußball,´ lautete die Überschrift der Nottingham Evening Post. ´Seit 1975, als Manchester United Anhänger im Stadion an der Meadow Lane Amok liefen, wurden solche Szenen nicht mehr gesehen.´ Der Schreiber sprach sich auch dafür aus, Manchester City zur Strafe in die dritte Liga zu schicken. Er schrieb: ´Einen solchen Zwangsabstieg gab es bereits 1968 beim Peterborough FC wegen finanzieller Unregelmäßigkeiten. Warum sollte so etwas nicht bei schweren Gesetzesverstößen Hunderter Fans passieren? Das wäre die richtige Strafe für den betroffenen Verein und seine Gefolgschaft. Doch wir vermuten, dass so etwas erst ein oder zweimal passieren muss, bevor es auch in die Schädel der Leute geht, die sich wie Tiere benehmen.´

Der Mayne Line Mob erwies sich als nicht besonders langlebig, weil viele ältere aufhörten zum Fußball zu fahren oder wie Donald im Gefängnis saßen. Einige wenige machten weiter, es dauerte nicht lange und die Guvnors wurden gegründet. Der Name war von einem Mob junger City Hooligans gestohlen, die sich ´The Young Guvnors´ nannten. Sie erregten Aufmerksamkeit, als sie der Manchester Evening News ein Interview gaben. Unter der Überschrift ´Der Abschaum des Fußballs,´ erzählte eines ihrer Mitglieder: „Wir nennen uns selbst The Young Guvenors und obwohl wir die jüngsten sind, sind wir auch die Besten. United wurde immer als der Verein angesehen, der für Ärger sorgt, doch bei City ist es schlimmer. Die Hooligans von United leben nur von ihrem Ruf. Sie gelten nur bei den Londoner Firms als guter Gegner. Citys Hooligans dagegen gelten überall als gute Gegner. Wo auch immer wir auftauchen, sagen die Hooligans anderer Vereine: ´Wir haben gehört was ihr letzte Woche gemacht habt.´"

Der Mob, der vollzählig etwa 300 Leute umfasste, verlegte seinen Platz im Stadion vom Kippax auf die Nordtribüne, von der er einen großen Teil für sich beanspruchte. Doch das Glück des Vereins war nicht besonders beständig, dem Aufstieg 1985 folgte im Mai 1987 wieder der Abstieg. Nun musste man sich bei Spielen gegen Bournemouth, Plymouth und Reading behaupten. Wie dem auch sei, der Ärger ging weiter, es gab einige Zusammenstöße mit den Hooligans von Huddersfield, den Wolves, Sheffield United und sogar gegen Swindon, deren Mob zuhause überraschend groß war, jedenfalls groß genug, um die Jungs von City zu überrennen. Auch die Hooligans aus Levenshulme und Beswick waren noch immer aktiv. Einer von ihnen sagte: „Zu der Zeit als die Guvnoers und die Young Guvnoers aufkamen, machten wir noch immer unser eigenes Ding. Wir waren einfach eine Gruppe von Leuten, die zusammen aufwuchsen. Wir hatten unseren eigenen Platz im Kippax, wo wir jede Woche standen und wenn es dort Ärger gab waren wir immer dabei. Die anderen Gruppen wussten, dass sie sich auf uns als City Hooligans verlassen konnten.

Wir hatten viele gute Kämpfe, doch einer der besten war gegen Millwall auswärts 1986, dass hing sicherlich mit dem Ruf vom Millwall Mob zusammen und mit dem was wir damals taten. Sie waren die Berüchtigtsten und die meisten von uns erschienen zu diesem Spiel. Es gab nicht viele, die mit sechzig bis siebzig Personen dort auftauchten, doch wir taten es. Wir nahmen einige Drinks und marschierten durch die Gegend, bis wir das Stadion erreichten. Den ganzen Tag über waren wir ohne Polizeibegleitung unterwegs, doch als wir am Stadion ankamen, kam es zu einem kleineren Zwischenfall, worauf hin wir von der Polizei ins Stadion geführt wurden. Wir gewannen das Spiel mit einem Tor..

Einige andere Gruppen aus Manchester waren mit Bussen angereist, die mittlerweile zu Schrott verarbeitet worden waren, also entschied sich die Polizei, uns alle gemeinsam mit dem Zug nach Hause zu schicken. Alles in allem war unser Mob jetzt 200 bis 250 Mann stark. Millwalls Leute versuchten uns an der Station London Bridge zu überfallen, doch es gelang uns sie zu verjagen. So haben wir es geschafft, ohne Polizeieskorte, zum Stadion hin und wieder weg zu kommen. Nicht viele Mobs waren dazu in der Lage. Seit diesem Tag sind wir bei den Millwall Hooligans nicht sonderlich beliebt. Die wenigen Male, die sie bei uns spielten, erschienen sie zu Hunderten, um Rache zu nehmen, doch bis heute ist ihnen das nicht gelungen."

Im Februar 1988 gab es bei einundzwanzig City Hooligans morgendliche Hausdurchsuchungen durch die Greater Manchester Police (GMP), es handelte sich dabei um einen Teil der Operation ´Omega.´ Für einige Monate waren verdeckte Ermittler zusammen mit dem Manchester City Mob gereist und hatten Beweise gegen die führenden Köpfe gesammelt, Anklagen folgten.

Die lokale Presse veröffentlichte eine Aufstellung der sichergestellten Waffen und im Daily Mail wurde geschrieben, dass es möglicher Weise Verbindungen zur National Front gäbe, was eine merkwürdige Behauptung war, wenn man die Hautfarbe der Anführer betrachtete. Die Polizei sah den Fall einfach als ein ´Aussortieren´ einer gewalttätigen Minderheit an.

Entweder war das Problem größer als angenommen oder die Polizei hatte schlicht einige Zielpersonen übersehen. Denn nur eine Woche nach den groß inszenierten Durchsuchungen kam es zu brutalen Schlägereien zwischen City und United Hooligans an der Piccadilly Station. Die Presse nannte es die ´Schlacht von Piccadilly´ und der Held des Tages war der Polizist John Duffy, der sich sechzig Schlägern entgegenstellt hatte, um seine Kollegen zu schützen. Dabei wurde ihm mit einer Flasche so stark auf den Kopf geschlagen, dass er einen Schädelbruch erlitt.

Der Omega Prozess fand im Februar 1989 statt und am Ende wurden zwanzig Personen verurteilt. Einige, darunter auch die zwei verbleibenden Francis Brüder erhielten Haftstrafen. Obwohl die Verurteilten nur eine kleine Zahl des City Mobs repräsentierten, hatte dieser und noch anstehende Prozesse eine ernüchternde Wirkung auf die anderen. Viele der alten Leute fingen an leiser zu treten. Zur gleichen Zeit gelang City der Aufstieg in die höchste Spielklasse. Wieder in der ersten Liga gab es bei einer Begegnung gegen die Bolton Wanderers Zusammenstöße im und um das Stadion, und auch gegen Manchester United kam es zu zwei heftigen Auseinandersetzungen. Die erste dieser Auseinandersetzungen mit Man Uniteds Mob war bei einem Heimspiel, wobei sich Hunderte der United Hooligans Zugang zum Home End verschafften. Die Kämpfe fanden das ganze Spiel über statt und wurden nach dem Abpfiff in den umliegenden Straßen fortgesetzt. Egal wie verbissen sie es versuchten, die City Hooligans waren nicht in der Lage 200 ihrer Lokalrivalen aus ihrem End zu drängen.

Beim Rückspiel gab es Krawalle im City Centre. Hunderte lieferten sich offene Schlachten, bei denen ein unbeteiligter United Fan so schwer verletzt wurde, dass er im Krankenhaus auf lebenserhaltende Maschinen angewiesen war. „Es war wie im wilden Westen, einfach Wahnsinn," sagte die Wirtin des Crown and Kettle, einem Pub, der bei den Ausschreitungen schwer in Mitleidenschaft gezogen worden war. Türsteher versuchten den Eingang zu blockieren, doch die Hooligans überrannten sie einfach. Die Gastronomin fuhr fort: „Sie schmissen mit der zerstörten Inneneinrichtung, alle unserer insgesamt vierzehn viktorianischen Glasscheiben ein. Zu diesem Zeitpunkt waren achtzehn Leute in der Kneipe, der Großteil davon Frauen. Wir versteckten uns unter den Tischen oder hinter der Bar und fingen an zu schreien, als zerbrochenes Glas nieder regnete. Das Ganze dauerte sieben Minuten, es war einfach die Hölle."

Die Polizei schätzte alleine den Schaden an dem Pub auf 30.000 £, die Wirt hingegen nannte eine wesentlich höhere Summe. Alleine im City Centre wurden zwanzig verschiedene Zwischenfälle registriert. „Wir hatten damals eine richtig große Firm," sagte City Hooligan Tommy Gunn. „Ich war ein Teenager und kann mich noch an die beiden Firms, The Guvnors und The Young Guvnors erinnern. Ich war ein Mitläufer, gerade mit der Schule fertig und wog zirka fünfundsechzig Kilo. Die Polizeioperation hatte ihre Folgen bei uns hinterlassen, wie es wohl auch bei jeder anderen Firm im Land gewesen wäre. Wir, die Jüngeren mussten nun für die nächsten vier, fünf Jahre die Sache in die Hand nehmen. Einige der alten Leute waren noch übrig geblieben, doch keiner von ihnen hatte die Führungsqualitäten der Leute, die im Knast saßen. Statt einer Firm mit 150 Leuten, hatten wir vier oder fünf Gruppen, die aus vierzig bis fünfzig Mann bestanden."

In der Zeit nach Hillsborough und der WM 1990 in Italien, begannen sich die Dinge im Fußball zu verändern. Stadien in denen es nur noch Sitzplätze gab, die allgegenwärtigen Überwachungskameras und das steigende Interesse der Mittelschicht am Fußball, sorgten dafür, dass sich die alten Hooligans zurückzogen. Familien und Spaß ersetzten Stacheldrahtabsperrungen und Angst. Das sorgte dafür, dass man bei Manchester City begann alles durch eine rosarote Brille zu sehen.

Doch die Hooligans verschwanden nie ganz, was bei einem Verein, der seine Wurzeln in der Arbeiterklasse hatte nicht verwunderlich war. Tommy Gunn erzählte: „Es gab die Parkside Pub Firm und die Beer Monsters, die mit ein oder zwei Busladungen überall hin fuhren. Sie bestanden grundsätzlich aus einer Mischung junger und alter Hooligans aus Wythenshaw, Moss Side, Fallowfield, Humle und Whalley Range. Sie waren Dealer, Schläger und Wirrköpfe, die einfach nie wegrannten, weil es ihnen fremd war. Auch die Jungs aus Alty kamen hinzu und noch einige andere Firms, obwohl sie nie um Hilfe gebeten wurden. Dann war da noch der Mob aus Nordmanchester, er bestand aus Leuten, die in Chadderton, Moston, Failsworth, Droylsden, Hollinwood und Collyhurst wohnten. Diese Jungs mussten bei Heimspielen durch die Innenstadt und dort werden sie wohl auch solange rumhängen, bis keine Firms mehr existieren. Die Bullen hatten erfolgreich versucht unsere Rädelsführer aus dem Verkehr zu ziehen, also gaben wir uns die nächsten paar Jahre damit zufrieden, die wenigen Möglichkeiten für Krawalle zu nutzen, die sich gerade anboten.

Auch bei Manchester United gab es eine Polizeioperation (Operation Mars), bei der viele der führenden United Hooligans festgenommen wurden. In der Presse war damals viel zu lesen, doch der anschließende Prozess brach zusammen. Was für die Firm dieser Ärsche natürlich ein großer Erfolg war. So behielten sie ihre Anführer und waren in den Neunzigern in der Lage, eine der größten Firms im Lande aufzuziehen und obendrein hatte ihre Mannschaft auch noch Erfolg auf dem Spielfeld. So sehr ich diese Penner hasse, habe ich trotzdem Respekt vor ihrer Firm und einigen Sachen, die sie gemacht haben, doch zu sagen sie sind unschlagbar wäre lachhaft. Es ist wie einer unserer Jungs einst sagte, wenn man einem Monster den Kopf abschlägt, bricht der Körper darunter zusammen."

In der Saison 1992/93 gab es zwei Zusammenstöße mit dem Mob der Spurs in Manchester. Der erste ereignete sich bei einem Ligaspiel, dabei bekämpften sich die rivalisierenden Gruppen hinter der Kippaxtribüne.

Die zweite Begegnung fand im FA Pokal statt, damals stürmten Hunderte von Spurs Hooligans auf das Spielfeld an der Maine Road und es kam zu siebenunddreißig Festnahmen (siehe Tottenham Hotspurs). Ende dieser Saison kam es noch im Manchester City Centre zu Schlägereien von City Hooligans und lokalen Türstehen gegen den Mob von Everton. Bei einem Heimspiel gegen United 1995 gab es erneut kleinere Ausschreitungen, als einige der Lokalrivalen versuchten Citys Home End einzunehmen, nach dem Spiel kam es dann zu schwereren Unruhen. Ein 2:2 bei einem Heimspiel gegen Liverpool FC 1996, sorgte dafür, dass City die Saison auf Tabellenplatz achtzehn beendete und somit erneut abgestiegen war.

Einem mittleren Tabellenplatz in der nächsten Spielzeit folgte eine weitere Verschlechterung, und am letzten Spieltag der Saison in Stoke, blickte City dem Abstieg in die dritte Liga ins Auge. Es gab noch eine Außenseiterchance die Spielklasse zu halten, doch das Schicksal des Vereins hing von den Ergebnissen anderer Clubs ab. Stoke City war in einer ähnlich schlechten Situation und da sich zwei große Hooligan Firms gegenüberstanden, war die Gewalt zum Greifen nahe. Im Sentinel, einer Lokalzeitung aus Stoke lautete die Überschrift: ´City geht kämpfend unter.´ Das stimmte auf verschiedene Art und Weise. Stoke City und Manchester City stiegen ab und abgesehen von dem 2:5 Krimi auf dem Spielfeld, gab es den ganzen Tag über Massenausschreitungen. Wie abzusehen, machten sich Tausende von Manchester Anhänger auf den kurzen Weg die M6 runter und als ob das noch nicht genug für die Stoke Hooligans gewesen wäre, kauften sich Hunderte von ihnen Karten für das Home End. Bereits während des Spiels brachen Kämpfe aus und 300 Man City Anhänger wurden aus dem Home End verwiesen. Das Spiel musste unterbrochen werden, als Hunderte andere vor der Polizei auf das Spielfeld flüchteten. Die Unruhen steigerten sich, als sich die Stoke Hooligans außerhalb des Stadions zusammenfanden, sie attackierten die Gäste aus Manchester und deren Fahrzeuge mit Steinen und Flaschen. Man City Anhänger ihrerseits waren für den Einsturz eines etwa zwei Meter hohen Sicherheitszauns verantwortlich gewesen und rivalisierende Gruppen lieferten sich Schlachten auf dem angerichteten Trümmerfeld. Diese Gewalttaten waren mit Sicherheit nicht die schlimmsten in die Man City Hooligans verwickelt waren, doch zu dieser Zeit reichten sie aus, um das Interesse der nationalen Presse auf sich zu ziehen. Ein lokaler Polizist beschrieb die Lage wie folgt: „Die Umstände bei dieser Begegnung stellten eine große Herausforderung an die Sicherheitskräfte dar." Natürlich war es auch ein langer Arbeitstag für die Polizei. Später an diesem Abend gab es noch Unruhen zwischen Port Vale und Stoke City Anhängern in Hanley und Kingsgrove.

Die folgende Saison 1998/99 führte zu einem unerwarteten Zwischenfall. Tommy Gunn erzählte: „Achtzehn von uns fuhren in einem Kleinbus zu einem Auswärtsspiel nach Walsall. Ganz ehrlich, wir hatten eigentlich nur daran gedacht, mal wieder einen Saufen zu gehen. Doch dann trafen wir zwei der lokalen Hooligans. Sie fragten, ob wir es mit einer kleinen Firm von ihnen aufnehmen würden. Wir dachten sie machen Witze, trotzdem trafen wir mit ihnen eine Verabredung bei einer Kneipe. Zwanzig Minuten später fuhren wir zu dem Laden und sprangen vom Bus aus direkt in die Typen draußen. Der Kampf kam auf einem Parkplatz ins Stocken und wir zogen uns einige Meter zurück und ließen einige von ihnen aufstehen. Jetzt leerte sich auch die Kneipe und um fair zu sein, zahlenmäßig waren die Mobs ungefähr gleich stark, doch sie stampften uns einfach ein. Leute gingen zu Boden, Nasen brachen und überall war Blut, wir waren da in eine echt miese Situation geraten. Ich fühlte mich schlecht, wir alle fühlten uns schlecht, denn der beschissene Mob aus Walsall hatte uns geschlagen. Es war das erstemal, dass wir in diesem Nest waren und wir bekamen gleich eine Abreibung. Und in der nächsten Woche kamen die verfluchten Millwall Typen zu uns!

Egal, in der Woche als das Spiel gegen Millwall stattfand, rauften wir uns zusammen wie seit Ewigkeiten nicht mehr. Das Gerücht ging um, sie würden in großer Zahl anreisen. Sogar Danny Baker erwähnte in seiner Radiosendung, dass er gehört hätte, die ´alten Jungs´ würden zu dieser

Gelegenheit auftauchen. Es gab Reibungen zwischen uns und den Londonern, seit wir ihnen in den Zeiten von Mickey Francis und Mikey Willams empfindliche Niederlagen zugefügt hatten. Ich war damals noch zu jung um mitreden zu können, doch die Älteren der Millwall Leute wussten, dass sie noch eine Rechnung zu begleichen hatten. 500 bis 700 von ihnen sammelten sich in Stockport, wo sie auch prompt von der Polizei aufgegriffen wurden. Dieser Millwall Mob wurde von der Polizei direkt zum Stadion geführt, dabei wurde jede Straße, die er passierte von Polizisten abgeriegelt. Immer wenn wir versuchten an die Londoner heran zu kommen oder ihnen aufzulauern, wurden wir von einer achtzigköpfigen Polizeisondereinheit abgedrängt, dabei kamen auch Pferde zum Einsatz. Nach dem Spiel wurden sie dann wieder von der Polizei in einen Zug Richtung Hauptstadt gesteckt. Also passierte nichts mehr. Doch da kam uns eine Idee, United spielte doch gegen Forest. Wir riefen sie an. Einmal sagten sie, sie wären auf dem Weg, dann wieder doch nicht. Es gab an diesem Abend acht Telefonate. Einige unserer Jungs machten sich bereits auf den Heimweg, weil sie nicht mehr an ein erscheinen des United Mobs glaubten. Sechzig oder siebzig von uns blieben, wir waren auf drei verschiedene Pubs verteilt. Dann kam ein Anruf von einem der Jungs aus Chesterfield, er sagte, sie würden mit fünfzig Leuten gerade den Bahnsteig verlassen. Ich machte mich auf den Weg, um ein bisschen zu spionieren, ich stellte mich in die Nähe der Piccadilly Station hin. Und da waren sie, in Begleitung von nur acht Polizisten. Es war dunkel, die Laune war entsprechend, es passte einfach alles. Aber fünfzig war wohl leicht untertrieben, sie waren so um die 100 Leute. United war uns zahlenmäßig immer überlegen gewesen. Doch wir haben uns noch nie um Zahlen gekümmert und werden es auch in Zukunft nicht tun. Als sie näher kamen rannte ich zu den Pubs und informierte unsere Jungs. Uniteds Leute kamen aus der Eingangshalle, O´Neill stach aus der Masse raus, er hob eine Hand wie General Custer und zehn Personen, die hinter ihm standen erwarteten seine Befehle. Er konnte riechen, dass es eine Falle war. Wir griffen sofort an, wobei einige von Polizisten zurückgehalten wurden, doch die Leute, die durchkamen standen den Gegnern für eine Weile Auge in Auge gegenüber. Dann leerte sich der zweite Pub und eine weitere Gruppe von City Hooligans kam hinzu. Die United Typen blickten sich um und waren ein bisschen desorientiert. Sie wurden von der Polizei verprügelt, kämpften an einer Front mit einem City Mob und aus einer anderen Richtung kam schon ein zweiter Schub City Jungs. Sie verloren den Kopf, einige gerieten in Panik und sie verteilten sich auf der Straße. Da kamen auch schon unsere Leute aus dem letzten Pub.

O´Neills beste zwanzig Jungs wollten es mit ihnen aufnehmen, doch sie kamen in Bedrängnis. Uniteds sonst so disziplinierte Firm hatte Probleme, weil sie nun an vier Fronten gleichzeitig kämpfen musste. O´Neills beste Zwanzig verschwanden in den Gärten Richtung Portland Street, doch zwanzig von uns stellten sich ihnen in den Weg. Sie kamen auf uns zu, einer von uns, der an der Seite stand bekam einen Mauerstein gegen den Kopf, doch auch O´Neill sah nicht gut aus, er bekam einen Verkehrspylonen über dem Schädel.

Noch mehr von uns kamen von hinten, doch zwei Polizisten mischten sich unter diese anti-United Brigade und fingen an, die Leute auseinander zu treiben. Du konntest die Jungs wie Windhunde über die Gleise flitzen sehen. Es gab nur ein Problem, diese verfluchten Überwachungskameras.

Ich respektierte viele Firms, egal von welchem Verein, doch die von Middlesbrough schätzte ich in den Neunzigern am meisten, sie waren maximal fünfzig bis hundert Leute, hielten aber zusammen und machten ihre Sache überall gut.

Was den Mob von United angeht, so waren ihre dreißig Top Leute eine Klasse für sich, sie dachten auch strategisch und hatten einen riesigen Mob. Doch eine Sache ist Fakt, sie gaben nie zu wenn sie verloren hatten. Sie haben uns einige Male ziemlich auseinandergenommen, doch glaub mir, dass bekamen sie auch heimgezahlt. Und wir sind immer bei ihnen aufgetaucht.

Wir wurden auch von einigen guten Firms wie Walsall, Boro, United, Everton oder Leeds geschlagen, um nur einige zu nennen. Man muss aber auch bedenken, dass wir in drei verschiedenen Ligen gespielt haben und somit auf viele Arschlöcher getroffen sind. Wir sind bestimmt nicht die beste Firm, dass haben wir nie behauptet, doch wir rennen auch vor niemanden weg."

In dieser Saison gab es auch Stress bei den Spielen gegen Wigan, zum Einem beim Ligaspiel und zum Anderen beim Halbfinale der Play-Offs. City schlängelte sich durch und beim Finale im Wembley Stadion gewann man im Elfmeterschießen gegen Gilingham. Jetzt war der Verein wieder in der ersten Liga. Ein weiterer großer Zwischenfall ereignete sich bei einem Heimspiel gegen Millwall. Bereits bei der Begegnung in London, früher in der Saison, hatte es einigen Ärger gegeben und das Gerücht machte die Runde, die Londoner würden die Reise in den Norden mit einem riesigen Mob antreten.

Die Ereignisse an diesem Tag wurden auch vom MacIntyre Undercoverprogramm begleitet, sie filmten etwa 1.000 Hooligans, die sich auf die Reise nach Manchester machten. Es kam an diesem Tag zu Schlägereien, doch diese spielten sich hauptsächlich zwischen den Millwall Mob und der Polizei ab. Auch wenn die Zeitungen es anders sahen, die City Hooligans waren von den Gästen gänzlich unbeeindruckt. Donald Farrar sagte Millwall betreffend: „Das war einfach ein Haufen von Typen, die an sich selbst glaubten. Wir schlugen sie vor einigen Jahren, dazu kam es, als sie die U-Bahnstation an der London Bridge stürmten, für uns gab es da keinen Ausweg und wir kämpften wie besessen. Es war ein echt guter Kampf, und eins kann ich dir versichern, wir scheuchten sie aus der Bahnstation und haben gewonnen."

Im Januar 2000 wurde Man City ein Heimspiel gegen Leeds im FA Pokal zugelost. Im nationalen Sicherheitsbericht war darüber zu lesen: ´Eine Gruppe von sechzig Manchester City Anhängern versuchte, eine von Polizisten eskortierte Gruppe von Leeds Fans, anzugreifen. Die Beamten konnten jedoch beide Parteien von einander fernhalten. Nach Spielende griffen Manchester Hooligans Polizisten mit Flaschen und anderen Wurfgeschossen an, zudem wurde ein Kleinbus der Leeds Anhänger beschädigt und umgekippt.´

Im folgenden Monat gab es Ärger bei einem Auswärtsspiel in Huddersfield. Frank erzählte diesen Vorfall betreffend: „Sie haben einen guten Mob, den hatten sie immer wenn es gegen uns ging und deshalb wurden sie von unseren Leuten respektiert. Für sie war es ein großes Spiel, doch auch wir reisten mit einer guten Firm an. Zum einen, weil es in der Nähe war, zum anderen weil wir wussten, sie stellen einen Mob auf die Beine." Donald Farrar stimmte zu. Wie viele andere auch, war er der Meinung, dass City an diesem Tag einen super Mob hatte: „Wenn wir an Orte wie diesen fuhren, hatten wir oft einen guten Mob. Wir kamen an und stürmten sofort auf die Gegner los, die ganze Straße runter bis zum Stadion gingen die Kämpfe weiter. Ihre Hooligans waren typisch für so eine Kleinstadt, sie waren harte, mutige Kämpfer, doch an diesem Tag war der City Mob ihnen einfach zahlenmäßig überlegen."

Man City war jetzt wieder in der ersten Liga und das letzte Spiel in dieser Saison war zu Hause gegen Chelsea. Der nationale Sicherheitsbericht kommentierte die Vorgänge: ´Beim Abpfiff stürmten die Fans der Heimmannschaft auf den Platz, es kam zum Austausch von Beleidigungen mit den Anhängern der Gastmannschaft, was die Stimmung noch anheizte. Die Polizei hatte Probleme, die verfeindeten Parteien auseinander zu halten und auf der Nordtribüne kam es zu Ausschreitungen. Dabei wurden einige Schäden verursacht und zerbrochene Sitzschalen wurden als Wurfgeschosse missbraucht. Schließlich konnten die Polizeibeamten die Ordnung wieder herstellen und die Chelsea Fans wurden zum Bahnhof eskortiert. Große Gruppen von City Anhängern lungerten auf den Straßen rund ums Stadion herum und suchten Konfrontationen mit der Polizei. Doch zum Schluss wurden auch diese Banden vertrieben und es herrschte wieder Ruhe.´

Diese Krawalle wurden auch von der nationalen Presse aufgegriffen, wobei die meisten der City Hooligans die Sache als überbewertet empfanden. Franks Kommentar dazu war: „Früher wäre dieser Zwischenfall sicher nicht in der Presse behandelt worden, doch für die heutige Zeit war er wohl schlimm genug. Es schien als wäre niemand darauf vorbereitet gewesen. Unser Mob hatte alles gemacht, wir waren auf den Platz gestürmt, waren in ihren Block gegangen, doch es knallte nur ein bisschen, das war nichts Besonderes." „Die Vorstellung von den Chelsea Jungs war echt arm," beschwerte sich Farrar. „Wir liefen über das Spielfeld in Richtung des Chelsea Mobs. Einige der Jungs überwanden die Absperrungen und stürmten in die Londoner. An diesem Tag machten sich unsere Gäste fast in die Hosen. Die Chelsea Hooligans werden meiner Meinung nach oft überbewertet. Sie sind gut, wenn sie viele sind, wie in dem Jahr, als sie an einem Freitag zu uns kamen und fast das ganze Stadion besetzten. Doch wenn das Zahlenverhältnis ausgeglichen ist, habe ich noch nie viel von ihnen gehalten. Und an diesem Tag haben wir bewiesen wie schwach sie sind."

Durch die Rückkehr in die oberste Spielklasse, traf City auch wieder auf den Erzfeind Manchester United. Der gegenseitige Hass war nie verschwunden, denn an Spieltagen gerieten die Mobs beider Seiten regelmäßig im City Centre aneinander. Doch es gab nichts, was besser war als ein Lokalderby, um große Mobs zu mobilisieren. Im November 2000 eskortierte die Polizei einen 400 Mann starken United Mob zum Stadion an der Maine Road, während dessen wurde zur gleichen Zeit an anderer Stelle ein Bus voll United Fans mit Pflastersteinen und Flaschen bombardiert. Nach dem Spiel versuchten Hunderte von City Hooligans die Eskorte mit dem United Mob anzugreifen, dabei schmissen sie Rauchbomben und Signalfackeln, was wie die Polizei zugab, zu einigen Konfusionen führte.

Nur zwei Monate darauf gerieten die beiden Gruppen schon wieder aneinander. City spielte zu Hause gegen Leeds und United auswärts in Bradford. Nach der Begegnung versammelten sich etwa 400 City Hooligans in einem Pub im City Centre, sie warteten auf die Ankunft der United Firm. Kurz nach 21.00 Uhr machte das Wort die Runde, dass der gegnerische Mob in großer Zahl in der Stadt wäre. Ein Versuch der Polizei, sie aufzuhalten wurde mit Flaschen und Steinen beantwortet. Die Aufzeichnungen der Polizei hielten fest: 'Es gab eine Zeit lang Unruhen. All diese Zwischenfälle ereigneten sich rund um das City Centre und endeten erst gegen 02.00 Uhr am Morgen. Hooligans beider Vereine, City und United waren beteiligt.'

In der gleichen Saison versuchten siebzig United Hooligans bei einem Spiel gegen Southampton, getarnt als City Anhänger in das Home End ihrer Feinde zu gelangen. Als sie entdeckt wurden, entschieden sie sich zu einem Pub nahe der Oxford Road zu flüchten. Etwas weiter die Straße runter, hatte sich eine etwa gleich große Gruppe von City Hooligans zusammengefunden. Nur die schnelle Reaktion der Polizei verhinderte, dass die beiden Mobs aneinander gerieten.

Ende April 2001 spielte City auswärts im Old Trafford, die Hooligans tauchten mit einem 150 bis 200 Mann zählenden Mob am Stadion auf. Einige von ihnen hatten keine Eintrittskarten, sie gingen in einen Pub. Ihre Position war auch den United Jungs bekannt und schon bald trafen die Firms aufeinander, sogleich wurden einige Personen von der Polizei festgenommen. Im Polizeibericht stand: 'Dann begaben sich die Gruppen zum City Centre, wo zahlreiche Konfrontationen von den Beamten verhindert werden konnten. Die Gruppe der City Anhänger griff danach eine Gaststätte an, in der sich vierzig der United Leute versteckt hielten. Hierbei wurden einige Scheiben mit Gegenständen eingeworfen, was zu weiteren Verhaftungen führte. Später am Abend gab es noch einige Kämpfe zwischen den Gruppen und es wurden Personen festgenommen.'

Fast zur gleichen Zeit wurde eine Bar im City Centre, 'The Athanaeum,' richterlich gezwungen, an Samstagen zu schließen. Grund war, dass der Laden der Treffpunkt der City Hooligans war. An einem Spieltag verließ laut Polizei, ein sechzigköpfiger, bewaffneter Mob den Laden, mit der Absicht Konfrontationen mit United Anhängern zu suchen. Ein Polizeisprecher kommentierte die Maßnahme wie folgt: „Wir wurden in diesem Jahr mindestens viermal zu diesem Laden gerufen. Fast immer weil sich City Anhänger an der Bar selbst bedient hatten, einmal wurde auch Geld aus der Kasse gestohlen."

Die Ausschreitungen in die City Hooligans verwickelt waren, setzen sich fort, besonders wenn es gegen die Lokalrivalen von United ging, aber natürlich nicht mehr auf dem Level wie in den alten Zeiten. Es gibt bei beiden Vereinen noch Veteranen der großen Schlachten der Siebziger, doch die meisten haben sich zurückgezogen, sei es zuliebe ihrer Familien, durch Gefängnisstrafen oder weil sie einfach zu alt sind. Frank sagte dazu: „Nach den Spielen passiert in der Stadt einfach nichts mehr. Nach langjährigen Versuchen, scheint die Polizei die Situation unter Kontrolle bekommen zu haben. Hooligans werden nie ganz verschwinden, doch es wird auch nie wieder so werden, wie es vor einigen Jahren war, damals ging es bei den Spielen nicht
nur um Fußball, es war Krieg."

Ein anderer Old School Hooligan aus Levenshulme stimmte ihm zu: „Hier bei uns ist die Polizei ein bisschen schlauer als unten im Süden. Ende der Achtzigerjahre, Anfang der Neunziger verstreute sich unser Haufen. Einige heirateten und setzten sich zur Ruhe, andere kamen in den Knast und erhielten Stadionverbot und wieder andere verschwanden einfach von der Bildfläche. Ein zwei Leute gehen immer noch ins Stadion. Für mich ist das nichts mehr. Die paar Male, die ich da war, habe ich Junge Kerle gesehen, die wie wir vor zwanzig Jahren waren. Ich wünsche ihnen viel Glück."

Auch Tommy Gunn ist der Meinung, dass die alten Tage vorbei sind: „Zusammen genommen sind Stadionverbote, Überwachungskameras und die Chance für einen Schlag drei Jahre in den Knast zu gehen, Grund genug die Handschuhe an den Nagel zu hängen. Es war ein Geben und Nehmen, wenn man in der Unterzahl war meist ein Nehmen. Aber mittlerweile haben Polizei und die Gerichte so weit aufgerüstet, dass man blöd sein müsste, wenn man weiter macht."

Weiterführende Literatur: Guvnors, Mickey Francis (Milo Books)

Manchester United

Stadion: Old Trafford
Firms: Red Army, Cockney Reds, Inter-City Jibbers, Men in Black
Feinde: Manchester City, Liverpool, Tottenham
Polizeioperationen: Mars

Eine Atmosphäre der Angst hatte sich unter den Anwohnern rund um das Hillsborough Stadion breit gemacht, als es auf die Pokalbegegnung zwischen Manchester United und Leeds zu ging. Viele ältere Leute und Familien dachten noch mit Schrecken an das FA Pokalhalbfinale im Vorjahr und dem damit verbundenen Auftreten der berüchtigten Man U Anhänger. Wieder würden junge, verheiratete Frauen belästigt und die Scheiben vieler Häuser rund um das Stadion eingeschmissen werden. Man müsste Kinder und Haustiere in Sicherheit bringen. Autobesitzer schmiedeten Pläne ihre Fahrzeuge fernab vom Stadion, bei Bekannten unterzustellen. Hausfrauen waren gezwungen ihre Einkäufe im Voraus zu planen, weil sich viele Geschäfte an diesem Tag weigerten zu öffnen.

Der Sheffield Star, der einen dreiseitigen Bericht über die bevorstehende Ankunft der Manchester Anhänger und die damit verbundene Angst brachte, stand mit dieser Einschätzung nicht alleine da. Im ganzen Land war Manchester United, oder um genauer zu sein, die dem Club folgende ´Red Army,´ ein unwillkommener Gast, denn wo immer sie auftauchte, hinterließ sie einen Pfad der Zerstörung. In den späten Sechzigerjahren und in den Siebzigern gab es überall wo sie erschien Gewalttätigkeiten. Wenn es einmal nicht zu Schlägereien kam, lag das meist daran, dass sich Gegner aus Angst nicht zeigten.

Berichte darüber, dass United Fans auf Ärger aus waren, gab es bereits Ende der Fünfzigerjahre. Damals randalierten sie, wie auch die Fußballfans aus Liverpool in Zügen. Mitte der Sechziger als ihr Team auf dem Spielfeld große Erfolge verbuchte, entwickelte sich im Land große Unterstützung für den Verein. Die Gefolgschaft hatte jedoch den Ruf, dass sie vornehmlich aus Rowdys bestehe und das riesige Stretford End im Old Trafford, wurde zu einem der berüchtigtsten Ends. Doch es war eine Begegnung im Upton Park, die die Hooligans in das allgemeine Bewusstsein rief, wobei die Red Army beinahe mystischen Status errang. Dieses Spiel gegen West Ham wurde von massiven Krawallen überschattet. Die Randale begann vor Anpfiff und war beim Abpfiff noch lange nicht beendet (siehe West Ham). An diesem Tag konnte man sehen, wie das Londoner East End erstmals von Auswärtigen eingenommen wurde. Doch es gab auch Auseinandersetzungen an Orten, die nicht so weit entfernt waren, beispielsweise gegen Firms aus dem Norden. Liverpool FC, Everton und Leeds United hatten zu dieser Zeit auch gute Mannschaften und somit viele Anhänger, die mit ihren Vereinen zu Spielen reisten. Als sich 1967 die Ausschreitungen bei Man U Spielen häuften, wurden Fahnen und Banner im Stadion verboten. Ein Polizeisprecher kommentierte diese Maßnahme so: „Diese Gegenstände stellen für die auswärtigen Anhänger eine große Provokation dar. Außerdem könnten die Fahnenstangen als Waffen genutzt werden."

Zu Beginn der Saison 1970/71 spielte Manchester United auswärts gegen die Woverhampton Wanderers, die damals zu den Top-Teams im englischen Fußball gehörten. Das Spiel wurde von Massenausschreitungen und einunddreißig Festnahmen begleitet.

Der Anblick von Tausenden Jugendlichen, die betrunken und schalbehangen in Sonderzügen samstags durchs Land fuhren wurde normal, was die Verantwortlichen ständig dazu veranlasste neue Methoden zu entwickeln, um Ausschreitungen zu verhindern. Bei Heimspielen verwandelten die United Anhänger Old Trafford oder um genauer zu sein das Stretford End in eine Festung.

In seinem Buch *We Hate Humans* erklärte David Robins den Unterschied zu der Anhängerschaft anderer Vereine: ´Im Stretford End gab es ein neues Phänomen, der Mob dort bestand nicht nur aus Einheimischen, es gab landesweit Gangs, zum Beispiel die Cockney Reds und die Tartans of Belfast, aber es kamen auch Anhänger aus entlegenen Ortschaften wie Dover, Deal oder Kent. Im Stretford End wurden auch Leute willkommengeheißen, die einst mit ihren Banden versucht hatten die Red Army daran zu hindern, ihre Stadt einzunehmen. Wenn du deinen Job verloren hattest oder von der Schule geflogen warst und in deiner Gegend nichts los war, dann bestand schon ein großer Reiz bei der Red Army mitzumischen.´

Der Erzfeind von United war jahrelang Manchester City, die rote Seite der Stadt (Man U) behauptet, bei dieser Fehde stets die Oberhand gehabt zu haben. Colin Blaney, der aus dem Norden Manchesters stammende Autor des Buches *Grafters*, sagte dazu: „Wenn es um City geht, kann ich ehrlich sagen, dass die besten Hauereien mit ihnen in ihrem Kippax End stattfanden. Ich glaube wirklich, das Kippax war das berüchtigtste End in Großbritannien wenn es um Invasionen ging, nur auf Arsenals North Bank gab es ähnlich viel Aktion. Wenn ich an die Sechziger zurück denke, waren die ersten Schläger, die ich im Kippax sah Mods, das war bei einem Amateur Pokalfinale, wo Enfield gegen Skelmersdale spielten. Bei diesen kleineren Schlägereien wurden keine Waffen eingesetzt. Die folgenden Kämpfe auf der Straße dauerten über eine Stunde. Ich war an diesem Tag wirklich beeindruckt, konnte aber weder sagen wer auf oder wer abseits des Spielfeldes gewonnen hatte.

Jahre später als wir alle aktiv die City Hools bekämpften, spannte die Polizei ein Seil zwischen den verschiedenen Blöcken, so sollten die Fangruppen getrennt werden. Sie glaubten tatsächlich, dass ein Seil und einige Holzlatten ausreichen würden, um Leute an Schlägereien zu hindern. Bessere Kämpfe als im Stadion, gab es nur am Abert Square, wenn es in der Silvesternacht zwölf Uhr schlug. Wenn sich die City Hooligans nicht sehen ließen, kämpften die Jungs aus Manchesters Norden gegen die aus Salford, obwohl beide Seiten Man U unterstützten. Das waren ziemlich brutale Schlägereien und ich kann mich nicht erinnern einen davon gewonnen zu haben."

Seit 1970 gibt es Berichte über Ausschreitungen bei Derbys in Manchester und nach einem dieser Spiele im April 1974 stand fest, dass der mächtige Verein Manchester United abgestiegen war. Die Ereignisse dieses Tages eroberten die Titelseite vieler Zeitungen. Manchester United Anhänger waren gegen Spielende auf den Platz gestürmt, in der Hoffnung so einen Abbruch der Begegnung zu erzwingen (siehe Manchester City).

Da United sicher abgestiegen war, rüstete sich jetzt die Stadt Stoke für das letzte Spiel der Saison, bei dem man Gastgeber für den Club aus Manchester war. In einer Zeitung war zu lesen: ´Dutzende von zusätzlichen Polizisten wurden nach Stoke beordert, es wurde sogar eine Urlaubssperre verhängt. Alles nur um die Sicherheit bei der Begegnung heute Abend zu gewährleisten. Geschäften in Stadionnähe wird empfohlen nicht zu öffnen. Die Polizei plant um das Spielfeld eine Menschenkette zu bilden, um eine Stürmung des Platzes zu vermeiden.´ Gleichzeitig verurteilte Sportminister Denis Howell die Vorfälle, die eine Woche zuvor im Old Trafford stattgefunden hatten, als ´widerlich.´ Obwohl die Polizei von Stoke gut vorbereitet war, gab es Ärger und fünfzehn Personen wurden festgenommen. Nach dem Spiel beschmissen sich die verfeindeten Parteien mit Steinen, als United Fans randalierend durch die Stadt zogen.

Die zweite Liga war für das umjubelte Team von Tommy Docherty eine Schmarch, sie führte die Red Army in kleinere Städte und Stadien und fast überall wo sie erschien gab es Ärger. United Fans belegten in der vom Daily Mirror erstellten ´Liga der Gewalt´ klar Platz Eins, sie wurden als Mob bezeichnet, dessen Besuch am unangenehmsten war. Die Masse von 10.000 United Fans fuhr zum ersten Zweitligaspiel gegen Leyton Orient nach London, auf dem Weg gerieten sie mit den Anhängern von Arsenal aneinander, diese waren gerade auf den Weg nach Leicester. Angekommen bei Orient, stürmten Tausende der Manchester Fans durch die Eingangstore ins Stadion, sie besetzten auch zweimal das Spielfeld, so dass Matt Busby gezwungen war über die Stadionlautsprecher einen Appell an sie zu richten.

Das nächste Spiel war zu Hause gegen Millwall und im Gegensatz zu vielen anderen Vereinen, brachten die Südlondoner eine Firm mit nach Manchester, doch sie wurden einfach überrannt. Einige der Millwall Leute waren nicht einmal im Stande gewesen die Gebäude der Piccadilly Station zu verlassen, so groß war der United Mob, der auf sie wartete. Die Red Army war nicht ganz so frech, als sie zum Rückspiel an die Cold Blow Lane reiste, die Atmosphäre dort jagte vielen Angst ein. Der nächste Gegner von United war Cardiff City, eine Begegnung die gemischte Gefühle hervorrief. Für die Polizei war das Aufeinandertreffen der Vereine ein Alptraum, für die Hooligans war es das Größte. Die Aufmerksamkeit, die durch die Medien auf das Spiel gelenkt wurde, machte nach Meinung vieler, Ausschreitungen noch wahrscheinlicher. Die Hooligans mussten jedoch nicht ermutigt werden, denn schon als die Begegnung bekannt gegeben wurde, fingen beide Fraktionen an sich vorzubereiten. Der United Veteran Colin Blaney machte sich mit den Leuten der Red Army oder den Red Devils, wie sie auch genannt wurden, auf die Reise nach Wales. Er erzählte: „Ich kann mich noch genau erinnern. Die Typen aus Cardiff sahen aus wie meine Cousins aus Nordirland, Kurzharrschnitt, lange Kotletten, Militärklamotten, Hosenträger und Zwanzigloch Doc Martens."

Fast zeitgleich mit der Ankunft des Manchester Mobs, begannen auch schon die Gewalttätigkeiten in der walisischen Hauptstadt. „Wir hatten verabredet uns vor dem Schwimmbad zu treffen, doch wir wurden umgehend überfallen. Der erste Fehler war, dass die Collyhurst Crew vergessen hatte die Aufkleber von ihrem Van zu entfernen. Der zweite Fehler war, dass wir keine Waffen hatten als wir angegriffen wurden. Was mich rettete ist, dass ich als erster aus dem Bus stieg und wild um mich schlug. Die Cardiff Typen wichen ein bisschen zurück, weil sie dachten, wir hätten alle Messer, doch schon einige Sekunden später merkten sie, dass das nicht der Fall war und sie stürmten wieder auf uns los. Wir rissen die Antennen umstehender Autos ab und schlugen damit zu, um die Waliser fernzuhalten. Dann machten wir die Biege, wir rannten durch die High Street direkt zum Bahnhof. Dort sahen wir Züge voll mit Cardiff Anhängern aus den Valleys ankommen, die alle englisches Blut sehen wollten. Die Polizei versuchte die Ordnung aufrecht zu halten, doch schon bald kam es zu Schlägereien.

Viele von uns Devils waren am Boden und wir wären beinahe in den nächsten Zug nach Hause gesprungen. Doch genau in diesen Moment kam der Zug der Cockney Reds an und die Lage war wieder unter Kontrolle. Als dann auch der Sonderzug aus Manchester ankam, war festzustellen, dass die meisten Kneipen geschlossen hatten, in denen die noch offen waren wurde randaliert. Fuck, da war plötzlich dieser Krach. Es war 'Tommy Doc's Red and White Army.' Vorne weg gingen Jungs wie George Lyons, Gaftney und Rosko und sie waren alle kampfbereit. Draußen wartete ein großer Cardiff Mob auf uns, doch wir waren jetzt zirka 1.000 Leute, wir brachen einfach durch die Polizeiabsperrungen und verscheuchten die Cardiff Hooligans. Wir prügelten und plünderten auf dem ganzen Weg zum Stadion, es war ähnlich wie bei dem Spiel gegen Leyton Orient, als wir die Tickethäuschen ausraubten, doch dieses Mal war so gut wie jeder Laden dran. An diesem Tag hatte man echt das Gefühl, die Stadt eingenommen zu haben. Wir gingen alle zu den Eingängen vom Home End, doch wir mussten bald feststellen, dass wir da nicht rein kamen. Zu ihrem Glück hatten sie für Absperrungen gesorgt, die mit Stacheldraht versehen waren. Also wurden wir in einen Block, in einer Ecke des Stadions gesperrt, nur einen Steinwurf von den Cardiff Anhängern entfernt und tatsächlich regneten Flaschen und Steinen auf uns nieder."

Die Red Army war mit 8.000-10.000 Leuten angereist und die meisten davon wurden in einen Block gesteckt. Die erste Halbzeit wurde angepfiffen und gleichzeitig brachen Tumulte aus, dabei wurden Schläge schon bald durch Dartpfeile und Ninjasterne abgelöst. Ein Reizpunkt waren die provozierenden Sprechchöre, die der Cardiff Anhänger bezogen sich auf den Flugzeugabsturz der United Mannschaft 1958 in München und die der Leute aus Manchester verhöhnten die Opfer eines Grubeneinsturzes, bei dem eine Dorfschule vom Boden verschluckt worden war. Diese Umstände brachten die Situation auf den Siedepunkt. Blaney fuhr fort: „Als das Spiel zu Ende war, wussten wir alle, dass es noch krachen würde und um in die richtige Stimmung zu kommen, gab Willis beim Verlassen des Stadions einem Polizisten einen Kinnhaken. Dann wurde es verrückt. Ich hatte noch nie eine Schlägerei von diesem Ausmaß gesehen oder daran teilgenommen. Überall im Stadion ging es los. Wir rannten zurück

BOOTED OUT!

A war on United's Red army

By JOHN BEAN

THE rampaging "Red Army" of Manchester United has finally been given the boot.

Opponents Bristol City declared last night: "We're not having them here."

No tickets for the First Division match—on May 7—will be sold outside Wales and the South-West.

It is the first time in Football League history that any club's fans have been completely banned from an opponent's ground.

Discretion

And in the Commons last night, Sports Minister Denis Howell announced that United's notorious travelling hordes are to be outlawed from England's soccer terraces.

After the Easter Monday game at Sunderland, they must watch from seats—and even then only at the discretion of the home club.

The Bristol club announced their decision after considering the trail of destruction left by United fans at Norwich last Saturday.

A spokesman for Mr. Howell said later: "The Minister is delighted that for the first time a football club has made the running for Parliament."

United expressed sorrow "for the 85 or 90 per cent. of our supporters who are decent people just wishing to enjoy a match."

Club secretary Les Olive said: "We must respect the Bristol board's decision and will be very interested in the outcome of the experiment."

But United manager Tommy Docherty said the move would not solve the problem.

"I don't feel we have made any progress at all in tonight's decision," he continued.

Talks

"We have the largest following in the country so it follows we have more hooligans."

Mr. Docherty re-stated his view that troublemakers should be birched.

"That would solve the problem," he said.

The crackdown could lead to trouble from United fans defying the ban by travelling without tickets—a situation that caused ugly scenes at Southampton recently.

Mr Howell said last night that Manchester United's away fixtures are to be ticket-only occasions.

And the Old Trafford club are to be told to discourage recognition of a whole range of supporters' clubs around the country.

Mr Howell also said that talks will be held with British Rail to stop fans using special trains without match tickets.

And the Government will tell rail and coach operators that alcohol should be banned on match transport.

The chairman of United's official supporters' club, Mr. David Smith, will liaise with police at the Bristol game.

Damaged

He said: "We can't, of course, stop individuals travelling. But any members of our supporters' club I identify will be expelled from the organisation.

"The Bristol ban is regrettable, but the time has obviously arrived for positive action."

Bristol City secretary Tony Rance said: "If we can't fill our ground with our own local fans that's too bad."

Assistant manager Harold Shepherdson, of Middlesbrough, who are to play host to Manchester United on April 23, last night welcomed the crackdown.

But United insist their fans aren't the only sinners.

Mr. Smith said: "After the Everton game on Tuesday, thirty-eight of our coaches were damaged by people throwing bricks.

"We have to run the gauntlet at many grounds."

Meanwhile, "backstreet backlash" against soccer rowdies was mounting last night.

Tenants' associations in Nottingham, Sheffield and Birmingham pledged support for Derby residents who want football barred until hooligans are properly controlled.

People living in the vicinity of Derby's Baseball Ground are seeing solicitors about a High Court injunction against the club.

And in Sheffield a petition demanding compensation and protection signed by 1,463 residents from the Hillsborough district was handed to the city council yesterday.

Flashback to scenes in United's match at Southampton

Die Red Army war häufig in den Schlagzeilen.

auf die Ränge und auch dort attackierten wir jeden Arsch, der uns in die Quere kam. An diesem Tag schien es um die Ehre des Vaterlandes zu gehen. Draußen waren noch immer beide Mobs in Kämpfe verwickelt. Es war extrem gewalttätig, eine Art Kulturschock für die Waliser.

Die Red Army war ein bunter Haufen, einige trugen Schlachterkittel, schwere Stiefel und Hosenträger. Andere, ich gehörte auch dazu, hatten Rod Stewart Frisuren, Kotletten, Polohemden, Karoschals, Muskel-Shirts, Schlaghosen und Stiefel von Clarks. Viele der Cockneys hatten auch Jacken aus Schafsleder an. Keine der Gruppen konnte diesen Tag alleine für sich verbuchen. Ich kann nur für die Jungs aus Nordmanchester sprechen, wir waren da und hatten einen der besten Tage unseres Lebens, obwohl fast die Hälfte von uns ärztlicher Behandlung bedurfte."

Die Innenstädte kleinerer Orte und deren Stadien wurden von den United Fans sprichwörtlich eingenommen. Etwa 20.000 aus Manchester wurden in Blackpool nicht ins Stadion gelassen und mindestens 10.000 warteten in der selben Saison vor dem Stadion von Hull. Weitere 20.000 Reds machten gut die Hälfte der Zuschauer aus, als ihre Mannschaft im Dezember 1974 in Sheffield Wednesdays Hillsborough Stadion spielte. Es kam dort zu weitläufigen Ausschreitungen und eine Zeit lang schien es so, dass das Spiel abgebrochen werden müsste. Die Gewalttätigkeiten begannen, als dreißig Minuten nach Anpfiff, Manchester Anhänger über die Zäune kletterten und auf das Spielfeld liefen, um an einer Schlägerei am anderen Ende des Stadions teilzunehmen.

Im Sheffield Star konnte man lesen: ´Die Tumulte begannen an einer Ecke des Spielfeldes und Massen von Polizeibeamten, einige auf Pferden, andere mit Schutzhelmen versuchten die Fans zurückzudrängen. Dutzende Fußballanhängern lagen am Boden und warteten darauf, auf Bahren in den Sanitätsraum getragen zu werden.´

Nachdem es in Oldham, Oxford und Bolton zu ähnlichen Zwischenfällen gekommen war, reiste die Red Army zum letzten Spiel der Saison gegen Nottingham County, mit der Gewissheit, dass der Aufstieg gesichert war. Wieder machten sie sich breit und während einige den Platz stürmten, rissen andere Sitzschalen aus den Verankerungen.

United war zurück in der obersten Spielklasse, was alte Feindschaften neu belebte. Im Oktober 1975 trafen sie in der vierten Runde des Ligapokals auf Manchester City. „Citys Mob hatte sich einen Namen gemacht, während wir in der zweiten Liga waren, sie hielten sich für Manchesters Top Firm, doch United nahm ihr End, das berühmte Kippax ein," erinnerte sich der neunundvierzigjährige Martin ´Psycho´ Sykes aus Ashton-under-Lyne. „Schon Wochen vor der Begegnung machte das Wort die Runde, dass wir The Kippax einnehmen müssten, um diesen Ärschen ein für alle Mal das Maul zu stopfen. Wir wussten, dass City einen guten Mob hatte, doch wir würden zu viele für sie sein, denn jede unserer Firms wollte an diesem Tag auftauchen. Unsere Firm hieß Ashton Reds. Ashton-under-Lyne war nur fünf Meilen von Manchester entfernt und eine United Hochburg, die von den City Hochburgen Droylsden, Stalybridge und Denton umringt war. Wir hatten einen Mob von fünfzig oder mehr Leuten, die alle zwischen siebzehn und zweiundzwanzig waren.

Unser Dresscode an diesem Tag war, Donkey Jacket und Arbeitsstiefel, das passte gut, weil viele von uns auf Baustellen arbeiteten. Wir trafen uns um 17.00 Uhr und begannen zu saufen, bevor wir den Bus in Richtung Manchester bestiegen. Im Bus prügelten wir erst einmal die Scheiße aus den City Fans, die mitfahren wollten und das waren nicht wenige, da wir ja durch´s City-Gebiet mussten. Wir kamen um 18.00 Uhr in der Innenstadt an und Piccadilly Gardens war voll von United Hooligans, die aus Salford, Collyhurst, Middelton, Wythenshawe, Oldham und Eccles kamen. Zusammen hatten wir jetzt einen 600 Mann Mob und gingen geschlossen zum Stadion an der Maine Road. Wir verprügelten auf dem Weg viele City Leute, ihre Mobs bestanden allerdings auch nur aus zirka fünfzig Leuten. Wir hatten nicht einmal eine Polizeieskorte und liefen einfach Amok, wir plünderten die asiatischen Geschäfte und raubten Schwarzhändler aus. Als wir am Stadion ankamen, sahen wir einen dreihundertköpfigen City Mob, der auf uns zu kam. Doch durch unsere zahlenmäßige Überlegenheit schlugen wir ihn in die Flucht und randalierten fast eine halbe Stunde lang rund um das Stadion, wobei einige Hot Dog Stände umgeschmissen wurden. Unser Mob war mittlerweile auf 1.000 Leute angeschwollen. Die Polizei hatte nun keine Chance mehr gegen uns und viele Fenster an umliegenden Gebäuden oder Geschäften gingen zu Bruch.

Die Hälfte von uns schaffte es ins Kippax End zu kommen, wurde dort jedoch von den Bullen in die obere Ecke gedrängt. Als dann das Spiel anfing hatten die City Hooligans einen Mob zusammen, der weit größer war als der unsere. Sie attackierten uns alle paar Minuten und viele vom uns Reds wurden außer Gefecht gesetzt. Während dessen hatten sich rund um das Stadion buchstäblich

Tausende United Hooligans eingefunden, es war eine der größten Ansammlungen von Schlägern, die je bei einem Fußballspiel in Großbritannien gesehen wurde.

Die City Leute zeigten sich ´besonders mutig,´ indem sie einzelne United Fans angriffen. In der Halbzeit stürmten wir durchs Kippax und in den City Mob. Wir füllten das halbe Kippax und waren nicht weg zu bewegen. Als drei Viertel der Spielzeit um waren, kamen noch Hunderte von United Jungs zu uns ins Kippax und der Großteil des City Mobs floh in Richtung Spielfeld, viele kletterten dabei über die Zäune. In wenigen Minuten hatten wir das Kippax End eingenommen. Die City Hooligans waren mehr als wir, doch sie flüchteten, abgesehen von einigen harten Kerlen, die stehen blieben und mutig kämpften, doch auch sie wurden bald überrannt.

Bei Spielende hatte United das gesamte Kippax End unter Kontrolle. Seit diesem Zwischenfall prahlen wir damit, was das für ein tolles Gefühl war und das war es wirklich, unbestreitbar. Ein Mob von 2.000 United Hooligans zog anschließend jubelnd Richtung Innenstadt, in der Gewissheit, unseren Lokalrivalen gezeigt zu haben, wer der die ´wahren Könige´ in Manchester sind."

Im selben Monat spielte United auswärts gegen West Ham, es war die erste Begegnung dieser beiden Vereine seit Jahren. Der Besuch der Manchester Anhänger im Jahre 1967 war vielen noch gut in Gedächtnis und eine Art Alarmzustand machte sich breit. Die Angestellten der U-Bahn streikten lieber, als die United Anhänger quer durch London zu chauffieren. Hunderte Polizisten und Ordner wurden bereitgestellt. Was aber noch mehr ins Auge stach, war dass sich sämtliche Schläger der Gegend auf der South Bank im Upton Park versammelt hatten, von wo aus sie eine Serie von Angriffen gegen die Man United Anhänger starteten. Ein Reporter einer landesweit erscheinenden Zeitung begleitete an diesem Tag die Polizeibeamten, die versuchten die Fangruppen auseinander zu halten. Er berichtete:

Die Polizisten ahnten bereits vor dem Spiel, dass etwas geschehen würde, als sie die Echos der Sprechchöre vernahmen, die rund um das Stadion gegrölt wurden. ´Wir wollen Krawall!´ skan-

SPORTS MIRROR BACKLASH

PITCH WARFARE . . . as hundreds of Derby and Manchester United fans clash violently after the final whistle at the Baseball Ground.

The violent backlash came at the end of a goal-less draw in which both sides were involved in controversial incidents late in the game with referee Harold Hackney.

First he turned down appeals for a penalty after Sammy McIlroy appeared to handle the ball and then he disallowed a Gerry Daly "goal" for United.

And, at the end of the game, as frustrated and angry fans tried to leave the ground, punches were thrown and a full-scale battle broke out.

"A thousand policemen couldn't have kept them off the pitch," said Chief Superintendent Harry Shelley, the man in charge of crowd control. "The only effective way to prevent this kind of thing happening is to fence in the fans."

Sam Longson, the Derby chairman, said of the United fans: "They are hooligans, animals. They spit at you and swear at you.

"We don't have any problems with any other clubs. It's not stressed enough that it's United fans who cause the trouble."

More than a dozen fans were arrested, at least 20 spectators taken to hospital, including several police officers, and 65 casualties were treated on the ground.

But Chief Superintendent Shelley added: "It was not a deliberate invasion of the pitch, as far as I am concerned. I think it was impatience which caused the trouble."

Ein Bericht über die Krawalle in Derby.

dierten die Manchester United Fans. Sie hatten es darauf abgesehen Massenkrawalle zu provozieren, sie wedelten mit ihren rot-weißen Schals über dem Kopf, wie Ritter mit einem Morgenstern. Nicht nur kleine Jungs mit Pudelmützen bekamen Angst, auch die Polizeibeamten guckten sich gegenseitig nervös an. Als einer der Polizisten die wütenden West Ham Fans auf der South Bank sah, sagte er: „Bei Gott, wenn ich da rein gehen muss, werde ich mir den ersten schnappen, der Ärger macht und mich schnell mit ihm verziehen." Ein anderer Beamter, der von der South Bank zurück kam, sagte besorgt: „Die West Ham Anhänger provozieren den Manchester Mob. Sie haben ihn bereits in eine Ecke gedrängt, um so einen Kampf zu erzwingen, es sieht böse aus.´

Und es war böse. Das Spiel musste für neunzehn Minuten unterbrochen werden, als Fans, die der Schlägerei entgehen wollten, an den Absperrungen so stark eingequetscht wurden, dass man sie auf das Spielfeld zog. Verletzte Kinder wurden auf Tragen weggeschafft und es kam zu mehr als drei Dutzend Verhaftungen. Die Zeitungen hängten es an die große Glocke, dass die Red Army nun die Quittung für ihr Benehmen erhalten hätte: ´Der Tag an dem die Terroristen der Liga selbst wie Freiwild gejagt und niedergestreckt wurden,´ titelte die Sun. Wie nicht anders zu erwarten, wurde den Manchester Anhängern verboten zum nächsten Spiel in den Upton Park zu kommen. Die Saison 1976/77 war dennoch eine der gewalttätigsten in der Geschichte von Manchester United. An einem Bank Holiday Wochenende im August, mussten die Fans nur eine kurze Reise zu Derby County machen, um ihr Team zu sehen. Und wieder einmal waren die Zeitungen voll von Berichten über Ausschreitungen, die sich im Stadion ereignet hatte. ´Aufstand in Derby´ lautete eine Überschrift:

Manchester United Anhänger haben gestern beim Spiel gegen Derby County erneut ihren schlechten Ruf untermauert, indem sie sich Schlägerei auf dem Spielfeld lieferten.

Nach Ende eines ihrerseits ansehnlichen, aber torlosen Spiels, sprang eine Gruppe von United Fans über die Absperrungen. Sie schmissen mit Flaschen und Dosen und als sich ihnen Derby Fans zum Kampf stellten, wurden Schläge und Tritte ausgeteilt. Die Polizei musste zehn Minuten vollen Einsatz zeigen, um die Ordnung wieder herzustellen. Doch dann brachen weitere Schlägereien auf den Rängen aus.

Als es losging konnte man Mädchen vor entsetzen schreien hören. Die Torräume, die noch Minuten zuvor Schauplatz eines Fußballspiels waren, wurden zu Anlaufstellen für Verletzte.

Von nun an versetzte jede Begegnung mit Beteiligung von Manchester United die Polizei in Angst und Schrecken. Für das Auswärtsspiel von United in West Brom wurden 1.000 Polizisten mobilisiert, in der Erwartung, dass die 20.000 mitreisenden United Anhänger Ärger verursachen würden. ´Leute verließen ihre Häuser und brachten ihr Eigentum in Sicherheit, auch Pubs und Geschäfte schlossen wegen der bevorstehenden Ankunft der Red Army,´ schrieb eine Lokalzeitung im Zusammenhang mit der bis dahin größten Polizeiaktion, die je in den West Midlands bei einem Fußballspiel stattgefunden hatte. Da man sich nur zu genau an den Besuch der Manchester Fans im Jahre 1974 erinnern konnte, wurden die Ordnungskräfte angewiesen, zu verhindern, dass United Fans zu früh in West Brom eintrafen und sich betrinken konnten. Die Zeitung fuhr fort: ´Züge und Reisebusse aus Manchester wurden bis eine Stunde vor Anpfiff nicht in die Innenstadt von West Bromwich gelassen.´

Ein Polizeisprecher kündigte an: „Leute die Dosen oder Flaschen dabei haben, Schuhe mit Stahlkappen oder Stahlhelme tragen, werden nicht in das Stadion gelassen." Das Spiel verlief relativ friedlich, es gab ´nur´ neunundsiebzig Festnahmen, das waren weniger als die 100 bei Uniteds letzten Besuch.

„Dieses Mal wurden sie von uns ausmanövriert," sagte ein Polizist.

Doch es sollte ein Spiel in Norwich im April 1977 sein, dass das Ende der guten Zeiten der Red Army signalisierte. Eine Tribüne wurde zerstört, dreißig Leute verletzt und neunzehn verhaftet, als United Anhänger randalierten. Es gibt Filmaufnahmen von diesem Tag, die zeigen, wie ein Jugendlicher etwa zwölf Meter tief von einem Tribünendach fiel. Selbst als man ihn auf einer Bahre abtransportierte, wurde er noch von Manchester Fans attackiert. Bei einem Versuch, die Ordnung wieder herzustellen, noch bevor der Anstoß erfolgt war, schritt United Boss Tommy Docherty auf den Platz. Aber auch er wurde zum Ziel vieler Wurfgeschosse, darunter ein Betonklumpen. Asbestplatten wurden vom Tribünendach abgerissen und auf das Spielfeld geschleudert. Am folgenden Montag lautete die Überschrift der Manchester Evening News: ´Alarmstufe rot: Howell wird reagieren´

Als Sportminister Howell dann drohte neue Maßnahmen gegen die United Anhänger einzuleiten, schlossen sich der offizielle Fan Club und das Management des Vereins zusammen, um die gewalttätige Minderheit von den Spielen auszuschließen. Die Krawalle in Norwich kamen zu einem Zeitpunk, als es bereits vorher bei Tottenham und in Southampton zu Ausschreitungen gekommen war. Auf der Rückseite der Zeitung war ein Artikel, der das Dilemma aufzeigen sollte, in dem die Verantwortlichen steckten, wenn ihre Mannschaft gegen Man U antrat. ´Krieg oder Frieden? Dazwischen können die Vereine wählen. Wollen sie riskieren, dass die Red Army bei ihnen ein Spur der Verwüstung hinterlässt? Oder wollen sie die Anwesenheit der Red Army umgehen, indem sie keine Tickets an Manchester Fans verkaufen.´

Die Aussicht, dass es bei United Spielen Ärger gab, erwies sich als so sicher, dass der Sportminister und der Fußballverband entschieden, den Man U Fans einfach keine Karten für Auswärtsspiele zu verkaufen, statt dessen sollten die Karten an die einheimischen Fans verkauft werden.

In der Zwischenzeit beantworteten einige Vereine die Frage ´Krieg oder Frieden?´ auf eigene Faust. Bristol City war der erste Verein, der für das Spiel im Mai alle United Anhänger von den Tribünen verbannen wollte, die Queens Park Rangers folgten dem Beispiel, obwohl das Vorhaben nicht durchzuführen war, weil bereits 8.000 Karten für den Gästeblock verkauft worden waren.

United reagierte verärgert und Tommy Docherty führte den Proteststurm an. Er sagte: „Dadurch, dass Denis Howell unseren Fans verbietet ihrem Verein zu folgen, gefährdet er auch die Existenz anderer Clubs.“ Docherty führte diese Linie fort und lobte die Red Army sogar beim nächsten Heimspiel gegen Stoke City. Er sendete auch eine spezielle Osterbotschaft an die Fans: ´Die Tribünen von Old Trafford waren der Schlüssel für das Selbstbewusstsein und die Stärke von Manchester United. Viele Vereine stecken bis über beide Ohren in Schulden, doch durch euch, das Publikum, sind wir immer unabhängig geblieben, in einem Wettbewerb, der mit vielen finanziellen Problemen zu kämpfen hat.´

Nicht jeder teilte sein Vertrauen in die Red Army. Zweihundert Meilen entfernt, bereitete sich die Polizei von Sunderland auf das nächste Spiel von United vor. ´Die 220.000 Einwohner von Sunderland drücken die Daumen und hofften das Beste,´ schrieb ein besorgter Journalist. Doch das Spiel verlief zur Verwunderung vieler friedlich und es gab nur eine Festnahme. Das Verbot zu Auswärtsspielen zu fahren, bezog sich nicht auf das FA Pokalhalbfinale, bei dem Man U gegen Leeds im Hillsborough Stadion antreten musste und wie es vorauszusehen war, reisten die Leute der Red Army zu Hunderten an. Tatsächlich waren

A word from the Doc

MANCHESTER UNITED manager Tommy Docherty quelled a pre-match crowd explosion before the game at Norwich.

Docherty went across the pitch after 80 policemen had wrestled with United fans for 15 minutes. There were several scuffles and a procession of stretchers ferried injured from the pitch.

'BRING BACK BIRCH'

The United boss urged the fans to go back into the Barclay stand enclosure.

Within five minutes of the start they had all returned, but for the remainder of the match police formed a barrier in front of the red-scarved horde.

Docherty, who had to dodge a piece of flying concrete when he was on the pitch, again called for the return of corporal punishment.

He rapped: "The only answer seems to be to bring back the birch. People like this are giving football a bad name.

"We are consistently sickened by the violence that follows us around. We have an excellent standard on the pitch. If only it could be reflected in the behaviour of our supporters."

United lost 2—1. Rampaging fans tore the back off the stand and used the planks as weapons.

One fan crashed 30ft. from the roof and was attacked by Norwich fans as he lay on a stretcher.

In all 36 people were injured and two taken to hospital. Cars were overturned and a police officer said: "It's like mayhem."

Norwich financial director Ian Cootes said that it was too early to assess the cost of the damage. "But I will urge the board to dock United's gate money," he added.

● Referee Kevin McNally had to stop Derby's match with Stoke City after hundreds of fighting fans ran on to the pitch.

Police and stewards ran after the young Stoke fans who were trying to reach a group of Derby supporters. It took about two minutes for the fans to be bundled off the pitch and then the referee allowed play to resume.

A RED RIOT

Doc's army on rampage

Bei der Berichterstattung wurde oft wenig Wert auf die sportlichen Leistungen gelegt.

es viel zu viele, gemessen an der Stadiongröße, also wurde ein großer Teil von ihnen nicht reingelassen, dieser Umstand war ein guter Grund für Ausschreitungen. ´Verärgerte Anwohner des Hillsborough Stadions standen vor einem Trümmerfeld,´ titelte der Sheffield Star. Ein Polizeibericht hielt fest, dass Hunderte von Manchester Anhängern, die keine Eintrittskarten bekommen hatten, randalierend durch die Gegend zogen, dabei beschädigten sie Fahrzeuge und Gebäude.

Im Stadion kam es zu weiteren Problemen, weil die Trennung der Fangruppen komplett fehlschlug. Und der Jubel der Leeds Anhänger, nach einem Treffer ihrer Mannschaft, führte zu weiterem Ärger im und um das Stadion. Nach dem Spiel kam es zu Angriffen auf Leeds Fans, als diese den Austragungsort verließen. Weil die Manchester United Anhänger in Großbritannien durch neue Maßnahmen immer mehr eingeschränkt wurden, gewannen die Spiele des Vereins in Europa für die Hooligans an Attraktivität. Es gab kaum eine Begegnung auf dem Kontinent, die nicht von Krawallen begleitet wurde.

Im Jahre 1974 randalierten die United Leute in Oostende, dabei gingen Scheiben zu Bruch und Autos wurden beschädigt. Doch es war ein Spiel gegen St. Etienne im Pokal der Pokalsieger im September 1977, das die meiste Aufmerksamkeit auf sich zog. Kämpfe auf den Rängen führten dazu, dass dreiunddreißig Leute ärztlicher Behandlung bedurften und schließlich sorgte dieser Zwischenfall dafür, dass der Verein aus dem Wettbewerb geschmissen werden sollte. Die Überschrift der Manchester Evening News lautete:

´Die Schande von St. Etienne´

Wieder einmal haben sogenannte Manchester United Fans den Namen dieses großen Clubs, durch ihr schlechtes Benehmen, in den Schmutz gezogen – dieses Mal in Frankreich. Die Schandtaten in St. Etienne kann man nicht einfach bei Seite schieben. Und es ist noch trauriger, wenn man berücksichtigt, dass die Mannschaft aus Manchester eine fantastische Leistung auf dem Platz zeigte. Nun hat sich ein weiterer Erstliga-Verein entschieden, die United Fans nicht mehr in sein Stadion zu lassen und es ist möglich, dass sie auch aus dem Pokal der Pokalsieger geworfen werden. Der Verein selbst leidet sehr unter den Umständen. Den Anschuldigungen muss man sich stellen, auch wenn viele United Fans behaupten, dass der Ärger von den Franzosen angezettelt wurde.

Die Begegnungen auf dem europäischen Festland waren für die United Hooligans immer eine Art Raubzug, wie sich Colin Blaney erinnert: „´Rab-Eye´ aus Salford und ich hatten jeder einen Designer Anzug gestohlen und verkauften ihn. Dann besorgten wir uns gefälschte Ausweise, mit denen wir kurz vor Feierabend in ein Büro der Post gingen, dort bekamen wir zwei Visa ausgestellt. Wir fuhren schwarz mit dem Zug nach Euston, dann mit der U-Bahn zur Victoria Station, von da aus nahmen wir wieder einen Zug bis Dover. Wir setzten mit der Fähre nach Frankreich über und dann ging die Reise mit dem Bus bis ins ´frivole´ Paris.

An der Gare du Nord trafen wir eine Firm aus Manchester. Zusammen machten wir uns in einem Luxus Doppeldeckerbus auf den Weg und die ganze Fahrt über kam niemand, um unsere Tickets zu kontrollieren. Ich kann mich noch erinnern, als wir durch Lyon fuhren, fiel mir auf, dass sogar die Parkplätze in Frankreich besonders hübsch waren. In der Stadt waren bereits alle größeren Bars von Red Army Leuten besetzt und Coco hatte ein riesiges Hotelzimmer gemietet, in dem wir pennen konnten. Es klingt fast unglaublich, aber ich hatte immer noch genug Geld durch den Verkauf des Anzugs, um mir ein paar Bier zu gönnen. Am nächsten Tag war der erste Punkt auf der Tagesordnung, sich mit dem Mann zu treffen, der den Zug mit den Leuten aus Südengland organisierte, Coventry Rob. Er würde alle Pläne zusammenfügen und dann würde es los gehen. Wir stahlen und plünderten, die Beute waren Lois Jeans, Kickers Schuhe, Lacoste Pullover und einige Registrierkassen. Dann sammelten wir uns mit all den anderen Bekloppten bei einem Springbrunnen auf einer großen Kreuzung. Man hatte das Gefühl, wir hätten den Pokal bereits gewonnen, alle tranken französischen Rotwein, sangen und schwenkten Fahnen. Es schien ein herrlicher Tag zu werden.

Plötzlich rief Eddie Beef: „Es ist wieder Zeit zu plündern!“ Und den ganzen Weg zum Stadion wurde genau das gemacht, sämtlich Essen- und Getränkestände auf der Strecke wurden beraubt. Als wir im Stadion ankamen, sahen wir, dass alle Manchester Hooligans grüne Trikots, Schals und Hüte trugen – sie hatten den St. Etienne Fan-Shop geplündert. Also tauschten Rab und ich einige Bier gegen zwei Trainingsanzüge des französischen Vereins. Die Atmosphäre im Stadion war sehr europäisch, mit all diesen Tröten und Hupen.

St. Etienne war damals eine Spitzenmannschaft, die zu Hause im europäischem Wettbewerb noch nie geschlagen worden war. Mehr als 2.000 von uns gingen direkt in den Block der Franzosen, von denen einige idiotische Sachen auf uns schmissen, wie beispielsweise Plastikflaschen mit Wasser oder Wein, die wir einfach aufhoben und austranken. Sie schmissen sogar mit Baguettestangen, also fingen die United Leute an mit Münzen zu schmeißen und die Sache schaukelte sich langsam hoch. Dann ging es los. Viele der Reds zogen die Stangen ihrer selbst gemachten Flaggen raus und benutzten sie als Waffe. Dadurch wurden die Froschfresser gezwungen die Tribüne runter zu flüchten, wo ein hoher Drahtzaun, der verhindern sollte dass man auf den Platz kam, sie aufhielt. Einige versuchten über den Zaun zu klettern, doch sie fielen runter und erlitten Knochenbrüche oder Prellungen.

Das Chaos setzte sich fort auch als das Spiel gestartet war, knüppelschwingende Sondereinheiten der Polizei tauchten auf und schlugen einige Köpfe ein. Sie jagten ungefähr 500 Manchester Hooligans aus dem Stadion und zurück zum Bahnhof. Als die Polizei erschien, nutzten die französischen Fans den Augenblick zur Revanche. Dieses Mal griffen sie uns mit Holzlatten an. Ihnen schien alles egal zu sein, aber wer könnte es ihnen verdenken?"

Überraschender Weise bekamen die United Fans Unterstützung von einem hochrangigen Polizeisprecher. Dieser sagte der Presse, in Bezug auf einen Polizeibericht eines englischen Polizisten, der in St. Etienne gewesen war: „Die United Fans wurden vor Betreten des Stadions komplett durchsucht, wo also kamen die Flaschen und Dosen her, die geworfen wurden? Es gibt Hinweise, dass die United Anhänger den Streitereien aus dem Weg gehen wollten, doch im Stadion war nicht für die Trennung der Fangruppen gesorgt worden."

Auch der unglückliche Zeitpunkt, an dem einige Fußballspiele stattfinden, kann oft zu Problemen führen. Nur drei Tage nach dem Spiel gegen St. Etienne, musste Manchester United zu Hause gegen Chelsea antreten, ein Verein, dessen Hooligans genau wie die von United, Angst und Schrecken im Land verbreiteten. Für die Polizei war klar, dass diese Begegnung, die genau mit der Lord Mayor´s Parade in City Centre zusammen fiel, zu Problemen führen würde. Während Hunderte von Polizisten das Spiel im Auge behalten sollten, wurden 200 Beamte abstellt, um die Parade vor möglichen Angriffen von Fußballfans zu schützen. Die Parade verlief friedlich und es kam nicht zu den befürchteten Ausschreitungen.

Das war nicht nach dem Geschmack der Red Army, die alles daran setzte doch noch zum Zuge zu kommen. Die Manchester Evening News berichtete:

Es dauerte für die 1.200 Chelsea Fans fünfzehn Minuten, um nach dem Spiel am Samstag, bei dem ihre Mannschaft Man U mit 0:1 geschlagen hatte, die dreihundertfünfzig Meter bis zur Bahnstation sicher hinter sich zu bringen. Und das schafften sie auch nur, weil eine Kette von 200 Polizisten sie vor dem fanatischen, 3.000 Mann zählenden Mob schützte, der sich selbst die Red Army nennt. Wie eine Guerillatruppe verschwanden sie, als Polizeieinheiten den Weg zur Warwick Station räumten. Doch sie versteckten sich nur in Nebenstraßen, Hauseingängen oder hinter geparkten Autos, immer bereit, die Chelsea Anhänger auf dem Weg zu den Zügen zu überfallen.

Die Chelsea Fans mussten nach Abpfiff noch eine halbe Stunde im Gästeblock verweilen, bis die Polizei in einer vorbereiteten Aktion, den Weg, der vor ihnen lag gesichert und von Manchester Anhängern befreit hatte. Erst dann, unter schwerer Bewachung, wozu auch Pferde und Diensthunde gehörten, durften die Londoner das Stadion verlassen. Eine Gruppe Chelsea Fans legte auf dem Heimweg einen kurzen Stopp ein, um einige Getränke zu sich zu nehmen, das hätten sie lieber nicht tun sollen. Im Thorn Hotel, in Wythenshaw einem rauen Randbezirk südlich von Manchester, wurden sie von einer zwanzigköpfigen Gruppe angegriffen. „Die Bastarde nehmen wir uns vor," war zu hören. Was dann geschah, beschrieb der Wirt der Bar so: „Es war ein totales Chaos. Ich ging zum Telefon und rief die Polizei. Als ich zurückkam, lag ein Junge in einer Blutlache auf den Boden. Also ging ich wieder zum Telefon, um einen Krankenwagen zu rufen. Dieser Anruf dauerte zirka drei Minuten, in dieser Zeit wurden zwölf Stühle, sechs Tische, sechs Barhocker und dreizehn Fenster zerstört. Ich glaube, die Unruhestifter waren Hooligans, die hier in der Gegend leben."

Fünf Tage darauf mussten die Manchester United Fans vernehmen, dass ihr Verein vom Pokal der Pokalsieger ausgeschlossen wurde. Dies wäre eine Reaktion auf die Ausschreitungen in Frankreich, wie die UEFA bekannt gab. Im Statement der UEFA war zu lesen: ´Als Folge der Zwischenfälle, die von Manchester United Anhängern bei der Begegnung gegen St. Etienne am 14. September ausgingen, haben wir im Interesse der öffentlichen Sicherheit entschieden, den englischen Verein aus dem laufenden Wettbewerb zu nehmen. Somit ist der Verein St. Etienne in der nächsten Runde.´

Die Kommission, die diese Entscheidung getroffen hatte, war der Meinung, dass das Benehmen der Anhänger von Manchester United eine hohes Risiko für die öffentliche Ordnung darstellte und die körperliche Unversehrtheit anderer Zuschauer gefährde. United Sekretär Les Olive kündigte umgehend an, gegen die Entscheidung zu protestieren, er wurde dabei von David Smith dem Leiter des offiziellen Fanclubs unterstützt. Smith sagte: „Ich bin sehr überrascht über diese Entscheidung. Wir waren immer der Meinung, dass der gastgebende Verein für die Sicherheit im Stadion verantwortlich ist. Ich stimme zu, dass der schlechte Ruf der United Anhänger sicher zu den Zwischenfällen beigetragen hat, doch die Wurzel allen Übels war, dass es zwischen den französischen und englischen Fans keinerlei Trennung gab."

Diese Sicht der Dinge wurde von vielen United Fans geteilt. Schließlich zog die UEFA den Rauswurf zurück, unter dem Vorwand, dass das Verhalten der Spieler aus Manchester tadellos gewesen wäre. Eine Bedingung war jedoch, dass das Rückspiel in einem neutralen Stadion auf englischen Boden ausgetragen werden würde.

In den Siebzigerjahren konnte man eine Explosion der Gewalttaten zwischen den Anhängern von Man U und Leeds United feststellen. Diese Fehde hatte ihren Ursprung in den Sechzigern, als beide Vereine bei einigen Halbfinalspielen im FA Pokal aufeinander trafen. Das Verhältnis verschlimmerte sich noch, weil Leeds Man U als dominantestes Team der Liga ablöste. Eine grauenhafte Reise im Jahre 1978 zum Stadion an der Elland Road wird von einigen Mitgliedern der Red Army nie vergessen werden. „Ich habe in der Zeit, in der ich Manchester United folgte oft den Arsch voll bekommen, doch die schlimmste Abreibung und ich glaube da werden mir viele zustimmen, bekamen wir 1978 in Leeds," sagte der siebenundvierzigjährige Ronnie McClelland aus Middleton.

„Wir fuhren mit 10.000 Leuten dort hin, davon waren zirka 3.000 Hooligans, trotzdem wurden wir den ganzen Tag lang ab 10.00 Uhr morgens verprügelt. Unser Mob aus Middleton kam um 10.00 mit dem Zug in Leeds an. Wir schlossen uns mit weiteren Manchester Jungs zusammen und waren jetzt ungefähr 200 Mann. Wir verließen den Bahnhof, um einen kurzen Abstecher ins City Centre zu machen, doch es dauerte nur Minuten und wir wurden von Hunderten Leeds Hooligans überfallen. Das waren keine Jungs wie wir, die waren über zwanzig, manche sogar über dreißig Jahre alte Schlägertypen.

Wir waren damals leicht zu erkennen, denn kaum einer von uns trug einen Vereinsschal, was bei den Leeds Leuten noch anders war, von ihnen trugen fast alle Schals, einige hatten sie ums Handgelenk andere um die Stirn gewickelt. Die meisten dieser Wichser hatten Donkey Jackets mit der orangen Aufschrift NCB (National Coal Board) auf dem Rücken, dazu trugen sie noch immer Hochwasserjeans und kirschrote Doc Martens. In dieser Stadt schien die Zeit wirklich stehen geblieben zu sein, viele der Typen hatten auch diese Rod Stewart Frisuren und selbst gemachte Tattoos, wie ´Love´ und ´Hate´ auf den Fingerknöcheln.

Sogar die normalen Leeds Fans griffen uns mit Flaschen und Regenschirmen an. Mir schlug noch nie so viel Hass entgegen, wir wurden in die Flucht geschlagen, versuchten gegen zu halten, doch da war keine Chance. Sie kamen einfach aus allen Ecken. Ich wurde einen kleinen Weg runter geprügelt und dort von zwei Skinheads zusammengetreten.

Schließlich sorgten die Polizeisirenen dafür, dass die Leeds Penner verschwanden. Von den fünfzig Leuten, die am Morgen Middleton verlassen hatten, waren um 11.00 Uhr nur noch zwanzig übrig. Später fanden wir heraus, dass der Rest den ersten Zug raus aus Leeds genommen hatte.

Wir hielten uns erst einmal bedeckt und mischten uns unter die einkaufenden Passanten. Um 11.30 Uhr gingen wir zum Bahnhof zurück, um auf den nächsten Zug mit Manchester Fans zu warten. Mehr als 500 Mann waren im Zug, doch als wir den Bahnhof verließen, wurden wir unter einer großen Eisenbahnbrücke erneut vom Leeds Mob angegriffen. Doch dieses Mal meinten sie es ernst, viele von ihnen hatten Messer oder zerschlagene Flaschen, mit denen Leute von uns verletzt wurden. Sie hatten eine 2:1 Überlegenheit und auch einige der ´normalen´ Passanten beteiligten sich an den Angriffen. Die Polizei scheuchte uns wieder in den Bahnhof, dort warteten wir auf den nächsten Zug, der um 12.30 Uhr eintraf und der auch voller Manchester Leute war. Dann wurde dieser große Mob von der Polizei die zwei Meilen bis zum Stadion eskortiert.

An jeder Straßenecke standen einige Leeds Hools, die uns mit Steinen oder Flaschen beschwarfen. Die Bullen kümmerten sich nicht darum und viele von uns erlitten Verletzungen. Wir versuchten aus der Eskorte auszubrechen, doch das konnte von den Cops verhindert werden. Als wir am Stadion ankamen, bot sich uns ein Anblick wie bei der letzten Schlacht von General Custer. Da waren Tausende von Leeds Typen, die uns alle weit überragten, sie sahen mit ihren Schals um den Kopf wie Indianer aus und sie schrieen: 'Tötet sie!' als auch schon Steine auf uns nieder regneten. Schließlich brachte uns die Polizei in den, dem Gelderd End gegenüber liegenden Block.

Das Stadion war ausverkauft und die ganze Zeit über versuchten Leeds Jungs in das End zu klettern in dem wir waren, was wie eine Selbstmordaktion wirkte. Sie wurden verprügelt, doch es kamen immer mehr rübergeklettert. Es war eine echt verrückte Atmosphäre. Nach dem Spiel brachte uns wieder eine Polizeieskorte zum Bahnhof, wobei uns alle fünfzig Meter ein Leeds Mob auflauerte. Die Polizisten schienen auf einem Auge blind zu sein, sie machten sich außerdem über unsere Zwangslage lustig und nannten 'Mancs Wichser.' An einer Stelle überließen die Bullen uns unserem Schicksal, als Hunderte von Leeds Hooligans kurz vor dem Bahnhof mit Gerüstbauteilen und Eisenstangen auf uns zukamen. Die paar Leute, die sich wehrten wurden festgenommen. Es war einfach lächerlich. Als wir dann endlich im Bahnhof waren, wurden wir vom gegenüber liegenden Bahnsteig von Leeds Fans mit Steinen beschmissen, doch die Bullen kümmerten sich nicht darum. Ich erwischte den ersten Zug und nach nur zwei Meilen war jede darin befindliche Scheibe von Steinen oder anderen Wurfgeschossen zerstört worden. Auch die folgenden vier Züge wurden von den Leeds Leuten bombardiert, als der Rest von uns diese wahrhaft höllische Stadt verließ. Es war für viele von uns die schlimmste Abreibung des Lebens, manche fuhren nie wieder nach Leeds. Es schmerzt noch heute zugeben zu müssen, dass der Leeds Mob uns damals platt gemacht hat."

Die Red Army bestand wie erwähnt aus Gruppen, die aus dem ganzen Land kamen. Die meisten stammten aus dem Großraum-Manchester, doch es gab auch Gangs, die von weiter weg kamen, wie Dave und seine Warrington Reds. An der Ostküste gab es in Hull eine recht große Gruppe und auch aus den Midlands und dem Südwesten kamen unzählige Man U Anhänger. Doch die unumstößlich größte Gruppe außerhalb Manchesters waren die Cockney Reds, die von Leuten wie Banana Bob angeführt wurden. Colin Blanley sagte über sie: „Die Typen, die ich von den Cockney Reds kannte, waren härter als jeder Typ aus Manchester, vielleicht weil sie unten im Süden einfach von allen gehasst wurden. Ihre Geschichte war die: Viele von ihnen waren Mitte der Fünfziger- oder Anfang der Sechzigerjahre geboren, die meisten waren wegen der besseren Jobs in den Süden gezogen, die durch die Autoindustrie entstanden waren. Dazu kam, dass die Busby Babes wie Man U's Team damals genannt wurde, die erste Mannschaft war, die im ganzen Land geliebt wurde. Die jüngeren schlossen sich den älteren Fans an und sie waren so eine Art Rebellen in der Hauptstadt.

Eine weniger bekannte Gang aus Manchester, die es auch nur kurzzeitig gab, waren die 'Young Munichs.' Die Gruppe bestand hauptsächlich aus jungen Weißen und einigen Mulatten, die in den Wohnblocks von Moss Side und Hulme lebten. Sie fuhren nicht oft zu Auswärtsspielen, weil viele von ihnen zu sehr den Drogen zusprachen. Sie waren trotzdem ein echter Alptraum für manche, denn sie waren bekannt für ihre Messer- und Gasattacken rund um die Chester Road. Wenn sie in der Stadt waren agierten sie meiste alleine, also blickten wir ein wenig auf sie hinab, kein Wunder also, dass sie bald verschwanden. Ihr Anführer war ein Typ Namens Macca, doch weil er immer im Ausland arbeitete, hatte er den Spitznamen 'Munchen.' Cockney Sam nahm sie für ein Jahr unter seine Fittiche. Er war ein Mensch, der schon in einigen Irrenanstalten von Innen gesehen hatte. Als ich ihn zum erstenmal traf, trug er eine Brille mit sehr dicken Gläsern und einen blauen Regenponcho, er sah aus wie ein Vollidiot. Wenn er rausgefunden hatte wo sich eine gegnerische Firm aufhielt, verwandelte er sich in einen General, er sagte Munchen und Co. sie sollten ihre Waffen bereit halten. Munchen und der Rest der Young Munichs waren alles Messerstecher, zu dieser Zeit war Man U der einzige Verein, abgesehen von den Clubs aus Merseyside, deren Hools Messer benutzten. Die Scouser sagen zwar, dass wir nicht auf ihrem Level waren, doch wir waren von allen am nächsten dran."

Da Leeds und Man City einen großen Teil der Achtzigerjahre in der zweiten Liga verbrachten, kam es gegen die Vereine aus Merseyside zu den brutalsten Begegnungen in dieser Zeit. Am schlimmsten waren die Begegnungen mit den Hooligans von Liverpool FC, die mit Evertons Mob waren etwas gemäßigter. Eine schreckliche Serie von Messerstechereien begann, als 1982 der junge United Fan und Amateur Boxer Jobe Henry Opfer einer Messerattacke wurde, er musste anschließend mit 200 Stichen genäht werden. In den folgenden Jahren erlitten Dutzende Hooligans und auch unbeteiligte Fans bei Aufeinandertreffen der Vereine Wunden, die ihnen mit Teppichmessern und ähnlichen Gegenständen zugefügt wurden. Auch auf dem Spielfeld gab es Frust, weil der Verein es nicht schaffte mit den beiden Konkurrenten aus Liverpool gleichzuziehen.

Der Tod eines Tottenham Fans, bei einer Auseinandersetzung auf der Rolltreppe der Seven Sisters U-Bahnstation, führte zu andauernden Streitereien mit der Spurs Firm, die ein bekanntes schwarzes Mitglied der Cockney Reds für den Zwischenfall verantwortlich machte. In dieser Zeit kam es auch zu einigen Zusammenstößen zwischen dem United Anhängern und der berüchtigten ICF von West Ham. Die wohl heftigste Schlägerei dieser beiden Mobs ereignete sich im Laufe der Dreharbeiten zu der TV Reportage *Hooligans* auf einer Fähre, die beide Fraktionen zu einem Vorbereitungsturnier über den englischen Kanal fuhr (siehe West Ham).

Im Jahr 1987 gründete die Polizei von Manchester die verdeckt arbeitende Omega Squad, deren Ziel es war, den Hooligan-Gangs das Handwerk zu legen. Die ersten Erfolge hatte diese Einheit bei Manchester Citys Guvnors und den Young Guvnors. Uniteds Firm war die nächste auf der Liste.

Massenkrawalle beim Manchester Derby 1989 im Stadion an der Maine Road, brachten das Fass zum überlaufen. Damals waren United Hooligans mit Eintrittskarten, die sie bei Schwarzhändlern gekauft hatten, auf die Nordtribüne des Stadions vorgedrungen und wie ein Polizeisprecher sagte, war es dabei zu den schlimmsten Ausschreitungen seit Jahren gekommen. Der Einsatzleiter der Ordnungskräfte sagte dazu: „Sie kämpften wie Hunde, im Kippax End, auf der Haupttribüne und hinter der Nordtribüne."

Drei Monate später wurde die Polizeioperation ´Mars´ ins Leben gerufen. Polizisten in ziviler Kleidung sollten sich unter die United Hooligans mischen, um herauszufinden, wer wer war und um Beweise zu sammeln.

Die Person, die als Anführer identifiziert wurde, war Tony O´Neill aus Wytenshaw, er war seit langer Zeit unter den Man U Leuten bekannt und in den Siebzigern, als Teenager war er sogar zu einem Treffen mit dem damaligen Sportminister Denis Howell eingeladen, bei dem über das Hooligan-Problem im Old Trafford diskutiert worden war. Obwohl die Polizeibeamten es nicht schafften in den inneren Kreis der United Firm einzusickern wurden am 22. November 1990 mehr als dreißig mutmaßliche Hooligans in Manchester, London und an anderen Orten festgenommen. Den meisten wurde die Beteiligung an Fußballkrawallen vorgeworfen.

Bis Mai 1993 lief alles nach Plan, doch dann brach der Prozess zusammen, weil den verdeckten Ermittlern gestattet worden war, ihre Anschuldigungen anonym hinter einer Wand vorzubringen. Dieser Vorgang war demütigend für die Polizei von Manchester, aber wenigstens hatte sie einige Leute für eine Zeit aus dem Verkehr gezogen.

Einer der Betroffenen der Operation Mars war Gary Powell, ein ehemaliger Soldat, der verrückt nach Fußballausschreitungen war. Powell war in den Neunzigerjahren einer der führenden Köpfe beim United Mob, der sich jetzt ´Men in Black´ nannte, was daher rührte, dass die Mitglieder fast immer ganz in schwarz gekleidet auftraten. Einer der damals Mitglied der Firm war erzählte: „Powell gab unserer Gang den Namen, er wurde dafür von vielen Reds geachtet. Doch er erhielt nie die Anerkennung, die er verdient hätte, weil er die Firm aus einem Trümmerhaufen wieder aufgebaut hatte. Tony (O´Neill) ist immer die Nummer Eins geblieben.

Wie viele andere Mobs, so verlor auch der von United aus irgendeinem Grund, Anfang der Neunziger, den Zusammenhalt. Wir mussten Niederlagen gegen Firms einstecken, die wie Jahre zuvor einfach überrannt hätten. Gary fing an die Leute wieder zusammen zu trommeln, jede Woche fragte er: ´Kommst du da mit hin?´ oder ´Fährst du dort mit hin und wenn nicht, wieso?´ Er hätte gesagt: ´Wenn wir keine Eintrittskarten haben fahren wir trotzdem und machen unser Ding. Wir werden einfach unsere Show abziehen, wenn in Derby nichts passiert, halten wir in Chesterfield, wenn in Boro sich niemand stellt, fahren wir halt nach Darlington,´ und so weiter. Es war eine Einmann-Rekrutierungskampagne, die sich von einem Schneeball in eine Lawine verwandelte. Mit Tonys Firm und den Cockney Reds zusammen hatten wir plötzlich einen 300 Mann zählenden Mob, egal ob es gegen Everton, West Ham oder das verfluchte Coventry ging. Ein bekanntes Gesicht der Cockney Reds sagte einmal: ´Gary Powell verdient einen Orden, für das was er für Uniteds Firm getan hat,´ und es gibt nur wenige, die das in Frage stellen. Gary sagte immer: ´Wir nehmen es mit jedem auf der will. Wir müssen zu allen Spielen fahren und uns nicht wie einige andere Firms aussuchen wo wir hin fahren. Kein anderer Mob soll jemals sagen können, dass wir uns nicht gezeigt haben.´ Es war verrückt, doch eine Saison fuhren wir mit unserer Firm zu jedem Spiel und wir kamen nirgendwo ins Straucheln. Ja es gab einige Ausreißergruppen von uns, die unterlagen oder flüchten musste, doch unsere vereinte Firm verzeichnete in dieser Saison nur Siege, egal ob zu Hause oder auswärts. Bei Heimspielen war es einfach, denn nur die Firms von Everton, Boro und Barnsley tauchten auf.

Die Everton Hooligans hatten wirklich Mut, einige Jahre hinweg tauchten sie im Old Trafford auf, doch es wirkte wegen ihrer zahlenmäßigen Unterlegenheit immer ein bisschen wie ein Selbstmordkommando. Boro war nun mal Boro und ihre Firm erarbeitete sich wirklich Respekt über die Jahre."

Zu einer mal wieder legendären Begegnung im Upton Park, reisten viele der United Firm mit Sturmhauben ausgestattet an, sie sahen wie eine Gruppe Ninjas aus, als sie so durch die Straßen zogen und Polizisten und West Ham Hooligans angriffen.

Zu dieser Zeit kam gerade der neue Name der Firm auf, ´The Men in Black.´ Einer der United Jungs sagte dazu: „Der Name war eigentlich ein Scherz, doch er blieb hängen. Damals überrannten wir zweimal die West Ham Firm und nicht nur bei dem Spiel, bei dem wir mit den Sturmhauben erschienen waren trugen wir immer dunkle Klamotten. Powell war der Meinung, dass wir so das Risiko minderten, von der Polizei erkannt und aus dem Mob gezogen zu werden. Powells Spitzname war ´Wing Commander´ weil er daran glaubte, dass unsere Einsätze militärisch geplant werden müssten. Ohne ihn wäre der United Mob, in den Neunzigerjahren und im neuen Jahrtausend, nicht das gewesen was er war.

Gary hielt auch einige denkwürdige Ansprachen. Die beste war meiner Meinung nach eine, die er hielt, als wir einen schwachen Auftritt in Newcastle abgeliefert hatten, dabei war unser Mob im Stadion in zwei Gruppen gespalten worden. Nach dem wir uns wieder gefangen hatten, gingen wir auf die Newcastle Leute los und überrannten sie. Powell sagte dann: ´Es ist keine Schande fertiggemacht zu werden. Es gibt Firms, die behaupten, sie hätten noch nie verloren aber das ist nur so, weil sie sich verdammt noch mal

Ein Bild aus der jüngeren Vergangenheit, das die Men in Black in Aktion zeigt.

nicht überall gestellt haben.´ Tony war nicht besonders beeindruckt, er beschimpfte uns, weil wir nicht gleich geschlossen auf die Geordies losgegangen waren. Er hatte recht, denn als wir uns zusammeschlossen, prügelten wir den Newcastle Haufen durch die ganze Stadt. Bei einer Begegnung zwischen Schottland und England im Hampden Park, anlässlich der Qualifikationsspiele zur Weltmeisterschaft, zeigten wir aus welchem Holz wir geschnitzt sind. Wir stiegen in Warrington mit achtzig Leuten in den Zug, dort ließen wir alle anderen Firms wissen, wenn sie Lust hätten, würden wir es mit ihnen aufnehmen. Chelsea, Birmingham, die Yids, alle lehnten ab. Am Ende hatten nur die Jungs aus Preston genügend Eier sich zu stellen, als wir auf dem Heimweg bei ihnen ausstiegen.

Eins muss man ihnen lassen, einige von ihnen riefen bei der Polizei an und berichteten von einer Schlägerei, die angeblich in einer Kneipe stattfinden würde. Als wir dann den Bahnhof verließen, griffen sie uns an, während die Bullen zu der angeblichen Kneipenschlägerei unterwegs waren. Wir machten sie platt, doch an diesem Tag hatten sie mehr Mut bewiesen als alle anderen englischen Firms."

United wurde wieder zu einer der gefürchtetsten Hooligan-Hochburgen im Land. Nur wenige ihrer Gegner wurden von den United Jungs geachtet, weil die meisten sich nicht trauten im Old Trafford aufzutauchen. Uniteds Firm hingegen zeigte sich überall.

Auch die Gefolgschaft von Liverpool FC wurde als ´Softies´ abgestempelt. Die Ausnahme war eine Messerattacke auf einen der United Jungs Mitte der Neunziger in Salford. Dieser Vorfall war ausschlaggebend für Ausschreitungen vor dem Gerichtsgebäude in Salford. Auch der Man City Mob wurde zu dieser Zeit nicht sonderlich geschätzt. Einer der United Hooligans sagte über die Lokalrivalen verächtlich: „Sie sind verfluchte Spinner und in meinen Augen ein Witz. Sie sind nie geschlossen gegen uns angetreten, ich meine Firm gegen Firm und so lange ich zum Fußball fahre haben sie uns nicht einmal besiegt. Aber sie erzählen überall rum, sie würden in der Stadt regieren, doch alles was sie tun ist vereinzelte Gruppen von United Leuten zu attackieren, wenn sie in Überzahl sind. Sie vergreifen sich an einigen versprengten Gruppen und behaupten dann, die beste Firm in Manchester zu sein. Richtig schwere Ausschreitungen bei einem Derby, ich meine abgesehen von den Kleinigkeiten der letzten zehn Jahre, konnten nicht entstehen, weil der City Mob egal ob Heim- oder Auswärtsspiel, sich nicht stellte."

Beim Leeds Mob scheiden sich die Geister. Während viele Man U Hooligans die Männer aus Yorkshire verachten, bringen andere mehr Respekt für sie auf. „Egal was viele andere von uns sagen, ich schätze den Mob aus Leeds," erzählte einer der United Jungs. „Es gibt Unterschiede, ob sie zu Hause spielen oder in einer anderen Stadt. Zu Hause sind sie echt gut und wenn sie tatsächlich mal mit einer Firm in deiner Stadt auftauchen, musst du ihnen wohl auch Respekt zollen, doch bei uns warteten wir viele Jahre vergeblich auf sie. Sie hatten dafür immer irgendwelche Ausreden, mal waren sie eingeschneit, mal fuhr ihr Zug nicht. Komischer Weise ist uns so etwas nie passiert. Wir erschienen zu jedem Spiel bei ihnen und das können sie nicht leugnen.

Einst hatten wir im Laufe einer Woche sogar dreimal Ärger mit ihnen. Der erste Zwischenfall war bei einem Spiel an einem Samstag, bei einer Schlägerei in einer U-Bahnstation, erlitt Gary Powell einen Nasenbeinbruch. Wir bekamen damals nur eine kleine Menge an Eintrittskarten zugeteilt, obwohl sie anderen Vereinen, wie denen aus Merseyside 6.000 Karten zukommen ließen. Trotzdem fuhren wir hin, es lief nicht alles zu unserer Zufriedenheit ab, doch wir zeigten uns wenigstens. Nur drei Tage später stürmte Powell in ihren Mob, als dieser vor dem Wheatsheaf Pub stand, dabei trug er noch immer das Pflaster vom Samstag auf der Nase. Es gab auch ein paar geisteskranke Typen beim Leeds Mob, vor denen man Respekt haben musste. Wenn sie genügend Leute zusammen bekamen und in deiner Stadt erschienen, waren sie ein wirklich ernst zu nehmender Gegner, besonders in ihrer ersten Reihe gab es einige harte Bastarde.

Bei der nächsten Begegnung fuhren wir wieder zu ihnen, unser wichtigster Mann machte damals ein Loch in einen Zaun. Mann für Mann drückten wir uns dort durch, wir schlichen uns an und sechzehn von uns trafen im Bezirk Holbeck auf ihre sechzigköpfige Firm. Sogleich stürmten sie auf uns los, doch wir blieben stehen, als dann der Rest unserer Leute auftauchte, wurde ihr Mob aufgerieben. Alles wurde gefilmt und ein paar Jungs erhielten empfindliche Gefängnisstrafen, aber eins war sicher, sie würden die Sache nicht einfach so auf sich beruhen lassen.

Im Jahr darauf gerieten wir noch mal mit ihnen aneinander und sie waren danach ziemlich am Ende. Wir hatten eine innere Kraft, die uns ihnen gegenüber überlegen machte. Sie waren zwar mehr, doch wir schlugen sie und ich kann mich noch erinnern, dass Powell sagte, es wäre der beste Auftritt gewesen, den wir je gegen Leeds gehabt hätten."

In den vergangenen Jahren gab es verbissene Duellle mit Arsenal auf dem Spielfeld, die auch bald auf die Akteure daneben übersprangen. Es waren natürlich nicht mehr die Massenkrawalle der Siebzigerjahre, doch ohne Zweifel noch immer heiß umkämpfte Auseinandersetzungen. „Es ist mehr so eine Sache der Cockney Reds," sagte einer von ihnen. „Wir haben Arsenals Firm einmal im Villa Park verprügelt und das Jahr darauf trafen wir sie noch mal, als wir in einer Art Selbstmordaktion die Holloway Road hoch marschierten. An diesem Tag kämpften wir um unser Leben, aber alles in allem ist der Arsenal Mob nichts besonderes. Ich glaube das selbe wird mit Chelsea passieren, die auf dem Spielfeld ein zunehmend ernsterer Gegner werden.

London war immer ein sehr belebter Ort aus Hooligan-Sicht, doch wir zeigten uns jahrelang und bekamen dabei nur wenig ab. Bei West Ham gab es mehr Show als Schlägereien, Chelseas Mob lebt auch nur noch von seinem Ruf und Millwalls Firm war zwar einmal bei uns, doch nichts passierte, von all diesen durchschnittlichen Mobs schien Arsenal noch den besten zu haben."

Ein weiterer Londoner Mob, der allerdings von den United Hooligans respektiert wurde, war der von Tottenham. Der Yids Mob hatte oft Überraschungen auf Lager wenn es gegen United ging. Das mag wohl zum Teil an dem Tod eines Spurs Fans, in einer U-Bahnstation 1981, gelegen haben.

Doch auch andere Gangs brachten die Man U Hooligans in brenzlige Situationen, wie zum Beispiel Anwohner des Bezirks Broadwater Farm (ein sozialschwacher Randbezirk Londons). Dazu berichtete einer der Cockney Reds: „Wegen eines Irrtums landeten wir in Broadwater Farm und dort wurden wir wörtlich genommen abgeschlachtet. Alle die dabei gewesen sind sagen, es war das Schlimmste, was sie je erlebt haben. Es hatte nichts mit Fußball zu tun, die Einheimischen reagierten ihren Hass einfach gern an Leuten aus dem Norden ab, unsere Firm bekam damals einen gehörige Tracht Prügel. Das war einfach nicht unser Tag."

Eine der größeren Aktionen des United Mobs auf der europäischen Bühne in jüngerer Vergangenheit, fand 1997 bei einem Champions League

Feyenoord Hooligans (links) versuchen sich gegen ihre Kontrahenten aus Manchester zu wehren (1997).

Spiel gegen Feyenoord Rotterdam in Holland statt. Die Anhänger von Feyenoord wurden als die bösen Buben des niederländischen Fußballs angesehen und die Polizei versuchte durch einen Großeinsatz zu verhindern, dass sie mit den Men in Black in Berührung kommen würden.

Doch es nützte alles nichts, als der Mob aus Manchester ankam, marschierte er einfach durch die Polizeikette am Bahnhof, worüber sich Beobachter der britischen Polizei sehr amüsierten. Die Engländer stürmten zu dem Platz, wo sich die Feyenoord Hooligans trafen und randalierten in einigen Kneipen. Vor dem Stadion sammelte sich ein riesiger Mob von erbosten Holländern, die mit Steinen auf die ankommenden Busse schmissen, in denen United Fans saßen. „Es war ihre Rache für die Kneipen, die wir an diesem Tag zerlegt hatten," sagte Colin Blaney und fuhr fort:

„Ich konnte es nicht fassen, als eine Firm von 150 United Jungs durch die Polizeiabsperrungen stieß. Ich hatte keine andere Wahl, obwohl ich über fünfzig war. Es ist halt so, einmal Hooligan - immer Hooligan. Erst sah es gut aus doch den ganzen Weg zurück zum Bahnhof wurden wir verprügelt. Black Henry schrie alle an zusammen zu bleiben und wies uns darauf hin, dass die Holländer keine Waffen hatten und es also keinen Grund zur Sorge gäbe. Wir hatten eigentlich alle ziemlich wenig abbekommen und wollten unsere Ehre wiederherstellen. Doch der zweite Versuch gegen sie zu kämpfen fiel noch erbärmlicher aus. Die Hälfte der Manchester Jungs flüchteten in irgendwelche Busse. Es wird unvergessen bleiben, wie schlecht wir gegen die Holländer aussahen, obwohl sie unbewaffnet waren. Sie verbuchen diesen Tag für sich und da würde ich ihnen zustimmen." Das war aber nur einer von wenigen Rückschlägen, die der United Mob hinnehmen musste. Die Firm war einfach auf einem Höhenflug, dass zeigte auch ihr Erscheinen an der Anfield Road anlässlich eines Länderspiels 2001. Sie marschierten mit 250-350 Mann um das Stadion, ohne auf Gegenwehr zu stoßen. Einer der absoluten Höhepunkt für sie war wahrscheinlich die Champions League Begegnung gegen die Rangers in Glasgow im Oktober 2003. Nur wenige der jungen United Schläger konnten sich an den Besuch der Schotten im Jahre 1974 erinnern, als ungezügelte Horden Krawalle verursachten. Doch einige der älteren unter den Man U Hooligans hatten es offensichtlich nicht vergessen und waren auf Vergeltung aus. Es war, als wäre man in die alte Zeit zurück versetzt. „Wir hatten die beste aller Firms," sagte einer der Cockney Reds stolz. „Keine anderer Fußball-Mob konnte unsere Firm an diesem Tag das Wasser reichen. Einer der Rangers Jungs schrieb, dass es erschreckend und angsteinflößend war und damit lag er nicht falsch. Wir waren 500 Hooligans, ohne irgendwelche Mitläufer. Der Rangers Mob traute sich nicht an uns ran und wer konnte ihnen das verdenken. Sie zeigten sich auch bei Rückspiel im Old Trafford nur vereinzelt, eigentlich gar nicht, wenn man unseren Auftritt bedenkt. Etwa zur gleichen Zeit kam auch Feyenoord nach Manchester, die Holländer brachten 300 Hooligans mit, die ließen sich in der Innenstadt nieder ohne sich um die Polizei oder Überwachungskameras zu kümmern. Wenn andere das konnten, warum dann nicht der Rangers Mob?"

Bei der Begegnung im Ibrox Park kam es nach Schlägereien rund um das Stadion zu einundfünfzig Festnahmen. Eine Zeitung berichtete, dass die Manchester Hooligans in einer Bar an der Pasley Road West den Tag über getrunken hätten:

Gegen 18.00 Uhr verließen sie die Bar und begannen Streit auf der belebten Straße, dabei wurden gegnerische Fans und Anwohner angegriffen. Vorbei gehende Passanten suchten derweil Schutz in Hauseingängen. Viele Gewalttaten spielten sich auch vor der District Bar ab, einem beliebten Anlaufpunkt für Rangers Fans. Die Polizei hatte während dessen die Bewegungen der Fußballanhänger verfolgt und griff nun mit gezogenen Schlagstöcken ein, auch berittene Einheiten halfen dabei die randalierenden Fans zu stoppen. Weiter unten auf der Pasley Road West musste ein Opfer mit einem Rettungswagen ins Krankenhaus gebracht werden, doch es gab zum Glück keine schweren Verletzungen. Die Manchester United Anhänger, die während des Spiels Celtic Songs gesungen und grün-weiße Fahnen geschwenkt hatten, wurden nach dem Spiel noch über eine Stunde im Stadion festgehalten, bis die Rangers Fans sich verstreut hatten.

In dieser Periode galt der Mob von United auch als ´die super Firm,´ das war vor allem der Fall, wenn die Jungs aus Manchester mit einigen der berüchtigten Schläger der Hibs oder dem unverbesserlichen Hooligan Lee Spence unterwegs waren, der einst Anführer der ´Fine Young Casuals´ aus Oldham war.

Doch wie es bei allen Firms war, folgte auf den Aufstieg der Fall. Tony O´Neill wanderte für einen Zwischenfall mit dem Mob von Stoke City, am Rande eines WM Qualifikationsspiels gegen

Griechenland, ins Gefängnis und erhielt schließlich ein totales Stadionverbot. Gary Powell war mittlerweile nach Thailand gezogen und einige bekannte United Hooligans folgten ihm, einschließlich Spence.

Der United Mob mag geschrumpft sein, doch man kann nicht sagen, dass er nicht mehr existiert. Als Wayne Rooney in das Stadion am Goodison Park zurückkehrte, um sein erstes Spiel für United zu bestreiten, reisten die Reds mit einem sechshundertköpfigen Mob an. Einer der United Hooligans fasst die jetzige Situation wie folgt zusammen: „Es gibt Anzeichen, dass die Dinge nicht mehr so sind, wie sie einst waren. Es hat viel damit zu tun, dass bei Spielen im Old Trafford einfach keine Gegner kamen, dazu kommt noch dass Tony und Gary sich zurückgezogen haben. Vorfälle wie gegen Everton, wo eine Gruppe von uns aus der Polizeieskorte ausbrach und anschließend von Evertons Mob überfallen wurde, wären anders ausgegangen, wenn diese beiden noch da wären. Gib den Everton Jungs ruhig die Befriedigung, dass sie an diesem Tag gut waren. Doch waren sie wirklich so stark wie es in den Medien berichtet wurde? Ihre Anzahl wurde übertrieben, auch wenn sie die United Leute, die es schafften aus er Eskorte auszubrechen, übel zurichteten. Wenn es umgekehrt gewesen wäre hätte sich niemand gewundert und auch nur ein Wort darüber verloren. Niemand ist unbesiegbar und wir haben nie behauptet, wir wären es, doch wenn man sich die Internet Einträge über diesen Tag durchlas, hatte man den Eindruck, sie hätten uns auf der M62 bis nach Hause geprügelt. Wir wurden besiegt, doch es war nichts Besonderes."

Weiterführende Literatur: We Hate Humans, David Robins (Penguin), The Red Army Years, Richard Kurt und Chris Nickheas (Headline), Red Army General und The Men in Black, Tony O´Neill (Milo Books), Scum Airways, John Sugden (Mainstream), Grafters, Colin Blaney (Milo Books)

Middlesbrough

Stadion: Ehemals Ayresome Park,
heute Riverside Stadium
Firm: Ayresome Angels, The Beer Belly Crew,
NTP, Boro Joeys, Frontline
Feinde: Sunderland, Everton

´Normalerweise, dürften sie in Boro nicht so einen Mob haben, wie sie ihn haben. Sie müssen dort irgendwas mit der Muttermilch aufnehmen,´ schrieb Rob Silvester aus Portsmouth in seinem Buch *Rolling with the 6.57 Crew*. Diese Aussage fasst treffend zusammen, wie die Hooligans aus Middlesbrough von vielen gesehen wurden. Angefangen bei den Ayresome Angels, über die Beer Belly Crew und die Frontline bis hin zu all den kleinen Mobs, hatten Boros Firms immer den Ruf besonders zäh zu sein.

Die Stadt wurde einst durch Stahlhütten, Werften und ein großes Zementwerk geprägt, aber auch nachdem diese Betriebe geschrumpft oder verschwunden sind, behielt die Gemeinde ihr raues Anlitz.

Das alte Stadion lag mitten in der Stadt, es war umgeben von Häusern, Alleen und Sackgassen, diese Lage rief bei vielen Gästen, die dort ein Spiel besuchten, das Gefühl hervor, gefangen zu sein. Das neue Riverside Stadium ruft vielleicht nicht so einen Eindruck des Gefangenseins hervor, doch es wirkt noch immer ungastlich, besonders auf die Leute, die Ärger suchen.

Über die Jahre hat die trostlose Industrielandschaft die Anhänger des Fußballvereins geprägt. Die härtesten von ihnen standen im Holtegate End, in den Sechziger- und Siebzigerjahren trugen sie rote oder weiße Arbeitshelme, Schlachterkittel und die obligatorischen Arbeitsstiefel, die mit den Namen der Spieler verziert waren. Sie wurden bekannt als die Ayresome Angels. Der Boro Mob hasste schon immer die Lokalrivalen aus Sunderland und Newcastle, aber auch alle Londoner Firms, mit ihren schicken Klamotten und ihrer arroganten Art. Es gab nur wenig, was sie besser fanden, als die Leute aus dem Süden zu verprügeln.

Arsenals Firm war nur eine von vielen, die feststellen musste wie ungemütlich es in Middlesbrough werden konnte, als sie 1976 dort hin reiste. Die Nordlondoner hatten damals einen Top Mob und viele dachten, der Besuch in der Provinz würde ein Spaziergang werden. Sie hatten zuvor den Hooligans von Chelsea, Portsmouth und Villa gegenüber gestanden und dachten Boro würde nicht viel anders werden. Doch hier trafen sie nicht nur auf einen würdigen Gegner, im Nachhinein waren einige von ihnen wirklich froh mit dem Leben davon gekommen zu sein. Colin Ward beschrieb in seinem Buch *Steaming In*, wie die Arsenal Anhänger zuerst mit Steinen und dann mit Dartpfeilen bombardiert wurden, einer dieser Pfeile traf einen Londoner direkt ins Auge. Die Polizisten, die auftauchten waren an solche Zustände gewöhnt, sie zogen einfach zum Schutz der Gäste, eine große Segeltuchplane über deren Block.

In der vorangegangenen Saison hatten die Fans von Leeds United noch mehr über sich ergehen lassen müssen. Boro Hooligan Jon Theone schrieb dazu in seinem Buch *The Frontline*, ´....es war eine der ausgedehntesten Schlägereien, von der ich je Zeuge wurde.´ Am Morgen des Spiels sammelte sich der Boro Mob im Zetland Pub, nahe dem Bahnhof. Gegen Nachmittag war der Laden bereits überfüllt und die Polizeisirenen kündigten die Ankunft des Zuges aus Leeds an. Hunderte von Männern schütten noch schnell ihren Drink runter, griffen sich was immer sie als Waffe nutzen konnten und machten sich auf den Weg in die Schlacht. Doch auch die Polizei war vorbereitet, und trotz wiederholter Versuche gelang es dem Boro Mob nicht durch die Polizeireihen zu brechen. Nach dem Spiel sah es anders aus, Leeds Fans wurden gejagt, zusammengeschlagen und Hüte oder Schals wurden ihnen geklaut. Da sie von zwei Gruppen aus Boro bedrängt wurden, flüchteten die Leeds Anhänger in einen bewaldeten Park, in dem nur wenige Monate zuvor der Mob von Manchester City eine Tracht Prügel bezogen hatte. Was die Leute aus Leeds nicht wussten war, dass in diesem Park ein noch größer Mob auf sie wartete. Theone schrieb dazu: ´Es war bereits ziemlich dunkel, das war die perfekte Deckung für uns. Und dann brach die Hölle los, sogar ich war verwundert. Ich spreche hier nicht von einer Handvoll Leute, sondern von Hunderten, die sich auf die Leeds Typen stürzten. Es war ein echtes Massaker.´ Von da an wurde diese bewaldete Gegend auch der ´Suicide Park´ genannt.

Nicht alle Gegner waren so leicht zu schlagen, zwar hatten sich die Boro Hooligans unter den Firms aus dem Norden einen Namen gemacht, doch sie waren noch weit davon entfernt die Nummer Eins unter den britischen Fußball-Mobs zu sein.

Als Millwall 1970 in Middlesbrough spielte erhielt die damals junge und schlecht organisierte Boro Firm eine Lehrstunde von den großen Jungs aus London. „Miiillwaaal!" schrieen fünfzig Londoner mitten im Block der Boro Hooligans. „You will never take the Millwall," riefen sie mit ausgebreiteten Armen und forderten die Gastgeber auf, zu ihnen zu kommen. Doch nur Wenige wollten es mit diesen erwachsenen Männern, in Donkey Jackets, Jeans und schweren Stiefeln aufnehmen.

Das Rückspiel war für den Boro Mob die Gelegenheit, sich mit Londons bester Firm zu messen und 300 Mann machten sich mit Zügen, Reisebussen und Kleinbussen auf den Weg. Die Euphorie, die sie wegen ihres großen Mobs hatten, war schnell verflogen, als sie das Stadion erreichten. „Ich schiss mir praktisch direkt in die Hose," erzählte Theone, der damals noch jung war. „Das waren keine Teenager, sondern verflucht große Werftarbeiter, die sich beim Anblick unserer Crew totlachten, sie nannten uns Babys und Kinder." Theone und einer seiner Freunde stellten plötzlich fest, dass sie von Millwall Hooligans umzingelt waren. Um den Eindringlingen ihre Überlegenheit zu demonstrieren, entschied sich eine kleine Gruppe Londoner, die Eindringlinge dadurch zu demütigen, dass einer von ihnen einem Kumpel von Theone an sein Hosenbein pisste.

Anfang der Siebziger begannen sich die Bootboys aus Middlesbrough im Holgate End des Stadions zu sammeln. Es gab keinen großen Mob, sondern eine Ansammlung mehrerer kleiner Gruppen, die Zugehörigkeit zu diesen Gruppen hing meist davon ab, aus welchen Bezirk man kam. Ganz oben in der Hackordnung waren die Jungs aus Middlesbrough und Grangetown (die Gegend direkt ums Stadion), sie besetzten den zentralen Teil der Tribüne. Um sie herum standen die B Farm Boys (aus dem Bezirk Brambles Farm), die Border Bootboys (Bezirk St. Hilda´s), die Park End Crew (Bezirk Park End), die Whinny Bank Boys (Bezirk Whinny Bank), die Newport Gang und die Doggy Boys, die North Ormesby repräsentierten. Außerdem waren die Redcar Reds, die Stockton Firm, der Haverton Hill Mob und die Port Boys im Holgate End anzutreffen. Und dann gab es noch die Bob End Crew und die NTP. Die Bob End Crew hatte ihren Namen, von einem Teil des Stadions und die Abkürzung NTP stand für die drei benachbarten Bezirke Netherfields, Thorntree und Priestfields. Normalerweise war es friedlich zwischen den Mobs, da alle durch die Idee vereint waren, ihr End vor Eindringlingen zu schützen. Doch es kam auch gelegentlich zu Schlägereien untereinander, wenn die Anführer der verschiedenen Mobs darum stritten wer der Boss im Holgate wäre. Wie für viele andere Firms zu dieser Zeit, war es auch für die Jungs aus Boro am wichtigsten, die Kontrolle über das Home End zu behalten. Es war selten, dass ihr End bedroht wurde, doch gerade dieser Umstand machte es für die riesigen Mobs von Chelsea oder West Ham so attraktiv. Boro mag genügend Leute gehabt haben, doch sie waren nicht gut genug organisiert, um mit den großen Mobs aus London mithalten zu können.

1975 fuhren ein paar hundert West Ham Leute zu einem Spiel im Ayresome Park und sie hatten eine gehörige Portion Respekt, vor dem was sie erwartete. ´Auf einer Raststätte trafen wir einige Newcastle Typen, die uns warnten, dass Boro eine Firm hätte, mit der man rechnen müsse,´ erinnerte sich Cass Pennant in seinem Buch über die ICF. ´Die Gegend sah auf jeden Fall schon trostlos genug aus.´ Nach dem Spiel wurde die kleine West Ham Abordnung, von einem großen Boro Mob, der sich in einem Park nahe dem Stadion versammelt hatte, mit Steinen und Flaschen beworfen. ´Ein Hagel von Flaschen flog durch die Luft und landete auf der Straße, wo wir standen,´ schrieb Pennant. ´Sie waren zu viele, um ihnen auszuweichen, wir saßen in der Falle. Weglaufen oder vorwärts gehen? Weglaufen ist keine Lösung.´ Also stürmten die West Ham Hooligans in Richtung ihrer Angreifer, wobei sie über einen Zaun klettern und Wurfgeschossen ausweichen mussten. ´Als wir über die Umzäunung in den Park gelangt waren, begann sich ihr Mob aufzulösen. Wir jagten sie an der anderen Seite des Parks durch die offenen Tore. Man konnte in ihren Gesichtern die Angst sehen, als sie sich ausmalten, was passieren würde, wenn diese irren Londoner sie in die Finger kriegen sollten.´

Der Wechsel zum ´modernen Hooligan´ fand in Middlesbrough erst spät statt. Als die Boro Fans die ersten Male den neuen Casual-Look sahen, hielten sie diese Art von Kleidung für typischen Weiberkram aus dem Süden. Im Fanzine *Red Issue* beschrieb ein Manchester United Anhänger eine problembehaftete Reise der Saison 1979/80 nach Middlesbrough, in deren Verlauf, die schick gekleideten Man U Leute mit 300-400 lokalen Hooligans konfrontiert wurden. „Was sollen diese Klamotten und Turnschuhe? Ihr seht aus wie Schwuchteln," beschimpfte sie einer, da die Boro Hooligans noch immer mit Boots und Kordhosen rumliefen.

Wie auch immer, der United Mob schaffte es, den bunten Haufen aus Punkern, Skinheads und Stahlarbeitern durch die Straßen von Middlesbrough zu jagen. Unter Einfluss des gewonnen Respekts, fragte einer der Donkey Jacket tragenden Boro Typen einen der United Jungs: „Was sind das für Klamotten, die ihr tragt?" „Das ist ein Stil, der aus Manchester kommt," war die Antwort.

Bei den jüngeren Boro Hooligans setzte sich schließlich auch die Casual-Fashion durch. Das trug sehr zur Belustigung der Älteren bei, die den jungen Typen, wegen ihrer Frisuren den Spitznamen ´Joeys´ gaben. Die Alten wurden dafür von den jüngeren als

´Fossils´ oder ´Beer Belly Crew´ bezeichnet. Die Hänseleien hörten auf, als die jungen Hooligans sich einen Namen als Boros mutigste und organisierteste Gruppe machten. Ihr Erscheinen sorgte auch dafür, dass die jungen Leute im Holgate zusammenkamen und die internen Streitereien nachließen. Als die modernen Hooligans erst einmal Fuß in Middlesbrough gefasst hatten, wurde es schick seiner Firm einen Namen zu geben und eine Handvoll junger Boro Leute gründete ´The Frontline.´ Unter ihnen war auch Paul Debrick, der auch als ´The Brick´ bekannt war und einer der Anführer wurde. „Für viele Mobs war es wichtig einen verwegenen Namen zu haben," sagte er in seiner unverblümten Art. „Ich persönlich kümmerte mich einen Scheiß darum wie der Verein spielte oder ob wir einen tollen Namen für unsere Firm hatten. Ich war nur beim Fußball, um meine Gewalt an Leuten abzulassen gegen die wir antraten. Einige von uns kämpften dabei immer in der ersten Reihe, so kam es zu dem Namen Frontline. Später behaupteten ein paar Jungs aus Wrexham, wir hätten den Namen von ihnen geklaut. Wir fuhren dann anlässlich eines Pokalspiels zu ihnen und komischer Weise wollte keiner dieser Wichser mit mir über das Thema diskutieren."

Es gab nichts was die Leidenschaft eines Boro Fans mehr entfachte, als ein Lokalderby gegen Sunderland oder Newcastle. Über die Jahre hinweg gab es große Schlachten zwischen den Hooligans dieser rivalisierenden Vereine und die Gewalttätigkeiten setzen sich bis heute fort, auch wenn sie jetzt seltener sind und viel mehr Zeit zwischen den einzelnen Ereignissen liegt.

Sunderland wird von den Boro Fans als der Erzfeind angesehen, wobei viele nicht verstehen können, warum diese Abneigung nicht genauso erwidert wird. Doch dass liegt wohl daran, dass Sunderland Anhänger eher Newcastle als Hauptrivalen ansehen. Was die Boro Anhänger jedoch noch mehr ärgert ist, dass Fans dieser beiden Vereine behaupten, es würden in der Region nur zwei ein halb Fußballclubs existieren, wobei sie Middlesbrough als den halben bezeichnen.

Der Frontline Mob half dabei Hooligans aus dem Stadtgebiet mit denen aus umliegenden Ortschaften zu vereinen. Die Mobs aus dem Umland waren zum Beispiel die Redcar Casuals oder die Stockton Wrecking Crew, die ihren Namen bekommen hatten, weil die Mitglieder in ihrer Jugend gerne Geldautomaten geplündert hatten. Der berühmteste unter den Jungs aus Stockton ist wahrscheinlich der massige Lee ´Oathead´ Owens, der in der Hooligan-Szene äußerst bekannt ist. Ein Foto, was ihn mit seinem riesigen Bierbauch und schlechten Tätowierungen, bei einer Festnahme durch die belgische Polizei bei der EM 2000 zeigt, wurde von der Presse in aller Welt veröffentlicht. Er wurde somit zu einem Musterbeispiel, wie britische Hooligans aussehen würden.

Die Achtzigerjahre begannen schlecht für den Mob aus Middlesbrough, denn bei einer Auseinandersetzung mit Forest Hooligans vor dem Stadion kam einer ihrer Leute zu Tode. Im Verlauf einer eigentlich harmloserer Schlägereien bekam der achtzehnjährige Craig French einen harten Schlag ab, der dafür sorgte, dass er zusammenbrach und sich beim Fall auf dem Bürgersteig den Schädel brach. Dieser Vorfall sorgte dafür, dass viele der Boro Jungs ihre Handlungen bei Fußballspielen überdachten. Doch das Nachdenken hielt nicht lange an, denn schon am folgenden Samstag spielte man gegen Sunderland auswärts. Die Begegnung ging relativ friedlich über die Bühne, was man von dem Rückspiel einige Monate später nicht behaupten kann. Mehr als 10.000 Anhänger aus Sunderland reisten nach Middlesbrough und sie verteilten sich im ganzen Stadion. Obwohl es zu Zwischenfällen kam, bei denen sie gejagt wurden, war es doch einen Machtdemonstration, die mangels Masse unmöglich durch die Boro Leute im Roker Park hätte durchgeführt werden können.

Der Abstieg 1981 stellte Boro nun vor neue Gegner, es war aber auch eine Gelegenheit, alte Bekanntschaften wieder aufleben zu lassen. Eine davon war die Feindschaft mit dem Chelsea Mob, beim letzten Spiel der Saison traf man aufeinander und der Londoner Verein hatte den Klassenerhalt noch nicht gesichert. Chelsea erlangte den benötigten Punkt und als das Spiel abgepfiffen wurde, stürmten Hunderte Londoner Hooligans über den Platz. Nur ein massiver Polizeieinsatz und die hohen Zäune verhinderten, dass sie an den Boro Mob kamen und Schlägereien ausbrachen.

Boros junge Firm hatte noch viel zu lernen, als sie im Januar 1984 einen Überraschungsbesuch von den Chelsea Hooligans im Holgate bekam. Darüber wie groß dieser Mob war, ist man sich nicht einig, die Boro Jungs behaupten, es waren 300 Mann, die Londoner hingegen reden lediglich von 100 Leuten. Egal wie viele, es war ein erfahrener Mob, der anreiste, um Boros Home End zu nehmen. Als das Spiel dem Ende entgegen ging, verließen die Chelsea Hooligans das Stadion, nur um sich hinter dem Holgate wieder zu sammeln, dabei wurden auch normale Fans in die Flucht geschlagen. Und als ob sie ihrer Unbesiegbarkeit demonstrieren wollten, standen sie mit verschränkten Armen da und genossen die Atmosphäre. Die Londoner wurden schnell von der Polizei eingekesselt und zum Bahnhof eskortiert, doch selbst jetzt war man noch nicht vor ihnen sicher. Ein Teil des Chelsea Mobs entkam der Eskorte und randalierte in einem Busbahnhof.

Nur eine Woche darauf war Middlesbrough der Austragungsort für ein Pokalspiel gegen Arsenal und dieses Mal waren es siebzig Gooners, die vor dem Stadion Amok liefen. Diese Zwischenfälle waren kleine Denkzettel für den Boro Mob, die darauf hinwiesen, dass es noch ein bisschen dauern würde, bis man sich mit den Besten messen könnten. Die Frontline Firm begann Mitte der Achtziger einen Ruf unter den Hooligans zu bekommen, auch wenn die in London ansässigen Medien ihr Augenmerk mehr auf die Mobs von West Ham und Chelsea legten. Firms aus dem Norden, wie der Frontline Mob gewannen an Masse und Organisationstalent, wobei der Ayresome Park für Besucher der ungemütliche Platz blieb, der er immer war.

Die Wildheit des Boro Mobs bekamen im Februar 1984 auch die Hooligans aus Barnsley zu spüren. Der Five-O Mob aus Barnsley reiste mit 200 Leuten an, das war der größte Mob den sie jemals bei einem Auswärtsspiel hatten, doch für die Boro Jungs waren sie nur eine weitere Gruppe, die sie angreifen konnten. Das passierte dann auch, als sich Messer wetzende Hooligans der Heimmannschaft auf die Gäste stürzten. Sieben Männer aus Barnsley erlitten Schnittverletzungen. Der schlimmste Fall darunter war ein Mann, der Schnitte an Hals und Kopf hatte, die mit 100 Stichen genäht werden mussten. „Wir dachten es würde keinen Ärger geben, obwohl immer die Möglichkeit bestand, dass etwas passiert," erinnerte sich Paul Debrick, der für seine Beteiligung an den Krawallen eine Gefängnisstrafe erhielt. „Barnsley Hooligans waren nie in Fußballkrawalle verwickelt gewesen, doch an diesem Samstag sollte sich das ändern, ob sie nun wollten oder nicht. Es muss so gegen 12.00 Uhr gewesen ein, als einer unserer Jungs mir sagte, dass ein großer Barnsley Mob im Wellington Pub an der Albert Road sitzen würde. Ich war geschockt, dass Barnsley mit einem ordentlichen Mob so früh zu uns angereist war, denn das hatten noch nicht viele gewagt. Wir waren ungefähr vierzig Leute. Nicht genug um es zahlenmäßig mit Barnsley aufzunehmen, doch die Leute, die wir hatten, würden gegen jeden Gegner antreten.

Als wir so gegen 13.30 Uhr vor einem Pub standen, hörten wir Krach aus Richtung Wellington. Plötzlich wurden die Türen aufgerissen und der Barnsley Mob strömte auf den Bürgersteig und verteilte sich in der Albert Road. Wir trafen sie auf halber Höhe, Schläge und Tritte wurden ausgetauscht und es gab ein riesiges Geschrei. Es tauchten noch einige unserer Jungs auf, die sie von hinten angriffen, die Barnsley Typen saßen in der Falle und wurden von zwei Seiten attackiert, es war quasi ein Barnsley Sandwich und sie waren der Belag in der Mitte. Alle unsere Leute griffen an und plötzlich machte sich Panik beim Barnsley Mob breit. Ich hörte Leute rufen: „Er wurde angestochen, er wurde angestochen," dann versuchten die Hools aus Barnsley sich wieder in den Wellington Pub zurückzuziehen. Wir griffen derweil weiter an, ich kann mich noch erinnern, dass ein Typ vor mir stand, der total in Panik war. Er hatte eine Schnittwunde am Kopf oder besser gesagt über die gesamte Stirn, die stark blutete. Die Blutung war so stark, dass er von Kopf bis Fuß mit Blut überströmt war. Als ich mich umdrehte, sah ich einen anderen, der wie ein Huhn ohne Kopf rum lief, man hatte ihm den Arm von oben bis unten aufgeschlitzt und er schrie um Hilfe."

Nach diesem Vorfall erhielten dreizehn Boro Hooligans insgesamt neununddreißig Jahre Haft, für den wie der Richter sagte, schlimmsten Fall von Fußballgewalt, den er je verhandelt hätte. Während des sechzehntägigen Prozesses wurden an die 200 Zeugen vernommen, angefangen bei Mitgliedern des Barnsley Mobs, über Passanten, bis hin zu Ladenbesitzern. Das Urteil ist bis heute eines der härtesten, das je für einen einzigen Zwischenfall bei Fußballkrawallen gesprochen wurde.

Beim letzten Spiel der Saison 1984/85 musste Middlesbrough bei Shrewsbury antreten, mit der demütigenden Aussicht, eventuell in die dritte Liga abzusteigen. Es war die zweite Spielzeit in Folge, in der Boro im Gay Meadow Stadion antrat und ein Abstieg möglich war. Im Mai 1984 hatte man es geschafft, die nötigen Punkte zu sichern und die Anhänger sprangen vor Freude auf das Spielfeld, doch dieses Mal sollte es nicht so gut enden. Als Shrewsbury in Führung ging erklommen Boro Anhänger Zäune und rissen Sitze aus den Verankerungen, die sie zu erst auf den Platz und später auf Polizisten warfen. Ein Kiosk hinter einer Tribüne wurde niedergerissen und in Einzelteilen auf das Spielfeld geschleudert. Als der Schlusspfiff erklang und der Abstieg sicher war, hielt die Polizei die Fans der Heimmannschaft zu ihrer eigenen Sicherheit im Stadion fest und versuchte verzweifelt den Boro Anhang aus der Stadt zu bekommen. Ein Großteil der Ausschreitungen wurde von Kameras festgehalten und dieses Filmmaterial wurde später vor Gericht verwendet, um zwanzig Hooligans aus Middlesbrough ins Gefängnis zu stecken.

In der dritten Liga gab es neue Stadien, zu denen man reisen konnte. Eine dieser Auswärtsreisen führte nach Hull, einer Stadt, die für ihre Hooligans bekannt war. Doch bis zu diesem Zeitpunkt waren sich die Hooligans beider Seiten freundlich begegnet, denn viele der führenden Leute kannten sich aus der Soul-Szene Nordenglands. Es gab in den frühen Siebzigern zwar auch mal Ärger zwischen beiden Vereinen, doch man war jahrelang nicht mehr gegeneinander angetreten. Das änderte sich, als der Frontline Mob 1986 auf einen Überraschungsbesuch vorbei kam. Eine Busladung von ihnen überfiel die geschockten Hull Hooligans auf ihren Sitzplätzen und drängte sie auf das Spielfeld.

Auch wenn die Feindschaften mit Sunderland, Newcastle und Hull sehr naheliegend waren, hatte Boros Frontline die gewalttätigsten Aufeinandertreffen mit dem Mob von Everton. Diese Fehde geht bis in das Jahr 1977 zurück, als Middlesbrough Gastgeber einer Begegnung im FA Pokal, zwischen den beiden Vereinen war. Boro gewann damals 3:2. Bereits vor dem Spiel war es zu einigen Schlägereien gekommen und danach rissen die Everton Anhänger die Torpfosten nieder. Ein Boro Fan, der vor dem Mob der Gäste über eine Mauer flüchten wollte, wurde mit einem Messer so stark am Po verletzt, dass er beinahe verblutet wäre. Dieser Zwischenfall entfachte für fast ein Vierteljahrhundert Gewalttätigkeiten, egal wo diese beiden Clubs oder besser gesagt ihre Mobs aufeinander trafen.

Nach dieser Begegnung im FA Pokal spielten beide Vereine nur unregelmäßig gegeneinander, doch 1985 war Everton Gastgeber im selben Wettbewerb. Middlesbrough reiste mit einem zweihundertköpfigen Mob an, die Leute griffen sofort einen Pub an der Lime Street an, der von Everton Hooligans besucht wurde. Der Angriff erfolgte mit einer solchen Heftigkeit, dass die Everton Jungs es nicht mal schafften aus dem Pub zu kommen, erst als einer von ihnen einen Barhocker durch eine Scheibe warf, kamen sie an ihre Gegner ran. Für Evertons Firm war es die schwerste Demütigung seit Jahren, denn schon lange waren keine gegnerischen Hooligans so früh bei ihnen aufgetaucht. Als sich die Sache rumsprach, erhielt der Everton Mob Verstärkung von Hooligans aus anderen Kneipen und sogar von Männern, die gerade einkaufen waren. Für einige Minuten kam es zu schweren Unruhen, in deren Verlauf ein Jugendlicher durch die Scheibe eines Bekleidungsgeschäftes geworfen wurde, alles vor den Augen entsetzter Passanten und Kinogängern. Schließlich eskortierte die Polizei den Boro Mob zum Stadion und versuchte auch nach dem Spiel, unter größter Anstrengung beide Parteien von einander zu trennen. Das Spiel endete Unentschieden und zum Rückspiel nach Middlesbrough reiste eine großer Mob aus Liverpool an, doch die Polizei von Teesside war besser vorbereitet als ihre Kollegen und behielt die Kontrolle. Doch auch bei dieser Begegnung konnte niemand als Sieger den Platz verlassen und eine weiteres Wiederholungsspiel in Liverpool fand statt. Erneut gab es Ärger, doch mit schlimmeren Folgen, denn mit Messern bewaffnete Jugendliche wollten Rache für das Verhalten der Boro Jungs beim letzten Besuch nehmen. Sieben Mann aus Middlesbrough wurden mit Stich- oder Schnittverletzungen ins Krankenhaus gebracht, einer davon verlor ein Auge.

Zu einem ganz normalen Spiel gegen Ende der Saison 1989 reiste der Everton Mob wieder nach Boro. Die Liverpooler standen zwar schlecht in der Liga, kriegten jedoch noch immer einen 100 Mann Mob zusammen. Kleinere Gruppen von Boro Hooligans machten sich auf die Suche nach ihnen und obwohl sie bei den einzelnen Schlägereien stark in Unterzahl waren, lieferten sie sich mit den Leuten aus Merseyside den ganzen Weg bis zum Stadion handfeste Schlägereien. Die kleinen Nebenstraßen waren wie geschaffen für Überfälle aus dem Hinterhalt und ein wahrer Alptraum für Auswärtige.

Für viele der Everton Anhänger war Middlesbrough der schlimmste Ort, um zu einem Spiel zu gehen. Während Boro in den Ligen auf- und abstieg, wurde es um Evertons Mob ruhiger, zumindest was die Zahl anging. Als die Hooligans aus Liverpool das nächste Mal anreisten, war ihre Menge entschieden kleiner als sonst. Doch es sollte eine denkwürdige Reise werden, bei der sich ein neuer Everton Mob formte. Die Gäste parkten ihre Fahrzeuge in Darlington und bewältigten die kurz Strecke von dort unentdeckt mit dem Zug. In Middlesbrough angekommen gingen sie direkt zur Kneipe der ansässigen Hooligans. Die Jungs vom Frontline Mob, die in dem Laden waren, müssen wohl gedacht haben, dass Evertons Firm in großen Massen anrücken würde und so verließen sie die Kneipe durch den Notausgang. Doch als der Mob der Liverpooler sich dann auf dem Weg zum Stadion befand, wurde er an jeder Ecke von kleinen Gruppen Einheimischer angegriffen und es kam zu Kämpfen. „Die Boro Hooligans taten so, als würde die Polizei nicht existieren," sagte einer der Everton Jungs. „Die anwesenden Polizisten sagten nur Sachen wie: ´Hau ab, Billy´ oder ´Hör auf Joe.´ Sie kannten jeden von ihnen, doch anstatt sie festzunehmen verteilten sie nur die üblichen Stockschläge."

Das neue Riverside Stadium war um einiges gastfreundlicher als der alte Ayresome Park, dort war es für die Everton Anhänger ein wenig leichter den Wurfgeschossen der Boro Fans zu entgehen. Die vierzigköpfige Gruppe der Gäste, die später als

'The Snorty Fourty´ bekannt werden sollte, kämpfte sich bis zum Stadion durch und selbst der sonst so nüchterne Paul Debrick war beeindruckt: „Was kann ich über Everton sagen? Sie hatten immer einen guten Mob, egal ob wir zu Hause gegen sie oder bei ihnen im Goodison Park antraten. Sie waren immer verflucht heiß auf Gewalt, genau wie wir. Ich weiß nicht mehr, wie oft ich über die Jahre zu ihnen gefahren bin, doch alle Reisen hatten eins gemein, es gab immer Ärger. Evertons Mob war in vielen Belangen wie der unsere, er mochte Überraschungen, reiste früh an und liebte Schlägereien. Das ist kurz gesagt alles."

Boro spielte gleich zum Anfang der neuen Saison gegen Everton auswärts und nach dem Spiel riefen die Gastgeber beim Boro Mob an, um ein Treffen zu arrangieren. Ihnen wurde gesagt, dass die Polizei beim Boro Gefolge wäre, also gingen einige der Everton Hooligans nach Hause. Eine halbe Stunde später riefen die Boro Jungs zurück und sagten, sie wären jetzt ohne Polizeieskorte unterwegs. Eine Schlägerei wurde verabredet, aber die meisten der Everton Leute waren skeptisch und entschieden sich nicht hinzufahren.

Doch zu aller Überraschung war der Boro Mob an verabredeter Stelle. Der ausgedünnte Everton Haufen startete einen Angriff, doch die Boro Hooligans konnten ihre Stellung halten. Andy Nicholls beschrieb dieses Ereignis in seinem Buch Scally folgender Maßen:

Wir stürmten direkt in ihren Mob. Und wie ich erwartet hatte blieben sie vereint stehen, vom hinteren Teil ihres Mobs schmiss eine ganze Menge Leute mit großen Steinen, einer von ihnen warf auch eine Zaunlatte. Wenn sie diese Sachen in den Händen behalten hätten, wären wir in große Schwierigkeiten gekommen. Ich hob die Zaunlatte auf und rannte nach vorne, wo ich sie dem Größten über den Kopf zog. Die Latte zerbrach in zwei Teile, ich nahm den, den ich noch in der Hand hatte und rammte ihn den Typen vor den Brustkorb. Ich wartete darauf, dass er zusammenbrechen würde, doch er schüttelte sich nur, nahm den anderen Teil der Zaunlatte und stürmte in unsere Reihen. Wie dieser Typ es schaffen konnte stehen zu bleiben, werde ich wohl nie erfahren, er war auf jeden Fall der härteste Bastard, gegen den ich je gekämpft habe. Sie waren wie besessen, doch am Ende zogen sie ab. Wir jagten ihnen hinterher und stellten sie erneut, doch jetzt hatten sie Probleme, so dass wir sie überrannten. Einer der Jungs hatte eine Stichverletzung am Arm und einige andere lagen bewusstlos auf dem Bürgersteig.

Die Begegnung Middlesbrough gegen Everton hatte nun mehr Zündstoff als jemals zuvor. Das Rückspiel fand am zweiten Weihnachtstag statt, normalerweise ein idealer Termin für einen Mob um sich zusammen zu finden, doch an diesem Feiertag hatten viele der Everton Hooligans angeblich andere Sachen vor.

Die Boro Hooligans waren beim letzten Zusammentreffen schlecht weggekommen und jedem war klar, dass sie Rache nehmen wollten. Und noch mal zitieren wir aus dem Buch Scally:

Wenn man sonst eine Ausrede suchte, um nicht zu einem Spiel zu fahren wurde es schwer, doch die Weihnachtsfeiertage bieten immer eine gute Entschuldigung. Einige machten an diesem Tag gebrauch davon. Unsere Erwartungen von 150 Leuten wurden stark unterschritten, wir schafften es nicht einmal einen Reisebus komplett zu füllen. Trotzdem kamen wir schon früh in Middlesbrough an und begaben uns in die Innenstadt ohne auch nur einen Polizisten gesehen zu haben. Einer der Boro Jungs, den ich schon oft gesehen hatte, kam aus einem Pub und fragte nur: „Wie viele?" Ich sagte ihm etwas über fünfzig, aber gute Fünfzig. Er lachte nur, es war aber kein schadenfrohes, sondern mehr ein ´mach keine Witze´ Lachen. Ich fragte ihn dann, wie viel Mann wohl der Boro Mob hätte und er sagte Hunderte. Ich nickte und ging kopfschüttelnd weiter. Er rief mir noch etwas nach, was ich nie vergessen werde: „Nicholls vor einer Stunde waren es 600, pack deine Leute wieder in den Bus und verpisst euch nach Hause. Ihr werdet sonst getötet, die ganze Stadt ist auf den Beinen."

Einige Sekunden vorher hatte ich noch gedacht er blufft, aber jetzt klang seine Stimme anders. Auch wenn ich ihm nicht glauben wollte, ich wusste er hatte wahrscheinlich Recht. Ich ging mit dem Mob weiter und wir kamen zu einer Kneipe voll mit Boro Hooligans. Wir stellten uns vor den Haupteingang, als wir nicht einmal eine Minute dort standen, ging es auch schon los. Einige kamen rausgelaufen und es gab ein riesiges Geschrei, doch sie drehten um und liefen wieder in die Kneipe. Dann stürmten die Boro Typen erneut raus und wir wurden durch einen Hagel von Flaschen und Gläsern unter eine Brücke gezwungen. Ich schrie, dass unser Mob stehen bleiben solle, den wenn sie erst einmal mit Gegenständen bewaffnet aus dem Pub kommen würden, hätten wir verloren. Wir schafften es auch kurzzeitig sie zurückzudrängen und konnten uns wieder sammeln, bevor es zur nächsten Kneipe weiter ging. Als wir dann einen Berg hinauf guckten, sahen wir etwas, was ich nie vergessen werde. Ein Auto fuhr langsam auf uns zu, hinter sich einen mehrere hundert Mann zählenden Mob. Ich dachte erst es handele sich um ein Polizeifahrzeug, doch es beschleunigte und fuhr geradewegs in unsere Gruppe, so dass wir in alle Richtungen auseinander liefen. Sie waren auf beiden Seiten der Straße, hinter uns und vor uns war auch alles voll von ihnen. Man konnte keinen Zentimeter Asphalt mehr sehen, nur noch Typen, die auf der Straße liefen, ich dachte ich muss sterben. Zu guter letzt traf die Polizei ein, ich bin mir sicher sie hatte, die Sache soweit kommen lassen, um uns eine kleine Lektion zu erteilen. Wir wurden von den Beamten eingekesselt, doch die Boro Hooligans durchbrachen einfach die Polizeiketten und trieben uns zurück zu unserem Bus. Es herrschte den ganzen Weg zum Stadion über Stille, selbst die Boro Typen ließen uns zufrieden. Es war mir peinlich, dass unser vierzigköpfiger Mob den Mythos verloren hatte, sich überall gegen jeden zu stellen.

The Brick stimmte dieser Beschreibung zu und sagte: „An diesem zweiten Weihnachtstag wollten wir Rache nehmen. Den Everton Jungs wurde gesagt, sie sollen früh zum Whickers World Pub kommen. Zu dieser Zeit war ich der Chef-Türsteher in diesem Laden, also war klar, dass ich da sein würde, das war praktisch. Ich kam gerade von der Toilette, wo ich eine große Line Koks gezogen hatte, um mich vorzubereiten, als einer unserer Leute durch die Tür gestürmt kam und rief: „Sie sind da, sie sind verdammt noch mal da!“ Ich dachte erst es wäre nur ein Scherz, doch dann sah ich zu meiner Freude, dass fünfzig Typen geradewegs auf die Tür zusteuerten. Einer der Everton Jungs lief vorweg und sprühte CS Gas in den Eingang, es gab auch einen kurzen Schlagabtausch bis die restlichen unserer Leute aus dem Laden stürmten. Ich schrie noch: „Die Wichser sind bewaffnet!“ Jetzt marschierte unser Empfangskomitee auf die Everton Hools los und zu ihrer Ehre muss ich gestehen, sie konnten sich halten, in betracht der Umstände waren sie sogar recht mutig. 300 oder 400 Leute, die wie verrückt versuchten, an sie ranzukommen, waren bestimmt nicht auf dem Wunschzettel der Liverpooler gewesen. Ich hörte jetzt von überall Sirenengeheul und es würde nur noch Minuten dauern, bevor die Polizei eintraf. Wir griffen schnell noch einmal an, dabei blieben einige unserer Gegner mitten auf der Straße liegen und wurden übel zusammengetreten.

Als die Ordnung dann wieder hergestellt worden war, bildetete die Polizei eine große Menschenkette zwischen uns und dem Everton Mob. Ein wenig später ging ich dann in der Nähe des Stadions zu ihrem Mob und beleidigte sie. Es war eigentlich ziemlich sinnlos, doch damals fühlte ich mich danach besser. Alle waren froh darüber, wie die Dinge gelaufen waren, außer einer unser Jungs, dem der Brustkorb aufgeschlitzt worden war und der mit dreißig Stichen genäht werden musste. Ich glaube, sie dachten, dass sie uns überraschen würden, doch wir haben den Spieß einfach umgedreht. Der Sieg war an diesem Tag unserer, doch Evertons Firm hatte sich auch eine Menge Respekt verdient.“

Den Höhepunkt erreichte der Boro Mob wohl in der Saison 1989/90. Während einige andere, bekanntere Firms wie die ICF, die Leeds Service Crew und die Zulus in Folge von Polizeioperationen dezimiert wurden und langsam an Schlagkraft verloren, gedieh der Frontline Mob prächtig. Viele der berüchtigten Firms wurden Opfer ihrer eigenen Verrücktheiten, doch die Tatsache, dass sich die Gewalttätigkeiten immer mehr abseits der Stadien abspielten, sorgte dafür, dass der Druck auf die Polizei von Teesside nicht so groß war. Der Gipfel dieser Periode war die Vorherrschaft der Boro Firm im gesamten Nordosten des Landes.

Bei einem Abendspiel in Newcastle marschierten die Hooligans aus Middlesbrough vor dem Spiel unbehelligt durch das City Centre und nach der Begegnung jagten sie die Mitglieder des gegnerischen Mobs. ´Zweimal hintereinander Newcastles Mob geschlagen zu haben, war das Größte,´ schreib John Theone. ´Wir waren jetzt eine respektable Firm, mit einem Ruf, der keinem anderen nachstand.´

Andere stimmten in dem Punkt zu. Everton Hooligans hatten für die Boro Jungs nie etwas übrig, doch sie respektierten deren Firm, genau wie die Leute von der 6.57 Crew aus Portsmouth, die zwischen sich und der Frontline einige Gemeinsamkeiten entdeckten. Zwischen diesen beiden Firms kam es zu einigen Konfrontationen, die bis in das Jahr 1977 zurückgehen, als etwa 100 Boro Hooligans die Reise Richtung Süden auf sich nahmen, wo sie im Milton End des Fratton Parks um ihr Leben kämpften, zu Zeiten, als es noch keine Trennung zwischen den Fangruppen gab. Bei einer wilden Schlägerei Anfang der Neunzigerjahre erlitt einer der Portsmouth Jungs einen Beinbruch.

Eine andere Firm, die höchsten Respekt für Boros Frontline hat, ist die von Cardiff City, beide Vereine begegneten sich in der Saison 1993/94 im FA Pokal. Die Boro Hooligans setzten sich an diesem Morgen bereits um 04.00 Uhr in Bewegung und waren mit 100 Leuten in Cardiff als die Kneipen öffneten. Cardiffs Firm hatte nicht damit gerechnet, dass sie Besuch kriegen würde, doch selbst als die Walieser bescheid wussten, schafften sie es nicht einen ordentlichen Mob auf die Beine zu stellen. ´Middlesbrough hatte den Ruf, eine der besten Firms in ganz England zu haben,´ schrieben David Jones und Tony Rivers in dem Buch *Soul Crew*. ´Sie waren eine Firm, die einfach alles richtig machte, sie ließen uns wissen, wo sie sind, verhielten sich aber ansonsten ruhig. Sie machten keinen Quatsch, sondern warteten nur darauf, dass wir eine Firm zusammenkriegten, um loszulegen. Und genau aus diesem Grund ernten sie in der Hooligan-Szene so viel Ansehen.´

Schließlich stellten sich die Cardiff Hooligans, doch sie waren nicht genug, um es mit dem Boro Mob aufzunehmen, der bewaffnet aus dem Albert Pub stürmte und die Gegner in die Flucht schlug. Eine Menge der älteren Hooligans aus Südwales sagte, sie hätten seit den Besuchen von Chelsea und Portsmouth keine Firm erlebt, die so gut organisiert und mutig war, wie die aus Middlesbrough.

Für viele war die Firm von Chelsea Ende der Achtzigerjahre, die Top Firm im Land und die Boro Hooligans waren mehr als glücklich, als sich die Gelegenheit bot, in London gegen sie anzutreten.

Beide Vereine begegneten sich Ende der Achtziger , Anfang der Neunzigerjahre in einigen wichtigen Spielen. Begonnen mit den Relegationsspielen 1988, als Boro Chelsea in die zweite Liga schickte. Zu diesem Anlass tauchten die Hooligans aus Middlesbrough mit einem 1.000 Mann Mob in London auf, dieser Mob marschierte zum Stadion und war für die kleinen Gruppen von Chelsea Schlägern, die den Feinden auflauern wollten, einfach zu groß. Boro ging mit einen 2:0 Sieg aus dem Hinspiel in diese Begegnung und obwohl Chelsea einen frühen Treffer erzielte, konnten die Gäste ihren Vorsprung halten und so den Aufstieg perfekt machen. Einige der Boro Anhänger kletterten auf die Zäune, doch sie wurden von Ordnern zurückgedrängt. Am anderen Ende des Stadions sah man Hunderte von Chelsea Typen über den Platz in Richtung Gästeblock stürmen. Anschließende TV- und Presseberichte zeigten Chelsea Hooligans, die den Boro Mob provozierten und mit Wurfgeschossen eindeckten, die Sache wäre wahrscheinlich anders ausgegangen, wenn die Gäste in der Lage gewesen wären, näher an ihre Gegner zu kommen. Die Boro Leute wurden so lange im Stadion festgehalten, bis die Straßen rund um die Stamford Bridge von Chelsea Anhängern befreit waren, nur so konnte eine potentielle Massenschlägerei verhindert werden.

Zwei Jahre danach standen sich die Vereine im Finale des Zenith Data Systems Pokals im Wembley Stadion gegenüber und dieses Mal kam es zu einem Kampf zwischen den Hooligans. Nach dem Spiel trafen die beiden Mobs in einer Seitenstraße aufeinander und für die Beteiligten schien dieser Kampf ewig zu dauern.

Auf dem Spielfeld schien Middlesbrough das Glück zu verlassen. Dieser Umstand ging einher mit einer Finanzkrise, die den Verein beinahe zu Grunde gerichtet hätte. 1986 wurde gegen den Verein ein Konkursverfahren eingeleitet. Viele dachten, dass wäre das Ende.

Doch dann kam die Rettung in Person des Fußballfans und erfolgreichen Geschäftsmannes Steve Gibson, der während der Neunziger für Revolutionen beim Verein sorgen sollte. Gibson holte Brian Robson zu Boro und pumpte Millionen seines Privatvermögens in den Club, was dazu führte, dass man schon ein Jahr darauf wieder in der ersten Liga spielten. Das man jetzt wieder ganz Oben mitspielte, war ausschlaggebend für den Bau des Riverside Stadiums und noch bevor ein Ball in der neuen Arena rollte, waren auch schon 18.500 Saisonkarten verkauft. Middlesbrough konnte die Spielklasse halten und die folgende Saison war wohl die Beste, die man bis dato zu verzeichnen hatte. Mit guten Gespür wurden die Importe, Fabrizio Ravanelli und Emerson in die Mannschaft integriert, so schaffte es Boro also 1997 die beste Saison der Vereinsgeschichte zu spielen, man erreichte auch das Finale des FA Pokals, unterlag aber gegen die alten Rivalen von Chelsea. Auf dem Weg ins Finale begegnete die Frontline Firm ´einem verdammt leckeren Appetithappen,´ wie Paul Debrick sagen würde, nämlich Man City. Er meinte dazu: „Ich habe den Mob von Man City immer als eine der besten Firms im Land angesehen. Sie waren viele, sie wollten es und immer wenn wir an der Maine Road waren gab es Ärger.

Wir entschieden uns per Zug anzureisen. Als wir in Manchester Picadilly ankamen waren wir zirka 150 Mann, alle mit reichlich Alkohol und Kokain im Blut. Am selben Tag tauchten auch fünfzig Jungs vom Hibs Mob in Manchester auf, sie kannten einige von unserer Firm und wussten, dass es zu Krawallen kommen würde. Vor dem Spiel ging nichts ab, wir wurden von der Polizei zum Stadion eskortiert, so dass wir keine Chance hatten das zu machen, wofür wir angereist waren.

Kurz vor Spielende wurde abgemacht, dass wir uns vor dem Ausgang treffen würden, doch es lief einiges schief, denn 120 unserer Jungs kamen raus und bogen rechts ab, dreißig andere und ich bogen aber links ab. Noch bevor wir bemerkten, was geschehen war, steckten wir schon mitten in Moss Side, wo uns die hälfte der Anwohner töten wollte. Ich guckte mir unseren kleinen Mob an, etwa fünfzehn davon waren gute Kämpfer, die restlichen waren junge Typen. Ich dachte so bei mir, wenn diese Jungs mutig sein wollen, ist jetzt der beste Zeitpunkt es zu zeigen. Wir gingen die Hauptstraße hoch, bis zu einer Seitenstraße, wo überall City Hooligans waren. Ich drehte mich noch um und sagte: „Bleibt bei einander, haltet zusammen wir tun was wir können," und nur Sekunden später kam schon ein Manchester Mob über die Straße, geradewegs auf uns zu.

Ich dachte nur, das war es, jetzt werden wir sterben. Als die ersten Gegner vor uns auftauchten, gab ich einem einen linken Haken, der zweite bekam einen mit der Rechten, ich verteilte Schläge, die eigentlich aus der Mode waren und war überrascht von der Wirkung. Die anderen Jungs taten das Selbe und ich war recht zufrieden damit, wie wir uns schlugen, bis es so schien, dass wir von überall attackiert wurden. Plötzlich rasten zwei Kleinbusse der Polizei in einander, dass zog kurz die Aufmerksamkeit aller auf sich, es war jedenfalls lang genug, dass die Polizei Zeit hatte alles unter Kontrolle zu bringen. Es war das einzige Mal, dass ich dachte ich würde beim Fußball sterben. Wir wurden zurück zum Bahnhof eskortiert, doch den ganzen Weg über verfolgten uns ungefähr 300 City Hooligans. Wir trafen wieder mit dem Hauptteil unseres Mobs zusammen, der hatte mit einem anderen Man City Mob gekämpft. Die Manchester Hooligans müssen an diesem Tag wirklich einige Leute auf den Straßen gehabt haben. Unsere Jungs hatten sich auch mit der Hibs Firm geprügelt, die eigentlich mit ihnen zusammen gegen City antreten wollte. Doch den Schotten wurde gesagt, sie sollen sich verpissen und so waren auf einmal drei Mobs in der selben Stadt. Die Polizei wusste überhaupt nicht was da vor sich ging."

2001 reiste auch ein guter Mob der Frontline Firm zu einem Spiel im Old Trafford. Doch wie es oft der Fall war, wenn ein Mob auswärtiger Hooligans eine sogenannte 'Top Firm' im eigenen Revier schlägt, gab es verschiedene Standpunkte betreffend des Geschehens gab. Ein angesehenes Mitglied der Frontline Crew berichtete: „Wir haben den Mob von Man United auswärts besiegt, so einfach ist das. Sie geben zwar zu, dass wir sie überrannt haben, doch nur widerwillig gestehen sie ein, dass sie mit ihrem ganzen Mob angetreten waren. Wir kamen früh an, tranken in der Innenstadt und dann kamen sie in Massen und wurden geschlagen. Ein Grund, warum die Manchester United Firm bei vielen so verhasst ist, beruht darauf, dass sie nie zugeben, wenn sie unterlegen waren. Letztendlich waren sie von uns fertig gemacht worden, wir wissen es und sie wissen es, wenn sie es nur einmal zugeben würden, hätte man auch mehr Achtung vor ihnen. Jede Firm kann mal verlieren und die von Man U war nicht die erste aber auch nicht die letzte, die vom Boro Mob besiegt wurde, sie werden schon drüber weg kommen. Solche Sachen passieren halt." Es ist wohl nicht nötig zu erwähnen, dass einige United Hooligans dieser Beschreibung der Ereignisse nicht zustimmen.

Obwohl Frontline Mitglieder anderen guten Mobs Respekt zollten und starken Gegnern Komplimente machten, hatten sie für die Firm aus Sunderland nie viel übrig. Als dann die Feindseligkeiten mit anderen Mobs immer seltener wurden und Sunderland wieder in die erste Liga aufstieg, schlug den Lokalrivalen der volle Hass der Boro Fans und Hooligans entgegen. Diese Abneigung bestand seit die Sunderland Jungs einen Bus mit behinderten Boro Fans angegriffen hatten, wie einer der Frontline Hooligans berichtete: „Ein Mob, der einfach Rentner, Kinder und Frauen angreift und sogar einen Reisebus voll behinderter Fans mit Steinen beschmeißt, verdient keinen Respekt. Diese Sachen passierten bei einem Pokalspiel in Sunderland, ob es nun richtig war oder nicht, wir revanchierten uns damit, dass wir beim Rückspiel den Bus ihrer Mannschaft mit Steinen beschmissen. Zu den letzten drei Spielen bei ihnen sind wir immer mit einem guten Mob angereist, wobei immer der Vorfall mit den Bus unser Ansporn war. Bei der letzten dieser Begegnungen teilte man uns nur 1.000 Eintrittskarten zu, doch dass störte uns nicht sonderlich, weil wir noch vor dem Spiel Karten für den gesamten Bereich des Stadions kauften. Das ganze Spiel über kam es dann zu Ausschreitungen."

In den letzten Jahren haben sich die Boro Hooligans, ob nun zuhause oder auswärts, zu einer wahren Größe in der englischen Szene entwickelt. Über 100 Leute vom Boro Mob machten auch die kurze Reise nach Glasgow wegen eines Länderspiels und wenn man einem der Frontline Mitglieder glauben schenken darf, waren alleine schon die ängstlichen Gesichter von Hooligans kleinerer englischer Mobs die Reise wert. Er sagte außerdem: „Von unserer Ankunft in Schottland, bis zu unser Abreise nach dem Spiel, benahmen wir uns schlecht. Einer unserer Leute hatte einen Union Jack mit, über den quer Middlesbrough geschrieben war, als wir aus dem Zug stiegen, hielt er diese Fahne hoch und schrie: „Also Jungs, keiner rennt weg!" Was er sagen wollte war, dass jeder der bei Schlägereien weglaufen würde, dafür später zur Rechenschaft gezogen wird.

Wir zogen los, jede Gruppe Schotten, die uns begegnete, waren es nun Hooligans oder diese Idioten in ihren Kilts, wurde als Gegner angesehen. Wir gingen auf sie zu und wenn wir nahe genug dran waren, zeigten wir ihnen die Fahne, das war unser Signal für den Angriff. Einige kleinere englische Firms schlossen sich uns an und dieser Boro Mob wurde langsam zu einer kleinen Armee. Wir kämpften gegen kleine Mobs, gegen große, gegen Kneipengänger und Busbesatzungen, einfach gegen alles was schottisch war. Schließlich wurden wir von der Polizei entdeckt und zum Stadion eskortiert, wo sich schnell rumsprach, was wir gemacht hatten. Wir versuchten noch mit einigen anderen englischen Firms Streitereien auszutragen, auch mit denen aus London, die damals noch immer als die Besten angesehen wurde, doch sie hatten nicht genügend Leute und selbst wenn hätten wir es wohl mit ihnen aufnehmen können."

Im April 2002 spielte die englische Nationalmannschaft anlässlich eines Qualifikationsspiels der Euro 2004 in Sunderlands Stadium of Light gegen die Türkei. Viele englische Hooligans waren auf Rache für zwei Leeds Fans aus, die einige Jahre zuvor in Istanbul getötet worden waren. Boros Mob war aber eher darauf aus, sich mit den Hooligans aus Sunderland anzulegen. Zirka 100 Frontline Leute machten die kurze Reise nach Sunderland und trafen dort auf die doppelte Zahl Sunderland Hooligans. Ein Polizeibeobachter vermerkte später, dass er im Verlauf dieser Schlägerei, die schlimmsten unbewaffneten Auseinandersetzungen seiner gesamten Laufbahn gesehen hätte. Er äußerte seine Überraschung darüber, dass die restliche Polizei von diesem Zwischenfall keine Kenntnis genommen hatte, doch ein anderer Polizist sagte ihm, so etwas wäre normal, wenn diese beiden Vereine gegeneinander spielten und dass die Sache deswegen so wenig Beachtung fand.

Einige Jahre später fand ein Länderspiel zwischen Albanien und England im Riverside Stadium statt, augenscheinlich war jeder Boro Hooligan, der in den letzten dreißig Jahren aktiv gewesen ist, auf den Beinen, doch sehr zu ihrer Enttäuschung lies sich keine andere Firm blicken. Paul Debrick kommentierte es so: „Alte Hooligans, die neuen Jungs vom Frontline Mob, Beer Bellies und Leute wie ich, die sich einfach mal wieder prügeln wollten tauchten hoffnungsvoll auf. In jeder Kneipe der Stadt saß ein Mob von mindestens zwanzig Boro Hooligans. Doch am Ende waren wir enttäuscht, weil nichts passierte. Ein Besuch bei uns wird eben noch immer als nicht sonderlich angenehm betrachtet."

In der englischen Hooligan-Szenen ist es oft zu merkwürdigen Bündnissen gekommen, doch Boro hatte nie mit einem anderen Mob eine Freundschaft, obwohl einige wenige Mitglieder der Frontline Firm auch gelegentlich mit dem Chelsea Mob ins Ausland reisten. Das änderte sich bei der Europameisterschaft 2000, als einige Boro Hooligans ein paar Arsenal Jungs zur Hilfe eilten. Seit diesem Tag besteht eine Freundschaft zwischen den Gruppen, sehr zum Ärger der Älteren. Ein Frontline Mitglied sagte dazu Folgendes: „Es kam dann zu einem Aufeinandertreffen zwischen uns und Arsenal anlässlich eine FA Pokalhalbfinales im Old Trafford. Der jetzige Frontline Mob traf sich in einer Kneipe mit den Arsenal Jungs, doch unsere alten Leute waren auch im Laden. Die jüngeren Boro Typen verließen schließlich das Lokal, kurz darauf sagte einer vom Arsenal Mob: „Morgen werden wir die Wichser verprügeln." Das hörte einer der älteren Boro Hooligans und fing seinerseits an, die Arsenal Jungs zu attackieren. Ich dachte damals, dass dieser Zwischenfall zu Streit zwischen den alten und den jungen Boro Hooligans führen würde, doch es passierte nichts. Dennoch bestehen seit dem eine gewisse Spannung zwischen beiden Lagern."

Die heutige Frontline Firm hat einen harten Kern von etwa sechzig Mann und für gute Spiele kriegen sie einen Mob von 150-200 Leuten zusammen. Beim Finale des Coca Cola Pokals in Cardiff, wo sich die alten und jungen Boro Hools zusammenschlossen, hatten sie einen Mob von ungefähr 500. Doch auch Boros Mob litt wie viele andere stark unter Stadionverboten und Platzverweisen, dennoch ist Middlesbrough ein unangenehmer Ort für Auswärtige geblieben. Und die dort lebenden Hooligans sind immer froh wenn jemand in ihre Stadt kommt und Streit sucht.

Weiterführende Literatur: The Frontline, James Theone (Milo Books), The Brick, Paul Debrick (Milo Books), Scally, Andy Nicholls (Milo Books)

Paul Debrick, einst einer der Anführer des Frontline Mobs und Autor des Buches The Brick.

Millwall

Stadion: Ehemals The Den, heute The New Den
Firms: Treatment, F-Troop, Bushwackers
Feinde: West Ham, Portsmouth
Polizeioperationen: Dirty Den

Neil McPherson war ein zurückhaltender Mensch und das war sein Fehler. Fast 1.000 Millwall Hooligans hatten gerade mehrere Stunden für Ausschreitungen gesorgt, bei denen siebenundfünfzig Polizisten und sechsundzwanzig Dienstpferde verletzt worden waren. Es handelte sich dabei wahrscheinlich um die schlimmsten Ausschreitungen bei einem Fußballspiel, die je in London stattgefunden hatten.

„Es war schlimmer als die Brixton- und Poll Tax Unruhen," sagte McPherson leise. Und er war jemand, der es wissen sollte, denn er war der Police Officer, der die Überwachungseinheit bei Spielen von Millwall leitete. Die berüchtigten Lions hatten soeben das Halbfinale der Play-Offs gegen Birmingham City verloren und die Fans reagierten auf die einzige Weise, die sie kannten. Ein Laternenpfahl war regelrecht aus dem Boden gerissen worden und wurde als Waffe benutzt, Gehwegplatten wurden rausgerissen und Mauern niedergewalzt, die dann Stein für Stein auf Polizisten geworfen wurden. McPherson beobachtete das Ganze mit einer Mischung aus Ungläubigkeit und Angst. Millwall Hooligans hatten sich in dieser Saison bei mindestens zehn Begegnungen schlecht benommen, alleine fünfmal hatten sie sich Schlägereien mit der Polizei geliefert, doch es war nie so schlimm gewesen.

„Was soll ich machen?" sagte McPherson niedergeschlagen zu einem BBC Fernsehteam, das ihn und den Verein die ganze Saison über begleitet hatte. Er sah aus als ob er weinen wollte, vielleicht war ihm klar, dass er seinen Job verlieren würde. Er hatte bereits früher in der Saison fälschlich vorausgesagt, der harte Kern der Millwall Hooligans würde zu einem Spiel gegen die Wolves nicht anreisen. Tatsächlich aber bestiegen 250 gewaltbereite Londoner, zum Teil mit Baseballschlägern und Messern bewaffnet, mitten am Tag einen Zug im Bahnhof Euston.

Ein paar Wochen zuvor war von einer Londoner Zeitung eine Fotoserie von Millwall Hooligans veröffentlicht worden, nach denen gefahndet wurde, weil sie während eines Spiels gegen Nottingham Forest Polizisten attackiert hatten. Die Folge war, dass ein Zwölfjähriger von seiner Mutter am Ohr in eine Polizeiwache gezogen wurde. Sie schrie: „Du verfluchter Idiot!" dabei schubste sie ihren Sohn vorwärts. McPherson sah ihn sich an, später würde er sagen: „Eine neue Generation Hooligans ist geboren." Der Junge wurde laufen gelassen und noch am gleichen Abend tauchte er selbstbewusst und angeberisch in einem Jugend-Club auf. Sein Verhalten unterschied sich stark von dem, was er vor seiner Mutter und der Polizei gezeigt hatte, doch hier war die Verwarnung, die er erhalten hatte eine Art Orden. Er hatte es auf die Ränge von Millwall geschafft, für ihn und seine Freunde gab es keine größere Auszeichnung. Auch Neil McPherson konnte daran nichts ändern. Und wenn man einmal einen Blick auf die Vereinsgeschichte von Millwall wirft, fällt auf, dass die Anhänger sich bereits seit den zwanziger Jahren des letzten Jahrhunderts Schlachten mit der Polizei lieferten.

Alleine die Erwähnung des Wortes ´Millwall´ ruft bei vielen Assoziationen mit Hooligans und Krawall hervor. Kein anderer Verein wurde über einen so langen Zeitraum mit Ausschreitungen in Verbindung gebracht. Ob es nun plündernde Mobs in Luton waren, bis hin zu Angriffen auf Schiedsrichter oder andere Offizielle, ob Kneipentüren mit Vorschlaghämmern und Spitzhaken eingeschlagen oder Laternenpfähle aus dem Boden gerissen wurden, Millwalls Gefolge verursachte Ärger.

Als das TV-Magazin *Panorama* 1977 einen Bericht über Randale bei Fußballspielen drehte, stand der Millwall Mob im Mittelpunkt. Und auch als die BBC im Jahre 2002 das Thema erneut aufgriff, waren wieder die Millwall Hooligans die Stars der Sendung. Doch dieser Ruf ist keineswegs nur durch die Berichterstattung der Medien zustande gekommen.

Mickey Francis, der Anführer der Manchester City Hooligans schrieb in seinem Buch *Guvnors:* ´Du bekommst es echt mit der Angst zu tun, wenn du in einer U-Bahnstation auf einige hundert Millwall Typen triffst, die dich umhauen wollen. Das sind die Momente, wo man sich fragt, wie man Hooligan werden konnte.´

´Das Wort ´Millwall´ lässt mir kalte Schauer den Rücken runter laufen, die härtesten Fans im Land,´ schrieb Colin Ward in *Steaming In.*

´Ich schiss mir praktisch direkt in die Hose,´ berichtet John Theone in seinem Buch *Frontline* über einen Besuch in The Den im Laufe der Siebzigerjahre, er fuhr fort: ´Das waren keine Teenager Typen, sondern verflucht große Werftarbeiter, die sich beim Anblick unserer Crew totlachten, sie nannten uns Babys und Kinder.´

Das Image der Millwall Leute zeigt sich in diesen Erinnerungen und wird auch von anderen Hooligans genauso dargestellt, eine harte Anhängerschaft, deren Mitglieder aus den Londoner Docks kamen und alles Auswärtige hassten.

Bereits Weihnachten 1919 ermahnte der Verein die Fans, sich anständig zu benehmen. Im Programmheft war zu lesen: ´Fluchen oder schimpfen sie nicht in Hörweite von anderen. Damen könnten sich durch so ein Verhalten belästigt fühlen und man macht sich so nicht besonders beliebt.´ Außerdem wurde darum gebeten: ´Kritisieren sie auch bitte nicht den Schiedsrichter, er muss seine Entscheidungen schnell treffen und wie wir alle, macht auch er Fehler.´

Dieser Appell half nur wenig, die feindselige Stimmung in The Den zu ändern. Schon im nächsten Jahr musste dem Fußballverband mitgeteilt werden, dass der Torhüter von Newport County durch einen rechten Haken eines Millwall Anhängers niedergestreckt worden war. Das Stadion des Londoner Vereins wurde dann nach einer Verbandssitzung gesperrt, bei der man feststellte, dass von einem Teil der Zuschauer mit Gegenständen geworfen worden war. Außerdem befand man, dass es zu gefährlichen Zwischenfällen gekommen war und dass die Spieler der Gastmannschaft beleidigt und eingeschüchtert worden waren.

Während der Saison 1934/35 wurde The Den erneut gesperrt, nachdem Millwall Anhänger die Spieler des Vereins Bradford Park Avenue mit Wurfgeschossen eingedeckt hatten. Nach diesem Spiel versammelte sich eine 4.000 Mann starke Horde und grölte: „Wir wollen den Schiedsrichter!" Die dritte Sperre erhielt der Verein 1948 nach einem Heimspiel gegen Barnsley. Wieder war der Auslöser der Unruhen eine Schiedsrichterentscheidung, denn kurz vor dem Abpfiff war der Gastmannschaft ein Elfmeter zugesprochen worden. In seinem Buch *Lions of the South,* schrieb James Murray dazu: ´Nachdem der Strafstoß zum 3:3 führte, rannten Millwall Fans auf den Platz und protestierten gegen die Entscheidung des Schiedsrichters. Einer der Millwall Anhänger konnte nur knapp daran gehindert werden, den Mann zu attackieren, der die Massen so erzürnt hatte.´

Der Spielleiter wurde auch Zielscheibe für zahlreich geworfene Gegenstände. Doch den größten Fehler machte der Verein, als er die Identität des Schiedsrichters einem aufgebrachten Fan preisgab.

In dem Buch *No Likes Us, We Don´t Care,* schreibt Garry Robson, dass die Unruhestifter in den Stadionheften, als ´besonders engagierte Fans´ bezeichnet wurden und nicht als Hooligans oder Gewalttäter. Er fügte hinzu: ´Durch diesen Umstand wurden die einzelnen Personen einfach nur als besonders fanatische Fans angesehen, die etwas übereifrig waren.´ In der nächsten Saison kam es zu noch größeren Problemen, denn drei Tore, die Exeter City gegen Millwall erzielt hatte waren umstritten. ´Nach dem Spiel wurden Schiedsrichter Meade, sowie die Linienrichter Day und Turner, von einer 150-200 Mann zählenden Gang angegriffen,´ schreib Murray über den Vorfall. ´Meade gab an, dass Teetassen auf sie geworfen wurden und er am Rücken von etwas getroffen worden war.´

Wieder wurde das Stadion von Millwall für sieben Tage gesperrt und der Verein musste eine Strafe von 100 £ zahlen.

Die Allgemeinheit sieht die Ausschreitungen, die von Manchester United Anhängern 1967 im Upton Park ausgelöst wurden als die Geburtsstunde der modernen Hooligans an, doch für Millwall Fans waren solche Krawalle nichts Neues. Bereits achtzehn Monate zuvor hatte ein Millwall Anhänger bei einem Auswärtsspiel in Brentford eine Handgranate auf das Spielfeld geworfen. Ein damals anwesender Millwall Fan kommentiert den Vorfall so: „Ein Polizist nahm die Granate und packte sie in einen Eimer voll Sand, der hinter der Außenlinie stand. Die Granate war zuvor direkt vor Chic Brodie, dem Torhüter von Brentford gelandet, der sofort wegrannte. Er war schon ein Pechvogel, denn seine Karriere wurde später durch einen Hund beendet, der auf den Platz rannte und ihn biss."

Nach dem Spiel sagte der junge Millwall Torwart Alex Stephney, wenn die Granate neben ihm gelandet wäre, hätte er umgehend das Stadion verlassen. Die darauf folgende Schlagzeile der Sun war: ´Fußball wird zum Krieg!´

Später in der selben Spielzeit kam es zu einer spannenden Begegnung bei den Queens Park Rangers. Beide Mannschaften hatten die Chance aufzusteigen, doch die unglaubliche Vorstellung des jungen Rodney Marsh sorgte dafür, dass die Gastgeber mit einem 6:1 Sieg vom Platz gingen. Viele der Tore wurden durch friedliche Invasionen des Stadioninnenraums begleitet, doch die Stimmung kippte, als der Millwall Stürmer Len Juliens von einer Münze am Kopf getroffen wurde, die er umgehend zurück in die Masse schleuderte. Über die Anzeigentafel wurde daraufhin bekannt gegeben, dass man bei einer erneuten Platzstürmung das Spiel abbrechen würde. So eine Drohung hätte man den enttäuschten Millwall Anhängern nicht entgegenbringen sollen. Denn umgehend stürmten dreißig von ihnen auf das Spielfeld und setzten sich hin, mit der Erwartung, dass das Spiel nun zum Abbruch käme. Es bedurfte Millwall Trainer Billy Gray, die Leute zur Einsicht zu bewegen. Er nannte sie Hitzköpfe, die einsehen müssen, das QPR an diesem Tag die bessere Mannschaft hatte. Schließlich sahen sie es auch ein. Doch es sollte noch schlimmer kommen. Beim nächsten Heimspiel wurden auf der Cold Blow Lane Tribüne Rauchbomben gezündet und im Folgemonat kam es zu Krawallen bei einem Spiel in Oxford. Dieses Spiel gegen Oxford United war nach Angaben des früheren Millwall Spielers Eamon Dunphy, die erste Begegnung, bei der er die Polizei in großer Zahl agieren sah. Später schrieb er in lebhafter Weise über den Vorfall: ´Zu dieser Zeit reiste die Mannschaft noch mit dem Zug zu den Spielen und die Fans reisten mit uns. Es waren hauptsächlich normale Anhänger, doch eine Gruppe von nicht ganz zwei Dutzend jungen Schlägern war auch darunter. Wir wurden bei der Ankunft von zwanzig Polizeibeamten empfangen, die uns zu Fuß zum Stadion eskortierten. Damals fing man gerade an die Hooligans wahrzunehmen, man spürte zunehmend ihre Anwesenheit und sie waren ein bisschen erwachsener als früher. Die Leute, die an diesem Samstag auf den Straßen dieser englischen Provinzstadt waren, wurden von der Polizei vom Bürgersteig gewiesen, damit die Jungs aus London, die Millwall Jungs, zu ihrem Spiel kamen.´

Die Millwall Anhänger und auch andere begriffen, dass sie durch gemeinsames Auftreten, Gegröle und schlechtes Benehmen Innenstädte ´einnehmen,´ sowie nationale Schlagzeilen machen konnten. Außerdem waren die Strafen für Krawalle bei Fußballspielen gering und auch die Überwachung war oft mangelhaft. Kurz nach dem Spiel gegen Oxford wurden die Fans erneut im Programmheft wegen ihres schlechten Benehmens ermahnt: ´Wir sind wieder einmal ernsthaft beunruhigt, wegen dem Verhalten einer bestimmten Gruppe junger Fans. Dieses Benehmen muss aufhören, zum Gute des Vereins und des Sports. Wir übertreiben wirklich nicht, selbst unsere normalen Fans waren entsetzt und beschämt angesichts des Verhaltens dieser Leute. Wenn sich nichts ändert werden friedliche Anhänger dem Spiel fernbleiben und das dürfen wir nicht zulassen.´

Die Millwall Hooligans begannen nun sich auch abseits ihres eigenen Stadions einen Namen zu machen. Von 1966 an kam es bei jedem Besuch in Portsmouth zu Ausschreitungen, die auf einem solchen Niveau waren, wie man es an der Südküste noch nicht erlebt hatte. Die wilden Auftritte, der zum Teil schon vierzigjährigen Millwall Typen, lösten bei den jungen Portsmouth Hooligans eine solche Angst aus, dass sie es gar nicht erst in Erwägung zogen eine Reise nach Südostlondon zu machen. Einer der Portsmouth Leute sagte dazu in dem Buch *Rolling with the 6.57 Crew:* ´Millwall war Sperrzone. Wir waren 1967 einmal da, danach wollte niemand mehr dahin. Ich würde es noch mal machen, allerdings getarnt. Ehrlich gesagt, ich war zweimal da, ich verhielt mich ruhig und alles verlief bestens, so einfach ist das.´

In der Saison 1966/67 stellte die Mannschaft von Millwall unter Beweis wozu sie fähig war und verlor über fünf Monate kein einziges Spiel. Bis sie zu Hause gegen Plymouth antrat, dieser Club hatte ironischer Weise die ganze Spielzeit noch kein Auswärtsspiel gewonnen. Millwall unterlag 1:2. Während der Begegnung wurde der Torwart von Plymouth mit Gegenständen beschmissen und nach Abpfiff der Bus der Gastmannschaft attackiert, wobei einige Scheiben zu Bruch gingen.

Später im selben Jahr kam es erneut zu Unruhen bei Millwall und ein bewusstloser Schiedsrichter musste von sechs Polizisten vom Platz getragen werden. Am folgenden Montag schrieb die Sun über den Zwischenfall: ´Diesem wilden, gesetzlosen Verhalten einiger englischer Fußballfans muss Einhalt geboten werden. Wenn sie sich wie Tiere benehmen, muss man sie auch wie solche behandeln und in Käfige stecken. Die zeitweilige Schließung von Stadien ist keine Lösung, denn so etwas gab es bei Millwall bereits zweimal während des Krieges. Doch trauriger Weise, hat es nicht dafür gesorgt, dass Platzstürmungen in The Den, wie bei der Niederlage letzten Samstag gegen Aston Villa, ausbleiben.´

Obwohl unklar war ob der Schiedsrichter durch einen Schlag zu Boden gegangen oder einfach nur vor Angst kollabiert war, eines stand fest, dass Benehmen einiger Anhänger war schlecht. Ein verärgerter Polizeisprecher sagte: „Einige dieser Leute sind einfach nur grausam."

Der Vorstand der Fußballliga startete eine Untersuchung der Vorkommnisse, doch diese musste aus Mangel an Beweisen eingestellt werden. Len Shipman, der Präsident der Liga verkündete: „Die Kontrolle über die Anhänger zu behalten ist normalerweise die Angelegenheit der Vereine, doch in diesem Fall wissen wir nicht mehr was wir machen sollen. Doch ich glaube, dass letztendlich die Polizei das Hooligan-Problem lösen wird."

Millwall FC wurde anschließend zu einer Geldstrafe von 1.000 £ verurteilt. Die Sun war über die Höhe der Strafe außer sich, sie schrieb, dass solch eine Bestrafung damit zu vergleichen wäre, wenn man einem Jungen sechs Pence von seinem Taschengeld abziehen würde, weil er seine Schwester getreten hat.

Auch die Schiedsrichter empfanden diese Strafe als zu gering. Folglich wies die Schiedsrichtervereinigung ihre Mitglieder an, erst wieder Spiele in The Den zu leiten, wenn dort die Sicherheit gewährleistet wäre.

Obwohl es so aussah, als ob das nächste Spiel gegen Portsmouth abgesagt werden müsse, kam es dann doch noch zu einer Einigung zwischen den Ligaverantwortlichen und der Schiedsrichtervereinigung.

Schiedsrichter Dennis Brady sah der Begegnung zwar unbesorgt entgegen, doch die Umstände riefen Bestürzung hervor, denn Millwall FC gab der Presse gegenüber zu, dass es keine neuen Sicherheitsmaßnahmen geben würde. Die ganze Sache wurde intensiv in den Medien behandelt und war eine Art Vorbote, für das immer größer werdende Hooligan-Problem bei Millwall.

Die Mythen, die sich um den südlichen Teil Londons entwickelten, gab es schon lange bevor der Millwall FC von Werftarbeitern aus dem Stadtteil Bermondsey 1885 gegründet wurde. Die Gegend Südostlondons, zu der die Stadtteile Bermondsey, Southwark, Peckham, Lewisham und Deptford zählen, hatte bereits im Mittelalter den Ruf, ein heißes Pflaster zu sein. Richard Byrne schrieb in seinem Buch *Prisons and Punishments of London:* ´Wenn man ein modernes Gegenstück zum frühen Southwark sucht, ist es wohl die Stadt Tijuana an der mexikanisch-amerikanischen Grenze. Die Themse ist vielleicht nicht der Rio Grande, aber im mittelalterlichen Southwark herrschte eine ähnliche Wild West Atmosphäre. In den Tavernen, Bordellen und Spielsalons der Gegend waren plötzliche Gewaltausbrüche nicht ungewöhnlich. Die Insassen von ankommenden Postkutschen waren nicht selten verletzt oder ausgeraubt worden, von den maskierten Banden, die auf den umliegenden Straßen rumlungerten. So ging es über mehrere Jahrhunderte in Southwark zu.´

Noch heute läuft den Anwohnern nördlich der Themse ein kalter Schauer über den Rücken, wenn sie an die kriminellen Bezirke auf der gegenüberliegenden Seite denken.

´Begonnen damit im Ruf zu stehen, im Mittelalter eine kriminelle Brutstätte gewesen zu sein, bis hin zum Anlaufpunkt für die Schwulen-Szenen zu gelten, gab es noch viele andere Entwicklungen in Südostlondon. Da wären die ersten Fußball-Rowdys des neunzehnten Jahrhunderts, die Teddy Boys und die klassische Gangkultur oder auch der moderne Hooligan, dies alles macht diese Gegend historisch betrachtet bedeutend,´ schrieb Garry Robson in *No One Likes us, We Don´t Care.*

Die zentrale Rolle der Kriminalität und die anscheinende Akzeptanz des organisierten Verbrechens, in der Gesellschaft dieser Bezirke, zusammen mit dem Macho-Verhalten der Arbeiterklasse, sorgte dafür, dass Millwall Anhänger eher bereit waren ihre Frustration mit Gewalt auszudrücken, als Fans anderer Vereine. Während Burnley Fans sich 1966 in lokalen Zeitungen über rüpelhafte Teenager beschwerten, die Lieder sangen und sich 1967 bei Arsenal die North Bank als End herausbildete, waren diese ´neuen´ Erscheinungen bei Millwall bereits seit den Zwanzigerjahren bekannt.

In den späten Sechzigerjahren, als die meisten Hooligans noch Teenager waren, gab es beim Millwall Mob bereits Männer um die Vierzig.

In den Fünfzigerjahren entstanden die Teddy Boys, Großbritanniens erste Jugendbewegung in den Sozialenbrennpunkten von Elephant and Castle, beide Bezirke sind nur einen Steinwurf vom Millwall Stadion entfernt. Schauspieler Michael Caine, der aus dieser Gegend stammt, beschreibt die Umgebung in seiner Autobiografie als so hart und gefährlich, wie es nur sein kann, ohne das der Krieg erklärt wird. ´Wenn man gefragt wurde, woher man kam und man sagte ´The Elphant´ und guckte seinem Gegenüber dabei direkt ins Gesicht, so reichte das meist aus, um ihm Angst einzuflößen.´

In verschiedenen Gegenden Londons gab es Verbrecher, die Kultstatus erlangten, in Ostlondon waren es die Kray Brüder, im Südosten Charlie und Eddie Richardson sowie Frankie Fraser, sie alle waren Schutzgelderpresser, die in den Sechzigerjahren in London ihr Unwesen trieben.

Charlie Richardson war ein Mann, der zwischen seinem legalen Geschäft, einem Schrotthandel und der Kriminalität hin und her pendelte. Er verweigerte den Militärdienst, mit der Begründung, er brauche nicht die Armee um ein Mann zu werden, er betreibe schließlich Geschäfte, die es seit dem elften Jahrhundert in Südostlondon gäbe. Es gab auch eine Comedy Reihe Namens *Only Fools And Horses,* die in Peckham spielte und sich mit zwielichtigen Gestalten wie ihm beschäftigte. Sein Bruder Eddie Richardson war auch als ´King of the Teds´ bekannt.

Dieser Teil Londons hat aber noch eine Menge anderer Verbrecher hervor gebracht. Die meisten der Bandenmitglieder des großen Postzug-Überfalls kamen von hier und in jüngerer Vergangenheit waren es die Räuber, die den Brink Mat Coup (Anm. des Übersetzers: einen großen Diamantenraub) durchführten. Und nicht zu vergessen die türkische Familie Afri, die in den frühen Neunzigerjahren viele kriminelle Geschäfte in Südlondon machte. Als die

Mitglieder der Familie festgenommen wurden, sah es aus wie bei einem NATO Manöver, so schwer waren die Polizisten bewaffnet.

Von einem hohen Polizeibeamten wurde 1987 eine Statistik erstellt, die besagte, dass sechzig Prozent aller bewaffneten Raubüberfälle in London stattfanden, und die Überfälle, die nicht in London verübt wurden, wurden zu zwei Dritteln von Londonern begangen. Die Chance, bei einem Überfall von jemanden aus Südostlondon beraubt zu werden, war also überproportional hoch. Die Gewaltbereitschaft der Gesellschaft übertrug sich auch auf die Ränge im Stadion. So wie es früher auch bei West Ham war, wenn ein großes Spiel anstand, tauchten die Leute aus der Unterwelt auf. Vor nicht all zu langer Zeit, nämlich Mitte der Neunziger, war einer der wichtigen Leute beim Millwall Mob, ein Verwandter von George Cornell, dem Gangster, den die Krays vor dem Blind Bagger Pub in London töteten. Der Mann, der um die fünfzig war und dem mehrere Frontzähne fehlten, passte gut in seine Rolle bei Millwalls Firm. Die Verflechtungen mit Kriminalität ging einher mit einer starken Abneigung gegen die Polizei. Wohl auch deshalb kam es öfter zu Konfrontationen zwischen Millwall Hooligans und den Ordnungskräften als bei irgendeinem anderen Verein. Erst kürzlich, 2001 feuerten junge Millwall Fans Raketen auf Polizisten, die Geschosse bekamen sie von älteren Hooligans gereicht, die den ´Harry Roberts Song´ sangen.

Roberts hatte zwei Polizisten erschossen und war bei einem Mord an einem dritten Komplize gewesen. Das war während eines Überfalls Ende der Sechzigerjahre geschehen. Als ihm dann der Prozess gemacht wurde, zeigte er für seine Taten keine Reue. Obwohl Roberts aus dem Londoner Westen kam, wurden er auf Grund seiner Taten von den Millwall Anhängern als einer von ihnen angesehen.

Harry Roberts Song:

Harry Roberts is our friend,
Is our friend,
Harry Roberts is our friend
He kills coppers

Let him out to kill some more
Kill some more
Let him out to kill some more
He kills coppers

Millwall hatte den wenig beneidenswerten Titel, als einziger Londoner Verein nie in der ersten Liga gespielt zu haben. Doch 1972 sah es so aus, als ob sich das ändern würde, denn die Mannschaft spielte den besten Fußball der Vereinsgeschichte. Trotzdem setzten sich die Krawalle fort. Bei einem Heimspiel im FA Pokal gegen Nottingham Forest versuchten die Hooligans der Gastmannschaft, die Cold Blow Lane Tribüne einzunehmen. Sie schafften es nur bis zur Treppe, bevor sie wie ein Augenzeuge berichtete, ´total vernichtet´ wurden. Danach versuchten die Forest Anhänger in das Ilderton End zu klettern und während es einigen gelang, mussten andere um ihr Leben rennen.

Millwalls letztes Spiel in dieser Saison war zu Hause gegen Preston. Als man auf einen 2:0 Sieg hinsteuerte, erreichte die Fans die Nachricht, dass Birmingham City, ihr ärgster Rivale um den Aufstiegsplatz, gegen Sheffield Wednesday zurücklag. Diese Nachricht machte schnell die Runde und nach dem Abpfiff wurden die Spieler auf Schultern in die Kabine getragen, wo mit reichlich Champagner gefeiert wurde. Die Freude legte sich als das Endergebnis aus Sheffield bekannt wurde. Birmingham hatte gewonnen und konnte somit bei einem Sieg im letzten Spiel, einige Tage später gegen Leyton Orient, Millwall überholen. Der Mannschaftskapitän reagierte in Millwall typischer Manier, indem er ein Radio an die Wand schmiss.

In der Hoffnung etwas Einfluss auf das Spielergebnis nehmen zu können, machten sich Millwall Anhänger auf die kurze Reise nach Leyton. Dadurch war im Stadion die damals unglaubliche Menge von 33.383 Zuschauern. Die Times schrieb über dieses Spiel: ´Die drei Interessengruppen, sorgten für eine Atmosphäre, die beim Finale am Samstag nur schwer zu steigern ist. Gelegentlich schien es so, als ob die Sprechchöre der Leyton Fans in dem Gebrüll der Birmingham City Anhänger untergehen würden. Doch mit Unterstützung der Millwall Sprechchöre ging Orient die Aufgabe an, als ob es dabei um die eigene Zukunft ging.´

Es reichte jedoch nicht, Birmingham City machte in der achtundfünfzigsten Minute ein Tor und sorgte somit dafür, dass Millwall nicht aufstieg. Als Tausend Birmingham Fans auf den Platz stürmten, taten es auch Hunderte Leute von der anderen Seite des Stadions, Auslöser war ein riesiger Feuerwerkskörper, der auf der Tribüne gezündet worden war. Wieder einmal zeigten alle Finger auf die Millwall Anhänger.

Im Februar 1973 bekam Millwall ein Auswärtsspiel bei Everton im FA Pokal zugelost, für viele war es die erste Begegnung gegen eine Spitzenmannschaft mit einem berüchtigten Mob. In zwei Sonderzügen reisten fast 2.000 Londoner nach Liverpool. Doch es sollte keiner ihrer guten Auftritte werden. Liverpool FC spielte am gleichen Tag zu Hause gegen Manchester United, also hingen beide Mobs aus Merseyside an der Lime Street rum.

Berittene Polizisten waren abgestellt worden, um die verschiedenen Fangruppen von einander fernzuhalten. Es gibt unterschiedliche Aussagen darüber, was an diesem Tag passierte, einige behaupten, der Millwall Mob wurde überrannt, andere behaupteten das Gegenteil. Eine Sonntagszeitung teilte die Sicht der Minderheit und titelte: ´Everton fing es an, Millwall beendete es.´

Sicher ist, dass einige Millwall Hooligans in Evertons Home End eingedrungen waren, nur um dort von allen Seiten attackiert zu werden. Zehn von ihnen erlitten Stichverletzungen, einer davon schwere. Ein Millwall Anhänger kommentierte es: „Sie waren wie Lämmer auf der Schlachtbank." Auf dem Spielfeld erreichte Millwalls Mannschaft allerdings einen 0:2 Sieg, so dass die, die den Tag unverwundet überstanden hatten, ihn als einen Erfolg werteten. Die Everton Hooligans sagen auch, dass Millwall die einzige Firm war, die je ernsthaft versucht hat ihr End zu nehmen (siehe Everton).

Der Goodison Park war aber nicht der einzige Ort, an dem der Millwall Mob ins Straucheln kam, doch das bestätigt wieder einmal den Standpunkt, dass keine Firm unschlagbar ist. Ein Millwall Hooligan sagte zu diesen Thema: „Ich empfand Everton nicht als so schlimm. Man United auswärts 1974, Bolton auswärts 1975 und ein Abendspiel gegen Newcastle 1976 waren viel schlimmer. Ich glaube, dass die Messerstechereien dafür gesorgt haben, dass Everton als hart bewertet wird. Doch die drei anderen Zwischenfälle, bei den wir unterlagen, waren um einiges heftiger."

Ein anderer Millwall-Veteran kann sich noch gut daran erinnern, dass sie beim Spiel gegen Bolton, von der Polizei gerettet wurden: „Wir waren mit einer Millwall Firm von über 150 Leuten unterwegs, drunter viele Ältere und die Stimmung kochte. Als wir aus dem Stadion kamen stürmte der Bolton Mob auf uns los, wir standen mit dem Rücken zur Wand und konnten nirgendwo hin. Wenn wir uns da nicht durchgekämpft hätten, wären wir geschlachtet worden. Das Gerücht ging um, dass sie Unterstützung von Man United und City dabei hatten, doch ich habe bei Länderspielen mit den Bolton Hooligans gesprochen und sie sagen, es waren nur Leute ihrer Firm. Eindeutig eine der größten Firms, die jemals den Millwall Mob attackiert hat."

Überraschender Weise tauchten die Bolton Hooligans in den folgenden zwei Spielzeiten nicht in The Den auf.

In der nächsten Runde traf Millwall auswärts auf Wolverhampton, auch das war ein Verein, der dafür bekannt war, dass die Fans Streit suchten. Ein Millwall Hooligan schrieb später über das Spiel im Internet: ´Unten an der Tribüne hinter dem Tor gab es ein komplettes Chaos. Ich kann mich noch daran erinnern, dass ein Imbisswagen von uns als Rammbock genutzt wurde, um an eine Wolves Firm ranzukommen, die zuvor einen unserer schwarzen Jungs verprügelt hatte. An diesem Tag sah man auch eine kleine Gruppe der Wolves Hooligans in schwarzen Ledermänteln rumrennen.

Wir spielten noch mal 1977 gegen sie, damals in der zweiten Liga und wieder waren da diese Typen mit den Ledermänteln. Bei dieser Begegnung waren sie bewaffnet und legten sich mit uns an, sie waren zu wenige aber sie waren mutig und blieben stehen, bevor sie fertiggemacht wurden.´

Bei den Heimspielen in der nächsten Saison, war es wie immer. Die erste Begegnung war gegen Aston Villa, der Mob aus Birmingham schaffte es nicht einmal aus dem Bahnhof New Cross bevor er angegriffen wurde. Anschließend wurden die Hooligans von der Polizei sofort in einen Zug nach Hause gesteckt. Kurz nach Anpfiff des Spiels beschoss ein Millwall Fan den Villa Torhüter mit einer Rakete.

Die letzte Begegnung in der folgenden Spielzeit war ein Heimspiel gegen die Bristol Rovers, die einen Sieg brauchten, um nicht abzusteigen. Etwa dreißig Rover Hooligans hatten sich im Ilderton End versammelt, doch es dauerte nicht lange und sie wurden verjagt und übel zusammengeschlagen. Die Polizei geleitete sie nach draußen, doch kurz nach der Halbzeit, tauchten sie wieder an der gleichen Stelle auf. Dieser Augenblick wurde von einem Millwall Hooligan beschrieben: „Sie hatten Beulen und bluteten, einige trugen Verbände oder Pflaster. Sie hatten echt übel was abbekommen. Die Millwall Leute um sie rum, ließen sie für den Rest des Spiels in Ruhe, einige entschuldigten sich sogar und behandelten sie fast kameradschaftlich."

Einige Jahre zuvor ging es einem Mob aus Sunderland nicht besser. Der gleiche Millwall Hooligan sagte dazu: „In der ersten Halbzeit fing ein Mob von ihnen an auf der Cold Blow Lane Tribüne zu singen. Sie waren zu Hunderten direkt auf die Tribüne gegangen und viele andere von ihnen waren auf halben Weg dort hin. Doch im gesamten Stadion sammelten sich unsere Leute um sie anzugreifen. Sie wurden total eingestampft. Ich kann mich erinnern, wie einige von ihnen auf der Treppe zur Cold Blow Lane saßen und ihre Wunden leckten und darüber nachdachten, wie sie ins Krankenhaus kommen könnten. Ein paar von ihnen waren echt gut drauf. Doch sie wurden mehr oder weniger alleine gelassen und verprügelt. All diese Clowns, die in The New Den gehen und sich hinter den Sicherheitszäunen aufspielen, wissen gar nicht wie viel Glück sie haben."

Wie schon erwähnt, gab es für den Millwall Mob in der Saison 1974/75 einen unrühmlichen Auftritt im Old Trafford, doch das war nichts, im Vergleich zu den Feindseligkeiten, die der Red Army einige Wochen darauf, bei ihrem Besuch in Südostlondon entgegengebracht wurden. Der Manchester United Hooligan und Autor des Buches *Grafters,* Colin Blaney beschrieb diesen Vorfall so: 'Das Spiel gegen Millwall wurde kurzfristig verlegt, in der Hoffnung, dass so weniger Leute fahren. Unser Zug war auch nur halb voll, es war aber trotzdem eine der besten Firms, die ich je gesehen habe. Keiner trug Vereinsfarben, wir hatten alle Arbeitskleidung an. Auf unser Fahrt rüber zur Station Euston Square stießen noch dreißig Mann vom harten Kern der Cockney Reds zu uns, doch als wir umsteigen wollten, wurden wir von der Polizei eingekesselt. Sie ließen immer nur kleine Gruppen von uns in jede Bahn. So kam es, dass wir uns nacheinander ins Stadion schlichen. Ein Teil des Stadions sah aus, wie The Kippax von Man City, man kam dort problemlos von zwei Seiten rein. Das bedeutete aber auch, wenn sich unser Mob versammelt, werden wir von allen Seiten angegriffen. Steve Coppell erzielte das Siegtor, doch keiner von uns sprang auf oder sagte auch nur einen Ton, wir waren ja alle noch Teenager und um uns rum standen brutale Werftarbeiter, die zwischen dreißig und vierzig Jahre alt waren. Nach dem Spiel versuchten wir unauffällig zu bleiben und waren froh einer Schlägerei aus dem Weg gegangen zu sein. Den ganzen Rückweg zur U-Bahn wurden Leute von uns angegriffen und in Seitenstraßen gedrängt. Es blieb nur die Flucht. Das war mit Sicherheit eine unserer schlimmsten Reisen in den Siebzigern. Kein Wunder dass die Gegend Bandit Country genannt wird, ich würde sagen, Hinterhof von Jack the Ripper würde auch passen.'

Nur wenige Firms wagten es eine Reise zu Spielen bei Millwall zu unternehmen, so verrufen waren die Londoner. Die wenigen, die sich trotzdem trauten, bereuten es später und eine angsteinflößende Geschichte folgte der anderen. Der erste größere Mob, der auftauchte, war der von Tottenham anlässlich eines Zweitligaspiels in der Saison 1976/77. Einer vom Millwall Mob sagte diesbezüglich: „Sie kamen mit einer großen Firm zu uns. Von diesem Tag an galten sie für mich in Bezug auf Masse und Qualität, West Ham als ebenbürtig. Sie waren einer der besten Mobs, der je zu uns kam."

Zu dieser Zeit reiste auch Cardiff City mit einem Mob an, doch der bekam große Probleme, denn für die Millwall Hooligans war das Einlaufen der Spieler, das Signal den Gästeblock zu stürmen. Nur wenige der Waliser blieben stehen und kämpften, die meisten zogen sich in andere Bereiche des Stadion zurück, auch wenn das bedeutete, dass sie noch mal Eintritt zahlen mussten. Wie viele vor und nach ihnen, jubelten die Cardiff Anhänger nicht einmal als das dritte Tor für ihren Verein fiel, denn sie waren viel zu beschäftigt damit am Leben zu bleiben. Das Blatt wendete sich im folgenden April, als 150-200 Millwall Hooligans den Ninian Park verließen und umgehend von mehreren Wellen Cardiff City Hooligans attackiert wurden. Einige der Waliser hatten Gerüstbaustangen dabei, die sie von einer Baustelle des Ninian Park Pubs gestohlen hatten.

„Das Spiel in Cardiff war unglaublich," sagte einer vom Millwall Mob. „Als wir das Stadion verließen, kamen die Cardiff Hooligans von einem Park aus auf uns zu. Ich kann mich noch erinnern, dass ein bestimmter Typ von uns eine kleine Machete raus holte und einem Mulatten vom Cardiff Haufen damit den Bauch aufschlitzte. Als sie das sahen, wichen die meisten der Cardiff Jungs zurück und wir stürmten auf sie los. Ich war damals erst so um die sechzehn Jahre alt und der Rückweg zum Bahnhof war für mich das Aufregendste, was ich je erlebt hatte. Ich weiß noch, dass zirka 100 von uns, wahrscheinlich sogar weniger, von der Polizei umringt wurden und durch Massen von Walisern geführt wurden. Jeden Moment konnte es passieren, dass wir oder die Cardiff Typen die Polizeiketten durchbrechen und dann gäbe es kein Halten mehr. Alle möglichen Gegenstände flogen uns um die Ohren. Nahe des Bahnhofs zog sich die Polizei dann zurück und vor mir stand so ein Spinner mit einer Art Tranchiermesser. Ich konnte es kaum fassen. Ich und einige andere jüngere von unserem Mob, dachten wir könnten uns einen Namen machen und wir rannten erst einmal zum Parkplatz vor dem Bahnhof. Plötzlich tauchte hinter einem Kleinbus ein halbes Dutzend Cardiff Hooligans auf und griff uns an. Ich ging zu Boden, dort erhielt ich die härtesten Tritte, die ich je gespürt habe. Ich rannte noch Wochen danach mit geschwollenen Eiern rum und auch mein bestes Stück hatte einiges abbekommen. Nach diesem Vorfall war ich vom Cardiff Mob beeindruckt, wie sollte es auch anders sein? Genauso stelle ich mir vor, muss es für Leute gewesen sein, die zu uns ins Stadion kamen. Ich würde im Nachhinein sagen, dass es unser Tag war und das konnten nur wenige Firms behaupten, die in den Siebzigern gegen Cardiff Citys Mob antraten. Die Firm von Cardiff war und ist noch immer eine der besten. Doch auch wir Millwall Hooligans hatten uns von unserer besten Seite gezeigt. Die meisten anderen Mobs hätten wohl angesichts des Gemetzels aufgegeben."

Paul Roberts, ein früherer Spieler von Millwall ist bei den Fans in keiner guten Erinnerung geblieben. Bei der Saisonabschlussfeier 1979, bei der auch der Sieg der Jugend- Mannschaft Millwalls im Junior FA Pokal gefeiert wurde, griff er sich das Mikrofon und sang die West Ham Hymne 'I am Forever Blowing Bubbles.´ Ein wütender Millwall Fan schmiss eine Flasche nach ihm und Roberts musste zu seiner eigenen Sicherheit durch die Hintertür fliehen. Roberts wechselte dann nach Brentford, doch bei seinem nächsten Besuch in The Den wurde er das ganze Spiel über beschimpft. Einige Fans sprangen sogar auf den Platz und griffen ihn an.

Auch zwei Sheffield United Hooligans wurden Opfer des Millwall Mobs, nachdem die Sheffield Firm überrannt worden war, nahm man die beiden gefangen. „Wir quälten sie, indem wir sie zwangen Millwall Songs zu singen," erzählte ein Londoner. „Dann machten wir ihnen weiß, wir würden sie zu einem Lagerhaus in Rotherhithe bringen und sie erhängen."

Obwohl es einige Missverständnisse diesbzüglich gab, Millwall hatte nie eine organisierte Firm, wie West Ham, Birmingham City oder Leeds United. Bei Millwall gab es viel mehr eine Ansammlung von verschiedenen Mobs, die aus den Bezirken Südostlondons kamen. Bermondsey, Peckham, Eltham, Depford und so weiter. Alle operierten auf eigene Faust, das sorgte dafür, dass Millwalls Hooligans schlecht organisiert waren. Das war ihre größte Schwäche, besonders bei Auswärtsspielen.

Einige neuere Firms versuchten sich über diese Abgrenzungen hinwegzusetzen, so wie die Gruppen F-Troop, Treatment und die Bushwackers, doch letzten Endes waren auch sie mehr kleine Ansammlungen von Hardcore Hooligans, als eine verbindende Kraft. „Nur wenn sich all diese Mobs zusammen taten, sah man Millwall in voller Stärke," sagte Lee ein vierzigjähriger Millwall-Veteran. „Es kommt immer darauf an, gegen wen wir spielen oder besser gesagt spielten. Wir mögen es halt ein bisschen unberechenbar zu sei, es gab Tage, da wartete jeder auf uns, zum Beispiel in Sheffield, doch wir kamen nicht. Dann gab es aber auch Begegnungen wie gegen Sunderland, wo wir mit 250 Leuten anreisten, von denen keiner unter dreißig war. Wir hatten auch wirklich Spaß bei Spielen gegen Derby, Forest, Stoke, Brum, Burnley, Man City und Sheffield, wir schlugen sie alle. Wir sind die, die jeder schlagen will, also wurde sich immer aufgeregt, wenn wir uns irgendwo nicht zeigten, doch wenn wir die anderen Firms dann überrannten, waren sie ruhig."

In einer BBC Reportage 1977 wurden der britischen Öffentlichkeit einige der Gangs vorgestellt, die bei Millwall ihr Unwesen trieben. Ursprünglich sollte der Bericht den vermasselten Aufstieg fünf Jahre zuvor zum Thema haben, der eine Art Trauma im Verein ausgelöst hatte. Im darauf folgenden Jahr verließen viele Spieler den Verein.

Ein Jahr darauf übernahm Herbert Burnige, der bereits seit 1969 im Vorstand und sein Leben lang Millwall Fan war, den Vorsitz. Nach und nach kam der Club wieder auf die Beine und durch Burniges Elan und sein Geld, verbesserte sich auch das Image des Vereins.

Eine seiner ersten Neuverpflichtungen war die von Gordon Jago, der von Eamon Dunphy (1965-1974 Spieler bei Millwall), als guter, junger Fußballmanager mit tollen Ideen beschrieben wurde. Die beiden wollten grundlegende Änderungen durchführen, Jago zog sogar in Betracht, den Stadionnamen in Montago Bay umzubenennen. Als sich das Vorhaben als nicht machbar erwies, lud Jago Fernsehteams ein, die über die wechselnden Verhältnisse berichten sollten. Jago sah die Möglichkeit, durch die Dokumentarserie *Panorama,* ein für alle Mal mit den Mythos der Gewalt, der Millwall umgab, aufzuräumen.

Doch der BBC und viele Millwall Hooligans hatten da andere Vorstellungen. Man wollte das schlechte Image des Clubs aufrecht erhalten, das die Vereinsführung so gerne abgelegt hätte. Die BBC Crew machte auch ein Interview mit Martin Webster, dem Vorsitzenden der NF, um zu beweisen, dass politische Gruppen den Fußball nutzten und die Gewalt anstachelten. Die Person, die in diesem Bericht besonders auffiel, war Harry 'The Dog,´ einer der bekannten Gewalttäter, der eigentlich alles verkörperte, wofür Millwall stand. Sein ein-Mann Angriff auf das Tote End der Bristol Rovers wurde zur Legende.

Die Vereinsführung war wütend und sah sich durch die Reportage verunglimpft. Schon kurz darauf wurde der Vertag mit Jago gelöst. Noch größere Kritik an dem Bericht kam vom Sportminister Denis Howell, der sagte, es handele sich um den unverantwortlichsten Journalismus, den er seit langen gesehen hätte. Wie dem auch sei, auf den Tribünen setzte sich der Millwall-Mythos nicht nur fest, er wurde noch größer. Fußballfans im ganzen Land bekamen nun die merkwürdigen aber auch angsterregenden Bilder von Millwall Hooligans zu sehen, die alle mit Chirurgenmasken in ihrem Block standen.

Zu dieser Zeit hatten nur wenige Fußball-Gangs Namen und selbst unter den Millwall Anhängern gibt es Unstimmigkeiten darüber, woher der Name 'Treatment' (Behandlung) für ihren Mob kam. Einer sagte, dass zwei Leute des Millwall Mobs, die in einem Krankenhaus arbeiteten, die Chirurgenmasken besorgt hätten und so kam es zu dem Namen. Andere behaupten, Millwall Fans hätten 'Treatment, Treatment,' gesungen und der Name wäre hängen geblieben. „So wie ich das sehe, war es nie der Name einer richtigen Firm," sagte Lee. „Es war einfach eine Ansammlung von Jungs aus Peckham, die im Stadion nahe der Mittellinie standen und sich Treatment nannten."

Ein weiterer Millwall Anhänger behauptet, das alles sei falsch, der Name wäre in den frühen Siebzigern entstanden, als ihr Mob in Bolton Prügel bezog. „Der Millwall Mob war damals in starker Unterzahl und musste sich förmlich bis zum Bahnhof durchkämpfen. Da soll einer der leitenden Polizeibeamten gesagt haben: 'Verflucht, meinetwegen lasst denen eine Behandlung zu kommen.'"

Millwalls erstes Spiel nach der Ausstrahlung der Panorama Reportage war auswärts gegen Oldham und die Hooligans in der Stadt im Nordwesten konnten es kaum erwarten. Carl Spiers, einer der Anführer der Oldham Hooligans sagte: „Wir waren bereits einige Male bei Vorbereitungsspielen gegen sie angetreten, zweimal versuchten sie dabei unser Chaddy End einzunehmen, doch scheiterten aufgrund unserer zahlenmäßigen Überlegenheit.

Carl Spiers mit Nasenbein-, Jochbeinbruch, einer Platzwunde und zwei fehlenden Zähnen. Resultat eines Zwischenfalls mit dem Middlesbrough Mob.

Wir wussten jedoch, sie würden bei diesem Spiel mit dem gesamten Mob auftauchen. Sie hatten schließlich erklärt, der beste Mob im Land zu sein. Jede Hooligan Crew in Oldham sprach über die Begegnung und unsere Firm hatte sich mindestens um das Doppelte vergrößert. Gerüchte, dass auch Man Uniteds Red Army erscheinen würde, beflügelten die Fantasien noch. Am Spieltag war dann unser Chaddy End bereits eine Stunde vor Anpfiff voll mit Leuten. Alle Jungs sprangen hin und her, dabei hörte man Kriegsgesänge, 'Millwall wo seid ihr!' war am beliebtesten. Während dessen trafen immer mehr Busse aus London ein und der Gästeblock begann sich zu füllen.

Es herrschte eine bedrohliche Stimmung. Gegen 14.45 Uhr tat sich eine große Lücke im Chaddy End auf und etwa fünfzig Millwall Hooligans, in Donkey Jackets mit Schlägermützen, tauchten auf. Sie kamen mit ausgestreckten Armen nach vorne gerannt, dabei riefen sie: 'Millwall, Millwall!' Ich zwang mich nach vorne, bis ich diesem hässlichen Mob Londoner Schläger Augen in Auge gegenüberstand. Die meisten von ihnen waren riesige Bastarde. Einer dieser Riesen trat vor und brüllte uns an: 'Ich bin Harry The Dog, wer von euch will es wissen?' Einige meiner Freunde drängten mich ihn fertig zu machen. Es herrschte tödliche Stille, dann trat ich vor, bekleidet mit meinem Crombie Mantel, Levis Röhrenjeans und kirschroten Doc Martens und schrie ihn an: 'Ich bin Carl The Cat, du Cockney Wichser!' Mit diesen Worten setzte ich auch schon zu einer Kopfnuss an, die Harry traf und zu Boden schickte. Seine Mütze flog weg und ich stürzte mich auf ihn, dann brach eine Massenschlägerei aus. Der Oldham Mob überrannte die Londoner schon bald, denn wir waren mindestens zehnmal so viele. Die Polizei war nur durch den Einsatz von Schlagstöcken und Hunden in der Lage, uns von den Cockneys zu trennen. Um fair zu sein, jeder der Millwall Leute schlug sich großartig und selbst als sie in den Innenraum gedrängt wurden prügelten sie sich mit der Polizei weiter.

Ich erhielt viele Schulterklopfer und Gratulationen für die Kopfnuss, die ich Harry gegeben hatte und mein bester Kumpel Paul nahm sich Harrys Mütze und trug sie stolz für den Rest des Spiels. Viele der Oldham Fans dachten deshalb, Paul hätte Harry umgehauen und es war nicht verwunderlich, dass er es nicht abstritt. In der Halbzeit sahen wir, dass im Gästeblock plötzlich eine große Lücke zwischen den Millwall Leuten entstand. Wir wunderten uns, was verflucht noch mal da vorging. Es waren sicherlich keine Oldham Hooligans, die da angriffen. Dann sahen wir, dass vom oberen Teil des Gästeblocks etwa 200 Manchester United Hools in den Millwall Haufen stürmten.

Anfangs flüchteten die meisten der Londoner, doch als sie merkten, dass es nur 200 Mann waren, die sie attackierten, gingen sie zum Gegenangriff über. Bei der Aussicht, es nach dem Spiel mit Millwall und United aufzunehmen, rieben wir uns die Hände, doch der United Mob war nach dem Abpfiff verschwunden.

Die Millwall Leute hingegen sammelten sich und gaben es uns richtig. Sie waren alle große Schlägertypen, von denen viele mit ihren Arbeitsfahrzeugen angereist waren, aus denen sie sich mit Schaufeln, Axtstielen und Eisenstangen ausgerüstet hatten. Viele von unseren Jungs erlitten schwere Verletzungen und mussten ins Krankenhaus, doch auch einige der Millwall Leute bekamen ganz schön was ab. Ich muss zugeben, nach dem Spiel waren sie einfach besser. Doch wenigstens hatten sie nicht unser End eingenommen, obwohl sie das eindeutig hätten schaffen können wenn sie vor dem Spiel mit all ihren Leuten dort rein gegangen wären."

Die Proteste des Vereins, in Bezug auf die TV-Reportage, wirkten noch lachhafter, als es drei Monate später bei einem FA Pokalspiel in The Den gegen Ipswich, zu Massenausschreitungen kam. Der Ärger hatte damit begonnen, dass ein einzelner Ipswich Fan auf den Platz gestürmt war und was die Gäste anfingen, beendeten die Gastgeber. Der ehemalige Spieler Eamon Dunphy sah die Lage so: „Die Schlägereien begannen auf den Rängen und weiteten sich auf das Spielfeld und die Nebenstrassen des Stadions aus. Flaschen, Messer, Eisenstangen und Zementklumpen wurden eingesetzt. Dutzende unschuldige Leute, echte Millwall Anhänger wurden verletzt."

Der Tag wurde davon überschattet, dass der zweiundsiebzigjährige Joe Hale, der sein Leben lang Millwall Fan gewesen war, eine Kopfverletzung erlitt. Das war zu viel für Herbert Burnige, er legte sein Amt als Vorsitzender nieder. Wieder einmal musste sich der Verein einer Anhörung vor dem Fußballverband (FA) stellen, das Resultat war, dass The Den für zwei Spiele gesperrt wurde und in der folgenden Saison für Spiele im FA Cup ganz gesperrt war.

Ende der Siebzigerjahre kam es wiederholt zu Zusammenstößen mit den Lokalrivalen von West Ham und Chelsea. 1976 kam bei einem Aufeinandertreffen in einem Londoner Bahnhof mit dem West Ham Mob, ein Millwall Anhänger zu Tode und ein Jahr später wurden sechzig Leute bei einer Auseinandersetzung mit den Chelsea Hooligans in einer U-Bahnstation verhaftet. „Die Zukunft des Vereins liegt in euren Händen," sagte Millwall Trainer George Petchley im Oktober 1978 vor einem Spiel im Upton Park zu den Fans. „Es ist nun an der Zeit für jeden wahren Millwall Fan, uns zu helfen, die kleine Minderheit, die den Verein durch ihr Benehmen in Misskredit bringt, los zu werden."

Der Evening Standard titelte mit der Schlagzeile ´Angst vor Krieg beim Hass-Spiel,´ außerdem war zu lesen, dass damit gerechnet würde, dass 2.500 Millwall Hooligans zum Spiel im Upton Park anreisen. Die Zeitung behauptete auch, die Gewalttäter planten sich in einem Wohngebiet nahe The Den zu treffen, bevor sie von dort aus zu den Kneipen am New Cross fahren würden. Wörtlich war zu lesen: ´Die Hooligan-Armee wird über die Themse kommen, um sich am Upton Park dem West Ham Mob zu stellen.´

Die befürchteten Ausschreitungen wurden nur verhindert, weil die Polizei mit über 500 Beamten den größten Einsatz startete, der bis dahin bei einem Spiel stattgefunden hatte (siehe West Ham).

Auch zwischen den Hooligans von Millwall und Chelsea gab es wenig Sympathien, beide Seiten trafen in der Saison 1977/78 aufeinander. Martin King und Martin Knight beschrieben in dem Buch *Hoolifan* eindringlich, wie die Begegnung in The Den war. Zwei Chelsea Mobs, einer unter der Leitung von Eccles und ein weiterer geleitet von Babs, schafften es in Millwalls Home End, doch beide wurden schließlich vertrieben. Sie schrieben weiter: ´Die Mannschaften kamen auf das Feld und der Millwall Mob stürmte auf uns los. Dann machten sie ein Ablenkungsmanöver und griffen uns von allen Seiten an, die Polizei war irgendwo mittendrin auf verlorenem Posten. Wir selbst wurden in die äußere Ecke des Ends abgedrängt, wir kämpften jetzt nicht mehr nur für Chelsea, sondern um unsere Leben.´

Letzten Endes wandten sie ein, hätten sie sich wenigstens gezeigt und waren mit zwei Mobs in das Millwall End eingedrungen. Das hatten vor ihnen nur wenige geschafft und der Mob von Babs konnte sich sogar bis zehn Minuten vor dem Abpfiff halten.

An diesem Tag passierte auch eine recht amüsante Geschichte, die zu Ungunsten einiger Chelsea Hooligans ausging. Denn als sie auf einen Lumpenhändler zu gingen und nahe genug waren, erschien plötzlich ein kleiner Millwall Mob, der sich vorher hinter Säcken mit Altkleidern versteckt hatte und griff die Chelsea Leute an. Dabei wurde einem der führenden Chelsea Typen eine chinesische Vase über den Kopf gezogen.

Auch in den folgenden Jahren änderte sich nicht viel, die Millwall Anhänger griffen gegnerische Fans und Polizisten an. Im September 1979 kam es im Stadion zu Auseinandersetzungen mit der

wundert, als einer rief: 'Sie sind da! Die Hibs sind draußen!'

Im nächsten Moment gingen die Scheiben zu Bruch und eine Firm von zirka 100 Hibs Leute schleuderten alles was sie in die Finger bekam in die Kneipe. Wir wehrten uns so gut es ging mit Billardkugeln und Flaschen, die uns vom Barmann gegeben wurden, doch wir waren zu wenige. Ich wunderte mich damals, dass sie nicht versuchten in den Pub zu kommen, sie waren jedenfalls genügend Leute, doch sie setzten lieber ihren Weg zum Stadion fort. Dabei zerstörten sie einige Autos und schmissen Scheiben ein. Nach dem Spiel sah die Sache anders aus. Wir hatten jetzt viele Leute beisammen. Eine Gruppe von 150 unserer Jungs wartete auf sie vor dem Ilderton End. Als der Hibs Mob raus kam konnte man uns bereits aus über 300 Metern Entfernung sehen. Wir rannten auf sie zu und der Großteil von ihnen rannte die Ilderton Road runter, wo ein zweiter Mob von uns auf sie wartete. Das Merkwürdige war, dass es nach dem Spiel erst so schien, als ob überall Polizisten wären, doch für zehn Minuten schienen sie verschwunden zu sein. Als die Beamten wieder auftauchten, wurde die Sache schnell beendet. Ein Bulle sagte dann zu einem unserer Jungs, dass die Wichser nun bekommen hätten, was sie verdienten, weil sie in unserem Revier randaliert hätten. Er sagte noch, hier wäre unser Gebiet und das der Cops."

Das Saisonende und einige Enttäuschungen sorgten erneut für Probleme bei Millwall. Im Mai 1994 war die Niederlage des Vereins gegen Derby im Halbfinale der Play-Offs, wieder Grund für reißerische Schlagzeilen der Zeitungen. 'Eine Gruppe von 200 Millwall Hooligans entfachte aufs Neue eine Nacht voll beschämender Gewalttaten im neuen, zwanzig Millionen teuren New Den,' berichtete der London Evening Standard. 'Mit gefälschten oder gestohlenen Eintrittskarten ausgestattet, verschaffte sich dieser unflätige und aggressive Mob kurz vor Anpfiff Zugang zur Osttribüne. Viele der Leute waren stark angetrunken oder standen unter Drogen. Sie kamen direkt von einer Auseinandersetzung mit den Top Boys aus Derby, die sie im voraus verabredet hatten. Bei diesem Aufeinandertreffen wurde unter anderem Ammoniak und CS Gas eingesetzt.'

Es kam im Stadion noch zu weiteren Streitereien, bei denen Fans beider Seiten Beleidigungen austauschten und sich gegenseitig mit Münzen und anderen Wurfgeschossen eindeckten. 'Die Situation geriet zunehmend außer Kontrolle als Millwall Fans begannen Polizisten zu beleidigen, die ihnen die Sicht versperrten,' fuhr die Zeitung fort. 'Innerhalb von Minuten überwanden diese Fans die Absperrungen und fingen an Polizeibeamte zu attackieren und auf das Spielfeld zu rennen.'

Schließlich wurden die Leute, die auf der Osttribüne zuviel waren, auf die gegenüberliegende Westtribüne geschafft. Doch auch dort setzten sie ihr Verhalten fort. Als Derby in der zweiten Halbzeit, das Tor schoss, das die Aufstiegschancen von Millwall zunichte machte, stürmten Hunderte auf den Platz und bedrängten die gegnerischen Spieler. Zwei schwarze Mannschaftsmitglieder von Derby wurden ausgewechselt, um sie vor den andauernden rassistischen Beleidigungen zu schützen. Nach dem Spiel griffen die Millwall Hooligans Polizisten an, schubsten einen Übertragungswagen vom Derby Radio um und versuchten das Gleiche mit einem gepanzerten Polizeifahrzeug. 'Doch es wurde verhindert, dass sie ihr Hauptziel erreichten, die Masse der Derby Fans zu attackieren, was nur der guten Polizeiarbeit zu verdanken war,' schloss die Zeitung.

Es war die selbe alte Leier, die FA ordnete eine Untersuchung an und Millwalls Vorsitzender Reg Burr erhob Einspruch. Der Verband drohte mit einer erneuten Stadionschließung, doch am Ende gab es wieder nur eine Geldstrafe. Was hätte man in dieser Situation auch anderes machen sollen?

Auch in der folgenden Saison gab es Ermittlungen durch den Verband, dieses Mal nachdem Millwall und Chelsea Hooligans bei einem Pokalspiel Schlägereien provoziert hatten. Bereits in der vorangegangenen Spielzeit hatte es bei dieser Begegnung zwanzig Festnahmen gegeben.

In der Saison 1998/99 gab es bei beiden Ligaspielen gegen Manchester City Ausschreitungen. Mittlerweile waren große Krawalle nicht mehr an der Tagesordnung, doch gegen Vereine, die wie City eine große Hooligan-Szene hatten, fanden sich noch immer genügend Unruhestifter. Bei der Begegnung in The Den kam es zu vierzehn Festnahmen, sowie zwei Platzstürmungen und nach dem Spiel versuchte ein Mob von 1.000 Millwall Leuten die gegnerischen Hooligans anzugreifen.

Zum Rückspiel reiste einer der größten Auswärtsmobs der jüngsten Vergangenheit an, als 1.000 Londoner sich per Zug auf die Reise Richtung Norden machten. Sie stiegen bereits in Stockport aus, bevor sie in Moss Side für Ärger sorgten, wobei sie Fahrzeuge zerstörten und Scheiben einschmissen. In einem Polizeibericht war darüber zu lesen: 'Es kam während der Unruhen zu dreißig Festnahmen und einigen verletzten Polizisten, was die Beamten dazu veranlasste, in voller Kampfmontur im Stadion zu erscheinen.'

In der folgenden Saison reiste ein 500 Mann Mob aus Millwall mit der Bahn nach Cardiff und sorgte für schwerste Ausschreitungen. Über acht Stunden kam es zu Zusammenstößen zwischen den verfeindeten Hooligan-Gruppen und schließlich griff der Cardiff Mob auch noch die Polizei an (siehe Cardiff).

Noch eine Spielzeit später fuhr ein genauso großer Mob nach Swansea und es kam dort zu Schlägereien mit den Hooligans von Cambridge United, in deren Verlauf ein Jugendlicher auf unter Strom stehende Bahnschienen geschubst wurde.

Doch dies alles war nur das Vorspiel für die Saison 2001/02, die möglicher Weise die gewalttätigste der Millwall Hooligans wurde. Der Ärger begann bereits bei einem Freundschaftsspiel in Südostlondon gegen Tottenham, noch bevor die Saisonspiele begonnen hatten (siehe Tottenham).

Die reguläre Spielzeit begann dann mit einem Auswärtsspiel gegen Birmingham City. Die Polizei der West Midlands plante einen Großeinsatz, nachdem Beobachtungen darauf hindeuteten, dass die Millwall Hooligans in großer Masse auftauchen würden, um sich mit Birminghams Zulus zu messen. Der Polizeibericht bemerkte hier zu: ´Unter massiver Polizeibegleitung wurden die Millwall Hooligans vom Bahnhof New Street zum Stadion geführt. Als sie nach dem Spiel wieder zurück eskortiert wurden, versuchten Birmingham City Anhänger die Millwall Leute zu attackieren.´

Nur zwei Tage später war Millwall dann Gastgeber für Cardiff City anlässlich einer Begegnung im Worthington Cup, die ein hohes Risiko für Ausschreitungen barg. Doch die Sicherheitsbehörden hatten Glück, nur wenige Cardiff Hooligans reisten an. Das hielt junge Millwall Anhänger jedoch nicht davon ab, nach dem Spiel zu randalieren. Bis spät in die Nacht wurden Autos und Läden demoliert und Polizisten wurden mit Flaschen oder Steinen beschmissen. Das war die erste von fünf signifikanten Auseinandersetzungen gegen die Polizei, die in dieser Saison stattfinden sollten. Nur vier Tage darauf kam es nach einem Spiel gegen Burnley zur Zweiten. Der National Crime Investigation Service bemerkte: ´Ungefähr 250 Millwall Anhänger, attackierten wiederholt die Burnley Fans, als diese von der Polizei zur Bermondsey Station eskortiert wurden. Die Hooligans lieferten sich noch eine weitere Stunde Schlägereien mit der Polizei, bis die Burnley Fans verschwunden waren.´

Ende Oktober wurde dann ein weiterer, großer Polizeieinsatz durchgeführt, um Millwall und Nottingham Forest Hooligans voneinander fernzuhalten. Über 150 Forest Hooligans machten die Reise nach London und ohne dass die beiden Mobs davon wussten, saßen sie nur einige hundert Meter von einander entfernt in zwei Pubs und tranken. Nach dem Spiel versuchten die Millwall Leute mal wieder die Gäste auf dem Weg zur Bermondsey Station zu attackieren. Als das nicht gelang, richteten sich die Aggressionen der Schläger gegen die Polizeibeamten. Sie schossen unzählige Raketen auf die Polizisten und bewarfen sie mit Bengalfackeln.

Zehn Tage später fuhr ein 250 Mann zählender Millwall Mob mit dem Zug nach Wolverhampton, er überraschte die Polizei und griff die Wolves Hooligans an, von denen einige Leute Stichverletzungen erlitten. Ein Polizeibeamter aus Woverhampton sagte zu Reportern, die den Millwall Anhängern folgten, dass einige der Londoner Mäntel getragen hätten, unter denen sie Baseballschläger verbargen.

´Millwall Anhänger haben eine Gruppe Portsmouth Fans angegriffen, die im Wind Mill Pub, nahe der Waterloo Station gesessen hatte,´ berichtete die Polizei, nach einem Ligaspiel der beiden Vereine im Dezember. ´Augenzeugen sagten, sie hätten mitbekommen, wie die Portsmouth Hooligans sich per Mobiltelefon mit den Millwall Leuten verabredet hatten. Als der Millwall Mob dann auftauchte, wurde der Pub mit Flaschen, Steinen und Mülltonnendeckeln angegriffen. Die Portsmouth Hooligans reagierten indem sie alles was sie greifen konnten zurück schleuderten. Alle Scheiben des Ladens waren eingeschmissen worden und ein Teil der Einrichtung landete auf der Straße. Den etwa 100 Beteiligten gelang danach die Flucht. Nach dem Spiel filmte eine entsetzte BBC Crew noch wie ein einzelner Portsmouth Fan vor dem Stadion brutal zusammengeschlagen wurde.´

Bei einem Heimspiel von Millwall gegen Blackburn versah ein privater Parkplatzwächter die Autos mehrer Londoner Anhänger mit Parkkrallen. Die Polizei war der Meinung, dass er entweder ´der mutigste oder dümmste Mann der Welt wäre.´

Als die Fahrzeugbesitzer zurückkehrten, musste die Polizei den Mann anweisen, die Parkkrallen wieder zu entfernen, um Krawalle zu vermeiden. Doch als Denkzettel kippten die Millwall Fans noch das Auto des Parkplatzwächters um. Vierzehn Tage darauf, als Millwall gegen Nottingham Forest spielte, waren 300 Polizisten im Einsatz, sechsunddreißig Pubs wurden geschlossen und der Anpfiff wurde in der Hoffnung, dadurch Ausschreitungen zu vermeiden auf den Mittag verlegt.

Etwa 300 Millwall Hooligans machten sich trotzdem mit dem Zug auf den Weg. Kurz bevor sie in Nottinghams Bahnhof einliefen, wurde die Ankunft eines anderen Zuges verlegt, in dem Hunderte von Forest Hooligans saßen, die sonst Zeitgleich angekommen wären.

Auch ein Spiel in Portsmouth wurde auf den Mittag vorverlegt, um Unruhen zu vermeiden, doch mit wenig Erfolg. Die Polizei berichtete: 'Vor und nach dem Spiel versuchten die verfeindeten Gruppen aneinander ranzukommen, doch mit Helmen und Schlagstöcken ausgestattete Polizisten konnten das verhindern. Die beiden Mobs beschimpften und beschmissen sich gegenseitig mit Wurfgeschossen auf ihrem Weg über die Goldsmith Avenue und die Frogmore Road. Aus diesem Grund wurde die Goldsmith Avenue für den Verkehr gesperrt und die anliegenden Pubs mussten schließen.'

Bei einem Heimspiel eine Woche später gegen Sheffield Wednesday, wurden die Fans der Gastmannschaft attackiert als sie das Stadion verließen. Danach griffen die Millwall Leute Polizisten mit Flaschen und Steinen an. Die Folge war, dass zwei Beamte ins Krankenhaus mussten. Auch drei Wochen später, bei einem Spiel gegen Wolverhampton wurden Polizisten zu Opfern, als sie versuchten die Hooligans beider Seiten von einander getrennt zu halten.

Die Saison war für Millwalls Mannschaft ähnlich erfolgreich wie für die Hooligans, denn der Verein erreichte seit acht Jahren wieder die Play-Offs. Dieses Mal trafen sie auf Birmingham City und laut eines Sprechers von Scotland Yard, kam es zu den brutalsten Straßenkämpfen, die je in London stattgefunden hatten. Millwall verlor das Spiel und etwa 900 Hooligans liefen für mehrere Stunden Amok. Die Brutalität und Intensität der Gewalttätigkeiten war kaum zu fassen.

Die Mauer eines Spielplatzes wurde nieder gerissen und die Steine als Wurfgeschosse verwendet, Gehwegplatten wurden rausgerissen und rumgeschleudert, Müllcontainer wurden angezündet und als Barrikaden benutzt und rausgerissene Laternenpfähle wurden als Rammböcke missbraucht. Polizeibeamte wurden über eine Stunde mit Wurfgeschossen eingedeckt, die oft in großen Wellen auf sie niedergingen. Auch viele Autos in der Nähe wurden angezündet oder umgeschmissen. Es waren einfach zu wenige Polizisten, um dem Treiben ein Ende zu setzen, also wurde Verstärkung gerufen.

Eine Anwohnerin sah von ihrem Fenster aus, wie sich die Dinge entwickelten, Helikopter kreisten und Polizeibeamte wurden mit Feuerwerkskörpern beschmissen. Sie sagte später zu Reportern: „Lediglich acht Polizisten versuchten 150 Millwall Hooligans in Schach zu halten. Sie gingen auf die Chaoten zu, in der Hoffnung sie zurückzudrängen, doch sie waren in zu großer Unterzahl, so dass die Millwall Typen nun auf sie losgingen und sie abdrängten. Das ging so zwei ein halb Stunden. Dann kamen immer mehr Beamte zur Verstärkung. Es war ein hin und her, bis die Rowdys verschwanden." Ein weiterer Augenzeuge sagte zur Presse: „Die Polizisten verfolgten die Hooligans, die mit Steinwürfen darauf reagierten. Eines der Polizeipferde lief gegen ein Auto, dabei fiel der Reiter in die Windschutzscheibe und das Pferd auf den Boden, es richtete sich jedoch wieder auf, humpelte und sprang herum. Danach mussten die Beamten die Flucht ergreifen, weil immer mehr Hooligans auftauchten, die mit Pflastersteinen bewaffnet waren."

Der leitende Polizeibeamte Mike Humphrey sagte anschließend: „Es hätte noch schlimmer ausgehen können. Wir waren einfach nicht auf die Wildheit und Brutalität der Angriffe vorbereitet. Es war fernab von dem, was wir erwartet hatten. Wir glauben, dass es die Unruhen geplant waren. Die Hooligans waren nur da, um möglichst viel Schaden anzurichten. Es war einfach beängstigend. Das war kein normaler Zwischenfall, es war ein Kampf von Angesicht zu Angesicht, sie liefen nicht weg. Sie waren wie im Wahn und wollten unbedingt Krawall. Es war die Hölle. Die Gefolgschaft von Millwall war nie einfach, doch letzte Nacht hat sie sich selbst übertroffen."

Am nächsten Morgen sahen die Straßen rund um das Stadion aus wie ein Schlachtfeld. Man hatte sechzehn Personen festgenommen und siebenundvierzig Polizisten sowie sechsundzwanzig Dienstpferde waren verletzt worden. Die Ereignisse waren ein herber Rückschlag für den Vorsitzenden Theo Paphitis, der viel dafür getan hatte, das Image des Vereins zu verbessern und die Hooligans zu vertreiben. Obwohl im Stadion mit Hilfe von Kameras viele Leute gefilmt worden waren, deren rassistische Beschimpfungen später vor Gericht gegen sie verwendet wurden, so konnte man doch außerhalb des New Den nur wenig unternehmen. Paphitis sagte der South London Press: „Wir müssen diesen Abschaum mit Nichtbeachtung strafen."

Und Trainer Mark McGhee schloss sich ihm an: „Wir haben beide unheimlich viel dafür getan, diesem Treiben ein Ende zu bereiten, doch es war erfolglos. Wir fühlen uns angesichts der Geschehnisse echt miserabel. Doch wir müssen positiv in die Zukunft blicken, um die Fans, die uns unterstützt haben nicht zu enttäuschen. Wir werden nicht zulassen, dass eine kleine Minderheit alles zerstört, wofür wir gearbeitet haben."

In der besagten Nacht waren nur wenige Leute verhaftet worden, doch die Liste wurde länger, nachdem Videobeweise und Fotos studiert wurden. Ingesamt wurden 100 Person angeklagt und erhielten Haftstrafen sowie ein lebenslanges Stadionverbot beim Millwall FC. Unter diesen Leuten war auch der grauhaarige Raymon Everett, der mit seinen sechsundfünfzig Jahren von der Presse als Großbritanniens ältester Hooligan bezeichnet wurde. Er bekam eine Haftstrafe von fünf Jahren, weil er ein Polizeipferd angegriffen hatte. Der Millwall FC erhielt die Auflage sechs Spitzenspiele der kommenden Saison vor leeren Rängen auszutragen und auch für Auswärtsbegegnungen wurden dem Club keine Karten zur Verfügung gestellt. Diese Maßnahme, zusammen mit den über 100 Anklagen, zeigte wie es um den Verein bestellt war. Ein Jahr nach diesen Krawallen spielte Millwall gegen Manchester United in Cardiff im Finale des FA Pokals, wobei es danach keinerlei Berichte über Ausschreitungen gab. Viele dachten, dass der Wind sich gedreht hätte. In Wahrheit aber bestand die Bedrohung weiter, es kam nur auf die Umstände an.

Der Erfolg im FA Pokal verschaffte Millwall den ersten Auftritt auf internationalen Parkett in der Vereinsgeschichte und 3.000 Anhänger fuhren nach Ungarn, um zu sehen wie ihre Mannschaft gegen Ferencvaros spielte. Der Verein verkaufte Eintrittskarten nur an die Mitglieder des offiziellen Supporter Clubs, doch 600 Leute machten sich auf eigenen Faust auf den Weg und kauften sich Karten auf dem Schwarzmarkt.

Die Fans von Ferencvaros sind unter anderem bekannt als die schlimmsten Hooligans Ungarns, somit war die Bühne für einen großen Showdown geschaffen. Ein BBC Reporter sagte: „Es gab bereits vor dem Spiel eine ein einhalbstündige Schlägereien zwischen Hooligans und einer wesentlich größeren Zahl von Ordnern, in deren Verlauf viele Leute des Stadions verwiesen wurden. Dem folgten am späten Nachmittag in der Budapester Innenstadt Ereignisse, bei denen die Polizei eingreifen musste.

Es kam zur Festnahme von neun Millwall Hooligans, die sich zu den zwei Personen gesellen konnten, die bereits einen Tag zuvor verhaftet worden waren. Außerdem kam es zu Zusammenstößen an zwei U-Bahnstationen. Rund um das Stadion herrschte eine starke Polizeipräsenz, einige der Beamten waren mit großen CS Gas Dosen ausgerüstet und trugen Schilde."

Am Ende waren zwei Millwall Hooligans durch Messerstiche verletzt worden und auch einige andere trugen Blessuren davon. Lee sagte dazu: „Es ging bei Millwall immer auf und ab, wie man am ersten Tag in Budapest sehen konnte. Doch es zeigte auch, wenn wir alle zusammenhielten, konnten wir den besten Mob Ungarns im eigenen Revier schlagen. Ich glaube, unser Mob hat durch die Polizei und die Gerichte mehr abgekriegt, als jeder andere. Das sorgte dafür, dass sich viele der älteren Hooligans widerwillig zur Ruhe setzten. Die Tatsache, dass von uns zeitweise mehr Fotos gemacht wurden, als von der Königin, bestärkte diesen Umstand noch. Im Moment ist es ziemlich ruhig geworden. Doch Millwall ist nicht tot, wir machen nur gerade Pause."

Weiterführende Literatur: Millwall Lions of the South, James Murray (Indispensible Publications), No One Likes Us, We Don't Care, Garry Robson (Berg Publishing), Only A Game?, Eamon Dunphy (Penguin), We Fear No Foe, Colin Johnson (S.T. Publishing)

Da uns vom Millwall Mob kein Bildmaterial zu Verfügung stand, hier ein Foto einer Schlägerei zwischen Lincoln und Brighton Hooligans im Stadion.

N

Newcastle United

Stadion: St. James´ Park
Firms: The Leazes End, The Bender Squad, Mental Central, Newcastle Mainline Express, The Gremlins
Feinde: Sunderland, Middlesbrough
Polizeioperationen: Harvest, Crusade

Den ganzen Tag über strömten sie aus allen Richtungen zusammen, sie kamen mit Autos aus Oostende und Rotterdam, mit Zügen aus Brüssel und mit Bussen vom Flughafen. 6.000 englische Fans reisten in die belgische Stadt Antwerpen, um das Spiel Newcastle United gegen FC Royal Antwerpen zu sehen. Ab Tagesanbruch waren Leute der Toon Army (Newcastle Anhänger) aufgetaucht. Belgiens größter Hooligan-Mob hatte bereits einige Zeit auf das Spiel hingefiebert. Die Aussicht, sich mit einem englischen Mob messen zu können, übertraf für sie alles. Ein Anführer der Antwerpen Hooligans sagte: „Dort fing alles an, England ist der Geburtsort der Hooligans." Die Bewunderung der Antwerpen Anhänger für England, beruhte wohl auch auf der Tatsache, dass ihr Verein von einem Engländer gegründet wurde.

An guten Tagen bestand der Antwerpen Mob aus 200-300 Leuten, von denen viele Kampfsportler waren. Unter ihnen befanden sich einige Männer, die bei belgischen Spezialeinheiten des Militärs gewesen waren und sogar ein ehemaliger Polizist, der sich auf Cage-Fighting verlegt hatte. Egal welchen Maßstab man anlegte, sie waren ein harter Haufen und hätten es mit den meisten britischen Mobs aufgenommen.

Irgendwie waren sie aber von den englischen Hooligans fasziniert. Den ganzen Tag über beobachteten sie ruhig die Invasion durch die Gäste. Dabei hielten sie immer Ausschau nach Leuten, die wie sie waren und hofften darauf, dass etwas passieren würde.

Am Nachmittag trafen dann einige vom Antwerpen Mob auf Jungs von ´The Gremlins,´ der Firm aus Newcastle, man kam ins Gespräch und verabredetet eine Schlägerei für 18.30 Uhr.

Gespannt gingen die Belgier los, um ihren Leuten von der Verabredung zu erzählen und um sich vorzubereiten. Punkt 18.30 Uhr waren die Antwerpen Jungs bereit, aber auch ein wenig ängstlich. 250 von ihnen hatten sich in und um ihre Stammkneipe, nahe dem Stadion versammelt, sie hatten überall Späher postiert, die darauf achten sollten, ob sich die Gegner zeigten. Dann tauchten die Gremlins auf, alle fünfundzwanzig. Dazu sagte einer der Antwerpen Jungs: „Wir wollten es nicht glauben. Um ehrlich zu sein, wir waren enttäuscht. Wir hatten mit einer Armee gerechnet und dann kam da diese kleine Gruppe. Wir dachten erst sie machen einen Witz, in der ganzen Stadt waren die Kneipen von Fans aus Newcastle besetzt und das sollte nun ihr Mob sein."

Die Antwerpen Jungs boten an, den Kampf abzusagen, doch die Newcastle Hooligans lehnten ab. Sie waren gekommen, um sich zu prügeln und das taten sie dann auch. „Die Schlägerei dauerte nur einige Minuten," sagte einer der Antwerpen Leute. „250 Mann gegen fünfundzwanzig, doch sie kämpften. Keiner von ihnen lief weg."

Am Ende entschied das Zahlenverhältnis, doch vorher teilten die Newcastle Jungs noch aus. „Wow, die Engländer," sagte Stevie, einer der Antwerpen Leute. „Sie sind einfach Spitze. Sie sind wahre Männer und sie wollen alle kämpfen." Seit damals fährt er zu allen Spielen der englischen Nationalmannschaft, wenn es die Zeit zulässt.

Allgemein gelten die als Toon Army bekannten Newcastle Fans als fußballverrückte, bierbäuchige Typen, die in ihren schwarz-weiß gestreiften Trikots bis an der Ende der Welt für ihren Verein fahren würden. Wenn man genauer hinschaut, sieht man auf den zweiten Blick raue Geordies (Bewohner von Newcastle und Umgebung), die man nicht lange bitten muss, wenn es um eine Schlägerei geht. Jede Stadt, die einen Besuch der Toon Army bekommen hatte, wurde auch mit beiden Arten von Anhängern konfrontiert. Selbst die ´normalen Fans´ Fußball- und Bier-verliebte, stämmige Männer, lassen sich, wenn es um eine Schlägerei geht, nicht lange bitten. Newcastles Firm wird von der Hooligan-Szene heutzutage mit gemischten Gefühlen betrachtet. Keiner zweifelt ihren Mut oder ihre Härte an, doch als organisierter Mob wurden sie oft in Frage gestellt. ´Wir hatten das Gefühl, dass die Goerdies nicht die Mentalität einer Hooligan Firm hatten,´ schrieb Tony O´Neill in seinem Buch *Red Army General.* ´Sie tauchten bei uns im Stadion auf und kämpften, doch nie als große Einheit, sie kamen immer in kleinen Gruppen mit Reisebussen oder Transportern, deshalb haben sie oft was auf die Nase bekommen. Die meisten waren echt harte Typen, tatsächlich wirkten sie wie Verrückte, doch sie waren nicht organisiert.´

Cass Pennant schrieb in einem seiner Bücher über Newcastels Mob: ´Sie waren eine der Firms, denen wir Respekt zollten. Beispielsweise wenn sie zu einem Finalspiel im Wembley Stadion anreisten. Sie kamen dann bereits Freitagabend an und hingen im West End rum, genau wie es schottische Hooligans gemacht hätten. Mitglieder der Londoner Firms vereinten sich dann und suchten sich vorsichtig die Pubs aus, die sie angriffen. Worüber ich bei den Goerdies nicht wegkomme ist ihre Größe. Sie kommen einem vor wie Riesen, die einer Zeitmaschine entsprungen sind. Lange nachdem sich unter den Hooligans der Casual-Look durchgesetzt hatte, sah man beim Newcastle Mob noch immer Leute mit Jeansjacken voller Aufnäher oder Jungs in Donkey Jackets. Sie waren noch immer der Meinung, das gute Kleidung und ein gepflegtes Äußeres, genau wie Lager Bier in Flaschen, nur was für Schwuchteln aus dem Süden wäre.´

Die Heimat der Newcastle Bootboys war das Leazes End und es war 1967, als der erste Mob des Vereins entstand. Jugendliche aus den Bezirken Big Lamp, Scotswood, Long Benton, North Kenton, Heaton, Walker und West Denton schlossen sich zusammen. Sie kleideten sich wie Skinheads, mit Donkey Jackets und Stiefeln, dieser Stiel hielt sich bei ihnen länger als irgendwo sonst im Land.

Als Everton im Februar 1967 zu besuch war kam es zu einigen Verhaftungen und in der Saison, die folgte gab es sechsstündige Ausschreitungen, als Newcastle United Celtic Glasgow empfing.

Es war förmliche eine Invasion durch die Schotten. Mit mehr als 200 Reisebussen kamen 15.000 Fans über die Grenze, sie sorgten, wie die Polizei später sagte, für eine Nacht voll Vandalismus und Krawall. Es gab Fünfundsiebzig Verhaftungen und einundsechzig Leute mussten im Krankenhaus behandelt werden, nachdem es zu Zusammenstößen zwischen den Schotten und Einheimischen gekommen war.

Newcastle United war auch für die fanatische Unterstützung der Fans bekannt. Egal wie ihre Mannschaft spielte, die Anhänger würden ihr nachreisen und zu Tausenden dort auftauchen wo ihr Verein antrat, egal wo. Das fiel besonders auf, als der Club nicht in der ersten Liga spielte. Ironischer Weise kam es zu den schlimmsten Ausschreitungen in Newcastle, als die Anhänger einer anderen Mannschaft es ihnen gleich taten. Im Mai 1969 war Newcastle Gastgeber, einer Halbfinalbegegnung im Fairs Cup, gegen die Glasgow Rangers. Die schottischen Horden verursachten solche Krawalle, dass ihr eigener Vereinsvorsitzender sie als ´Irre´ bezeichnete. Neunundachtzig Menschen wurden verletzt und dreißig Festnahmen waren erfolgt. Das Spiel musste für siebzehn Minuten angehalten werden, als Tausende Schotten auf das Spielfeld stürmten, viele davon mit Flaschen oder anderen Gegenständen bewaffnet. Einige der 20.000 Rangers Anhänger waren zuvor randalierend durch die Stadt gezogen und hatten die Eingangstore zum St. James´ Park einfach niedergerissen.

Auf der ersten Seite des Evening Cronicle wurde die Stimmung der geschockten Stadt zusammengefasst:

Es ist zu hoffen, dass die flaschenschmeißenden Barbaren aus Glasgow, die gestern Nacht soviel Schande über ihre Mannschaft und ihren Verein brachten, heute ihre Rechnung in Form eines üblen Katers bekommen haben. Das unmögliche Auftreten einer Minderheit der schottischen Anhänger, ist an drei Punkten fest zu machen:

Die Zurückhaltung der neuformierten Polizei von Northumberland, trotz schwerer Provokation.
Die Gelassenheit der Männer, die ehrenamtlich dafür sorgten, die Strassen im Morgengrauen von Glas, leeren Bierdosen und Trümmern zu reinigen.
Der Ruf der Newcastle Fans, die als die Anhänger mit dem besten Benehmen im Lande gelten und dieses selbst in Angesicht dieser Situation wahrten.

Die Anhänger mit dem besten Benehmen oder ein besiegter Mob? Denn als Newcastle nur kurz darauf zu Hause gegen Wolverhampton spielte, war von dem guten Benehmen nicht viel zu spüren. Nach dem Spiel schlossen sich 300 Jungs zusammen, hauptsächlich Skinheads, sie griffen die Gäste an, als diese zu ihren Bussen gehen wollten.

Einer der umstrittensten Kämpfe in der Geschichte der Newcastle Hooligans ereignete sich im März 1974, als man in der fünften Runde des FA Pokals zu Hause gegen Nottingham Forest antrat. Forest lag 1:3 in Führung, als Newcastle Mittelfeldspieler Pat Howard, nach einem Foul vom Platz gestellt wurde. Die Anhänger der Heimmannschaft im Leazes End protestierten und tobten. Als Forest dann drei Minuten später ein weiterer Freistoß zugesprochen wurde, sprangen Hunderte aus dem Leazes End auf das Spielfeld und im gesamten Stadion brachen Schlägereien zwischen den rivalisierenden Fans aus. Das Spiel musste für zehn Minuten unterbrochen werden, weil es zu Kämpfen zwischen der Polizei und Anhängern der Heimmannschaft auf dem Platz sowie den Rängen kam. Das Endergebnis waren neununddreißig Festnahmen, dreiundzwanzig Personen die ins Krankenhaus gebracht wurden und 100 Leute die neben dem Spielfelds medizinisch versorgt wurden. Auf den Schiedsrichter lastete ein gewisser Druck das Spiel abzubrechen, doch nachdem er sich mit beiden Traineren verständigt hatte, wurde die Begegnung fortgesetzt. Die Konzentration der Mannschaft aus Nottingham war nun dahin und sehr zur Freude der Heimfans gewann Newcastle noch mit 4:3.

Nur Wenige, die Zeuge der Ereignisse an diesem Märztag wurden, blieben davon ungerührt. Der Schiedsrichter Gordon Kew sagte den Medien: „Ich bin selbst nach vierundzwanzig Stunden noch nicht über die Vorkommnisse hinweg. Es war eine traumatische Erfahrung, die ich nicht vergessen werde, doch ich habe nie mit dem Gedanken gespielt die Begegnung abzubrechen."

Der leitende Polizeibeamte David Chester fügte hinzu: „Selbst wenn wir 1.000 Polizisten im Stadion zur Verfügung gehabt hätten, einen solchen Platzsturm hätten wir nicht verhindern können."

Newcastles Verteidiger Pat Howard gestand: „Ich fühlen mich noch immer angeekelt."

Nottingham Forest legte beim Fußballverband Protest ein. Der Verein beanstandete, dass das Spiel hätte abgebrochen werden müssen und der Spielstand zu diesem Zeitpunkt hätte gewertet werden sollen. Als alternative boten sie an, die letzte Halbestunde der Begegnung zu wiederholen, natürlich mit der Ausgangssituation, dass es 1:3 stehen würde. Von 500 Forest Fans wurde auch eine Petition unterschrieben, in der sie sich über die laschen Sicherheitsmaßnahmen beschwerten und die Gefahr veranschaulichten, der sie ausgesetzt gewesen waren.

Den Dienstag nach dem Spiel reiste eine Delegation des Verbandes nach Newcastle, um sich mit Vereinsoffiziellen und der Polizei zu treffen. Wenn nur einer der fünf Beteiligten an diesem Treffen, einen Blick in die lokale Abendzeitung geworfen hätte, so hätte er einen offenen Brief entdeckt, der an sie gerichtet war und die Sache auf den Punkt brachte:

Was ist am Samstag passiert? Newcastle United FC spielte gegen Nottingham Forest FC unter der Aufsicht eines von der FA gestellten Schiedsrichters. Als während des Spiel Leute auf den Platz stürmten, stoppte der Schiedsrichter die Begegnung und führte die Spieler in die Kabinen. Schließlich bekam die Polizei die Lage wieder unter Kontrolle und der Schiedsrichter überprüfte, ob auch alle Spieler unverletzt waren, danach sprach er mit den Trainern beider Mannschaften. Sein offizieller Bericht für die FA sagt aus: „Beide Trainer kamen überein, das Spiel fortzusetzen."

Jetzt hat ein Trainer entschieden, dass es ein Fehler war weiter zu spielen. Doch das ist sein Problem. Es ist nicht das Problem des Verbandes. Die FA muss einfach das Ergebnis anerkennen.

Innerhalb der nächsten achtundvierzig Stunden schwächte Forest die Forderungen ab und forderte nun nur noch eine einfache Wiederholung des Spiels. Dem stimmte die FA dann auch zu, wobei der Verband betonte, dass die Austragung in einem neutralen Stadion, von Newcastle FC nicht als Strafe aufgefasst werden sollte. ´Was für ein totaler Quatsch,´ konnte man am nächsten Tag auf der ersten Seite des Evening Chronicle lesen. ´Es ist ein Theater. Es ist ein Witz. Nicht nur dass man Newcastle den Heimvorteil nimmt, sondern auch dass Pat Howard gesperrt bleibt, obwohl das Spiel vom Samstag nicht gewertet wird. Es wundert einen, dass nicht noch veranlasst wurde, dass Newcastles Mannschaft mit verbundenen Augen auflaufen muss.´

Das Spiel fand dann im Goodison Park statt und Newcastle gewann durch ein einziges Tor. Nur vierzehn Tage danach kam es erneut zu Ärger nahe dem St. James´ Park, als sich 30.000 Fans anstellten, um eines der 12.000 zur Verfügung stehenden Tickets für das Halbfinale im FA Pokal zu ergattern. Als einige wartende Anhänger Zäune umkippten und Feuer legten, wurden vier Personen bei diesen Unruhen verletzt. Ein Sieg über Burnley brachte sie dann ins Finale nach Wembley, wo sie Liverpool FC mit 0:3 unterlagen. Zwei Jahre später spielte Newcastle wieder im Wembley Stadion, dieses Mal gegen Manchester City im Liga Pokal. Bei dieser Begegnung kam es vor und nach dem Spiel zu schweren Ausschreitungen.

Nach den Gewalttätigkeiten gegen Forest hatte der Verband veranlasst, dass Newcastle in der Folgesaison alle FA Pokalbegegnungen auf neutralen Boden austragen musste. Der Verein hatte solch große Angst vor weiteren Sanktionen, dass den eigenen Fans eine Art Probezeit auferlegt wurde. Der Vorsitzende, Lord Westwood, sagte: „Der Ruf des Vereins wurde in der letzten Saison von einer verrückten Minderheit beschmutzt, die den Fußball als eine Art Entschuldigung missbraucht, um sich zu prügeln und zu randalieren. Diese Leute sind unsere Feinde und bis wir dieses Übel nicht ausgerottet haben, besteht die Gefahr, dass es uns der lokalen Sportereignisse beraubt."

Er verkündete auch, wenn sich Newcastle Anhänger bei den ersten fünf Spielen der Saison daneben benehmen würden, wäre er gezwungen, die Errichtung von Zäunen im Stadion zu veranlassen.

In den Siebzigerjahren entstand die ´Bender Squad,´ Newcastles erster richtiger Hooligan-Mob. Im Gegensatz zum Leazes End Mob, war die neue Firm nicht nur auf einen Bereich im Stadion festgelegt. „Wie bei den meisten Mobs dieser Zeit waren sie einfach Jungs, die es mochten zusammen zum Fußball zu gehen, sich zu besaufen und sich zu prügeln," sagte John, ein bekannter Geordie. „Es war nicht so durchorganisiert wie heute. Die Jungs, die sich an Spieltagen trafen, kamen alle aus dem Einzugsgebiet rund fünfundzwanzig Kilometer um Newcastle. Bei Heimspielen waren wir immer mehrere Hundert und nur wenige Mobs stellten sich uns, abgesehen von Portsmouth, Man United und ein- oder zweimal Everton. Wenn es um Auswärtsspiele ging war die Hauptsache möglichst viele Leute zusammen zu kriegen, um das gegnerische Home End einzunehmen. Das war schon eine echt verrückte Zeit, die sich so wohl nicht wiederholen wird."

Der St. James´ Park war ein ungastlicher Ort für jeden Fan von Außerhalb. Was den Geordies an Organisation fehlte, machten sie durch ihre Masse und Aggression wieder gut. Newcastle war eine Stadt, in der die Männer selbst bei Minusgraden im T-Shirt rum liefen. Sogar Manchester Uniteds Red Army kam hier in den Siebzigern mehr als einmal ins straucheln. Bei einem dieser Zwischenfälle wurde die Hooligan-Legende Jeff Lewis mit einer Eisenstange verletzt, als sein zahlenmäßig unterlegener Man U Mob attackiert wurde. Er kam dann mit einem Verband um den Kopf zur Halbzeitpause ins Stadion, nur um zusehen, wie seiner Red Army von Abertausenden Geordies Angst eingejagt wurde.

Acht Jahre nachdem die Rangers Anhänger Amok in Newcastle gelaufen waren, wollten die Hooligans eines anderen schottischen Vereins diese Vorstellung wiederholen. Im September fand in Newcastle ein Spiel gegen die Hibs statt und wieder entstand ein totales Chaos. Ein Fan erinnerte sich: „Sie hörten einfach nicht auf zu kämpfen, egal ob im Stadion oder draußen."

Eine Woche später reiste die Mannschaft von Newcastle nach Dublin zu einem Spiel gegen die Bohemians. Die Schlagzeile einer Zeitung lauteten am nächsten Tag: ´Verängstigte United Spieler fliehen vom Spielfeld.´

Die Begegnung war für elf Minuten angehalten worden, nachdem es zu Schlägereien im Stadion gekommen und der Torwart von Newcastle durch einen von Heimfans geschleuderten Gegenstand getroffen worden war. Der Spieler Stewart Barrowclough beschrieb, wie einer seiner Mitspieler fast von einem halben Mauerstein am Kopf getroffen wurde, United Star Irving Nattrass nannte es, die schlimmste Nacht seines Lebens. Die Spieler wurde zur eigenen Sicherheit in den Umkleideräumen eingeschlossen, wo sie von ohrenbetäubendem Getrappel über ihnen und einen durch die Scheibe geschmissenen Stein begrüßt wurden.

Der Auslöser der Unruhen war das hochhalten des Union Jacks seitens der Newcastle Anhänger gewesen. Ein erfahrener Polizeibeamter aus Dublin sagte dazu: „Schlechte Gewohnheiten legt man nur schwer ab und wenn man den irischen Hooligans einen Union Jack zeigt, ist es, als würde man einem Stier ein rotes Tuch vorhalten. Das bei den Newcastle Anhängern drei Union Jacks zu sehen waren, war für sie Entschuldigung genug für die Krawalle."

Die Polizei berichtete später, dass 1.000 Personen aus einer Gruppe von 25.000 Leuten an den Ausschreitungen beteiligt waren. Schiedsrichter Glyn Owens hatte die Spieler früh in der zweiten Halbzeit vom Feld genommen, nachdem der Torwart von Newcastle von einem Wurfgeschoss am Kopf getroffen, medizinischer Hilfe bedurfte. Der Schiedsrichter tauchte dann in den Umkleideräumen von Newcastle auf und sagte den Spielern, solange sie einverstanden wären weiter zu spielen, sollten sie Einwürfe, Freistöße und Eckbälle möglichst schnell ausführen, damit das Spiel im Gang bliebe. Außerdem machte er mit den Spielern ein Zeichen aus, was er ihnen fünf Sekunden vor Abpfiff geben würde, dass sollte ihnen ermöglichen, schnellstens den Innenraum durch einen Tunnel zu verlassen, ohne dabei von Fans attackiert zu werden. Der nordirische Nationalspieler Tommy Cassidy sagte nach dem Spiel: „Der Schiedsrichter hielt sein Wort. Als er abpfiff war der Ball gerade nahe dem Tunnel und wir verschwanden wie der Blitz."

Ende der Siebzigerjahre sorgten die Firms aus London für einige Änderungen in der Hooligan-Szene. Die Gangs wurden jetzt kleiner aber organisierter, die Mobs von Chelsea, Arsenal und West Ham nahmen ein End nun nicht mehr durch pure Kraft ein, sondern viel mehr durch List. Der Unterschied zwischen den verschiedenen Hooligan-Fraktionen wurde deutlich, wenn man die cleveren Jungs der Headhunters oder der ICF mit den Massen der Newcastle Männern verglich. Die Londoner Gangs waren selbstbewusst und hatten ein großspuriges Auftreten und wegen ihrer Leidenschaft immer wieder im Nordosten aufzutauchen, zollte man ihnen widerwillig Respekt.

In der Saison 1979/80 befanden sich Chelsea, West Ham und Newcastle in der Second Division. Im März 1980 reiste ein großer West Ham Mob nach Newcastle und kam bereits einige Stunden vor Spielbeginn an. Es brachen kleinere Schlägereien aus, die dafür sorgten, dass die Polizei auf sie aufmerksam wurde, doch als der Mob sich in mehrere Gruppen aufteilte, wurde es schwer die Hooligans unter Kontrolle zu bringen. Erst nach einem schweren Zusammenstoß vor einem Pub voll Newcastle Anhänger, war die Polizei in der Lage, die Londoner einzukesseln und zum Stadion zu führen. Am Ende sollte dieses Spiel den Leuten durch einen Zwischenfall im Stadion im Gedächtnis bleiben.

Die Anspannung im Stadion wuchs, als beide Seiten Beleidigungen austauschten. Aus dicht gedrängten Gruppen der Heimfans wurden Dartpfeile in den Auswärtsblock geworfen. Dann passierte es, ein Molotowcocktail wurde in die Masse der West Ham Anhänger geschleudert und zwei Londoner wurden von der Wucht der Explosion getroffen.

Am nächsten Montag war in einer Zeitung groß die Frage zu lesen: 'Wie abgestumpft kann man sein?'

'Der am Samstag statt gefundene Anschlag auf West Ham Fans mit einem Molotowcocktail, zeigt wie weit es bei den Auseinandersetzungen neben dem Spielfeld gekommen ist.'

Der Newcastle Held Jackie Milburn bemerkte dazu: „Das war ohne Zweifel der schlimmste Zwischenfall, den ich bei einem Fußballspiel erlebt habe. Es scheint, als wollen einige Rowdys den Sport zerstören. Tausende werden wegen dieser Gewalttätigkeiten nun nicht mehr in den St. James' Park kommen. Es ist krank, es gibt einfach keinen Respekt mehr für Recht und Ordnung, das ist es, was den Fußball ruiniert."

Schon nach kurzer Zeit fasste die Polizei einen Achtzehnjährigen, der für den Zwischenfall verantwortlich seien sollte, er wurde dann innerhalb der nächsten zwei Monate von einem Gericht in Newcastle verurteilt. Es handelte sich um Andrew Smith, der als Hilfskraft in einer örtlichen Metallfabrik arbeitete, zur seiner Verteidigung brachte er vor, dass es ihn krank mache, dass Newcastle in der zweiten Liga spielen müsse, er habe nur auf den Verein aufmerksam machen wollen. Das war nicht unbedingt die beste Taktik und es war nicht überraschend, dass er eine Gefängnisstrafe erhielt.

Hooligan-Gangs nahmen solche Vorfälle gerne zum Anlass 'Revanche' zu üben und West Ham musste nicht lange auf eine Gelegenheit warten, denn schon eine Woche später spielte Newcastle in der Hauptstadt gegen die Queens Park Rangers. Da den Newcastle Anhänger für das nächste Spiel in West Hams Upton Park keine Tickets zugeteilt werden sollten, wollte die ICF diese Möglichkeit zur Vergeltung nutzen. Ein ICF Mitglied erzählte wie es ablief: „Als die Geordies uns sahen, rannten sie sofort auf uns zu, sie dachten wir wären ein QPR Mob. Als sie jedoch mitbekamen, dass wir West Ham Jungs waren, ergriffen sie die Flucht."

Die Hooligans aus Newcastle bereuten den Zwischenfall mit dem Molotowcocktail im Nachhinein. John ein Newcastle-Veteran beschrieb es so: „Nach dieser Sache wurde jede Reise nach London mörderisch. Egal gegen wen wir spielten, die West Ham Jungs tauchten auf und wollten uns umbringen. Der Bursche der den Molly geworfen hatte, war ein kompletter Idiot und hatte rein gar nichts mit uns Hooligans zu tun, er war einfach nur ein Spinner, der uns für Jahre Ärger eingebrockt hat. Das erste Spiel danach in London war gegen die QPR und die West Ham Jungs waren da, es war über Jahre das Gleiche, egal ob wir gegen Orient mitten in der Woche spielten oder gegen Arsenal an einem Samstag, die West Ham Leute warteten auf uns am Stadion oder am Bahnhof. Doch das hielt uns nicht davon ab weiter nach London zu fahren, wir zeigten uns immer und das brachte uns Respekt ein, frag die West Ham Hooligans, sie werden es dir bestätigen. Aber auch sie kamen einige Jahre zu jedem Spiel ihrer Mannschaft bei uns, so kam es zu gegenseitigen Respekt."

Anfang der Achtzigerjahre wurde dann der 'Newcastle Mainline Express' gegründet, es war ein Ableger der Bender Squad. Diese Firm bestand größten Teils aus jüngeren Hooligans, die jetzt auch die Casual-Mode bevorzugten. Sie hatten sich ihren Namen gegeben, weil solche Bezeichnungen zu dieser Zeit trendy waren. John beschrieb es so: „Wir waren eine Art Abspaltung der Bender Squad. Einfach gesagt, waren wir ein weiterer Haufen von Leuten, die gerne tranken und Streit nicht aus dem Weg gingen. Wir fuhren einfach zu jedem Spiel mit dem Zug und einige Jahre lang gab es keine besonderen Zwischenfälle, es kam nur zu dem üblichen kleineren Scharmützeln wenn wir auftauchten."

5.000 Newcastle Anhänger fuhren in der Saison 1980/81 zum Eröffnungsspiel gegen Sheffield Wednesday. Ihre Mannschaft verlor, doch die Fans sangen von Beginn der Begegnung bis zum Ende. Als das Spiel vorbei war, stürmten Hunderte von

Newcastle Hooligans, angeführt von der Bender Squad aus dem Stadion und griffen Anhänger der Heimmannschaft an. Die Polizei schritt umgehend ein und das dadurch entstehende Chaos sorgte dafür, dass neun Polizeibeamte später im Krankenhaus behandelt werden mussten.

Einer der besten Mobs, der in Newcastle erschien, war der aus dem 600 Meilen entfernten Portsmouth, das war im Oktober 1983. Hunderte Hooligans der berüchtigten 6.57 Crew hatten sich über Nacht auf die Reise gemacht und stolzierten früh morgens durch die Stadt. Die Mobs stießen eine Stunde vor dem Spiel aufeinander und sorgten dafür, dass entsetzte Passanten, die ihre Einkäufe erledigten in alle Richtungen flohen. Dabei passierte es, dass ein halber Mauerstein durch ein Kneipenfenster geschleudert wurde und eine ältere Dame am Bein verletzte. Insgesamt wurden vierzehn Leute festgenommen, davon war die Hälfte aus Newcastle. Ein Gericht sprach darauf hin Strafen in einer Gesamthöhe von 1.200 £ aus, ein Betrag, der von einer Lokalzeitung begrüßt wurde. Unter der Überschrift ´Abscheuliche Fans,´ war in einem Artikel zu lesen, man hoffe, dass diese Strafe dafür sorgen würde, dass die Unruhestifter sich nun zurückhalten.

Einer der Newcastle Anhänger, der wegen bedrohlichem Verhalten verurteilt wurde, war der damals vierundzwanzigjährige Terry Mann. Mann war in der Gegend auch als ´Mr. Newcastle´ bekannt und über Jahre einer der berüchtigtsten Hooligans der Stadt. Mann war ein kleiner aber stämmiger Typ, er war der Wirt des Adelphi, einem Pub im City Centre, der wie eine Gedenkstätte für Newcastle United wirkte. Wenn man einen Blick auf die Wände und Regale des Landens warf, fühlte man sich wie in einem Vereins-Museum, Mann selbst nannte es auch ´seinen ganzen Stolz und seine Freude.´

Manns erste Erinnerungen an Ausschreitungen bei Newcastle United, gehen bis zu dem Besuch der Glasgow Rangers 1969 zurück, als er gerade zehn Jahre alt war. In einem Interview, das er für das Buch *Terrace Legends* gab, erinnerte er sich folgender Maßen an diese Zeit: ´Ich mochte das Gallowgate End, wo ich immer mit meinem Vater hin ging, dort wurden die Kinder über die Köpfe der anderen Zuschauer nach vorne gereicht, damit sie besser sehen konnten. Das waren die Zeiten, als es noch die guten alten Tribünen gab. Alles war damals irgendwie magisch.´

Mitte der Siebzigerjahre war er dann bei Heimspielen und zunehmend auch bei Auswärtsspielen in Krawalle verwickelt. „Ich war bei Ausschreitungen in Fulwell und einige Male im Roker Park von Sunderland," erinnerte er sich. „Es war ein unbeschreibliches Gefühl, wenn man das Stadion betrat und direkt ins gegnerischen End ging. Wir vertrieben unsere Rivalen und waren Sieger. Es ist schon ein Erlebnis, wenn du neben dem Spielfeld stehst und weist du hast deine Aufgabe gemeistert. Ich war nur 1,60 Meter groß, fühlte mich aber wie ein Riese."

Schon bald wurde er einer der führenden Leute bei der Bender Squad und später auch bei der Newcastle Mainline Express Firm. Als das neue Jahrtausend anbrach übernahm er das Adelphi. Trotz seines fortgeschrittenen Alters blieb er beim Fußball aktiv, bis ihm 2004 eine Banning Order erteilt wurde, weil er in Holland in Ausschreitungen verwickelt gewesen war, als Newcastle im UEFA Pokal gegen Breda antrat. Um sicher zu gehen, dass ihm die Banning Order erteilt wird, lieferte der zuständige Polizeibeamte auch noch eine Aufstellung anderer Zwischenfälle, an denen Mann beteiligt gewesen war.

Im Dezember 1999 wurde er bei einem Heimspiel gegen AS Rom festgenommen, was zur Folge hatte, dass seine Dauerkarte eingezogen wurde. Ein Jahr darauf brach er bei einem Derby einem Sunderland Fan die Nase und wurde dafür verurteilt. Im November 2000 wurde er abermals aus dem St. James´ Park verwiesen und im darauf folgendem April war er einer der neunundsiebzig Newcastle Hooligans, die vor dem Stadium of Light in Sunderland verhaftet wurden. Im November 2002 wurde von Polizisten beobachtet, wie er bei einem Spiel in Rotterdam betrunken aggressive Lieder sang. Und im April 2003 wurde er gleich zweimal festgenommen, in Fulham, sowie in Sunderland, doch beide Male wurden die Ermittlungen eingestellt. Terry Mann war wie erwähnt auch unter den neunundachtzig Personen aus Newcastle, die beim berüchtigten ´Battle of Breda´ verhaftet wurden. Diese Festnahme hatte zur Folge, dass ihm zum drittenmal seine Saisonkarte entzogen wurde. Doch selbst danach konnte die Polizei, die ausgesprochen Platzverweise gegen ihn nicht durchsetzen und seine Beteiligung an Schlägereien verhindern. Im März 2004 kam es dazu, dass er bei einem Auswärtsspiel gegen Tottenham festgenommen wurde, schließlich behauptete die Polizei auch noch, er hätte zwei Monate später in Marseille Polizisten wiederholt gegen ihre Schutzschilde getreten.

Wenn seine Banning Orders, die Platzverweise und Stadionverbot mit sich bringen, abgelaufen sind, wir Terry Mann bereits fünfzig sein, doch es fällt schwer zu glauben, dass er sich bis dahin ruhig verhalten wird. Als er von Cass Pennant einmal gefragt wurde, was ihn davon abbringen könnte, sich an Fußballkrawallen zu beteiligen, antwortete er: „Nichts. Es ist der Nervenkitzel. Ich lebe, also esse ich, trinke ich und ich fahre zum Fußball."

In den Jahren zwischen 1980 und 1984 kam es zu einigen gewalttätigen Begegnungen zwischen den Hooligans von Newcastle United und Chelsea, der Mob der Londoner hatte damals seine aktivste Phase. Bei einem dieser Aufeinandertreffen kam es zu einer fünfminütigen Massenschlägerei vor dem Stadion. Chris Henderson von den Chelsea Headhunters beschrieb das Verhältnis in seine Buch *Who Wants It?* so: ´Auswärtsspiele gegen Newcastle wurden von einem Teil der Chelsea Gefolgschaft zu einer Art Kreuzzug erklärt. Vielleicht war das so, weil die Londoner Presse sie immer als Beispiel für treue Fans anführten, oder vielleicht auch nur, weil die Geordies uns allgemein hassten. Wir verkörperten alles was sie verachteten, wir hatten Jobs, Geld und wir lachten über sie."

Nachdem die Headhunters bei einem Besuch in Newcastle auf dem Weg zum Bahnhof mit Steinen bombardiert worden waren, kamen sie in der nächsten Saison zurück und starteten eine gnadenlose Attacke auf einige Männer, die vor einem Pub Namens The Strawberry standen. Bei diesem Zwischenfall wurden einige Leute schwer verletzt. Ginger Terry, einer der Angeklagten im ersten Prozess gegen die Chelsea Headhunters, hatte über diesen Tag in seinem Tagebuch geschrieben: ´Eine Kneipe und viele Geordies plattgemacht...... Wir haben uns echt gut geschlagen, die Geordies hatten richtig Angst.´

Die Spannungen zwischen den beiden Firms steigerten sich nachdem der Newcastle Mob Rache übte. Bei ihrer nächsten Reise nach London gingen einige kräftige Jungs in mehrer Kneipen der Chelsea Leute und setzten ihre Feinde in Kämpfen Mann gegen Mann außer Gefecht. Zum Rückspiel in Newcastle reisten die Chelsea Hooligans mit einem großen Mob an. Als es dann zu einem Aufeinandertreffen der beiden Frims kam, wurde einer der Newcastle Jungs mit einem Messer so schwer verletzt, dass es 140 Stich bedurfte seine Wunden zu Nähen. Henderson brüstete sich danach damit, dass die Londoner ihren Angriff damit begonnen hatten ´den Geordies gezeigt zu haben, was ein Skalpell ist.´

Die Newcastle Hooligans glauben, dass diese Auseinandersetzungen die härtesten waren, die sie in den Achtzigerjahren hatten und sie betonen freudig, dass sie gelegentlich auch als Sieger hervorgingen. John sagte zu dem Thema: „Wir hatten schon ein paar echte Kracher mit den Chelsea Jungs. Unter anderem fuhren wir einmal nach Darlington, nur um von dort mit dem Zug, in dem der Chelsea Mob saß, nach Newcastle zurückzufahren und uns im Zug zu prügeln. Außerdem haben wir sie in Trafalger und am Gateshead dafür fertig gemacht, dass sie ein paar Typen aufgeschlitzt hatten, die vor einem Pub warteten, nachdem sie vom Angeln kamen. Ich kann mich auch noch an die Schlagzeile ´Autobahn Wahnsinn!´ in der Sunday Sun erinnern. Darunter war ein Bild, das einige unser Leute zeigte, wie sie auf der Stadtautobahn versucht Autos auszuweichen, um auf der Gegenseite, an der Manors Station, den Chelsea Mob zu attackieren.

Wenn man die Bücher dieser Wichser liest, stellen sie es so dar, als ob sie die Elite, die gefürchteten Headhunters wären, doch tatsächlich konnten sie nicht viele Heldentaten verbuchen. Sie haben einige Busse mit Steinen beschmissen, einige Kneipenfenster eingeworfen, viel Lärm gemacht und ein paar Angler aufgeschlitzt. Da ist es wohl auch kein Wunder, dass die meisten Fans diese Idioten verachten. Oder?"

Newcastles Mob mochte zwar zunehmend Fehden mit den Londoner Firms haben, doch Sunderland blieb der Erzfeind. Und Ende August trafen die beiden Teams im Ligapokal aufeinander. Bei der ersten Begegnung im Roker Park kam es im Stadion zu Ausschreitungen, bei denen neunzehn Leute festgenommen wurden, einundzwanzig weitere mussten das Stadion verlassen. Unter den Verletzten, die es hierbei zu verzeichnen gab, war auch der Polizeibeamte David Lander, der von einem Mauerstein im Gesicht getroffen worden war.

Das Spiel gestaltete sich spannend und endete mit 2:2, was dafür sorgte, dass es nur eine Woche darauf zum Rückspiel im St. James´ Park kam. Und die Fans sollten nicht enttäuscht werden, sie sahen insgesamt siebzehn Tore, bis sich Sunderland im Elfmeterschießen durchsetzte. Es gab an diesem Tag überraschend wenig Ärger, was aber auch damit zusammen hing, dass nur 3.500 auswärtig Fans angereist waren.

Es sollte einige Zeit vergehen bis sich diese beiden Vereine wieder begegneten. Doch im Jahre 1985 trafen sie dann gleich zweimal innerhalb von vier Monaten aufeinander. Das erste der Spiele war am Neujahrstag und Newcastle holte einen klaren 3:1 Heimsieg. Bei Krawallen vor und nach der Begegnung kam es zu vierunddrießig Festnahmen.

Das Spiel im Roker Park fand dann Anfang April statt und 300 Geordies schlichen sich in Sunderlands Home End. Das Spiel wurde kurz angehalten und der Mob wurde von der Polizei zurück in den Gästeblock geführt, wo er mit dem üblichen Applaus empfangen wurde. Doch nicht nur von den Newcastle Anhänger ging Ärger aus. Unter den achtundzwanzig verhafteten Personen war auch der einundzwanzigjährige Sunderland Hooligan George Howard, der wegen seiner Beteiligung an einem Angriff auf eine Gruppe Newcastle Leute eine Gefängnisstrafe erhielt. Als er vor Gericht das Argument vorbrachte, er habe sich nur rächen wollen, weil er bei einem Spiel im St. James´ Park zusammengeschlagen worden war, änderte dass nichts an der Tatsache, dass eines seiner Opfer ein Polizist war, der gerade keinen Dienst hatte.

In der Saison 1986/87 bildeten sich dann The Gremlins. Sie waren eine jüngere Generation Hooligans und orientierten sich zunehmen an den kleinen gut organisierten Firms, die es damals in Großbritannien gab. Der Name wurde ihnen von den älteren Hooligans gegeben, in Anspielung auf den Film, in dem kleine, aggressive Kreaturen eine Stadt übernehmen.

1990 fand sich Newcastle United in den Pay-Offs wieder und der Gegner war niemand anderes, als der Erzrivale Sunderland, der den direkten Aufstieg durch eine 1:4 Niederlage gegen Middlesbrough am letzten Spieltag verpasst hatte.

Das erste Spiel im Roker Park endete torlos, also wurde vier Tage später im St. James´ Park ein zweites Spiel anberaumt. Als Sunderland bei diesem Spiel in der fünfundachtzigsten Minute mit 0:2 in Führung ging und der Ausgleich für Newcastle nicht mehr machbar schien, sprangen einige Fans auf den Platz, um einen Spielabbruch zu provozieren. Was mit wenigen Leuten begann, weitete sich bald aus und Hunderte stürmten im Gallwogate und dem East Stand von ihren Sitzen auf das Spielfeld. Das Spiel wurde für einundzwanzig Minuten unterbrochen. In einer Lokalzeitung stand über den Zwischenfall: ´Es ging soweit, dass Leute von dem Grandstand und den teuren Sitzplätzen aus dem Milburn Stand sich der Platzinvasion anschlossen. Darunter waren augenscheinlich ordentlich gekleidete Leute, einige von ihnen forderten sogar, man solle die Polizeiabsperrungen durchbrechen, um an die Sunderland Fans ranzukommen.´

Im Anschluss kam es zu zweiundfünfzig Festnahmen und zwanzig Personen mussten ärztlich versorgt werden, unter anderem sieben Polizisten.

Die Polizei behauptete später, sie hätte durch Informanten erfahren, dass Newcastle Hooligans sich abgesprochen hatten, den Platz zu stürmen, wenn es so aussehen würde als ob Sunderland gewinnt, um einen Spielabbruch herbeizuführen. Die Hooligans bestritten jedoch, an solchen Plänen beteiligt gewesen zu sein. John sagte: „Das war einfach ein Haufen von Trotteln, nicht die Jungs von der Firm."

Bei Englandspielen im Ausland kamen die Jungs vom Gremlin Mob auch in Kontakt mit anderen Firms und so bildeten sich Freundschaften aber auch Abneigungen. Zwei Gruppen mit denen die Gremlins enge Beziehungen pflegten, waren die ´English Border Front´ aus Shrewsbury und die ´Forest Executive Crew´ aus Nottingham. Die Freundschaft mit Shrewsbury begann 1990 und das nächste Jahrzehnt über schlossen sich beide Mobs bei Länderspielen zusammen. 1993 reiste eine 150 Mann zählende Gruppe aus Newcastle und Shrewsbury Hooligans zu dem entscheidenden WM-Qualifikationsspiel nach Holland. Und auch als 1997 einige Leute der EBF in Berlin eine Nordafrikaner schwer mit einem Messer verletzten, waren ein paar Newcastle Hooligans mit ihnen unterwegs. John erzählte uns dies betreffend: „Bei der WM 1990 in Italien hatten wir auf einem Campingplatz in Sardinien einige Shrewsbury Jungs kennen gelernt. Sie waren alle echt in Ordnung und von da an besuchten sie uns gelegentlich am Wochenende. Sie waren immer zur Stelle wenn wir gegen Sunderland spielten und nach einem Spiel bei West Ham waren sie bei uns, als wir am Bahnhof Kings Cross eine Massenschlägerei mit Leicester Hooligans hatten, deren Mannschaft gerade gegen Tottenham im Ligapokalfinale gespielt hatte.

Boatsy von den Forest Hooligans wurde ein guter Kumpel von einem unserer führenden Köpfe und so kam es öfter zu gegenseitigen Besuchen. Vor einigen Jahren war ich mal mit den Shrewsbury Mob in Cardiff, an diesem Tag hatten sie wirklich eine gute Firm auf die Beine gestellt. Gewöhnlich treffen wir uns auch bei Englandspielen, wie 2002 als wir gegen die Türkei im Stadium of Light spielten, an diesem Abend lieferten wir uns gemeinsam Prügeleien gegen die Firms von Sunderland und Hull."

Der Verein kam über die Enttäuschung 1990 nicht aufgestiegen zu sein hinweg und unter der Leitung von Kevin Keegan musste man in der Saison 1991/92 nur noch das letzte Spiel gegen Leicester gewinnen, um aufzusteigen. United gewann glücklich durch ein Eigentor von Leicester mit 2:1. Schlagzeilen machte das Spiel aber wegen der gewalttätigen Begleiterscheinungen. John kommentierte es so: „Das war echt ernst. Wir mussten gewinnen um aufzusteigen und Leicester um nicht abzusteigen. Es stand unentschieden, dann fiel das Tor. Es ging richtig zur Sache, sie kamen mit einer guten Firm über das Spielfeld gelaufen und wir stürzten uns auf sie, es war ein totales Chaos. Wir hatten uns schon vor dem Spiel mit ihnen geprügelt, aber die Schlägerei danach war die Krönung und als Zugabe kamen dann noch die Bullen. Hinter dem ganzen Krawall steckte die Bender Squad. Es gab zwar schon die Gremlins, doch die Firm in Leicester war die Bender Squad und alle alten Leute waren dabei."

Newcastle war jetzt in der höchsten Liga. Doch während das Stadion extrem vergrößert wurde, wurde es für die Hooligans zunehmend schwerer in andere Städte einzufallen. Es gab nur noch begrenzte Zahlen an Eintrittskarten für Auswärtsspiele und die Polizeiüberwachung war so stark geworden, dass es unmöglich wurde einfach Amok zu laufen, ohne angezeigt zu werden. Das soll aber nicht heißen, dass es keinen Ärger mehr gab, nur der Rahmen wurde kleiner und die Aufeinandertreffen wurden besser organisiert und abseits der Stadien ausgetragen.

Eine neue Feindschaft die aufkam, war die mit Sheffield United. Die beiden Mobs gerieten 1994 und 1998 aneinander. Der zweite Zusammenstoß fand anlässlich eines FA Pokalhalbfinales in Manchester statt, dabei verjagte ein Newcastle Mob bestehend aus 150 alten und jungen Hooligans eine Gruppe Sheffield Leute vor dem Wetherspoons Pub. Wenn man bedachte, was für einen Ruf die Typen aus Sheffield hatten, war es für die Jungs des Newcastle Mobs doch überraschend, wie schnell sie es schafften sie zu überrennen.

Aus sportlicher Sicht war die Saison 1995/96 eine der erfolgreichsten seit Jahren für Newcastle United. Für lange Zeit führte man die Tabelle an und durch Heimsiege gegen Liverpool FC, Arsenal und Leeds United, schaffte man es Weihnachten mit zehn Punkten Abstand an der Spitze zu stehen. Obwohl man im neuen Jahr etwas abrutschte, lag es noch immer in den eigenen Händen Meister zu werden. Die Fans spielten verrückt bei der Aussicht, dass ihr Verein den Titel holen könnte. Doch letztendlich kam man auf der Zielgeraden ins Straucheln und sorgten so dafür, dass Manchester United sich auch wieder Hoffnungen auf den Meistertitel machen konnte. Das veranlasste Kevin Keegan eine denkwürdige Schimpfkanonade in Richtung Alex Ferguson loszulassen.

Am letzten Spieltag konnte Newcastle nur noch durch einen Sieg und eine Niederlage von Man United zum Triumph kommen. Es gelang jedoch nicht, denn sie spielten zu Hause nur 1:1 gegen Tottenham und waren somit gescheitert. Die Gefühlsachterbahn der Anhänger, voller Enttäuschungen und falschen Hoffnungen, entlud sich spontan in Gewalt. Nahezu 1.000 Personen zogen nach dem Spiel randalierend durch die Stadt, sie schmissen Schaufensterscheiben ein und griffen Polizisten an. Bei einer Gelegenheit wurden zehn Krankenwagen benötigt, um die Verletzten abzutransportieren. Ein Sprecher des Notfalldienstes sagte: „Es gab wirklich heftige Unruhen, die uns sehr schockten. Wir hatten damit gerechnet, dass wir viel zu tun haben würden, wir waren jedoch überrascht, wie viel es war. Wir mussten uns bis spät in die Nacht um Notrufe kümmern, der letzte ging erst gegen 01.00 Uhr ein."

Neunundzwanzig Personen wurden noch am selben Abend festgenommen und es kamen noch Dutzende dazu, nachdem eine Zeitung Fotos einer Überwachungskamera veröffentlichte. Zwei Wochen nach den Krawallen veranlasste die Polizei in der Gegend von Newcastle morgendliche Hausdurchsuchungen, bei denen einige bekannte Mitglieder der Gremlins gefasst wurden. Die Polizei nannte diesen Einsatz Operation ´Harvest´ und im Verlauf dieser Operation wurden am 24. Mai die Wohnungen von sechsundzwanzig Männern gestürmt. Dabei waren 120 Beamte tätig, die sich durch Rammböcke Zutritt zu den Wohnungen der Verdächtigen verschafften.

Die Ordnungshüter freuten sich über ihren Fang. Der Leiter der Operation Harvest, Chief Inspector Derek Scougal, verkündete: „Unter den bis jetzt sichergestellten Gegenständen befinden sich Macheten, Luftpistolen, viele Messer, Totschläger, Souveniers von Auslandspielen und Literatur der Gremlins. Letztlich haben wir über zwanzig Leute verhaftet und eine Menge Informationen betreffend organisierter Fußballrandale gesammelt."

Der Evening Chronicle zweifelte nicht daran, dass die Polizei die Schuldigen für die Krawalle am letzten Spieltag gefasst hatte. Die Gremlins jedoch stritten jede Beteiligung ab. John sagte darauf angesprochen: „Die Gremlins hatten nichts damit zu tun. Es war einfach ein großes Chaos, an dem sich jeder Spinner der Stadt beteiligte. Die Sache war schlicht außer Kontrolle geraten und Massen Verrückter drehten durch. Alles war kameraüberwacht, man konnte auf den Bildern zwar einige der Gremlins sehen, die sich beteiligten. Doch im Endeffekt waren das nur Kleinigkeiten, doch die Polizei und die Gerichte machten sie dafür fertig."

Ein eindeutig dickerer Fisch ging der Polizei vier Jahre später ins Netz, als eine der schwersten Schlägereien der letzten Jahre dazu führte, dass die führenden Köpfe des Newcastle und Sundlerland Mobs, zu Gefängnisstrafen verurteilt wurden. John, einer der festgenommenen Newcastle Hooligans erzählte: „Es war einen Abend bevor wir zu Everton fahren wollten und Sunderland zu Hause gegen Boro spielte. Die Sunderland Typen hatten einen von unseren Jungs angerufen und den üblichen Scheiß gelabert, sie würden rüberkommen und ob wir bereit wären. Sie hatten das schon so oft getan, so dass am Anfang niemand daran glaubte. Doch nach einer Weile schien es, als ob sie es ernst meinten, also kamen fünfzig von uns in einer Kneipe zusammen und warteten. Dann fing dieser Quatsch an, sie meldeten sich und sagten, kommt doch zu uns. Gegen 20.00 Uhr entschieden wir dann uns zu trennen. Als gegen 21.45 Uhr ein Anruf von den Sunderland Leuten einging, der besagte, dass sie mit fünfzig Leuten da seien, waren nur noch zehn von unseren Jungs in dem Laden. Der Mob aus Sunderland wurde dabei gefilmt, wie er die Fähre verließ und um genau zu sein, sie waren vierzig Mann. Bis heute glaube ich, sie kamen nur um eine Show abzuzeihen, sie dachten, sie könnten durch einige Bars marschieren, sich aufspielen und dann die Fähre nach Hause nehmen, um dort zu behaupten sie hätten gesiegt. Doch wir durchkreuzten ihre Pläne, indem wir ihnen sagten, sie sollen nur fünf Minuten auf uns warten, dann würden wir auftauchen. Wir waren nur sechzehn von unseren Leuten und sechs Schlägertypen aus der Kneipe, die es nicht mochten, dass irgendwelche Spinner über den Fluss in unsere Stadt kamen und das Maul aufrissen. Die Sunderland Jungs erwarteten, dass wir sie von der Uferseite aus angreifen würden, doch wir schlichen uns von hinten durch die stillgelegten Docks an sie ran. Dann verteilten wir uns auf der Straße, damit es so wirkte, als ob wir mehr wären und stürmten auf sie los. Wir jagten sie direkt zur Fähre, als sie bemerkten wie wenige wir waren, versuchten sie uns noch einmal zu attackieren, wurden aber erneut zurückgedrängt. Dann mussten wir uns beeilen, weil plötzlich die Polizei wie aus dem Nichts auftauchte.“

Der Kampf war kurz aber brutal. Billardqueues- und Kugeln, Aschenbecher, CS Gas Dosen, Stuhl- und Tischbeine, sowie Flaschen wurden später rund um den Schauplatz der Auseinandersetzung gefunden. Auch Messer waren zum Einsatz gekommen und eine große Blutlache war beim Fähranleger zu sehen. Drei der Sunderland Hooligans mussten auf die Intensivstation, einer davon war so schwer verletzt, dass er an eine lebenserhaltene Maschine angeschlossen werden musste. Er hatte Hirnverletzungen, die auch einen Transport unmöglich machten. Sogar ein Mitglied der Fährbesatzung wurde angegriffen, als er einem der Sunderland Hooligans helfen wollte. Der leitende Polizeibeamte John Ramshaw sagte anschließend der Presse: „Es hätten auch leicht Ermittlungen in einem Mordfall werden könne. Einer der Männer, die wir am Anleger fanden, hatte schwere Kopfverletzungen und einen Messerstich in den Rücken erhalten.“

Die Polizei war durch mehrere verängstigte Bürger auf den Zwischenfall aufmerksam gemacht worden. Als die Sunderland Hooligans wieder am Südufer ankam, warteten bereits mehrere Mannschaftswagen auf sie. Während dessen wurden von anderen Polizisten die Aufnahmen der Überwachungskameras sichergestellt, die den ganzen Vorgang aufgezeichnet hatten. Die Polizei wollte diesen Vorfall nicht auf sich beruhen lassen. Die Anführer beider Mobs waren in den Zwischenfall verwickelt und die Beamten wusste, dass sie wohl kaum eine bessere Möglichkeit bekommen würden, der lokalen Hooligan-Szene einen Schlag zu versetzen. Ihre Ermittlungen bekamen ein paar Tage darauf unerwartete Hilfe, als die verfeindeten Firms auf der Internetseite des Carlisle Hooligans Paul Dodd, mit der Schlägerei prahlten. Ein Bericht auf dieser Seite, der unter dem Titel ´Casuals vs. Gremlins, die Wahrheit die jede Firm kennen sollte,´ stand, gab eine detaillierten Bericht davon, was sich an dem Tag des Kampfes abgespielt hatte. Die Verfasser schienen aus den Reihen von Sunderlands Seaburn Casuals zu stammen:

´Nach dem Spiel gegen Boro wollten die Gremlins eigentlich nach Sunderland, an die Roker Avenue kommen. Doch der Sunderland Mob erhielt von ihnen einen Anruf sie würden nicht kommen, statt dessen wollten sie sich mit ihnen am Blue Bell treffen, sie fügten noch hinzu, sie wären jetzt in Heworth und würden auf einen Zug warten. Die Seaburn Casuals fuhren mit Taxis nach Blue Bell, nur um dort einen weiteren Anruf zu kriegen, die Gremlins sagten, sie wären jetzt in South Shields im County Pub und würden auf die Feinde warten. Das hieß für Sunderlands Mob, er mussten eine Fähre über den Tyne nehmen, um zum Gegner zu kommen. Jeder der sich im Nordosten auskennt, wird dir sagen, dass das da drüben eine Newcastle Hochburg ist. Achtzehn von den Seaburn Casuals und das heißt nicht, dass es die besten achtzehn Leute waren, machten sich trotzdem auf die Reise. Als sie die Fähre verließen standen sie vierzig Gremlins und 100 Schlägern aus South Shields gegenüber. Im voraus war abgesprochen worden, dass niemand Waffen einsetzen würde, es sollte fair zu gehen, um zu sehen wer die bessere Firm hat. Die Mags (NewcastleFans) schienen das aber vergessen zu haben, sie griffen mit Stöcken, Steinen und Eisenstangen an. Einige der Sunderland Jungs rannten zurück auf die Fähre, doch die meisten blieben stehen und kämpften."

Da die Hooligans bei ihren Prahlereien erwähnt hatten, die Schlägerei wäre verabredet gewesen, bekam die Polizei die Möglichkeit, sie wegen Verstößen gegen das Versammlungsrecht zu belangen. Sie konnten die Anschuldigung auch vor Gericht beweisen, nachdem die Mobiltelefone einiger Angeklagter konfisziert und untersucht worden waren. Während der Vorbereitungen hatte der Anführer der Gremlins, Graham Russel, zehn Telefonate mit James Jameson von den Sunderland Seaburn Casuals geführt und ihm außerdem noch eine Textnachricht geschickt, in der, der Ort und die Zeit des Aufeinandertreffens angegeben wurde. Eine komplex Aufzeichnung der Telefongespräche der Hooligans beider Seiten, führte zur Verurteilung der Verdächtigen. Ingesamt wurden dreißig Personen Schuldig gesprochen, unter ihnen Russell und Jameson, die jeweils vier Jahre Haft zu verbüßen hatten. Das Durchschnittsalter der Beteiligten bei dem Zwischenfall lag bei dreißig Jahren, der Jüngste von ihnen war um die zwanzig Jahre alt und der Älteste um die Vierzig.

Diese Strafen und die intensivere Polizeiarbeit taten der Rivalität zwischen den beiden Mobs nur wenig Abbruch. Zum nächsten Spiel im Stadium of Light machten sich 300 Newcastle Hooligans auf die kurze Reise. Die Polizei wollte vermeiden, dass es zu Zwischenfällen wie im Vorjahr kommen würde, als sie fünfundfünfzig Leute verhaften musste. Deshalb hatte man sich entschieden, die auswärtigen Fans direkt mit Bussen zum Stadion fahren zu lassen. Man hoffte dadurch zu verhindern, dass die verfeindeten Fangruppen in der Stadt aufeinander trafen. Der Plan hörte sich gut an, doch man hatte nicht den Einfallsreichtum der Hooligans einkalkuliert.

Die Gremlins buchten sich bei einem in Glasgow ansässigen Busunternehmen einen Reisebus, sie erzähltem dem Busunternehmen, sie würden zu einem Autorennen nach Thirsk fahren und wollten

Diese freundlicherweise zur Verfügung gestellten Fotos, dokumentieren einen brutalen Zusammenstoß zwischen Aldershot und Brighton Hooligans im November 2000.

in Sunderland nur einige Leute zusteigen lassen. John erzählte zu diesem Fall: „Als wir in Sunderland angekommen waren, bezahlten wir den Busfahrer und sagten ihm, er könne abhauen. Doch er rief statt dessen sofort die Bullen.“

Die Polizei umstellte umgehend den Pub, in dem der Gremlins Mob saß und nahm sechzig Leute fest.

An einem andren Ort hatte sich ein Mob von 250 Hooligan-Veteranen versammelt, ihr Alter war zwischen dreißig und fünfzig Jahren, sie hatten es vorgezogen, statt mit den kostenlos am St. James´ Park startenden Bussen, lieber mit dem Zug nach Sunderland zu fahren. Die Polizei braucht über eine Stunde, um diesen Mob bis zum Stadion zu bringen, eine Strecke, für die man eigentlich zehn Minuten benötigte. Das zeigt, wie stark die Versuche waren Ärger zu verursachen. Insgesamt kam es vor dem Spiel zu 160 Festnahmen und kurzzeitig gab es Unruhen auf der Wearmouth Bridge. Nach dem Spiel wurden die auswärtigen Fans solange im Stadion festgehalten, bis alle Einheimischen verschwunden waren. Abgesehen von der hohen Zahl der Verhafteten, war die Polizei mit dem Einsatz zufrieden, obwohl es noch im etwas abseits gelegenen Stadtteil Washington zu Auseinandersetzungen kam. Die Verurteilungen nach dem Vorfall am Fähranleger hatten der Feindschaft nicht im geringsten an Intensität genommen. Ein Jahr darauf warteten einige der Newcastle Schläger in der Centurion Bar im Hauptbahnhof darauf, dass ihre Erzfeinde von einem Freundschaftsspiel gegen die Hibs zurückkehrten. Schon in den Tagen zuvor war über ein eventuelles Treffen gesprochen worden, doch die Polizei schien davon nichts mitbekommen zu haben. Der Sunderland Mob stieg um 21.00 Uhr aus einem Zug und eine kleine Gruppe von Polizisten wollte die Hooligans in die U-Bahnstation eskortieren, als die Gremlins auftauchten. Tracey Vicreck der Wirt des Centurions beschrieb die folgenden Szenen so: „Man konnte sehen wie sie sich gegenseitig anstachelten, sie wollten sich wie Tiere aufeinander stürzen. Sie schafften es die Polizisten zu überrumpeln und gingen mitten in der Kneipe aufeinander los. Es war angsterregend. 400 Gäste waren im Laden und dann fingen die Schläger an, mitten zwischen ihnen ihre Prügeleien auszutragen. Überall flogen Gläser und Barhocker wurden genutzt, um Sachen zu zerschlagen. Es war ein absolutes Chaos. Unter unseren Angestellten waren einige junge Leute, die so etwas noch nicht erlebt hatten.“

Bis zu 150 Personen sollen an den Kämpfen beteiligt gewesen sein, doch nur vier Leute aus Sunderland wurden im Anschluss festgenommen. Noch am selben Abend schrieben Mitglieder der Seaburn Casuals im Internet: ´Was für ein Tag! Was für ein Auftritt! Wenn Sunderland öfter so viele Leute zusammenbekommt, kann uns niemand etwas anhaben. Macht weiter so Jungs! Wir waren unschlagbar. Wir haben es diesen flaschenschmeißenden Gremlins gezeigt. Ihr Plan ging nach hinten los und sie rannten um ihr Leben.´ Newcastles internationale Auftritte der jüngsten Vergangenheit waren gegen die niederländischen Teams Feyenoord Rotterdamm und Breda. Ein Mob von 300 Leuten reiste nach Rotterdamm, doch die Polizei verhinderte, dass es zu Ausschreitungen kam. Ein Jahr später 2003 spielte Newcastle dann gegen Breda in der zweiten Runde des UEFA Pokals. Nach einer Auseinandersetzung vor dem Spiel kam es zu Festnahmen von siebenundachtzig Newcastle Hooligans, viele davon waren bereits in Großbritannien polizeibekannt. Der Vorfall war von Überwachungskameras aufgenommen worden und zusammen mit den Aussagen von Augenzeugen, wurden diese Beweise genutzt, um Banning Orders gegen Dutzende von Leuten zu erlassen.

Heute ist es für Newcastle schwer einen großen Mob auf die Beine zu stellen. Einst gab es bei Spielen 200-300 Hooligans, wo heute nur noch vierzig bis fünfzig Leute des harten Kerns anzutreffen sind. Der Umschwung in der Fußballwelt, die Umbaumaßnahmen am Stadion und die Banning Orders haben Wirkung bei den Leuten hinterlassen. Der Name Gremlins wird noch immer mit Newcastle in Verbindung gebracht, doch nur wenige der alten Jungs sind übrig geblieben. John sagte abschließend: „Ich würde sagen heute hat unser Mob keinen Namen mehr. Die Gremlins waren die junge Firm in Newcastle, die sich gegen 1986/87 bildete.“

Auch wenn zu Lokalderbys noch immer eine Menge Schläger erscheinen, es gibt keinen richtigen Mob mehr. Heute genießen die auswärtigen Fans die Gastfreundschaft in Newcastle, ohne zu wissen wie angsteinflößend es hier früher war. Johns letzter Satz hierzu war: „Jetzt laufen hier überall Tagesausflügler rum und alle feiern. Nach den Spielen rennen teilweise Massen von Jungs rum, die wie Popstars gekleidet sind und glauben, sie wären die Könige im Norden. Ich wünsch ihnen viel Glück. Ich glaube, die Väter dieser Typen wissen, was für eine raue Gegen das hier einst war.“

Weiterführend Literatur: Terrace Legends, Cass Pennant und Martin King (John Blake Publishing)

P

Politik und Rassismus

Für viele Leute sind Fußballhooligans immer noch gleichzusetzen mit rassistischen, fremdenfeindlichen Skinheads, die mit engen Jeans, Springerstiefeln und voll Tattoos rum laufen. Obwohl die Skinhead-Mode nun seit über zwanzig Jahren aus den Stadien verschwunden ist, werden Faschismus und Hooligans von der breiten Öffentlichkeit noch immer in einen Topf geworfen. Es gab kaum eine Massenausschreitung, für die nicht die extreme Rechte beschuldigt wurde. Angefangen bei den Krawallen von Heysel und Birmingham 1985 (siehe Birmingham City) bis zu den Ausschreitungen in Dublin 1995, die Medien und Behörden beschuldigten Neo-Nazis. Doch all zu oft war diese Einschätzung falsch. Obwohl einige Hooligan-Gangs Verbindungen zu rechten Gruppen wie der National Front und Combat 18 hatten beziehungsweise haben, so ist doch die breite Masse der Hooligans nicht an Politik interessiert, manche von ihnen sind politisch sogar eher links einzustufen.

Hooligans leben wie normale Bürger in einer Gesellschaft, in der man vor der aktuellen Politik nicht komplett die Augen verschließen kann. Geht es nun wie in den Sechzigerjahren um rassistisch motivierte Attacken, dem sogenannten ´Paki-Bashing,´ um die Streiks der Bergarbeiter Mitte der Achtzigerjahre, um den Nordirlandkonflikt oder um das Erscheinen von immer selbstbewussteren Schwarzen, die dem Rassismus ein Ende bereiten wollten.

Ende der Sechzigerjahre breitete sich die Skinhead-Kultur im ganzen Land aus. Aggressiv und stolz darauf aus der Arbeiterklasse zu stammen, verkörperte diese Lebensform das Gegenstück zum friedliebenden Hippie, der eher in der Mittelschicht beheimatet schien. Die meisten Skins waren bekennende Rassisten und Angriffe auf Ausländer wurden für einige von ihnen zu einem ´normalen´ Zeitvertreib. Der Manchester United Hooligan Colin Blaney schreibt dazu in seinem Buch *Grafters:* ´Den ersten Skinhead sah ich bei uns Ende 1968. Er jagte mir etwas Angst ein, ich hatte den Kerl schon einige Male gesehen, ihn aber nie beachtet, doch durch seinen neuen Kurzhaarschnitt, die Kleidung und seine Ausstrahlung war er plötzlich jemand. Schon bald tauchten mehr Skinheads in unserer Gegend auf, entweder machten sie die anderen nach oder sie hatten in Zeitungen von dem neuen Trend gelesen. Ich war in einem Imbiss, als eine Gruppe von ihnen vorbei ging und sang: „Hey, ho, the lights are flashing, we are all go Paki bashing.“ Und das taten sie dann auch.´

Auch Micky Smith schreibt in seinem Buch, dass das ´Paki-Bashing´ in der frühen Skinhead-Ära durchaus üblich war. Doch er betont auch, dass man schon bald ein Bündnis mit indischen Jugendlichen schloss, die ihrerseits auch Skinheads in ihren Reihen hatten, die ihren Hass wiederum auf Asiaten projizierten. Die rassistisch begründete Gewalt war jedoch vollkommen unorganisiert und es gab Anfangs nur wenige ernsthafte Versuche der 1967 gegründeten National Front, diese Gewalt in politische Bahnen zu lenken.

Das sollte sich Ende der Siebzigerjahren ändern. Die ersten Skinheads waren nur ein kurzlebiges Phänomen und die meisten Gangs lösten sich Anfang der Siebziger wieder auf. 1976 kam es zu einer Wiederauferstehung der Skinhead-Szene, doch dieses Mal eng verknüpft mit einer rassistisch, faschistischen Politik und Weltanschauung. ´Oi,´ eine Art des Punkrocks wurde geboren und Bands wie Skrewdriver hatten viele Fußballfans unter ihren Anhängern.

London blieb weiterhin das Zentrum für musikalische Trends, dort hatten die meisten Mobs auch ihre eigene, bevorzugte Oi-Band. West Ham hatte die Cockney Rejekts und Chelsea hatte die Band Combat 84, deren Sänger Chris ´Chubby´ Henderson später einmal eine der führenden Personen bei den Headhunters werden sollte. Die Feindseligkeiten zwischen den verschiedenen Gangs wurden auch auf Skinheadkonzerten ausgetragen, man verbündete sich allerdings oft, insbesondere wenn es gegen politisch Gegner ging.

In der Saison 1979/80 begannen rechtsradikale Organisationen damit, gezielt Leute in Fußballstadien zu rekrutieren. Es ging darum, wie einer der Organisatoren der National Front, Derek Holland einmal sagte: „ ...die Herzen und Seelen junger Menschen zu gewinnen.“ Die NF, damals Großbritanniens führende rechte Organisation, befand sich im Verfall. Hatte sie einst Tausende Mitglieder und Hunderttausende Stimmen bei den Wahlen erhalten, so war sie jetzt nur noch ein Schatten der Organisation, die sie noch drei Jahre vorher darstellte. Margret Thatcher hatte sich einigen ihrer Programmpunkte angenommen und anti-faschistische Gruppen hatten die NF-Leute zunehmend von den Strassen verdrängt.

In den Fußballstadien wurde die NF vom British Movement (BM) unterstützt, einer streng nationalsozialistisch ausgerichteten Gruppe, die sich 1968 gegründet hatte und von Wahlen ausgeschlossen war. Das BM war kleiner als die NF, doch unter den Mitgliedern gab es viele junge Männer, speziell in London war dies der Fall und viele unter ihnen waren auch in der Hooligan-Szene bekannt.

Die zunehmenden Aktivitäten rassistischer Hooligans, traten zusammen mit dem Skinhead-Revival zwischen 1976 und 1980 in London auf. Chelsea, West Ham, Charlton, Arsenal und Millwall, bei all diesen Vereinen gab es Gruppen von Skinheads, die Beziehungen zum BM hatten. Es war normal, dass in West Hams Upton Park ein sichtbarer und hörbarer Nazi-Mob anwesend war. Mindestens 200 von ihnen standen und sangen zusammen oder zeigten den Hitlergruß. Einige angehende West Ham Hooligans fühlten sich durch dieses Image angezogen. Auch bei Millwall war diese Tendenz zu spüren, nachdem bei einem Feuer in New Cross 1981 dreizehn Schwarze verbrannt waren, wurde in The Den gesungen: „We all agree, niggers burn better than petrol." (Wir sind uns alle einig, Neger brennen besser als Benzin.)

Im Jahr 1981 begann die National Front den *Bulldog* herraus zu geben, es handelte sich um ein Magazin, dass junge Leute für Rassismus und Politik begeistern sollte. Eine Seite wurde immer Fußballkrawallen gewidmet, dort konnte man Berichte über Ausschreitungen oder die neusten Sprechchöre lesen. Viel Aufmerksamkeit wurde seitens der Hooligans auf die im Magazin erscheinende ´League of Louts´ gelegt, es handelte sich um eine Tabelle, in der die Vereine danach beurteilt wurden, wer die rassistischste Anhängerschaft hatte. Normalerweise wurde der Titel in dieser ´Liga´ unter Leeds United, Chelsea und Newcastle ausgemacht. Jedoch war Liverpool für viele schwarze Fußballfans die grausamste Stadt in Großbritannien. Während sich in anderen Städten Gruppen von schwarzen Jugendlichen zu Hooligan-Gangs zusammenschlossen, gab es dieses Phänomen in Merseyside nicht, hier war der Fußball noch immer Sache der Weißen. Besonders das Stadion von Everton war ein unangenehmer Ort für schwarze Besucher. Ein Manchester City Hooligan drückte es so aus: „Man muss sich manchmal ins Gewissen rufen, dass nur wenige Weiße, wenn sie ehrlich sind, zu einem schwarzen Jungen gehalten hätten, wenn es hart auf hart kam. Als die Jahre ins Land gingen und immer mehr schwarze Kids zum Fußball kamen, fuhren wir nach Liverpool, weil wir wussten, dass dort etwas abgehen würde. Spiele an der Anfield Road waren sicherlich auch kein Spaziergang, doch sie waren nicht so schlimm wie die gegen Everton. Die Mobs aus Liverpool erschienen auch einige Male bei uns in Manchester und es kam zu Messerattacken von beiden Seiten. Der City Mob bekämpfte Feuer mit Feuer und das bedeutete, wenn Everton in der Stadt war, kam es zu bösen Schnittverletzungen. Damals war es halt so."

Ein anderer City Hooligan, Donald Farrer fügt hinzu: „Wir schlugen uns immer recht gut in Liverpool, doch um ehrlich zu sein, für einen schwarzen Kerl wie mich, war der Goodison Park ein wahrer Alptraum. Es war einfach einer der schlimmsten Orte. Wir bekamen nie viele Leute zusammen wenn wir auswärts gegen Everton spielte, was sicherlich mit dem Rassismus zusammenhing, wenn du als Schwarzer im Goodison Park gepackt wurdest, dann warst du in echten Schwierigkeiten. Nur ein oder zweimal tauchten wir dort mit einem Mob auf. Ich mache keine Scherze, wir bekamen einen größeren Mob zusammen wenn wir nach London fuhren."

Der angebliche Anführer der Service Crew aus Leeds, schrieb einst einen verärgerten Leserbrief an den Bulldog, in dem er sich über die Londoner Firms aufregte: ´Es ist an der Zeit, dass sich etwas an der Liga der rassistischen Clubs ändert. Ich meine damit, dass die Weißen aus Leeds an die Spitze dieser Rangliste gehören.´ Der Brief endet mit dem Satz: ´Wir schätzen den Bulldog wirklich.´

Der Rassismus im Leeds United Stadion an der Elland Road war schon damals extrem. Tausende beteiligten sich an fremdenfeindlichen Sprechchören, die in Richtung gegnerischer Spieler und Fans abgelassen wurden. „Die Elland Road ist das schrecklichste Stadion von allen," sagte der schwarze Crystal Palace Spieler Andy Gray 1987. Und Luther Blissett von Watford sagte dem Daily Mirror: „Es ist normal, dass man mal von der Tribüne aus beschimpft wird, doch in Leeds stehen ganze Gruppen von Anhängern da, zeigen den Hitlergruß und schreien Sieg Heil."

Diese Gruppen bestanden meist aus Mitgliedern der Service Crew. Den Tendenzen folgend verlegten die Leeds Hooligans ihren Aufenthaltsort im Stadion in die Reihen der Sitzplätze, wo sie teure Designerkleidung zur Schau trugen und nicht so stark unter Polizeibeobachtung standen. Die NF war schnell damit, sich den Rassismus der Leeds Anhänger zu Nutzen zu machen. NF Zeitungen wurden offen verkauft und überall sah man Aufnäher, die das Wappen der NF und von Leeds United zeigten. Rassistische Beschimpfungen und das schmeißen von Bananen wurde noch durch Berichte im Bulldog gefördert.

Ein anderes Stadion in dem man während der Achtzigerjahre viele Rechtsradikale antraf, war das an der Stamford Bridge, die Heimat von Chelsea. In den späten Siebzigern tauchten unter den Hooligans dieses Vereins, die großteils aus Hounslow und Feltham kamen, viele NF Mitglieder auf. Der Kern dieser Gruppe war noch bis Ende der Neunzigerjahre aktiv. Diese Bande von Chelsea Hooligans bildete über mehrere Jahrzehnte das Rückgrat der rechtsextremen Bewegung in London, sie nahmen an Demonstrationen der NF teil, schützten Treffen an denen auch der Holocaust-Leugner David Irving teilnahm oder griffen linke Treffen und Demonstrationen an. Noch Anfang der Neunzigerjahre brüstete sich die BNP (British National Party) damit, an Spieltagen 200 Zeitungen in den Pubs rund ums Stadion zu verkaufen. Der Rassismus bei diesem Verein kam Mitte der Achtziger groß in die Schlagzeilen, als Chelsea Fans Paul Canoville ausbuhten, er war damals der erste farbige Spieler des Vereins. Nicht einmal die Leeds Anhänger waren soweit gegangen, als schwarze Spieler in ihrer Mannschaft auftauchten. Noch Anfang der Neunziger waren mindestens fünfzig Mitglieder der Chelsea Headhunters mit der rechten Gruppe Combat 18 auf verschiedene Weisen verbandelt.

Die Verbreitung des Rassismus auf den Rängen ging bei beiden Vereinen, Chelsea und Leeds United, mit schlechten Vorstellungen auf dem Platz einher. Beide Clubs rangierten am Ende der zweiten Liga und die Hooligans wollten durch Fußballkrawalle und Rassismus dafür sorgen, dass ihr Club einen ´Ruf´ bekommt. Das große Entsetzen der Medien und der gegnerischen Fans, ermutigte sie noch zu weiteren Handlungen.

Darren Wells war eines der führenden Combat 18 Mitglieder, er war durch sein Mitwirken bei den Chelsea Headhunters in diese Position gekommen. Er sagte einmal: „Es ist normal sich aufzulehnen. Wenn du nichts hast und aus einem Arbeiterbezirk kommst, sagst du dir, warum nicht? Du bist weiß, du kommst aus der Arbeiterklasse, du hast keinen Job, dann entschließt du dich zu rebellieren. Rechtsextremismus schockt alle, denn durch die Medien wird uns regelmäßig vorgehalten, dass die Nazis die schlimmsten Leute waren, die es je gab. Also ist es doch besonders rebellisch sich ihnen anzuschließen."

Zu Beginn der Neunzigerjahre machten Wells und andere Combat 18 Hooligans auf dem Weg zu einem Spiel der englischen Nationalmannschaft in Polen, Zwischenstopps an früheren Konzentrationslagern. Dort posierten sie auf Fotos, zerstörten Gedenkstätten und beleidigten Touristen, die den Opfern gedachten. „Wir taten das eigentlich mehr aus Witz. Keiner von uns glaubte wirklich, dass der Holocaust nie stattgefunden hat, doch wir wussten, wenn wir so tun, wären Leute entsetzt. In die KZs zu gehen war die Krönung von allem. Es ging nur darum zu provozieren und der Gesellschaft dadurch den Mittelfinger zu zeigen," sagte Wells.

Doch auch viele andere Vereine mussten rassistische Tendenzen unter den Fans feststellen. Die Stadien von Lancashire, Rochdale, Burnley und Blackburn wurden regelmäßig von Leuten heimgesucht, die Zeitungen der NF oder BNP verkauften. Und auch die Hooligans von Wigan, Newcastle, Aston Villa, Charlton, Exeter City und Darlington hatten Verbindungen zur NF oder anderen faschistischen Gruppierungen. Die Mobs der Vereine Portsmouth, Sunderland und Hartlepool pflegten Beziehungen zu protestantischen, pro-nordirischen Organisationen. Bei den Glasgow Rangers, Chelsea und den Hearts gab es beides, Kontakte zu rechten und protestantischen Gruppen.

Auch wenn diese rechten Parteien in vielen Stadien des Landes aktiv waren, so gibt es doch wenig nachweisbare Erfolge bei der Rekrutierung für die politische Sache. Wie sich bald herausstellte, waren die Hooligans nicht besonders diszipliniert und hatte wenig Interesse an Parteipolitik. Obwohl einige zu jeder rechten Demo gingen oder sich als Ordner bei faschistischen Treffen verdingten, fanden die meisten die Wahlkampfarbeit langweilig. Selbst bei Mobs, denen nachgesagt wurde gute Beziehungen zur NF, Combat 18 oder der BNP zu haben, war die Beteiligung an der politischen Arbeit gering.

Der Einfluss der rechtsextremen Gruppen ließen in den frühen Achtzigern merklich nach, sieht man von Ausnahmen wie Chelsea und Leeds ab. Das British Movement brach zusammen und die National Front richtete seine Aufmerksamkeit zunehmend auf Personenkreise abseits der Fußballstadien. Die Änderungen in der allgemeinen Mentalität sorgten zudem für einen Wechsel in den Fanstrukturen vieler Vereine. Auch wenn sich anfangs nur wenige Schwarze oder Asiaten für das Spiel interessierten, so traten doch viele von ihnen den Hooligan-Gangs bei. Dies fiel besonders durch schwarze Jugendliche auf, die begannen statt zum Cricket zum Fußball zu gehen.

Anfang der Siebzigerjahre waren die Fußball-Gangs bei Birmingham City, Manchester City und sogar Arsenal eine Sache, an der sich nur Weiße beteiligten. Bei Birmingham und Manchester City gab es große Unterstützung für die NF, während Arsenals Anhänger eher das British Movement unterstützten. Ende der Siebziger änderten sich diese Umstände, dass geschah etwa zeitgleich mit dem Wechsel von der Skinhead- zur Casual-Mode. Die Zulu Warriors aus Birmingham, die Cool Cats aus Manchester oder Arsenals Gooners waren alles Hooligan Gangs, die zum Teil von Schwarzen angeführt wurden.

Anfangs kam es zu Schlägereien zwischen den neuen multikulturellen Banden und den alten weißen Mobs, doch durch die Masse und den Mut, den die neuen Jungs an den Tag legten, wurde der Rassismus bald nebensächlich. Viele andere Mobs folgten dem Beispiel. Bei den Firms von Manchester United und den Spurs gab es Schwarze und auch bei den Wolves, in Leicester und in Derby gab es bald ethnisch gemischte Mobs. Selbst bei einigen Firms, die normalerweise gute Verbindungen zur NF hatten, wie Newcastle oder Leeds gab es bekannte, schwarze Hooligans. Auch bei Chelseas Firm gab es Schwarze, trotz der rassistischen Ansichten einiger. In den Siebzigerjahren war einer der berühmtesten Hooligan-Anführer bei Chelsea, ein einarmiger Schwarzer, der von allen Babs genannt wurde. Sein Ruf und seine Vereinstreue sorgten dafür, dass er nur wenig Probleme mit Rassisten hatte. Erst in jüngster Vergangenheit sorgte der Einfluss von Combat 18 bei Chelsea für einen Rückfall in die alten Verhaltensmuster, als 1994 einem schwarzen Chelsea Hooligan-Veteran ein Combat 18 Flugblatt unter den Scheibenwischer seines Autos gesteckt wurde. Er war durch und durch Chelsea Fan und der Zwischenfall wurde von vielen als inakzeptabel empfunden.

Auch die wechselnde Mode hatte Einfluss. In den Achtzigern kam es zu verschiedenen Zusammenstößen zwischen Skinhead-Mobs und den modern gekleideten Hooligans, auch wenn beide Seiten die gleichen politischen Ansichten hatten. Die brodelnde Stimmung hielt sich bis Ende der Neunzigerjahre, als Chelsea Hooligan Andy Frain und einige andere, sich an Schlägereien bei Blood and Honour Konzerten beteiligten.

Der einzige Zeitraum seit Anfang der Achtzigerjahre, in dem Faschismus erheblichen Einfluss auf die Hooligan-Szene hatte, war als die Gruppe Combat 18 aufkam. C18 war ein durch und durch faschistischer Hooligan-Mob, der Anhänger der Spurs, von West Ham, Charlton und Millwall anzog. Doch die engste Vernetzung gab es mit den Chelsea Hooligans. Dieser Mob war im ganzen Land berüchtigt, besonders während der Zeit, als Chelseas Firm die Führung des England Mobs bei Länderspielen übernommen hatte, doch es gab auch Schwierigkeiten. Als C18 nach einem Wahlerfolg der BNP versuchte bei Millwall Mitglieder zu rekrutieren, wurde ihnen unmissverständlich klar gemacht, sie sollen verschwinden, weil sie ein Chelsea Mob seien.

Die steigende Beteiligung von Schwarzen bei den Hooligan-Mobs wurde nicht von jedem gerne gesehen. Bei Aston Villa oder in noch jüngerer Vergangenheit, bei Sheffield Wednesday, wandelte sich ein einst multikultureller Mob zu einem rassistischen. In beiden Fällen führte dieser Umstand zu Feindseligkeiten mit ihren Lokalrivalen, deren Firms multikulturell waren. Im Fall von Aston Villa führte es sogar zu Konflikten zwischen Mobs des gleichen Vereins, Grund der Streitigkeiten war meist Rassismus. Das kürzlich erschienen Buch *Zulus* verdeutlicht, dass die Feindseligkeiten zwischen Birmingham City und Aston Villa eindeutig an Schärfe gewonnen haben. Bei einem England Länderspiel in Polen in den Neunzigerjahren, kam es dazu, dass die Villa Firm einen Mob aus Huddersfield, der hauptsächlich aus Schwarzen bestand angriff. Der Huddersfield Mob kam in arge Bedrängnis, denn nicht nur die Villa Hooligans hatten etwas gegen sie, auch andere Hooligans mit den gleichen Ansichten, wie der Villa Mob, griffen sie an. Es kam auch zu Schlägereien zwischen den Mobs von Huddersfield und Stoke City, nachdem einige Stoke Hooligans 1995 auf dem Weg nach Dublin, die Huddersfield Jungs rassistisch beleidigt hatten.

Eine Firm, die überdurchschnittlich viele Asiaten in ihren Reihen hatte, war 'The Ointment' vom Verein Bradford City. Inder oder Muslime waren genauso ein Teil der Gang, wie Schwarze oder Weiße. Als es im Jahre 2001 in Bradford zu rassistisch motivierten Krawallen kam, entschieden die Hooligans von The Ointment ganz bewusst, sich rauszuhalten.

Der Wechsel der allgemeinen Stimmung und insbesondere der unter den Fußballfans, hatte auch Auswirkung auf die Beteiligung Rechtsradikaler. Die Polizeiaktionen, die Ende der Achtzigerjahre gegen die älteren, weißen Mobs durchgeführt worden waren, zusammen mit Anti-Rassismus Kampagnen und den steigenden Einfluss von

Fanprojekten, machten den Faschismus in den Stadien bald unbedeutend. Als Leeds in den Neunzigern wieder relativ erfolgreich in der ersten Liga auftauchte, war der Rechtsextremismus offensichtlich aus dem Stadion an der Elland Road verschwunden.

Der politische Weg, den viele Hooligans nun beschritten, war in der Loyalistenbewegung, die Nordirlands Protestanten unterstützt. Anfang der Neunzigerjahre, als die Angst bestand, dass eine Labour Regierung eventuell Nordirlands Souveränität in Frage stellen würde, sorgte die Ulster Defence Association (UDA) für Unruhen auf der britischen Insel. Die Unterstützung von Ulsters (Nordirland) Selbstständigkeit hatte für die Hooligans bereits lange eine große Rolle gespielt, sei es durch Lieder oder Sympathiebekundungen, doch nun waren sie bereit auch weiter zu gehen.

Im Januar 1993 versammelten sich 600 loyalistisch und rechtsgesinnte Hooligans auf den Straßen Londons, mit der Absicht die jährlich stattfindende Bloody Sunday Parade zu stören. Die Idee des UDA Organisators war anschließend nach Kilburn zu marschieren, den Stadtteil in dem die irische Gemeinde Londons zu Hause ist. Das Vorhaben konnte nur gestoppt werden, indem man 396 Personen festnahm. Hooligans von zwanzig verschiedenen Gangs waren an diesem Aufmarsch beteiligt.

Zwei Jahre darauf sorgten englische Hooligans für den Abbruch eines Freundschaftsspiels in Dublin. Dabei handelte es sich nicht wie einige Zeitungen berichteten, um eine von Faschisten organisierte Aktion, sondern um einen spontanen Gewaltausbruch. Außerdem war es seit einiger Zeit das erste Spiel im Ausland gewesen, hinzukam dass unter den englischen Hooligans starke Vorurteile gegen die Iren vorherrschten. Die Engländer waren der Meinung, der Friedensprozess in Irland würde nur ihren Gegnern in die Hände spielen. Auch weigerte sich die irische Polizei, aus politischen Gründen, mit ihren englischen Kollegen zusammen zu arbeiten, dieser Umstand gepaart mit der Erinnerung an ein Spiel gegen Irland 1991, bei dem alle Festgenommenen nur eine Strafe von 1 £ zahlen mussten, machte die Gelegenheit für die Krawallmacher unwiderstehlich. Obwohl sich viele der später Identifizierten

Eine weiteres Foto des Oxford Mobs in Kilburn.

als Combat 18 Hooligans ausgaben, war es in Wirklichkeit nur bei wenigen der Fall. Tatsächlich war nur ein führendes C18 Mitglied an diesem Tag anwesend, dieser Mann wurde von einem der Chelsea Headhunters begleitet.

Die Verbindung der irisch-republikanischen Linken zu den Vereinen Celtic Glasgow und mit weniger Nachdruck zu Manchester United, sind die engsten Verflechtungen von Hooligans zu der linken Szene. Die linksextreme Gruppierung Red Action, die auch mit der Anti-Fascist-Action zusammenarbeitete, war in Glasgow und Manchester aktiv. Meist richteten sich ihre Aktionen gegen Anhänger der Glasgow Rangers. Auch anlässlich politischer Demonstrationen lieferten sich diese Gruppen Schlachten mit ihren loyalistischen Gegenern, wie zum Beispiel bei den Bloody Sunday Paraden in Glasgow oder dem James Connolly Marsch in Edinburgh. Auch beim Mob der Hibs gab es bis Ende der Neunzigerjahre eine stark ausgeprägte pro-irische Tradition, diese zerbrach jedoch, als Teile des Mobs sich der ´Scottish National Firm´ anschlossen, in einem Versuch einen geeinten schottischen Mob auf die Beine zustellen. Dieser Vorgang sorgte dafür, dass der Mob sich quasi auflöste.

Natürlich gab es noch viele andere Hooligans im ganzen Land, die sich politisch eher als liberal oder links einstuften. In Birmingham taten sich beispielsweise einige Hooligans zusammen, um eine Gegenpartei zur NF zu bilden, die dort in den Siebzigern sehr aktiv war. Doch es gab auch Anlässe, bei denen die Hooligans einfach eine Demonstration nutzten, um sich gegenseitig zu bekämpfen. So tauchten 1977 Millwall Hooligans bei einer Anti-Nazi Demo auf, nur um sich mit ihren Rivalen von West Ham zu messen, die ihrerseits die Demo angreifen wollten.

Die meisten der Hooligans kommen oder besser kamen aus Arbeiterbezirken und ganz offensichtlich nimmt alles was in ihrer Umgebung geschieht auch Einfluss auf die Hooligan-Szene. Im Jahre 1981 reagierten Fans von Sheffield United gewalttätig, als sie von Reading Anhängern während des Streiks der Stahlarbeiter verhöhnt wurden. Viele der Sheffield Fans waren damals selbst Stahlarbeiter oder lebten mit ihnen Tür an Tür, es herrschten dort raue Sitten und das Misstrauen

Oxford United Hooligans bei einem Angriff auf einen Irish-Pub in Londons Bezirk Kilburn.

der Polizei gegenüber war groß. Vier Jahre darauf waren Millwall und West Ham Hooligans unter den gewalttätigen Streikposten in Ostlondon. Doch es war der Streik der Bergarbeiter 1984/85, der dafür sorgte, dass die Gewerkschaften ihren Kampf in die Fußballstadien trugen. Es entstanden Spannungen zwischen Bergbauregionen die streikten und denen, die weiter ihrer Arbeit nachgingen. So war es für Anhänger der Vereine Nottingham Forest, Notts County und Mansfield Town wie ein Spießrutenlauf, wenn sie nach Yorkshire oder in den Nordosten fuhren, um gegen Clubs wie Darlington oder Hartlepool zu spielen. Ironischerweise mussten einige Mansfield Hooligans Beschimpfungen über sich ergehen lassen, obwohl sie selbst streikten.

Auch einige der Forest Fans fühlten sich zu Unrecht beleidigt. Gary Clarke, Autor des Buches Inside The Forest Executiv Crew sagte dazu folgendes: „Lass uns die Sache auf den Punkt bringen. Nottinghamshire ist ein verdammt großer Landstrich und ich kenne kaum eine Handvoll Leute, die im Bergbau tätig waren, trotzdem nennen uns die Fans anderer Clubs noch immer Streikbrecher. Das regt uns tierisch auf, nicht weil sie recht haben, sondern weil es Blödsinn ist. Mansfield, Hucknall und Calverton sind Bergarbeiterstädte, doch Nottingham ganz bestimmt nicht. Es gibt mehr Geordies, die im Bergbau tätig sind, als Leute aus Nottingham. Die Geordies sind ja in großer Masse nach Calverton gezogen. Wenn du ehrlich bist, hast du in Nottingham schon eine Mine, Kohle oder einen Typen in einem staubigen Donkey Jacket gesehen? Ich sag dir jetzt mal was, wenn einer von den Jungs, die ich kenne je in einer Kohlenmine gearbeitet hätte, er wäre auch unter den Streikenden gewesen, weil es wirklich ein scheiß Job ist."

Wut kam auch bei Amateurspielen zum Ausdruck. Bei einem FA Pokalspiel zwischen Frickley Athletic aus Yorkshire gegen den Bergarbeiter Club Stalybridge Celtic 1984, musste die Begegnung für vierundzwanzig Minuten unterbrochen werden, nachdem es so schien, als ob sämtliche Zuschauer auf den Platz stürmten, um sich gegenseitig zu verprügeln. Zementbrocken, Mauersteine und Latten kamen zum Einsatz, als die beiden Parteien aufeinander los gingen.

Die Bergarbeiterstreiks belebten auch den Hass und die Abscheu gegenüber der Polizei neu, wobei man sagen muss, dass die Hooligans die Beamten nie mochten. Als Sheffield United im Mai 1984 den Aufstieg verpasste, kam es zu Massenschlägereien zwischen den Anhängern des Vereins und der Polizei in und um das Stadion. Zum Höhepunkt dieser Kämpfe, waren laut Sheffield Star, mehr als 500 Personen daran beteiligt. Als der Mob von Leeds United sich im Mai 1990 in Bournemouth Straßenschlachten mit der Polizei lieferte, waren auch Sprechchöre der Bergarbeiter aus Yorkshire zu hören. Oft wurden die Polizeibeamten aus London beschuldigt, bei Streiks mit äußerster Gewalt vorgegangen zu sein und noch heute über zwanzig Jahre danach, werden sie bei bestimmten Spielen als Streikbrecher beschimpft.

Hooligans waren aber auch an Ausschreitungen beteiligt, die rein gar nichts mit Fußball zu tun hatten. Ein Heimspiel von Leicester gegen Derby County wurde nach dem Abpfiff von zweitägigen Aufständen überschattet, die am Ende wohl kaum in die Kategorie Fußballkrawalle eingeordnet werden konnten. Im Jahre 1987 wurden in Wolverhampton Ausschreitungen dadurch ausgelöst, dass ein in Polizeigewahrsam befindlicher Schwarzer zu Tode gekommen war. Dem Anführer der Wolves Hooligans, Gilly Shaw zufolge beteiligten viel Leute seines Mobs daran. Auch wenn nicht immer Hooligans an den Straßenschlachten beteiligt waren, die Atmosphäre von Unzufriedenheit und Feindseligkeit dem Staat gegenüber, wurde oft in den Stadien geschürt. Beispielsweise die Toxteth Krawalle in Liverpool hatten überhaupt nichts mit der Hooligan-Szene zu tun, doch bei Evertons erster Auswärtsfahrt in der folgenden Saison nach Birmingham, kam es aus Wut auf die Ordnungshüter zu brutalen Übergriffen gegen Polizisten.

In der jüngeren Vergangenheit gab es des öfteren Zwischenfälle, die sich in der Umgebung von Asylantenheimen und muslimischen Gemeinden abspielten, diese Bezirke schienen immer mehr in das Blickfeld der Hooligans geraten zu sein. 2001 kam es in Oldham nach monatelangen Spannungen zwischen asiatischen und weißen Jugendlichen der Gegend zu Gewaltausbrüchen, dabei war die Beteiligung der Hooligans aus Oldham ganz offensichtlich. Genau einen Monat später passierte ähnliches in Burnley und wieder waren Hooligans unter den Unruhestiftern. In Bradford allerdings, wo es zu den schwersten Krawallen dieser Art kam, konnte man keine Hooligans ausmachen, was wohl damit zu tun hatte, dass die Firm aus Bradford multikulturell war. In noch jüngerer Vergangenheit kam es dazu, dass sich der Mob aus Plymouth nach einem Heimspiel Schlägereien mit asiatischen Jugendlichen in Luton lieferte. Die Hooligans aus Plymouth wurden dabei noch von der Firm aus Luton aufgehetzt. Der Luton Mob bestand zwar großteils aus Schwarzen und nicht aus Rechtsextremen, doch sie mochten die Asiaten nicht besonders.Im Internet werden oft anti-muslimische Statements von Hooligans abgegeben, wobei es sich meist nur um verbale Attacken handelt. Auch als die Aufstände in Oldham satt fanden, schickten Dutzende Hooligans Mails, in denen sie ihre Unterstützung für den lokalen Mob bekundeten und ihn anspornten 'für Großbritannien zu kämpfen,' doch niemand tat wirklich etwas. Die kürzlich gegründete United British Alliance (UBA) reflektiert am besten die politischen Ansichten vieler Hooligans, sie sind eher anti-islamistisch als rassistisch. Die UBA, der viele Hooligans aus dem Midlands und London angehören, betont dabei immer, dass sie keine rassistische Gruppe wären, tatsächlich wird sogar angenommen, dass mindestens einer der zentralen Organisatoren, ein ehemals aktiver Anti-Faschist ist. 2005 gerieten die UBA Hooligans im Verlauf einer Demonstration mit Leuten der NF aneinander, Grund des Streits war, dass unter den UBA Leuten auch Schwarze und Leute anderer Herkunft waren.

Vor nicht all zu langer Zeit hat die British National Party Unterstützung von Hooligan Gruppen erhalten, die fest entschlossen waren für ihren 'British way of life' zu kämpfen. Hooligans aus Stoke, Swansea, Blackburn, Burnley, Oldham, Halifax und Leeds waren entweder Wahlkandidaten für die BNP oder spielten zumindest eine einflussreiche Rolle in der Partei. Doch wie schon früher bei der NF, kam die längerfristige, aktive Unterstützung, in den einzelnen Orten nur selten von mehr als ein oder zwei Leuten. Nach den zunehmenden Bemühungen der BNP sich von Gewalttaten zu distanzieren, hatte es den Anschein, dass rassistische Straftaten, die von Hooligans ausgingen, eher spontaner und unorganisierter Natur waren.

Zum Beispiel wurden die Krawalle in Oldham 2001 dadurch ausgelöst, dass Stoke City Hooligans durch ein asiatisches Viertel marschierten, was vorher nicht geplant war. Der Stoke Mob war eigentlich angereist, um sich mit den Fine Young Casuals aus Oldham einen Schlagabtausch zu liefern, weil diese sie zuvor überrannt hatten.

Als die Stoke Hooligans 2002 erneut in Oldham auftauchten, wurden sie überraschender Weise von den lokalen Hools unterstützt, das geschah dieses Mal auch mit dem Wissen der BNP-Führung. Bei diesem zweiten Zwischenfall bedurfte es eines massiven Polizei Aufgebots, um die etwa 350 Stoke Schläger von den asiatischen Vierteln Oldhams fernzuhalten. Auch bei den Unruhen in Burnley 2001, die nur einen Monat nach denen in Oldham stattfanden, spielten Hooligans eine entscheidende Rolle. Während die Medien ihr Hauptaugenmerk auf die Ausschreitungen legten, die durch Asiaten verursacht wurden, sorgten in einem anderen Teil der Stadt auch junge, weiße Männer für Ärger. Diese Krawalle zusammen mit der zunehmenden Aktivität der sogenannten 'Burnley Youth,' veranlassten das Innenministerium dazu, die Polizeioperation 'Fixture' ins leben zu rufen. In einem Polizeibericht hieß es hierzu: 'Eine kleine Gruppe von rassistischen Schlägern, die sich selbst zu den Anhängern des Burnley FC zählten, stellten eine Gefahr für die Öffentlichkeit dar, die weit über die Grenzen von Fußballkrawallen hinaus geht. Die sogenannte 'Burnley Youth' organisierte bereits an verschiedenen Spieltagen Schlägereien rund um die Pubs in der Innenstadt, diese Vorfälle hatten sehr starken Einfluss auf die öffentliche Sicherheit. Zudem bedeutet ihre Anwesenheit eine Gefahr für die asiatische Bevölkerung in Burnley. Bei den Ausschreitungen 2001 stellten polizeibekannte Hooligans einen bedeutenden Teil der weißen Angreifer.' Unter der Überschrift 'Die rassistische Bedrohung' fuhr der Bericht fort: 'Die Hooligans in Burnley sind ganz offen rassistisch und haben extrem rechte Ansichten, die eine permanente Gefahr für die Ordnung in der Stadt darstellen. Es liegen Beweise vor, die diese Behauptungen unterstützen, beispielsweise spielten Burnley Hooligans bei den Krawallen 2001 eine Schlüsselrolle. Zudem haben Beobachtungen ergeben, dass die Burnley Hooligans zusammen mit Chelsea Schlägern nach einem Freundschaftsspiel im September 2001 planten, gemeinsame Angriffe auf Asiaten zu starten. Ein Großeinsatz der Polizei, mit mehr als 300 Beamten, konnte diesen Plan allerdings vereiteln. Es wurde auch festgestellt, dass im Jahre 2002 beabsichtigt war, zusammen mit Stoke Hooligans Asiaten in Burnley zu attackieren. Nach dem Weltmeisterschaftsspiel gegen Schweden 2002 kam es dann auch zu brutalen Übergriffen gegen asiatische Taxifahrer. Wenn man sich die Internetseite der Burnley Hooligans, 'burnleylads.com' ansieht, stößt man auf rassistische und hetzerische Einträge. Außerdem kam es zu vielen Verhaftungen aufgrund rassistischer Sprechchöre und ein bekanntes Mitglied der Burnley Firm wurde festgenommen, als es bei einem Spiel gegen Tottenham den Hitlergruß zeigte. Das Schlafzimmer eines Verhafteten glich dem Hauptquartier der NF oder BNP.'

Wahrscheinlich sind Hooligans deshalb oft in rassistische Unruhen verwickelt, weil sie aus der Arbeiterklasse kommen und sowieso ehre dazu neigen Streit zu suchen. Wie auch immer, es muss hier einmal festgestellt werden, dass die Rolle, die faschistische Organisationen beim Fußball spielten oft übertrieben wurde. Die National Front war nicht für das Heysel-Unglück oder die Krawalle in Birmingham 1985 verantwortlich. Auch wenn bei letzteren Vorfall die beteiligte Leeds Hooligans Anhänger der NF waren, so muss man doch auch bedenken, dass es sich um ein Saisonabschlussspiel handelte und beide Vereine Aufstiegschancen hatten und sich zwei der führenden Hooligan Firms des Landes gegenüber standen. Hinter den Krawallen beim Dublin Länderspiel steckte nicht Combat 18, auch wenn die extrem nationalistische, loyalistische Haltung der Vereinigung vielen Hooligans zusagte.

In den Neunzigerjahren kamen anti-türkische Vorurteile bei den britischen Hooligans auf. Eigentlich handelte es sich um weitere anti-islamistische Vorurteile, die durch den Golfkrieg geschürt wurden, doch dieses Verhalten intensivierte sich, als es zu mehreren Zusammenstößen zwischen englischen und türkischen Anhängern kam, dabei wären von türkischer Seite die Fans von Galatasaray Istanbul hervorzuheben. Als Manchester Fans 1993 am Flughafen von Istanbul ankamen, wurden sie von einem pöbelnden türkischen Mob empfangen, es waren Plakate zu sehen auf denen stand: 'Welcome to Hell.' Um die Stimmung noch weiter anzuheizen, hängten einige United Schwergewichte eine Israelfahne aus ihrem Hotelfenster.

Die Feindseligkeiten erreichten einen neuen Höhepunkt, als im April 2000 zwei Leeds United Fans, vor der Begegnung ihres Vereins mit Galatasaray im UEFA Cup, erstochen wurden (siehe Leeds United). Im darauf folgenden Finalspiel standen sich Galatasary und Arsenal in Kopenhagen gegenüber und Hooligans aus ganz England reisten an, um für Ausschreitungen zu sorgen.

Seitdem sind Auseinandersetzungen zwischen Hooligans und türkischen Anwohnern zu einer weiteren Randerscheinung geworden, wenn England in Städten auf dem europäischen Festland spielt.

Drei Jahre nach den Morden in Istanbul wurden bei einem Länderspiel gegen die Türkei in Sunderland einige Leeds Hooligans festgenommen, nachdem sie sich Schlägereien mit Türken geliefert hatten. Sie erhielten Gefängnisstrafen und ein sechsjähriges Stadionverbot. Die Probleme hatten auf einem Parkplatz begonnen, Aussagen vor Gericht zufolge, hatten eine Gruppe von Türken die sechs Hooligans mit dem Tot der zwei Leeds Anhänger provoziert. Alle sechs Angeklagten gaben ihre Tatbeteiligung zu. Fünf von ihnen erhielten Freiheitsstrafen von achtzehn Monaten, der sechste erhielt einundzwanzig Monate.

Die aggressive und nationale Natur des Fußballs, die bei Hooligans besonders ausgeprägt ist, hat dafür gesorgt, dass sie politisch eher rechts als links eingeordnet werden. Fazit ist, Hooligans sind Mitglieder der Gesellschaft und haben die gleichen Sorgen und Nöte wie jeder andere. In Zeiten, in denen der Rassismus in einigen Gemeinden stärker ausgeprägt ist, wird dieses auch durch die Hooligans reflektiert. Wenn es zu schwerwiegenden wirtschaftlichen und sozialen Problemen kommt, wie beispielsweise Streiks der Bergarbeiter, kommt es zu einem stärkeren Gemeinschaftsgefühl unter den Hooligans und zu Aktionen gegen Politik und Polizei.

Weiterführende Literatur: White Riot, Nick Lowles (Milo Books)

Portsmouth

Stadion: Fratton Park
Firms: 6.57 Crew
Feinde: Southampton, Millwall
Polizeioperationen: Market

´Hooligans brachten Schande über die Stadt,´ war die Überschrift eines Statements, das 1969 vom Portsmouth Supporters Club verfasst wurde. Weiter war zu lesen: ´Die Eskapaden, die sich ein Mob von Hooligans am letzten Samstag in Blackpool geleistet hat, brachten nicht nur Schande über unseren Verein, sondern über die ganze Stadt. Glücklicherweise waren keine Mitglieder des Supporters Club an den Vorkommnissen beteiligt, noch nahmen die Täter an der vom Verein organisierten Reise teil. Wir möchten alle Mitglieder nur noch einmal daran erinnern, dass unsere Vereinssatzungen es ermöglichen Leute, die sich an Ausschreitungen beteiligen, aus dem Supporters Club zu schmeißen.´

Das Spiel in Blackpool war das erste der Saison und es war auch das erstemal, dass der Verein Portsmouth FC im Zusammenhang mit Hooligans in der nationalen Presse erwähnt wurde. Was das Interesse der Medien weckte, war die Beschreibung der Leute, die hinter den Krawallen steckten. Einem leitenden Polizeibeamten nach, der später vor Gericht in Blackpool als Zeuge aussagte, waren die Festgenommenen Teil einer großen Gruppe gewesen, die sich ähnlich wie die Soldaten der Royal Navy kleideten. Die meisten von ihnen hatten Kurzhaarschnitte, sie trugen Hochwasserjeans, die von dünnen Hosenträgern gehalten wurden und dazu hatten sie alle schwere braune Stiefel an.

Diese Leute waren die noch jungen ´Pompey Skins,´ sie müssen damals einen außergewöhnlichen Eindruck auf die Bewohner von Blackpool gemacht haben, die noch nicht an die Massen von komisch aussehenden Typen aus dem Süden gewöhnt waren. In einigen Berichten wurde ihre Zahl mit 100 Personen angegeben, andere schrieben von 200 Leuten. Eines ist allerdings sicher, nämlich dass eine große Gruppe von ihnen mit drei Reisebussen früh in Blackpool ankam und dann Amok in dem Ferienort lief. Stühle und Tische wurden umgeschmissen und einer Lokalzeitung zufolge wurden ein Eisverkaufswagen schwer beschädigt und ein Süßwarenstand total verwüstet. Der Richter, der sechs Personen im anschließenden Prozess wegen Sachbeschädigung zu einer Strafe von 375 £ verurteilte, sagte dazu: „Es ist schlimm, dass normale Leute nicht in der Lage waren das Spiel zu genießen und genauso schlimm war es, dass aufrichtige Geschäftsleute nicht ihrer Arbeit nachkommen konnten, ohne von diesen Hooligans belästigt zu werden."

Über die Krawalle in Blackpool 1969 wird selbst heutzutage noch gesprochen, wenn sich einige alte Portsmouth Hooligans nach ein paar Bieren an die Vergangenheit erinnern. Nachdem sie auf der Promenade und am Pleasure Beach rumgehangen und ihr Geld ausgegeben hatten, machten sie sich auf zum Stadion. Auf dem Weg verscheuchten sie alle Blackpool Anhänger, die ihnen über den Weg liefen. Das passierte lange bevor sich die Blackpool Hooligans sammelten um Rache zunehmen. Wobei die Portsmouth Jungs behaupten, bei diesem Spiel überhaupt nichts von dem Blackpool Mob gesehen zu haben. Als die Pompey Bootboys dann das Stadion verließen, kam es zu den eigentlichen Ausschreitungen, wobei sie wirklich jeden auf der Promenade angriffen, egal ob Fußballfans, Kneipenbesucher, Touristen, Sonnenstuhlverkäufer oder Schausteller des stattfindenden Jahrmarkts. Später in der Nacht tauchte auch noch ein Mob von Millwall Skins in Blackpool auf, der gerade von einem Spiel gegen Bolton kam, doch überraschender Weise kam es zu keinem Aufeinandertreffen der beiden Gruppen. Einige meinen, dieser Umstand beruhte auf dem gegenseitigen Respekt, den die beiden Skinhead Mobs für einander hatten, doch zukünftige Begegnungen dieser beiden Gruppen sollten weniger freundlich ausfallen.

Die Angst vor Gewaltausbrüchen der jungen Skins sorgte für große Panik beim Heimspiel eine Woche später im Fratton Park. Eine Lokalzeitung zeigte das Foto eines jungen Mannes unter der Überschrift ´Die Polizei durchsucht Jugendliche.´ Die Zeitung berichtete, wie junge Skinheads beim Betreten des Stadions auf offensiv Waffen durchsucht wurden. Der Artikel fuhr fort: ´Die Polizei konfiszierte Stahlkämme, Nietengürtel, schwere Ringe und so ziemlich alles was als Waffe genutzt werden konnte. Zudem wurden die Besucher aufgefordert ihre Bierdosen auszutrinken bevor sie das Stadion betraten, damit diese nicht als Wurfgeschosse von Randalierern genutzt werden konnten. Außerdem hielt die Polizei Ausschau nach schweren Stiefeln, wer solche trug und ins Stadion wollte, musste sie im Raum des Supporters Club abgeben und das Spiel auf Socken angucken.´ 1966 waren die ersten Rowdys in Portsmouth aufgefallen, es waren Leute von Vereinen aus dem Norden, wie beispielsweise Manchester City. Die Hooligans aus Portsmouth waren damals noch nicht organisiert, doch sie kämpften Schulter an Schulter um ihr End zu verteidigen. Der Verein mit dessen Anhängern die Portsmouth Fans am meisten Ärger haben sollten war Millwall, deren Mob hatte in der Saison 1966/67 den Fratton Park im Sturm genommen. Ein Augenzeuge dieses Vorfalls sagte: „Sie kamen in einer großen Gruppe, die von Männern um die Vierzig angeführt wurde. Das waren kräftige Kerle."

Jemand der sich besser als viele andere an diese Invasion Millwalls erinnern kann ist Ginger Howard, der wohl erste Hooligan aus Portsmouth in den Sechzigern. Ginger wurde als furchtlos angesehen und leitete die Verteidigungsaktion im Stadion, doch nach einigen Minuten im Kampfgewühl sah man ihn mit zerrissenen Klamotten wieder. „Jetzt reicht es mir," sagte er und ging weg. Der Widerstand des Portsmouth Mobs brach auch bald zusammen und die Millwall Hooligans triumphierten. Bei einem anderen Aufeinandertreffen wäre Ginger beinahe von Millwall Leuten in einem Fischteich, nahe des Bahnhofs, ertränkt worden.

Der harte Kern der Portsmouth Schläger hatte bereits vor der erwähnten Reise nach Blackpool einiges an Selbstvertrauen gesammelt. 1967 fuhren etwa 20.000 Portsmouth Fans zu einem Pokalspiel gegen Tottenham, im Stadion an der White Hart Lane spazierten sie einfach in das End der Gastgeber und nahmen es ein, ohne dass auch nur ein Schlag ausgeteilt wurde. Die erste Gruppe die sich in Portsmouth bildete, waren die ´Southsea Boys,´ ihr Anführer war ein Typ Namens Dinksy, der ab Februar 1968 begann Reisebusse zu den Spielen zu organisieren. Die ersten dieser organisierten Reisen gingen nach Hull, Rotherham und Blackpool. Zu diesen Anlässen fuhren die Busse bei einsetzen der Sperrstunde freitagnachts von einem Pub los, so dass man meist in den frühen Morgenstunden das Ziel erreichte. Diese Art der Anreise wurde dann auch die nächsten zwanzig Jahre beibehalten.

Beim ersten Spiel der folgenden Saison wurde eine Busreise nach Birmingham organisiert. Den Angaben einiger Portsmouth Hooligan-Veteranen nach, hatten sie an diesem Tag einen 200 Mann zählenden Mob und sie überrannten ihre Gegner förmlich. In dieser Saison wagten sie auch die gefährliche Reise nach Blackburn, der dortige Mob unterschied sich durch seinen Rocker-Look stark von der Firm aus Portsmouth, die den Skinhead-Look angenommen hatte. Dieses neue Erscheinungsbild hatten sie sich zugelegt, nachdem sie es bei Spielen gegen Tottenham und West Ham gesehen hatten und auch noch Jahre darauf gab es Verbindungen zwischen dem Portsmouth Mob und den Anhängern dieser beiden Londoner Vereine.

Eine Reise zu den Blackburn Rovers bedeutete damals, man würde es auf und neben dem Spielfeld mit den Großen aufnehmen. Die Hooligans aus Portsmouth waren von einigen Manchester United Jungs vorgewarnt worden, was sie erwarten würde, nachdem diese von ihren Prügeleien mit dem Rovers Mob berichteten. Man muss den Hooligans aus Blackburn zugestehen, dass sie versuchten den Gästeblock zu stürmen, doch nur zwei Busladungen aus Portsmouth reichten aus, um sie zurückzudrängen, denn der Sonderzug nach Blackburn war verlegt worden und so kamen die Passagiere des Zuges erst in der Halbzeit an. Als die zweite Halbzeit lief, starteten die Rovers einen zweiten Versuch. Dieses Mal tauchten sie in größerer Zahl hinter den Portsmouth Anhängern auf, gleichzeitig schmissen einige von ihnen von der Seite mit angeschärften Münzen oder versprühten Ammoniak. Die Leute aus Portsmouth behauten, an diesem Tag wurden die jungen Schläger ihres Mobs zu Männern.

Im Sommer 1969 setzte sich die Skinhead-Mode in Portsmouth vollends durch und die Zeitungen waren voll von Berichten über Ausschreitungen in Ferienresorts oder bei Konzerten. Bei einem Freundschaftsspiel gegen Leicester City kam es dazu, dass Hunderte von Jungs in diesem neuen Outfit die Gäste verscheuchten. Eine Woche darauf folgte dann das berüchtigte Saisoneröffnungsspiel in Blackpool, bei dem sich die Hooligans aus Portsmouth das erstemal richtig in Szene setzten. Sie hatten einen langen Weg auf sich genommen, Krawalle veranstaltet und am nächsten Morgen konnten sie in der Zeitung darüber lesen. Für einige stellte das einen unwiderstehlichen Reiz dar.

Der Ärger setzte sich auch beim nächsten Auswärtsspiel von Portsmouth in Norwich fort. Bereits in den frühen Morgenstunden marschierten 150 betrunkene Skinheads durch die Stadt, nachdem sie wieder einmal eine nächtliche Reise gemacht hatten. Im Stadion an der Carrow Road besetzten sie dann das Home End, was die Heim Fans natürlich extrem reizte. Sie versammelten sich nach dem Spiel, mit der Absicht, dem Portsmouth Mob eine Lektion zu erteilen. Die Folge waren Massenkrawalle in der Innenstadt und zum zweitenmal innerhalb von zwei Wochen war der Portsmouth Mob in den nationalen Schlagzeilen. Das war die eigentliche Geburtsstunde der Pompey Skins. Die Skinhead-Mode erwies sich nicht als beständig und 1972 wurde sie vom Casual-Look abgelöst, doch die Fußballkrawalle blieben und viele, die bereits seit Jahren beteiligt waren machten weiter. Am 1. Oktober 1973 reisten die Portsmouth Hooligans nach Cardiff, sie sollten die ersten sein, die es schafften, die walisischen Schläger in ihrer eigenen Stadt zu demütigen. Über 600 Pompey Hooligans lieferten sich Schlachten mit dem Cardiff City Mob und der Polizei, es war der Beginn einer lange andauernden Feindschaft. Einer der Portsmouth Jungs sagte dazu: „Wir kommen immer mit vielen nach Cardiff und sie kommen mit vielen zu uns."

Einige Portsmouth Leute wurden festgenommen, sehr zur Freude der Staatsanwaltschaft. Den Angeklagten wurde vom vorsitzendem Richter gesagt: „Sie werden noch lernen, dass es sich nicht auszahlt nach Cardiff zu kommen und sich wie Vandalen aufzuführen."

Zwei ein halb Jahre darauf fand in Portsmouth ein Ligaspiel gegen Southampton statt. Es war das erste Aufeinandertreffen dieser beiden Vereine seit einigen Jahren und überhaupt das erste in der modernen Hooligan-Ära. Es gab das ganze Spiel über keine Anzeichen von Ärger, bis Mick Channon in der neunundachtzigsten Minute den Siegtreffer für Southampton erzielte. Was nun geschah, beschrieb ein Bericht in der Zeitung Portsmouth News wie folgt: 'Massen von Portsmouth Anhängern stürmten aus dem Fratton End und fielen über gegnerische Fans her. Dabei lösten sie Panik unter den meist verängstigten, unschuldigen Zuschauern aus, die in alle Richtungen flüchteten. Fäuste und Stiefel flogen wahllos als die Schläger loslegten. All dieses passierte an einem Abend, der bis dahin friedlich verlaufen war.'

Die altbackene Sprache dieses Artikels spiegelte sich nicht in einem Bericht wieder, den die Reading Evening Post im März 1977 veröffentlichte, nachdem Portsmouth Hooligans in Reading randaliert hatten. 'Tiere!' war die Überschrift der Titelseite. Hunderte von Portsmouth Anhängern waren bereits drei Stunden vor dem Anpfiff mit einem Zug angekommen und da sie keine Polizeibegleitung hatten, marschierten sie unbehelligt durch die Stadt und tranken viel. Andere, die sich mit Bussen auf die Reise gemacht hatten, wurden am Stadion nahe einer Tribüne der Heimfans abgesetzt, dabei kam es umgehend zu Schlägereien. Evening Post: 'Verängstigte Passanten griffen ihre Kinder und flüchteten, als schreiende Horden von Fußballanhängern sich grölend ihren Weg durch die Stadt bahnten. Dabei hinterließen sie eine Spur der Verwüstung. Nachdem die Hooligans sich untereinander geprügelt hatten, griffen sie Polizisten und Unbeteiligte an. Sie kippten Autos um, schmissen Fenster ein und randalierten auf den Straßen rund um den Elm Park. In einem der umliegenden Häuser wurde ein Junge von einem Mauerstein getroffen, den jemand durch ein Fenster geschleudert hatte.'

Eines der Opfer des Portsmouth Mobs an diesem Tage war Leslie Cross ein dreißigjähriger Reading Fan und Vater zweier Kinder. Nachdem Reading das zweite Tor geschossen hatte, war von einem halben Dutzend Hooligans wahllos auf ihn eingeprügelt worden, so dass sein Zustand noch zwei Tage später als kritisch beurteilt wurde. Readings zweites Tor war auch gleichzeitig das Signal für einen Platzsturm von Seiten der Portsmouth Leute, in der Hoffnung ein bis dahin faires Spiel so zum Abbruch zu bringen. Die Zeitung fuhr fort: 'Der international anerkannte Schiedsrichter Clive Thomas war dadurch gezwungen, das Spiel für drei Minuten zu unterbrechen. Die Polizei musste Hunderte vom Spielfeld jagen und Auseinandersetzungen schwappten von den Tribünen auf den Innenraum über. Man sah auch einige Sanitäter herbei eilen, die sich um die Verletzten kümmerten.'

Es kam zu zweiundsechzig Festnahmen, davon kamen sechsundfünfzig Personen aus Portsmouth, es gab außerdem Dutzende Verletzte, viele davon Polizisten.

Portsmouth Trainer Bill Davis sagte danach: „Das Benehmen dieser Leute war entsetzlich und geschmacklos. Der Verein ist nun gezwungen, diesem Treiben auf irgend eine Weise einen Riegel vorzuschieben." Davis überreichte der Polizei auch Kopien der Mitgliedsausweise und Fotos der Mitglieder des Portsmouth Travel Clubs, mit den Worten: „Wenn die Personen, die an dem Angriff auf Mr. Cross beteiligt waren Mitglieder im Travel Club sind, dann sind ihre Bilder in diesen Unterlagen. Wir haben nach den letzten Auswärtsspielen viele neue Mitglieder aufgenommen, so ist es also gut möglich, dass die Angreifer unter den Mitgliedern sind."

Als Portsmouth zwei Jahre später wieder gegen Reading spielte, kam es abermals zu neunundsechzig Verhaftungen. Doch die Ausschreitungen waren nicht auf dem Level von 1977 und die Polizei zeigte sich zufrieden über den Verlauf des Spieltages. Die Anwohner fühlten sich trotzdem nicht sicher, viele warteten schon mit Kehrblech und Besen, falls es wieder zu Verwüstungen kommen würde.

Die Portsmouth Hoolligans machten nun immer regelmäßiger Schlagzeilen. In der gleichen Saison wie die Krawalle in Reading, gab es auch Ausschreitungen in Swindon, hierbei kam es unter anderem zu Morddrohungen gegen den ehemals für Portsmouth spielenden Chris Kamara. Als beide Vereine dann im August 1978 wieder gegeneinander antraten wurden zehn Männer festgenommen, die wie eine Zeitung schrieb, für Unruhe gesorgt hatten. Die meisten der Festgenommenen waren

Portsmouth Anhänger, ihnen wurde Vandalismus und Erregung öffentlichen Ärgernis vorgeworfen. Zusätzlich wurden fünfzehn weitere Personen des Stadions verwiesen.

Eine andere Stadt, die wiederholt von dem Portsmouth Mob heimgesucht wurde war Plymouth, zwischen 1980 und 1983 kam es dreimal zu unangenehmen Vorfällen. Der Erste fand im August 1980 statt, anschließend wurden die Gäste aus Portsmouth von der Lokalpresse erneut als 'Tiere' bezeichnet und die von ihnen verursachten Ausschreitungen, als die schlimmsten beschrieben, die es seit vielen Jahren in Plymouth gegeben hätte. Zwanzig Personen wurden festgenommen, als sie versuchten auf das Spielfeld zu stürmen, um an ihre Rivalen ranzukommen. Schon früher am Tag hatte es vor dem City Centre Schlägereien gegeben, nachdem ein Zug aus dem Süden angekommen war. Eine Lokalzeitung schreib folgendes: 'Kurz vor Spielbeginn, als die Polizei zu einer Massenschlägerei eilte, kam es dazu, dass 200 Portsmouth Anhänger auf den Platz stürmten und auf die in der Nähe befindlichen Plymouth Fans zu hielten. Eine Eckfahne wurde aus dem Boden gerissen und als Speer benutzt, während andere Hooligans Sitze herausrissen, um sie als Waffen zu missbrauchen. Polizeibeamte mit Hunden rückten an und bildeten eine Menschenkette zwischen den beiden Fangruppen.'

Als Portsmouth anlässlich eines Ligaspiels in der gleichen Saison wieder nach Plymouth kommen sollte, herrschte bei Polizei und gastgebendem Verein große Angst. Man hoffte aus den vorangegangenen Zwischenfällen gelernt zu haben, doch Gewissheit würde man erst erlangen, wenn die Portsmouth Anhänger angekommen waren. Die Gastgeber hatten in ihrem Stadion vorsorglich für 800 £ Zäune errichten lassen, um zu verhindern, dass Fans auf den Platz stürmen konnten. Das Spiel an sich lief friedlich ab, doch wie eine Zeitung schrieb, war dass nur deshalb so, weil die Polizei in großer Zahl vor Ort war und wusste was sie erwartet. Chief Inspector Alan Jones hatte versprochen, dass sich Vorfälle, wie beim letzten Aufeinandertreffen der Vereine, nicht wiederholen sollten: „Wir hatten sorgfältig darüber nachgedacht, wie wir so etwas verhindern könnten und planten den Großeinsatz."

Die Polizisten hatten Anweisungen erhalten, den Portsmouth Fans keinerlei Freiheiten zu lassen, also wurden sie von Beamten mit Dienstunden, direkt nach ihrer Ankunft zum Stadion eskortiert. Im Stadion stand die Maschendrahtkonstruktion, die passender Weise auch 'der Käfig' genannt wurde und an allen brisanten Stellen waren vierzig bis fünfzig Polizisten postiert, um Unruhen gleich im Keim ersticken zu können. Außerhalb des Stadions kam es zu einigen kleineren Schlägereien, doch das war nichts im Vergleich zum vorherigen Besuch. Alles in allem wurden zwölf Fans festgenommen und acht weitere des Stadions verwiesen.

Der dritte Besuch fand im Mai 1983 statt und Portsmouth hatte dieses Mal die Möglichkeit in die zweite Liga aufzusteigen. Mehr als 10.000 Fans nahmen die Reise auf sich, sie belegten im Stadion mehr als drei Blöcke. Dem konnten die Gastgeber nur wenig entgegensetzen.

Bei den Hooligans aus Portsmouth wuchs das Selbstbewusstsein und die Angst vor anderen Firms verschwand zunehmend. In den späten Sechzigerjahren war es noch so, dass alleine der Gedanke an den Millwall Mob Panik bei einigen auslöste, doch bereits in den frühen Achtzigerjahren wurden solche Begegnungen herbeigesehnt. Im Jahre 1978 war Millwall gezwungen ein Spiel im FA Pokal auf neutralem Boden auszutragen, weil es vorher bei den Londonern zu Ausschreitungen gekommen war. Als Austragungsort wurde der Fratton Park in Portsmouth gewählt. Diese Situation war damit gleichzusetzen, einem Stier ein rotes Tuch vorzuhalten und Hunderte von Portsmouth Hooligans tauchten auf, um ihr Home End zu verteidigen. Dies war der Auftakt für die wohl gewalttätigste Feindschaft dieser Ära.

Bei einer anderen Begebenheit reisten drei Reisebusse besetzt mit Portsmouth Hooligans zum Spiel Southampton gegen Millwall, nachdem das Auswärtsspiel ihres Vereins in Swindon abgesagt worden war.

Die Feindseligkeiten zwischen den Mobs beruhten auf Gegenseitigkeit. Ein Millwall Hooligan, der von einem Richter zu zweiundvierzig Tagen Haft verurteilt wurde, sagte: „Sie wissen ja wie das ist, wir mögen die Typen aus Portsmouth nicht und sie mögen uns nicht."

Schließlich kam es dazu, dass beide Vereine die jeweilig gegnerischen Fans von den Spielen ausschlossen, in der Hoffnung so Ärger zu umgehen.

Das erstemal ließ sich der Portsmouth Mob im Dezember 1980 in The Den sehen, doch da die Millwall Hooligans nicht damit gerechnet hatten, kam es nur zu wenig Gegenwehr. Doch alleine ihre Anwesenheit stellte für den Millwall Mob eine Kriegserklärung dar, als die Londoner dann im folgenden April gegen Portsmouth spielte, reisten sie an um eine Show abzuziehen. Millwall Anhänger sprangen über eine Mauer in den Pressgraben und von dort aus auf das Spielfeld, wo sie sich Rangeleien mit Polizisten lieferten. Das Spiel musste für acht Minuten gestoppt werden, die Krawalle wurden später als die schlimmsten beschrieben, die bis dahin im Fratton Park stattgefunden hatten. Das Endergebnis waren dreiundzwanzig Festnahmen, drei Polizisten, die ins Krankenhaus kamen und ein Schaden von mehreren tausend Pfund.

Die ersten Gewaltausbrüche fanden bereits statt als 200 Millwall Hooligans aus ihrem Zug ausstiegen, die Polizeilinien durchbrachen und mit einheimischen Jugendlichen nahe dem City Centre zusammenstießen. ´Sirenen heulten in der Gegend rund ums Stadion, als der Anpfiff näher rückte. Doch der Ärger, den es bis dahin gegeben hatte, war nur ein Vorgeschmack auf das, was noch kommen sollte,´ schrieb die Zeitung Portsmouth News.

Während des Spiels bauten sich Spannungen dadurch auf, dass sich die beiden Fangruppen gegenseitig beleidigten und bedrohten, bis die Millwall Anhänger zehn Minuten nach Beginn der zweiten Halbzeit damit begannen vorwärts zu stürmen. Einige von ihnen sprangen in den Graben, der das Spielfeld von den Tribünen trennte. Als dann die Polizei auftauchte, wurden die Millwall Hooligans auf dem Feld von Leuten auf den Rängen unterstützt, die damit anfingen, die Polizisten mit Wurfgeschossen zu bombardieren. Die Zeitung setzte ihren Bericht folgender Maßen fort: ´Das Spiel wurde kurzzeitig angehalten, als eine Gruppe von Polizeibeamten über einen Zaun kletterte und sich vor die Menschenmassen stellte, um wieder Ordnung herzustellen. Doch zum Entsetzen der normalen Zuschauer und der Spieler, wurden die Beamten von einigen Schlägern gnadenlos attackiert. Es war ein totales Chaos, bewusstlose Fans wurden weggetragen, Polizeihelme flogen auf das Spielfeld und Tragen wurden von Sanitätern zum Ort der Ausschreitungen gebracht. Dann entschied der Schiedsrichter, dass er genug gesehen hatte. Er rief die Spieler auf den Teil des Spielfeldes zu verlassen.´

Nach dem Spiel randalierten Hunderte Millwall Hooligans auf der Halsemere Road, sie schmissen Scheiben ein, sprangen auf Autos rum und hinterließen den verängstigten und weinenden Anwohnern ein Trümmerfeld. Ein Anwohner sagte Reportern gegenüber: „Es wird mich 50 £ kosten, meine zerstörte Fensterscheibe zu ersetzen. Ich hatte nur kurz das Haus verlassen, um mir eine Zeitung zu kaufen und meine Frau war im Wohnzimmer geblieben. Als ich zurück kam fand ich sie weinend, von unseren Nachbarn umringt wieder. Sie sagte die Scheibe ist zerstört worden, als 200 Jugendliche randalierend durch die Straße zogen. Sie haben einen Seitenspiegel von einem Fahrrad abgerissen und so in die Scheibe geschleudert, dass meine Frau von Scherben übersäht wurde. In den zwölf Jahren, wo wir hier leben, haben wir solche Fußballkrawalle noch nicht erlebt."

Während 50 £ für eine Scheibe und ein abgerissener Fahrradspiegel Wut bei den Anwohnern auslöste, hatte der Verein mit weitaus größeren Problemen zu kämpfen. Beispielsweise gab es keine Zäune im Milton End, einem Teil des Stadions, der normalerweise von Heimfans genutzt wurde. Doch bei diesem Spiel hatte die Polizei entschieden, dort Auswärtige unterzubringen. „Der Ärger hat gezeigt, dass es notwendig ist in der nächsten Saison Stahlzäune zu errichten. Es scheint so, als gäbe es keine andere Alternative, auch wenn es nicht gerade gute Aussichten sind," sagte der Vorsitzende vom Portsmouth FC.

Der Trainer Frank Burrows lehnte es ab mit der Presse über die Ausschreitungen zu sprechen, er sagte nur so viel: „Ich möchte nicht über diese Sache reden, weil ihr sonst zu viel Aufmerksamkeit zuteil wird. Ich möchte nur sagen, dass ich unseren Torwart und die Verteidiger gefragt habe, ob sie mit diesem alles Mögliche werfenden Haufen im Nacken weiter spielen wollen und ich finde in Anbetracht der Situation haben sie eine gute Leistung gezeigt."

Der Vorfall wurde auch vom Verband untersucht, wobei Portsmouth FC hoffte eine Strafe zu umgehen, in dem man versuchte zu beweisen, dass der meiste Ärger von den Fans der Gastmannschaft ausging. Um Hilfe in dieser Situation zu erhalten, beauftragte der Verein unabhängige Gutachter, die einen Bericht über die Ausschreitungen schreiben sollten.

Als Millwall sechs Monate später erneut zu Gast war kam es wieder zu Krawallen, als die Polizei nach dem Spiel versuchte die rivalisierenden Gruppen auseinander zu halten. Im Verlauf dieser Aktion fingen die Hooligans an die Beamten mit Steinen zu bewerfen, dass führte zu siebenundvierzig Festnahmen und sieben verletzten Polizisten. Der Journalist Mike Newsom wurde Augenzeuge eines der brutalsten Zwischenfälle an diesem Tag, als Fans das Stadion verließen: „Ich war auf halben Weg die Treppe runter, als unten plötzlich eine Schlägerei ausbrach. Ausschlaggebend war ein Hooligan, der unvermittelt jemanden trat. Innerhalb von Sekunden waren sieben oder acht Personen in diesen wilden Kampf verwickelt und die Leute auf der Treppe hatten keine Chance sich zurück zu ziehen, weil der Druck der

Leute, die das Stadion verlassen wollten hinter ihnen zu groß war. Die Situation war extrem beängstigend und hätte leicht in einer Katastrophe enden können."

Abgesehen davon, dass einige Beamte im Krankenhaus behandelt werden mussten, war die Polizei damit zufrieden wie die Sache verlaufen war. Ein leitender Polizeibeamter sagte zu den Vorgängen: „Es kam zu einigen scheußlichen Zwischenfällen, doch wir haben es geschafft, die rivalisierenden Gruppen von einander fernzuhalten. Wir eskortierten zirka 2.000 Millwall Anhänger vom Bahnhof zum Stadion und wieder zurück, der Ärger der dabei entstand, war leider unumgänglich." Er fügte noch hinzu, dass die Probleme nicht mit denen des Vorjahres vergleichbar gewesen wären.

Doch nicht alle waren zufrieden. Die Frau eines Polizisten drückte, nach dem ihr Anonymität zugesichert wurde, ihre Unzufriedenheit aus: „Ich spreche im Namen der Ehefrauen der am Einsatz beteiligten Polizisten und ich möchte der offiziellen Stellungnahme widersprechen, die behauptet, man hätte die Probleme im Fratton Park im Griff gehabt. Die Zeit ist reif, dass verhindert wird, dass solche Fans, wie die von Millwall in unsere Stadt kommen können. Warum sollen unsere Ehemänner riskieren schwere Verletzungen hinzunehmen, nur weil sie versuchen Leute von einander fernzuhalten, die sich unbedingt prügeln wollen? An Samstagen wie diesem sitzen wir Frauen zu Hause und warten nur auf einen Telefonanruf, in dem uns mitgeteilt wird, dass unsere Männer im Krankenhaus sind oder vielleicht sogar Schlimmeres. Die Leute, die für diesen Ärger verantwortlich sind, sind Unmenschen und es sollte ihnen nicht erlaubt werden in Städte wie Portsmouth zu kommen, um dort die Bevölkerung in Angst zu versetzen und Unschuldige zu verletzen."

Leute, die in der Nähe des Stadions wohnten, waren ähnlich erbost, dass wieder einmal ein Fußballspiel für soviel Stress gesorgt hatte. Kurz nach dem Spiel trafen sie zusammen, um zu diskutieren wie man dagegen vorgehen könne. Ein Mitglied des Stadtrats sagte bei diesem Treffen: „Es ist unverantwortlich, dass Leute, die in dieser Gegend wohnen, so ein Verhalten erdulden müssen. Sie sind zurecht verärgert und haben das gute Recht auf die verantwortlichen Behörden Druck auszuüben." Eine Unterschriftenliste wurde erstellt und die Organisatoren versprachen, ein Treffen zwischen den Anwohnern, der Polizei, dem Stadtrat und dem Verein zu arrangieren, bei dem die Leute ihre Probleme vortragen könnten.

Der Vorsitzende des Stadtrats war so besorgt, dass er in Anbetracht von zukünftigen Ausschreitungen, die Möglichkeit in Erwägung zog rechtliche Schritte gegen ein Erscheinen der Millwall Fans in der kommenden Saison einzuleiten. Während dessen kündigte der Vereinsvorsitzende an, er werde mit dem Material seines Sicherheitsdienstes seine eigenen Ermittlungen führen. Um die betroffenen Anwohner zu beschwichtigen, forderte er sie auf, genaue Angaben zu den entstandenen Schäden schriftlich bei ihm einzureichen. „Wir können nichts versprechen," betonte er „Doch wir werden uns jeden Fall genau ansehen und gucken was wir machen können."

Während der Stadtrat und einige Rechtsanwälte in Erwägung zogen eine gerichtliche Verfügung zu erlangen, entschied ein Ratsmitglied die Sache selbst in die Hand zu nehmen, indem er die Polizei aufforderte, den Einsatz beim nächsten Heimspiel gegen Huddersfield zu verweigern. Er sagte, so wäre der Verein dazu gezwungen, das Spiel abzusagen, was nach seiner Meinung die richtige Strafe für die Vorfälle wäre. Er forderte die Polizei zudem auf, auch beim Neujahrsspiel gegen Millwall den Dienst nicht anzutreten.

Doch erst mal musste man noch zu einem Wiederholungsspiel im Pokal bei Millwall antreten. Es wurden 160 Polizisten eingesetzt um Krawalle zu unterbinden. Auch wurde angekündigt, dass die Portsmouth Anhänger eine Eskorte vom Bahnhof zum Stadion und zurück erhalten würden. Im Stadion sollten die Gäste dann in einer Art Käfig eingepfercht werden. Die Maßnahme schien Wirkung zu zeigen, es gab nur fünf Verhaftungen. Ein Polizeisprecher bezeichnete es als ein ganz normales Spiel, obwohl mit Münzen geworfen wurde und jemand eine Rauchbombe zündete.

Portsmouth war eine Stadt am Meer und stolz auf seine Arbeiterschicht. Doch in gewisser Weise ist die Stadt auch eine Art Insel, sie ist von drei Seiten vom Meer umspült und die Einwohner halten zusammen und sind allem fremden gegenüber skeptisch. Viele der Hooligans vom Portsmouth FC kamen aus Bezirken wie Paulsgrove, einer Siedlung, die einst gebaut wurde, um Leuten, die im Krieg ihr zu Hause verloren hatten Obdach zu bieten. Vierzig Jahre später, als die Portsmouth Hooligans ihre aktivste Phase hatten, gab es noch immer viele dieser eigentlich als Übergangslösung gebauten Häuser und Wohnungen. So war es keine Überraschung, dass viele der Gangs der Stadt, deren Mitglieder gern zum Fußball gingen, in der Hooligan-Szene hängen blieben.

Heutzutage wird die Firm aus Portsmouth als eine der berüchtigtsten der frühen Hooligan-Ära angesehen und es steht fest, dass sie ihren Namen von dem Zug hatte, mit dem viele der Hooligans zu Auswärtsspielen fuhren. Wenn man den Zug um 6.57 Uhr von Portsmouth zum Bahnhof Waterloo nahm, kam man von dort aus bis 13.00 Uhr augenscheinlich in fast jede Stadt, die einen Verein in der Fußballliga hatte. Die ´6.57 Crew´ war bereits in den frühen Achtzigern ein Begriff, als sich die meisten Hooligan Firms gerade bildeten.

Der Zug um 6.57 Uhr wurde aber schon lange davor von den Portsmouth Schlägern genutzt. Der ´Air Balloon Mob´ war eine weitere Gruppe aus Portsmouth, die sich an gewalttätigen Aktionen beteiligte, sie hatte sich nach dem Pub benannt, in dem die Mitglieder zu trinken pflegten. Sie waren so ziemlich in alles verwickelt, sei es nun Fußballkrawalle, Diebstähle oder Drogengeschäfte. Es gab auch kleinere Gangs aus Eastney, Somers Town, Cosham und Paulsgrove, doch an Spieltagen wurden sie alle als Mitglieder der 6.57 Crew angesehen, ob sie nun wollten oder nicht.

Auch wenn die Hooligans unter den Namen 6.57 Crew vereint waren und die meisten sich auch dazu bekannten, beschrieben sie sich selbst doch oft als eine der am schlechtesten organisierten Firms. Wenn sie viele waren teilten sie sich oft auf und tranken in verschiedenen Kneipen, was ihre Schlagkraft schwächte. Viele von ihnen glauben, wenn sie besser zusammengehalten hätten, wären sie die Top-Firm im Land gewesen.

Der erste richtige Zusammenstoß zwischen den Mobs von Portsmouth FC und Millwall fand im Mai 1982 statt, als sich Hunderte eine Straßenschlacht rund um die London Bridge Station lieferten. Die Polizei hatte an diesem Tag Glück, denn sie hatten genügend Einsatzkräfte zur Verfügung. Indem sie Beamte von einer Demonstration abzog, schafften sie es dem Treiben Herr zu werden. Da es bei den letzten Begegnungen dieser Vereine immer wieder zu Ausschreitungen gekommen war, sah sich die Polizei dazu gezwungen, die nächste Begegnung in London zu einem ´Risiko-Spiel´ zu erklären und den Anpfiff auf Samstagmittag zu verlegen. „Doch unbeeindruckt machten sich 500 von uns auf die Reise," sagte einer der Portsmouth Hooligan-Veteranen. „Es war ein furchteinflößender Mob, ohne Mitläufer, alle waren alte Haudegen, die von vielen jüngeren Hooligans begleitet wurden. Wir waren gut gekleidet, die meisten mit Pringle Pullovern und viele trugen Sherlock-Holmes Mützen. Wir verließen den Zug im Bahnhof Waterloo und stiegen in eine Bahn zur London Bridge Station. Bei unserer Ankunft schrieen einige, dass der Millwall Mob da wäre. Wir konnten ihn aber noch nicht sehen, als unser gesamter Mob über den Bahnsteig lief und einige von uns riefen, wir sollten langsamer gehen, damit die Millwall Leute nicht sofort flüchten würden. Doch es war zu spät für die Londoner, nur die Härtesten von ihrem 100 Mann Mob blieben stehen, der Rest war verschwunden. Jahre darauf sagte uns einer der Millwall Hooligans, sie konnten es damals nicht fassen, wie viele von uns aus dem Bahnhof stürmten. Wir begaben uns dann zur New Cross Station und bekamen von dort aus eine Eskorte zum Stadion, doch ein großer Teil unseres Mobs schaffte es sich abzusetzen und machte sich auf den Sitzplätzen der Heimfans breit, wo nichts von den Millwall Hooligans zu sehen war. Direkt nachdem das Spiel begonnen hatte wurde es unruhig, die Millwall Jungs hatten bemerkt, dass wir uns auf den Sitzplätzen befanden und versuchten nun über das Spielfeld an uns heranzukommen. Sie wollten uns verjagen, doch sie hatten nicht genügend Leute und so schafften wir es, das ganze Spiel über unsere Position zu halten. Ich bezweifele, dass bis zu diesem Zeitpunkt schon einmal etwas Ähnliches passiert war. Nach Abpfiff bekamen wir eine starke Polizeibegleitung für den Rückweg. Jetzt hatte sich unsere Zahl bereits verdoppelt und wir waren quasi unantastbar. Doch fünfzig alte Schläger des Millwall Mobs versuchten noch immer an uns heran zu kommen. Ich glaube es gab keine andere Firm, die dass gewagt hätte. Das muss man den Millwall Hools lassen, es ist ihnen egal wie stark sie in Unterzahl sind, sie kümmern sich nicht darum, sie wollen nur kämpfen."

Da Portsmouth bei den meisten Auswärtsfahrten durch London fahren musste, kam es öfters zu geplanten oder zufälligen Zusammentreffen im Transportsystem. Ein weiteres Mitglied der 6.57 Crew sagte hierzu: „Eine der besten Schlägereien mit den Millwall Leuten hatten wir, als wir einmal am zweiten Weihnachtstag gegen Chelsea spielten. Um Ärger zu vermeiden, war der Anstoß ziemlich früh angesetzt, doch so einfach war das nicht. Millwall spielte an diesem Tag auswärts gegen Wimbledon und nachdem unser Club gegen Chelsea gespielt hatte, fuhren wir dort hin. Wir veranstalteten ein bisschen Randale, bevor die Polizei herausfand was Sache war und uns wegschickte. Die meisten von uns entschieden sich dann noch etwas trinken zu gehen. Um 19.00 Uhr, als wir mit 200 Mann am Bahnhof Waterloo waren, zeigte sich ein etwa gleich starker Millwall Mob und es ging fünfzehn Minuten lang zur Sache. Mal trieben sie uns zurück, mal wir sie, wir prügelten uns im gesamten Bahnhof, bis die Polizei eintraf.

Für viele von uns war es die beste Prügelei, die wir uns mit dem Millwall Mob geliefert haben. Wir behaupten nicht, dass wir gewonnen haben, doch das können unsere Gegner auch nicht. An diesem Tag waren wir einfach gleichwertig.

Einige Male war es vorgekommen, dass die Millwall Leute den Versprengten von uns auflauerten, wenn diese mit dem letzten Zug nach Portsmouth fahren wollten, doch dieses Mal entschieden wir uns zusammen zu bleiben. Wie nicht anders zu erwarten tauchten auch achtzig Millwall Hooligans wie die Geier auf, sie dachten wohl es wäre für sie eine einfache Sache. Doch sie hatten einen Fehler gemacht, denn mittlerweile warteten 500 von uns auf sie. Wir machten sie gnadenlos nieder. Frohe Weihnachten."

Die Vereinstreue und die Unverwüstlichkeit der Anhänger aus Portsmouth sorgte dafür, dass sie in großer Zahl auch weite Reisen machten. Sie nahmen oft den 6.57 Uhr Zug oder hingen an Freitagen bis zur Sperrstunde in Nachtclubs und Kneipen rum und fuhren direkt von dort aus mit Reisebussen oder Autos zu ihren Zielorten, wo sie dann früh morgens ankamen. Es war für sie normal, wenn sie auf diesen Reisen auf andere, verfeindete Mobs stießen, gelegentlich machten sie sogar Umwege, in der Hoffnung auf fremde Firms zu treffen.

Am 1. Oktober 1983 hatte Portsmouth ein Auswärtsspiel
gegen Newcastle und der harte Kern der 6.57 Crew nahm den ersten Zug in Richtung London. An der Waterloo Station gerieten sie mit fünfzig Millwall Hooligans aneinander und am Bahnhof Kings Cross trafen sie auf den Chelsea Mob, der gerade auf dem Weg nach Huddersfield war. Bei letzterem Zusammenstoß wurde der Portsmouth Mob getrennt, eine Hälfte nahm den 10.00 Uhr Zug nach Newcastle, während die andere einen Zug eine halbe Stunde später nehmen musste. Alan Montgomery ein ehemaliges Mitglied des Newcastle Mobs erzählte dazu folgendes: „Die Portsmouth Jungs überraschten uns, indem sie im City Centre auftauchten, dass hatte vor ihnen noch niemand gewagt. Es dauerte ein Bisschen, bis alle kapierten was da passiert war. Ich muss zugeben, ich war sehr beeindruckt von der Größe ihres Mobs."

Eine Stunde vor dem Spiel trafen dann beide Firms aufeinander und sorgten dafür, dass Leute, die einkauften panisch in alle Richtungen flohen. Bei diesen Kämpfen kam es auch dazu, dass ein halber Mauerstein durch ein Kneipenfenster geschleudert wurde und eine ältere Frau am Bein traf. Insgesamt

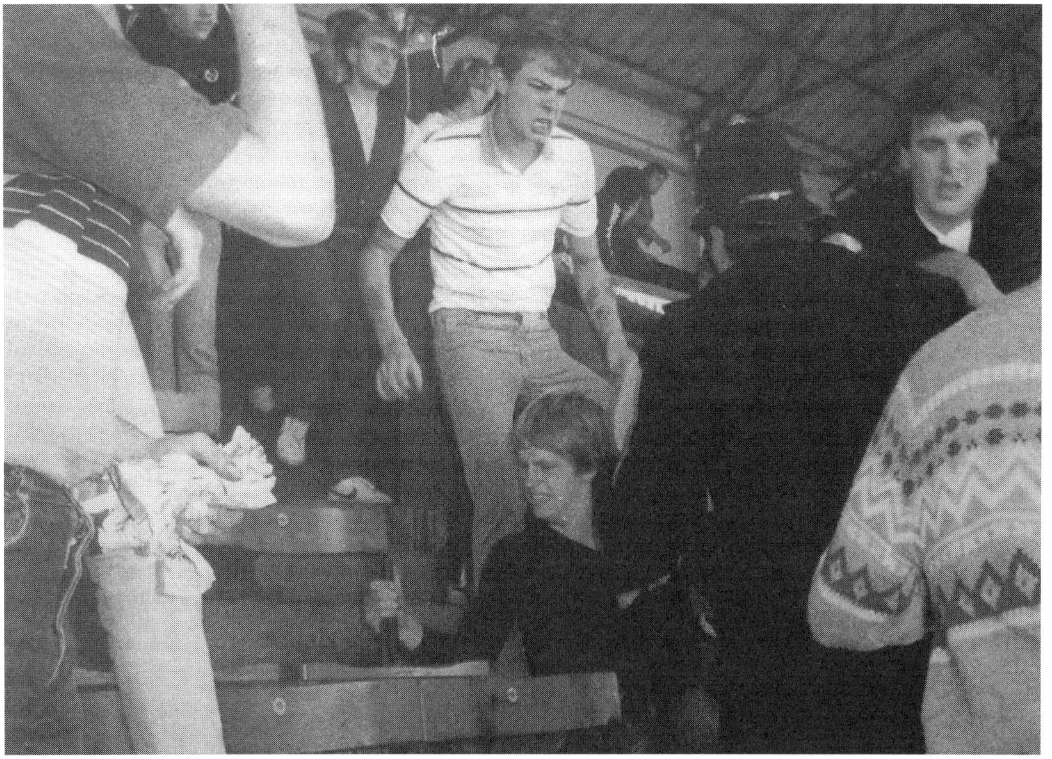

Rangeleien zwischen Polizisten und Portsmouth Hooligans im Stadion von Cardiff City (1983).

folgten daraufhin vierzehn Festnahmen, wobei die Hälfte aus Newcastle kam. Ein ansässiger Richter verurteilte die Verhafteten zu einer Geldstrafe von insgesamt 1.200 £, was von der Zeitung Evening Chronicle sehr begrüßt wurde. Auf dem Rückweg kam es erneut zu Auseinandersetzungen mit dem Chelsea Mob, dieses Mal an der Doncaster Station. Das war nicht wirklich ein Zufall, denn viele der 6.57 Crew wussten, Chelsea Anführer Steve Hickmott würde Rache nehmen wollen, für das was zuvor am Bahnhof Kings Cross passiert war. Als der Zug einlief sprang die Portsmouth Firm aus dem Zug und jagte die Chelsea Hooligans über den Bahnsteig. Dann kam es noch zu einem zweiten Kräftemessen, das hinter dem Bahnhof ausgetragen wurde. So hatte es alles in allem bei einer Auswärtsfahrt fünf Schlägereien gegeben.

Anfang der Achtzigerjahre kam es auch zu mehreren Zusammenstößen zwischen dem Mob von Cardiff City und der 6.57 Crew. Zum ersten Aufeinandertreffen kam es, als Portsmouth ein Pokalspiel in Newport County hatte und die Cradiff Hooligans sich entschlossen dort hin zu fahren. Es war kurz nach dem Falklandkrieg und die Gesänge der Portsmouth Anhänger über Waliser Wachmänner, die getötet worden waren, beantworteten die Heimfans mit ´Argentina´ Sprechchören, was den Leuten aus der Hafenstadt gar nicht gefiel. In der folgenden Saison kam es zu wesentlich schwereren Ausschreitungen zwischen den beiden Mobs. Beim ersten Zusammenstoß dieser Spielzeit beanspruchten die Jungs der 6.57 Crew den Sieg für sich. Danach kam es zu fünfzig Festnahmen und die Polizei sah sich genötigt, den Beginn des Rückspiels auf die Mittagsstunden vorzuverlegen. Doch auch das änderte nichts daran, dass 1.000 Cardiff Hooligans auftauchten. Wie sich eines der früheren 6.57 Crew Mitglieder erinnerte, war dies der ausschlaggebende Punkt für den Portsmouth Mob im kommenden Jahr wieder nach Cardiff zu fahren: „Das Jahr zuvor in Cardiff war echt hart gewesen und wir wussten, dass sie es auch dieses Mal wissen wollten. Wir wussten aber auch, dass die Polizei nun aufpassen würde. Also hatte einer von uns die Idee, wir würden vorgeben zu einer Hochzeit zu reisen. Wir verständigten uns dann darauf, dass wir alle mit Anzug und Krawatte erschienen. Einige trieben es sogar soweit, dass sie selbst gemachte Hochzeitseinladungen mitbrachten. Und tatsächlich erschien ein ordentlich gekleideter Haufen am Bahnhof. Wir kamen um etwa 12.00 Uhr in Cardiff an, dort wartete bereits ein massives Polizeiaufgebot. Wir marschierten einfach durch die Polizeireihen durch und wenn sie uns fragten: „Fußball?“ Sagten wir: „Nein, Hochzeit.“ Etwa dreißig von uns kamen mit dieser Masche durch, doch dann erschienen Polizisten aus Portsmouth und erkannten einige unserer Leute, von da an lief alles schief. Es war eins der ersten Spiele, bei dem die Polizei szenekundige Beamte einsetzte und es war auch der Start einer neuen Arbeitsweise der Ordnungshüter. Bei dem Spiel passierte nur sehr wenig, doch wieder einmal konnten die Cardiff Leute nicht in Frage stellen, dass wir es versucht hatten.“

Im Januar 1984 passierte es dann, dass Portsmouth FC im FA Pokal die Lokalrivalen aus Southampton zugelost bekam. Portsmouth Leute machten sich teilweise über Southampton lustig, doch es gab zwischen den Vereine eine lange Feindschaft, die noch bis heute existiert. Von dem Moment Anfang Januar 1984 an, als die Auslosung feststand, gab es Sorgen wegen eventueller Massenkrawalle bei dem Spiel. Die Polizei versprach mit allen zur Verfügung stehenden Kräften einzugreifen und Lokalpolitiker sorgten dafür, dass umliegende Baustellen aufgeräumt wurden, so dass es keine möglichen Wurfgeschosse für die Fans gab. Zusätzlich wendeten sich noch Verantwortliche beider Vereine an die Anhänger und appellierten an sie, sich gesittet zu verhalten. Drei Tage vor dem Spiel enthüllte die Polizei ihren Einsatzplan. Darin war enthalten, dass wichtige Zufahrtstrassen zum Stadion gesperrt werden sollten, um so Korridore zu schaffen, durch die man die Southampton Fans ins Stadion geleiten könne, ohne das die Gefahr bestünde, sie könnten von Heimfans attackiert werden. Der leitende Polizeibeamte Ron West sagte: „Wir erwarten von der Mehrheit der Fans Kooperation. Doch wir haben auch Pläne, wie wir die Minderheit, die Ärger sucht, unter Kontrolle bringen können, damit die Ruhe der normalen Fans nicht gestört wird.“

Ein Artikel in einer Lokalzeitung rief die Fans auf, aus dem Spiel eine denkwürdige Veranstaltung zu machen:

Durch all das Gerede der Polizei, über ´Armeen von Fans´ und ´Schlachtpläne´ könnte man den Eindruck gewinnen, es gehe morgen nicht um ein Fußballspiel zwischen Portsmouth und Southampton, sondern um den dritten Weltkrieg.

Es gab Zeiten, als diese Begegnung noch richtige Fans anzog, die ihren Verein anfeuerten und nicht ihre Gegner beleidigten.

Damals sahen es Polizisten noch als einen kleinen Bonus an, bei diesen Spielen ihren Dienst zu tun.

Nun müssen sich die Beamten mit zwei rivalisierenden Gruppen rumschlagen. Viele der Unruhestifter geben sich als normale Fans aus, doch ihre Handlungen bringen nur Schande über ihren Verein und ihre Stadt.

Wäre es nicht schön wenn all diese Vermutungen einmal falsch wären und all diese Schwarzseher einmal Lügen gestraft würden?

Der Autor schien die Geschichte zwischen den beiden Vereinen nicht zu kennen und wie zu erwarten, las sich das, was nach dem Spiel in der Presse stand um einiges düsterer. Die Schlagzeile in The News lautete: ´Eine Stadt leckt ihre Wunden.´ Geschäfte und Autos waren zerstört worden, achtzehn Personen ins Krankenhaus gebracht, zweiunddreißig des Stadions verwiesen und neunundfünfzig waren festgenommen worden. Und Portsmouth FC wurde obendrein besiegt. Das Spiel wurde in der Nachspielzeit verloren, die dadurch entstanden war, dass der Southampton Spieler Mark Dennis von einer Münze getroffen wurde. Die Portsmouth Hooligans schafften es aber nicht an ihre Rivalen heranzukommen und ließen daher ihre Wut an der Polizei ab.

Eine Ladenbesitzerin, die ihr Geschäft nahe dem Stadion hatte, beschrieb wie ein Mauerstein, bombengleich durch ihre Scheibe flog. Der Presse sagte sie: „Ich dachte der dritte Weltkrieg wäre ausgebrochen."

Auch die Mitarbeiter eines Cafes forderten, dass der Verein zur Verantwortung gezogen würde. Ein Angestellter sagte: „Es war schrecklich, jemand hätte getötet werden können. Es sollten keine Fußballspiele mehr stattfinden, wenn sich die Anhänger der Vereine so benehmen."

Eddie Burns, der Mitarbeiter eines Dekorationsgeschäfts stimmte dem zu: „Es ist erschreckend und traurig, dass durch ein Fußballspiel soviel Ärger entsteht. Wenn die Polizei nicht in der Lage ist, die Menschenmassen unter Kontrolle zu halten, muss sie das Übel bei der Wurzel packen und die Spiele verbieten. Das scheint die einzige Möglichkeit zu sein."

Am folgenden Montag mussten dann über vierzig Fans vor Gericht erscheinen und der vorsitzende Richter zeigte sogleich wie er gestimmt war, indem er die ersten zwei Personen zu Haftstrafen verurteilte. Er sagte: „In diesem Verfahren halten wir uns an die Vorschläge höherer Instanzen. Die Tatsache ist, dass die Gerichte die Nase voll haben, genau wie die breite Masse der Bevölkerung."

Von einundzwanzig Schuldiggesprochenen wurden fünfzehn Leute zu Gefängnisstrafen verurteilt.

Der Verein selbst distanzierte sich sofort von den Aktionen und der Vereinsvorsitzende John Deacon schrieb die Randale dem harten Kern der Hooligans zu. Er versprach, dass der Verein versuchen werde, in Zukunft solche Vorfälle zu unterbinden. Zusätzlich appellierte er an Hobbyfilmer, die von ihnen gemachten Aufnahmen der Polizei zu übergeben. Außerdem schreib er 100 £ Belohnung für Informationen aus, die zur Ergreifung und Verurteilung der Münzen werfenden Chaoten führen würden. Die Zeitung The News verdoppelte umgehend diese Summe und erklärte auf ihrer Rückseite: ´Einige der Randalierer, die sich als Portsmouth Fans ausgeben, haben dem Verein über Jahre hinweg Schaden zugefügt, doch dieser Samstag war der absolute Tiefpunkt. Sie sind die ersten ´Fans´ in der Ligageschichte, die aktiv dazu beigetragen haben, dass ihr Verein verliert. Die Mentalität von Chaoten, die schwarze Spieler mit Bananen und Linienrichter mit Münzen bewerfen und obendrein auf den guten Ruf ihres Vereins pfeifen, ist mit nichts zu rechtfertigen.´

Obwohl Millwall unter den Londoner Vereinen der Erzfeind von Portsmouth war, gab es auch Feindseeligkeit mit Tottenhams Mob und insbesondere mit dem von Chelsea. 1985 spielte Portsmouth im Milk Cup gegen die Spurs und bei beiden Begegnungen kam es zu Ausschreitungen. Es gab noch mehr Ärger, als sich beide Seiten 1991 wieder begegneten (siehe Tottenham).

Die schlimmsten Fußballkrawalle, die je in Portsmouth gesehen wurden, ereigneten sich aber bei einem Besuch von Chelsea im April 1984. Zwei Chelsea Anhänger erlitten Stichverletzungen, als sie von einem zwanzigköpfigen Portsmouth Mob umzingelt wurden, eines der Opfer musste sofort in der Notaufnahme behandelt werden. Ein dritter Mann war vorübergehend erblindet, man hatte ihm Chemikalien ins Gesicht gesprüht. Bereits früher am Tag hatte die Polizei eine Massenschlägerei aufgelöst und es war nur der großen Polizeipräsenz zu verdanken, dass sich die Ausschreitungen nicht auf die Fußgängerzone der Commercial Road ausweiteten. Östlich des Stadions kam es zu Ausschreitungen auf den Strassen, wobei den Randalierern Schaufenster und Autos zum Opfer fielen. Bei den Krawallen, die sich dann am Abend entspannten, wurden neun Polizeibeamte verletzt, die meisten waren mit herausgerissenen Sitzen beschmissen worden.

Nach dem Spiel gelang es durch einen Großeinsatz der Polizei Tausende Chelsea Fans mit dreiundzwanzig Bussen zum Bahnhof zu bringen, wo sie umgehend in einen Sonderzug gesteckt wurden. Zuvor hatten diese Fans aber noch 140

Sitze im Stadion zerstört, weil sie wütend darüber waren, dass sie so lange festgehalten wurden. Einige andere zerstörten derweil die Anzeigetafel, ein Werbebanner, einige Zaunpfähle und die Eingangstore zum Milton End.

1987 machte die 6.57 Crew nationale Schlagzeilen, nachdem sie in einem Afro-Club in Derby eine Schlägerei gehabt hatte, die für die größten Rassenunruhen sorgte, die es je in der Stadt gegeben hatte. Es gab verschiedene Ansichten, warum die 6.57 Crew sich daran beteiligt hatte. Eines war sicher, gegen 19.00 Uhr griffen sechzig Portsmouth Hooligans den Club an, sie schmissen Scheiben ein und brüllten Beschimpfungen. Zu diesem Zeitpunkt befanden sich dort dreißig bis fünfunddreißig schwarze Jugendliche, die sofort zum Gegenschlag ansetzten. Kämpfe entspannen sich auf der Straße aber schon bald tauchte die Polizei auf. Einige der Portsmouth Hooligans wurden verhaftet, während andere zum Stadion geleitet wurden, doch die einheimischen Jugendlichen waren noch nicht fertig und fingen nun ihrerseits an zu randalieren. Don Davidson, ein leitender Polizist sagte später dazu: „Sie drückten dadurch ihre Frustration aus und forderten Rache."

Der Mob der Jugendlichen war zwischenzeitlich auf 400 Personen angeschwollen und sie gingen dazu über Scheiben und Autos zu zerstören oder Pubs zu belagern.

Die Ausschreitungen waren noch im vollen Gange, als das Spiel beendet war und die Besatzung eines Kleinbusses aus Portsmouth wurde abgefangen und gejagt. Einige schafften es noch in den Bus und fuhren los, doch der Besitzer des Fahrzeuges musste draußen um sein Leben rennen, später sagte er der Presse: „Es war wie im Krieg. Ich sah wie dieser Mob meinen Kleinbus attackierte, da geriet ich in Panik und um nicht verprügelt zu werden, sprang ich über eine Mauer. Die anderen Leute im Bus fuhren ohne mich los, ich hörte nur noch das Quietschen der Reifen, als sie um eine Ecke verschwanden."

Es kam auch am Bahnhof zu Zusammenstößen zwischen den Portsmouth Fans und den einheimischen Jugendlichen, erst um 23.30 Uhr kehrte wieder Ruhe ein.

Die Medien schrieben fast die gesamte Schuld den Portsmouth Hooigans zu, die ihrer Meinung nach den Club aus rassistischen Gründen angegriffen hatten. Die Polizei teilte bei einer nächtlichen Pressekonferenz diese Ansicht und es schien fast so, dass das Verhalten der einheimischen Randalierer dadurch entschuldigt werden sollte. Ein Chief Constable sagte: „Es handelte sich hierbei um eine Reaktion, auf einen vorsätzlichen und geplanten Angriff von Hooligans aus Portsmouth. Man darf diese Taten nicht tolerieren, doch ich habe Verständnis für die Frustration der Angegriffenen."

Er fuhr fort, dass seine Einheit Erkenntnisse hätte, dass der Zwischenfall von den Portsmouth Hooligans im Voraus geplant worden sei und Rassismus das Motiv war.

Der Stadtrat und der Fußballverein aus Portsmouth entschuldigte sich beim Rat in Derby. Der Vereinssekretär Mike Dunfold sagte: „Wir haben nachhaltig versucht Zwischenfälle zu vermeiden, auch wenn jetzt wieder von Seiten der Medien mit Dreck auf uns geworfen wird."

Auf der ersten Seite der Zeitung News verurteilte man die Gewalttaten und forderte, dass keine Mühe gescheut werden dürfe, um diese gewissenlosen Schläger zu identifizieren.

Am folgenden Tag berichtete die Zeitung über ihre eigenen Ermittlungen im Umfeld der 6.57 Crew. Das Blatt behauptete, dass der Mob sich bereits zu einer Art Kult entwickelt hätte, trotz aller Versuche seitens des Vereins und der Polizei, dem Treiben ein Ende zu setzen. In dem Bericht wurden auch Polizisten zitiert. Auf die wachsenden Probleme mit der 6.57 Crew angesprochen sagte einer: „Bereits vor zwei Jahren hatte die Gruppe um die fünfzig Mitglieder und zirka 150 Sympathisanten."

Da man jetzt diese Erkenntnis hatte, wurden zivile Polizisten als Beobachter eingesetzt. Die Zeitung berichtete auch, dass in einem internen Polizeibericht vom April 1985 vermerkt war, dass die 6.57 Crew zu den schlimmsten Hooligans der Liga gezählt wurde und Verbindungen zur National Front unterhielt.

Die Hooligans selbst stritten immer ab, dass der Zwischenfall in Derby rassistisch motiviert war. Sie behaupteten, bei diesem Aufstiegsspiel, zu dem 2.500 Portsmouth Fans fuhren, waren sechzig Hooligans dabei, die sich mit dem Lunatic Fringe Mob aus Derby messen wollten. Als sie in Derby ankamen trafen sie einen Schwarzen. Auf die Frage, wo die Derby Hooligans wären, deutete dieser auf die Pear Tree Road. In dieser Strasse standen mehrere Jugendliche vor dem Texas Goldmine und es ging gleich zur Sache. Doch niemand bemerkte, dass es sich um einen Treffpunkt für Farbige handelte. Umgehend wurden ein Regenrohr und ein 'For Sale'-Schild durch die Scheiben des Ladens geschleudert. Die im Gebäude befindlichen Jugendlichen kamen daraufhin mit Messern bewaffnet raus, als nun die Portsmouth Hooligans anfingen einen Zaun auseinander zu nehmen, um sich mit den Zaunlatten zu verteidigen, traf die Polizei ein.

Nach dem Spiel wurden einige der Portsmouth Jungs, die an dem Zwischenfall beteiligt waren identifiziert und wegen des Verdachts auf Sachbeschädigung festgenommen. Die Situation dieser Personen wurde noch bedrückender, als die Presse am nächsten Tag berichtete, dass durch diesen Vorfall die schlimmsten Rassenunruhen ausgelöst worden waren, die es je in Derby gab. Drei Tage darauf wurden die Verdächtigen jedoch entlassen und als ihre Fälle vor Gericht kamen wurden sie freigesprochen.

Bis heute behaupten bekannte Portsmouth Hooligans, dass sie dachten, sie hätten damals einen Mob der Derby Leute angegriffen. Im Nachhinein stimmen sie auch zu, dass der Zeitpunkt dieser Attacke denkbar ungünstig war. Denn es herrschte eine angespannte Stimmung in Derby, nachdem ein Schwarzer in Wolverhampton im Polizeigewahrsam zu Tode gekommen war.

Noch im selben Monat kam es zu einer Weiteren Runde im Konflikt Portsmouth–Birmingham City, eine Feindschaft, die sich in den vergangenen Jahren immer mehr gesteigert hatte. Auf beiden Seiten gab es riesige Hooligan Mobs, die keinem Ärger aus dem Weg gingen, wahrscheinlich hatten sie auch deswegen Respekt vor einander. 1985 machten sich 300 Zulus auf die Reise nach Portsmouth und es wurde ein Aufeinandertreffen an der Guild Hall abgesprochen. Der Birmingham Mob begab sich zu diesem Treffpunkt und auf den Treppen vor der Halle tanzte man zu Reggae-Musik, die aus einem Ghettoblaster kam, schrieb die Journalistin Carolin Gall in ihrem Buch *Zulus*. Was nun folgte liest sich so: 'Einige Passanten, die stehen blieben und zur Musik klatschten, flüchteten schockiert als sich das Eintreffen des Portsmouth Mobs durch lautes Gebrüll ankündigte. Umgehend wurde eine Leuchtrakete auf die Treppe gefeuert, der ein Hagel von Steinen folgte, eine weitere Rakete traf den Ghettoblaster und die Musik verstummte. Beide Mobs stießen aufeinander und der Zulu Schlachtruf war zu hören. Die Polizei traf allerdings ein, bevor es zu schweren Auseinandersetzungen kommen konnte. So waren die Ordnungshüter die einzigen, die mit dem Tag zufrieden waren.'

Als Birmingham dann im Oktober 1986 erneut zugast war, kam es nach dem Spiel erneut zu Krawallen. Die Zulus entschieden dieses Mal die Sache klar für sich. Rob Sylvester beschreibt diesen Tag in seinem Buch über die 6.57 Crew: 'Die Polizei schien die Lage langsam unter Kontrolle zu bringen, im ganzen Land gab es Hausdurchsuchungen. Die Zulus kümmerten sich nicht darum, sie reisten mit einem guten Mob an und lieferten nach dem Spiel eine klasse Vorstellung auf der Fratton Bridge ab. Entgegen unseren Erwartungen tauchten sie auf und zerlegten einige Zäune, dann gingen sie mit den Zaunlatten zu Werke, leider muss ich zugeben, dass sie uns ziemlich den Arsch versohlten. Sie kämpften an diesem Tag wirklich gut und kamen sogar bis zum Air Balloon Pub, vor dem sie auch eine gute Show abzogen. Sie waren die drei Meilen von der Fratton Bridge bis zu dem Pub gejoggt, um an ihre Gegner zu kommen. Die Zulus waren an diesem Tag einfach der bessere Mob. Man muss dazu sagen, dass sie Mann für Mann der beste Mob waren der je bei uns aufgetaucht ist.'

Als Portsmouth später in der Saison bei Birmingham City antreten musste, kam es auch dort zu Krawallen. Am Fox Pub entstand eine Schaden von 3.000 £, als die darin befindlichen Portsmouth Fans mit Billardqueues und Steinen angegriffen wurden.

1987 war ein Wahljahr und obwohl die meisten Hooligans sich nicht um Politik kümmerten, waren die Leute der 6.57 Crew in Wahlkampfstimmung, denn sie hatten ihren eigenen '6.57 Partei-Kandidaten.' Dieser Kandidat war Matty Hughes, besser bekannt als 'Docker.'

Auf einem Podest stehend verkündete er sein Wahlprogramm. Er forderte eine eigene Gemeindeverwaltung für Werftarbeiter, Portsmouth sollte sich von Hampshire lossagen und auf der Gosport Fähre sollte zollfreies Einkaufen möglich sein, des weiteren wollte er eine besondere Sozialversicherung für Kriegswitwen einführen und dafür sorgen, dass Leute aus Southampton der Stadt verwiesen werden würden. Zudem kam noch ein Verbot für bestimmte Frisuren und das Versprechen einen Autorennstrecke zu errichten. Die letzten Punkte auf dem Wahlprogramm sprachen sich dafür aus, in Nordirland inhaftierte Loyalisten zu unterstützen und eine jährliche Parade in der Stadt durchzuführen.

Einige Leute der 6.57 Crew nahmen die Sache echt ernst, sie ließen Plakate und Flugblätter drucken und mieteten einen Wahlkampfbus, der mit großen 'VOTE DOCKER' Bannern geschmückt wurde. Es wurde auch ein öffentliches Treffen organisiert, doch es musste durch die Polizei aufgelöst werden, nachdem Docker lieber einen Feuerlöscher geleert hatte, statt eine Rede zu halten. Docker erhielt dann bei der Wahl nur 455 Stimmen, was für einige eine herbe Enttäuschung war. Das hinderte das dreißigköpfige Wahlkampfteam jedoch nicht daran, am Wahlabend den gesamten Getränkebestand einer Kneipe zu vertilgen.

Portsmouth kam wieder in die nationalen Schlagzeilen nachdem der Verein ein Freundschaftsspiel gegen den französischen Club Le Havre in Honfleur organisiert hatte. Schon Wochen vor dieser Reise hatten verschiedene Fangruppen unter den Portsmouth Anhängern beschlossen, bei diesem Spiel gegen die Vereinsführung zu demonstrieren. Womit sie nicht gerechnet hatten, war dass 500 betrunkenen Mitglieder der 6.57 Crew sich ihnen anschließen würden, indem sie den Platz stürmten und so einen Spielabbruch provozierten. Einer der Hooligans erzählte, wie sie sich leise auf den Platz schlichen, ein wenig mit einem Ball spielte und sich dann im Strafraum hinsetzten und Bier tranken. Die Aufforderung der Offiziellen den Platz zu verlassen überhörten sie einfach.

Das Spiel wurde schließlich abgebrochen und es kam auf der Rückreise zu weitläufigen Ausschreitungen.

Die Rave Musik versetzte der 6.57 Crew dann den Todesstoß. Einer der alten Hooligans sagte dazu: „Warum auch immer, die meisten flogen auf diese Musik und die, die es nicht taten gingen auch nicht mehr zum Fußball, weil es nicht mehr dasselbe war.

Es gab zwar noch einige glorreiche Tage, doch sie wurden selten und es lag viel Zeit dazwischen. An einem dieser Tage fuhren wir nach Coventry. Damals wurden viele von uns verhaftet, doch nur einer bekam eine Gefängnisstrafe, das war für uns ein gutes Ergebnis."

Es kam weiterhin zu Ärger, doch das war nichts in Vergleich zu den alten Zeiten. Wenn es in den vergangenen paar Jahren zu Streit kam, war die Polizei immer sofort zur Stelle.

Im März 2004 randalierten Portsmouth Anhänger während eines Heimspiels gegen Southampton. An diesem verregneten Samstagabend griffen Hunderte von Portsmouth Hooligans Polizisten an, in der Hoffnung so an ihre Erzrivalen zu kommen. Die Leute aus Southampton wurden währenddessen zu ihrer eigenen Sicherheit im Stadion festgehalten. Flaschen und Steine wurden auf die Polizisten geschleudert, dabei gingen auch Schaufensterscheiben und Autos zu Bruch. Mauersteine und anderes Baustellenmaterial wurde von einigen Randalierern in Schubkarren gesammelt, um es später gegen die Ordnungskräfte einsetzen zu können.

„Es ist ein trauriger Tag für Portsmouth, weil Schläger es geschafft haben, den 1:0 Sieg ihrer Mannschaft in den Hintergrund zu drängen," sagte der stellvertretene Polizeichef von Hampshire Colin Smith und fuhr fort: „Diese Schläger suchten nur nach Auseinandersetzungen mit den gegnerischen Fans und der Polizei. Was sie taten war sinnlos und führt zu nichts."

Am folgenden Tag gab die Polizei bekannt, dass die Ausschreitungen mit Mobiltelefonen koordiniert worden waren. Ein Polizeisprecher sagte: „Es gibt Beweise dafür, dass einige Leute aus verschiedenen Teilen der Stadt miteinander telefonisch abgesprochen haben, was zu tun sei."

Er warnte auch noch, dass seine Einheit die Drahtzieher fassen würde: „Es ist egal wie lange es dauert, wir werden jeden einzelnen kriegen."

Er hatte die Wahrheit gesagt, innerhalb des nächsten Jahres wurden im Laufe der Operation ´Market´ Dutzende Leute durch Aufnahmen von Überwachungskameras und anderen Beweisen identifiziert. Den Männern wurde der Prozess gemacht und mindestens sechzig davon sitzen bis heute im Gefängnis. So wurde eine gerade wieder erstarkender Hooligan Mob in Portsmouth mit einem Schlag ausgelöscht. Einer der Portsmouth Jungs sagte im Nachhinein: „Wenn dieses Spiel noch mal stattfinden würde, hätten wir wieder eine kleine gute Firm, denn auch aus Southampton waren Hools angereist, die es wissen wollten. Doch dieses eine Spiel hat unsere neue Firm schneller ausgelöscht, als es Ecstasy bei der 6.57 Crew schaffte. Im britischen Profifußball wird es nicht mehr zu großen Gewalttaten kommen, denn Stadien ohne Stehplätze und die Kontrolle über die Eintrittskarten haben das nahezu unmöglich gemacht. Bei Länderspielen fahren jedoch noch immer viele Portsmouth Hooligans mit und sind eigentlich bei allen angesehen."

Als der Verein einen russischen Teilhaber bekam, der Millionen investierte und nach der Rückkehr von Harry Redknapp, der den Verein einst im Streit verlassen hatte, machte der Club nur noch nationale Schlagzeilen durch sportliche Erfolge.

Abgesehen von wenigen alten Hooligans, die wenn sie Portsmouth hören an einen tätowierten Irren mit einer Glocke um den Hals denken, werden die meisten an die 6.57 Crew erinnert, eine der wohl wildesten und angesehensten Firms in der modernen Hooligan-Ära.

Weiterführende Literatur: Rolling With The 6.57 Crew, Cass Pennant und Rob Silvester (Blake Publishing), The Pompey Boys, John Payne (PB Publishing)

S

Sheffield United

Stadion: Bramall Lane
Firms: Shoreham Republican Army, Suicide Squad, Blades Business Crew, Darnall Massive
Feinde: Sheffield Wednesday, Leeds United

Ein Derby in Sheffield ist selbst heute, wo alle Straßen von der Polizei kontrolliert werden, eine heiße Angelegenheit. Der Hass, den die Blades, wie die United Anhänger auch genannt werden, dabei ihren Rivalen entgegen bringen, wird von diesen nicht ganz so stark erwidert. Obwohl die Blades die letzten zwanzig Jahre lang die Straßen dominierten und auch auf dem Spielfeld die bessere Mannschaft hatten.

Auseinandersetzungen zwischen beiden Fanlagern der Stadt wurden bereits Mitte der Sechzigerjahre dokumentiert. Obwohl aus dieser Zeit auch Berichte existieren, dass Anhänger beider Clubs friedlich miteinander auf den Tribünen standen und sich bei Spielen gegenseitig Unterstützung gewährten. Doch Mitte der Sechziger entstanden die Ends und somit auch die Versuche, eben diese zu stürmen. Wednesday war allerdings nicht der einzige Verein, der im Stadion an der Bramall Lane unfreundlich empfangen wurde. Bereits im Jahre 1964 berichtete The Times über Ausschreitungen bei einem Heimspiel von Sheffield United gegen Burnley.

Der erste erkennbare Mob auf den Rängen an der Bramall Lane war die Shoreham Repulican Army, die nach ihrem Treffpunkt, dem Shoreham End benannt war. Zack, ein Hooligan-Veteran aus Sheffield erinnerte sich: „Bei der Shoreham Republican Army gab es schon verrückte Typen. Ende der Sechziger, Anfang der Siebziger waren wir in etwa gleich auf mit unseren Feinden von der anderen Seite der Stadt. Mitte bis Ende der Siebziger war das anders, da stellte Wendnesday den besseren Mob. Die Leute, die damals zum Fußball fuhren waren alle fair, sie waren nicht die üblichen Schläger-Typen.

Ich hatte die Angewohnheit Schals der gegnerischen Fans zu kauen, die trug ich dann immer montags auf der Arbeit. Ich hatte Schals von West Ham, Chelsea, Leeds und vielen anderen Vereinen. Das Problem war es, den eigenen Schal zu behalten, mir wurde meiner mal bei Fulham abgenommen, nachdem man mich niedergestreckt hatte.

Die größte Schlägerei an die ich mich erinnern kann fand 1974 in Birmingham statt. Tausende aus Sheffield fuhren zu diesem Spiel, denn wir brauchten einen Sieg, um uns eine Platz im europäischen Wettbewerb zu sichern. Damals spielten noch Tony Currie und Alan Woodward und mindestens 15.000 Fans machten die Reise. Es endete damit, dass wir im Home End von Birmingham City standen und es das ganze Spiel über verteidigten. Der Birmingham Mob kämpfte verbissen, konnte uns aber nicht rausdrängen. Ich kam mit einem blauen Auge nach Hause, United hatte nur einen Punkt geholt und war somit nicht für den europäischen Wettbewerb qualifiziert.

Eine anderes großes Aufeinandertreffen, von dem ich berichten kann fand 1971 statt. Damals hatte der Mob von Man U sich in unsere Kurve geschlichen, wir versuchten ihn wieder raus zu jagen, doch es gelang uns trotz allen Anstrengungen die ganzen neunzig Minuten nicht. Es klingt schon etwas unglaubwürdig, wenn man heute erzählt, dass es neunzigminütige Schlägereien gab.“

In den frühen Siebzigerjahren gab es regelmäßig Gewaltausbrüche an der Bramall Lane. Bei einem Spiel gegen Newcastle an einem 1. April gab es fünfzig Anzeigen, nachdem es zu Schlägereien zwischen den rivalisierenden Fangruppen gekommen war. Im Sheffield Star war am nächsten Tag zu lesen: ´Im Stadion an der Bramall Lane kam es zu Ausschreitungen, in deren Verlauf auch mit Flaschen und Mauersteinen geschmissen wurde. Als sich beide Mobs dann nach dem Spiel in die Stadt begaben, kam es zu weiteren Zusammenstößen.´

Nur drei Tage später klapperten die Schreibmaschinen der Lokalzeitung wieder, dieses Mal nach dem Besuch von Manchester United. Es war nur einer der Vorfälle im Stadion von Sheffield United durch den Man U Mob, noch einige sollten folgen. Die Überschrift der Titelseite war:

´Fußballfans randalieren in der Stadt´

Nach dem Spiel zwischen den Blades und Manchester United randalierte eine Horde von Fußballfans in der Innenstadt und hinterließ ein Schlachtfeld. Geschäftsleuten entstand durch eingeschmissene Schaufenster ein Schaden von 1.000 £. Die zum Tatort gerufene Polizei fand ein Spur der Verwüstung vor, die vom Broomhall Redevelopment bis zum Charter Square reichte. Eisenstangen, Zementklumpen und Mauersteine wurden von den, über das Unentschieden unzufriedenen Sheffield United Anhängern von einer Baustelle entwendet und in Schaufenster geschleudert. Mrs. Shirley Thompson, die einen Friseursalon besitzt, sagte: „Die Fußballfans randalierten auch in einem nahen Wohnviertel, wo sie mit Milchflaschen um sich warfen."

1972 kam es dazu, dass der Mob von Leeds United die Kurve der Blades einnahm, dieser Mob war einer der wenigen, der damals dieses Kunststück vollbrachte. Im August des selben Jahres wurde ein Bus voll Sheffield United Fans in Birmingham von heimischen Anhängern angegriffen. Die Fans im Bus versuchten sich durch ducken in Deckung zu bringen, als die Birmingham Leute den Bus mit Mauersteinen beschmissen, dabei gingen vier Fenster zu Bruch und der Bus wurde mit schwarzer Farbe beschmiert. Der Busunternehmer sagte danach: „Wir transportieren bereits seit drei Jahren Fußballfans, doch es kam nie zu solchen Schäden. So etwas wird nicht wieder vorkommen. Einige meiner Busse kosten 9.000 £ und ich werde es nicht noch mal riskieren eines unser Fahrzeuge zu einem Fußballspiel zu schicken."

Eine Woche nach dem Spiel in Birmingham war Sheffield United Gastgeber für Newcastle. Nach dem Schlusspfiff kam es zu Ausschreitungen auf den Rängen und achtzehn Personen erhielten eine gesamt Geldstrafen von 900 £. Die Polizei hatte extra für eine weiträumige Trennung der Fans gesorgt, doch auch das hielt die Hooligans nicht davon ab, sich das ganze Spiel über gegenseitig zu jagen. J. C. Phillips, der Vorsitzende des Stadtrates sagte: „Es ist schlimm, dass normale Leute nicht mehr zu einem Fußballspiel gehen können, ohne auf Personen zu treffen, die diesen Anlass stören wollen. Es ist wirklich traurig, dass man nicht mehr ins Stadion gehen kann, ohne Angst zu haben. Bis jetzt spielten sich die meisten Fälle im Stadion ab, doch wenn es auf den Straßen zu Krawallen kommt ist die Lage noch ernster, weil Anwohner in Gefahr geraten."

Von Mitte der Siebzigerjahre an verlor der Sheffield United Mob im Vergleich zu dem Mob der Lokalrivalen von Wednesday an Schlagkraft. Der Wendnesday Mob wuchs zunehmend und schaffte es meist das Stadion an der Bramall Lane einzunehmen, wie auch Zack zugab: „Unser Mob hatte noch einige gute Auftritte, doch die wurden seltener als wir weniger wurden und der Mob von Wednesday auf dem Vormarsch war. Fairer Weise muss man sagen, in den Siebzigern hatte Wednesday die bessere Firm in Sheffield. Auch wenn wir versuchten gegenzuhalten, meist war wir unterlegen."

Im März 1974 kam es bei einem Besuch von Manchester United wieder zu Krawallen, nach denen achtundvierzig Personen festgenommen wurde. Einige Zuschauer hatten dabei Kopfverletzungen erlitten. Als sich dann nach dem Spiel die Menschenmassen in Richtung Innenstadt begeben wollten, wurde die Polizei verständigt, um sie mit Hilfe von Diensthunden zurück zur Midlands Station zu drängen.

Die wahrscheinlich schlimmsten Ausschreitungen, die je in Sheffield stattfanden, ereigneten sich im März 1977 bei einem Besuch von Nottingham Forest. Die Überschrift des Sheffield Star lautete:

'Nach Krawallen an der Bramall Lane war es auf den Straßen wie im Belagerungszustand'

Polizeibeamte wurden verletzt und Anwohner mussten zu ihrer eigenen Sicherheit fliehen, nachdem es zu schrecklichen Zusammenstößen zwischen Anhängern von Sheffield United und Nottingham Forest gekommen war. Kämpfende und randalierende Fans verwandelten die Gegend um die Charlotte Road, die Shoreham Street und die Margaret Street nach Uniteds 2:0 Sieg in ein Schlachtfeld. Sie hinterließen eine Spur der Verwüstung und Verletzte.

Ein Polizist hatte schwere Verletzungen davon getragen, ihm war ein Mauerstein ins Gesicht geschleudert worden, ein weiterer Beamter erlitt vor dem Stadion gleichfalls schlimme Verwundungen. Ein Sheffield United Anhänger musste mit Kieferbruch ins Krankenhaus gebracht werden und das Haus einer dreiundachtzigjährigen Dame, die sich in einem Raum versteckte, wurde mit Steinen bombardiert. Die Zeitung fügte noch hinzu:

Anwohner mussten hilflos zusehen, wie Banden von Jugendlichen Häuser, Läden und geparkte Autos zerstörten.

Einige Anwohner forderten stärkeren Polizeischutz gegen die Hooligans und der Pfarrer der Gegend rief eine Unterschriftensammlung ins Leben, die dem Verein, dem Stadtrat und dem Polizeichef die Situation verdeutlichen sollte. Heather Bladger eine Frau, die in der Nähe einen Zeitungsladen betrieb, sagte zur Presse: „An beiden Enden der Charlotte Road sammelten sich Fans der verschiedenen Clubs. Bis dann ein Jugendlicher, der ungefähr in der Mitte der Straße stand rief: 'Los jetzt!' Plötzlich stürmten die Leute aufeinander los und stießen auf halben Weg zusammen. Es müssen mindesten 500 Personen gewesen sein. Ein Polizist, der die Gruppen trennen wollte, wurde einfach niedergeschlagen."

Den Anwohnern Geoff und Jackie Feetham wurde ein Knüppel durch ein Fenster geschmissen und einem in der Nähe ansässigen Antiquitätenhändler wurden zum drittenmal in wenigen Jahren die Schaufenster eingeschlagen.

Eine weitere Schreckensnachricht kam, als zwei Tage später bekannt gegeben wurde, dass die FA Pokalhalbfinalbegegnung zwischen Manchester United und Leeds United, Ende April in Wednesdays Hillsborough Stadion ausgetragen werden sollte. Bereits die Begegnung zwischen Everton und Aston Villa im Ligapokal, die Mitte März am gleichen Ort stattgefunden hatte, war Auslöser für Gewalttaten gewesen, in deren Verlauf zwei Everton Fans niedergestochen wurden. Die Aussicht, dass es erneut zu einem Pokalspiel zwischen zwei Vereinen kommen sollte, die für ihre Hooligans bekannt waren, war für manche zu viel. Im Sheffield Star war zu lesen:

Wir stimmen zu, dass es Gründe gibt, froh zu sein, ein solches Spiel ausrichten zu dürfen, wenn man berücksichtigt, dass Sheffield Wednesday fünfzehn Prozent der Einnahmen erhält. Doch was ist mit den Leuten, die in der Gegend leben? Es gab Zeiten, da waren der Krach und die vielen falsch geparkten Autos die einzigen Probleme. Heute aber sind die falsch geparkten Autos das kleinste Ärgernis.

Die Zeitung hatte bereits nach dem Spiel gegen Forest Artikel veröffentlicht, die von den Schandtaten der Hooligans berichteten. Die Polizei von West Yorkshire hatte auch detaillierte Auflistungen gemacht, was die Kosten der Überwachung von Fußballspielen anging, zudem machte die Zeitung die Hooligans auch für die Zerstörungen verantwortlich, die in Linienbussen zustande gekommen waren. Wörtlich war zu lesen: ´Besonders in Sheffield scheinen Busse den Attacken von Hooligans ausgesetzt zu sein.´

Sechs Tage darauf, entschied sich der aus Sheffield stammende Fred Mulley, der seines Zeichens Parlamentsmitglied und Verteidigungsminister war, das nächste Heimspiel von United zu besuchen, um sich selbst ein Bild von der Lage zu machen. Denn er hatte zahlreiche Klagebriefe von Anwohnern erhalten. „Ich werde das Problem mit meinen ministerial Kollegen besprechen, dann werden wir sehen ob wir auf nationaler Ebene etwas erreichen können, was auch für Sheffield gut wäre," sagte er.

Während dessen hatten bereits 700 Personen die Unterschriftenliste von Pfarrer Tony Lowe unterzeichnet. Mit dieser Liste wurde gefordert, das Stadion an der Bramall Lane nach jeder stattfindenden Ausschreitung für einen Monat zu sperren. Außerdem forderte man mit der Petition, dass mehr Polizisten rund um das Stadion eingesetzt werden sollten und dass der Verein für entstehende Schäden haftbar gemacht würde. Lowe sagte zur Presse: „Die Leute sind die Gewalttaten, die Spiele von Sheffield United begleiten leid. Die, die rund um das Stadion leben sind verängstigt und wütend, deshalb wollen wir dafür sorgen, dass unsere Straßen auch an Samstagen sicher sind."

Es gründete sich eine Bürgerinitiative, die Kontakt zu einer Gruppe aus Derby aufnahm, deren Ziel es war vor einem hohen Gericht die Austragung von Spielen der ersten Liga in ihrer Stadt verbieten zu lassen.

Die Leute, die nahe dem Stadion von Sheffield Wednesday wohnten, starteten jetzt einen ähnlichen Versuch. Die Schlagzeilen, die durch das Spiel gegen Nottingham Forest entstanden waren, zusammen mit der Ankündigung des FA Pokalhalbfinales, sorgten für richtige Panik vor Hooligans in der Stadt. Am 7. April lautete die Schlagzeile der Zeitung Star: ´Hillsborough fürchtet den Besuch der Red Army.´

Und Anwohner forderten: ´Rettet uns vor den Hooligans.´

In weniger als vier Tagen hatten 1.400 Leute die Liste unterschrieben, mit der sie erneut Entschädigungen, für durch Hooligans verursachte Schäden forderten (siehe Leeds United).

Die Dominanz der Wednesday Hooligans kam für United einher mit schlechteren Leistungen auf dem Spielfeld. Hatten sie Anfang der Siebzigerjahre noch knapp einen Platz im europäischen Wettbewerb verpasst, so ging es von da an abwärts durch die Ligen. Im Mai 1981 musste Sheffield United in Walsall antreten und wenn sie nicht mindestens einen Punkt holten, würden sie in die Fourth Division absteigen. Ein in der letzten Minute verschossener Elfmeter besiegelte dann den Abstieg, der darauf folgende Platzsturm wurde noch von nächtlichen Ausschreitungen in Sheffields City Centre übertroffen. Pubs und Polizeifahrzeuge mussten als Sündenböcke herhalten, als Tausende Blades ihrer Enttäuschung Luft machten. Nur wenige mochten es in dieser Nacht begriffen haben, doch der Abstieg bedeutete auch einen Neuanfang für den Verein. Einige ältere Spieler wurden entlassen und es kam ein neuer Vorstand, der auch große finanzielle Mittel mit sich brachte. Schon ein Jahr darauf war United wieder auf der Höhe.

In der vierten Liga waren keine großen Vereine beheimatet, doch es gab einige Nordderbys. Im Oktober zum Beispiel, musste Sheffield in Bradford antreten und die United Hooligans wurden von 100 Leuten des Ointment Mobs mit Flaschen, Steinen und Baseballschlägern angegriffen.

Und auch bei einem Auswärtsspiel im März 1982 gegen Hartlepool kam es zu Krawallen vor und nach dem Spiel. Die fehlende Organisation der Sheffield United Hooligans sorgte dafür, dass sie bei einem Zusammenstoß in einer Kneipe schlecht aussahen und auch fünfzig Blades, die sich in das Home End der Gegner geschlichen hatten wurden umgehend von allen Seiten angegriffen.

´Es waren die neunzig unangenehmsten Minuten meines Lebens,´ schrieb Steve Cowens in seinem Buch *Blades Business Crew.*

Das letzte Spiel der Saison fand im Nordosten statt, dieses Mal sollte United versuchen den Aufstieg in Darlington zu sichern. Mehr als 10.000 Leute aus Sheffield reisten an und ihre zahlenmäßige Übermacht sorgte dafür, dass sie neben den Darlington Hooligans auch 100 Jungs aus Middlesbrough überrannten, die extra angereist waren.

Eine jüngere Hooligan-Generation tauchte bei Sheffield United auf, doch sie war zu schlecht organisiert und zu unerfahren, um effektiv zu sein. Bei einigen Vorfällen wurde dieser junge Mob von den Gegnern vorgeführt. Beispielsweise bei einen Freundschaftsspiel im August 1982 in Lincoln, wo ein überraschter und schlecht organisierter Sheffield Mob zum Opfer der Einheimischen wurde. Cowens schrieb darüber: ´Sie wollten es unbedingt wissen, erst drängten sie uns zurück, dann überrannten sie uns.´

An diesem Tag hatten sich fünfunddreißig junge Blades mit einem Bus auf die Reise gemacht, eigentlich erwarteten sie nichts außer einem Besäufnis, doch dann wurden sie kalt vom Lincoln Mob erwischt.

Einen Monat darauf trafen die beiden Vereine bei einem Ligaspiel wieder aufeinander, doch dieses Mal waren die Blades vorbereitet. Etwa 100 von Sheffields berüchtigtsten Hooligans reisten mit dem Zug an und als sie den Bahnhof verließen, tauchte sofort der Lincoln Mob auf. Bei Cowens ist zu diesem Vorfall folgendes zu lesen: ´Sie kamen über die Straße auf uns zu und schmissen einige Gläser und Flaschen. Dann kam es zum direkten Zusammenstoß, Fäuste und Stiefel flogen und keine Seite wollte nachgeben.´

Schließlich tauchte viele Polizeibeamte auf und trennten die prügelnden Mobs. Die Sheffield Hooligans wurden von der Polizei zu einem Pub eskortiert, der etwas abseits lag, doch nur eine Stunde später tauchte dort auch die Lincoln Firm auf, mit Flaschen, Gläsern und Billardqueues bewaffnet.

Schon früh in der nächsten Saison spielten die beiden Vereine wieder gegeneinander und wie bei den voran gegangen Begegnungen wurde es gewalttätig. Zu diesem Spiel reisten noch mehr United Hooligans und sie wurden wieder vom Lincoln Mob am Bahnhof erwartet, doch das war nur das Vorspiel für den Hauptakt. Die Polizei konnte die Mobs erst einmal trennen, doch sie prallten in einem Einkaufszentrum erneut aufeinander. Am nächsten Tag lautete die Schlagzeile einer Lokalzeitung:

´Kampf zwischen Hooligans verängstigte Altenheimbewohner´

Fast fünfzig ältere Leute waren verängstigt, als Hooligans sich gestern vor einem Altenheim Kämpfe lieferten, bei denen Flaschen, Gläser und Eisenstangen zum Einsatz kamen. 200 der Heimbewohner wurden zu ihrer eigenen Sicherheit in den zweiten Stock gebracht, als die Ausschreitungen vor dem Gebäude zunahmen. Der Ehemann der Heimleiterin sagte, dass viele der Bewohner völlig verängstigt waren.

An diesem Tag kam es zu insgesamt acht Festnahmen. Als 200 Lincoln Anhänger versuchten den Golden Eagle Pub zu stürmen, um an die darinnen befindlichen United Hooligans zu kommen, gingen sieben Scheiben zu Bruch. Einer der Leute aus Sheffield wurde bei dieser Aktion von einem Glas im Gesicht verletzt und ein weiterer von einem Mauerstein am Kopf getroffen. Trotz dieser Vorfälle, die sich über mehrere Stunden hinzogen, behauptete die Polizei, die Lage gut im Griff gehabt zu haben.

Vor einem Spiel im Milk Cup gegen Barnsley kam es zu besonders brutalen Zwischenfällen. Im Verlauf eines Aufeinandertreffens wurden zwei Barnsley Anhänger schwer verletzt. Dem zweiundzwanzigjährigen Darrell Round wurde, nachdem er über eine Meile weite gehetzt worden war, ein Mauerstein gegen den Hinterkopf geschleudert, ein Freund der ihn begleitet hatte erlitt gefährliche Stichverletzungen und bedurfte einer Notoperation. Round sagte zum Sheffield Star dies betreffend: „Wir waren in einer Gruppe von zwanzig Leute unterwegs, als plötzlich zirka fünfzig Sheffield Hooligans hinter ein paar Autos auftauchten. Sie beschmissen uns mit Pflastersteinen und wir flüchteten mindestens eine Meile, doch sie folgten uns. Dann traf mich ein Stein am Hinterkopf und ich ging zu Boden. Ich hatte tierische Angst, es gab nur eine Möglichkeit und das war fliehen. Ich bin froh noch glimpflich weggekommen zu sein, denn einige andere wurden mit Messern verletzt."

Die Unerfahrenheit des jungen United Mobs wurde wieder einmal offensichtlich, als er im Februar 1983 Besuch von Cardiff Citys Firm bekam. Obwohl die Waliser gut in der Liga dastanden und meist eine große Gefolgschaft zu Auswärtsspielen mitbrachten, schien der Mob der Blades unvorbereitet zu sein. Als die Nachricht die Runde machte, der Cardiff Mob säße im Globe Pub nahe dem Bahnhof, waren nur zwanzig Sheffield Hooligans beisammen. Wie nicht anders zu erwarten, sahen sie gegen den 150 Mann starken Mob der Waliser schlecht aus.

Im Januar 1984 wurde Sheffield United im FA Pokal ein Heimspiel gegen Birmingham City zugelost. Zu dieser Zeit war die Hooligan-Szene gerade auf ihrem Höhepunkt und Reporter des BBC warteten gespannt auf die Begegnung. Die Zulus reisten in großen Massen an, 200 von ihnen nahmen Reisebusse und weitere fuhren mit der Bahn. Trotz Warnungen, dass es zu großen Ausschreitungen kommen könnte, erlaubten die Verantwortlichen, dass Sheffield Wednesday am selben Tag ein Pokalspiel gegen Barnsley austrug. Die ersten Gewaltausbrüche gab es dann, nachdem sich einige Birmingham Anhänger in Wednesday Kneipen breit machten. Während diese beiden Gruppen sich gerade mit Wurfgeschossen bombardierten, traf auch ein schwer bewaffneter Sheffield United Mob an dem Ort ein.

´Das erste woran ich mich erinnern kann war, dass ein Fahrrad durch eine Scheibe geschleudert wurde und dann folgte ein lautes Gebrüll,´ äußert sich einer der Birmingham Hooligans in den Buch *Zulus.* Die Zulus versuchten nach draußen zu gelangen, doch die Wurfgeschosse zwangen sie drinnen zu bleiben. ´Es gab keinen Hintereingang, so war also unsere einzige Chance nach draußen zu gelangen die Vordertür und einige von uns versuchten es. Die Wände in der Kneipe hingen voller Zeug wie Schwerter, alten Gewehren und Eisenbahnlampen, all das rissen wir erst einmal runter. Ich kann mich noch erinnern, wie einer von uns so eine Lampe nahm, raus rannte, sie einem der Blades auf den Kopf schlug und schnell wieder in die Kneipe kam. Das war schon ein irrer Tag.´

Am Ende war alleine in der Kneipe ein Schaden von 3.000 £ entstanden. Der Besitzer des Pubs war ein Sheffield Wednesday Fan und grade auf dem Weg zum Spiel, deshalb hatte er seinem Sohn die Leitung des Lokals übertragen. Dieser erzählte anschließend der Presse: „Die Birmingham Typen waren im Laden, als dann die United Hooligans auftauchten brachen Schlägereien aus und es entstand ein totales Chaos."

Die Auseinandersetzungen setzten sich im Stadion fort, für viele Jugendliche im Blades Mob war es der gewalttätigste Zwischenfall, den sie bis dahin erlebt hatten. Das Spiel endete unentschieden und es kam beim Rückspiel zu weiteren Ausschreitungen, denn 150 Blades machten sich unter der Woche auf den Weg in die Midlands und sorgten bereits vor dem Anpfiff für Unruhe. Nach dem Spiel versuchten die Zulus sie mit Steinen zu bewerfen, doch die Polizei hatte für genügend Abstand zwischen den Gruppen gesorgt, so dass diese Aktion nur wenig Wirkung zeigte.

Dadurch dass Sheffield United Ende der Siebziger so oft abgestiegen war, war das Spiel gegen Leeds United an der Elland Road im Oktober 1984, das erste Aufeinandertreffen der beiden Clubs seit sieben Jahren. 300 Sheffield Hooligans kamen unentdeckt in Leeds an und attackierten umgehend einen kleinen Leeds Mob, den sie auch besiegten. Die Hooligans aus Leeds fingen nun an sich weiter oben auf der Straße zu sammeln, doch dann tauchte die Polizei mit so vielen Beamten auf, dass eine Massenschlägerei unmöglich wurde. Trotz der feindseligen Atmosphäre im Stadion, gelang es der Polizei dafür zu sorgen, dass der Rest des Tages ruhig verlief. Doch der Blades Mob hatte Leeds herausgefordert und erwartete beim Heimspiel fünf Monate später die Antwort.

In den Tagen vor der Begegnung machten Flugblätter die Runde, auf den die Hooligans zusammengerufen wurden. Und über 600 folgten diesem Aufruf, sie sammelten sich in zwei Pubs in City Centre. Vorerst gab es jedoch keinen Ärger, den die Leeds Hooligans kamen unbemerkt in der Stadt an. Die erste ernsthafte Schlägerei ereignete sich vor den Drehkreuzen am Stadion, als 100 Sheffield Hooligans Hunderte Leeds Fans attackierten. Auch im Stadion wurde die Lage immer angespannter, nachdem die beiden Mobs auf der Such nach einander von der Polizei eingekesselt worden waren. Ein junger Sheffield Fan feuerte eine Signalrakete in den Gästeblock, dass zusammen mit einem 1:0 Rückstand für Leeds, heizte die Stimmung nur noch mehr an. Die Leeds Hooligans begannen nun herausgerissene Sitze auf das Spielfeld zu schleudern und über die Zäune in den Innenraum zu klettern, wobei einige Sheffield Fans diesem Beispiel folgten.

Die Begegnung endete 2:1 für Sheffield und nach dem Spiel kam es zu wiederholten Zusammenstößen zwischen den Fangruppen außerhalb des Stadions. Der schlimmste dieser Zwischenfälle ereignete sich im City Centre, als 300 Leeds Hooligans den Silks Pub angriffen. Eine Lokalezeitung schrieb auf der Titelseite der Montagsausgabe darüber:

Nach einem verabredetem Signal griff der Leeds Mob die Kneipe an, in der einige Leute aus Sheffield saßen und ruhig ihr Bier tranken. Teure Spiegel gingen zu Bruch und eine große Scheibe wurde eingeschmissen, außerdem wurden Bilder von den Wänden gestohlen. Als sich die verängstigte Belegschaft hinter einem Tresen versteckte, plünderte der Mob auch noch die Alkoholbestände.

Schwere Kämpfe gab es auch vor der Kneipe The Moor, als 150 Leeds Hooligans auf 100 Mann aus Sheffield trafen. Steve Cowens beschrieb es so: ´The Moor wurde damals gerade renoviert, dass bedeutete überall lagen Eisenteile bereit, die von den Leeds Leuten als Waffen genutzt werden konnten.´

Die Blades verachteten normaler Weise die Randalierer und Sitzwerfer aus Leeds, doch an diesem Tag erkannten sie deren Taten an. Cowens fügte hinzu: ´Doch dann kam die Polizei dazwischen. Aber alleine der Versuch brachte den Leeds Hooligans Beachtung unsererseits ein.´

Die Medien, die Politik und die Polizei prangerten Leeds United für diese Vorfälle an. Man hörte Sätze wie: „Wir hatten bereits mit schlechten Benehmen seitens der Leeds Fans gerechnet und so kam es dann auch. Die Mehrheit der Sheffield Anhänger legte, abgesehen von einer Minderheit, die Streit suchte, ein gutes Benehmen an den Tag."

Während einige die Schuld bei der British National Party suchten und das Parlamentsmitglied Richard Cabor sogar verlangte Leeds Fans von zukünftigen Spielen auszuschließen, versuchte die Vereinsführung von Sheffield United die Sache runterzuspielen. Der Vereinsdirektor Derek Dooley sagte: „Wir hatten 8.000 Leeds Fans in der Stadt und sie waren nun mal enttäuscht, dass ihre Mannschaft verloren hat. Doch die Schäden, die sie angerichtet haben waren nicht der Rede wert und ich bin der Meinung, dass die Polizei gute Arbeit geleistet hat. Zu keinem Zeitpunkt rannten Leute auf dem Spielfeld rum oder unterbrachen das Spiel auf andere Weise, so dass man sagen kann die Begegnung verlief sportlich fair."

Es kam dann nur Tage darauf dazu, dass Millwall Anhänger in Luton randalierten und die Medien in eine wahre Hooligan-Hysterie verfielen. Der Sheffield Star berichtete, die örtliche Polizei habe sich aufgrund der Lage entschieden, Überwachungskameras einzusetzen, um so Drahtzieher von Krawallen dingfest zu machen. Ein Polizeisprecher verkündete stolz: „Das ist eine weitere Waffe im Kampf gegen Hooligans. Zu einem werden wir dadurch Beweise sichern, von wem die Krawalle ausgehen und zum anderen werden wir nach der Auswertung der Aufnahmen in der Lage sein, neue Vorsorgemaßnahmen zu entwickeln, um den Ärger im Keim zu ersticken."

Zwei Tage nach ersten Veröffentlichungen der Pläne, titelte der Star dann auf der ersten Seite: ´Den Hooligans wird der Krieg erklärt!´ Während der Artikel sich hauptsächlich mit den Maßnahmen auf nationaler Ebene befasste und es auch um eine Absage des anstehenden England – Schottland Länderspiels ging, so hatte der Bericht doch auch Auswirkungen auf lokaler Ebene. Die Zeitung verkündete, dass die Polizei von South Yorkshire die fünf großen Fußballvereine der Region zu einem Krisengespräch geladen hätte, um Gewalttätigkeiten wie beim Spiel zwischen Sheffield und Leeds United zu verhindern. Der Vorsitzende der Polizei von South Yorkshire versprach, diese Bedrohung ein für alle Mal auszulöschen.

Das war ein kühner Plan, der jedoch nicht realisierbar schien. Das letzte Spiel der Saison in Brighton, war Beweis genug, dass die Hooligans von Sheffield United nicht so einfach auszurotten waren. ´Blades Anhänger an Massenschlägereien beteiligt,´ lautete die Schlagzeile einer Zeitung, nachdem es vor, während und nach dem Spiel zu Ausschreitungen gekommen war. Doch die Ereignisse erhielten nicht ganz so viel Medieninteresse, weil es am selben Tag zu einem schrecklichen Feuer im Stadion von Bradford City und zu einem Toten nach Krawallen bei der Begegnung Birmingham City gegen Leeds gekommen war.

In den Achtzigerjahren kam es dann zu einer erbitterten Feindschaft zwischen Sheffield United und Millwall. Alles begann als fünfzig Millwall Hooligans, auf ihrem Rückweg von einem Spiel gegen Leeds, Zwischenstopp in Sheffield machten. Es kam während diese Aufenthalts zu einer Schlägerei mit einigen der Blades, in deren Verlauf einer der Millwall Jungs beim Versuch jemanden zu treten, umgestoßen wurde und sich den Schädel auf dem Bürgersteig brach. Er verstarb später im Krankenhaus. Einen Monat darauf sollte Sheffield United zum Saisonabschluss bei Crystal Palace antreten und die Zeitungen waren voll mit Geschichten, dass die Millwall Hooligans für diesen Tag eine Racheaktion planen würden. Die Behörden nahmen die Behauptungen ernst und veranlassten einen Großeinsatz, doch den ganzen Tag über wurde nicht ein Millwall Hooligan gesichtet.

Im November 1986 machte ein Dutzend Millwall Leute wieder einen Zwischenstopp in Sheffield, diesmal nachdem ihr Team in den East Midlands gespielt hatte. Als die Londoner versucht hatten einen Jugendlichen zu berauben, endete ihre Sauftour mit einer Schlägerei gegen etwa sechzig Einheimische. Anschließend kam es zu siebzig Festnahmen, darunter alle zwölf Millwall Leute. Einigen Quellen nach sollen keine Sheffield United Hooligans an der Aktion beteiligt gewesen sein, was die Presse aber nicht daran hinderte mutmaßliche Verbindungen zu erfinden. Als später neun Leute vor Gericht erscheinen mussten, schrieb der Sheffield Star dazu: ´Rachebesuch endete mit Schlägerei zwischen Millwall und Blades Hooligans.´

Was auch immer die Wahrheit ist, für einige unter den Blades waren die Vorfälle der Auslöser einer Fehde. Ein United Hooligan sagte dem ihm gegenübersitzenden Autor: „Obwohl der Tot des Millwall Typen ein Unfall war, hatten sie Rache geschworen und damals kam es bei jeder Begegnung zwischen den Vereinen zu Feindseligkeiten."

Nach den Gewalttätigkeiten der Sechzigerjahre kam es bis zum Anfang der Achtziger zu einer kleinen Pause, was die Konfrontationen bei Derbys anging. Weil die beiden Vereine aus Sheffield für lange Zeit nicht gegeneinander spielten, da sie in verschiedenen Ligen waren, hatte man neue Feindbilder gefunden.

Es war ein kleiner Streit, der dann zu einer nicht enden zu scheinenden Reihe von Auseinandersetzungen führte. Im Oktober 1985 betrat eine kleine Gruppe von Wednesday Hooligans, darunter drei Schwarze, den von vielen United Fans besuchten Landsowne Pub. Beleidigungen wurden ausgetauscht und die drei schwarzen Jungs boten neun Blades an, mit ihnen vor die Tür zu gehen. Gary Armstrong schreibt in seiner außergewöhnlichen, akademischen Arbeit über Hooligans, mit dem Titel *Knowing the Score,* folgendes über diesen Vorfall: ´Das Trio war kräftig und sie waren die besseren Kämpfer, doch sie wurden brutal attackiert, dabei erlitt einer von ihnen eine starke Verbrennung des Brustkorbes, nachdem man mit einer Signalrakete auf ihn geschossen hatte. Auch ein zweiter von ihnen bedurfte ärztlicher Behandlung, weil er bewusstlos geprügelt worden war. Die Blades Hooligans dachten sich, dass die drei gekriegt hätten was sie verdienten, dafür dass sie sich in einem ihrer Pubs hatten sehen lassen. Die Wednesday Leute sahen das natürlich anders und schworen Rache.´

Diese Rache folgte dann auch umgehend. Der Wednesday Mob schafften es die Namen einiger Angreifer herauszufinden und suchte diese auf. Einer der Blades wurde attackiert, als er mit seiner Freundin in einer Disco war, einen anderen passten sie ab, als er an einem Amateurfußballspiel teilnahm. Es kam in dieser Zeit noch häufiger zu kleinen Zusammenstößen und schließlich startete der Wednesday Mob einen Angriff auf den Landsowne Pub. Doch die Attacke wurde abgewehrt und die Wednesday Hooligans wurden bis zurück ins City Centre verfolgt.

Eine Woche darauf versammelten sich achtzig Blades in den üblichen Kneipen und erwarteten, dass ihre Gegner Revanche nehmen würden. Die drei schwarzen Wednesday Jungs betraten wieder den Landsowne Pub, es wurden aber nur einige Beleidigungen ausgetauscht und dann verließen sie den Laden wieder, ohne dass sie angetastet worden wären. Draußen partroulierten viele Polizeibeamte, da sie einen Tipp bekommen hatten, dass es Ärger geben könne. Nach etwas Rumlauferei, hauptsächlich um die Polizei abzuschütteln, trafen die beiden Firms auf der London Road aufeinander und die Wednesday Leute wurden in eine Kneipe gedrängt. Die Polizei rückte an und stieß auf zwei Molotowcocktails, als sie die Kneipe durchsuchte. Später an diesem Abend kam es noch zu Ärger zwischen einer zwanzigköpfigen Gruppe von Blades und den drei schwarzen Wednesday Hooligans.

Diese Streitereien zogen sich noch einige Wochen hin, dabei kam es immer wieder zu kleineren Schlägereien in Kneipen und Diskos. Später in der selben Saison trafen die beiden Vereine anlässlich eines Gedenkspiels für Tony Kenworthy, im Stadion an der Bramall Lane aufeinander. Von beiden Firms waren nicht viele Leute vor Ort, doch es waren genug, um auf beiden Seiten einen etwa siebzig Mann starken Mob auf die Beine zu stellen. Es kam zu einem Schlagabtausch, bei dem Steve Cowens in seinem Buch dem Wendsday Mob das bessere Ende zuschreibt.

Noch mit dieser bitteren Niederlage im Hinterkopf, ergab sich für die Blades vier Monate darauf im Hillsborough Stadion, bei einem weiteren Gedenkspiel, die Chance auf Revanche. Der Mob der Blades zählte erneut siebzig Leute. Sie benutzten Seitenstraßen, um die Polizei zu umgehen, als sie aber an der Kneipe des Wednesday Mobs ankamen, waren ihre Kontrahenten bereits auf dem Weg zum Stadion. Doch die Blades gaben nicht auf und sammelten sich nach dem Spiel erneut. Schließlich trafen sie auf ihre Gegner und bei dem folgenden Kampf wurden zwei Molotowcocktails von United Leuten geschmissen. Obwohl die Wednesday Hooligans mehr waren, drehten sie um und rannten weg. Wednesday war geschlagen und das Blatt hatte sich zu Gunsten von Uniteds Firm gewendet.

Bei dieser Schlägerei war auch erstmals der Schlachtruf ´BBC´ (Blades Business Crew) zu hören. Nachdem man bei einem Treffen von etwa einem Dutzend United Hooligans in einer Kneipe über einen Namen für die Firm nachgedacht hatte, kam man zu dem Entschluss, sich Blades Business Crew zu nennen. Es wurden Visitenkarten gedruckt, auf denen zu lesen war: ´Congratulations, you have just been tuned in by the BBC,´ außerdem ließ man Anstecknadeln fertigen, die einen Totenkopf mit zwei Schwertern über den Vereinswappen zeigten und auch einige Songs wurden sich ausgedacht.

Das letzte Spiel der Saison 1986/87 hatte Sheffield United in Portsmouth zu bestreiten. Die Gastgeber waren bereits aufgestiegen und deshalb in Feierlaune, doch eine 1:2 Niederlage veranlasste die 6.57 Crew dreimal dazu den Platz zu stürmen. An einer dieser Stürmungen waren über 1.000 Leute beteiligt, die alle versuchten die Gäste aus Sheffield zu erreichen. Sogar Steve Cowens, einer der Top Jungs der BBC gab zu, an diesem Tag dankbar gewesen zu sein, dass so viele Polizeihunde im Einsatz waren. Ein Mob bestehend aus 150 BBC Mitgliedern hatten sich über das Wochenende im benachbarten Bournemouth breit gemacht und darauf gewartet, dass die Portsmouth Hooligans vorbeikommen würden. Doch sie kamen nicht und satt einer Schlägerei veranstaltete der Sheffield Mob ein wildes Saufgelage.

Die BBC war wohl der bekannteste Mob bei Sheffield United, doch es gab auch kleinere Gruppen und einige Typen, die keiner Gruppe angehörten und nur zu den wichtigen Spielen kamen. Cowens nach war beispielsweise die ´Suicide Squad ´einer der härtesten Mobs: „Sie waren so um die dreißig Mann. Obwohl sie wie wir Blades Hooligans waren, mochten sie es unabhängig von unserer Firm zu reisen. Unter ihnen waren einige wirklich gute Jungs, sie nahmen keine Spinner mit. Der einzige weitere separate Mob, der United repräsentierte war ´Darnall Massive.´ Die Mitglieder dieser Gang waren ein paar echte Draufgänger, wenn sie zusammen waren liefen sie vor niemanden weg, egal was oder wer da kam. Die Squad war Mann für Mann gesehen nicht so stark wie der Darnall Haufen, doch wenn es darauf ankam machten sie sich grade. Die Squad Leute kamen alle aus Shiregreen, einem rauen Bezirk von Sheffield. Sie hatten eine Menge guter Auftritte, doch mit dem BBC Mob sah man sie nur bei den wirklich großen Spielen zusammen. Die Darnall Hools sind eine andere Liga, sie sind wahre Männer und bleiben auch zusammen stehen wenn sie in starker Unterzahl sind.“

1988 und 1989 spielte United zum Saisonende gegen Bristol City. Die erste der Begegnungen war ein Spiel um den Klassenerhalt, bei dem es zu Schlägereien neben und auf dem Spielfeld kam. Bristol gewann Hin- und Rückspiel, verlor jedoch das Play-Off Finale und stieg somit auch ab. Im folgendem Jahr spielten die Vereine wieder in Sheffield gegeneinander. Dieses Mal hatte United mehr Glück und fuhr zum Rückspiel mit dem sicheren Gefühl aufzusteigen. Auch 200 Hooligans machten die Reise nach Bristol und als das Spiel gerade zehn Minuten in Gang war, kam es zu Prügeleien auf den Rängen. Cowens schreibt darüber in seinem Buch *Blades Business Crew:* ´Wir griffen sie in ihrem Block an und sie rannten die Treppen runter in den darunter liegenden Block. Ordner wurden bei Seite geschubst und jeder wollte an die Gegner kommen. Zwei Spieler von United, die ich lieber nicht nenne, feuerten uns dabei auch noch an.´

Die Schlägerei weitete sich bis auf das Spielfeld aus und es mussten Polizeipferde eingesetzt werden, um wieder Ordnung herzustellen. Später am gleichen Abend kam es noch zu weiteren Vorfällen im Weston-Super-Mare, einem Hotel Resort in dem viele Blades abgestiegen waren. Der Sheffield Star schrieb: ´Verrückte United Anhänger randalieren. Betrunkene Schläger verwandelten ein Hotel Resort für vier Stunden in ein Schlachtfeld.´ Die Polizei sagte der Presse, die Ausschreitungen hätten begonnen, als nach der Sperrstunde Gruppen von bis zu fünfzig United Fans auf der Straße herumlungerten. „Es war als bräche die Hölle los,“ sagte ein Beamter.

Als United in der Saison 1991/92 ein Spiel in Norwich zu bestreiten hatte, machten viele Blades daraus ein Wochenende in Great Yarmouth. Wie es so oft bei Reisen von Fußballfans in Urlaubsorte ist, wurden Spaß und Trinken bald von Gewalttätigkeiten abgelöst. In einer Kneipe in dem Ort begannen 200 Blades Amok zu laufen und es gab weiteren Ärger als ihnen der Eintritt in eine Disko verwehrt wurde. Es kam dabei auch zu einigen Festnahmen. Beim Spiel selbst gab es jedoch nur vier Verhaftungen, obwohl sich 200 Blades in das Home End geschlichen hatten.

Die Feindseligkeiten zwischen den beiden Vereinen aus Sheffield setzten sich derweil unvermindert fort. Im Jahre 1990 trafen die beiden Mannschaften zweimal auf einander. Die erste Begegnung war ein Freundschaftsspiel im Stadion an der Bramall Lane, zu diesem Anlass versammelten sich 250 Blades in den Kneipen an der London Road, während sich ihre Gegner drei Meilen entfernt in einer Sozialsiedlung trafen. Der Wednesday Mob machte sich auf den Weg in Richtung der Rivalen, die aber auf der Hut waren und den Wednesday Mob angriffen, als dieser sich an einem Pub sammelte. Es kam zu einem kurzen Schlagabtausch, den die Blades für sich entschieden noch bevor die Polizei anrückte. Die Ordnung wurde wieder hergestellt und die United Hooligans gingen ins Stadion. Nach dem Spiel sammelten sich dann wieder 200 Blades und wollten zu einem Pub im City Centre, auf dem Weg dorthin wurden sie allerdings von einer Gruppe Wednesday Leute attackiert. Sie schafften es zwar die Wednesday Hooligans zu verjagen, aber auch sie hatten einige Opfer zu beklagen.

Da beide Mobs den Sieg für sich beanspruchten, war klar, dass bei der Pokalbegegnung, die später in der Saison im Hillsborough Stadion stattfinden sollte, etwas passieren würde. Unter den 32.000 Zuschauern waren auch 200 United Hooligans, aber vor dem Spiel gab es kein Anzeichen, dass eine Wednesday Mob da wäre. Dieser Umstand änderte sich auch nach dem Spiel nicht, so dass die BBC einen moralischen Sieg verzeichnete. Der Aufstieg von United in die First Division sorgte im folgendem Jahr für das erste Ligaspiel zwischen den beiden Clubs seit langem. Das Hinspiel wurde aus Angst vor Krawallen extra früh angepfiffen. Beim Rückspiel im Hillsborough Stadion kam es dann zu zweiundzwanzig Festnahmen. Die United Hooligans hatten sich Karten für das Home End besorgt und eine kurzer Kampf war dort entbrannt.

Auch wenn es in dieser Zeit nicht oft zu Kräftemessen kam, spätestens bei den Derbys merkte man, dass United den besseren Mob hatte. Für diesen Umstand gab es wohl mehrere Gründe. AJ einer vom Blades Mob sagte, ein Grund war, dass die schwarzen Jungs auf einmal beim Wednesday Mob verschwanden: „Es ist mir ein Rätsel, wohin all die Schwarzen vom Wednesday Mob verschwunden sind. Sie hatten einige echt gute Jungs, doch plötzlich waren sie alle weg. Die Tatsache, dass United den Spieß umgedreht hatte und dass drei ihrer Leute von einigen Jungen Blades ins Krankenhaus befördert worden waren trug sicherlich auch dazu bei. Auch machte das Gerücht die Rund, die Schwarzen würden nichts mehr mit dem Wednesday Mob zu tun haben wollen, weil einige Mitglieder des Mobs sich von der rechtsradikalen Szene angezogen fühlten. Diese Leute hatten Verbindungen zum Chelsea Mob und zu Combat 18. Ob das die Wahrheit ist oder nicht, können allerdings nur die schwarzen Hools und die rechten Hools von Wednesday sagen. Ohne Zweifel war der Wednesday Mob ohne die Schwarzen schwächer. Und eins ist ganz sicher, heutzutage gibt es nur noch wenige oder keine Schwarzen unter den Wednesday Hooligans."

Die United Hooligans behaupten, dass bei einem Vorfall 1991 in London, die Rückgratlosigkeit des Wednesday Mobs offenbar wurde, als dieser sich mit einer anderen Firm zusammenschloss, um ihre Erzfeinde zu überfallen. Vor einem FA Pokalspiel gegen Chelsea wurde ein großer BBC Mob von den Chelsea Headhunters zum World´s End Pub in Camden gelockt und anschließend mit zahllosen Waffen attackiert. Einige Wednesday Hooligans, deren Mannschaft an diesem Tag gegen Arsenal spielte, beteiligten sich an diesem Angriff. Bis heute wird darüber diskutiert, wie schwer die Bewaffnung der Chelsea Schläger war und wie es wohl ausgegangen wäre, wenn keine Waffen im Spiel gewesen wären, doch eines ist sicher, der United Mob wurde überrascht und verjagt. Diese Tatsache ärgerte viele der Blades Leute genauso doll, wie die Anwesenheit von Wednesday Hooligans.

Ende der Neunzigerjahre stand den BBC Jungs mit Birmingham Citys Mob wieder ein ernst zu nehmender Gegner gegenüber. AJ erinnerte sich an eine besonders lebhafte Konfrontation zwischen den beiden Mobs: „Die Zulus hatten das Stadion früh verlassen und machten sich auf in Richtung London Road. Es ging so richtig los, als sechzig bis siebzig von ihnen den Pheasant Pub angriffen. Zwei Leute von Uniteds Firm wurden mit Messern verletzt, als etwa zwanzig Mann aus der Kneipe stürmten, um es mit den Zulus aufzunehmen. Was die Jungs aus Birmingham nicht einkalkuliert hatten war, dass innerhalb einiger Minuten viele BBC Leute auftauchten, die gerade vom Stadion kamen und nun ging es rund. Um fair zu sein, muss man sagen, dass der Birmingham Mob eine echt gute Show ablieferte, besonders die Asiaten unter ihnen kämpften gut. Einer von ihnen hatte wirklich Pech, denn er fiel zu Boden, als der Birmingham Mob gerade dabei war zu verschwinden, der Typ wurde gepackt und erhielt eine böse Abreibung. Diese Schlägerei muss so um die fünf Minuten gedauert haben und die ganze Zeit über war ein Polizeihubschrauber über uns, der die Szenen beobachtete. Zum Rückspiel fuhren wir mit 100 unserer besten Leute. Die meisten waren älter als dreißig Jahre und hatten viel Kampferfahrung. Es kam vor dem Stadion zu einer kurzen Konfrontation, doch unsere Firm war an diesem Tag qualitativ so gut, dass es niemand geschafft hätte uns zu schlagen."

In jüngerer Vergangenheit kam es auch häufiger zu Schlägereien mit dem Mob von Derby County. Es gab bereits Mitte der Achtzigerjahre Zusammenstöße zwischen den Hooligans aus Derby und den Sheffield United Jungs, dann kam es zu einer Ruhepause, die allerdings nur bis 2002 anhielt. Im August 2002 musste Sheffield United zum Saisoneröffnungsspiel in Coventry antreten. Auf dem Rückweg von diesem Spiel nutzte ein 150 Mann zählender BBC Mob die Gelegenheit, in Derby auszusteigen. Sie lieferten sich dort Straßenschlachten mit der Polizei und einem etwa gleich starken Mob Einheimischer. Einige Kneipenscheiben gingen bei diesem Vorfall zu Bruch, den die Polizei später als ´schweren Eingriff in die öffentliche Ordnung´ bezeichnete. Polizeibeamte die am Schauplatz eintrafen wurden von den United Leuten mit einem Hagel aus Steinen und Flaschen empfangen. Diese Ausschreitungen ereigneten sich nur einen Tag nachdem die Polizei von Sou-

Diese Aufnahme einer Überwachungskamera zeigt eine im voraus arrangierten Schlägerei zwischen Charlton und Southampton Hooligans im Londoner Maze Hill Bahnhof.

th Yorkshire angekündigt hatte, ein Spiel gegen Millwall um einen Tag zu verlegen, weil es zu Gewaltandrohungen gekommen war, außerdem hatte der Sportminister Richard Caborn gefordert, Hooligans ein lebenslanges Stadionverbot zu geben.

Ein paar Monate später kam es wieder zu Krawallen, dieses Mal in Sheffield. Mehr als 300 Hooligans verschiedener Firms waren an Auseinandersetzungen beteiligt, die bis spät in die Nacht gingen. Der Derby Mob war in Sheffield, weil sein Team ein Spiel gegen Wednesday hatte, Barnsley Hooligans machten einen Zwischenstopp auf ihren Weg nach Chesterfield und dazu kam noch der Mob der Blades, der gerade von einem Spiel gegen Forest nach Hause kame. Auch am Anfang der nächsten Saison kam es zu Zusammenstößen, als fünfzehn bis zwanzig Derby Hooligans auf einen 100 Mann staken Blades Mob trafen, der auf die Firm von Wednesday wartete. Die Polizei behauptete, dass die Mobs von Sheffield United und Wednesday diesen Kampf verabredet hatten, um zu sehen wer besser ist, doch die Derby Jungs tauchten vor den Wednesday Leuten auf. Ein Polizeisprecher sagte später zur Presse: „Wir wissen nicht einmal warum die Derby Anhänger in der Stadt waren. Es war ein ganz entsetzlicher Vorfall, der bei den Passanten, die ins City Centre oder die umliegenden Theater wollten Angst auslöste. Der Wirt des Surrey Pubs stand am Ende vor einem riesigen Scherbenhaufen."

Im neuen Jahrtausend kam es auch zu einer neuen Welle von Gewalttaten zwischen den beiden Firms aus Sheffield. Im Februar 2000 entschied sich ein 200-köpfiger Wednesday Mob nach der Ankunft aus Derby durch das City Centre zu marschieren. Kurz vor 20.00 Uhr trafen sie dann auf einen Mob von 150 Blades. In einer Lokalzeitung konnte man später über den Vorfall lesen: ´Einige der Hooligans trugen Gläser und Flaschen mit sich rum und fast alle waren mit Schals und Kapuzen vermummt. Es war ganz offensichtlich, dass dieses Aufeinandertreffen vorher per Mobiltelefon abgesprochen wurde.´

Gerade als der United Mob die Wednesday Hooligans mit einer Salve von Wurfgeschossen eindeckte, tauchte die Polizei vor Ort auf und zog einen Teil der Aufmerksamkeit der Blades auf sich. Der Zeitungsbericht fuhr fort: ´Die Gruppe von Sheffield United Hooligans begann dann die Polizisten zu attackieren. Ein Beamter ging zu Boden und wurde dort mit Tritten eingedeckt. Er wurde erst gerettet, als immer mehr Polizisten eintrafen. Der Beamte wurde dann mit dem Verdacht auf Kieferbruch in ein Krankenhaus gebracht. Die anschließenden Schlägereien verteilten sich über das gesamte City Centre.´

Im selben Jahr kam es zu weiteren Ausschreitungen, als die beiden Vereine aus Sheffield bei einem Spiel an der Bramall Lane aufeinander trafen, es war übrigens das erste Ligaspiel zwischen den Clubs seit sieben Jahren. Mehr als 450 rivalisierende Fans waren an den Schlägereien beteiligt, die von Presse und Polizei als Aufstand bezeichnet wurden. Es kam auch zu dreißig Festnahmen, als sich nach dem Spiel Tumulte im City Centre ereigneten. Über 100 Polizisten mussten eingesetzt werden, um diese Krawalle zu unterbinden. Ein Polizeisprecher sagte: „Die Tatsache, dass die Hooligans trotz Verabredung nicht aneinander ran kamen, frustrierte sie noch mehr und stachelte sie an. Dadurch wurden sie so aggressiv, dass die Polizeibeamten gezwungen waren CS Gas und Schlagstöcke einzusetzen, um die Trennung der Gruppen zu gewähren."

Einer der schlimmsten Zwischenfälle ereignete sich bei einem Derby im September 2002, obwohl dieses Mal nur United Hooligans und Polizisten beteiligt waren. Ein Zeitungsbericht darüber liest sich wie folgt: ´Männer schmissen Flaschen, Gläsern, Barhockern und Snookerqueues aus dem Sportsman Pub in der Denby Street. Der Mob, von dem einige Männer schon den ganzen Tag getrunken hatten, zwang unschuldige Kneipengäste und Kinder sich in der Küche Deckung zu suchen, solange die Unruhen andauerten.´

Die Kneipe wurde dabei völlig verwüstet und es kam noch zu weiteren Auseinandersetzungen in anderen Bars im City Centre.

Als Richter Patrick Robertshaw später einige Männer zu Freiheitsstrafen zwischen sechs Monaten und fünf Jahren verurteilte, sagte er noch, dass sie den guten Namen des Fußballs besudelt hätten: „Fußball kann wohl als unser national Sport angesehen werden und nur allzu oft wurde der gute Ruf dieses Sports von Leuten, die gewissenlose, brutale Schläger sind besudelt und deswegen sitzen sie jetzt auch auf der Anklagebank."

Die Polizei stimmte dem Richter zu und man hoffte, dass die Urteile eine abschreckende Wirkung hätten. Obwohl der Druck der Behörden auf den United Mob lag, wurde die Dominanz den Wednesday Hooligans gegenüber immer größer, bis zu dem Punkt, dass Wednesday Leute sich nicht mal zu einem Kneipenbesuch im City Centre blicken lassen konnten.

In der Saison 2003/04 gelang Sheffield United ein Doppelschlag gegen Leeds United. Auch wenn Sheffield eine Liga unter ihren Kontrahenten spielte, schaffte es die Mannschaft doch, eine Begegnung im FA und eine im Worthington Pokal für sich zu entscheiden. Das Spiel im Worthington Pokal, das im November 2003 stattfand, wurde von Ausschreitungen im Stadion an der Bramall Lane überschattet. Im Gästeblock rissen die Leeds Anhänger mehr als 2.000 Sitze aus den Verankerungen und schmissen sie auf das Spielfeld. Gleichzeitig kamen Hunderte von Blades über den Platz gerannt, sie provozierten ihre Feinde in der Hoffnung so noch mehr Ärger zu entfachen.

Beim FA Pokal Viertelfinal im folgenden März war die Polizei besser vorbereitet, denn szenekundige Beamte hatten vorausgesagt, dass etwa 350 Leeds Hooligans anreisen würden, 100 Mann davon aus Doncaster. Sie wurden von zirka 250 BBC Leute erwartet, doch der große Polizeieinsatz, der vergleichbar mit dem Einsatz bei einem Derby war, erwies sich als erfolgreich. Weil die Aktionen der Polizei sie immer mehr einengten, entschieden die BBC Jungs im folgenden Jahr beim Ligaspiel gegen Leeds eine neue Taktik anzuwenden. Da sie einsahen, dass sie in Sheffield schlechte Chancen hatten an ihre Feinde ranzukommen, fuhren sie am Abend an dem das Spiel an der Bramall Lane stattfand, nach Leeds und besetzten dort einige Kneipen im City Centre.

Eine mit Spannung erwartete Begegnung war das Heimspiel gegen Cardiff City im September 2003. Die Soul Crew hatte einen gefürchteten Ruf und bereits im Vorfeld waren Beleidigungen über das Internet ausgetauscht worden. AJ sagte über diesen Tag: „Als Cardiff zu uns kam, stellten wir den größten BBC Mob auf die Beine, den wir seit Jahren hatten. Ich würde schätzen, dass wir um die 500 Leute waren. Vor dem Spiel hatten die Cardiff Typen geprahlt, sie würden mit einer großen Firm anreisen, doch in Wahrheit kamen sie nur mit fünfzig Jungs und darunter waren auch einige Mitläufer. Nach dem Spiel kam es dann zu einem Schlagabtausch, die Polizei wusste nicht was sie machen sollte, viele von uns hatten sich in der Gegend rund um die St. Mary´s Kirche gesammelt. Dort fanden auch die Kämpfe mit den Cardiff Leute statt und sie untermauerten iheren Ruf. Erst wurde sich mit Gegenständen beschmissen, doch dann ging es Mann gegen Mann. Von der Cardiff Crew wurde danach behauptet, wir wären weggerannt, das ist jedoch völliger Blödsinn.

Eine Reisebusbesatzung aus Cardiff hatte vor dem Spiel den Sheaf Pub überfallen, einen Laden in dem Familien saßen und der zudem noch auf der falschen Seite der Stadt liegt. Deshalb waren die Behauptungen einiger Cardiff Hooligans im Internet, sie hätten einen BBC Pub auseinandergenommen, nur lachhaft. Trotzdem muss man ihnen Anerkennung zukommen lassen, sie hatten sich gezeigt, im Gegensatz dazu waren wir nie als Mob bei ihnen erschienen. In einem Jahr wollten wir fahren, es sollte eine Gedenktour für einen unserer Leute werde, alles war schon geplant, als uns die Polizei eine Strich durch die Rechnung machte. Es wurde dafür gesorgt, dass nur Mitglieder des offiziellen Fan Clubs Tickets erhielte. So versauten sie uns einen Tag, an dem wir bestimmt Spaß gehabt hätte.“

Der Mann zu dessen Gedenken diese Fahrt stattfinden sollte war Lester Divers, ein in Sheffield ansässiger Musikproduzent, der am Neujahrstag 2003 mit einer abgesägten Schrotflinte erschossen worden war. Bei seiner Beerdigung waren viele BBC Hooligans anwesend. Später wurden auch zwei Männer für den Mord zu Haftstrafen verurteilt, das Motiv der Tat blieb allerdings im Dunkeln.

Im Sheffield Star war nach den Krawallen beim Spiel gegen Cardiff folgendes zu lesen:

´Fankrawalle´

Beim Spiel gegen Cardiff City sorgten Hooligans beider Seiten für die schlimmsten Krawalle, die es seit Jahren in Sheffield gab. Zwei Polizisten wurden verletzt, einer bedurfte ärztlicher Behandlung, als 150 Beamte versuchten Schlägereien zwischen den verschiedenen Fangruppen zu verhindern. Vor und nach dem 5:3 Sieg von Sheffield United kam es zu Auseinandersetzungen, bei denen das City Centre in ein Schlachtfeld verwandelt wurde. Die Polizei musste Verstärkung von anderen Dienstellen anfordern, als die Ausschreitungen ein Level erreichten, wie man es seit Jahren nicht erlebt hat.

Fünf Cardiff Anhänger und ein Blade Hooligan wurden sofort verhaftet, während andere noch ihre Verletzungen behandeln ließen. Martin Hemmingway, der Leiter de Polizeieinsatzes sagte anschließend: „Die Freuden eine Fußballspiels wurden von einer Minderheit überschattet, die es nur darauf abgesehen hat Ärger zu machen. Das Verhalten einiger Cardiff Hooligans den Polizeibeamten gegenüber war äußerst brutal. Solch schlimme Szenen haben sich seit Jahren nicht mehr in Sheffield abgespielt. Die Beamten haben gute Arbeit geleistet und noch schlimmere Ausschreitungen verhindert. In Anbetracht der Umstände war es nicht möglich viel Festnahmen durchzuführen, doch wir werden im Nachhinein versuchen alle Schuldigen vor Gericht zu bringen.“

Aber nicht jeder war mit dem Polizeieinsatz so zufrieden. Noch während die Polizei von South Yorkshire versprach anhand von Filmmaterial Unruhestifter zu identifizieren, wurden den Beamten auch Fehler vorgeworfen. Vince Alm, der Sprecher vom Cardiff City Supporters Club beschuldigte die Polizisten, die Cardiff Fans nicht ausreichend vor Angriffen geschützt zu haben. Er sagte auch, dass Beamte gegen Cardiff Anhänger vorgingen und die Sheffield Hooligans, die den Ärger angefangen hatten ignorierten. Zum Teil wurde diese Ansicht auch von Polizisten aus South Wales unterstützt. Die Beamten kritisierten vor allem, dass einige Busse nicht in Vororten von Sheffield halten durften, was bereits vor dem Spiel zu Spannungen zwischen der Polizei und den Walisern führte.

Die zunehmende Gewalt bei Sheffield United sorgte schließlich dafür, dass die Polizei neue Schritte einleitete. Als 2002 die Auseinandersetzungen zwischen den beiden Firms aus Sheffield immer häufiger wurden und der BBC Mob im ganzen Land berüchtigt wurde, musste man handeln. Der Polizei von South Yorkshire wurde ein großes finanzielles Budget genehmigt, um damit neue Überwachungsmaßnahmen ins Leben zu rufen. Zudem gab es das unbestätigte Gerücht, dass mindestens ein älteres Mitglied des Mobs als Polizeispitzel fungiere.

Die Folgen der neuen Situation bekamen die Sheffield United Hooligans zu spüren, als im September 2002 aus einer Schlägerei zwischen ihnen und den Wednesday Leuten, eine Schlacht zwischen ihnen und der Polizei wurde. Einige bekannte Gesichter des BBC Mobs wurden wegen diesem Vorfall zu Gefängnisstrafen verurteilt, obwohl normale Gäste und die Angestellten einer Kneipe, die alles sehen konnten, sagten dass die Polizei den Streit begonnen hatte.

Fünfzehn Monate später und nur kurz nach Krawallen bei Heimspielen gegen Cardiff und Leeds, wurde es 150 Sheffield United Hooligans verboten nach Burnley zu fahren. Denn die Polizei hatte Hinweise bekommen, dass ein Treffen mit den lokalen Hooligans verabredet worden war. Die Sheffield Hooligans wurden von der Polizei eingekesselt, als sie in Padiham, kurz vor Burnley einen Halt an einer Kneipe machten. Viele von den Blades hatten bereits Briefe von der Polizei bekommen, in denen sie darauf hingewiesen wurden, sich nicht in Burnley blicken zu lassen. Chief Inspector Richard Morgan sagte: „Wir vermuten, dass sich einige Leute über die Vorgehensweise beschweren werden, doch wir sind mit unserer Arbeit voll zufrieden. Einige unserer szenekundigen Beamten bestätigten, dass es sich bei den Festgehaltenen um bekannte Sheffield United Hooligans handelte. Der Grund ihres Erscheinens war ausschließlich das anzetteln von Chaos. Alle Bürger und auch die normalen Fußballfans aus Sheffield und Burnley haben das Recht, durch die Polizei vor solchen Leuten geschützt zu werden."

Heutzutage ist die Blades Business Crew bei weitem nicht mehr so aktiv wie sie es einst war. Das Alter, Gefängnisstrafen und Banning Orders haben ihren Tribut gefordert. Als Wednesday im Mai 2005 auch wieder in der ersten Liga auftauchte, dachten viele das Kräfteverhältnis würde sich zu Gunsten von Uniteds Erzrivalen wenden. Doch diese Vermutung hat sich bis jetzt noch nicht bewahrheitet. Bei den letzten beiden Begegnungen der Vereine in der Saison 2005/06, waren viele United Hooligans auf den Straßen, obgleich sie sich zurückhielten.

Abschließend sagte AJ: „Das Kräfteverhältnis zwischen uns und Wednesday ist konstant wie seit zwanzig Jahren. Sie zählen darauf, dass wir United Hools älter werden und sie uns irgendwann schlagen könne, doch bis jetzt ist es so, dass sie immer noch vor uns wegrennen bevor ein Schlag gefallen ist. Unser Mob hat viele Leute durch Gerichtsurteile verloren und wir fahren schon lange nicht mehr zu Auswärtsspielen, doch wir sind noch immer Stark genug, um den Wednesday Jungs zu zeigen wo sie hingehören. Nämlich auf Platz zwei in Sheffield, das ist so auf dem Fußballplatz und auch daneben. Wann immer es zu Situationen fünf gegen fünf oder zehn gegen zehn oder gar Mob gegen Mob kommt, flüchten sie. Wir hingegen haben es schon geschafft achtzig von Wednesdys besten Leuten mit fünfunddreißig von uns zu jagen. Sobald sie uns sehen treten sie den Rückzug an."

Weiterführende Literatur: Football Hooligans: Knowing The Score, Gary Armstrong (Berg Publishing), Blades Business Crew, Steven Cowens (Milo Books)

Sheffield Wednesday

Stadion: Hillsborough
Firms: East Bank Repulican Army, Owls Crime Squad
Feinde: Sheffield United, Grimsby Town, Derby County, Oldham

Denis hat alles durchgemacht. Er folgte für vier Jahrzehnt seinem geliebten Verein Sheffield Wednesday durch Dick und Dünn und ging keiner Schlägerei aus dem Weg. „Das erstemal, dass ich mit Fußballkrawallen in Kontakt kam, war bei einem Spiel in London 1967 gegen Chelsea," erinnerte er sich. „Wir fuhren eine Woche vor dem Pokalspiel, zu einem Ligaspiel gegen die Londoner. Ich war noch jung, doch ich erinnere mich, wie die Chelsea Hooligans ums Stadion herumliefen und hinter unserem Block auftauchten. Sie fingen an zu singen und stürmten dann auf uns los. Ich und viele andere flüchteten auf den Platz. Doch es gab auch einige mutige Wednesday Jungs, die stehen blieben und trotz verbissenem Kampf eine Niederlage hinnehmen mussten. Und da war noch dieser verrückte Typ, der mit einer Fanfare rumlief und mit dem Ding auf jeden Chelsea Fan einschlug, an den er rankam. So war es, ich wurde von dieser Sache schon in jungen Jahren in den Bann gezogen.

Ich war auch bei den Krawallen in Oldham und fuhr nach Leeds, als es hieß sie wären der beste Mob im Land. Ich weiß noch, als einer der bekannteren Hooligans mir sagte, wir fahren nach Leeds, hätte ich mir vor Angst beinahe in die Hose geschissen. Wir wagten uns dann sogar ins Stretford End und stellten uns. Das war eine echt gute Zeit, als Wednesday noch in der ersten Liga war, doch auch in den unteren Ligen hatten wir unseren Spaß.

Eine der lustigsten Reisen, die ich gemacht haben, war zu einem Auswärtsspiel in York. Tausende reisten an und dann verlor unsere Mannschaft mit 3:0. Ich verpasste das Spiel, weil ich es vorzog die neunzig Minuten mit einem Mädchen aus York zu verbringen, dass war mit Sicherheit auch interessanter, als ein schlechtes Fußballspiel zusehen. Nach Abpfiff ging ich mit meinen Kumpels in die Stadt und wir besoffen uns kräftig. Nachdem wir genug Zeit totgeschlagen hatten wollten wir zurück zu unserem Bus, doch keiner von uns wusste mehr wo er stand. Als wir an einem wenig einladenden Hotel vorbeikamen, lief einer der Jungs, Jeff, der eigentlich ein Blade war und trotzdem mit uns loszog, in den Laden. Wir warteten, weil wir dachten er würde pissen gehen, bis wir plötzlich einen lauten Knall hörten. Dann kam Jeff aus dem Hotel, über dem Kopf trug er eine große, teuer aussehende Vase, die er auf das nächste vorbeikommende Auto schleuderte. Das war es, für die nächste halbe Stunde fingen wir an zu randalieren, damals war das nichts besonderes. Als wir die Straße weiter runter gingen sahen wir einen Hot Dog Wagen, vor dem eine große Schlange stand. Jeff löste die Bremse des Wagens und schob ihn samt Verkäufer weg, dabei schwappte das Fett und all der andere Kram über. Ich muss heute noch lachen, wenn ich daran denke, wie die Schlange so da stand und darauf wartete, dass Jeff den Wagen wieder zurückbringt. So war das damals, es gab natürlich auch Massenschlägereien und Verletzte, doch auch immer etwas zu lachen. Heute würde man für Sachen in den Knast wandern, die in den Siebzigern einfach zu einem guten Tag gehörten."

Seit Mitte der Sechzigerjahre gibt es Erwähnungen in der Presse, die Anhänger von Sheffield Wednesday in Zusammenhang mit Fußballkrawallen bringen, meist in einem Atemzug mit den Erzfeinden von Sheffield United. Im Februar 1962 beschmierten Wednesday Fans, eine Nacht vor einem Derby, die Mauern vom United Stadion mit Drohungen. Vierzehn Monate später berichtete eine Zeitung über Zusammenstöße von Sheffield Fans im City Centre. 1968 wurde dann berichtet, dass ein United Fan festgenommen wurde, als er mit einer Flasche über den Kopf schwingend, einen Mob anführte, der Jagd auf Wednesday Leute machte. Einige Wochen später war in der gleichen Zeitung zu lesen, wie sich Anhänger beider Vereine aus Sheffield nach eine Spiel im Hillsborough Stadion Schlachten lieferten, an denen 500 Personen beteiligt waren.

Das Buch *Knowing The Score* von dem Soziologen Gary Armstrong, beschreibt die Geschichte der Sheffield United Hooligans über Jahrzehnte hinweg. Unter anderem zitiert er einen Blades Hooligan, der die frühen Auseinandersetzungen zwischen den beiden Mobs aus Sheffield beschreibt: ´Es gab keine Trennung zwischen den Fangruppen im Stadion, also konnten die Leute auch leicht ins gegnerische End kommen. Wenn Spiele an der Bramall Lane waren, gingen wir früh ins Stadion, stellten uns auf die Rückseite unserer Kurve und beschmissen die Wednesday Fans mit Gegenständen, sobald sie das Stadion durch die Drehkreuze betraten. Die Polizei eskortierte die Owls (Wednesday Anhänger) meist bis auf die Tribüne, wo es dann oft zu Kämpfen kam. Ein denkwürdiges Spiel fand 1966 im Hillsborough Stadion statt. Bereits Wochen vor dem Spiel hatten viele Blades immer wieder gesungen: „Don´t forget your Eggs," als wir dann nahe ihrer Kurve waren beschmissen wir die Wednesday Leute mit Hunderten von Eiern, sie waren förmlich mit Eiern bedeckt. Im Jahr darauf wurde es etwas gefährlicher, denn ein Blade schmiss eine kleine mit Säure gefüllte Flasche auf die Wednesday Fans und einige wurden davon getroffen.´

Aber auch Anhänger anderer Vereine, wie zum Beispiel die Red Army von Manchester United, sorgten im Hillsborough Stadion einige Male für Ärger. John, ein Wednesday Hooligan-Veteran konnte sich an einen dieser Besuche im Jahr 1969 noch gut erinnern: „Wie üblich sammelten wir uns im Claymore Pub und tranken einige Bier, dann machten wir uns auf in Richtung Hillsborough. Etwa zwanzig von uns trafen sich noch mit einigen Jungs aus Foxhill und nahmen ein paar Bier im Park Hotel zu sich. Vierzig von uns gingen in das Stadion, dort schlossen wir uns hinter dem Tor dem Rest der East Bank Bootboys an. Plötzlich ging ein Ruck durch die Menschenmasse und von hinten stürmten 100 Man U Anhänger auf uns los. Wir mussten ein Bisschen was einstecken, kämpften uns aber zurück und schafften es uns erneut zu sammeln. Wie verließen die Kurve am unteren Ende, umrundeten sie und griffen nun unsererseits von hinten an. Jetzt waren wir an der Reihe und wir jagten sie zum Fuß der Kurve. Es waren nur wenige Polizisten vor Ort, weil die meisten von ihnen damit beschäftigt waren Fans aus dem Stadion zu eskortieren. Eigentlich war es ein gelungener Tag, doch leider verloren wir das Spiel 1:3 und stiegen ab."

Der erste Mob, den es bei Sheffield Wednesday gab, war die East Bank Republican Army, die sich auf der großen East Bank breit machte. Der Chef der East Bank war Sammy aus dem Bezirk Hackenthorpe in Sheffields Süden. „Ich sehe noch immer vor meinen Augen, wie wir ihn in unserem End oder einen eroberten auf den Schultern trugen," erinnerte sich John mit Wehmut. „Wir stellten ihn auf einen Zaun und sangen ihm ein Ständchen.

Bei einem Auswärtstrip nach Swansea machten wir Halt an einem China-Imbiss und wie immer wurde Sammy als erster bedient. Während die anderen Jungs noch für ihr Essen anstanden, schaufelte Sammy schon sein Zeug rein und machte dabei für gewöhnlich alles dreckig. Der Kerl hinter dem Tresen fragte Sammy freundlich, ob er nicht draußen essen könne, weil er die anderen Gäste vergraule. Sammy hob nur kurz seinen Kopf und sagte dann die für mich unvergesslichen Worte: ´Verpiss dich, du Waliser Bastard,´ zu dem chinesischen Kellner. Alle die im Laden waren fingen an zu lachen, Sammy aß einfach weiter ohne zu merken was für ein Gelächter er ausgelöst hatte. Eine andere Eigenart von ihm zeigte sich wenn man mit ihm an der Bar stand und nicht mehr genau wusste welches Glas wem gehört. Wenn man ihn dann fragte welche Bier seins sei, nahm er einen großen Schluck aus einem Glas, stellte es wieder hin und verschwand mit dem anderen."

In den Siebzigerjahren hatte Wednesday eine wahre Armee, die der Mannschaft überall hin folgte. Das letzte Spiel der Saison 1971/72 fand in Hull statt und viele reisten an, da es fast eine Art Derby war. In der Zeitung Hull Daily Mail war anschließend zu lesen: ´Bereits vor dem Spiel kam es zu mehreren Schlägereien. Bei den weitläufigen Ausschreitungen, die vor und nach dem Spiel stattfanden, wurde unter anderem ein sechzehnjähriger Sheffield Fan schwer verletzt. Es kam auch zur Festnahme von vierzehn Jugendlichen und den schlimmsten Fällen von Vandalismus, die es je in Hull gegeben hatte. Randalierende Skinheads drehten auf der Anlaby Road völlig durch und zerstörten Autos oder schmissen Scheiben ein. Der Ärger begann, als Sheffield Wednesday Fans sich auf den Weg ins Stadion machten, um das letzte Spiel der Saison zu sehen. Auf diesem Weg finge Hunderte Jugendliche an Scheiben einzuschmeißen und versuchten ein Auto umzudrehen. Die Polizei beschrieb die Situation als sehr schlimm und es mussten Diensthunde eingesetzt werden, um die Massen zur Ordnung zu bringen.´

Es kam auch noch zu sechsunddreißig Stadionverweisen, nachdem die Hull Anhänger versucht hatten die Wednesday Fans zu attackieren, wobei sie allerdings von der Polizei gehindert wurden. Nach dem Spiel gab es dann weitere Schlägereien an der Paragon Station.

Paul, ein anderer Wednesday Hooligan konnte sich auch noch lebhaft an diesen Tag erinnern: „Wir trafen uns mit den Jungs aus Foxhill am Bahnhof und so gegen 11.00 Uhr waren wir in Hull. Wir gingen erst mal in die Innenstadt und hielten Ausschau nach ihrem Mob, dabei verjagten wir ein, zwei kleinere Gangs. Die meisten von uns hatten Waffen dabei, unter anderem 25 cm lange Schlauchstücke, die mit Sand und Nägeln gefüllt und an den Enden zugebunden waren. Diese Dinger ließen sich leicht am Körper verstecken. Ungefähr vierzig von uns schlichen sich ins gegnerische End und als die Hull Typen dann kamen, holten wir unsere Schläuche raus und jagten sie. Wir richteten erheblichen Schaden an, doch es dauerte mindestens zehn Minuten bevor die Polizei wieder die Ordnung herstellen konnte. Allerdings nicht bevor wir noch die Hull Fans auf das Spielfeld gescheucht hatten. Die Polizisten legten nun ihr Augenmerk auf uns und wir griffen sie sofort an. Damit hatten sie nicht gerechnet. Danach versuchten wir uns geschlossen zurückzuziehen und uns unter die anderen Wednesday Fans zu mischen, doch einige wurden trotzdem festgenommen."

Zwei Jahr später sorgte der Besuch von Manchester United für nationale Schlagzeilen. Die Allgemeinheit war der Meinung, dass es die schlimmsten Fußballkrawalle waren, die bis dahin stattgefunden hatten. Die Zahlen sprechen für sich, es gab 113 Verhaftungen, sechzig Verletzte und von den 35.000 Zuschauern gehörten 20.000 zur Red Army. Tony Cronshaw, ein ehemaliger Wednesday Hooligan schilderte diese Begegnung wie folgt: „Das Spiel gegen Manchester United 1974 war das einzige Spiel, bei dem unsere Gegner es schafften die East Bank einzunehmen und dort Randale zu machen. Auf unserem Weg zum Spiel wollten einige Jungs und ich noch ein Bier im Ozzie Owl Club nehmen, doch wir wurden von Leuten der Red Army durch die Stadt gehetzt und endeten in der Pond Street, alles nur weil einer meiner Freunde seinen Schal nicht abnehmen wollte. Die ganze Stadt war voll mit diesen Bastarden. Um die Dimension des Besuchs zu verdeutlichen, muss man sagen, dass unser Zuschauerrekord bis dahin bei 12.373 lag, doch bei dieser Begegnung waren 35.067 Leute vor Ort. Schließlich gingen wir auf die Ränge der East Bank. Da standen wir nun mit ein paar hundert Leuten und saßen in der unteren Ecke des Blocks fest. Einige der Wednesday Leute waren zum South Stand gejagt worden, doch die Man United Anhänger schienen überall im Stadion zu sein. Um alles noch schlimmer zu machen gewannen wir 3:1, das machte sie erst richtig sauer. Ich war damals neunzehn und ziemlich unerfahren in Sachen Krawall, doch da waren ältere Wednesday Jungs, die an diesem Tag zu Legenden wurden, sie ließen sich auch durch den Platzsturm der Red Army nicht entmutigen. Die Polizei schaffte es dann schließlich die Situation unter Kontrolle zu bringen, jedoch nicht bevor es zu 100 Festnahmen kam und sechzig Personen verletzt wurden. Unter den Verletzten war auch ein Man U Anhänger, der einen Schädelbruch erlitten hatte, dadurch sieht man, dass es auch von unserer Seite einigen Widerstand gab.

Unserer Vereinssekretär sagte, alle an den Krawallen Beteiligten sollten die Prügelstrafe erhalten, doch wir nahmen es ihm nicht übel. Er hatte ja das Spiel aus seiner Loge mit einer Decke über den Beinen gesehen und nicht den ganzen Nachmittag lang in der Feuerlinie gestanden. Die Wednesday Hooligans hätten satt der Prügelstrafe eine Orden für Tapferkeit verdient, weil sie so mutig gegen eine Übermacht gekämpft hatten."

Es kam zu weiteren Ausschreitungen im Hillsborough Stadion als dort 1977 das FA Pokal Halbfinale zwischen Manchester United und Leeds ausgetragen wurde. Anwohner waren außer sich, als Manchester Fans anfingen Amok zu laufen, wobei sie Autos beschädigten und Fensterscheiben einschmissen. Eine Unterschriftenliste machte schon kurz nach dem Spiel die Runde, dadurch wollte man erreichen, dass es bei zukünftigen Spitzenspielen mehr Polizeischutz gäbe.

1975 spielte Wednesday zum Saisonabschluss erneut in Hull und es kam wieder zu Krawallen, obwohl sie nicht auf dem Level der Vorkommnisse von 1972 waren. Es gab fünfzehn Festnahmen und weitere achtzig Personen wurden des Stadions verwiesen. Die meisten Festnahmen erfolgten zum Ende des Spiels, als die Leute bereits das Stadion verließen. Ein Polizeisprecher sagte danach: „Zu einem Zeitpunkt verließen 100 Sheffield Anhänger ihren Block und rannten über das Feld auf die dort befindlichen Hull City Fans zu. Augenblicklich kam es zu Kämpfen zwischen den verfeindeten Gruppen."

Tony erzählte über diesen Tag folgendes: „Ich hatte mich richtig in Schale geworfen, ich trug Jeans, Doc Martens und hatte meinen Seidenschal um den Hals. Wir fuhren mit dem Zug und als wir so aus dem Bahnhof rollten, schien es, als ob ganz Sheffield sich auf den Weg Richtung Osten gemacht hätte. Unser Zug kam an und man konnte schon das Stadion sehen, alles war ruhig, bis die Wednesday Fans ausstiegen und den Ort förmlich einnahmen. Für die Hull Fans war es verwunderlich, dass der Verein, der die ganze Saison über am Tabellenende gestanden hatte, solch eine Gefolgschaft mitbrachte. Dann ging es in das Stadion, wo die Polizisten auf der Seitentribüne arge Probleme hatten die Kontrolle über die Wednesday Fans zu behalten, überall sah man Polizeihelme durch die Luft fliegen. Dummer Weise verpasste ich den größten Teil davon, denn gegen 14.30 Uhr hatte man mich am Kragen zur Haupttribüne gezogen, mich dort verwarnt, meine Personalien aufgenommen und mich dann mit anderen Wednesday Anhängern des Stadions verwiesen. Ich kann mich auch noch daran erinnern, eine Auseinandersetzung mit einigen Hull Fans gehabt zu haben, die rausfinden wollten, wo sie gefahrlos in das Stadion kommen konnten, weil fast überall Wednesday Leute waren. Das waren glorreiche Zeiten für Wednesday Hooligans, wenn man mal von den Ergebnissen auf dem Spielfeld absieht."

Der Verein beendete die Saison als Tabellenletzter und stieg zusammen mit Cardiff City und Millwall ab. Das erste Spiel in der Third Division war auswärts gegen Southend, eigentlich ein ziemlich unattraktives Spiel, doch die Hooligans von Sheffield Wednesday sahen das anders. ´Randalierende Fußballfans regierten am Wochenende mit dem Faustrecht in Southend und hinterließen eine Spur der Verwüstung,´ schrieb eine Lokalzeitung und fuhr fort: ´Die Gewalttaten kündigten sich bereits um 05.00 Uhr, mit dem Ankommen der ersten Wednesday Anhänger an. Gegen mittag hatten sie sich zu Banden zusammengetan und rannten die High Street rauf und runter, dabei belästigten sie Passanten, brüllten rum und fluchten. Die erste Schlägerei fand vor dem Sutton Arms Pub in der Soutchurch Road statt. Wednesday Fans lockten die im Pub trinkenden Southend Anhänger auf die Straße und der Kampf begann. Ein Jugendlicher musste ins Krankenhaus gebracht werden, nachdem ihm eine Flasche auf dem Kopf zerschlagen worden war.´

Alleine der Schaden durch zerschlagene Gläser in den Pubs an der Promenade betrug 400 £, dazu kamen noch sechs Verletzte und siebzehn festgenommene Personen, die angezeigt wurden. Während des Spiels benahmen sich die Wednesday Anhänger einiger Maßen und überließen es dem Mob der Heimmannschaft für Ärger zu sorgen. Southend Anhänger stürmten das Spielfeld und versuchten an die Wednesday Leute ranzukommen. Die schon zitierte Lokalzeitung berichtete über diesen Vorfall auf eine besondere Art und Weise: ´Es spielten sich am Samstag unglaubliche Szenen im Roots Hall Stadion ab. Als der Pfiff zur Halbzeit erklang, war das ein Signal für eine Invasion des Spielfelds. Massen von Jugendlichen kletterten über Zäune auf den Platz und lieferten sich bedrohlich wirkende Hetzjagden. Doch die Polizei von Southend war vorbereitet und ein oder zwei Rowdys konnten in Rugbymanier zu Boden gebracht werden. Weitere Polizisten mit Diensthunden kesselten die Mehrheit der Invasoren ein und führten sie im Gänsemarsch aus dem Stadion.´

Der Polizeisprecher Terry Rand sagte: „Ich wünschte die Eltern dieser Jungen könnten sehen, was ihre Kinder bei diesen Spielen machen. Ich vermute sie wären entsetzt."

Anfang 1976 spielte Wednesday auswärts gegen Charlton Athletic im FA Pokal. Die Owls aus Sheffield fuhren zu Tausenden nach Charlton und es sollte ihre bis dahin größte Schlacht werden. „Wir fuhren mit einem Busunternehmen, das den Namen Sheffield United Tours hatte, aber wir nannten es nur ´The SUT,´" erzählte Tony Cronshaw. „Wir wählten dieses Unternehmen, weil deren Busse bis 0.00 Uhr Zwischenstopp in London machten und jeder weiß ja, dass wir Jungs aus dem Norden gerne mal ein Nacht durchfeiern. Vor dem Spiel ließen wir uns das Bier schmecken und machten uns eine schöne Zeit. Im Stadion tauchten dann einige Millwall Hooligans auf, doch sie waren zu wenige, um unseren Mob gefährlich zu werden, so dauerte die Auseinandersetzung nicht all zu lange. Nach dem Spiel sah es dann schon ein bisschen anders aus. Wir hatten verloren und draußen brach die Hölle los. Überall schienen Schlägereien statt zu finden, die Polizeibeamten kamen in einen Hagel aus Wurfgeschossen, Autos wurden umgedreht und Fenster eingeschmissen. Die Ausschreitungen schienen ewig weiter zu gehen und es dauerte lange, bis wir wieder im Reisebus waren. Wir schlossen den Abend ab, indem wir noch mit einigen Geordies (Newcastle Fans), die gegen die Queens Park Rangers gespielt hatten, ein paar Bier tranken. Diese Ereignisse waren was Gewalt und Vandalismus angeht, die schlimmsten, die ich in dreißig Jahren erlebt habe."

Allerdings beharren die Charlton Hooligans darauf, dass keine Millwall Leute beteiligt waren und dass sie zumindest bei den Schlägereien nach dem Spiel die Oberhand gehabt hätten.

Von Mitte bis Ende der Siebzigerjahre waren die Wednesday Hooligans ihren Lokalrivalen von Sheffield United weit überlegen. Sie waren mehr Leute, besser organisiert und hatten einige gut Kämpfer unter sich, wie beispielsweise einen schwarzen Boxer, der wirklich furchterregend wirkte und vor dem die meisten der Blades Angst hatten.

Über diesen Abschnitt sagte Cronshaw: „Zu meiner Zeit gab es nicht viele Aufeinandertreffen mit den Blades, doch wenn es dazu kam, haben wir immer gewonnen. Es war so um 1976 als wir in einem County Cup Spiel gegeneinander antraten, wir hatten uns im Claymore Pub getroffen und waren ein kleiner aber guter Mob. Um 19.00 Uhr machten wir uns auf den Weg zum Stadion an der Bramall Lane. Gerade als wir dort ankamen, schlug auch die Polizei auf. Doch wir reagierten schnell und fingen an ´United, United!´ zu rufen. Umgehend drängten uns die Beamten in Richtung Home End der Blades. Wir warteten noch bis alle von uns da waren und rannten dann die Treppe links vom Shoreham End hoch. Mit uns warteten sogar einige Blades, weil wir den Idioten erzählt hatten, ein Wednesday Mob könnte jeden Augenblick erscheinen.

Als wir dann alle in ihrer Kurve waren, zeigten wir ihnen, wer wir wirklich waren und sie bekamen mächtig Angst. Wir rannten durch die Kurve auf einen Blades Mob zu, das witzige dabei war, dass ihre erste Reihe fast nur aus Jungs bestand, die wir aus unseren Stadtteilen kannten. Es war schon ein wenig verwirrend, wir versuchten zu schlagen und zu treten, wollten aber keinen Bekannten treffen, auch wenn er ein Blade war. Nach dem ersten Zusammenstoß war es nur noch eine Sache von Minuten, denn die meisten Blades flüchteten. Nach dem Spiel gingen wir in die Stadt, wo wir zusammen mit einigen der Blades Leute in einem Nachtclub feierten. Es klingt komisch, doch so war es damals.

Als wir United in der Saison 1979/80 im Hillsborough Stadion mit 4:0 schlugen, war von den Blades wie immer nichts zu sehen. Beim Rückspiel in ihrem Stadion besetzten mindestens 5.000 von uns Owls ihr Home End und es kam zu zahlreichen Festnahmen. Die Blades behaupten bis heute, dass wir nicht in ihrem End waren, sondern nur hinter den Zäunen, die daran angrenzten, doch da standen die Leute mit Kindern. Wie kann es sein, wenn keine Wednesday Leute in ihrer Kurve waren, dass die Polizei so viele von uns dort rauszog?"

1993 erschienen Tony und vierzig weitere Hooligans erneut im Stadion an der Bramall Lane, sie standen alle gemeinsam auf der Südtribüne. „Wir hielten uns am Ende ihrer Kurve auf und sogar als wir in der Halbzeitpause ein Bier tranken, passierte nichts. Ich war für solche Sachen eigentlich schon zu alt, doch wir hatten an diesem Tag einen wirklich klasse Mob, der aus jungen und alten Leute bestand, die teilweise echt gut drauf waren. Wir guckten uns das Spiel an, das mit einem langweiligen 1:1 endete und verließen dann ganz lässig das Stadion. Das war eigentlich keine große Aktion, doch ich wette, hätten einige unter uns nicht einen so angsteinflössenden Ruf gehabt, wäre etwas passiert."

Ab 1979 wurde es normal, dass sich rivalisierende Banden Freitagnacht im City Centre bekriegten. An einem dieser Freitage kam ein Mob von vierzig Blades gerade von einer Freundschaftsspieltour durch die Schweiz und wollte einige Drinks im City Centre nehmen. Ihre Anwesenheit blieb den Wednesday Hooligans nicht lange verborgen, die sich nun ihrerseits zusammenrotteten. Die Folge war, dass es zu Prügeleien in Pubs und auf den Strassen kam. Solche Szenen sollten sich dann auch die nächsten achtzehn Monate regelmäßig wiederholen. Der United Mob erhielt gelegentlich Unterstützung von einigen der Rotherham Blades, diese Gruppe hatte ihre eigene persönliche Fehde mit zwei der Anführer vom Wednesday Mob.

Ein anderer Anlass, der regelmäßig von Schlägereien begleitet wurde, war der traditionelle Weihnachtsumtrunk im City Centre von Sheffield. Es war eine alte Tradition, dass die Fabriken früh schlossen und so den Arbeitern Zeit gaben, an einer Veranstaltung teilzunehmen, die normalerweise in einem Saufgelage endete. Als nun in den Siebzigerjahren die Rivalität der Fußballvereine immer mehr aufkam, begegneten sich die verfeindeten Parteien bei solchen Festivitäten. Oft stand man sich um den großen Weihnachtsbaum vor einem Kaufhaus gegenüber. Und als die Feiernden noch Weihnachtslieder sangen, hatten die Hooligans andere Interessen, so kam es zwangsläufig zu Schlägereien. Anfang der Achtzigerjahre kam es dann nicht mehr jede Woche zu Auseinandersetzungen, das lag zu einem daran, dass die Beteiligten sich durch kriminelle Machenschaften kennen gelernt hatten und zum anderen zogen sich viele der früheren Anführer aus Altersgründen zurück. Doch es sollte nicht lange ruhig bleiben.

Der Anfang der Saison 1980/81 stellte sich äußerst brutal dar. Es begann mit einem Heimspiel gegen Newcastle. Nach der Begegnung griffen Hooligans der Gastmannschaft Polizisten an und verletzten dabei vierzehn Beamte. Ein Polizeisprecher sagte im Nachhinein, dass sich die Masse der Wedneday Fans gut benommen hätte und er musste einräumen, dass die Einsatzkräfte sonst Probleme gehabt hätten. In einer Presseerklärung von Seiten der Polizei war unter anderem zu lesen: ´Es war das schlimmste Beispiel für gesetzwidriges Verhalten, das sich seit Jahren in unserem Land abgespielt hat.´

Diese Szenen provozierten eine Diskussion über Hooligans und die Rolle des Gesetzgebers, dabei wurden Rufe nach mehr Überwachung und härteren Strafen laut. Die Vorsitzenden der beiden Vereine aus Sheffield, sowie von Rotherham und Barnsley arrangierten ein Treffen mit dem Polizeichef von South Yorkshire, um über Strategien zu sprechen, wie man bei zukünftigen Spielen mit den Fans umgehen solle.

Nur eine Woche darauf, als Wednesday in Nottingham spielte, riefen die neuen Überwachungsmaßnahmen jedoch heftige Gegenreaktionen hervor. 5.000 Wednesday Anhänger hatten die kurze Reise auf sich genommen und sollten nun am Stadion durch einen einzigen Eingang reingelassen werden. Joe Ashton ein Parlamentsmitglied aus Sheffield und ein glühender Wednesday Fan sagte: „Das war einfach nur Inkompetent. Die Situation war lächerlich. Die Wednesday Anhänger standen wie Sardinen in dem zugewiesenen Block, während andere Teile des Stadions so leer waren, dass man das Spiel dort hätte austragen können. Die leitenden Polizeibeamten sollten sich doch mit Massenveranstaltungen auskennen und nicht in Panik verfallen, wenn mal ein paar Dutzend Leute zusammenkommen. Es scheint mir so, dass die Verantwortlichen erst zufrieden sind, wenn die Spiele um 09.00 Uhr angepfiffen werden und die meisten Fans sie verschlafen."

Als Wednesday drei Wochen nach Saisonbeginn bei Oldham antreten musste, wurde die Überwachungsarbeit der Polizei immer umstrittener. Nur Tage vor dem Spiel schickte der Vorsitzende von Sheffield Wednesday, Bert McGee einen Brief an die Times, in dem er sich über die neue Taktik der Polizei beschwerte, die auswärtigen Fans in viel zu kleine Blocks zu pferchen: „Meiner Ansicht nach ist gerade diese von der Polizei im ganzen Land durchgeführte Maßnahme ein gefährlicher Fehler. Warum es so gehandhabt wird ist schon klar, doch dadurch, dass die Leute so zusammengequetscht werden gibt es noch viel mehr Probleme als ohne hin schon."

Traurigerweise erwiesen sich seine Vermutungen als vollkommen zutreffend. 'Wednesdays Tag der Schande,' titelte eine Lokalzeitung, nachdem die Begegnung von chaotischen Szenen überschattet worden war. Nur Minuten nachdem die angereisten Fans am Stadion von Oldham Athletic angekommen waren, gab es auch schon Krawallen, in deren Verlauf Polizisten mit Mauersteinen und Zementbrocken beschmissen wurden. Während die meisten Wednesday Anhänger im Rochdale End eingepfercht wurden, schafften andere es ins Home End von Oldham einzudringen und sofort brachen Tumulte aus. Einer der älteren Polizeibeamten, der Dienst hatte sagte: „So etwas wie das haben wir noch nie gesehen. Obwohl mehr Polizisten vor Ort waren als jemals zuvor."

Der Funke der dann alles in Brand setzte, entstand als Wednesdays Spieler Terry Curran wegen einem angeblichen Foul an den für Oldham spielenden, ehemaligen United Spieler Simon Stainrod, verantwortlich gemacht wurde. Der Spieler von Oldham, der noch Minuten zuvor ein Tor geschossen hatte lag nun am Boden und hielt sich mit schmerzverzerrten Gesicht die Leiste. Curran protestierte beim Schiedsrichter und als die Anhänger von Wednesday immer zorniger wurden, kam auch Trainer Jack Charlton auf das Spielfeld. Dutzende Wednesday Fans begannen auf die Zäune zu klettern, derweil sammelten andere Wurfgeschosse, um sie gegen die Polizisten einzusetzen, die verhindern wollten, dass die Fans auf den Platz stürmten. Es dauerte zwanzig Minuten und bedurfte einer emotionalen Ansprache von Jack Charlton, bis die Fans sich beruhigt hatten und das Spiel fortgesetzt werden konnte. Glyn ein Wednesday Hooligan, der während dieser Zeit aktiv war, erinnerte sich an folgendes: „Der Platzsturm, der dann stattfand war nur ein Teil des Chaos. Sämtliche Polizisten aus dem Großraum Manchester waren an diesem Tag im Einsatz und lieferten sich offene Schlachten mit Leuten im Auswärtsblock. Auch auf der Seitentribüne spielten die Wednesday Anhänger verrückt, sie begannen damit die Treppenstufen zu zerstören, um dann mit den Zementbrocken zu werfen. Zwischen ihnen saßen einige Oldham Fans auf ihrer eigenen Tribüne fest und schissen sich vor Angst fast in die Hosen. Ein Freund und ich wurden zu einem Zaun an der Frontseite der Kurve gedrängt, als einige Jugendliche durch Tore auf den Platz geleitet wurden. Ich kann mich auch noch genau daran erinnern, wie wir grinsten, als Steine und Zementbrocken von einer Eisenbarriere abprallten, unter der wir uns in Deckung gebracht hatten."

Die Ausschreitungen verliefen nicht so geplant, wie es in der Presse dargestellt wurde. Der Platzverweis von Curran war der zündende Funke, doch eigentlich hatten einige Leute viel größere Wut wegen der neuen Überwachungsmaßnahmen. Tony sagte zu diesem Thema: „Der Ärger hatte schon viel früher begonnen und zwar wegen der Behandlungsweise der Wednesday Fans durch die Polizei bei Auswärtsfahrten. In Bolton hatten sie uns wie Tiere eingepfercht und uns nach dem Spiel nicht aus dem Stadion gelassen. Was in Nottingham folgte war noch schlimmer, wir mussten wie die Ölsardinen zusammen stehen, obwohl neben uns ein ganzer Block leer war. In Oldham kam dann das Fass zum überlaufen.

Wir reisten mit einem vereinseigenen Inter-City an, das war nicht so ein heruntergekommenes Ding wie die alten Sonderzüge, denn der Verein hielt ihn in Schuss. Als wir in Manchester ankamen, wurden wir sofort von der Polizei in Busse gesteckt und mussten auch noch dafür bezahlen. Dieser Umstand sorgte nicht wirklich für gute Laune, doch als wir in Oldham eintrafen, fanden wir gleich eine nette, kleine Kneipe und konnten unseren Frust wegspülen. Einige der Jungs stürmten dann im Stadion das Chadderton End, leider waren sie aber zu wenige und die Absperrzäune erwiesen sich als große Hindernisse. Als wir dann von der Tribüne aus das Stadion überblickten, sahen wir, dass fast überall Wednesday Fans waren. Oldham Athletic war so schlau gewesen, vor dem Spiel noch einige Bauarbeiten ausführen zu lassen und davon lag noch eine Menge Bauschutt rum, alles davon was man werfen konnte, schmissen wir auf die Polizisten. Selbst unser 'Gott,' Jack Charlton konnte die Massen nicht beruhigen. Viel wurde darüber geschrieben, wie es zu den Ausschreitungen kommen konnte, doch eines ist sicher, der Platzverweis von Curran löste nur die lange angewachsene Wut aus. Als uns die Polizei schließlich am Bahnhof aus den Bussen ließ, machten die Beamten ihrem Frust noch mal ein wenig Luft und verpassten uns eine Abreibung. Wir ließen es einfach über uns ergehen, wir hatten ja schließlich schon den ganzen Tag lang Spaß gehabt."

Fans, die Polizei und auch Spieler standen danach im Rampenlicht. Der Chef der Polizei von Oldham machte die Spieler Curran und Stainrod dafür verantwortlich, dass vier seiner Beamten verletzt worden waren. Er forderte zudem harte Strafen für die beiden: „Sie müssen für das was geschehen ist die Konsequenzen tragen," sagte er verärgert. Auch andere erschienen auf der Bildfläche und brachten ihre Bestürzung zum Ausdruck. Der Oberbürgermeister von Sheffield nannte es eine 'Tragödie' für die Stadt und sagte: „Es ist eine Schande, dass eine Minderheit, bestehend aus Verrückten, Sheffield so in Misskredit bringt." Der Vorsitzende einer Webegemeinschaft der Stadt sagte, dass dieser Vorfall nicht gut für die Wirtschaft der Region wäre und so Touristen abgeschreckt würden. Jack Charlton kam während dessen in die Kritik, wegen seines Wutausbruchs gegenüber dem Schiedsrichter, doch er bestand trotzig darauf, es wäre nur wegen der Schauspielerei von Stainrod so weit gekommen.

Wednesdays Vorstandsmitglied McGee verteidigte weiter seine Kritik an den Überwachungsmaßnahmen, als er von einem Komitee des Fußballverbandes eingeladen wurde, um neue Schritte zu diskutieren. Er sagte, dass die Taktiken, die von der Polizei praktizierte wurden 'aus normalen Leuten erst Hooligans machen würden.' Er erhielt Unterstützung vom Trainer, der sagte: „Wenn man Menschen wie Tiere in eine Käfig sperrt, dann benehmen sie sich auch wie Tier." McGee argumentierte, man solle anstatt alle Fans zu bestrafen, lieber das Augenmerk auf die Hooligans richten. Er setzte sich dafür ein, dass man Fotos machen sollte, die später zur Identifizierung genutzt werden sollten. Er weigerte sich aber strikt, die Kritik an der Polizei in Oldham zurückzunehmen, die er zuvor als bestes Beispiel für schlechte Überwachungsarbeit genannt hatte.

Die Krawalle in Oldham sollten sich für die Wednesday Hooligans noch als ein wichtiger Moment herausstellen. Sie erlangten durch den Zwischenfall traurige Berühmtheit und das ganze Land war entsetzt, doch so etwas sollte sich bei Sheffield Wednesday niemals wiederholen. Einige Randalierer waren im Nachhinein beschämt, mit welcher Härte die Krawalle in Oldham abgelaufen waren, viele machten einfach 'Feierabend' und somit Platz für eine neue Generation von Hooligans.

Paul, einer der weiter beim Mob blieb, sagte: „Mit dem Anfang der Achtzigerjahre änderten sich die Vorraussetzungen. Die East Bank Republican Army war immer seltener in Ausschreitungen verwickelt, hinzu kam, dass einige ältere, bekannte Hools sich zur Ruhe setzten. Leute wie Tommo, Fat Sid und Black Colin wurden durch eine neue, jüngere Generation ersetzt. Diese neuen Jungs hatten eine andere Einstellung, sie saßen nicht mit den alten Hooligans im Hillsborough Stadion rum. In der ganzen Stadt setzte sich dann der Casual-Look durch und die alten Donkey Jackets wurden durch Sergio Tacchini und andere Designerklamotten abgelöst."

Ein Zwischenfall, der symbolisch den Niedergang der Firm von Wednesday dokumentierte, wurde 1985 landesweit gesendet, als ein Fernsehteam eine Reportage über West Hams ICF drehte. Die Fernsehleute folgten der ICF auf einer Reise nach Sheffield, in dem Bericht wurden gezeigt, wie ein kleiner Mob von Londonern einen wesentlich größeren Wednesday Mob in die Flucht schlug.

Ältere Wednesday Hooligans sind noch immer wütend wegen dieser Reportage. Nicht nur dass gezeigt wurde, wie sie vor einem viel kleineren Mob floh, sie behaupten auch, dass die Geschichte komplett gelogen war.

Pauls Sicht der Dinge war die: „Wir hatten uns in der Stadt im Queen's Head Pub getroffen und bereits früh tauchte ein West Ham Mob von zirka fünfzehn Leuten auf und wir stürmten auf sie los. Wenn man die Reportage anguckt, sieht man, wie ein kleiner Mob in Richtung des Pubs geht, dann kommt ein Schnitt und man sieht Aufnahmen von der High Street, dann kommt wieder ein Schnitt und man kann eine Gruppe sehen, die hinter dem Howard, einem Pub, verschwindet. Jeder der Sheffield kennt, weiß dass es sich nicht so abgespielt haben kann. Der Mob der sich hinter dem Howard versteckt hatte, war die ICF, die vom Queen's Head Pub geflüchtet war.

Wir gingen danach in eine Kneipe Namens The Bell auf der High Street, in diesem Laden waren wir um die 100 Leute. Als es nach einer Weile so schien, als würde nichts mehr passieren, gingen die meisten von uns, ich eingeschlossen, die Straße runter in das Muff Inn. Kurz nach unserem Verschwinden, tauchte ein fünfzigköpfiger ICF Mob am The Bell auf, in dem nur noch dreißig unserer Leute saßen. Dann folgten die Szenen, die man auch im Bericht sehen konnte. Wenn man sich die Aufnahmen mal genau anschaut, sieht man, dass mindestens drei Blades unter unseren Leuten waren. Die meisten sagten mir, dass es sie nicht gerade glücklich gemacht habe, dass ein Kameramann anwesend war. Nach dem Spiel sammelten wir uns dann am Ende der Leppings Lane, wir hatten einen guten Mob von 150-200 Leuten. Plötzlich erschien auch die ICF und es kam zu einigen Rangeleien, bevor die Polizei eingriff. Wir wurden in Richtung Park Hotel gedrängt und die West Ham Jungs wurden vor dem Hillsborough Park eingekesselt. Zu keinem Augenblick flüchteten wir, wie es die Idioten vom Fernsehen behaupteten."

Was allerdings außer Frage stand war, dass sich das Kräfteverhältnis in Sheffield zu Gunsten des United Mobs wendete. Das geschah nicht über Nacht, doch Mitte der Achtzigerjahre wurde es immer deutlicher. Die schlechten Ergebnissen von Sheffield Wednesday auf und der Firm neben dem Platz, machten den Unterschied offensichtlich.

Paul sagte dazu: „Als ich 1984 in die Szene kam, konnte man in der Stadt nicht viele United Hooligans sehen. Die älteren von uns hatten nichts als Verachtung für die jungen Blades übrig, doch die Zeiten änderten sich. Als im Mai 1986 ein Gedenkspiel zu Ehren von Tony Kenworthy an der Bramall Lane stattfand, war das die Chance für den jungen United Mob uns zu zeigen, dass sich die Verhältnisse in Sheffield geändert hatten. Doch so lief es nicht, denn eine kleine Firm von uns machte den jungen Kerlen nach dem Spiel klar, wo es lang geht. Es sollte noch einige Monate dauern, bis wir eine andere Meinung von dieser neuen Firm hatten. Vorerst konnten wir beruhigt schlafen, weil wir sie nicht als Bedrohung ansahen.

In einer kalten Oktobernacht wurde dann in Manchester die ´Owl Crime Squad´ (OCS) gegründet, die East Bank Repulican Army war nun Geschichte. Eine kleine Firm von uns fuhr zu einem Liga Pokalspiel zwischen Wednesday und Stockport an die Maine Road. Keiner von uns war älter als einundzwanzig. An diesem Abend schlugen wir die Firms von Stockport und Manchester City und so wuchs unser Glaube unschlagbar zu sein. In der Saison 1986/87 machten wir dann viel Auswärtsfahrten und gewannen einige große Schlachten, wie beispielsweise gegen Nottingham Forest oder Liverpool FC, obwohl ich zugeben muss, dass die Besatzung eines unser Kleinbusse bei den Queens Park Rangers in arge Problem kam. Wir hatten wirklich viel Spaß, doch leider endete die Saison im Mai und von da an lief es nicht mehr so gut.

Ab 1987 schien die Begeisterung bei Wednesday zu schwinden. Der BBC Mob sorgte für viel Aufregung in der Stadt und die Aktionen unseres Mob wurden immer seltener. Die Folge war, dass die Nächte auf der West Street in den kommenden Jahren recht hart für uns wurden. Der BBC Mob schien über Nacht größer und besser, als unsere dahinscheidende Firm geworden zu sein und das ließ man uns auch gerne spüren. Bei einen Freundschaftsspiel im August 1989 an der Bramall Lane ergab sich für uns die Chance, die alten Zustände wieder herzustellen. Wir hatten keine große Firm an diesem Tag, wir waren so etwa siebzig Leute, dafür stimmte aber die Qualität. Ob es an unserer schlechten Planung lag oder woran auch immer, auf jeden Fall wurden wir vor dem Spiel, in der nähe des Earl of Arundel Pub von einem zweihundertköpfigen BBC Mob überrannt. Alleine dass wir sauer waren von einem mehr als doppelt so großen Mob besiegt worden zu sein, zeigt wie gut unsere Moral war. Nach dem Spiel konnten wir uns dann ein bisschen revanchieren, als wir mit vierzig Leuten den BBC Mob vor dem Silks Pub angriffen.

Doch abgesehen von diesem Ereignis sah es schlecht für uns aus. Um ehrlich zu sein, waren die einzigen Wednesday Hooligans, die sich noch jede Woche auf Sheffields Partymeile, der West Street zeigten, die Stockbridge Owls. Bei Spielen gegen United waren wir aber immer auf den Straßen, egal was die Blades erzählen. Das beinhaltete auch, dass wir teilweise ziemliche schwere Verletzungen abbekamen, doch wir gaben nie auf und das war vielleicht der Grundstein für die Wiederbelebung der OCS Ende der Neunziger. Das was wir Ende der Achtzigerjahre auf die Beine stellten, wurde von niemanden anerkannt und dass ist meiner Meinung nach nicht richtig. Der BBC Mob war damals echt stark und für fünfzehn bis zwanzig von uns, die sich ihnen jede Woche aufs neue stellten, endete es oft unangenehm. Natürlich wurden wir nicht immer verprügelt, wir errangen auch einige moralische Siege. Wie beispielsweise in der Nacht, als der bekannte United Anführer ´Nudger´ eine Abreibung bekam, am Ende konnte man ihn jaulen hören: ´Ich bin Wednesday Fan, lasst mich zufrieden!´

Was ein bisschen traurig war, ist dass der United Mob unsere Leistungen nicht anerkennen wollte. Als bei einem Spiel im Hillsborough Stadion 1992 ein wiedererstarkter Owls Mob, einen BBC Mob auf einem Parkplatz überrannte, weigerten sich viel United Hooligans diese Tatsache anzuerkennen, obwohl einige ihrer besten Leute beteiligt gewesen waren. Keine Firm ist unschlagbar, doch dass wollen die Blades einfach nicht einsehen. Ich habe großen Respekt vor BBC Leuten wie Steve Cowens, doch keinen für die Personen, die ihre Firm für ihre kriminellen Machenschaften benutzen und selbst die eigenen Leute tyrannisieren." Was die Hooligans anging, war in den Neunzigerjahren nicht viel los bei Sheffield Wednesday. Der Verein machte sich in dieser Zeit hingegen gut, man erreichte einige Finalbeteiligungen im Wembley Stadion und schloss auch in der Liga mit relativ guten Ergebnissen ab. Die Hooligan-Szene in Sheffield ist sich einig, dass die BBC der dominierende Mob war, doch es war nie völlig einseitig. Im April 1991 schlug Wednesday Manchester United im Finale des Ligapokals und schaffte noch im selben Jahr den Aufstieg in die erste Liga. Mit Ron Atkinson als Trainer entwickelte sich eine optimistische Stimmung beim Verein, die augenblicklich umschlug, als er zu Aston Villa wechselte. ´Judas,´ war auf einem großen Transparent zu lesen, das draußen am Stadion hing. Und um die Situation noch schlimmer zu machen, war der erste Gegner in der neuen Saison eben Aston Villa. Jeder wusste, dass dieses Spiel einige Risiken barg und die Polizei kündigte einen Tag vor dem Spiel an, dass ein Beamter extra dafür abgestellt werden würde, um den ehemaligen Wednesday Trainer zu schützen. Die Vorbereitungen der Polizei wurden von einer neuen Gesetzgebung, dem ´Football Offence Act´ unterstützt, diese Neuerung war erst einige Tage vor dem Spiel in Kraft getreten. Mit diesem neuen Gesetz, wurde das schreien unflätiger Sprechchöre und das grundlose auf das Spielfeld rennen, zu Straftaten erklärt.

Am Spieltag herrschte große Anspannung und es kam vor und nach dem Spiel zu Zusammenstößen zwischen einem großen Owls Mob und Hooligans von Aston Villa. Anschließend gab es siebenundzwanzig Festnahmen, doch insgesamt war die Polizei zufrieden, denn trotz der 3:1 Niederlage von Wednesday, brachte der Bewacher von Ron Atkinson seine Aufgabe ohne Zwischenfälle über die Bühne. Der Weggang von Atkinson schien jedoch wenig Einfluss auf die Leistung von Wednesday zu haben, denn sie beendeten die Saison als Tabellendritter, hinter Leeds und Manchester United. Dieses Ergebnis war gut, wenn man bedenkt, dass man zu Hause 0:6 gegen Leeds verloren hatten und mit 7:1 bei Arsenal gedemütigt worden war. In der folgenden Saison stand Wednesday dann im in zwei Finalspielen im Wembley Stadion, verlor jedoch beide Spiele 2:1 gegen Arsenal. Auch das Viertelfinale im FA Pokal fand im Wembley Stadion statt und Wednesdays Gegner war der Lokalrivale Sheffield United, beide Vereine hatten 35.000 Karten für das Spiel verkauft. Diese Begegnung wurde davon überschattet, dass ein unschuldiger United Fan bei Auseinandersetzungen auf einem Parkplatz getötet wurde. Eine der führenden Personen beim Wednesday Mob war zu dieser Zeit Dave Flynn, durch dessen Kontakte zu englischen und nordirischen Loyalisten eine enge Freundschaft mit den Chelsea Hooligans entstand. Wie die Polizei durch die Aussage eines führenden Chelsea Hooligans herausfand, ging diese Freundschaft so weit, dass sich die Mobs von Wednesday und Chelsea zusammen taten, um in London einen Sheffield United Mob anzugreifen. Es wurde dann sogar die Behauptung aufgestellt, die rechtsradikalen Kontakte der Wednesday Firm hätten zu einem Bruch zwischen den Schwarzen und den Weißen im Mob geführt. Bis dahin hatte es immer ein Menge schwarzer Jungs im Wednesday Mob gegeben, wenn auch nicht so viele wie beim BBC Mob. Die United Hooligans behauten harneckig, dass Flynn Politik und Rassismus bei der Wednesday Firm eingebracht hätte, dass wurde allerdings von einem Wednesday Hooligan, der für das Buch interviewt wurde vehement bestritten.

Die Schicksale der Hooligans und des Vereins schienen miteinander eng verknüpft, obwohl beide andere Ziele hatten. Die Erfolge auf dem Spielfeld, die es von Anfang bis Mitte der Neunzigerjahre gegeben hatte, waren schell vergessen, als der Verein in der ersten Liga ins straucheln geriet. Im Mai 2000 stieg Wednesday dann in die zweite Liga ab, während dieser Saison hatte es bei beiden Spielen gegen Leeds United Ausschreitungen gegeben. Beim Auswärtsspiel in Leeds waren zwanzig Owls Hooligans von einem dreißigköpfigen Mob einheimischer Hooligans angegriffen worden, als sie in einem Pub saßen. In einem Bericht des National Crime Investigation Service war über diesen Vorfall zu lesen: ´Bei den Ausschreitungen wurden Gläser und Flaschen geschmissen, was dazu führte, dass einige Leute Schnittverletzungen erlitten. Dann tauchte die Polizei vor Ort auf und stellte die Ordnung wieder her. Nach dem Spiel versuchte eine große Gruppe von Leeds Anhängern noch einmal die Hooligans aus Sheffield zu attackieren, dass konnte jedoch von berittenen Polizeibeamten verhindert werden.´

Beim Heimspiel in Sheffield war es dazu gekommen, dass ein Mob von achtzig Leeds Hooligans in einer Straßenbahn randalierte, doch die eigentlichen Ausschreitungen hatten sich erst nachts ereignet, als es zum Aufeinandertreffen zwischen einem OCS und einem BBC Mob kam.

Der Mob von Wednesday mag zwar im Schatten der BBC Firm gestanden haben, doch zu einigen Anlässen konnten die Wednesday Hooligans viele Leute zusammen bekommen, so wie es bei einem Spiel gegen Derby County einmal der Fall war. Nach dieser Begegnung im Jahre 1989 war im Sheffield Star zu lesen, dass 1.000 Wednesday Anhänger in der Stadt randaliert hatten. Die Polizei beschuldigte ´professionelle´ Hooligans die Krawalle ausgelöst zu haben, in deren Verlauf fünf berittene Beamte verletzt wurden. Der Zeitung nach waren unter den Wednesday Anhängern auch Hooligans anderer Vereine aus den Midlands, die diesen Tag ausgesucht hatten, um einen Angriff gegen die Firm von Derby County zu starten. Und in noch jüngerer Vergangenheit kam es dazu, dass ein Polizist Stichverletzungen erlitt, als er kämpfende Derby und Wednesday Hooligans auseinander bringen wollte.

Anfang 2001 sorgten Wednesday Anhänger vor einer FA Pokalbegegnung in Southampton für Unruhen und nur einen Monat später versuchte ein siebzig bis achtzig Hooligans zählender OCS Mob bei einem Spiel in Preston den einheimischen Mob anzugreifen. Im NCIS Report zu dem Spiel in Preston stand: ´Berittenen Einsatzkräfte verhinderten eine Massenschlägerei und scheuchten die Gruppe aus Sheffield auseinander, bevor sich diese auf der Hauptstraße wieder vereinte und in Richtung Innenstadt marschierte. Die Gruppe aus Preston machte sich derweil auf den Weg zu einer Gaststätte, in der Sheffield Anhänger waren, doch die Polizei konnte einschreiten und die Leute aus Sheffield wurden wegeskortiert. Die größte der Gruppen aus Sheffield, saß jedoch in einem anderen Gasthaus, wo sie von den Hooligans aus Preston gefunden wurde und eine kurze Schlägerei satt fanden. Dann tauchte die Polizei auf, die schließlich die Sheffield Leute zum Bahnhof eskortierte.´

Wednesday befand sich fußballerisch und finanziell in einem freien Fall und Gerüchte wurden laut, dass der Verein kurz vor dem Bankrott stünde. Im Mai 2001 beendete der Verein die Saison auf dem siebzehnten Tabellenplatz und war somit nur fünf Punkte von einem erneuten Abstieg entfernt. Das darauf folgende Jahr sah es noch schlechter aus und nur ein Punkt rettete Wednesday vor dem Abstieg. Noch ein Jahr später, 2003 gab es dann keine Rettung mehr und obwohl man die letzten vier Spiele gewann, stieg man ab. Da die alten Gegner wie Sheffield United, Leeds und Manchester United nicht mehr greifbar schienen, begann eine neue Fehde mit den Hooligans aus Grimsby.

Als beide Vereine im April 2002 gegeneinander spielten, kam es in Cleethorpes zu Schlägereien, nach denen siebzehn Personen verhaftet wurden. Auch zu diesem Fall zitieren wir einen NCIS Report: ´Polizeibeamte wurden von den Sheffield Wednesday Anhängern mit Wurfgeschossen attackiert. Auch später am Bahnhof kam es zu Unruhen, in deren Verlauf zwei Fans von einem Diensthund gebissen wurden.´

Die Zeitung Grimsby Telegraph berichtete auch, wie immer mehr Polizisten herangezogen wurden, als die Gewalt zu eskalieren begann. Hier ein Ausschnitt aus dem Artikel: ´Touristen, die einen Feiertag in Cleethorpes verbringen wollte schauten ungläubig, als Schläger aus Sheffield mit Wurfgeschossen auf Polizisten, Diensthunde und Dienstpferde schmissen und sie dazu noch beschimpften.´

Im Jahr darauf zog Grimsby eine Show im Hillsborough Stadion ab. Ein OCS Mitgleid, Tom, erläuterte die damalige Situation: „Beide Vereine standen schlecht in der Tabelle und wurden so langsam in den Abstiegskampf gezogen. Nachdem wir zwei Jahre in Folge zu ihnen gereist waren und erfolgreich Krawalle angezettelt hatten, machte das Wort die Rund, dass sie sich bei uns zeigen würden. Wir dachten, sie würden mit Reisebussen kommen und hinter einer Hochhaussiedlung Namens Park Hill aussteigen. Bevor ich mich zu unserem Treffpunkt begab, traf ich mich noch mit einem Kumpel in der Stadt, bereits um 10.00 Uhr konnte man dort Wednesday Hooligans in Gruppen von bis zu zwanzig Mann rumlaufen sehen. Wie gingen in den Bankers Draft Pub, um uns mit einem weiteren Freund zu treffen, als plötzlich einige der Grimsby Hooligans in den Laden kamen. Wir entschieden uns auszutrinken und zum Treffpunkt zu gehen, um den anderen Jungs von unserer Entdeckung zu erzählen.

Der Laden in dem wir uns treffen wollten, war gerammelt voll und in der Hoffnung nicht eine halbe Stunde für ein Bier anstehen zu müssen, gingen wir in einen Pub um die Ecke. Dort war es auch ziemlich voll, doch wir setzten uns, bestellten einen Drink und teilten den anderen unsere Beobachtung mit. Plötzlich klingelten die Telefone einiger Jungs und wir hörten, dass sich bereits ein Wednesday Mob mit den Eindringlingen prügelte. Wir rannten den Berg in Richtung Innenstadt runter, dabei konnte man überall kleinere Wednesday Mobs sehen, die das Gleiche taten. Als wir an einer Straße lang liefen, wo sonst ein Wochenmarkt stattfand, trafen wir einige bekannte Wednesday Hooligans. Wir schlossen uns ihnen an und nach kurzer Zeit hörten wir, dass es einige Prügeleien am Cannon Pub gegeben hatte und der Grimsby Mob in Richtung Bankers Draft geflohen wäre. Als wir dort hingingen, sahen wir, dass die Polizei etwa vierzig der Grimsby Leute vor dem Pub festhielt. Anscheinend hatten sie den Laden zwischenzeitlich verlassen, den ein Mob von uns saß nun drin und die Grimsby Hools mussten wieder kämpfen. Es wirkte fast übertrieben, den der Wednesday Mob war bereits 150 Mann stark und es wurden ständig mehr. Nach einem Spatziergang zum Stadion und einem langweiligen 1:1, konnte der Spaß beginnen. Im Stadion waren etwa sechzig Hooligans aus Grimsby auszumachen, wir hingegen hatten 150 Mann auf der Südtribüne und etwa 100 auf der Nordtribüne. Es wurde abgesprochen, dass wir uns auf der Brücke in der Leppings Lane treffen und es den Grimsby Jungs zeigen würden. An diesem Tag steigerte sich mein Respekt vor einigen Grimsby Leuten enorm. Als sie das Stadion verließen, dachten die Polizisten es würde nichts passieren, doch wenn der Grimsby Mob nach Hause wollte, musste er an 150 von uns vorbei, die etwa dreißig Meter entfernt auf der Straße warteten. Einige Grimsby Jungs verdrückten sich, doch zirka zwanzig nahmen die Herausforderung an. Bevor es jedoch zu einem direkten Schlagabtausch kam, schmissen sie noch einige Flaschen, erst dann stürmten wir auf sie los. Wir waren allerdings zu viele für sie und sie mussten von der Polizei gerettet werden. Zwischenzeitig habe ich mit einem der Grimsby Jungs gesprochen der dabei war und ich muss sagen, ich habe großen Respekt vor diesem kleinen Mob."

Ein weiterer Zwischenfall der jüngeren Vergangenheit ereignete sich bei einem Vorbereitungsspiel in Doncaster. Ein Mob von fünfzig OCS Hooligans griff eine kleineren Mob einheimischer Hools an, als diese im Hogshead Pub in der Innenstadt saßen. Die Wirtin Denise Howarth sagte: „Es war als würde eine Herde wilder Tiere durch den Laden stürmen. Einfach angsterregend. Ich sah eine Mann mit einer zerschnittenen Hand und eine anderen, der von einem rumfliegenden Aschenbecher getroffen wurde."

Es kam noch zu weiteren Unruhen, als Wedneday Anhänger ein Eingangstor am Stadion niederrissen und später am Bahnhof kam es dazu, dass sich rivalisierende Gruppen mit Flaschen beschmissen.

Einige Zeit darauf führten Untersuchungen des Filmmaterials von Überwachungskameras zu morgendlichen Hausdurchsuchungen bei sechs Wednesday Hooligans. Ein leitender Beamter aus Doncaster sagte: „Was die Polizei von Doncaster damit sagen will, sollte klar sein. Komm nach Doncaster genieße ein Fußballspiel und benehme dich. Die sogenannte Fans, die Ärger wollen werden von der Polizei ins Visier genommen und belangt. Unruhstifter sollten damit rechnen, dass die Polizei eines Morgens bei ihnen vor der Tür steht."

Dieses Kapitel kann jedoch nicht beendet werden ohne die Meinung der Wednesday Hooligans über die Fehde mit Sheffield Uniteds Mob gehört zu haben. Das Kräfteverhältnis scheint sich wieder zu Gunsten Wednesdays zu wenden, was sicherlich auch mit der Arbeit der Polizei zu tun hat. Es gib einige Leute, die wirklich ärgerlich sind, dass der weitläufigen Ansicht nach die Owls vom BBC Mob unetrdrückt werden.

Tom sagte darüber lachend: „Es ist halt das alte Spiel, wenn zwei Fußballvereine sich eine Stadt teilen müssen. Doch ich glaube, dass sie meisten Städte, die mehrere Vereine beherbergen, mit Ausnahme von London, nur selten so regelmäßig mit Fußballschlägereien konfrontiert werden wie Sheffield. Ob du nun in deinem Bezirk bist oder in der Innenstadt, überall gibt es Pubs, die man eher als Wednesday oder eher als United Pub bezeichnet. Diese Rivalität untereinander hat schon für Trennungen von Familien gesorgt und welchen Verein jemand unterstützt, kann entscheiden, ob er mit deiner Tochter ausgehen darf oder nicht. Diese Spannung zwischen den Vereinen kann auch leicht eskalieren.

Dadurch, dass der Hass auf den jeweils anderen Verein bei uns so groß war, wurden oft auch ungeschriebene Regeln gebrochen. Wobei ich sagen muss, dass die Mehrheit der Hooligans auf beiden Seiten fair ist und einander Respekt zollt. Doch es gibt auch solche, die andere überfallen, wenn sie mit ihren Frauen oder in Unterzahl in der Stadt unterwegs sind. Ich und viele andere mussten unter solchen Taten leiden. Ich kenne Leute, die von fünfzehn Mann zusammengeschlagen wurden und anschließend in der Notaufnahme landeten. Bei Besuchen von Derbyspielen in anderen Städten habe ich gesehen wie Gruppen verschiedener Fans aneinander vorbei gingen und ihre Lieder sangen. Ich könnte mich jetzt aber nicht daran erinnern, dass ich jemals mit zehn Kumpels durch Sheffield marschiert wäre und Wednesday Songs gesungen hätte, ohne dass es Konsequenzen gehabt hätte.

In den letzten zwanzig Jahren war der BBC Mob die stärkere Firm in Sheffield, doch in den letzten fünf Jahren kamen sie auch einige Male ins Straucheln. Die BBC Hools geben es nicht gerne zu, aber sie waren nicht immer der Sieger. Vor einigen Jahren schafften sie es uns bei der Casa Bar zu verjagen, dafür gibt es keine Entschuldigung, doch sie vergessen den Vorfall beim T.P. Woods Pub. Zehn von unseren Jungs gingen an dem Laden vorbei, als plötzlich dreißig Blades aus der Tür stürmten, mit der Absicht unsere Jungs ein bisschen zu tyrannisieren. Sie wussten nicht, dass wir in der Nähe ein Treffen hatten, als sie sich nun umschauten kamen fünfzig weitere Wednesday Hooligans um die Ecke und stürmten gleich auf sie los. Die United Jungs kämpften jetzt darum, wer von ihnen zuerst zurück in die Kneipe durfte. Es gibt verschiedene Versionen über diesen Vorfall, eins ist aber sicher, die Aufnahmen einer Überwachungskamera, die kürzlich die Runde machten lügen nicht. Ein anderes Ereignis, das noch gar nicht lange her ist, zeigt wie es momentan um die Szene bestellt ist. Achtzig von uns waren vor einem Spiel in Hull nach Hornsea gefahren, dabei wurde ein Kleinbus mit Leuten von uns durch ein ziviles Polizeifahrzeug verfolgt. Die Sache war für uns also vorbei bevor sie begonnen hatte, denn wir wurden zurück nach Sheffield geschickt. Dort versammelten wir uns im Stadtteil Intake. Es wurden umgehend ein paar der Blades Hooligans angerufen und drüber informiert, wo und wie viele wir waren. Wir waren vierzig und weil die Blades an diesem Tag gegen Millwall spielten, rechneten wir damit, dass sie einen großen Mob haben würden. Sie sagten uns aber ein Treffen käme für sie nicht in Frage, solange wir so weit von der Innenstadt entfernt wären. Also sammelten wir uns als das Spiel der Blades in die Halbzeit ging in der Pump Tavern, die ungefähr drei Minuten vom Stadion an der Bramall Lane entfernt ist. Wir riefen dann noch mal bei den Baldes durch, sagten ihnen wo wir jetzt waren und dass keine Bullen in Sicht seien. Doch sie antworteten, sie hätten genug damit zu tun, den von Polizisten eskortierten Millwall Mob zu attackieren.

Also beschlossen wir nach ihnen zu suchen und begaben uns in die Innenstadt. Als wir bei den Peace Gardens waren, bemerkten wir fünf Blades, die uns folgten. Wir fragten ob sie einen Kampf riskieren, doch sie lehnten ab und sagten sie wollen noch auf einige ihrer Leute warten. Wir waren so fair und gingen erst mal in den Brown Bear Pub, auch hier waren keine Cops in Sicht, aber leider auch keine Blades. Als ich dort meinen Kopf aus der Tür steckte, sah ich ein Dutzend United Hooligans weiter oben auf der Straße.

Ich zog den Schädel ein und sagte einem unserer führenden Jungs, was ich gesehen hatte. Etwa zwanzig von uns gingen dann raus und wollten sehen was los ist. Als wir um eine Ecke bogen, sahen wir sie, es waren einige jüngere von ihnen, die sich sofort aus dem Staub machten, ein paar ältere United Hooligans waren hinter ihnen und entfernten sich langsamer.

Wir entschieden, dass sie es nicht wert wären, deswegen von den Überwachungskameras gefilmt zu werden. Wenn wir auf sie losgegangen wären, hätten sie uns Tyrannen genannt, weil wir es nicht taten nannten sie uns Scheiße. Gegen einen Mob wie ihren konnte man nur verlieren. Anschließend waren wir im Dove and Rainbow, von dort aus gingen wir dann durch die Stadt und nahmen uns Taxis nach Hillsborough, doch die Blades schien das alles nicht zu interessieren. Als wir dann in Hillsborough in unserer Kneipe saßen, klingelte auf einmal das Telefon und die United Jungs fragten, ob wir noch einmal in die Stadt kommen würden. Warum haben sie nichts von uns wissen wollen, als wir uns zwei Stunden in der Stadt aufgehalten haben?

Es wird immer zu kleinen Scharmützeln zwischen den beiden Gruppen kommen, sei es wenn zehn von uns einige junge Blades die Division Street runter hetzen oder bei einer Mann gegen Mann Schlägerei in einem Vorort Pub. Doch die Frage, wer die bessere Firm hat, bleib seit langem ungeklärt, was wohl auch an der Polizeiüberwachung liegt."

Weiterführende Literatur: Flying With The Owls Crime Squad, Allen und Douglas Naylor (Blake Publishing), Football Hooligans: Knowing The Score, Gary Armstrong (Berg Publishing)

Der Mob von Stockport County bei einem Auswärtsspiel gegen Wednesday (2005).

Stoke City

Stadion: Ehemals Victoria Ground, heute Britannia Stadium
Firms: Naughty Forty, Under 5s
Feinde: Manchester City

Den Beamten, die am größten Polizeieinsatz bei einem Fußballspiel in Oldham teilnahmen, war die Anspannung in den Gesichtern abzulesen. Die Einsatzleiter waren zuversichtlich, dass es ihnen gelingen würde Ausschreitungen zu verhindern. Doch wo die Stoke City Hooligans auftauchten, war alles möglich. Die Faxgeräte liefen heiß, denn laufend trafen Berichte mit neuen Erkenntnissen ein, der letzte Stand war, dass man etwa 400 Gewalttäter aus Stoke erwartete. Die Einsatzleitung wollte nicht sagen, wie viele Beamte am Einsatz beteiligt waren, doch das Gerücht machte die Runde, es wären einige Hundert und es würden im Großraum Manchester noch weitere 1.000 Mann auf Abruf bereitstehen.

Die Polizei und das Innenministerium, die bei dieser Operation eng zusammen arbeiteten, wollten auf jeden Fall verhindern, dass sich Krawalle, wie beim letzten Besuch von Stoke City knapp ein Jahr zuvor, wiederholten. Damals hatten Stoke Hooligans, unterstützt von den Fine Young Casuals aus Oldham, in einem hauptsächlich von Asiaten bewohnten Viertel randaliert. Diese Tat stellte sich im Nachhinein als Auslöser für die schlimmsten Rassenunruhen seit dreißig Jahren heraus. Das Innenministerium hatte danach gefordert, dass sich solche Vorgänge nicht noch einmal wiederholen dürften. Denn die Stadt Oldham und der Rest des Landes könnten so etwas nicht tolerieren.

Bei dem letzten Treffen der Polizei vor dem Einsatz, wurde den Beamten noch ein Polizeifoto von einem Mann gezeigt, der ihrer Meinung nach die Hauptzielperson war. Der Einsatzleiter sagte, wenn man ihn lokalisieren und festsetzen würde, wäre das ein großer Schritt um Unruhen zu vermeiden. Der Mann über den geredet wurde, war Mark Chester, auch bekannt als ´Jasper,´ der nach Annahmen der Polizei, der Anführer der sogenannten ´Naughty Forty´ war. Eines der bei der Einsatzleitung eingegangenen Faxe enthielt Informationen darüber, wo er sich in der Nacht vor dem Spiel wahrscheinlich aufhalten würde und wie er vermutlich anreisen wollte.

Die Anhänger von Stoke City haben schon lange den Ruf für Krawalle zu sorgen. Bereits 1967 berichtete die Sun, dass Stoke Fans, die in den örtlichen Töpfereien arbeiteten, bei Spielen Tonklumpen in ihren Taschen hatten, mit denen sie Anhänger von auswärtigen Mannschaften beschmissen. In den frühen Siebzigern kam es auch zu zahlreichen Schlachten mit den Leuten von Manchester Uniteds Red Army und in Städten wie Blackpool oder Mansfield liefen Stoke Anhänger Amok. Doch sie mussten auch Niederlagen hin nehmen, wie beispielsweise gegen den Mob von Leeds United.

Als organisierte Firm traten die Stoke Hooligans allerdings erst in den Achtzigerjahren auf. In den Neunzigern, auf dem Höhepunkt der Hooligan-Szene, schafften die Naughty Forty und Under 5s es bei einem Auswärtsspiel in Wigan einen Mob von 600 Hooligans zusammen zu bekommen, bei einem Heimspiel gegen Cardiff City waren es sogar 700.

****

Bei der Rolle, die Mark Chester über die Jahre in der Hooligan-Szene gespielt hat, schien es passend, ihn um seine Mitarbeit an diesem Buch zu bitten. Hier ist nun seine Reaktion auf unsere Anfrage:

„Das A-Z der britischen Hooligan Firms, erklärte Andy Nicholls wolle er verfassen. Er begann mir in seiner ihm eigenen Art zu erzählen, was er schrieb und worum es ihm gehe.

Ich saß da und hörte einem Mann zu, dem ich noch nie begegnet war, einem Everton Hooligan, den ich eigentlich schon deswegen nicht mögen sollte. Trotz dieses Umstands, lauteten meine Antworten auf seine Anfragen, ja. So ist es halt unter Hooligans.

Mir gefiel, dass er nicht einfach nur ein paar Zitate aus meinem Buch *Naughty* abdruckte. Das zeigte, dass er und sein Partner Nick Lowles ein aktuelles, mit Fakten gespicktes Buch zusammenstellen wollten, was es nach Meinung vieler, schon früher hätte geben sollen. „Dann mach es gut," waren Andys letzte Worte nach unserem ersten Telefonat, bei dem wir ein Treffen abgesprochen hatten. Er wusste, dass er sich auf mich verlassen konnte. So ist das unter Leuten wie uns. Man spürt ob man auf einer Wellenlänge ist.

Was waren nun die Fragen? Ging es darum wie gut der Stoke Mob ist oder war? Oder ging es darum, dass die Polizei Stokes Naughty Forty als gefährlichsten Mob der Neunzigerjahre ansah? Die entscheidende Frage hätte seien können, warum es selbst heute unter dem Druck von Strafen und Überwachung noch immer zu Ausschreitungen in Stoke kommt?

Die Stadt Stoke of Trent oder die fünf Orte, die als diese bezeichnet werden, liegen im von der Industrie gezeichneten Nordwesten, zwischen den Städten Liverpool, Manchester und Birmingham. Die Menschen hier sehen sich selbst als Arbeiterklasse, sie haben einen ganz eigenen Akzent, Humor und Selbstvertrauen. Leute die in Stoke geboren wurden sind stolz darauf.

Als 2004 ein nationaler Bericht über die Lebensqualität 376 britischer Orte herausgegeben wurde, belegte Stoke den letzten Platz. Die Stadt wurde als grau, deprimierend und voll sozialer Spannungen beschrieben. Einfach gesagt der schlimmste Wohnort im Land. Das mag heute der Fall sein, doch man kann diese äußeren Umstände nicht dafür verantwortlich machen, dass sich große Teile der männlichen Bevölkerung gerne bei Fußballspielen prügelten. Heute ist Stoke vielleicht wirklich ein deprimierender Ort, doch in der Vergangenheit hat die nun brachliegende Industrie dafür gesorgt, dass die Anwohner Arbeit hatten. Durch ihre Jobs hatten einige junge Männer genug Geld, um an Samstagnachmittagen ins Stadion zu gehen und ihren Verein zu unterstützen. Wenn es dabei zu Streit kam, gingen sie dem kaum aus dem Weg. Ich kann mich nicht erinnern, dass es je anders war, Stokies mögen es einfach zu kämpfen. Auch wenn einige sogenannte Experten in einem Bericht, unsere Stadt als ´Arsch der Welt bezeichnen,´ die Hooligans aus Stoke sind stolz auf sie. Denkt darüber was ihr wollt.

Ich wuchs auf den Stadionrängen der Siebzigerjahre auf, um genau zu sein im Boothen End des Victoria Grounds. Damals war Glamrock in und die Mode war der Musik angepasst, bei den Stoke Hools war auch Soul besonders angesagt. Jeansjacken und Dr. Martens Boots waren fast schon obligatorisch. Die meisten der Hooligans trugen Schals an beiden Handgelenken und Anstecknadeln mit dem Vereinswappen zeigten ihre Verbundenheit zu Stoke City. Für den Rest der Welt waren diese Leute nur Fußballrowdys, doch ich sah ihnen gerne zu, folgte ihnen und eiferte ihnen nach. Hooligans wurden meine Helden und ich wollte einer von ihnen sein.

Von Ende der Sechzigerjahre bis Mitte der Siebziger hatten die Stoke City Hooligans den Ruf, in ihrer Stadt keinem Streit aus dem Weg zu gehen, doch sie fuhren nur selten zu Auswärtsspielen. Der Friedhof von Stoke City wurde zu einem berüchtigten Ort für Überfälle auf die gegnerischen Mobs, viele bekannte Firms bekamen hier Probleme, sei es auf ihren Weg zum Stadion oder auf dem Rückweg zum Bahnhof. Ich kann das bezeugen, denn als Junge sah ich oft Firms aus den Midlands oder aus London, die nach Stoke kamen, um sich einen schönen Tag zu machen und sich zu prügeln.

Vielleicht machte der Mob aus Stoke keine Massenreisen zu Auswärtsspielen, doch uns Kids erschien es so, als ob bei jedem Auswärtsspiel im End der Gastgeber eine Lücke entstand und Schlägereien stattfanden. Diese Augenblicke waren das Öl im Feuer, das uns anspornte sich einen Ruf zu machen. Auch wenn wir uns damals noch nicht untereinander kannten, jeder der Jungs, der später zu den Naughty Forty gehörte, bekam eine individuelle ´Ausbildung´ von den langhaarigen Bootboys des Boothen Ends.

Niemand den ich kenne, kann sich daran erinnern, dass die Firm aus Stoke in den Anfangszeiten einen Namen gehabt hätte. Das mag an den örtlichen Verhältnissen von Stoke liegen, denn die meisten der Hooligans hielten sich normalerweise in ihren Bezirken auf und fuhren nur zu Spielen in die Stadt, danach verschwanden sie dann meist wieder in einem der fünf Orte, in dem sie lebten. Es gab einige Pubs, die vor den Spielen zu Brennpunkten wurden, da wären der Star, der Phoenix, der Gordon und der Victoria Pub gleich neben dem alten Stadion. Alle diese Läden waren an Spieltagen voll mit Kämpfern, auch wenn es keinen einheitlichen Gangnamen gab.

Da wir zu jung waren um in diese Läden zu kommen, saßen ich und Horden von anderen Jungs auf den Backsteinmauern vor diesen Lokalen und beobachteten das Spektakel. Wenn nichts passierte unterhielten wir Jungen uns darüber, wie unsere Gang in Zukunft aussehen könne. Als man dann älter wurde und sich über vergangene Schlachten unterhielt, bei denen man gewesen war, sorgte es oft für Anerkennung schon in jungen Alter dabei gewesen zu sein. Man freute sich wenn andere die eigene Geschichte bestätigten und sie freuten sich wenn du dich an sie erinnern konntest. Solche Gespräche brachten die Leute einander näher und sorgten für einen besseren Zusammenhalt. Man nennt das, was es unter den Hooligans gibt wohl Männerfreundschaft. Ganz ohne Zweifel ist dieser Punkt ein wichtiger Bestandteil der Hooligan-Kultur.

Zu Zeiten der Bootboys gab es eine Menge bekannter Typen. Zum Beispiel den Riesen Mark Bently, er war ein ehemaliger Gardist, der oft die Angriffe des Stoke Mobs anführete oder Tony ´The Axeman´ und sein prügelnder Partner Minstrel aus dem Ort Leek. Dann gab es da noch Tyrone, einen geschmeidigen schwarzen Typen, der immer in der ersten Reihe stand oder Coco, ein großer, langhaariger, bärtiger Kerl, der meist einen Ledermantel und fingerlose Handschuhe trug, sie waren nur einige der Leute, die ich einst bewunderte und die später meine Freunde wurden. Ende der Siebziger, Anfang der Achtziger kam dann ein neuer Trend auf, dabei ging es nicht um Musik, sondern darum wie man sich kleidete, wenn man zu einem Spiel ging. Stokes Mob wurde nun zu ´Punk of Trent´ und die ehemals jungen Zuseher kam in das Alter, in dem man mit machte. Der Boothen Block wurde nun zum Brennpunkt im Victoria Ground. Nach und nach wurde dieser eingezäunte Teil des Stadions zur Heimat von Stokes erstem organisierten Mob. Die Firms, die sich am besten gegen uns, in unserem Block schlugen, waren die von den Wolves, von Arsenal und von West Ham. Die Schlägerei mit den Mob der Wolves 1981 war eine Schlacht, über die man noch heute spricht. Die Leute, die damals an der Verteidigung unseres Ends beteiligt waren, trugen einen Kampf dreißig gegen dreißig aus und es dauerte ein paar Minuten, bevor die Polizei es schaffte, mit Hilfe von Hunden, die Gruppen zu trennen. Denn keine Seite wollte auch nur einen Zentimeter weichen.

Unter den jungen Männern, die sich an diesem Tage so kühn schlugen, war auch einer, der die Hooligan Szene in Stoke City für immer ändern sollte. Man kann ihn lieben oder hassen, doch Wilson war eine der Hauptfiguren bei der Gründung eines organisierten Mobs in Stoke. Er, Sohn eines Gastwirts, der aus dem härtesten Teil der Stadt kam, musste eine strenge Erziehung erdulden. Das Kneipenleben machte ein wahres Schlitzohr aus ihm, dass sich selten eine Gelegenheit entgehen ließ ein paar Pfund zu verdienen.

Er fing 1984 damit an Busse von der Kneipe seines Vaters, dem Glebe Pub, zu organisieren. Zu dieser Zeit war der zwanzigjährige Wilson bei einer Töpferei beschäftigt und verdiente die damals stolze Summe von 36 £ pro Woche. Da er über der Kneipe wohnte, verteilten sich seine Ausgaben auf folgende Punkte, 10 £ für Verpflegung und Unterkunft, 10 £ Leihgebühr für seinen Motorroller und 10 £ für eine Geldstrafe, die er wegen einer Schlägerei mit Liverpool Fans zahlen musste. Die Busse zu organisieren war eine gute Nebeneinnahme für Wilson, mit der er bis zu 400 £ pro Woche verdienen konnte. Doch um es nicht falsch zu verstehen, es ging ihm nicht nur um das Geld, in aller erster Linie war er ein Hooligan, sogar ein sehr leidenschaftlicher. Mit solchen Leuten konnte man eine Firm gründen, jeder hatte seinen eigenen Charakter und seine persönlichen Beweggründe zum Fußball zu fahren.

Wilson war unnachgiebig wenn es darum ging, seinen Bus voll zu bekommen und ein bisschen was zu verdienen. Vielleicht ging es ihm aber auch mehr darum, die Bindungen der Firm-Mitglieder zu festigen. Es kam nie dazu, dass sich bei diesen Treffen, die teilweise verfeindeten Schläger aus Stoke untereinander prügelten. Wenn man sich sah wurde durch ein Nicken oder eine Geste gezeigt, dass man sich in Ruhe lässt. Durch dieses Verhalten wurde ein lebenslanges Bündnis erschaffen. Unter Wilson hatte unser Mob einen Kern von 100 Leuten und bei wichtigen Auswärtsspielen konnten es schon mal 300 sein. Jetzt begann der Stoke Mob ein Gesicht zu bekommen.

Wir wurden einfach ´Glebe´ genannt, nun war es an uns sich einen Ruf zu machen. Wenn du im Glebe-Bus mitgereist bist musstest du dich prügeln, sonst konntest du gleich im offiziellen Bus des Supporter Clubs mitfahren. So einfach war das.

Unser Ruf entstand jedoch nicht über Nacht. In der Saison 1984 musste unsere Gang es mit einigen harten Gegnern aufnehmen. Zu einem Auswärtsspiel, das dienstagabends bei Birmingham City satt fand, reisten wir mit zwei Reisebussen, die jeweils mit fünfundsiebzig Leuten vollgestopft waren. Als wir ankamen hatte das Spiel schon begonnen und Wilson führte uns direkt zu den Eingängen des Tilton Ends, wo sich normalerweise die Birmingham Hooligans versammelten. Gegen diesen Mob war Stoke Anfang der Achtziger sogar zu Hause ins Straucheln geraten. Wilson wusste, dass diese Aktion, auch wenn sie zu nichts führen konnte, doch wenigstens den Charakter stärken würde. Er war sich dessen genauso bewusst, wie der Tatsache, dass die Birmingham Hooligans nicht erwarteten im eigenen End attackiert zu werden.

Wie besprochen bezahlten wir und gingen rein, dann warteten wir ruhig auf den Rest der Firm. Einige der Jüngeren, die unentschlossen waren, wurden kurzerhand von Wilson durch den Eingang geschoben und er bezahlte für sie. Als wir nun einmal drinnen waren, schissen sich viele fast in die Hosen.

Doch dann begann das Adrenalin einzusetzen, genau wie der Gruppenzwang und der Wille diese Situation, in die man sich selbst gebracht hatte, zu überleben. Leise und geschlossen marschierte der Stoke Haufen nun durch einen Gang auf den riesigen Birmingham City Mob zu. Als wir auf halben Weg die Treppe runter waren, wurden wir entdeckt und Geschrei setzte beim Birmingham Mob ein, so laut dass es vom Stadiondach wiederhallte. Da standen wir nun in diesem dunklen, kleinen Gang und wurden von allen Seiten angegriffen. Jetzt verloren alle die Nerven und kämpften nur noch ums Überleben. Niemand nicht einmal Wilson war davon ausgegangen, dass wir das Tilton End einnehmen würden. Wir zogen nur eine Show ab, um zu zeigen, dass wir nicht feige waren. Jeder versuchte sein Bestes zu geben und sich von einem Typen fern zu halten, der ein riesiges Bowiemesser über seinen Kopf schwang, was bei einigen von uns die Panik noch steigerte.

Die Polizei schritt ein und als die Stoke Hooligans dann schließlich über den Zaun in den Innenraum gebracht wurden, ließ der Druck der anstürmenden Massen nach. Im Schein der Flutlichter wurden wir nun rüber zum Railway End geführt, wo uns die 2.000 mitgereisten Stoke Fans feierlich begrüßten.

Und so ging diese Saison auch weiter, durch den Zusammenhalt unseres Mobs bekamen die Schlägereien neuen Schwung. Zu dieser Zeit erschienen auch die ersten bekannten Gesichter, wie Mark ´Miffer´ Smith, Cossack, Brasso und Mas Ant Walford, um nur einige zu nennen. Die damalige First Division stellte die perfekte Bühne für den Mob aus Stoke dar. Auf Vereine wie Everton, Man United, Leeds oder andere Clubs mit großer Gefolgschaft zu treffen, war für uns wie eine Feuertaufe.

Am 15. Dezember 1984 stand dann die größte Bewährungsprobe an. Wir reisten zu einem Auswärtsspiel nach London, wo wir uns mit den berüchtigten Chelsea Headhunters messen wollten. Doch was uns alle überraschte, war dass wir nicht mehr als einen Bus mit sechsundfünfzig Insassen für diese Reise zusammen bekamen. Die meisten der Mitreisenden waren Teenager oder Anfang zwanzig. Der Mob der an diesem Tag um 08.00 Uhr am Glebe Richtung Hauptstadt los fuhr, hatte zwar nicht viel Erfahrung, doch um so mehr Mut. Geschäftstüchtig wie Wilson war, hatte er über 400 Bierdosen, deren Verfalldatum überschritten war, mit an Bord des Busses gebracht, zusammen mit Dutzenden von Schnapsflaschen und Amphetaminpäckchen, war dafür gesorgt, dass bereits gute Stimmung im Bus herrschte als wir Birmingham passierten. Es wurden Sachen gesagt wie: „Lasst uns zu Chelsea fahren und unser Bestes geben." Wenn wir uns den Londonern stellen würden, wäre uns mit Sicherheit Respekt gewiss, auch wenn das alles war.

Als wir in Höhe Northamptonshire waren musste fast jeder im Bus auf Klo. Wir wollten bei einer Raststätte, den Rotherthorpe Services halt machen, uns wurde aber von zwei Angestellten gesagt, dass Busse, die Pause machen wollten, vorher eine Anmeldung hätten abgeben müssen. Dann sagten sie Terry, unserem Busfahrer, er solle wieder auf die Autobahn fahren. Plötzlich mischte sich Wilson ein und versicherte den beiden Angestellten, dass wir nur kurz die Toiletten aufsuchen wollten. Schließlich einigte man sich auf einen kurzen Pinkelstopp. Die Toiletten lagen gleich neben den Zapfsäulen und auf dem Weg dorthin fingen die Jungs an aufzustehen, als sie eine Entdeckung machten. „Wer sind die?" lautete die Frage, als sich alle einen Doppeldeckerbus anschauten. Quer über die getönten Scheiben war mit Weihnachtsspray ´Mayne Line´ geschrieben und um den Bus herum stand ein guter Mob von Man Citys Mayne Line Crew, allesamt älter als wir.

Was folgte waren schwere Ausschreitungen. Die Manchester Hooligans gingen sofort auf uns los, sie klatschten in die Hände und lachten, als unser Busfahrer, der die Situation nicht zu erkennen schien, langsam bei den Toiletten vorfuhr. Im Bus waren Sätze zu hören, wie: „Vergesst die Penner, wir wollen zu Chelsea!" aber auch: „Lasst uns die Spinner erledigen!" Cossack sprang durch den Notausstieg aus dem rollenden Bus, er lief händeklatschend auf die heranrückenden Manchester Jungs zu. Alle anderen machten es ihm nach und es kam zu einem brutalen Aufeinandertreffen der beiden Gruppen. Erst nach zwanzig Minuten kehrte wieder Ruhe ein. Zwei offensichtlich aus Northampton zu Hilfe gerufene Streifenwagen versuchten durch Fahrmanöver vergeblich die Gruppen von einander zu trennen. Am Ende war auf der Raststätte ein Schaden von 15.000 £ entstanden, siebenundneunzig Leute wurden festgenommen und einige landeten in der Notaufnahme. Brasso zum Beispiel hatte einige Stichverletzungen am Rücken. Unser Bus war so schwer beschädigt, dass wir neun Stunden in einer Sammelzelle festgehalten werden mussten, bis ein neuer Bus aus Stoke da war, der uns nach Hause fuhr.

Die Schlacht von Rothersthorpe hatte bei unserer jungen, aufsterbenden Firm dafür gesorgt, zu erkennen, wer ein Mann und wer ein Junge war. Strukturen bildeten sich und einige stellten sich als Führungspersönlichkeiten heraus. Was uns nach Ansicht der meisten noch fehlte, war ein passender Name, nicht so ein Quatsch wie ´Flying Squad,´ den sich seiner Zeit einige Typen aus dem Norden der Stadt ausgedacht hatten. Ein Jahr später würden wir den richtigen Namen gefunden haben, doch dass wussten wir noch nicht.

Um unseren ereignisreichen Dezembernachmittag in Northamptonshire abzurunden, genossen wir die Rückreise von einem Kampf, der wohl zu unseren zehn besten der Achtzigerjahre zählt. Trotz allem, wenn du einen der Beteiligten auf diese Sache ansprichst, wird er dir sofort sagen, dass wir sauer waren nicht gegen die Chelsea Headhunters antreten zu können. Das hätte aus unserer Sicht mehr hergemacht.

Im September 1985 machten wir uns dann auf eine Reise an die Südküste. Wir spielten gegen Portsmouth und hofften auf ein Zusammentreffen mit der 6.57 Crew. Die Firm aus Portsmouth war damals echt berüchtigt und die Ungewissheit, was uns dort erwartete, ließ die Spannung noch steigen. Zu diesem Zeitpunkt war unser harter Kern auf vierzig bis sechzig Leute zusammengeschrumpft. Mit dieser Anzahl von Leute fuhren wir fast überall hin, sei es nun ein kurze oder lange Reise.

Für die Anreise nach Portsmouth hatten wir drei Ford Transit gewählt. Wir wollten so früh wie möglich dort ankommen, um das zu unserem Vorteil zu nutzen, bevor der Heimische Mob sich in der von uns erwartet großen Menge sammeln konnte. Zwei der Transit Busse verließen Stoke bereits am Freitagnachmittag und fuhren nach Oxford, wo sich die Insassen mit der Firm von Bamber Gascoigne auf ein paar Bier trafen. Der andere Bus startete in Stoke als die Nachtclubs geschlossen wurden. Nachdem sich die Besatzung des letzten Busses auf einer Tankstelle noch eine brutale Schlägerei mit einigen Schwarzen geliefert hatte, setzte sie ihre Reise Richtung Süden mit diversen Verletzten fort.

Um 08.00 Uhr trafen alle drei Busse in Portsmouth ein, nun wurde darüber nachgedacht, was man die drei Stunden machen könne bis die Kneipen öffneten. Ein paar der Leute, die am Vorabend verletzt worden waren, trafen einen Wirt, der vor seine Kneipe sauber machte, sie fragten ihn, ob sie sich in seinen Toilettenräumen waschen dürften. Er willigte ein und ließ auch den Rest von uns in einen hinten gelegene Raum. Dort sagte er, solange wir uns benehmen, würde er uns auch Bier ausschenken. Das Ergebnis war 08.30 Uhr und wir waren schon wieder am Bechern, es ging nicht viel besser.

Nach vier Stunden morgendlichen Saufens wurden wir alle langsam orientierungslos. Wir glaubten, nun wäre der beste Zeitpunkt, um den Fratton Arms Pub anzugreifen, dieser Laden war der Hauptanlaufpunkt der Portsmouth Hooligans. Die Kleinbusse wurden bestiegen und es ging in Richtung Stadion, als wir an einem Park vorbei kamen stiegen die Besatzungen aus. Die Fahrer sollten nun einen sicheren Platz für die Fahrzeuge suchen. Nenn uns naiv, das waren wir damals wohl auch, denn wir hielten es für einen guten Plan mittags eine Portsmouth Pub anzugreifen oder uns wenigstens reinzusetzen.

Es war ein wirklich schöner Herbsttag. Wir gingen nun ein bisschen schneller und stachelten uns gegenseitig auf, bis wir den Pub erreichten. Das Adrenalin wurde so stark im Blut verteilt, dass es fast schmerzte als wir uns auf der Straße aufteilten. Wir verfielen in einen Dauerlauf, nun gab es kein Zurück mehr. Ein leiser Aufschrei war zu hören, weil wir eine Überraschung erlebten.

Bang! Die Laune fiel plötzlich auf den Nullpunkt, der Enthusiasmus, der noch eben vorherrschte wurde zur Enttäuschung. Der Fratton Arms Pub, vor dem wir jetzt standen, wirkte abgesehen von der Bardame, die dabei war die Zapfhähne zu reinigen, wie geschlossen. Um alles noch schlimmer zu machen, standen gleich um die Ecke einige Mannschaftswagen voller Polizisten. Alle von uns, außer den Fahrern der Busse, wurden durchsucht, ins Stadion und dort in den Gästeblock verbracht. Es herrschte echt miese Stimmung und es dauerte noch über zwei ein halb Stunden bis zum Anpfiff. Wir hofften nur, dass der Portsmouth Mob nicht auftauchen würde und dächte wir hätten uns verpisst, weil wir Angst vor ihnen hätten.

Im Stadion hörte man Sachen wie: „Meinst du sie haben nicht damit gerechnet dass wir kommen?“ oder „Wenn sie gegen Millwall spielen würden, wären sie da gewesen.“ Eigentlich hatte jeder von uns etwas zu meckern als wir langsam ernüchterten. Es wurden neue Pläne geschmiedet, denn wir wollten nicht umsonst die lange Reise gemacht haben. Falls die Polizei uns aus Portsmouth raus geleiten sollte, würden wir die erste Gelegenheit, die sich bot dazu nutzen, um umzudrehen und auf einer anderen Route wieder in die Stadt zu fahren. Dort würden wir dann schon auf uns aufmerksam machen. So fassten wir alle neuen Mut.

Das Spiel endete mit einer enttäuschenden Niederlage und beim Verlassen des Stadions standen wir und der Rest der Stoke Fans unter starker Polizeibewachung. Es sah gar nicht gut aus, denn die Polizei hatte während des Spiels unsere Kleinbusse entdeckt und die Fahrer gezwungen bei den anderen Bussen aus Stoke zu warten. Als wir sahen wo unsere Fahrzeuge standen, war das ein erneuter Dämpfer für uns.

Der Tag schien für uns Hooligans erfolglos zu enden, doch es wurde geflüstert: „Macht alles so wie abgesprochen, die Bullen werden nicht vermuten, dass wir zurück kommen. Deswegen begleiten sie uns bestimmt nur bis zur Stadtgrenze.“

Die Besatzungen der drei Kleinbusse waren schnell an Bord und wir warteten darauf, dass sich die Busse vor uns in Bewegung setzten. Die Straßen waren voller jubelnder Portsmouth Fans, die in alle Richtungen strömten, doch kein Anzeichen von einer Hooligan-Attacke. Die Polizei schien mit der Situation zufrieden zu sein und wir saßen noch immer still da und warteten. Mit den Worten: „Los Jungs, wann seid ihr fertig!" erschien ein dicker Polizist vor unserem Fahrzeug. „Haut endlich ab!" war das nächste, was er sagte. Wir konnten es nicht glauben, er hatte uns gerade gesagt, dass wir fahren durften, obwohl die restlichen Busse mit den normalen Fans noch bleiben mussten. Die Stimmung in unseren Fahrzeugen war plötzlich wie elektrisiert, wir müssen wie ein Rudel Meerkatzen ausgesehen haben, wie wir da aus dem Fenster guckten und die Erwartung kaum zügeln konnten. Auf einmal lag wieder alles in unseren Händen und es waren noch genügend Portsmouth Typen auf den Straßen.

Als wir so losfuhren gerieten wir auch gleich in zehflüssigen Verkehr. Die Sonne hatte die Busse aufgeheizt und den Insassen wurde noch heißer bei dem Gedanken an eine Auseinandersetzung mit den richtigen Leuten. Wir verständigten uns mit Handzeichen zwischen den Bussen und einige waren so aufgeregt, dass sie aussteigen wollten, um zu Fuß auf die Suche zu gehen. Doch es war abgemacht worden, dass alle zusammen bleiben bis etwas passierte. Es sollte nicht lange dauern bis es dann los ging.

Ohne Polizei bei uns zu haben, entfernten wir uns langsam vom Stadion. Rechts von uns war eine große Grasfläche und darauf sahen wir etwa dreißig Portsmouth Hooligans. Jetzt waren wir am Zug. Keiner der Portsmouth Jungs schien zu bemerken, dass sie von drei Kleinbusbesatzungen blutdurstiger Stoke Hooligans verfolgt wurden.

Das warten machte uns echt verrückt. Wieder wurden Signale von Bus zu Bus gegeben, um anzuzeigen, dass wir warten sollten bis der gegnerische Mob durch den Park war, um dann von hinten anzugreifen. Dieser Plan barg auch ein gewisses Risiko, denn wenn sie uns zuerst sehen würden, saßen wir in einer Zwickmühle. Wenn wir gleich aus den Fahrzeugen gestürmt wären, hätte uns eine Mauer von unseren Gegnern getrennt und so den Überraschungsmoment versaut. Damit unser Hinterhalt klappte, durften sie uns nicht vorher sehen.

Zu unserer Freude funktionierte der Plan, unsere Anspannung entlud sich in einem großen Gebrüll, als wir aus den Fahrzeugen sprangen und in das Ende des überraschten Portsmouth Mobs stürmten. Wir hatten den Überraschungsmoment und die zahlenmäßige Überlegenheit auf unserer Seite und die Portsmouth Hooligans wichen aus taktischen Gründen erst einmal zirka zwanzig Meter zurück, bevor sie sich umdrehten und stehen blieben. Aus vollem Lauf trafen wir auf sie, wir deckten sie mit fliegenden Tritten und Schlägen ein, einige von uns hantierten dabei auch mit Teleskopschlagstöcken. Doch unsere Gegner blieben stehen und wir kämpften um jeden Meter, dabei wurde die Umgebung von Geschrei erfüllt. Jeder Mann auf beiden Seiten war nun in seinem Element, denn es passierte was von beiden Gruppen den ganzen Tag erwartet worden war.

Die Schlägerei dauerte nur etwa neunzig Sekunden, wenn wir unsere Schnauzen gehalten hätten und somit die Polizei nicht alarmiert worden wäre, hätte es noch einige Minuten länger dauern können. Doch die aufmerksam gewordenen Beamten trieben uns mit Hilfe von Pferden und Diensthunden auseinander, schließlich verschwanden die Portsmouth Hools über die Mauer zurück in den Park und wir sammelten uns bei unseren Fahrzeugen. Es war vorbei, dass Polizisten die Windschutzscheiben unserer Busse mit Schlagstöcken einschlugen, war der letzte Akt.

Innerhalb weniger Minuten passierte die zweite unglaubliche Sache. Wir fürchteten eine Nacht in Polizeigewahrsam verbringen zu müssen, doch dann erschien der dicke Polizist, der uns schon einmal weggeschickt hatte, er beschimpfte uns und sagte dann wir sollen uns zurück in den Norden verpissen. Unsere Antwort war: „Natürlich und danke für die Gastfreundschaft."

Der Rückweg war wegen der zerschlagenen Scheibe ziemlich kalt, doch das kümmerte keinen von uns. In den Kleinbussen gab es aufgeregte Gespräche darüber was wir gesehen und gemacht hatten. Neben mir saß der siebzehnjährige Plodge, der leise vor sich hin lachte, als er daran dachte was passiert war.

Einer sagte: „Das war schon eine dreiste Nummer. Wie viele waren wir überhaupt?" „Vierzig," antwortete Speg von hinten. Podge lehnte sich in seinem Sitz zurück und sagte: „Ja, die Naughty Forty."

So war das. Nicht durch eine riesige Massenschlägerei wie gegen Man City, Aston Villa oder die Wolves, sondern durch einen kleinen aber harten Kampf gegen die 6.57 Crew aus Portsmouth entstand unser Name. Die Leute, die an diesem Tag zusammen gekämpft hatten, waren die echten und einzig wahren Naughty Forty.

Einen Namen zu haben ist eine Sache, doch einen Ruf zu haben eine zweite. Wir wollten Geschichte schreiben und uns so viele Skalps an den Gürtel hängen wie möglich. Wir hatten vor niemandem Angst. Für uns war unsere kleine, eng verbundene Firm, die wir unter uns auch „en-four-oh" (N40) nannten unschlagbar. Unsere Moralvorstellungen basierten auf Vertrauen, Passion und Verständnis. Die harten Auseinandersetzungen, die folgen sollten, brachten uns Respekt ein. In den nächsten zwei Jahrzehnten entstand unser Ruf.

In der Saison 1986/87 hatte unser Mob Zulauf von einer neuen Generation. Genau wie wir einst den Boothen Bootboys gefolgt waren, so schloss sich uns nun eine Gruppe von frischen Jungs an, die alle so um die fünfzehn Jahre alt waren. Sie nannten sich selbst die UFAS – „Under-Five Action Service" – sie waren zirka dreißig Typen, die aus verschiedenen Teilen von Stoke und einem Bezirk nördlich von Stafford kamen. Ihr Erscheinen wurde von einigen Älteren, vor allem von Wilson, nicht gern gesehen. Auch wir waren als Jugendliche nicht gleich akzeptiert worden, viele der Erfahrenen sahen in uns damals, mit unseren Designer Klamotten und unserem Auftreten, eher Nervensägen. Doch ich sah die Sache etwas anders und hieß die neuen Rekruten willkommen. Für mich war klar, dass sie früher oder später einem echten Gegner gegenüber stehen würden, dann durften sie nicht wegrennen oder überrannt werden. Denn das hätte Stokes guten Ruf zerstört.

Auch wenn es Wilson nicht passte, ich hatte das letzte Wort und so wurden die Under-5s korrekt behandelt. Sie wurden zu einem Teil unserer Firm, bewahrten jedoch ihre eigene Identität. Sie bewiesen, dass sie ein harter Haufen waren und spielten ihre Rolle gut. Dabei respektierten sie auch die Position, die ihnen in unserer Firm zugewiesen wurde.

Ende der Achtziger waren dann die meisten von uns voll auf Drogen. Unser Mob war durch das Erscheinen der Under-5s gewachsen und während der Drogen-Jahre wurde der Zusammenhalt noch enger. Kriminelle Machenschaften und die Rave-Szene waren für uns Feindbilder, die wir bekämpften. Anfang der Neunzigerjahre war dann ein starker Rückgang bei Fußballkrawallen zu verzeichnen. Es gab zwar noch Ausschreitungen, doch nicht mehr so häufig, wie man auch an den offiziellen Statistiken der Regierung sehen konnte. Acid House und Rave wurden als Ursachen für diesen Umstand gesehen.

Es war lustig, dass die anderen Mobs sich nun häufig auf Partys trafen, wo sie über die alten Zeiten redeten und sich gegenseitig umarmten, wir hingegen sonderten uns mehr ab und wurden immer gewalttätiger. Misstrauisch allem gegenüber, begann nun die dunkelste Phase unserer Geschichte. Der Niedergang von unserem Verein Stoke City FC sorgte zudem dafür, dass wir den größten Teil der Neunzigerjahre in den unteren Ligen zu Hause waren.

Es war eine neue Bühne, auf der wir uns behaupten mussten. Wir tyrannisierten aber nicht die Anhänger kleinerer Vereine, obwohl wir es bei der Größe unseres Mobs hätten machen können. Wenn wir beispielsweise in London gegen Orient oder Brentford spielten, marschierten wir zur Old Kent Road oder zur Kings Road und hielten Ausschau nach den Firms von Millwall oder Chelsea. Wir verließen keine Stadt ohne unsere Spuren zu hinterlassen, auch wenn wir teilweise bis in die Nacht auf unsere Chance warten mussten.

Unser Mob hatte von da an wieder merklich Zulauf. Die N40 machten Woche für Woche Schlagzeilen in den Nachrichten und als der Verein sich Mitte der Neunziger wieder erholte, reisten wir selten mit weniger als 300-400 Hooligans aller Altersklassen zu Auswärtsspielen. Das war allerdings nicht so einfach wie es sich jetzt anhört. Wir liefen nicht rum und sagten plötzlich: „Also Jungs, jeder der bei uns mitmachen will ist herzlich willkommen." Wir hatten Angst vor Undercoveroperationen der Polizei und dadurch wurde es schwerer als je zuvor ein anerkanntes Mitglied unserer Gang zu werden. Es wurden nur Leute akzeptiert, die von einer vertrauenswürdigen Person mitgebracht wurden. So einfach war das. Jedes neue Mitglied musste zudem noch eine Art Probezeit überstehen, danach konnten sie verschwinden oder sie gehörten dazu. Man musste den Neuen die Entscheidung gar nicht erst mitteilen, sie wussten ob sie einer von uns waren oder nicht. Unsere Regeln waren einfach: Respekt für die anderen Mitglieder des Mobs, keine Schlägereien mit Leuten, die nicht zur Szene gehörten und totale Hingabe für Stoke City FC. Oh, und nicht zu vergessen deine Kumpels sind wichtiger als deine Freundin.

Ich dachte wie viele andere auch, dass ich der wäre, der von allen am meisten an der Hooligan-Szene hing. Von dem Augenblick in dem ich aufwachte, bis zu dem Zeitpunkt als ich schlief, dachte ich die ganze Zeit an Fußballgewalt und meine Kumpels, ich träumte sogar davon. Man konnte auch sagen, ich war mit der Firm verheiratet.

Im Zeitalter des Internets und der Mobiltelefone kam noch ein junger Kerl zu unserem Mob, dessen Namen ich nicht nennen will, den man aber doch erwähnen muss. Als Kind war er Augenzeuge geworden, wie wir den Topics Pub in Südlondon stürmten und die Millwall Bushwhackers verjagten. Für ihn und viele andere war es eine der besten Vorstellungen der Naughty Forty, die sie je sahen. Von diesem Augenblick an wollte er einer von uns sein, er sah das Hooligan-Dasein auch nicht als Phase, sondern als Lebenseinstellung.

Der Einfachheit halber nennen wir ihn mal ´Dexter.´ Dieser Junge kam aus einem Mittelklasse Wohngebiet im Norden von Staffordshire. Er hatte auch schon einen Mob von etwa fünfzig Teenagern und Leuten Anfang zwanzig ums sich gescharrt. Durch seine Ausstrahlung, seine Kampferfahrung, seine Gefolgschaft und ein Auge für Details, stach er aus der neuen Generation von Hooligans in Stoke heraus. Es dauerte auch nicht lange und er wurde ein vollwertiges Mitglied in der Hierarchie der Naughty Forty.

Wenn man Teil eines organisierten Fußball-Mobs ist, muss man zwangsläufig einen Preis dafür zahlen. Durch Gesetzesänderungen in den Neunzigerjahren wurden der Polizei neue Mittel gegeben, um Leute zu kontrollieren, es war jetzt sogar möglich nur wegen eines Verdachts festgenommen zu werden, ohne auch nur einen Schlag gemacht zu haben. Es wurde für die Hooligans immer schwerer sich zu Schlägereien zu treffen. Nun kam Dexter ins Spiel, in seinem Mobiltelefon hatte er unzählige, verschlüsselte Telefonnummern gespeichert und er hatte Kontakte zu Hooligans im ganzen Land. Die Firms mussten unter den neuen Umständen zusammenarbeiten und ihre Aufeinandertreffen besser planen, es ging jetzt nicht mehr darum die andere Seite lauthals durch die Stadt zu jagen. Für viele der alten Leute war Dexter ein Segen, er nahm ihnen die Last des Organisierens ab und brachte viele junge Schläger mit, die in Anwesenheit ihrer ´Helden´ in der ersten Reihe boxen wollten. Die Firm aus Stoke wurde größer, organisierter und immer gewalttätiger.

In den Neunzigerjahren wuchs der Stoke Mob dann auf bis zu 1.000 Mann an. Viele der alten Bootbooys tauchten wieder auf, sie kleideten sich jetzt chic und waren zusammen mit ihren Söhnen, Neffen und Enkeln Teil des vereinten N40 Mobs. An Spieltagen war die Innenstadt von Stoke für die meisten auswärtigen Firms ein Tabu, also ließen die Einheimischen ihre Frustration nach einem schlechten Spiel meist an der Polizei ab.

Bei Auswärtsfahrten des N40 Mobs wurden keine Gefangenen gemacht. Wir tauchten bereits im Morgengrauen in einigen Orten auf und verließen sie erst im Laufe des nächsten Tages, nachdem wir für Krawalle gesorgt hatten. Wir kamen immer aus allen Richtungen, mit allen möglichen Verkehrsmitteln. Man kann zurecht sagen, dass wir außer Kontrolle waren, jedoch gerieten wir immer mehr in das Visier der Behörden. Es war nur eine Frage der Zeit, bis die Polizei irgendetwas unternehmen würde. Da sich die Hooligans dieser Tatsache bewusst waren, wurde es schwer Mitglied des Mobs zu werden. Jeder der neu auftauchte und über siebzehn war, wurde zur Seite genommen und interviewt: „Warum fängst du jetzt damit an?"

„Wo hast du bisher gesteckt?"

„Wer hat dich mitgenommen?"

Wenn du nicht zu denen gehörtest, die in der ´Familie´ waren, warst du nicht erwünscht und wurdest auch nicht gebraucht. Jeder kannte jeden und das sorgte für den festen Zusammenhalt.

Dann kam das neue Jahrtausend, doch bei den N40 blieb alles beim alten. Einige ältere Leute tauchten wieder beim Mob auf, nachdem ihre Ehen gescheitert waren und es kamen auch immer mehr junge Typen dazu. Der Wunsch aller war es, dass der Verein wieder in die erste Liga

Zwei Bilder der Wigan ´Goon Squad,´ die in den Achtzigerjahren entstanden sind.

kommt, dann könnte man zu Vereinen wie Tottenham oder Man United fahren, bloß nicht mehr nach Walsall oder Crewe.

Ein Spiel gegen Wigan Athletic war nicht unbedingt ein Muss, wie Begegnungen gegen Millwall oder Cardiff, die damals unsere größten Feinde waren. Doch der Mob aus Wigan tat etwas, was die anderen beiden nicht getan hatten. Er tauchte Stunden nach dem Spiel im Hanley City Centre auf. Hätten sie es gewagt während des Spiels in der Innenstadt zu erscheinen, wären sie dran gewesen. Doch viele unserer Jungs waren zur Zeit des Einfallens der Wigan Hooligans schon auf dem Weg nach Hause, dass schmälert allerdings nicht den Respekt, den sich die Wigan Leute verdienten. Denn das Hanley Centre wurde nur selten schlecht verteidigt.

An diesem Abend schaffte es eine Gruppe älterer Wigan Hools eine überraschte und überhebliche Stoke Crew zu schlagen. Es ging ab und die Wigan Hooligans behielten die Nerven. Rasant sprach sich die Sache rum und aus allen Ecken der Stadt kam Verstärkung, doch wenn man nicht dabei ist wenn es Knallt, sollte man lieber weg bleiben, sonst endet man für nichts in einer Zelle.

Es ist nicht gut für die Moral, wenn man besiegt wird, egal was für einen Ruf man hat. Doch es war nun mal passiert. Wir haben so etwas ja auch schon geschafft. Der einzige Trost war, dass es ja noch ein Rückspiel gab. Alle wollten bei dem Spiel in Wigan Revanche nehmen. Und sie hielten ihr Versprechen, denn jeder erschien beim Rückspiel. Für unsere Anreise wählten wir die Bahn, bei einer solchen Fahrt musste man nicht durch die Hintertür kommen. Der Befehl für diesen Tag lautete: ´Organisiertes Chaos´ und 800 Hooligans konnten es kaum abwarten. Als wir auf unser Reise durch Manchester fuhren, blieb der erhoffte Überfall von Seiten der Man City Hools aus, obwohl wir wussten, dass sie uns beobachteten. Auch das große Polizeiaufgebot konnte nicht mehr ausrichten, als zu beobachten, wie wir in Wigans Innenstadt zogen.

Widerstand wurde von Seiten Wigans an diesem Tag nicht geleistet, was wohl daran lag, dass sie Stoke zahlenmäßig nicht ebenbürtig waren. Und tatsächlich wären dass nur wenige Firms gewesen. Als die Stoke Hooligans nun in Wigan waren, teilten sie sich in drei Gruppen auf, sie besetzten einige Kneipen und bereiteten der Polizei eine schwere Zeit. Die Angst vor Massenkrawallen schien in der Luft zu hängen und die jüngeren Hooligans patrouillierten auf den Straßen, um die Polizei zu beobachten. An einem anderen Ort, mit mehr Gegnern, wäre es mit Sicherheit zu Ausschreitungen gekommen.

Die ersten richtigen Feindseligkeiten an diesem Tag ereigneten sich an den Drehkreuzen zum Wigan End einige Minuten vor Spielbeginn. Dreißig Stoke Hooligans zum Großteil original N40 Leute und einige Jüngere, hatten eine Schlägerei mit dem, was man wohl als Wigans beste kleine Crew bezeichnen konnte. Es war eine gute Boxerei, am Ende konnten die Stoke Hools zufrieden ins Stadion gehen. Eine Gruppe von Stoke Jungs, die aus Alsager kam und alle samt Stadionverbot hatten, lieferten sich während des Spiels noch eine Schlägerei mit einigen Wigan Leuten im Bricklayers Arms Pub. Wenn man den Tag im Nachhinein betrachtet, war das wohl die beste Aktion. Der Laden wurde dabei total zerstört und anschließend geschlossen.

Im Stadion flammte dann noch mal Ärger auf, als einige Stoke Hooligans in den mit Wigan Anhängern besetzten Teil der Nordtribüne eindrangen. Diese Kämpfe lösten einen Platzsturm aus dem Gästeblock aus, bei dem Stoke Hooligans versuchten an die Gegner aus Wigan ranzukommen. Das Spiel wurde dann für zwanzig Minuten unterbrochen und die Spieler wurden zu ihrer eigenen Sicherheit vom Schiedsrichter in die Kabinen geschickt. Doch auch danach blieb die Atmosphäre angespannt, bis das Spiel beendet war.

Als dann 4.800 Stoke Anhänger das Stadion verlassen wollten, entschied die Polizei, um Gedränge und weitere Konfrontation zu vermeiden, sie im Stadion festzuhalten. Das war wahrscheinlich der erste richtig große Fehler, den man an diesem Tag gemacht hatte. Den Stoke Fans unter den Sitzrängen, in der Cafeteria und den Bars, wurde gesagt, sie sollen warten. Es war beengend, drückend und heiß.

Einige Leute wollten nach Hause, andere wollten raus um sich zu prügeln. Es passierte was zwangsläufig passieren musste, ein dumme Bemerkung zu viel, ein unbedachter Schubs mit einem Polizeischild und schon ging es los.

Fünfzehn Minuten lang kämpften sich die Stoke Hooligans durch Reihen von Polizeibeamten und schafften es schließlich aus dem Stadion auszubrechen. Was die Polizei gemacht hatte war sinnlos gewesen, denn es waren mehr Stoke als Wigan Fans im Stadion, also hätte man erst die Stoke Leute gehen lassen sollen. Die Horde die nun auf Wigans Innenstadt zu stürmte war einige tausend Mann stark. Es waren nicht nur die Hooligans der N40, sondern alle möglichen Schläger, die wütend darüber waren, dass man sie eingesperrt hatte.

Nun ließen sie ihrer schlechten Laune freien Lauf. Helikopter und Sirenen waren zu hören. Dann um 18.30 Uhr ging unsere Rückfahrt über Manchester los, wo wir auch noch ein wenig Spaß hatten. Wigan war jetzt nur noch ein weiterer Eintrag im Tagebuch der Firm. Ich glaube es ist wahr, wenn ich sage, dass du einen Sieg gegen Stokes Mob genießen solltest, solange er frisch ist. Mach am besten keinen großen Radau deshalb, denn die Jungs aus Stoke werden schließlich auftauchen und die Sache richtig stellen. Das ist garantiert. Bevor ich zum Ende komme werde ich noch vom Besuch des Stoke Mobs in Oldham 2001 berichten. Andy Nicholls hält diesen Zwischenfall für erwähnenswert, ich eher nicht. Vorab will ich noch eins sagen, Rassismus war nie ein Thema bei unserer Firm, um solche Sachen haben wir uns nie gekümmert.

Die Mob, der an diesem Tag per Zug aus Stoke abfuhr war 450 Mann stark. Es war das letzte Spiel der Saison und bei einem Sieg hätte Stoke die Chance gehabt an den Play-Off Spielen teilzunehmen. Die Laune unter den Hooligans war wie immer, man wollte so früh wie möglich in Oldham sein, um sich mit den einheimischen Hooligans zu messen, in diesem Fall mit den Fine Young Casuals.

Auf unserer Fahrt lasen wir Zeitungsberichte und diskutierten über einen Zwischenfall, der sich nur einige Tage zuvor in Oldham abgespielt hatte. Es ging um einen älteren Herren, einen Veteran des zweiten Weltkriegs, der nach einem Rugbyspiel auf dem Weg nach Hause war. Es war ihm nicht bekannt, dass es in der Stadt, in der er aufgewachsen war mittlerweile No-Go Areas für Weiße gab. Weil er diesen Umstand nicht beachtete, wurde er von einer Gruppe junger Asiaten brutal zusammengeschlagen. Bei den Gedanken an solche Zustände drehte sich einigen Leuten von uns der Magen um.

Als Oldham näher rückte wurden Pläne geschmiedet. Du kannst ja einem Kind sagen, es soll nicht mit dem Feuer spielen, doch du weißt, die Neugier wird siegen. Genauso wollten die Leute vom Stoke Mob nicht einsehen, dass sie in ihrem Land einige Strassen nicht betreten dürften, besonders wenn die Leute, die das Verbot aussprachen nicht einmal aus England stammten.

Egal was sonst wo geschrieben wurde, die Stoke Hooligans hatten nie die Absicht sich mit der Firm aus Oldham zu verbünden. Die Oldham Jungs wurden eher als legitime Opfer angesehen. Nach einem ersten Aufeinandertreffen der beiden Firms, gaben die Oldham Jungs auf, da Stokes Firm für sie einfach zu groß war. Ihnen wurde schließlich aber erlaubt, sich dem Stoke Mob anzuschließen. Die Oldham Typen fungierten nun als Führer in die No-Go Areas. Auf unserem Weg dort hin kamen Anwohner an ihre Fenster oder Haustüren und riefen uns Anfeuerungen zu. Denn für sie war unserer Plan eine Vergeltung für Umstände wie Angst und Beklemmung, die sie in ihrer Nachbarschaft ertragen mussten.

Was dann folgte kann man als eine Stunde total Randale bezeichnen. Nachdem der Stoke Mob über einen Markt gegangen war und jeden asiatischen Stand verwüstet hatte, folgte ein Schlagstockeinsatz der Polizei. Dieser Einsatz sorgte dafür, dass der Mob in drei Gruppen, von je 150 Leuten geteilt wurde. Diese machten sich nun, offensichtlich von Ortskundigen geführt, auf verschiedenen Wegen in Richtung ´No-Go Areas.´ Diese drei Mobs trafen Minuten getrennt von einander, an unterschiedlichen Stellen des erwähnten Bezirks ein. Dort liefen sie Amok, die Szenen kann sich wohl jeder selbst ausmalen. Diese Krawalle führten nach dem Spiel zu einem regelrechten Aufstand, bei dem die Stoke Hooligans sich nicht nur Schlachten mit den asiatischen Jugendlichen, sondern auch mit der Polizei lieferten.

Doch die Zeiten haben sich geändert, besonders für den N40 Mob. Stokes Innenstadt ist für fremde Hooligan Firms noch immer eine Tabuzone, doch nicht mehr wegen der einheimischen Hools, sondern wegen der Massen von Polizisten, die an Spieltagen in der Stadt sind. Heute ist Stoke eigentlich ein friedlicher Ort, was wohl daran liegt, dass der Verein, die Gerichte und die Polizei zusammenarbeiteten, um die Probleme, die durch die N40 Leute entstanden waren, zu bekämpfen.

Um sich jetzt Auswärtsspiele von Stoke angucken zu können, muss man Mitglied in einem offiziellen Fanclub sein. Wenn man einem solchen Club beitreten möchte, muss man erst einmal eine Kontrolle von Verein und Polizei über sich ergehen lassen. Und wenn du irgend eine Verurteilung wegen eine Gewalttat hast, egal ob beim Fußball oder nicht, wirst du automatisch aussortiert. Im Endeffekt heißt das, du darfst den Verein, den du dein Leben lang unterstützt hast nicht mehr besuchen. Tust du es doch drohen Gefängnisstrafen. Pädophile haben weniger Probleme, denn für sie gibt es solche Strafen nicht, sie dürfen weiterhin bei Spielplätzen rumlungern.

Bei Stoke City FC haben mehr Hooligans Stadionverbot, als bei jedem anderen Verein. Alleine dieser Umstand muss eine Bestätigung für die Behörden sein, dass sie gute Arbeit geleistet haben.

Um zum Ende zu kommen, ich nehme zwar nicht

der sich noch einen Namen an der White Hart Lane machen sollte.

Im Mai 1977 stiegen die Spurs in die zweite Liga ab und wie es bei Manchester United ein Jahr zuvor der Fall gewesen war, gab es während der Saison in der zweiten Liga bei den Spielen von Tottenham viele Ausschreitungen. Die schlimmsten Krawalle ereigneten sich bei einer Begegnung, die Ostern in Brighton stattfand. Bereits am Freitag kam es zu den ersten Unruhen, als Hunderte Spurs Anhänger anreisten, um ein langes Wochenende in Brighton zu verbringen. In der ganzen Stadt kam es zu Schlägereien und es gab einundfünfzig Festnahmen, nachdem sich die Tottenham Hooligans brutale Schlachten mit einheimischen Jugendlichen geliefert hatten. Ein siebzehnjähriges Mädchen wurde auf der West Street von einem Mauerstein im Gesicht getroffen und ein achtzehnjähriger Spurs Anhänger war bei einer Schlägerei zwischen zwanzig Albion Fans und acht Spurs Anhängern mit einem Messer an der Lunge verletzt worden, er musste daraufhin ins Krankenhaus.

In einer Lokalzeitung wurden die Ereignisse folgender Maßen beschrieben: ´Der Ärger begann als einige Rowdys, die sich für Spurs Fans halten, mit dem letzten Zug nach Brighton fahren wollten. Doch der Zug wurde schon kurz nachdem Verlassen der Victoria Station angehalten, weil Jugendliche in den Gängen randalierten und versuchten den Speisewagen zu stürmen. Ein verängstigter Passagier hatte über die Notsprechanlage um Hilfe gerufen, so wurde der Zug erst einmal wieder in den Bahnhof gefahren und einige Unruhestifter wurden von der Polizei aus den Abteilen geholt. Der Rest der Leute setzte die Reise mit achtzehn Minuten Verspätung und einer Polizeieskorte im Zug fort. Danach wurde jeder eintreffende Fan bei seiner Ankunft in Brighton durchsucht.

Noch mehr Londoner kamen mit Autos. Ein Kleinbus voll Spurs Anhänger kam zur Sperrstunde am Duke of York Pub an und wollte diesen stürmen. Der Wirt verbarrikadierte jedoch die Tür und rief die Polizei, nachdem eine Scheibe eingeschmissen wurden. Es kam des weiteren in der Black Lion Street, der Queens Road, der Cranboune Street und der Market Street zu Schlägereien rivalisierender Fans.´

Diese Schlägereien setzten sich auch am Samstag fort und es entwickelten sich die schlimmsten Fußballkrawalle, die man bis dahin in Brighton gesehen hatte. Das Resultat waren einundneunzig Festnahmen, zwanzig Verletzte Polizisten und fünfundachtzig zivile Verletzte, von denen zwanzig im Krankenhaus behandelt werden mussten. Die Polizei sagte einer Lokalzeitung, dass eine große Gruppe von Albion Hooligans die Gäste angegriffen hätte und sie dabei in Nebenstraßen und verschiedene Gebäude gejagt habe. Im Stadion kam es zu neunundzwanzig Festnahmen wegen Störung des öffentlichen Friedens, drei gab es wegen Sachbeschädigung und weitere drei wegen des Mitführens von Angriffswaffen. Weil die Trennung der Fans im Stadion nicht gewährleistet war, kam es auch zu weiträumigen Ausschreitungen und zwei Platzstürmen, die dafür sorgten, dass das Spiel neunzehn Minuten lang angehalten wurde.

Die Zeitung The Argus schrieb Folgendes: ´Der Versuch die Spurs Fans in der Nordostkurve des Stadions zu sammeln misslang, denn einige der Londoner, die früh angekommen waren, sprangen über die Zäune und gingen auf die Nordtribüne. Hier war eigentlich der Platz des sonst so großen Albion Mobs, doch dieses Mal waren es zu viele Londoner. Bereits eine Stunde vor dem Anpfiff kam es zu Schlägereien, die durch die wenigen Einsatzkräfte nicht verhindert werden konnten. Obwohl doppelt so viele Polizisten im Einsatz waren wie normal, konnten sie nicht unterbinden, dass die Fangruppen aneinander gerieten. Viele Beamte waren auch vor dem Stadion, doch als man sie zur Verstärkung rief war es bereits zu spät. Der harte Kern der Spurs Hooligans hatte da bereits die Nordtribüne von hinten gestürmt und Hunderte von Brighton Fans flüchteten vor ihnen auf die Laufbahn des Stadions.´

Der Schiedsrichter ließ sich jedoch nicht von den Randalierern beeindrucken, er wartete ruhig bis die Polizei die Ordnung wieder hergestellt hatte, anschließend sagte er: „Ich hätte die Mannschaften auch die ganze Nacht hier behalten, wenn es nötig gewesen wäre, um das Spiel zum Ende zu bringen."

Der Aufenthalt der Spurs in der zweiten Liga dauerte nur ein Jahr, doch auch danach ebbte der Ärger nicht ab. Zurück in der ersten Liga war das Saisoneröffnungsspiel auswärts gegen Nottingham Forest. Zur Überraschung beider Vereine und der Polizei, machten sich 8.000 Spurs Fans auf die Reise. Viele von ihnen kamen Stunden vor dem Spiel an, als die Polizei noch nicht auf dem Posten war. So kam es zu Prügeleien auf den Straßen und im Stadion. Der Anpfiff musste um vierzehn Minuten verschoben werden, weil 400 Spurs Fans auf den Patz stürmten, sie machten so ihrem Ärger Luft, dass sie getrennt von den anderen Tottenham Anhängern im Stadion stehen sollten. Ein Polizeisprecher sagte: „Wir haben nicht mit Rudeln von Idioten gerechnet, die bereits drei ein halb Stunden vor Anpfiff im Stadion randalieren."

Viele nationale Zeitungen berichteten auch über eine Gruppe Nonnen, die in einem Zug von Spurs

Fans belästigt worden waren. Im Rathaus von Nottingham wurde nach diesen Vorfällen über die Probleme beraten und die Polizei wurde angewiesen, bei zukünftigen Spielen strenge Beobachtung zu führen.

Tottenham Hot Spur schien eine besondere Vorliebe für den FA Pokal zu haben, sie gewannen ihn 1981 zum sechsten und 1982 zum siebtenmal, somit stellten sie einen Rekord auf. Der Verein gewann an Ausstrahlung, Glenn Hoddle schuf mit den argentinischen Importen Ossi Ardiles und Ricky Villa ein kreatives Mittelfeld und die Stürmer Garth Crooks und Steve Archibald harmonierten perfekt. Durch den Pokalgewinn kamen sie wieder in den europäischen Wettbewerb und erneut mussten sie in Holland antreten, wo es ja bereits 1974 zu Krawallen gekommen war. Im September 1981 spielten die Spurs auswärts gegen Ajax und die Begegnung wurde von Straßenschlachten zwischen den Londoner Hooligans und Amsterdamer Jugendlichen überschattet. Die Polizei teilte den Medien mit, dass bereits vor dem Spiel zwei Personen durch Messerstiche verletzt worden seien. Zudem gab es unbestätigte Berichte, dass Schüsse gefallen waren. Die Nachrichtenagentur Reuters kommentierte: ´Der Zeedijk, eine Straße die in Amsterdams Rotlichtviertel führt und der Hauptumschlagsplatz für Drogen in der Stadt ist, war voll mit Glasscherben zerbrochener Schaufenster und geworfener Flaschen. Ein Schwarzer wurde mit Stichverletzungen ins Krankenhaus gebracht, ein englischer Fan der ebenfalls mit einem Messer verwundet worden war, flüchtete vor den Sanitätern.´ Elf Spurs Anhänger wurden an diesem Tag verhaftet.

In der folgenden Saison konnten die Spurs zwar nicht noch mal den FA Pokal gewinnen, sie qualifizierten sich aber trotzdem für den UEFA Pokal, nachdem sie die Saison als Vierter beendet hatten. Die Mannschaft machte sich daran, diesen europäischen Wettbewerb zum zweitenmal in der Vereinsgeschichte zu gewinnen, wobei die Spiele auf dem europäischen Festland erneut von Krawallen begleitet wurden. Der erste Zwischenfall ereignete sich in Rotterdam, wo sie gegen ihre alten Feinde von Feyenoord antreten mussten. Erinnerungen wird man schlecht los und auf beiden Seiten schienen genügend schlechte Gedanken an die Begegnung neun Jahre zuvor überlebt zu haben.

Die Schlagzeile des Daily Mirror war: ´Krieg auf dem Fußballplatz. Bei der Hass-Begegnung wurde eine Bombe konfisziert.´ Nach einer Schlägerei zwischen den verfeindeten Fans, bei der es siebenundzwanzig Verletzte gab, elf davon waren schwer verletzt, hatte die Polizei unter den Heimfans eine selbst gemachte Bombe entdeckt. Die Polizei berichtete auch, beide Seiten wären an den Gewaltausbrüchen schuld. Die gefundene Bombe, die aus einer mit Sprengstoff gefüllten Kupferhülse bestand, war nach Meinung von Spezialisten eine tödliche Waffe. Der Polizeichef von Rotterdam sagte: „Allem Anschein nach sollte diese Bombe während des Spiels zwischen die Tottenham Fans geschmissen werden."

Obwohl große Massenschlägereien verhindert werden konnten, wurde das Spiel, das die Spurs 0:2 gewannen, doch merklich von kleineren Ausschreitungen begleitet. Ein paar Kämpfe brachen aus und einige Rauchbomben wurden geworfen. Die Polizei hatte bei Kontrollen vor dem Stadion ein riesiges Arsenal an Messern eingesammelt, trotzdem mussten dreizehn Leute mit Stichverletzungen ins Krankenhaus gebracht werden, sieben davon waren Spurs Fans. Ein Londoner zog sich bei den Kämpfen einen Schädelbruch zu.

Auch auf dem Heimweg kam es zu weiteren Krawallen, als Hunderte von Tottenham Anhängern auf der Luxus-Fähre Princess Beatrix Amok liefen. Auf dem Schiff war alles geplündert worden, die Rettungsboote waren zerstört und sogar das Navigationssystem hatte Schaden genommen. Daraufhin wurde die Fähre solange im Hafen festgehalten, bis niederländische Soldaten anrückten, um die Fans nach England zu eskortieren.

In der Heimat schlug den Spurs Fans weitgehend Ablehnung entgegen, doch sie schoben den holländischen Fans die Schuld zu. Der Achtzehnjährige Clive Brooks sagte: „Sie haben nur darauf gewartet, Rache für die Krawalle von vor neun Jahren zu nehmen. Sie erwarteten uns mit Messern und Rasierklingen. Wir hatten keine reelle Chance. Wir mussten um unsere Leben kämpfen."

Auch die Offiziellen des Vereins erkannten, dass es Zusammenhänge mit dem Spiel vor neun Jahren gab. Bill Nicholson, der 1974 der Trainer gewesen war, sagte: „Offensichtlich haben die Feyenoord Fans es nicht ertragen, dass ihr Team wieder verliert und sind durchgedreht."

Der aktuelle Trainer Keith Burkenshaw drückte sich etwas vorsichtiger aus: „Ich weiß nicht ob unsere oder die niederländischen Fans den Streit begonnen haben, doch es scheint, als hätten die Erinnerungen an die Begegnung vor neun Jahren eine Rolle gespielt."

Die Finalbegegnung wurde in Brüssel gespielt und endete mit einem 1:1 gegen Anderlecht. Was jedoch alles überschattete, war der Tod des Neunzehnjährigen Brian Flanagan. Er wurde von einem Gastwirt erschossen, als eine Gruppe Spurs Fans sich weigerte ihre Getränke zu zahlen. Die Londoner wollten aus der Kneipe flüchten, dabei kam es zu Auseinandersetzungen, in deren Verlauf der besagte Wirt nach seiner Waffe griff und mehrfach feuerte, eine der Kugeln traf Flanagan in die Brust. Eine Stunde später erlag er dieser Verletzung.

Dieser Vorfall war der schlimmste von vielen in dieser Nacht. Der meiste Ärger ereignete sich, als Tausende Londoner Fans nach dem Spiel das Stadion verließen. Autos wurden umgekippt und angezündet, Gaststätten wurden attackiert und zwei Polizisten erlitten Stichverletzungen. Ein weiterer Zwischenfall ereignete sich in einem Eisenwarengeschäft, eine Gruppe Engländer betrat den Laden und wollte Messer, Hämmer und andere Werkzeuge kaufen, als der Mann hinter dem Tresen ihnen die Sachen nicht verkaufen wollte, bedienten sie sich selbst. Mehr als 200 Tottenham Fans wurden an diesem Tag festgenommen und gegen den belgischen Wirt wurde wegen Totschlags ermittelt, doch er wurde nie verurteilt. Er sagte später zur Polizei: „Das Benehmen der englischen Fans hat mich so provoziert, dass ich die Kontrolle verloren habe."

Es war traurig, doch der Tot war nichts vollkom men neues für die Spurs Fans. Bereits einige Jahre zuvor war bei einer Schlägerei in London, zwischen dem Mob von Tottenham und einem Mob aus Leeds, ein Leeds Fan ums Leben gekommen. Dieses Ereignis sorgte auch für eine langanhaltende Fehde zwischen den beiden Firms. 1981 gab es dann erneut einen Toten, dieses Mal war es ein Spurs Fan, der bei einem Heimspiel gegen Manchester United sein Leben ließ. Es passierte als verfeindete Gruppen in der Seven Sisters U-Bahnstation aufeinander trafen und jemand den Notausschalter einer Rolltreppe drückte, dadurch stürzten viel Leute, einer von ihnen wurde erdrückt und einige andere zogen sich Verletzungen zu. Dadurch entstand auch eine erbitterte Feindschaft zwischen dem Spurs Mob und den Londoner Man United Fans, den sogenannten Cockney Reds.

Mitte der Achtzigerjahre wurden die Spurs Hooligans von ihren Konkurrenten bei Chelsea, West Ham und Leeds überholt, sie waren aber dennoch immer eine Herausforderung für ihre Gegner. Zum Beispiel überwältigten sie die Birmingham City Hooligans, sie attackierten sie auf den Rängen und auf dem Platz. Anschließend wurden dreiundzwanzig Personen festgenommen. Caroline Gall schrieb in dem Buch *Zulus* über diesen Tag: ´Birmingham gewann das Spiel 1:0, doch neben dem Spielfeld ging der Sieg an die Yids, wie die Tottenham Hooligans auch genannt wurden. Sie nutzten die schlechte Organisation der Zulus und fügten ihnen die schwerste Niederlage zu, die sie seit zwanzig Jahren im St. Andrews Stadion erhalten hatten.´

Ein paar Jahre später waren über 200 Spurs Hooligans an Schlägereien in Nottingham beteiligt, zehn von ihnen wurden verhaftet. Im Stadion kam es zu Ausschreitungen als Nottingham Anhänger in einem Block auftauchten, der für die Londoner reserviert war. Doch die Polizei griff ein und so konnte schlimmeres verhindert werden. Lediglich ein Nottingham Fan musste mit zehn Stichen am Kinn genäht werden.

Selbst Mitte der Achtzigerjahre hatte der Spurs Mob sich noch keinen Namen gegeben, der Name Soul Firm war eine Zeit lang im Gespräch, das wurde aber von Cardiff Citys Mob aufgegriffen, der sich Soul Crew nannte. Der Tottenham Mob wurde einfach The Yids genannt. Normaleweise war Yids eine Beschimpfung, die daherrührte, dass der Vorsitzende Irving Scholar (und später Daniel Levy und Sir Alan Sugar) Jude war und ein großer Teil der Fans aus Golders Green kam, einem Stadtteil in dem viele jüdische Menschen lebten. Gegnerische Fans sangen gern geschmacklose Lieder über die Yids auf ihrem Weg ins KZ, doch die Spurs Hooligans trugen den Namen mit Stolz.

Bei einem Heimspiel 1985 gegen Manchester United, griffen die Yids nach dem Spiel einen 150 Mann zählenden Mob der Gäste von allen Seiten an. Der Man U Mob wurde zerschlagen und die meisten versuchten zu flüchten. Der Anführer der Manchester Hooligans Tony O´Neill wurde jedoch erwischt, nach eigenen Angaben kann er sich nicht mehr erinnern, wie viele Schläge er an diesem Tag kassierte. Selbst als die Leute aus dem Norden nach einigen aufreibenden Stunden am Bahnhof Euston waren, wurden sie aus einer Seitenstraße von einem Spurs Mob überfallen, der sie zwang sich im Bahnhof zu verschanzen.

Als Tottenham dann gegen Portsmouth im Milk Cup antrat, gab es beim Hin- und Rückspiel Krawalle. Ein großer Mob der 6.57 Crew erschien beim Hinspiel in Nordlondon und die Spurs Hooligans antworteten darauf, indem sie mit vielen Leuten zum Rückspiel in Portsmouth auftauchten. Nach dem Besuch der Londoner war in der Portsmouth News folgender Artikel: ´Nacht des Schreckens. Zerbrochene Flaschen, Messer und Totschläger wurden von den Hooligans hinterlassen, die dem Sieg von Portsmouth im Milk Cup einen bitteren Beigeschmack gaben. Nachdem sie einen Pub verwüstet, Autos beschädigt und Anwohner terrorisiert hatten, ließen die Spurs Hooligans ihre Waffen auf den Treppen von Portsmouths Bingohalle zurück.´

Die Tottenham Anhänger hatten zu randalieren begonnen, weil eine Kneipe in der sie saßen von Einheimischen angegriffen worden war. Auf den Höhepunkt der Ausschreitungen, die sich in dem Bezirk Somers Town abspielten, waren 200 Personen daran beteiligt. Gläser, Stöcke, Billardkugeln und Queues, alles wurde als Waffe genutzt. Sämtliche Scheiben des Travellers Rest Pubs waren eingeschmissen und die Straße vor dem Laden war mit Scherben und heruntergerissener Weihnachtsdekoration übersäht. Danach griffen die Spurs Hooligans auch noch Polizeibeamte an und es kam schließlich zu dreiundfünfzig Festnahmen.

Nach dem Spiel weitete sich die Randale auch auf die umliegenden Straßen aus. Eine junge Frau, die sich auf dem Fußboden ihres Wohnzimmers, mit einem Messer in der Hand versteckt hatte, sagte: „Ich hatte mein ganzes Leben noch nicht solche Angst. Wenn irgendwer in den Raum eingedrungen wäre, hätte ich mein Messer benutzt."

Sie und eine Freundin waren durch das Klirren von Glas und Geschrei auf der Straße alarmiert worden. „Es sah aus, als ob Hunderte da draußen waren. Wir sahen wie aus den Kneipenfenstern Möbel und Knüppel flogen. Dann wurde auch eins unserer Fenster eingeschmissen. Wir waren in panischer Angst und holten ein Messer. Wir legten uns in der Küche auf den Boden, so dass Niemand uns sehen konnte. Wir umarmten uns und weinten. Meine Angst war, dass sie rein kommen könnten und uns vergewaltigen."

Am folgenden Morgen wurden die Spurs Anhänger einem Gericht zugeführt. Ihr Anwalt sagte, dass sie nur Leute seien, die von Schlägern attackiert worden waren, die Schuld für die Krawalle wäre bei den Portsmouth Fans zu suchen. Dieser Anwalt, John Saulet, sagte auch: „Es ist traurig, dass in diesem Gerichtssaal nicht eine der Personen ist, die Steine durch ein Fenster geschmissen hat. Es ist auch ein Scherz, die Spurs Fans dafür verantwortlich zu machen, dass ihnen ein solcher Empfang von Seiten der Portsmouth Anhänger bereitet wurde."

Er warf auch ein, dass die Tottenham Anhänger in der Vergangenheit nie Ärger verursacht hätten und sagte: „Sie sind immer mit dem gleichen Busfahrer unterwegs gewesen und der sagt, es war stets angenehm mit ihnen zu fahren."

„Macht uns nicht verantwortlich, wir sind unschuldig," sagten einige Spurs Fans, als sie das Gericht verließen. Sie erzählten noch einem Journalisten, dass sie friedlich in einem Pub saßen und plötzlich ohne Grund von Einheimischen attackiert worden waren. Einer behauptete: „Die Portsmouth Fans sind schuld. Sie haben die Scheiben eingeschmissen und wir werden dafür vor Gericht gezerrt. Das ist nicht gerecht. Wir griffen uns erst Gegenstände als wir uns verteidigen mussten. Hätten sie dass nicht getan?"

Der Fußballverband fing nun an zu ermitteln, doch das einzige Ergebnis war, dass auch der FC Portsmouth von jeglicher Schuld freigesprochen wurde. Der Verein hätte nur für Krawalle innerhalb des Stadions die Verantwortung getragen, doch hier waren bereits 105 Leute rausgeschmissen worden, so dass man dem Club keinen Vorwurf machen konnte. Zudem wurde von den Verantwortlichen versprochen, dass jeder Fan, der verurteilt werden würde, ein lebenslanges Stadionverbot erhält.

1987 befand sich Tottenham mal wieder auf dem besten Weg zu einem weiteren Finale im FA Pokal, als sie im Halbfinale gegen Watford in Birminghams Villa Park antreten mussten. Zwischen den Fans der beiden Mannschaften gab es nur wenig Ärger, doch die Anwesenheit der Firm aus Nordlondon, stellte für die Zulus aus Birmingham eine gut Chance auf Revanche dar. Akteure auf beiden Seiten sprachen ein Treffen an der Snow Hill Station ab, dieser Treffpunkt blieb aber auch der Polizei nicht verborgen, die sich in der Nähe mit Kameras postierte. Nach einem kurzen aber heftigen Schlagabtausch zwischen den beiden Mobs, bei dem zwei Spurs Hooligans Stichverletzungen erlitten, beanspruchten die Zulus den Sieg für sich. Das Bildmaterial dieses Kampfes wurde später, bei dem Red Card Prozess gegen die Zulus, als Beweismittel genutzt.

Ende der Achtzigerjahre wuchs der Hooligan Mob der Yids und gleichzeitig wurde es um die verfeindeten Firms etwas ruhiger. Sie waren einer der wenigen Londoner Mobs, der von großen Polizeioperationen verschont blieb, bei ihren Gegnern Millwall, Chelsea, West Ham und Charlton Athletic sah es anders aus. Der Wechsel der Verhältnisse wurde besonders deutlich wenn man die Spurs und Chelsea verglich. Nach einem Auswärtsspiel der Spurs 1992 an der Stamfordbridge war die Überschrift auf der letzten Seite des Evening Standard: 'Zehn irre Minuten Krieg zwischen Spurs und Chelsea.' Und der Bericht fuhr fort: 'Nach Polizeiangaben verlief das Spiel friedlich, doch abseits des Stadions, auf den Straßen kam es zu Krawallen vor einem Pub.

In nur zehn Minuten dieser Straßenschlacht entstand ein Schaden von mehreren tausend Pfund, hauptsächlich durch beschädigte Autos und eingeschmissene Scheiben.

Die Gewalttätigkeiten begannen, als etwa 200 Chelsea und Spurs Hooligans vor der Ilfield Tavern in der Cathcart Road aufeinander trafen.

Die Kontrahenten gingen mit Eisenstangen, Billardqueues und Flaschen auf die jeweiligen Feinde los.'

Der Spurs Mob sah an diesem Tag gut aus, wobei man sagen muss, dass das Treffen lange geplant war. Trevor 'T' Tanner ein relativer Neuling in der Hooligan-Szene, wurde immer mehr zum Anführer der Spurs, er hatte bereits vierzehn Tage vorher eine Erkundungsreise zum Earls Court gemacht und nach eventuellen Treffpunkten Ausschau gehalten. Am Morgen des Spieltages traf er sich mit seinen Leuten im Continental Pub und einigen umliegenden Läden. Dann ging die Nachricht um, man wolle um zirka 13.30 Uhr die Kneipen verlassen.

Zur verabredeten Zeit waren sie auf den Straßen und begaben sich in Richtung der Ilfield Road, wo die meisten Kneipen von Chelsea Hooligans besucht wurden. Sie wurden von einem 150-200 Mann starken Chelsea Mob empfangen, viele der Hooligans hatten Waffen dabei. Der Tottenham Mob startete einen Angriff und binnen weniger Minuten war die Straße voller Trümmer. Ein Augenzeuge sagte zu einem Journalisten: „Es wurde turbulent auf der Straße, als die Chelsea Hooligans die Verfolgung aufnahmen. Sie kamen mit Billardqueues und Knüppeln in den Händen aus den Kneipen gerannt und griffen sich alles, was sie als Waffe nutzen konnten. Sie rissen sogar die Stoßstange eines Autos ab und nutzten sie als Waffe."

Wie dem auch sei, den Sieg konnten an diesem Tag die Spurs Hooligans für sich verbuchen. Doch der Chelsea Mob musste nicht lange auf eine Revanche warten. Als die Queens Park Rangers kurz darauf gegen die Spurs spielten, waren auch die Chelsea Headhunters vor Ort, denn sie hatten engen Kontakt mit den QPR Jungs. Das Spiel selbst verlief friedlich, doch zwei Stunden nach Abpfiff griff ein Mob bestehend aus Chelsea und QPR Hooligans eine kleine Gruppe Spurs Leute an, die in einem Pub an der Tottenham High Road saß. Die Spurs Jungs behaupteten, den Angriff abgewehrt zu haben, obwohl sie gegen 80-100 Gegner kämpfen mussten. Eine Woche später tauchte dann noch einmal der Chelsea Mob auf. Dieses Mal saßen dreißig bis vierzig Tottenham Hooligans im Bull Pub und erwarteten bereits den erneuten Angriff. Um 20.30 Uhr war es dann soweit, ein Chelsea Mob etwa genauso groß, wie der in der vergangenen Woche griff an. Trevor Tanner sagte dazu: „Doch jetzt waren wir bereit und konnten ihren Angriff wirklich erfolgreich abwehren."

Jedes Aufeinandertreffen zwischen den beiden Londoner Firms wurde von nun an zu einem erbitterten Duell und Trevor Tanner machte es zu seiner persönlichen Aufgabe die Westlondoner zu besiegen.

Im März 1993 spielte Tottenham wieder auswärts an der Stamfordbridge und der Spurs Mob traf sich bereits um 08.00 Uhr morgens an der Kings Cross Station. Ihr Ziel war der Three Kings Pub nahe der U-Bahnstation Gloucester Road. Ihre Gegner tauchten auf bevor der Großteil des Spurs Mobs eingetroffen war, doch Tanner und seine Leute, die sich mit Einrichtungsgegenständen aus dem Pub bewaffnet hatten, stürmten raus. Ein in der Nähe stehendes Auto geriet in Brand, als einer der Chelsea Leute eine Signalrakete abschoss, die das Fahrzeug traf. Die Tottenham Hooligans fingen nun an mit den Gegenständen aus dem Pub zu werfen, bevor sie ihre Gegner die Straße runter jagten. Tanner kommentierte diese Sache so: „Es gibt für sie keine Ausreden, es war 11.30 Uhr auf ihrem Gebiet. Mehr muss man nicht sagen."

Doch die Freude währte nur kurz. Plötzlich hörte man von überall Polizeisirenen. Wie aus dem Nichts tauchten Polizisten auf und verhafteten Spurs Leute. Fünf Wochen darauf kam es dann bei morgendlichen Hausdurchsuchungen zu weiteren Festnahmen, unter anderem auch von Trevor Tanner. Er erhielt eine dreijährige Haftstrafe für seine Rolle bei den Gewalttätigkeiten. Was er und die anderen Hooligans nicht ahnten, war dass der NCIS durch einen Informanten über das Treffen bescheid wusste und einen Videospezialisten im Gebäude gegenüber hatte. Die Polizei bekam nun Angst, weil sie trotz der Informationen nicht eingegriffen hatte und stellte den Informanten als nicht zuverlässig dar, die Anwesenheit der Kamera wäre eher ein Zufall gewesen.

Die Yids hatten sich einen Namen gemacht, doch nicht nur andere Firms wurden auf sie aufmerksam, sondern auch die Behörden. In einer Londoner Zeitung gab es dann einen Artikel mit der Schlagzeile: 'Spurs Schläger sind die schlimmsten Hooligans der Hauptstadt.' Und des weiteren wurde berichtet: 'Nach Angaben von szenekundigen Beamten, sind die Spurs Hooligans der am besten organisierte Mob in London. Durch sie gab es die meisten Zwischenfälle bei Fußballspielen in der jüngeren Vergangenheit.' Dem Artikel war auch eine Auflistung von Spielen beigefügt, bei denen es zu Krawallen gekommen war, darunter das Heimspiel von Tottenham im Pokal der Pokalsieger gegen Feyenoord, unzählige Spiele gegen Chelsea und Begegnungen gegen Millwall, Arsenal, Manchester United, Sheffield United und Middlesbrough.

Kurz vor der Europameisterschaft 1996 wurden bei einigen Spurs Hooligans die Wohnungen gestürmt, dies war Teil der Polizeioperation 'Take Off.' Die Durchführung dieser Operation wurde von einer

Eingreiftruppe durchgeführt, die sich gebildet hatte, nachdem es bei einem Spiel Arsenal gegen Spurs früher in der Saison zu Zusammenstößen gekommen war.

Ein besonders brutaler Vorfall ereignete sich am Abend eines Länderspiels im Wembley Stadion. ´Blutspur nach schrecklichem Machetenangriff auf Fußballfans,´ lautete die Schlagzeile einer Zeitung. Der Artikel fuhr fort: ´Vier Fußballfans zogen eine Meilen lange Blutspur hinter sich her, nachdem sie mit Macheten attackiert worden waren.´

Der Ärger hatte sich vor einem England – Argentinien Länderspiel ereignet, als sich eine Gruppe Derby County Hooligans in einem Tottenham Pub einige Drinks gönnte. Kurz vor Anpfiff war es zu Schlägereien in der Kneipe gekommen, die sich schon bald auf die Straße verlagerten. Die Opfer waren eine Straße runter gejagt worden, bevor sie zusammenbrachen und von der Polizei auf der Tottenham High Road gefunden wurden. Sie waren mit Macheten übel zugerichtet worden und trugen schreckliche Verletzungen davon. Die Polizei behandelte diesen Zwischenfall als einen versuchten Mord. Der Polizist Simon Thomas, der an dem Einsatz beteiligt gewesen war sagte: „Der Weg von der Kneipe bis zur Polizeiwache beträgt zirka eine Meile und auf dem gesamten Weg sah man eine Blutspur. Ich brauchte zwanzig Minuten um die Spur abzugehen, es war einfach schrecklich."

Der Spurs Mob machte erneut Schlagzeilen nachdem es bei einem Viertelfinalspiel im FA Pokal gegen Manchester City zu Ausschreitungen gekommen war. Für die Hooligans aus London stellte diese Begegnung eine gute Möglichkeit dar, einen Wochenendtrip in den Nordwesten zumachen, um genauer zu sein nach Blackpool. Etwa siebzig Spurs Hooligans kamen bereits einen Tag vor dem am Sonntag stattfindendem Spiel in der Küstenstadt an. Und es dauerte nicht lange, da sorgte der große Alkoholgenuss dafür, dass es zu Schlägereien mit einer kleinen Gruppe Man City Fans kam. Für das Spiel selbst hatte sich der Yids Mob in einer ruhigen Kneipe in Moss Side verabredet. Der kurze Weg von dort zum Stadion verlief ereignislos, doch das änderte sich im Stadion. Als die Spurs uneinholbar in Führung gingen, reagierten die Heimfans wütend. Sie provozierten Tanner und seine Jungs, bis diese auf den Platz stürmten und sich dort Auseinandersetzungen mit den Man City Hooligans, der Polizei und den Ordnern lieferten.

´Man Citys Tag der Schande,´ titelte die Manchester Evening News am folgenden Tag. Siebenunddreißig Personen waren im Stadion festgenommen worden, weitere zwanzig hatte man rausgeschmissen, ein City Fan hatte eine Stichverletzung davon getragen und ein anderer hatte versucht den Torwart von Tottenham zu attackieren. Für Citys Platzwart Stan Gibson war das zu viel, er sagte: „Ich würde am liebsten alles hinschmeißen. Ich bin jetzt seit dreißig Jahren bei dem Verein, doch was diese Randalierer gemacht haben widert mich an."

Der Erfolg Arsenals in den Neunzigerjahren, gekoppelt mit dem schlechten Ergebnissen Tottenhams während dieser Zeit, führte zu einem aufflammen der alten Feindschaft zwischen den Fans beider Vereine. Die Spurs Hooligans waren den Gooners kräftemäßig überlegen, trotzdem kam es zu verbissenen Kämpfen zwischen den beiden Gruppen. Bei einem Spiel im Highbury im November 1998 kam es zu fünfundzwanzig Festnahmen, Grund war der Angriff eines Tottenham Mobs auf einen Arsenal Pub. Später in der selben Saison kam es zu Ausschreitungen in Leicester, wo 150 Spurs Anhänger einen Zwischenstopp machten, weil ihr spiel gegen Barnsley verschoben worden war. Nach einem Trinkgelage in Sheffield fuhren sie wieder nach Leicester, wo nach Prügeleien mit Einheimischen acht Personen verhaftet wurden. Einige Monate später griffen Spurs Hooligans Polizisten an, die verhindert hatten, dass die Londoner einen Kleinbus voll Leeds Fans attackierten. Die Polizisten mussten einen Hagel von Wurfgeschossen über sich ergehen lassen, der von einer Gruppe ausging, die sich vor dem Bank Pub gesammelt hatte.

Ein besonders scheußlicher Zwischenfall ereignete sich bei dem FA Pokalhalbfinale 2001, als Tottenham und Arsenal im Old Trafford aufeinander trafen. Trevor Tanner beschrieb es so: „Ich hatte der Firm gesagt, wir würden uns im Wetherspoons in Manchester, am Samstagnachmittag treffen. Der Arsenal Mob wollte um 18.00 Uhr dort hinkommen. Vorher kam es jedoch zu einem Aufeinandertreffen mit den Hooligans von Sheffield United, das wir für uns entscheiden konnten, doch von den Arsenal Jungs war nichts zu sehen. Am nächsten Tag kam es dann zu einer Massenschlägerei mit den Gooners nahe den Salford Quays, doch der Tag wird wegen eines Zwischenfalls in einer Hotelbar immer in unserer Erinnerung bleiben. Vierzig Arsenal Hools, die in der Bar saßen, lieferten sich ein Duell mit fünfzehn Spurs Jungs. Die Spurs waren ein echt harter Haufen und es sah gut für sie aus, bis die Arsenal Leute weitere vierzig Mann Verstärkung aus einem anderen Pub holten. Gegen diese Übermacht hatten wir keine Chance und wurden brutal zusammengeschlagen. Einen unserer bekannten Leute hatte es schlimm erwischt, er lag auf dem Boden und sah übel aus. Die Zeit bis ein Krankenwagen kam, verbrachten die Arsenal Leute damit Fotos von dem am Boden liegenden zu machen, die sie später auf T-Shirts drucken ließen. Das werden wir ihnen nie vergessen."

Am regelmäßigsten gab es jedoch Aufeinandertreffen mit dem Mob von Chelsea. Bei einem Zusammenstoß beider Firms auf der Oxford Street 1998, kam es im Anschluss zu einigen Verhaftungen von Chelsea Hooligans (siehe Chelsea). 2000 nahm die Polizei sogar achtzig Hooligans vorsorglich in Gewahrsam, das war bevor die beiden Vereine an der White Hart Lane gegeneinander antreten sollten. Die Polizei von London veröffentlichte auf ihrer eigenen Website einen Bericht darüber, wie sie im Park Hotel Pub Chelsea Fans durchsucht hatte, dabei wurden einige Waffen gefunden, unter anderem ein Fleischklopfer, CS Gas und Messer. Später am selben Tag kam es dann zu den achtzig Festnahmen, die wie die Polizei bekannt gab, vorsorglich gemacht wurden. Bei diesen Festnahmen fand die Polizei noch weitere Waffen darunter ein Baseballschläger und Klappmesser. Der Einsatzleiter der Polizei, Steve James sagte zu den Vorgängen: „Das frühe Eingreifen der Polizei hat schlimmeres verhindert. Wie wir an der Bewaffnung sehen konnten, war es die Absicht der Hooligans, schwere Verletzungen zu verursachen. Es ist scheußlich, dass Leute solche Waffen mit sich führen."

Als sich die beiden Hooligan Firms im Januar 2002 an der Kensington Station einen Kampf lieferten wurde eine Person durch ein Messer verletzt und einem Polizeibericht zu folge hatte eine kleine Gruppe Tottenham Leute auch Chelsea Hooligans an der Victoria Station angegriffen. Im Stadion wurde Jimmy Floyd Hasselbank dann von einer Münze am Kopf getroffen und Les Ferdinand wurde eine Flasche hinterher geworfen.

Bei der Begegnung der Vereine zwei Monate später an der White Hart Lane kam es zu Schlägereien vor dem Stadion und der Mannschaftsbus von Chelsea wurde von Tottenham Anhängern mit Steinen beschmissen, wobei ein Fenster zu Bruch ging. Das Resultat der anschließenden Auseinandersetzung waren zwei Verletzte mit Stichwunden und ein Polizist mit einem gebrochenen Fuß.

Trevor Tanner schrieb in seinem kürzlich erschienen Buch *Tottenham Massive,* dass die Spurs in den vergangenen Jahren Londons bester Hooligan Mob waren. Und das scheint zu stimmen, wenn man die Vereine der Hauptstadt betrachtet, die in der ersten Liga spielen. Unterstrichen wird diese Behauptung durch die Abreibung, die sie dem Chelsea Mob in der Saison 2005/06 zufügten. Wie stark sie sind bekamen auch andere Firms im ganzen Land zu spüren, darunter die von Birmingham City.

Einer der Birmingham City Hooligans wird in dem Buch *Zulus* folgendermaßen zitiert: ´Als wir 2002 wieder in die erste Liga aufgestiegen waren, kamen die Spurs mit einer echt guten Firm zu uns. Sie schafften es irgendwie aus dem Gästeblock auszubrechen und tauchten hinter der Haupttribüne auf, wo die meisten unser Jungs waren. Doch die Polizei griff ein bevor etwas passieren konnte. Die Yids hatten an diesem Tag wirklich ihre Hausaufgaben gemacht und wussten genau wo sie hin mussten.´

Beim Rückspiel reisten die Zulus mit einem großen Mob nach London, doch die starke Polizeipräsenz sorgte dafür, dass nichts passierte. Abschließend sagte der bereits zitierte Birmingham Hooligan: ´Ich gebe es nicht gerne zu, doch die Yids können wirklich eine gute Firm auf die Beine stellen, sie waren mit Sicherheit der beste Londoner Mob in den letzten Jahren.´

Noch im selben Jahr gab es ein Aufeinandertreffen mit dem Frontline Mob aus Middlesbrough, der zu dieser Zeit wohl einer der besten Firms in ganz Großbritannien war. Trevor Tanner sagte zu diesem Fall: „Sie tauchten in unserem Gebiet auf, dafür gebührt ihnen Respekt. Sie gehören sicherlich zu den besten Firms."

Doch der ultimative Test für den Mob fand im Juli 2001 statt, als die verrückte Entscheidung getroffen wurde, dass die Hotspurs ein Freundschaftsspiel gegen Millwall bestreiten. Für beide Seiten war es die Chance sich den Titel der besten Firm in London zu sichern. Der Tottenham Mob kam mit 200 Leuten an der Bermondsey Station an. Der Millwall Mob war auch in der Nähe und für ein bis zwei Minuten verwandelte sich ein Ende der Jamaica Road in ein Schlachtfeld. Ein Polizist sagte anschließend zu einem BBC Reporter, der Aufzeichnungen für die TV Serie *Hooligans* machte, dass Hunderte von Männern jenseits der dreißig in die Kämpfe verwickelt waren und die Einsatzkräfte förmlich überrannt wurden. Schließlich gelang es Polizisten den Spurs Mob einzukesseln, doch so wurden sie auch zur Zielscheibe von Wurfgeschossen. Letztendlich wurden dann aber beide Mobs ins Stadion verfrachtet. Als fünf Minuten vor Spielende die Tore geöffnet wurden, nutzte die Firm von Tottenham die Gelegenheit und stürmte Richtung Home End. Die Polizei griff schnell ein, doch sie konnte es nicht verhindern, dass es zu einigen kleineren Schlägereien kam, bevor die Spurs Fans erfolgreich wegeskortiert werden konnten. Die Tottenham Firm fühlte sich nach diesem Tag in ihrer Vormachtsstellung bestätigt.

2002 mussten die Hotspurs dann im Finale des Worthington Pokals im Millenium Stadium in Cardiff gegen die Blackburn Rovers antreten. Für die Soul Crew aus Cardiff stellte dieses Spiel die Chance dar, sich mit einem der besten Mobs der ersten Liga zu messen. Der walisische Mob rottete sich bereits Samstagabend zusammen, da man wusste, die Firm aus Tottenham würde vielleicht einen Wochenendtrip machen. Doch dieses Mal entschieden sich die achtzig angereisten Londoner dafür, die Nacht lieber in Swansea zu verbringen und erst am Spieltag nach Cardiff zu fahren. Einige Monate darauf trafen Cardiff City und Tottenham im gleichen Wettbewerb aufeinander und Hunderte von Cardiff Hooligans machten die Reise an die White Hart Lane. Obwohl die Polizei durch einen Großeinsatz Massenkrawalle verhindern konnte, kam es im Gebiet von Nordlondon doch zu einigen kleineren Scharmützeln.

Im Oktober 2003 kam es dann zu einer Begegnung mit den Lokalrivalen von West Ham United, nach diesem Spiel war in einer Zeitung folgender Bericht zu lesen:

Dreiundneunzig West Ham Fans wurden festgenommen, nachdem es bei einem Derby gegen Tottenham zu Ausschreitungen gekommen war. Die Verhaftungen erfolgten am Mittwoch in Nordlondon, noch bevor die Partie der beiden Vereine an der White Hart Lane angepfiffen wurde. Die Polizei war um 15.08 Uhr zu einem Tottenham Pub Namens The Cockerle gerufen worden, nachdem dort eine große Gruppe von Fußballfans für Ärger gesorgt hatte. In dem Pub war ein extremer Schaden entstanden und im nahegelegenen Northumberland Park konnten einige West Ham Anhänger wegen Sachbeschädigung verhaftet werden. Die Polizei sagte, es wäre den ganzen Nachmittag über zu kleineren Gefechten gekommen und in der Nacht wurden mindestens zwei Pubs auf der High Road in Mitleidenschaft gezogen. Es kam auch zu einigen Verletzungen und ein Mann, der jedoch nicht all zu schwer verletzt zu seien schien wurde ins Krankenhaus gebracht.

Scotland Yard sagte anschließend, dass es im Stadion keinen Probleme gegeben hätte, obwohl zwei Personen festgenommen wurden und acht Leute wegen Randalieren und Trunkenheit des Stadions verwiesen wurden. Letztendlich wollten die Beamten auch noch die Aufnahmen von den Überwachungskameras untersuchen, um so mögliche Unruhestifter zu überführen.

Gary Lee, der Wirt des Cockerle Pubs sagte BBC London: „Ich war von der Polizei überrascht. Normalerweise haben sie alles unter Kontrolle, doch sie wurden wohl auf den falschem Fuß erwischt. Zu einem Zeitpunkt waren nur zwei weibliche Polizeibeamte vor Ort, die einem ehrlich gesagt leid tun konnten. Doch ich kann nicht verstehen, wie 150 Fußhooligans von einem Ende Londons zum anderem fahren können, ohne entdeckt zu werden."

Fast vierzig Jahre haben die Spurs einer der härtesten Hooligan Mobs in Großbritannien gehabt, auch wenn ihnen die Medien nicht so viel Aufmerksamkeit schenkten wie anderen Londoner Firms. Doch die Achtung, die andere Hooligans ihnen gegenüber haben, zeigt wie gut sie waren.

Weiterführende Literatur: The Glory Game, Hunter Davies (Sphere Books), Tottenham Massive, Trevor Tanner (John Blake)

Da vom Tottenham Mob kein Bildmaterial zur Verfügung stand, zwei weitere Fotos von Wigans 'Goon Squad.'

W

West Ham United

Stadion: Upton Park
Firms: Mile End Mob, Teddy Bunter Firm, Inter-City Firm, Under Fives
Feinde: Millwall, Manchester United, Chelsea
Polizeioperationen: Fulltime, Tiger

Das letzte Heimspiel der Saison 1966/67 war für die Anhänger von West Ham United eine Art Feuertaufe, denn der Gegner hieß Manchester United. Die Gastmannschaft brauchte nur einen Punkt um Meister zu werden und die freundliche Atmosphäre, die dadurch entstanden war, dass England vor elf Monaten den Weltmeistertitel geholt hatte, sollte von 20.000 Leute der Red Army zerstört werden. Seit einer Weile hatte sich im Nordwesten Englands eine Hooligan-Szenen etabliert, doch erst an diesem Tag wurde diese neue Kultur ´offiziell´ nach London exportiert. Bei diesem Spiel zwischen den wohl bekanntesten Vereinen dieser Ära, sollte die Nachberichterstattung erstmals von Gewalttätigkeiten dominiert werden.

´Ein Tag der Schande für den Fußball,´ lautete die Schlagzeile der News of the World und folgendes war zu lesen:

Der Ärger begann bereits vor dem Anpfiff. Während viele der 38.000 Zuschauer hysterisch Manchester anfeuerten, rannte ein Fan, von der Polizei verfolgt, über das Spielfeld. Er sprang in die Zuschauer hinter dem Tor von West Ham, schlug vier oder fünf Leute zu Boden und wurde schließlich festgenommen.

Im Laufe des Spiels flammten die Unruhen bei jedem erzielten Tor auf. Die Rowdys waren einfach überall. Flaschen wurden auf die Ränge der Nordtribüne geschleudert und Fans hinter dem West Ham Tor wurden mit Fahnenstangen verprügelt.

Die achtzig in Dienst befindlichen Polizeibeamten machten Dutzende von Festnahmen, zudem gab es zwanzig Verletzte, die teilweise blutverschmiert waren.

Es gab nach dem Spiel aber noch mehr Randale, als die Man United Anhänger durch Ostlondon zogen und auf West Ham Fans trafen. Teile des U-Bahnverkehrs mussten für eine Stunde stillgelegt werden und sogar eine Hauptverbindung wurde abgebrochen, als die Krawalle auf das öffentliche Verkehrssystem übergriffen. Die Presse sah in diesem Tag einen Auslöser für Fußballrandale in Großbritannien, denn am selben Tag wurden beim Old Firm Derby in Glasgow weitere neununddreißig Personen festgenommen. In der News of the World konnte man hierzu lesen: ´Jahre lang haben wir die südamerikanischen Fans für ihr hysterisches und gewalttätiges Verhalten verachtet, doch nun werden britische Fans von der ganzen Welt verachtet. Es ist traurig und die Frage ist: Müssen in britischen Stadien jetzt Stacheldrahtzäune und Sicherheitsgräben errichtet werden, um eine Minderheit von Hooligans unter Kontrolle zu halten?´

Bereits Monate zuvor hatte sich im Upton Park ein Mob gebildet, doch erst durch das Spiel gegen Man U fiel diese Gruppe der Öffentlichkeit auf. In der vergangenen Saison hatte sich die North Bank zu einem Treffpunkt für jüngere, gewaltbereite Fans entwickelt. Die North Bank Enders waren meist junge Gangmitglieder, die sich nach dem Spiel gegen Manchester vorgenommen hatten, nicht noch einmal überrannt zu werden. Und mit Ausnahme von Chelseas Mob 1968 gelang es so schnell niemandem wieder.

Die West Ham Schläger begannen nun damit Terror zu verbreiten, in der folgenden Saison gab es kaum ein Spiel, bei dem West Ham Anhänger nicht für Unruhen sorgten. Schon nach dem Eröffnungsspiel gegen Sheffield Wednesday fanden sich drei Londoner Jugendliche vor einem Gericht wieder. Der Richter sagte zu ihnen: „Ich gebe ihnen eine angemessene Verwarnung. Wenn sich dieses Benehmen fortsetzt, werden wir nicht zurückschrecken einige Leute ins Gefängnis zu stecken. Wir werden sie mit einer hohen Geldstrafe belegen, um andere abzuschrecken. Denn ihr Verhalten war einer zivilisierten Gesellschaft nicht angepasst. Wir sind entschlossen für Ordnung im Stadion zu sorgen, noch bevor jemand getötet wird."

In der Saison 1967/68 gab es bei jedem West Ham Spiel in der Nähe Londons Krawalle. In der Hauptstadt traf man nur auf wenig Gegenwehr, doch Reisen in weiter entfernte Gegenden stellten sich schon bald als gefährlicher raus. Ein Spiel bei den Woverhampton Wanderers war eine der schlimmsten Erfahrungen für den West Ham Mob und auch beim Spiel gegen Sheffield United erhielt man eine Tracht Prügel, als man versuchte das Home End zu stürmen. Andere Stadien wareb da leichter einzunehmen, in Stoke beispielsweise waren die Heimfans überrascht, als Hunderte Londoner in ihr Home End stürmten, wobei die West Ham Anhänger danach behaupteten, es wäre ihnen dabei nur um eine große, hölzerne Nachbildung des FA Pokals gegangen. Bei einer anderen Auswärtsfahrt nach Southampton gelang es der Londoner Gefolgschaft sogar die Stadt und das gesamte Stadion einzunehmen, ohne dass auch nur ein Schlag fiel.

In den Zeiten vor der Polizeiüberwachung von Fußballfans, war es für die Gangs relativ einfach Ärger zu machen, doch die Londoner Polizei wusste bald, was für Leute die West Ham Hooligans waren und bereits 1967 wurden Fahnen im Upton Park verboten, weil die Fahnenstangen immer wieder als Waffe benutzt worden waren.

Der West Ham Mob hatte keinen einzelnen Anführer, er bestand vielmehr aus verschiedenen kleinen Gangs, die in kurzer Zeit eine Menge Schläger zusammentrommeln konnten, die teilweise gar nichts mit Fußball am Hut hatten. Das passierte besonders oft bei Spielen gegen Arsenal, deren Mob zu dieser Zeit der Erzfeind von West Ham war. Für eines dieser Spiele im Highbury Stadion machten sich sieben Busladungen West Ham Hooligans auf den Weg, nur um gegen die Lokalrivalen anzutreten.

Eine bekannte Hooligan-Gang bei West Ham kam aus der Gegend rund um die Mile End Road und hatte sich Mitte der Sechzigerjahre aus Skinheads und Bootboys gebildet. Als das Jahrzehnt zu Ende ging, bildeten sich auch Gangs in Bezirken wie Harold Hill und Collier Row, wohin man nach dem Krieg die Bewohner des alten East Ends umgesiedelt hatte, zusammen bildeten diese verschiedenen Banden den Mile End Mob. In sich gekehrt und abweisend, vertraute diese Gruppe niemanden und mischte sich nicht einmal mit anderen West Ham Leute.

Bei einem Auswärtsspiel in Ipswich 1968 kam es zu Ausschreitungen im Stadion und auf der Rückreise nach London wurde von den Fans im Zug randaliert. Dieser Zwischenfall brachte das Fass zum überlaufen und beim nächsten Heimspiel veröffentlichte der Verein im Programmheft, eine Warnung an die Anhänger auf der North Bank:

Ihr habt es also wieder getan. *Nicht nur das Verhalten mancher von euch in Ipswich hat uns beschämt, auch dass ihr auf der Heimfahrt im Zug randaliert habt. Eure Aktivitäten wurden von Millionen Zuschauern im Fernsehen gesehen, die davon angeekelt waren.*

Warum macht ihr so was? *Wenn ihr glaubt, ihr unterstützt dadurch den Verein, dann müssen wir euch ehrlich sagen, der Verein und der Sport können auf solche Unterstützung verzichten.*

Wir verstehen unter einem ***Fan*** *jemanden, der stolz auf den Verein und seine Geschichte ist, jemand der die Mannschaft und den Ruf des Verein fördert und nicht beschmutzt.*

Bevor ihr vor zwei, drei Jahren aufgetaucht seid, galten die West Ham Fans bei der British Rail, als die Fans mit dem besten Benehmen ***und dass tun sie noch immer – mit Ausnahme von euch.***

Es gibt nur wenige Drahtzieher unter euch und wir wissen wer sie sind. Bis jetzt habt ihr eure 'Verantwortung' aufs schlimmste missbraucht, sei es durch Schlägereien, Obszönitäten oder das Zerstören von Zügen. Warum versucht ihr nicht, euch von den restlichen Fans im Land abzuheben? Warum helft ihr nicht dabei?

Warum folgt ihr nicht dem Beispiel der älteren Leute? ***Warum ist euch der Ruf des Vereins egal? Warum versucht ihr nicht euch zu benehmen und so einen Ruf als die erzogensten jungen Anhänger im Land zu bekommen?*** *Das würde euch bekannter machen, viel bekannter!*

Für den Verein mochte es rätselhaft sein, warum die Anhänger im North End sich so benahmen, andere waren da aufgeklärter. Chris Lightbown schrieb 1972 einen ausführlichen Bericht für das Time Out Magazine, in dem er seine Sicht auf die Ends in Londons Stadien beschrieb: „Um sich eine Vorstellung zu machen, wie es auf West Hams North Bank aussieht, muss man sich Alf Garnett (ein bekannter englischer Komiker) vorstellen und ihn mal 5.000 nehmen. Sie sind alles auf einmal, witzig, couragiert, eifrig, treu, freundlich, eine geschlossene Gemeinschaft, offen für neues, stolz und voreingenommen. In welchem anderen End hört man schon Sprechchöre wie: „Man darf uns nicht ändern, weil man bei einem guten Siegerteam auch nichts ändert!" Bei West Ham passierte genau das vor zwei Jahren. Aus welchem anderen End würden auch 4.000 Leute zu einem Ligaspiel nach Stoke reisen, dort versuchen das Home End zu nehmen und den Mob in der Halbzeit zu teilen, um noch einen Pub zu attackieren, West Ham machte das im August 1968."

Obwohl die Warnung im Stadionprogramm gut gemeint war, stieß sie auf taube Ohren, sie sorgte eher dafür, dass die Hooligans ins Rampenlicht gerückt wurden. Viele die bis dahin nur ehrfürchtig die Aktionen der Randalierer beobachtet hatten wollten nun auch einen Anteil daran haben.

Mickey Smith behauptet in seinem Buch *Want some Aggro?,* dass der West Ham Mob gegen jeden kämpfte, der in den Upton Park kam und bereits einen Ruf als Hooligan Mob hatte, lange bevor dieses Phänomen bei anderen Vereinen auftrat. Er schreibt auch, dass nach dem Besuch von Manchester United und den damit verbundenen Schlagzeilen, nur noch sehr wenige generische Fans auf Ärger bei Heimspielen von West Ham aus waren. Der Mob von Nottingham Forest war einer der ersten Mobs, der mit dem Zug anreiste und auch prompt eine Abreibung bekam. Auch ein Bristol City Mob zeigte sich, doch es machte den Anschein, als hätten die Jungs aus Bristol nicht gewusst, was sie erwartet. Ebenso wagte sich Stoke mit einem kleinen Mob nach London und auch wenn sie nicht viele waren, ernteten sie Respekt für ihr Erscheinen.

Zu dieser Zeit passierte es auch, dass der Chelsea Mob sich lange vor dem Anpfiff auf der North Bank breit machte und behauptete, das Home End eingenommen zu haben. Die West Ham Hooligans entgegneten darauf, dass nur die Polizei die 500 Chelsea Jungs gerettet hätte, doch sie gaben zu, ausgetrickst worden zu sein.

Als Arsenal zu Gast war hielt sich deren Mob nur auf der South Bank auf, so kam es dazu, dass die West Ham Hooligans erstmals den Gästeblock stürmten. Dies war der Beginn eines neuen Trends, dem Erstürmen gegnerischer Blocks (Ends). Bei einem Spiel gegen Newcastle in der Saison 1969/70 gab es dann die ersten Absperrungen im Gästeblock der South Bank, doch die Geordies versuchten trotzdem eine gut Show abzuziehen.

Zwischen 1968 und 1974 mussten die West Ham Hooligans bei Auswärtsspielen gegen Newcastle, Man U, Everton und Derby County Niederlagen hinnehmen. Fast zur gleichen Zeit nahmen sie jedoch die North Bank im Highbury ein, besiegten die Mobs von Woverhampton und Leeds und schafften es erstmals das End der Tottenham Hooligans einzunehmen.

Waffen kamen langsam auf und den Gegnern der West Ham Hooligans wurde immer mehr bewusst, warum die Jungs aus dem East End einen so schlimmen Ruf hatten, doch der zahlenmäßigen Überlegenheit von Mobs wie Arsenal oder Chelsea konnten sie teilweise nichts entgegen setzen. Damals kam es auch in ganz London zu Aufeinandertreffen der verschiedenen Firms, die sich gegenseitig abpassten, wenn sie von Auswärtsspielen nach Hause kamen.

1975 hatte West Ham dann auch wieder Erfolg auf dem Spielfeld und gewann den FA Pokal, den man seit 1964 nicht mehr geholt hatten. Der Weg zum Pokal beinhaltete auch einen Viertelfinalsieg über Arsenal und erneut machten sich die West Ham Hooligans auf der North Bank bemerkbar. Im Halbfinale wurde dann Ipswich Town geschlagen und man stand im Finale den Londoner Lokalrivalen von Fulham gegenüber, die auf dem Platz von der ehemaligen West Ham Legende Bobby Moore angeführt wurden. Das Finale machte aber keine Schlagzeilen aufgrund der Gewalttätigkeiten, obwohl das Gerücht um ging, dass Chelsea und Spurs Hooligans sich mit den Fulham Mob verbündet hätten. Trotzdem schafften es die West Ham Anhänger wieder den Verein in Misskredit zu bringen, indem Hunderte auf das Spielfeld des Wembley Stadions stürmten und so der Mannschaft die Ehrenrunde ruinierten.

Die folgende Saison begann mit Ausschreitungen vor dem Wembley Stadion bei einem Wohltätigkeitsspiel gegen den Meister Derby County. Außerdem kam es während dieses Spiels zu schweren Schlägereien unter West Ham Anhängern im eigenen Block. Mittlerweile hatten die West Ham Hooligans einen solchen Ruf erlangt, dass sich kaum noch Gegner in den Upton Park trauten. Im Liverpool Echo war beispielsweise ein Artikel zu lesen, der sich damit befasste, dass ein Sonderzug des Liverpool FC abgesagt werden musste, weil sich nur vierzehn Leute den Spießrutenlauf im Upton Park antun wollten.

Manchester United stellte da eine Ausnahme dar. Nach einer Saison voller Ausschreitungen in der zweiten Liga, tauchte die Red Army wieder im Stadion von West Ham auf, doch hier wurde ihnen ein weitaus unfreundlicherer Empfang zuteil, als es in der unteren Liga meist der Fall gewesen war. Es hatte acht Jahre gedauert, dass die Londoner Revanche für die zuvor erlittene Demütigung nehmen konnten und man merkte an ihren Attacken, dass sie wirklich wütend waren. ´Hammered,´ (zerschlagen) lautete die Überschrift der Sun Ende Oktober 1975. Darunter stand: ´Der Tag an dem die Terroristen des Fußballs wie Tiere gejagt wurden.´

Es bestand kein Zweifel, dass der Journalist der Sun die Niederlage der Red Army mit Schadenfreude genoss. Weiter konnte man lesen: ´Dieses Mal waren sie es die Prügel kassierten, als beim Spiel gegen West Ham Massenschlägereien ausbrachen, die dazu führten, dass das Spiel siebzehn Minuten unterbrochen werden musste.´ Als die Verantwortlichen bei West Ham United begannen wegen der Krawalle zu ermitteln, sagte der Vorsitzende von Man Uniteds offiziellem Fan Club: „Die Schuld liegt bei den West Ham Anhängern. Sicherlich gibt es auch bei uns einige Idioten, doch an diesem Tag war es eindeutig die schlechte Laune der West Ham Leute, die zu den Ausschreitungen führte."

Der Ärger hatte begonnen als Hunderte von West Ham Hooligans den Gästeblock stürmten und Manchester Fans auf den Platz jagten. „Wir waren in Unterzahl und wurden wie Tiere gehetzt," jammerte ein Man U Anhänger den sonst so ungeliebten Medien vor. Die Verantwortlichen kamen wegen der fehlenden Trennung der Fangruppen im Stadion in die Kritik, der Verein entgegnete aber man könne die Fans zwar an den Eingängen Trennen, doch im Stadion wäre ein solches Eingreifen nur schwerlich möglich. Trainer Ron Greenwood verschlimmerte die Lage noch, in dem er bei einer Pressekonferenz nach dem Spiel sagte: „Lasst uns verflucht noch mal über das Spiel reden, nicht über andere Vorfälle. Ihr seid Fußballreporter."

Seine Aussage wurde von dem Sportkolumnisten Frank Clough mit spitzer Feder beantwortet: ´Falsch Mr. Greenwood. In erster Linie sind wir Journalisten – also berichten wir was geschehen ist. Wenn es 102 Verletzte gab, wenn 138 Personen des Stadions verwiesen wurden, wenn es achtunddreißig Verhaftungen gab, wenn Leute wegen des Tragens von Offensivwaffen angezeigt wurden und ein Spiel siebzehn Minuten angehalten werden musste, dann ist etwas geschehen Mr. Greenwood.´

Vom Anfang der Siebzigerjahre an wurde jeder nervös, wenn es um die Hooligans von Millwall ging, der West Ham Mob war die Ausnahme. Die beiden Vereine hatten nie in einer Liga gegeneinander gespielt, doch die Wahrscheinlichkeit eines Zusammenstosses beider Mobs stieg, als die Millwall Hooligans immer bessere Vorstellungen ablieferten. Was nicht in Frage stand, war, dass es Feindseeligkeiten zwischen Ostlondon und dem Südosten gab und das die Vereine beider Gegenden eine gewalttätige Gefolgschaft hatten. 1972 kam es dann zu einem Gedenkspiel für den früheren Spieler Harry Cripps. Austragungsort war The Den. Und während es auf dem Platz freundlich zuging, war auf den Rängen der pure Hass zu spüren.

Das Spiel fand abends statt und bevor die Reise losging schlossen sich die Teddy Bunter Firm, zu der auch die Hooligan-Legende Bill Gardner gehörte, und der Mile End Mob zusammen. Das war für diese beiden Gruppen keineswegs normal, doch sie wussten, ihnen würden nie da gewesene Feindseligkeiten entgegengebracht werden. Der Mile End Mob war in einen von Bahnarbeitern genutzten Werkzeugschuppen eingebrochen und hatte sich bewaffnet. Als die vereinten Mobs dann erstmals aufeinander trafen, war die Millwall Firm auch ziemlich schnell auseinander gesprengt. Bunter vom West Ham Mob beschrieb diese Begegnung in dem Buch *Top Boys:* ´Vor und nach dem Spiel ging es so richtig ab. Für ein Gedenkspiel war diese Millwall Firm wirklich ein guter Gegner. Wäre es ein Ligaspiel gewesen, wären wir mehr West Ham Jungs gewesen. Doch an diesem Abend reichten der Mile End Mob und die Teddy Bunter Firm vollkommen aus. Ich kann mich noch erinnern, wir waren 100-200 West Ham Hooligans und ich habe nie wieder eine so schwer bewaffnete Firm gesehen.´

Bill Gardner nannte es in seiner klaren Art: „Die unglaublichste und gewalttätigste Ausschreitung, die ich in all den Jahren, die ich zum Fußball fuhr gesehen habe."

Es sollte aber noch fünf Spielzeiten dauern, bis diese beiden Vereine sich bei einem Ligaspiel gegenüberstanden, an einem Zeitpunkt, als die Hooligan Mobs auf beiden Seiten einen noch schlimmeren Ruf hatten. Die Begegnung war zusätzlich davon beeinflusst, dass der Millwall Anhänger Ian Pratt angeblich von West Ham Fans getötet worden war, als die beiden Mobs sich einige Jahre zuvor in einer U-Bahnstation eine Prügelei lieferten.

Bei Millwalls letztem Heimspiel vor der Begegnung im Upton Park, wurden mindestens 1.000 Flugblätter im Stadion verteilt, die Rache forderten und auf denen sogar ein Foto des Toten Fans war. Der Text dieses Flugblatts war folgender: ´Wir haben West Ham nicht vergessen. Auf diesen Tag warten wir seit über zwei Jahren. Das wird keine normale Schlägerei. Sie haben einen Millwall Fan getötet. Alles was wir tun, tun wir für ihn.´

Der Stratford & Newham Express, die Lokalzeitung für die Bezirke der West Ham Gefolgschaft, rief die Fans auf der Titelseite auf, ruhig zu bleiben: ´Am nächsten Samstag werden die West Ham Fans sicherlich zu einem Kampf auf den Rängen herausgefordert, eines ist aber ganz sicher, die Gegend um das Stadion wird sich in ein Schlachtfeld verwandeln. Denn die gewalttätigen Millwall Fans haben eine Art Kriegserklärung abgegeben, indem sie beim letzten Heimspiel Flugblätter verteilten, mit denen sie Rache für den Tot des Millwall Anhängers Ian Pratt forderten. Doch auch im Upton Park gab es auf der North Bank schon beim Abstieg in die zweite Liga Gesänge wie: „Wir hasse Millwall!“ Und um so näher die Begegnung der beiden Vereine rückte, desto öfter gab es solche Schmährufe. Man könnte also sagen, beide Seiten wollen Blut fließen sehen.´

Der Sportredakteur Jim Gains beendete den Artikel mit einer Bitte an die Fans: ´Denkt nach bevor ihr handelt und stellt dabei das Ansehen des Vereins, dessen Farben ihr mit Stolz tragt, in den Vordergrund. Denkt einfach daran, dass es mehr Courage erfordert Streit aus dem Weg zu gehen, als einfach zu zuschlagen.´

Die Polizei und der Verein einigten sich darauf, die Fangruppen im Stadion strikt zu trennen, um so Ärger zu vermeiden. West Hams Vorsitzender Reg Pratt sagte. „Wir vertrauen darauf, dass unsere Fans verstanden haben, dass der Verein bestraft werden könnte, wenn sie sich schlecht benehmen. Wir hoffen, sie werden sich, auch wenn sie provoziert werden, wie immer ordentlich verhalten.“ Nur einige Meilen entfernt gab Millwall Boss George Petchy eine ähnliche Stellungnahme ab und forderte die Hooligans auf zu Hause zu bleiben. Nachdem bei Millwalls letztem Heimspiel Leute auf den Platz gerannt waren, hatte er gesagt: „Das Fass ist am überlaufen. Und dann kommt noch dieses geisteskranke Flugblatt. Wir sind gut vorbereitet für das West Ham Spiel und ich empfehle Anhängern beider Vereine sich zu benehmen. Wir sind uns im klaren, dass diese Spiel Unruhestifter anzieht, doch warum sollte man sich prügeln?“

Während die Vereine und die Polizei sich sehr besorgt zeigten, sagten einige Anwohner und Ladenbesitzer, dass sie keine Angst hätten. Der Gemüsehändler Harry Mansfield, dessen Geschäft gleich gegenüber vom Stadion lag, sagte: „Wir haben nicht wegen Hitler und den V1 Raketen geschlossen und wir werden sicherlich nicht wegen einem Spiel gegen Millwall schließen.“

Nach der Begegnung titelte eine Lokalzeitung: ´Hass-Spiel! Siebzig Teenager nach Fußballrandale festgenommen!´ Des weiteren berichtete die Zeitung, dass die Gewalt noch wesentlich schlimmer eskaliert wäre, wenn der Großeinsatz der Polizei nicht stattgefunden hätte. Es waren 500 Polizeibeamte rund um das Stadion im Einsatz und sie wurden noch durch Diensthunde und berittene Beamte unterstützt. Zu den siebzig Festgenommenen Personen kamen noch neunundsechzig, die des Stadions verwiesen wurden.

´Die hohe Polizeipräsens sorgte bei den meisten Fans für Anspannung, doch das schlimmste Beispiel vorsätzlicher Gewalt kam von den West Ham Anhängern,´ schrieb die Zeitung. ´Zirka eine halbe Stunde, nachdem das Stadion und umliegende Straßen frei von West Ham Fans waren, eskortierte die Polizei die Millwall Anhänger zur Upton Park Station. Als sich die in der Eskorte befindlichen Fans dem Queens Road Market näherten, wurden sie von etwa 500 Hammers aus einem Hinterhalt angegriffen. Die Angreifer versuchten die Polizeireihen zu durchbrechen, doch sie konnten von berittenen Polizisten verjagt werden.´

Später räumte die Polizei ein, beinahe die Kontrolle verloren zu haben. Ein Polizeisprecher sagte: „Diese Fans haben sich wie wilde Tiere benommen und ich befürchte, in solchen Situationen muss man sie auch wie solche behandeln.“

Der Look der Hooligans änderte sich und in der Saison 1979/80 wurde die heute berüchtigte Inter-City Firm (ICF) gegründet. Der Kern dieser Gruppe waren einige Jungs, deren Anführer Andy Swallow hieß. Er und seine Freunde hatten zunehmend die Nase voll von den älteren Leuten beim West Ham Mob, die noch immer alles bestimmen wollten, obwohl die jüngeren mindestens genauso stark waren wie sie. Die Skinhead-Mode, mit Glatze, engen Jeans, Bomberjacken und Stiefeln machte die alten Hooligans zu einem einfachen Ziel für die zunehmende Polizeiüberwachung. Die Jungen trugen jetzt gepflegtere Kleidung und Schal und Boots wichen Ammoniak gefüllten Sprühflaschen sowie Teppichmessern. In den nächsten Jahren sollten Swallow, Grant Fleming und Mickey Ramsgate, um nur drei der bekannten ICF Anführer zu nennen, die Hooligan-Szene verändern. Die ICF wurde gegründet als sich die drei genannten eines nachts in einer Wohnung in Ostlondon trafen. Sie ließen ein paar Ansticknadeln machen und wie Swallow einst sagte: „Der Rest ist Geschichte.“

Bei einem Auswärtsspiel im Villa Park konnte man dann diesen neuen Mob erstmals in Aktion erleben. Das große Holte End war über die Jahre zu einem ungemütlichen Platz für Besucher geworden, doch das schreckte weder Swallow noch 100 andere, alle im Alter zwischen fünfzehn und achtzehn, ab. Sie schlichen sich in kleinen Gruppen ins Holte End, zehn Minuten vor Anpfiff zogen sie sich selbst gemachte Sturmhauben über und dann war erstmals der ´ICF-Schlachtruf´ zu hören. Für einige Minuten entstand Chaos im Home End, bis die Villa Fans realisierten, dass ihr End von Teenagern mit West Ham Mützen, in die sie Löcher geschnitten hatten, infiltriert worden war. Die Polizei reagierte schnell und zog die ungebetenen Besucher aus dem Block für die noch junge ICF war es trotzdem ein Erfolg. Als sie in London zurück waren, zählte ihr Mob bereits 150 Leute und sie verjagten noch den zufällig angetroffenen Millwall Mob, nachdem sie sich schon den ganzen Tag lang den eigenen, älteren Leuten gegenüber frech verhalten hatten. Andy Swallow sagte später über diesen Premiere-Auftritt des ICF Mobs: „Kein schlechter erster Tag für unsere Firm."

In der gleichen Saison machte sich eine große West Ham Firm auch auf den langen Weg nach Newcastle. Rivalisierende Mobs lieferten sich dort Auseinandersetzungen vor und im Stadion, es wurden unter anderem Dartpfeile in den Gästeblock geschleudert. In den Stadien wurden Wurfgeschosse zu dieser Zeit als relativ normal angesehen und die Presse veröffentlichte nach dem Spiel schadenfroh Fotos von einem Fan, dem ein Dartpfeil im Kopf steckte. Doch an diesem Tag sorgte die Newcastle Hooligans dafür, dass dem Wort Wurfgeschoss eine neue Bedeutung zu kam, als sie einen Molotowcocktail zwischen die wenigen West Ham Fans warfen, die auf den Rängen waren. Es war nicht überraschend, dass diese Tat zu einem Aufschrei unter den ICF Jungs führte. Einer der Londoner entgegnete danach, dass es in Ordnung wäre, wenn man sie mit Sachen beschmeißt, doch dieser Molotowcocktail hätte auch Frauen oder Kinder treffen können, deshalb nahmen die West Ham Hooligans die Sache persönlich.

Nach dem Spiel schaffte es der Hammers Mob der Polizei zu entkommen, die Beamten waren wohl etwas nachsichtig mit ihnen gewesen, weil sie gesehen hatten was für eine schwere Attacke die Gäste hatten erleiden müssen. Ein großer ICF Mob verjagte schließlich Hunderte von Newcastle Fans am Bahnhof, bis die Polizei entschied, dass es genug sei und sie in den ersten Zug Richtung Süden steckte. Doch für die ICF Leute war die Sache noch nicht geklärt, so schmiedeten sie auf der Heimfahrt Pläne für einen Racheakt, denn nur wenige Tage nach diesem Spiel musste Newcastle in der Hauptstadt gegen die Queens Park Rangers (QPR) antreten.

West Hams Vereinsführung kündigte nach der Begegnung an, dass die Newcastle Fans keine Karten für das Rückspiel bekommen würden. Doch niemand rechnete damit, wie entschlossen die ICF Hooligans waren Rache zu nehmen. Das taten sie dann auch mit Stil. Am Tag der Begegnung zwischen den QPR und Newcastle trafen sie schon früh ein und sammelten sich in einem Pub nahe der Loftus Road. Nachdem man den QPR Fans gesagt hatte, sie hätten nichts zu befürchten, nur Newcastle Hooligans wären ihr Ziel, gaben die QPR Leute sogar einige Drinks aus. Noch weit vor Spielbeginn sah man dann einen Newcatsle Mob arrogant die Straße runter schlendern. Eine genauso große Firm von West Ham Hooligans stellte sich ihnen in den Weg, im ersten Augenblick waren die Newcastle Leute verwirrt, denn für sie ging es ja ´nur´ gegen die QPR. Doch dann bekamen die Newcastle Hooligans mit, wer ihnen da gegenüber stand und Angst machte sich unter ihnen breit. Die von ihnen, die nicht wegrannten wurden schließlich verprügelt. Als dem Manager der QPR, Tommy Docherty erzählt wurde was geschehen war, sagte dieser ratlos: „Wir spielen doch aber gar nicht gegen West Ham!"

Sogar die Newcastle Hooligans bereuten im Nachhinein den Anschlag mit dem Molotowcocktail. John Sharp eine Newcastle Veteran sagte dazu: „Danach wurde jede Reise nach London zu einem Spießrutenlauf. Egal gegen welchen Londoner Verein wir spielten, immer tauchte der West Ham Mob auf und machte uns das Leben zur Hölle."

Zu dieser Zeit kam es auch zum ersten Zusammenstoß der ICF mit dem Mob von Cardiff City, die Londoner behaupten zwar, dass sie die Waliser an diesem Tag schlugen, weil sie ihre Gegner vor dem Spiel durch die Stadt gejagt hatten, doch sie mussten auch feststellen, dass sie langsam in das Visier von Undercoverpolizisten gerieten. Sie würden das noch Jahre später zu spüren bekommen, als die Polizei eine Operation gegen sie einleitete.

Die ICF nahm ihre Fußballkrawalle ernst, sogar sehr ernst. Hartnäckig und ohne ein Grinsen untermauerten sie den Ruf des East Ends als eine Gegend, die durch den starken Zusammenhalt der Bewohner für Fremde uneinnehmbar und ungastlich schien. Sie wussten mit der Angst zu spielen, lange bevor andere Fußball-Mobs so etwas machten und sie ließen es auch nicht an Organisation fehlen. Trotz diesem Ruf, schien West Ham bei neutralen Fußballanhängern beliebt zu sein, was sicher an den treuen Fans und dem guten Fußball lag, der gespielt wurde. Bobby Moore, Geoff Hurst und Martin Peters hatten sich als Rückgrat der englischen Weltmeistermannschaft erwiesen und Ende der Siebziger galt West Hams Trevor Brooking als wahrer Gentleman auf dem Fußballplatz. Nachdem der Verein dann den FA

Pokal gewonnen hatte, gelang es der Mannschaft im Anschluss auch noch den Pokal der Pokalsieger zu holen. Doch ein Versuch im September 1980 diesen europäischen Titel zu erringen, endete mit negativ Schlagzeilen für den Verein. Die 3:1 Niederlage gegen den spanischen Verein Castilla wurde von dem schlechten Benehmen der Londoner Fans überschattet.

´Nacht der Schande,´ war die Überschrift eines Berichts im Daily Mirror. Und die Times schrieb: ´Was sich dort abspielte war erbärmlich. Noch vor Anpfiff zu einem eigentlich denkwürdigen Spiel, urinierten englische Fans von einer Tribüne auf die darunter stehenden Zuschauer. Die Polizeieinheiten, die bereits an Vorfälle in der spanischen Hauptstadt gewöhnt waren, warteten bevor sie eingriffen, doch dann taten sie es mit aller Härte. Aber es dauerte nicht lange, dass die gerade wieder hergestellte Ordnung erneut gestört wurde. Es kam zu einem zweiten Schlagstockeinsatz der Polizei und man konnte sehen wie Fans in entfernter gelegene Blöcke kletterten.´

Der Verein war in einer misslichen Lage, da die UEFA danach ankündigte Ermittlungen anzustellen. Der West Ham Trainer John Lyall wandte ein, dass der Verein alles getan hätte um Ärger zu verhindern, doch das war den Verantwortlichen bei der UEFA nicht genug. Bereits vor dem Spiel hatte man Angst gehabt, dass es zu Ausschreitungen kommen könnte, deshalb hatte der Verein auch jedem der eine Karte haben wollte eine schriftliche Warnung zukommen lassen. Doch man hatte keinen Einfluss auf die Leute, die sich auf eigene Faust auf die Reise machten. Während Lyall forderte die schuldigen Fans für eine lange Zeit einzusperren, gab es auch andere Stimmen, diese suchten die Schuld bei den Spaniern. Der Pressesprecher einer Reiseagentur, mit der viele West Hams Fans gereist waren, sagte: „Unser Reiseleiter vor Ort widerspricht entschieden den Presseberichten, in denen steht, dass die West Ham Fans an den Krawallen schuld sind. Die spanische Polizei hat nur zugesehen, als einheimische Fans die Hammers angriffen. Die West Ham Anhänger, die verzweifelt versuchten sich selbst zu verteidigen wurden anschließend festgenommen. Die dadurch aufgebrachten West Ham Fans mussten nach dem Spiel noch unglaubliche Polizeiwillkür über sich ergehen lassen."

Das Interview, das der Mirror nach der Begegnung mit einem in Madrid lebenden Amerikaner führte, stützte diese Aussage: „Die Polizisten schritten mit gezogenen Schlagstöcken in den Block und schlugen auf jeden ein, der ihnen über den Weg lief. Ich habe siebzig bis achtzig Verletzte gesehen, einer davon sah wirklich schlimm aus und ich sah sogar wie ein Mädchen von den Polizisten geschlagen wurde. Die Beamten drehten völlig durch."

Doch die Verantwortlichen kümmerten sich nicht um solche Aussagen und West Ham wurde damit bestraft, dass man das Rückspiel ohne Publikum austragen musste. Die Londoner verloren und waren aus dem Turnier, zusätzlich wurde ihnen noch eine Sperre für zukünftige europäische Wettbewerbe auferlegt, die allerdings zurückgezogen wurde als der Verein Einspruch einlegte.

Die Fehde zwischen West Ham und Arsenal hatte bereits Mitte, Ende der Sechzigerjahre begonnen, damals waren die Hooligan Mobs dieser beiden Clubs die stärksten in London. Ende der Siebziger entspannte sich die Situation dann, denn der Arsenal Mob wurde kleiner und West Ham stieg in die zweite Liga ab. Die Feindseligkeiten lebten wieder Anfang bis Mitte der Achtzigerjahre auf und sie verlagerten sich über die Grenzen der Fußballstadien hinaus auch in die Nachtclubs. Der West Ham Mob hatte Ende der Siebziger unzählige Male die North Bank von Arsenal eingenommen und ihre Gegner beim FA Pokalfinale im Wembley Stadion gedemütigt, doch die berühmteste Schlacht der beiden Mobs fand statt, als die West Ham Hooligans 1982 erneuet auf Arsenals North Bank auftauchten. Diese Begegnung blieb vielen in Erinnerung, weil ein junger Arsenal Fan kurz nach dem Spiel im Finsbury Park erstochen wurde. Trotz des Toten prahlen einige West Ham Hooligans noch immer mit den Ereignissen dieses Tages, an dem sie in der North Bank eine Rauchbombe vor dem Gooners Mob zündeten. In Cass Pennants Buch *Congratiulations, You have just meet the ICF* beschreibt der ehemalige West Ham Hooligan Teddy Sherrin den Vorfall so: ´Die Arsenal Jungs kamen aus dem Nebel und wussten nicht mehr wo sie sind. Sie wurden alle verprügelt, wir konnten einfach machen was wir wollten.´ Der Arsenal Mob wurde aus der North Bank gejagt und mit Sprechchören gedemütigt.

Die Arsenal Hooligans sehen die Sache allerdings ein bisschen anders. Ihrer Meinung nach waren es die ICF Leute, die Prügel kassiert hatten und sich Beschimpfungen hatten anhören müssen, als sie sich hinter der Polizei versteckten. Einer vom Arsenal Mob erzählte seine Sicht der Dinge: „Verfluchte ICF, ihr ganzes Leben lang hatten diese Typen versucht der Polizei aus dem Weg zu gehen, doch ich wette an diesem Tag waren sie froh, dass die Bullen da waren."

Schließlich wurden zwei West Ham Fans für den Mord an dem Arsenal Anhänger vor Gericht gebracht, doch ihnen konnte die Tat nicht nachgewiesen werden, da kein Zeuge aussagen wollte. Der Richter zeigte sich empört über so ein Verhalten und unterstellte den Hooligans die Sache bewusst vertuschen zu wollen. Es folgte dann noch ein Prozess, bei dem es auch zu mehreren Verurteilungen kam, alle jedoch nur wegen kleinerer Vergehen.

Die Prozesse sorgten dafür, dass die ICF ins Rampenlicht gerückt wurde und Polizei, sowie Presse waren schnell dabei zu enthüllen, dass die Fußballkrawalle von kriminellen Banden organisiert wurden. Allerdings zeigten ihre Enthüllungen auch, wie wenig Ahnung sie von modernen Hooligans hatten. ´Die aus 500 Schlägern bestehende ICF Gang ist für Krawalle in den letzten drei Spielzeiten verantwortlich,´ stand in einem bizarren und unrichtigen Artikel der Times im August 1983.

Anständig gekleidet gehen sie in die Stadien, wo sie Schande über den Sport bringen, indem sie so viel Chaos wie möglich verursachen.

Die Mitglieder der ICF kommen aus den Reihen der Fans verschiedener Londoner Vereine, sie haben sogar ihre eigenen Visitenkarten, die sie bei ihren übel zugerichteten Opfern zurücklassen, auf diesen Karten steht: ´Congratulations. You´ve just met the ICF.´

Die meisten dieser Schläger behaupten West Ham Fans zu sein, doch sie haben sich mit anderen zusammen getan, um die ICF zu gründen. Ihr Ziel ist es Erstligaspiele zu stören und Schlägereien zu provozieren. Sie versuchen unerkannt zu bleiben und reisen deshalb mit Inter-City Zügen zu Spielen, statt die offiziellen Sonderzüge oder Busse zu nehmen. Diese ICF Leute sind Teenager oder Anfang zwanzig, sie trinken gerne Bier und scheinen immer Geld zu haben, außerdem halten sie Treffen ab, bei denen sie ihre Reisen planen.

Viele der ICF Mitglieder tragen lange blaue oder braune Kittel, wie sie Lagerarbeiter anziehen, auch Bergsteigermützen und Filzhüte sind bei ihnen beliebt, diese Kopfbedeckungen verstärken sie oft mit Holz oder Metallplatten. Es gibt auch Personen unter ihnen, die Regenschirme mit angeschliffenen Spitzen dabei haben, die sie im Ernstfall wie ein Schwert benutzen.

Der Bericht war natürlich völlig übertrieben, doch zumindest hatten die Verfasser mitbekommen, dass Hooligans nicht mehr mit Boots und Schlachterkitteln rumliefen. Was weder die Times noch die anderen Zeitungen wussten, war dass ein großer Teil der Krawalle beim Spiel gegen Arsenal von einem neuen jüngeren West Ham Mob verursacht worden war, nämlich den ´Under-Fives.´ Einer der Anführer dieses Mobs, Djelal Ispanedi, besser bekannt als Jela, sagte über die Begegnung: „Wir hatten an diesem Tag einen wirklich guten Mob. Wir trafen uns an der Station Canning Town und fuhren nach Highbury Corner. Dort schlichen wir uns in die North Bank, ohne dass auch nur einer von uns durchsucht wurde, bis wir eine orange Rauchbombe zündeten. Wir waren gut organisiert und hatten uns in verschiedene Gruppen aufgeteilt. Überall waren plötzlich Polizisten, es war echt irre."

Die Under-Fives hatten vor niemandem Respekt, nicht vor den älteren ICF Leuten, nicht vor der Polizei und schon lange nicht vor gegnerischen Fans. Sie waren bekannt dafür bewaffnet zu sein und dafür, dass sie ihre Gegner nach einem Aufeinandertreffen beraubten. Wenn die Fußballsaison vorbei war hingen viele von ihnen im Londoner West End rum und überfielen Leute, die aus Bekleidungsgeschäften kamen. Jela sagte betreffend dieser Aktivitäten: „Wenn wir Fans mit der Kleidung sahen, die wir als unsere Uniform betrachteten, Marken wie Pringle oder Fila, verfolgten wir sie, schlugen sie zusammen, stahlen ihnen Geld und Klamotten und ließen sie wissen wer sie gerade beraubt hatte. Wir wussten auch wo einige Mitglieder anderer Firms arbeiteten und wir lauerten ihnen am Zahltag auf, um ihren Lohn zu rauben. Wir beraubten auch gerne Mitglieder anderer Mobs ihrer Klamotten, besonders die jungen Arsenal Hooligans hatten darunter zu leiden. Egal ob auf der Straße, auf Konzerten oder in Geschäften wir konnten zum Alptraum vieler werden, wenn sie die Sachen trugen, die wir wollten."

Die Under-Fives waren Jugendliche aus dem East End, die von den älteren West Ham Hooligans anfangs noch als zu jung erachtet worden waren, um mit dem Mob rumzuziehen. Diese Jungen sahen das als Beleidigung an und stellten einen zwanzig bis dreißig Mann zählenden Mob zusammen, der den Älteren beweisen sollte, wie gut sie waren. Jela dazu: „Wir sammelten uns immer vor dem Stadion und versuchten bei jeden Heimspiel den Gästeblock zu stürmen. Als ich mit diesen Sachen anfing war ich neun oder zehn. Meine erste Auswärtsfahrt ging nach Liverpool und weil ich nicht genügend Geld hatte, legten die Jungs für mich zusammen, dann ging es los. Bei den Hooligans in Liverpool gab es Jungs in meinem

Alter, die bewaffnet waren und Streit suchten, genau auf die hatten meine Kumpels und ich es abgesehen. Von diesem Tag an wurden wir dann auch bekannt als West Hams Under-Fives. Für einige Spiele konnten wir einen Mob von 100 Leuten auf die Beine stellen und erheblichen Schaden verursachen. Genau wie bei den Scousers gab es bei uns einige Messerstecher. Wenn du mit uns Streit hattest, dann hattest du ein echtes Problem. Wie waren bei einigen Spielen eine nützliche Verstärkung für die ICF, doch schon bald gingen wir eigene Wege und dachten uns scheiß auf die ICF, wir kommen alleine ganz gut zu recht. Im folgenden Jahr fuhren wir geschlossen nach Liverpool, alle Under-Fives sammelten sich auf dem Edge Hill und gingen dann den Weg bis zum Stadion an der Anfield Road. Den ganzen Marsch über griffen wir Scouser an und wollten eigentlich in das Home End, doch das wurde uns von den Bullen versaut, weil sie uns nach einer Schlägerei in einer Seitenstraße in den Gästeblock steckten. Ich kann mich noch erinnern wie alle Jungs auf der Tribüne saßen und ICF Songs sangen.

Schließlich lief alles ein bisschen aus der Bahn, es ging uns nicht mehr nur um West Ham sondern um die Gewalt. Einmal fuhren wir in London zu einem großen Turnier im Wembley Stadion und legten uns dort mit jedem Mob an, der es mit uns aufnahm. Wir waren jung und viele dachten es wäre leicht uns zu schlagen, doch wir haben es allen gezeigt.

Bei einer unserer Reisen Richtung Norden passierte es, dass es Probleme mit den Oberleitungen der Bahn gab, also verließen wir den Zug am nächsten Bahnhof und wollten mit einem Bus weiter fahren. Wir sahen auch einige Busse, doch weit und breit war kein Fahrer zu sehen. Also setzte sich Readie, einer von uns auf den Fahrersitz und startete den Bus. Los ging die Fahrt mit einer Busladung Under-Fives. Die Tour dauerte allerdings nur ein bis zwei Minuten, denn dann verlor Readie die Kontrolle über das Fahrzeug und wir rasten durch eine Hecke und blieben kurz vor einem Haus stehen. Wir sprangen einfach raus und machten uns zu Fuß auf zum nächsten Ort, wir waren irgendwo nahe Luton, wo Arsenal an diesem Tag spielte. Als dann die Polizei auftauchte schrieen wir: „Arsenal, Arsenal!“ Also wurde von den Beamten ein Bus geordert und wir wurden zum Stadion gebracht und in den Arsenal Block gelassen. Keiner von uns musste Eintritt zahlen, die Bullen wollten nur dass wir nicht mehr auf den Straßen rumliefen. Es war einfach irre und wir begannen sofort uns mit dem Gooners Mob zu prügeln. Die Polizei musste uns am Ende von beiden, Luton und Arsenal Leute fernhalten.

Eine andere gute Reise von uns ging 1986 nach New York, von wo wir über Land zur Weltmeisterschaft nach Mexico fuhren. Die meisten Jungs in unserem Alter waren damals in Feriencamps oder im Urlaub mit ihren Eltern, doch die Under-Fives waren ihrer Zeit voraus, wie dieser Trip bewies.“

Jelas Zeit als Hooligan war nur sehr kurz, denn als er zwölf war, wurde er beinahe bei einer Schlägerei nahe dem Epping Country Club getötet.

„Ein Kumpel feierte seinen einundzwanzigsten Geburtstag in dem Club und wir kamen alle hin. Dort kam es dann zu einer Massenschlägerei und mir wurde eine Eisenstange über den Kopf gezogen. Ich lag über ein Jahr im Krankenhaus, ich fiel einige Male ins Koma und musste sprechen und gehen ganz neu lernen, deswegen hielt ich auch einige Jahre die Füße still. Als es mir dann wieder so gut ging, dass ich zum Fußball fahren konnte, hatte die Rave-Szene die Firm geschwächt und die Leute kümmerten sich mehr darum Geld zu machen, als um Fußballkrawalle.

Der harte Kern des Mobs hielt noch immer zusammen und traf sich bei einigen Spielen auf einen Drink, doch es war nicht mehr wie früher. Vorher waren die ICF und die Under-Fives unschlagbar gewesen, doch es konnte unmöglich, weiter so laufen.“

Anfang der Achtzigerjahre entstand dann eine Feindschaft mit den berüchtigten Zulus von Birmingham City. Im Oktober 1981 lieferten sich West Ham Hooligans im St. Andrews Stadion eine Schlacht mit den Zulus auf dem Spielfeld. Zwei Spielzeiten darauf wurden dann 236 Birmingham Hooligans festgenommen, weil sie am Bahnhof Euston randaliert hatten. Trotzdem gelang es siebzig von ihnen bis nach Ostlondon zu kommen, wo sie sich Schlägereien mit einer zahlenmäßig weit überlegenen ICF lieferten.

Das größte Aufeinandertreffen zwischen diesen beiden Gruppen ereignete sich im Februar 1984, als sich die Vereine anlässlich eines FA Pokalspiels im St. Andrews Stadion antraten. Die Ausschreitungen begannen im Stadion, nachdem Birmingham durch einen Elfmeter mit 3:0 in Führung ging. Hunderte West Ham Hooligans stürmten auf den Platz, in der Hoffnung so einen Spielabbruch zu provozieren. Die Polizei schaffte es die Ordnung wieder herzustellen, doch es waren noch fünf Minuten zu spielen und in dieser Zeit gelang es dem West Ham Mob eine Polizeiabsperrung zu durchbrechen und es brachen Tumulte auf der Haupttribüne aus. Der Ärger setzte sich auch außerhalb des Stadions fort, wo ein Polizist, der auf einem Motorrad unterwegs war von einem Stein im Gesicht getroffen wurde. Das Endergebnis waren dreißig Verletzte und 109 Festnahmen, zweiunddreißig davon im Stadion. Birminghams Trainer Ron Saunders sagte anschließend: „Man sollte diese Jungs mal den Rohrstock spüren lassen. Wenn man einem wild geworden Hund hat, streichelt man ihn ja auch nicht, oder?"

An diesem Tag hatte West Ham eine beeindruckende Firm und viele der alten ICF Hooligans sehen es als einen ihrer besten Auftritte an. Hunderte hatten sich damals auf die Reise nach Birmingham gemacht, der Mob war sogar so groß, dass er auf zwei Züge aufgeteilt werden musste. Andy Swallow ging mit einer Firm zu den Sitzplätzen des Birmingham Mobs, während Taffy, ein anderer bekannter West Ham Hooligan ein Glanzstück ablieferte, indem er einen Ordner davon überzeugte, dass der Block neben einem Fluchtgraben dem Londoner Mob zugewiesen worden sei. Als Birmingham dann 2:0 in Führung ging folgte ein kleiner Platzsturm, der immer größer wurde und als das 3:0 fiel verließen immer mehr West Ham Jungs das Stadion, nur um auf der anderen Seite in das Home End einzufallen. Bei einem Zwischenfall ging es so weit, dass sich Birminghams Verteidiger Noel Blake mit einer Eckfahne zu Wehr setzen musste, der Abpfiff erfolgte dann auch erst weit nach 17.00 Uhr.

Die Zulu Warriors sahen die Geschehnisse dieses Tages natürlich ein wenig anders, sie geben zwar zu, dass die ICF Jungs schneller aus ihren Blöcken kamen, doch sie wenden ein, dass auch sie mehr als heiß auf einen Zusammenstoß waren. Einer von ihnen schilderte für das Buch *Zulus* seine Erinnerungen: ´Wir waren mit einem guten Mob im Railway End und als unsere Mannschaft das zweite Tor erzielte, kamen die Londoner auf den Platz gelaufen und wollten es wissen. Einige von uns prügelten sich auf dem Platz und die meiste Aktion fand auf dem Teil des Spielfeldes statt, wo wir waren. Doch viele von uns schafften es nicht aus ihrem Block auf den Platz, weil die Zäune sie aufhielte, meiner Meinung nach konnten die West Ham Hools ihre Show nur abziehen, weil der Großteil von uns nicht aufs Spielfeld kam. Sie gaben es uns, bis die Polizei eingriff und die West Ham Leute zur Haupttribüne brachte, wo auch einige unser Jungs waren. Dadurch entstanden dann noch einige Mann gegen Mann Duelle.´

Ein anderer Birmingham Hooligan sagte: „Wir versuchten wie verrückt an die West Ham Typen ran zu kommen. Wir wollten sie haben. Wir prügelten uns gerne mit den Londonern. Wir vermuteten sie wären alle NF Mitglieder und hassten sie richtig."

Auch 1986 gab es ein Aufeinandertreffen der beiden Mobs, doch dieses Mal sagten die Zulus, sie hätten die ICF ´vernichtet.´ Zirka fünfzig West Ham Hooligans befanden sich in der New Street Station, als einer der Anführer der Zulus mit einigen anderen dort auftauchte, um die Lage zu checken. Die West Ham Jungs verjagten die Eindringlinge, doch was sie nicht wussten, war dass ein großer Zulu Mob in ihre Richtung unterwegs war. Einer der dabei war sagte: „Wir jagten und prügelten sie einfach aus dem Bahnhof."

Während Spiele zwischen West Ham und Millwall dank der unterschiedlichen Leistungen beider Mannschaften selten waren, kam es doch wiederholt zu Zusammenstößen der beiden Mobs im Londoner U-Bahnsystem. Im Februar 1984 kam es zu einem der brutalsten Treffen, dabei konnten die West Ham Hooligans die Sache für sich entscheiden, obgleich sie auf einige mit Waffen gefüllte Kleinbusse zurückgreifen mussten. 300 Millwall Hooligans waren auf dem Weg nach Sheffield gewesen, als eine viel kleinere Gruppe von ICF Jungs sie herausforderte. Die Millwall Hooligans dachten es wäre ihr Glückstag, bis sie näher kamen und sahen wie ihre Gegner bewaffnet waren. Die Millwall Leute flüchtete daraufhin zurück in die London Bridge Station, wo ein Molotowcocktail auf sie geworfen wurde, als sie versuchten sich zu sammeln.

Einige Wochen davor war die West Ham Firm in Schwierigkeiten gekommen, als sie auf dem Weg zu Crystal Palace einen Zwischenstopp an The Den machte. Nachdem der ICF Mob sich mit einer kleineren Gruppe Millwall Hooligans angelegt hatte, ging die sonst so gute Organisation des Mobs verloren und sie bekamen eine Abreibung, besonders die älteren unter den ICF Leuten ärgerten sich darüber.

In der gleichen Saison hatte eine fünfzigköpfige West Ham Firm das Pech in der Bank Tube Station dem gesamten Millwall Mob über den Weg zu laufen, ein West Ham Hooligan der dabei war beschrieb die Situation als ´einfach schrecklich.´ Einem der West Ham Jungs wurde bei diesem Zwischenfall mit einer Stricknadel in den Brustkorb gestochen, dadurch wurde er lebensgefährlich verletzt. Doch später in der gleichen Nacht, wurden die Jäger zu Gejagten, als 300 ICF Mitglieder den Millwall Mob am Kings Cross angriffen.

Im August rückte die ICF dann erneut ins Rampenlicht der Öffentlichkeit, durch einen unrühmlichen Auftritt in einer TV-Dokumentation mit dem Titel *Hooligans.* Irgendwie gelang es dem Produzenten Ian ´Butch´ Stuttard die Firm davon zu überzeugen, dass es gut wäre, wenn er sie bei Heim- und Auswärtsspielen begleitete. Stuttard gab sein Bestes, um die ICF als eine gedrillte Hooligan Firm darzustellen, die es mit jedem aufnahm. Wie dem auch sei, die Reportage zeigte den West Ham Mob nicht immer von seiner besten Seite. Bei einem Spiel gegen Manchester United konnte man klar sehen, wie die West Ham Firm in den Straßen rund um Old Trafford aufgerieben wurde. In einem anderen Filmausschnitt sah man die ICF in die Victoria Station flüchten, es wurde zwar darauf hin gewiesen, sie wären vor der Polizei geflüchtet, doch bis heute behaupten Chelsea Hooligans sie wären die Jäger gewesen.

Zu der damaligen Zeit schien die Idee mit der Reportage auch zweifellos gut, denn viele der Hooligans genossen es, in ihren besten Outfits einmal zehn Minuten im Fernsehen zu sein. Heutzutage wären die Sachen, die im Laufe der Reportage gezeigt und gesagt wurden für einige Freiheitsstrafen ausreichend, doch 1985 diente der Bericht nur dazu, dass die Obrigkeit zunehmend auf die Hooligans aufmerksam wurde. Der Film sorgte dafür, dass die ICF eine Art Kultstatus erlangte, ihr Auftreten und ihre Organisation übertraf sogar noch den Millwall Mob unter Harry The Dog, der Ende der Siebziger in der berühmten *Panorama* Dokumentation der Hauptdarsteller gewesen war. Die Sendung sorgte auch für den ersten ernst zu nehmenden Einblick in das Leben der Männer, die hinter den Hooligan Gangs steckten.

Der Kern der Firm wurde mit 150 Leuten angegeben, doch bei wichtigen Spielen konnten es auch mal 350-400 Mann werden. In Interviews mit 141 Personen des harten Kerns fanden die Reporter heraus, dass zweiunddreißig von ihnen arbeitslos waren, vierzehn waren Türsteher, zwölf Mann waren Ticket-Schwarzhändler und zehn Musiker. Der Rest hatte Jobs wie, Markthändler, Soldat, Werftarbeiter oder Kraftfahrer. Abgesehen von zehn Leuten hatten alle einen Beruf erlernt oder verrichteten Tätigkeiten für die man keine Lehre brauchte.

Bei der Erstausstrahlung wurde die Sendung von sieben Millionen Leuten gesehen und die Ausstrahlungsrechte wurden weltweit verkauft. Selbst heute verkauft sich die Reportage noch gut im Internet. Obwohl viele der Darsteller sich wohl wünschten, es wäre nicht so, wie beispiels-

Von links nach rechts: West Hams Cass Pennant und Jela mit Gary ´Boatsy´ Clarke von der ´Forest Executive Crew´ sowie Autor Andy Nicholls, bei eine Buchpräsentation von Bill Gardner.

weise der Polizist aus Manchester, der gefilmt wurde, als er versuchte einen fliehenden Hooligan zu treten und dabei selbst auf dem Rücken landete.

Wenn man von Millwall einmal absieht, bestand die intensivste Feindschaft der West Ham Hooligans wohl mit Manchester Uniteds Firm. Wie schon berichtet, nahm die Red Army 1967 den Upton Park ein und erteilte den Londonern eine bittere Lektion, die allerdings acht Jahre danach gerächt wurde. Als Folge des erwähnten Spiels, bekamen die Manchester United Anhänger dann auch Stadionverbot im Upton Park. In den Achtzigerjahren waren die Aufeinandertreffen dann nicht weniger intensiv und beide Mobs gerieten einige Male aneinander. In den letzten paar Jahren haben sich die Feindseligkeiten zwischen den beiden Gruppen durch das geschriebene Wort fortgesetzt, Berichte beider über vergangene Schlachten dokumentieren sehr unterschiedliche Ansichten. Viele der Bücher, die von West Ham Hooligans geschrieben wurden, sind nach Ansicht der Manchester Anhänger einseitig, wobei Bill Gardner einmal sagte, dass wäre bei den Büchern der Manchester Jungs nicht anders.

Der erste umstrittene Zusammenstoß ereignete sich am Rande einer FA Pokalbegegnung der beiden Vereine im Old Trafford. Obwohl die West Ham Hooligans behaupten, den ganzen Tag über im Vorteil gewesen zu sein, zeigen die Aufnahmen, die im Verlauf der TV Dokumentation *Hooligans* gezeigt wurden, dass man vielleicht doch eher den Jungs aus Manchester glauben sollte, die ihrerseits behaupten die Oberhand gehabt zu haben. Eddie Beef, ein bekannter Manchester Hooligan, lässt in dieser Hinsicht keine Zweifel aufkommen: „Warum verdammt können sie nicht bei der Wahrheit bleiben und zugeben, dass sie alles versucht haben und gescheitert sind? Guckt euch den Film an, den einer von ihnen gedreht hat, ihr werdet sehen, sie kommen nicht einen Schritt voran. Wir haben sie fertig gemacht. Das witzigste an der Reportage, in der man den Film sehen konnte, war als einer der ICF Typen sagt, sie hätten 1.000 von uns mit 300 Leuten angegriffen, genau in diesem Moment kann man sehen, wie wir ihren Mob zerschlagen. Das war echt lustig."

Die nächste Schlacht zwischen den beiden Mobs, die viel Aufmerksamkeit auf sich zog, fand 1986 auf einer Nordseefähre statt. Anhänger von West Ham, Man U, Everton und Liverpool FC wollten alle zu Freundschaftsspielen ihrer Vereine auf dem europäischen Festland, zufällig landeten sie zusammen auf einer Fähre. Als sie auf halben Weg waren brach eine Massenschlägerei aus, zu deren Höhepunkt 150 Leute beteiligt waren. Eine auf dem Schiff befindliche Treppe samt Geländer wurde vom Evening Standard als komplett von Blut beschmiert beschrieben.

Der Zeitung zu folge hatte der Streit begonnen, als Manchester Hooligans Rache für die Messerattacke auf den sechzehnjährigen Eddie Collins nehmen wollten, dieser Angriff hatte in der vorangegangenen Saison dem Jungen beinahe das Leben gekostet. Ein Man U Anhänger sagte der Presse: „Wir hatten entschieden Rache für das zu nehmen, was sie Eddie angetan hatten." Sie räumten ein, fünfmal so viele Leute wie die Hammers gewesen zu sein, fügten aber auch hinzu, sie wären von den Londonern provoziert worden, weil diese sich über das Flugzeugunglück von 1958 lustig gemacht hatten.

„Anfangs wollten wir sie einfach ignorieren, doch dann erinnerte sich einer von uns daran, was mit Eddie Collins passiert war. Also versuchten wir zu ihnen auf das Oberdeck zu kommen, doch sie bewarfen uns mit allen was sie in die Finger bekamen, sogar mit den Seekarten, die an den Wänden hingen. Außerdem attackierten sie uns mit Feuerlöschern, einem Feuerlöschschlauch und Teppichmessern. Einige von uns stachen ihnen durch das Treppengeländer mit Messern in die Beine und wir bewarfen sie mit Briefbeschwerern aus einer Auslage, doch wir kamen einfach nicht die Treppe hoch. Sie schafften es die Engstelle zu halten, denn sie wussten, wenn wir hoch gekommen wären hätten wir sie massakriert."

Der Kapitän der Fähre ordnete an, als er mitbekam was vorging, dass der Barbereich, in dem die Fans sich bekämpften, abgeschlossen wird. Er benachrichtigte die Polizei und drehte das Schiff in Richtung Heimathafen. Als die Fähre dann anlegte warteten bereits 100 Polizisten, sie machten vierzehn Festnahmen und eskortierten 110 West Ham Anhänger per Zug nach London. Mindestens einer der Manchester Hooligans musste wegen dieser Schlägerei eine lange Haftstrafe antreten.

Wenn West Ham Hooligans über diesen Zwischenfall sprechen, weisen sie immer sofort darauf hin, dass sie einen zahlenmäßig weit überlegenen Mob im Schach gehalten hätten. Einer sagte: „Wir sind stolz. 1:0 für London." Der Anführer des West Ham Mobs wurde als ´Taffy Harris´ identifiziert, ein Mann, der wie der Evening Standard behauptete, in ganz London bekannt und gefürchtet wäre. Die Zeitung malte ihr Bild von dem Boss der West Ham Firm und schrieb, wie er den Reportern, nach Bier stinkend die tätowierten ICF Initialen in seiner Unterlippe gezeigt hatte. Der Zeitung nach soll er dann gesagt haben: „Darum geht's doch. Die Inter-City Firm hat mal wieder Spuren hinterlassen. Vielleicht sollten wir uns jetzt in Inter-Boat Firm umbenenne. Wir haben denen eine gute Schlacht geliefert. Obwohl wir zehn zu eins in der Unterzahl waren sind wir nicht einen Zentimeter zurückgewichen. Sie haben uns mit Messern und Flaschen angegriffen, ich wurde im Gesicht von einer Ciderflasche getroffen, doch auch die Manchester Hools haben mehr abgekriegt als sie erwartet haben."

Die Manchester Hooligans haben unausweichlich ihre Version der Geschehnisse auf dem Schiff, doch sie loben auch das Stehvermögen der Londoner. Einer sagte: „Sagen wir mal sie haben Glück gehabt. Als es los ging waren sie auf dem Oberdeck, also mussten wir die Treppen rauf. Die Jungs, die sie mit hatten waren gute Schläger, sie hielten ihre Position so gut dass nur irgendwer konnte. Doch wenn sie behauten, sie hätten uns besiegt kann ich nur lachen. Es gab Augenblicke, da waren wir nur Zentimeter davon entfern, sie zu überrennen, obwohl das Boot wie verrückt schaukelte und sie uns mit Feuerlöschern und einem Wasserschlauch besprühten und alles auf uns warfen was sie greifen konnten. Wenn wir auf das Oberdeck gekommen wären hätte es Tote gegeben, es war der pure Hass und sie sollten echt froh sein. Man muss zugeben, sie sind verwegene Kämpfer, doch sie mussten diese Treppe halten, denn es ging um ihr Leben. Es war nicht gerade der günstigste Zeitpunkt, um wegen Fußballausschreitungen festgenommen zu werden. Wir waren im Knast mit ein paar Jungs, die wegen der Heysel-Katastrophe angeklagt waren und nachdem wir eine Woche mit ihnen einsaßen, wurden sie mit einem Helikopter abgeholt und zum Prozess nach Brüssel gebracht. Damals hatten wir ein bisschen Mitleid mit ihnen, doch schließlich bekamen sie nur fünf Jahre Knast, weniger als ich bekam, also sollte man diesen Pennern keine Träne nach weinen."

Der Wirbel um die *Hooligans* Reportage hatte die ICF zu einer bekannten Größe gemacht, so war sie dann auch ein gutes Ziel, als die Londoner Polizei sich entschied der wachsenden Panik um die Hooligans ein Ende zu machen. Ab August 1986 hatten sich sechs zivile Polizisten in die ICF eingeschleust, dies war der erste Schritt der Operation ´Full-time,´ welche im Januar 1987 ihren Höhepunkt fand, als es zu einer Reihe von Hausdurchsuchungen kam und sechsundzwanzig Personen festgenommen wurden. Fünfzehn Monate später begann dann am Snaresbrook Crown Court ein Prozess gegen elf Männer, ihnen wurde zur Last gelegt zwischen 1980 und 1986 Krawalle bei West Ham Spielen organisiert zu haben. Unter den Angeklagten, die alle auf nicht schuldig plädierten, waren Cass Pennant, Andy Swallow, Bill Gardner und Ted Bugby.

Die Staatsanwaltschaft behauptete, die Männer wären die Anführer der ICF, sie hätten Ausschreitungen angezettelt und die Anreise in Inter-City Zügen organisiert, um unentdeckt zu bleiben. Der Staatsanwalt Mr. Robins sagte: „Ihr erklärtes Ziel waren gewalttätige Auseinandersetzungen egal wo, wann und mit wem diese satt fanden."

Er fuhr fort und behauptete, die Männer würden sich vor Spielen treffen und Angriffstaktiken absprechen. Wenn die Kämpfe dann im Gang waren, hätten sie ihre Gefolgsleute stets mit Befehlen geführt. Bei einem Anlass hatten Undercoverpolizisten die Angeklagten belauscht, wie sie darüber sprachen, Waffen als ´kleine Sicherheit´ mitzunehmen.

Die Verhaftungen und der Prozess wurden von der Presse mit der üblichen Hysterie begleitet. Sensationslüsterne Fotos von Waffenfunden aus durchsuchten Wohnungen wurden präsentiert, unter anderem waren darauf normale Küchenmesser zu sehen. Außerdem wurde natürlich lang und breit über den heldenhaften Mut der Undercoverpolizisten berichtet. Doch leider verlief der Prozess nicht wie geplant. Das Verfahren wurde nämlich eingestellt, nachdem ein Anwalt der Angeklagten die Rechtsgültigkeit der Beweise in Frage stellte. Die Verteidigung fand mit Hilfe eines Kriminaltechnikers, der früher für das Innenministerium gearbeitet hatte heraus, dass die Notizen der Polizisten nicht an den Zeitpunkten gemacht worden waren wie angegeben. Das war durch den Druck der beim Schreiben ausgeübt wird ersichtlich. Der Verdacht war entstanden, weil auf den Kopien der Notizen unterschiedlich viele Löcher von Heftklammern waren. Der Experte bemerkte außerdem: „Es gibt auch keine Korrekturen bei den angeblichen Notizen, der ganze Schreibstil ist zu flüssig."

Der Prozess fiel in sich zusammen und alle Angeklagten wurden freigesprochen, wobei sie selbstverständlich ihre Unschuld beteuerten. „Die Polizei hat unschuldige Leute verfolgt, dass wurde heute durch das Gericht bewiesen," sagte Bill Gardner nach dem Prozess. Andy Swallow sagte der Sunday Times, dass er gewusst habe, dass die Polizei Beamte in die Gang eingeschleust hatte und fügte hinzu: „Es wäre dumm gewesen Krawall zu machen, da wir ja wussten, dass wir überwacht werden.“

Das Scheitern des Prozesses gegen die ICF, fand zur gleichen Zeit satt, in der auch die Rave-Szene aufkam. Diese beiden Faktoren waren dann auch der Tot der ICF und für manch ehemaliges Mitglied auch der Beginn einer kriminellen Kariere. Einer von ihnen war Andy Swallow, er war auch Jahre zuvor dafür verantwortlich gewesen, dass sich die ICF gegründet hatte. Er zog von Ostlondon nach Essex um, wo er einen Marktstand eröffnete und Kleidung verkaufte. Er war schon lange mit Tony Wilson einem DJ aus dem East End befreundet und zusammen begannen sie After-Hour-Partys zu organisieren. Über die Maifeiertage 1989 startete Swallow ´Centre Force,´ Englands ersten Piratensender, der Acid House spielte. In den folgenden Monaten sorgte der Sender dafür, dass Tausende junger Leute auf Raves in ganz Südengland geleitet wurden.

Matthew Collin schriebt in seinem Buch *Altered State,* das sich mit Acid House befasst: ´Centre Force förderte den Gemeinschaftssinn der jungen Leute, dadurch wurde der Sommer 1989 besonders. Egal wo man den Sender hörte, zu Hause oder im Auto, es war immer ein Rauschen und Knacken zu hören. Es war die besondere Mischung, die Musik, das Unvollkommene, das Unberechenbare was den Sender so unnachahmlich machte und der Macher dieses Senders war nicht nur der Partykönig vom East End, er war auch Vorreiter für alle folgenden Piratensender.´

Die Rave-Szene, die Undercoveroperationen und die Aufmerksamkeit, die von der ICF erregt wurde wirkte sich bei West Hams Mob schlimmer aus, als bei irgend einer anderen Firm zu dieser Zeit. In der jüngeren Vergangenheit haben sich Firms aus Stoke oder Cardiff beklagt, dass sie Stadionverbote bekommen und unter starker Polizeibeobachtung stehen, die West Ham Hooligans hatten dass alles bereits zehn Jahre zuvor durchgemacht.

Der Upton Park ist aber immer ein heißes Pflaster geblien und auch bei Auswärtsspielen bekommen die Hammers wenn es darauf ankommt einen guten Mob zusammen. So war es auch bei einer FA Pokalbegegnung gegen Man U, 400 Hooligans wurden Zeuge wie Pauolo DiCanio, Barthez im Tor von Manchester bezwingen konnte. Einer vom Manchesters Firm sagte dazu: „Dieser Mob war unantastbar, doch sie wollten nur eine Show abziehen und nicht kämpfen.“

Sie waren nicht mehr unschlagbar, falls sie dass jemals waren. Niemals wurde es deutlicher als in der sogenannten ´Nacht der Sturmhauben,´ als sich ein Mob von Manchester United auf den Straßen rund um den Upton Park tummelte. Alle waren komplett in schwarz gekleidet und hatten Sturmhauben auf, es muss für Unbeteiligte wie eine riesige Todesschwadron ausgesehen haben. Es war ein Auftritt, auf den selbst die ICF stolz gewesen wäre.

Wahrscheinlich hatte West Ham mit der ICF, Anfang der Achtzigerjahre, die Hooligan Firm schlechthin. Sie sorgten modisch für einen neuen Stil, sie waren die ersten die Visitenkarten hatten, organisierten Anreisen ohne Polizeibegleitung und wurden an Tollkühnheit von kaum einer anderen Firm übertroffen. Der Full-Time Prozess und andere Faktoren sorgten für ein Ende der ICF als Hooligan-Großmacht, doch einigen Leuten liegt diese Sache einfach im Blut. Als Cardiff City nach zwanzig Jahren wieder das erste mal im Upton Park antreten musste, reiste auch die Soul Crew an und suchte Ärger. Die Waliser überrannten den Mob aus London, der nur noch ein Schatten seiner selbst war. Einige West Ham Leute wurden festgenommen und später verurteilt, darunter auch fünf Männer die über fünfunddreißig waren. Der Richter Georges Khayat sagte zu ihnen: „Die Gesellschaft hat Leute satt, die ihren Frust gewalttätig auf der Straße ausleben.“ Seit fast vierzig Jahren sagten Richter genau die selben Sachen zu ziemlich ähnlichen Leuten.

In der Saison 2004/05 spielte West Ham in Wigan und auf dem Rückweg stieg ein großer Mob in Manchester aus und lungerte unangemeldet auf den Straßen rum. Dieses Beispiel zeigt, die West Ham Hooligans sind zwar nicht mehr so aktiv wie einst, doch man sollte immer mit ihnen rechnen, denn wenn sich die Chance bietet, gehen sie keinem Streit aus dem Weg.

Weiterführende Literatur: Want Some Aggro?, Cass Pennant und Mickey Smith (Blake Publishing), Congratulations, You´ve Just Meet The ICF, Cass Pennant (Blake Publishing), Good Evening Gentlemen, The Name´s Bill Gardner, Bill Gardner und Cass Pennant (Blake Publishing), Altered State, Matthew Collin und John Godfrey (Serpents Tail)

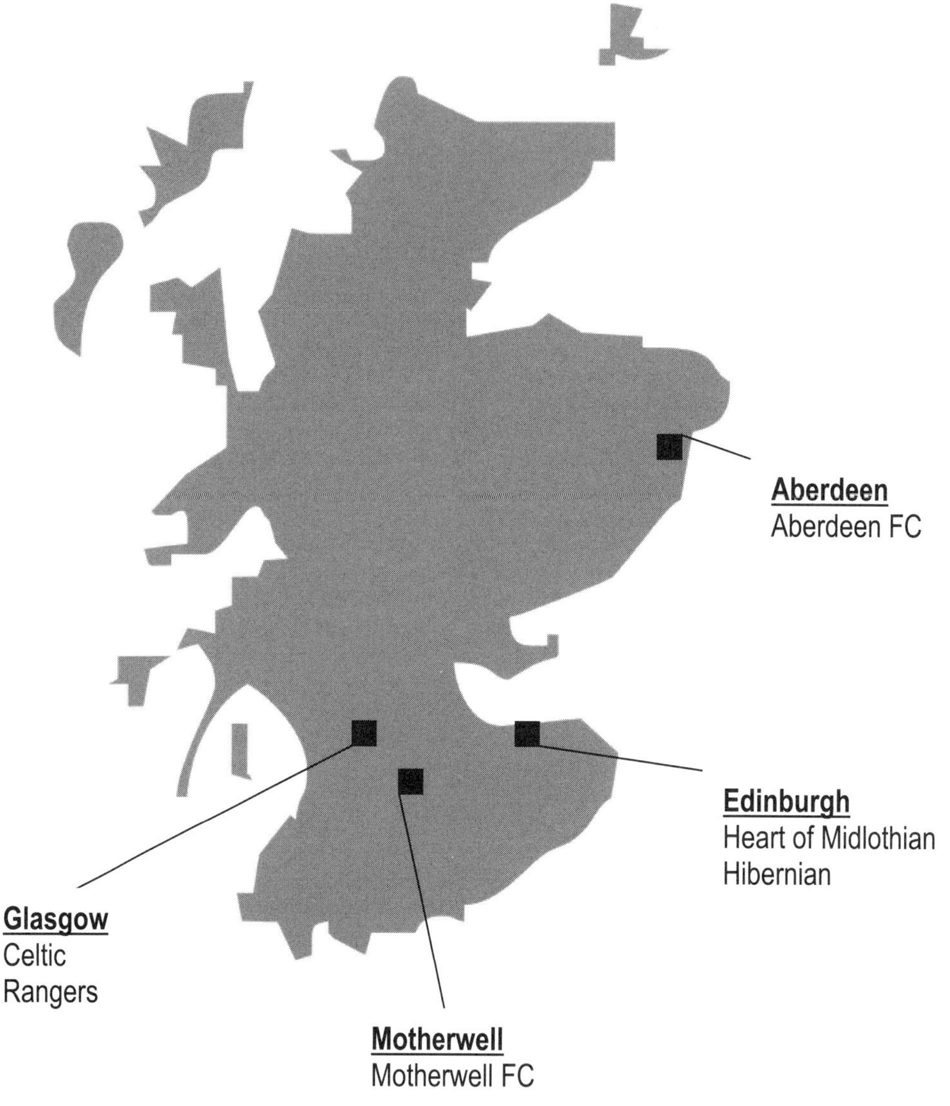
Aberdeen
Aberdeen FC
Edinburgh
Heart of Midlothian
Hibernian
Glasgow
Celtic
Rangers
Motherwell
Motherwell FC

A

Aberdeen

Stadion: Pittodrie
Firms: Aberdeen Soccer Casuals
Feinde: Dundee, Motherwell, Hibs, Rangers

Es gab kaum etwas Größeres, als auf Liverpool FC im Europapokal zu treffen. Der schottische gegen den englischen Meister, wobei letzt genannter wohl zu dieser Zeit das stärkste Team in ganz Europa hatte.

Es war aufregend! Das Spiel wurde in der Presse zum ´Battle of Britain´ (Krieg Großbritanniens) stilisiert. Liverpool gewann das Hinspiel mit nur einem Tor, sollte aber an der Anfield Road als 4:0 Sieger den Platz verlassen.

Allerdings waren es viel mehr die Liverpool Anhänger, als ihre alles-gewinnende Mannschaft, die das Interesse der jungen Männer aus Aberdeen auf sich zogen. ´Die halbstarken Schläger, dic auf dic gegnerischen Fans warteten und sie beobachteten, sahen junge Liverpooler mit merkwürdigen Haarschnitten, Lederjacken, Turnschuhen und am wichtigsten: Keinen Vereinsfarben,´ wird ein Fan in dem Buch *Casuals* von Phil Thornton zitiert. Das Rückspiel hinterließ noch mehr Eindruck, wie Jay Allan 1989 in dem Buch *Bloody Casuals,* einem Meilenstein unter den Hooligan Memoiren, schrieb: ´Gleich neben uns, im Anfield Road End waren 500-600 junge Kerle. Keiner von ihnen trug einen Schal und sie hatten alle einen Seitenscheitel. Ich wusste damals nicht wer sie waren, aber heute weiß ich, sie waren Trendsetter... diese Kerle waren die Liverpool Scallywags.´

Kleidung war bis dahin nicht so wichtig für Aberdeens grobe Elemente. Viele trugen immer noch die üblichen Harrington Jacken, enge Jeans und hatten die Schädel kahl rasiert. Ein paar Monate darauf kamen West Ham und Manchester United nach Aberdeen anlässlich eines Vorbereitungsturniers. Während die Londoner immer noch wie Skinheads gekleidet waren, sahen die Jungs aus Manchester exakt so aus wie die Liverpool Fans, die man bereits im europäischen Wettbewerb gesehen hatte.

Als Aberdeen etwas später gegen Ipswich im UEFA Cup spielte, hatte sich der neue Look bereits bei den jüngeren Hooligans durchgesetzt. Das Aussehen vereinte die Jugendlichen der verschiedenen Bezirke der ´Granit City.´ Zu einer Zeit, in der man unter Trainer Alex Ferguson nie da gewesene Erfolge zu Hause und in Europa genoss.

Schottlands erster Casual Hooligan-Mob wurde in Aberdeen während dieser Saison geboren und seine Geschichte war untrennbar mit Mode gekoppelt. Dieses Image gab den Jungs ein verbindendes Gefühl, das sie von den älteren Kerlen in ihrer Stadt und für eine Weile, von jedem anderen Fußball-Mob des Landes unterschied. Damals waren sie gezwungen nach London, Leeds, Machester oder York zu fahren, um sich Klamotten zu kaufen, bis ein paar schottische Geschäfte die gesuchten Marken in ihr Sortiment aufnahmen. Oft machte man aus solchen Einkaufsreisen einen Wochenendtrip und nahm noch ein Spiel oder eine Fußballschlägerei mit.

Aberdeen Hooligans freundeten sich mit Gleichgesinnten bei den Spurs, Arsenal, und Leeds an. In den Tagen bevor es das Internet gab, waren gucken, zuhören und unterhalten die einzigen Möglichkeiten, Neuheiten unter die Leute zu bringen oder sie zu erfahren. Es war unter den Jungs auch durchaus üblich, Aberdeen Spiele in England als Entschuldigung oder besser Anlass zu nehmen, sich eine Woche frei zu genehmigen. Den Weg zum oder vom Spiel verbrachten sie mit trinken, Schlägereien oder einkaufen. Und bei der Dominanz ihres Teams im schottischen Fußball hatten sie genügend Reisen zu machen.

1983 spielte Aberdeen im Old Trafford anlässlich eines Gedenkspiels für Martin Buchan. Dieses eigentlich unwichtige Spiel war ein großer Moment für den jungen Mob der ´Aberdeen Soccer Casuals´ (ASC). „Wir fieberten den ganzen Sommer darauf hin," erzählte Allan. Sie machten auf ihrem Weg einen Halt in Glasgow, wo sich eine kleine Gruppe von fünfzehn ASC Leuten mit 100 Hooligans von Tottenham Hotspur zusammenschloss. Letztere waren da, weil ihr Verein gegen Celtic spielte. Von dort nahmen sie einen Zug nach Preston, wo sie sich mit fünfzig weiteren Jungs aus Aberdeen trafen, die mit einem direkten Zug angereist waren. Einige fuhren von dort sofort nach Manchester, während andere einen Tag in Blackpool verbrachten. Zu ihrer Enttäuschung wartete in Manchester kein Willkommenskomitee. Sogar nach dem Spiel, als kleinere Gruppen United Fans an den Straßenecken rumhingen, gab es keinen Ärger. Die 100 ASC Jungs fuhren nach Hause, ungeprüft aber mit wachsendem Selbstvertrauen.

Ein Jahr danach fuhr eine kleine Gruppe ASC Leute zu einem Vorbereitugsspiel nach Leicester. Die Leicester Baby Squad begannen gerade einen Ruf zu bekommen, den die erfahrenen Kämpfer aus Aberdeen sogleich auf die Probe stellen wollten. Am Nachmittag des Spiels waren fünfundsechzig bis siebzig Aberdeen Leute versammelt und einer der Leicester Jungs sagte ihnen, sie sollten erst einmal zum Stadion kommen. Die schottischen Hooligans mussten England wieder einmal enttäuscht verlassen, Grund war die Polizeieskorte zum und vom Stadion.

Einige vom Aberdeen Mob fuhren auch nach Newcastle, um sich dort den Besuch der Chelsea Firm anzusehen. Es gab zwar Karten im Vorverkauf, doch die Jungs wollten zwei Mobs sehen. Sie fuhren Heim, erstaunt über das Alter der Newcastle Burschen. Reisen wie diese waren äußerst lehrreich für Schottlands Pioniere der Hooligan-Kultur.

Im Jahre 1982 unterstrichen die Aberdeen Soccer Casuals ihre Dominanz in der schottischen Szene, indem sie Krawalle beim Pokalfinale in Glasgow anzettelten. Ohne gegnerische Hooligans in der Nähe und einer auf diese schal-scheuen Randalierer völlig unvorbereiteten schottischen Polizei, konnten die ASC Jungs nach ihrem freien Willen auf Glasgows Straßen marodieren.

Öl brachte Außenseiter nach Aberdeen und den Wohlstand in die Stadt. Die Kombination von Geld und Selbstvertrauen ließ große Investitionen beim Aberdeen Football Club zu. Der junge Alex Ferguson war Trainer und in der Mannschaft waren der Kapitän Willi Miller und der jugendliche Gordon Strachan.

In den Achtzigerjahren errang der Club drei Meisterschaften und Pokalsiege, sowie einmal den europäischen Pokal der Pokalsieger.

Die Öl-Industrie als größter Arbeitgeber schien auch der Meinung zu sein, dass junge Männer, die dem Aberdeen FC folgten, genug Geld für Reisen, Eintrittskarten und eventuell Klamotten haben sollten, zu einer Zeit, als der Rest Schottlands an einer ökonomischen Rezession litt und die traditionelle Industrie zu Grunde ging.

Feindseligkeiten mit Dundee gehen bis in die Siebzigerjahre zurück. Sicherlich, weil es der nächst gelegene Gegner ist, sozusagen ein Lokalrivale. Es war normal, dass es Ärger gab, wenn Aberdeen Fans auf ihrem Rückweg von Spielen im Süden Zwischenstopp in Dundee machten. Doch Motherwell ersetzte Dundee als Erzfeind in den Achtzigerjahren, denn zu dieser Zeit tauchte der Saturday Service als zweiter schottischer Hooligan-Mob auf. Der Streit darum wer besser gekleidet war und das Mitführen von Messern unter den Mitgliedern der Motherwell Crew, verschlimmerte ein sowieso schon schlechtes Verhältnis zwischen den Mobs und führte über Jahre hinweg zu Streitereien.

´Diese dreisten Kerlchen aus Motherwell wollten Aberdeens Glaubwürdigkeit und Ruf als Trendsetter auf die Probe stellen und so kam es, dass die Begegnungen gegen Motherwell ein besonderer Anlass in unserem Kalender wurden,´ schrieb der Aberdeen Anhänger Dan Rivers in seinem Buch *Congratulations, You´ve Just Met The Casuals.*

1983 eroberte die Firm aus Aberdeen zweimal das End von Motherwell. Einmal im Laufe des Spiels, als sie Chaos auf den Rängen veranstalteten und andere Aberdeen Fans versuchten aus ihrem Block heraus das Spielfeld zu stürmen. Schiedsrichter Andrew Waddell pfiff ab und schickte sowohl Spieler als auch Linienrichter vom Platz.

In den frühen Achtzigerjahren unterschied die Kleidung die Aberdeen Anhänger von anderen. Sogar als rivalisierende Gangs ihren Look imitierten, prahlten die Aberdeen Jungs, ihren Feinden immer noch um Jahre voraus zu sein. Und irgendwie hatten sie Recht. Durch ihre Europa-Abenteuer kamen sie in Kontakt mit neuen Mode- und Hooligan-Trends. Der Aberdeen Mob genoss es auch gegnerische Mobs zu verspotten, wie mit einem Flugblatt, das auf die Dundee Hooligans abzielte:

Dieses Schreiben wurde für euch Dundee-Scheißhaufen gedruckt, von denen einige denken, sie wären jetzt Hooligans. Vor ein paar Monaten wart ihr alle noch Skinheads. Und tatsächlich sind unter euch noch mehr Skinheads, als sogenannte Hooligans. Erinnert ihr euch an die letzten zwei bis drei Jahre, als ihr versucht habt uns mit euren Gesängen ´Wo sind eure Schals´ zu provozieren. Die ganze Zeit haben wir über euch gelacht, wegen euren Strickjacken, Sta-Press Hosen, Jeansjacken und ungefähr zehn Schals pro Mann. Es scheint, als hättet ihr Marken wie Fila, Tacchini und Elles entdeckt. Wow. Wir trugen diese Klamotten bereits in Hamburg, wo wir sie auf unserem Weg nach Göteborg stahlen.

Zu den Spitzenzeiten konnten die Aberdeen Soccer Casuals 600-1000 Leute für ein gutes Heimspiel auf die Beine stellen und normalerweise 300-400 für Spiele in den zwei Metropolen Glasgow und Edinburgh. Bei einer Gelegenheit hatten sie sogar einen 700 Mann starken Mob gegen Celtic.

Früh, 1982 hatten sie eine Massenschlägerei mit dem Hibs Mob, wobei ihre Gegner immer noch Skinheads und Punks waren. Bei diesem Kampf wurde einer der besten von Aberdeens Firm von einer Kette am Kopf getroffen, die ein Skinhead wild herumwirbelte.

Um 1984 herum hatten sich Hooligans auch in Edinburgh etabliert. Während eine Reise in die Hauptstadt bis dahin nur ungenutztes Potential für Ärger hatte, wurde es nun vom neu gegründeten ´Hibs Capital City Service´ umgesetzt.

Es wurde ein ausgeglichener Wettkampf. Das erste richtige Aufeinandertreffen fand bei einem Ligaspiel im Herbst 1984 statt. Mehr als 300 Aberdeen Hooligans machten sich bei schrecklichem Wetter auf den Weg. Dan Rivers war neu in der Szene, als er in den Zug stieg. Es war seine erste Reise in den Reihen der ASC, später beschrieb er die Atmosphäre perfekt: „Einige der älteren Jungs gingen durch die Zugabteile und stachelten die anderen auf, es war fast wie eine Mannschaftsbesprechung.... Zur selben Zeit mischten sich ein paar der bekannten Gesichter unter die jüngeren Burschen und sagten ihnen, ´Wenn einer weg rennt, bekommt er das später im Zug heimgezahlt.´ Als wir den Bahnhof Haymarket passierten war jeder im Zug auf den Beinen, die Jacken wurden zugemacht, die Schuhe mit Doppelschleifen fest geschnürt, einige Jungs nahmen sogar ihre Uhren ab. All diese Kleinigkeiten brachten die Atmosphäre im Zug auf den Siedepunkt."

Die Aberdeen Hooligans öffneten die Türen und sprangen raus noch bevor der Zug endgültig an der Waverly Station hielt.

Aber der Tag sollte eine Enttäuschung für die ASC werden. Als sie am St. James Einkaufszentrum vorbei spazierten und Richtung East Road gingen, sahen sie kein Anzeichen des Capital City Service. Erst als sie das Stadion erreichten, wurde ihnen erzählt, dass das Spiel wegen des Wetters abgesagt worden war. Einige aus Aberdeen trafen trotzdem auf Gegner.

Als sie nun wieder am Bahnhof ankamen, um die Rückreise anzutreten, tauchte eine kleine Gruppe von Hibs auf und schmiss mit Steinen. Aberdeens Mob hatte einige Opfer zu verzeichnen, stürmte aber nach vorne, doch die Angreifer waren so schnell verschwunden, dass kein Schlag fiel. Das Nachholspiel wurde einige Tage später ausgetragen. Das bedeutete, nur eine Handvoll ASC Jungs konnte sich frei nehmen, beziehungsweise sich die Reise leisten. Im Augenblick, als diese kleine Gruppe von zweiundzwanzig Aberdeen Hooligans den Zug verließ, wurden sie von einem Hagel aus Wurfgeschossen empfangen. Die Hibs waren auf Vergeltung aus. Der Weg zum Stadion war, wie bei dem abgesagten Spiel, ohne Zwischenfälle. Die Gäste wussten, dass sich das nach dem Spiel ändern würde. Nach dem Match sah sich die Aberdeen Firm mit fünfzig CCS Jungs und etwa zweihundertfünfzig Punks, Skinheads und daher gelaufenen Lumpen konfrontiert, die alle ein Teil der Auseinandersetzung sein wollten. Trotz der Übermacht der Gegner, gingen die Gäste immer wieder auf sie los, dass veranlasste den Hibs Mob zurückzuweichen, mehr aus Überraschung als aus Angst. Die Hibs ordneten sich wieder und es kam den ganzen Weg bis zum Bahnhof zu Schlägereien.

Aberdeens Mob entkam wie durch ein Wunder. Alleine aus diesem Grund herrschte Euphorie am Bahnhof. Jay Allen erzählte: „Wir gingen in die Bahnhofskneipe und du kannst dir die Szene kaum vorstellen. Obwohl wir alle Platzwunden, Beulen und Abschürfungen hatten, schüttelten wir uns die Hände und umarmten einander. Wir hatten unsere Stadt stolz gemacht, wir taten es für Aberdeen. Du hättest gedacht, wir haben olympisches Gold für unser Land im Staffellauf gewonnen."

Aberdeens Hooligans reisten im folgenden März wieder nach Edinburgh, mit einer festen Absicht. Die letzte Reise war eine Enttäuschung in jeder Hinsicht, aber jetzt sollte die ASC-Show beginnen. Hunderte von ihnen fuhren mit im Zug Richtung Edinburgh und es war ein bisschen Fröhlichkeit zu spüren, doch die Grundstimmung war grimmig und entschlossen.

Der ASC-Mob füllte die Straße, als er den Bahnhof verließ, und geradewegs in einen Dauerlauf verfiel, der erst an der London Road endete. Ein Hagel von Wurfgeschossen kündigte dort die Anwesenheit von 300 Mitgliedern des Capital City Service an. Sie provozierten und rannten weg, als ihnen die Jungs aus Aberdeen zu nahe kamen. Nur einzelne blieben stehen und kämpften. Einer aus dem Hibs-Mob wurde von seinen Leuten abgeschnitten und von einigen Aberdeen Hooligans außer Gefecht gesetzt. Er war so schwer verletzt, dass er auf die Intensivstation gebracht werden musste.

Als ob das noch nicht schlimm genug war, verloren die Hibs 0:5. Die Fans der Heimmannschaft bekundeten ihren Unmut dadurch, dass sie Münzen, Dosen und Feuerwerkskörper auf Schiedsrichter und Spieler warfen. Beim nächsten Heimspiel nahmen die Hibs Rache, indem sie einen Molotow-Cocktail in eine Gruppe Aberdeen

Soccer Casuals warfen. Bei der Begegnung darauf ging es ein bisschen harmloser zu, dieses Mal wurde ´nur´ eine Leuchtrakete auf den Aberdeen-Mob geschossen.

Die Hibs waren bereit auch Waffen zu benutzen, um Aberdeens Mob den Titel der gefürchtetsten Hooligan-Crew Schottlands abzujagen.

In der Saison 1985/86 war die erste Begegnung für Aberdeen FC ein Heimspiel gegen Motherwell und man hatte beschlossen den gegnerischen Hooligans eine Lektion zu erteilen. Aberdeens Gang war auf dem Gipfel ihrer Stärke, beflügelt durch die Vorkommnisse in Edinburgh. Dreißig der Top-Jungs trafen sich in einem Pub im City Centre, um einen Plan auszuhecken. Einige dachten darüber nach, einen Zug in Richtung Süden zu nehmen, um die Motherwell Hooligans abzufangen, während andere vorschlugen mit einer Autoflotte zum Beach Boulevard zu fahren und sie dort abzupassen. Letztendlich einigte man sich auf ein Treffen in Daisy´s Bar und beschloss den Morherwell-Mob aus einen Hinterhalt anzugreifen. Die Under-Fives (ein Name für viele britische Hooligan-Nachwuchs Gangs, der erstmals von West Ham in den frühen Achtzigern gebraucht wurde) sollten am Bahnhof eine Ablenkung inszenieren, um einige Polizisten wegzulocken.

In Aberdeen sprachen sich Sachen schnell rum und am Samstagmorgen als 200 gespannte Hooligans begannen sich zusammenzurotten, waren bereits einige von ihnen in den Plan eingeweiht. Unglücklicherweise -für die ASC-, war auch die Polizei gut informiert. Nachdem ein ASC Späher die Mitteilung machte, dass siebzig Mann vom Saturday Service auf dem Weg seien, verließen die Aberdeen Hooligans die Bar unter dem Gefühl großer Anspannung. Sie rannten direkt in eine Polizeifalle. Siebenundvierzig Mann aus Aberdeen wurden festgenommen.

Trotz der 700 auf den Stadionrängen, die ja sozusagen immer noch im Rennen waren, war dieser Zwischenfall ein psychologischer Rückschlag für die Gang. Von den Festgenommenen wurden fünf nichtschuldig gesprochen, in vier Fällen wurde das Verfahren wegen guter Sozialprognosen eingestellt, dreißig wurden zu Geldstrafen zwischen jeweils 100-500 £ verurteilt. Acht, unter ihnen Jay Allan, mussten Haftstrafen antreten. Der fehlgeschlagene Hinterhalt und das zunehmende Durchgreifen der Polizei, veranlassten die Hooligans von Zügen auf Busse und Kleinbusse umzusteigen. Aber selbst das erwies sich nur als kurzfristige Lösung, denn die Polizei begann ihre Ermittlungen auszuweiten. Wenn sie an ihrem Zielort ankamen, war die Überwachung meist so stark, dass nichts passierte und Aberdeens separate Lage machte es gegnerischen Mobs fast unmöglich unentdeckt in die Stadt zu kommen. Gefängnisstrafen und andere Rückschläge sorgten dafür, dass sich einige früh aus der Szene zurückzogen. Fehlgeschlagene Verabredungen zu Aufeinandertreffen waren sozusagen ein Berufsrisiko, eine andere Sache war der zunehmende Gebrauch von Waffen, besonders bei den Leuten des Hibernian Mobs.

Dan Rivers beschrieb eine heftige Schlägerei mit dem Capital City Service, die am Rande eines Spiels 1988 in Edinburgh stattfand. Die ASC wurden angegriffen, als sie den Leith Walk Richtung Easter Road lang marschierten. Nach einem kurzen aber heftigen Kampf, fand Dan sich alleine wieder, er wurde zusammengeschlagen und mit einem Messer verletzt. Er bemerkte die blutende Wunde erst, als er das Stadion erreichte. Dort suchte er schnell nach medizinischer Betreuung und wurde ins Krankenhaus gebracht. Als er in den Krankenwagen geladen wurde, steckte ein Hibs Fan seinen Kopf hinein und sagte: „Ich hoffe du stirbst, du Bastard."

Sogar in der Notaufnahme des Krankenhauses rannten Hibs Hooligans rum, um zu sehen wer eingeliefert wurde. Das war seine letzte Reise zu den Hibs mit dem Mob. Die Heftigkeit der Angriffe hatte ihn erschreckt und wie er später herausfand, ging es einigen anderen ASC Mitgliedern genauso.

Die Rave-Szene dezimierte den Mob weiter und ihre Anzahl fiel auf 150-200 Jungs für große Spiele. ´Acid House kam langsam aber sicher auf, da endeten die meisten von uns,´ erinnert sich Aberdeen Hooligan Ade in *Casuals*. ´Der Fußball war nie ganz auslastend und viele hatten genug, sie verlagerten ihr Interesse auf Pillen und Partys. Alles schien plötzlich ein wenig planlos. Klamottenmäßig war es jedenfalls eine Bauchlandung.´

Die Gang sah sich außerdem mit zunehmender Polizeiüberwachung konfrontiert. Sie mussten jetzt auf Busse wechseln, um unerkannt zu bleiben und um ein Stück vom Stadion entfernt nach Gegnern zu suchen. Selbst so war eine unbemerkte Anreise nicht garantiert. 1994 wurde ein Bus der ASC auf dem Weg nach Edinburgh zweimal aufgehalten. Die Aberdeen Jungs wurden bei jedem dieser Zwischenstopps sechs Stunden festgehalten, bevor sie ihre Reise fortsetzen durften. So wurde sichergestellt, dass es keine Gelegenheit für eine Schlägerei gab.

Die Geschichte der ASC ist durchaus mit der des Spurs Mobs verbunden. Diese Verbindung begann bereits Anfang der Achtziger als Hooligans aus Aberdeen englische Firms beobachteten und sie wurde vertieft, als Tottenham 1983 ein Saisonvorbereitungsspiel gegen Celtic bestritt. „Die Freundschaft mit den Spurs ist und war über Jahre hinweg eng. Mobs beider Seiten fahren zu den großen Saisonspielen des anderen," sagte Paul, ein ASC Gründungsmitglied. Für ein Spiel in West Ham ist belegt, dass siebzig Mann aus Aberdeen die Reise antraten, in dem Glauben Jungs der Glasgow Rangers wären auch da. Der schottische Daily Mirror berichtete, Aberdeen Anführer Willam Watson wäre wegen dem Wurf einer Flasche gegen die Polizei, gemeinsam mit siebenundvierzig anderen Personen, festgenommen worden.

Nur ein paar englische Firms fuhren nordwärts bis nach Aberdeen. Evertons Mob war da 1996 eine Ausnahme. „Es war nicht gerade einer unserer Glanztage. Wir hatten nicht erwartet was da anreiste und viele unserer Top Jungs waren über das Wochenende auf einem Oasis Konzert. Aber eines muss man dem Everton Haufen lassen: Sie waren die beste Firm, die aus dem Süden anreisen konnte! Was auch immer wo anders darüber geschrieben wurde, wir haben sie aus Clarkies Bar geprügelt." Trotz des Fehlens einiger wichtiger Gesichter, kämpften die Aberdeen Hooligans den ganzen Tag, um Respekt zu erlangen und es gab schwere Gewaltausbrüche bis spät in die Nacht.

Die Polizei war im Nachhinein überglücklich, dass sie drei solcher Zwischenfälle mit ihren Überwachungskameras aufzeichnen und vierzehn bekannte Hooligans beider Seiten festnehmen konnte. Die Anklagen lauteten auf illegales Versammeln und Sachbeschädigung. Eine sehr seltene Anklage, die hohe Haftstrafen mit sich brachte. Fast ein Jahr nach den Festnahmen, brach der Prozess jedoch unerwartet zusammen. Nur ein Angeklagter wurde zu gemeinnütziger Arbeit verurteilt, eine Handvoll anderer erhielt Geldstrafen. Sechs Jahre nach den Krawallen arrangierten die beiden Vereine erneut ein Freundschaftsspiel im Pittodrie Stadion. Die Polizei auf beiden Seiten war wenig begeistert und der Termin wurde aus Sicherheitsgründen umgehend abgesagt.

Eher spontan kam es zu Zusammenstöße mit englischen Firms bei Freundschaftsspielen. Nach einem Spiel in Roterham verbrachten einzelne Aberdeen Jungs ein paar Tag in Sheffield, wo sie sich mit Uniteds Blades Business Crew Kämpfe lieferten.

Im Juli 2000 spielte Aberdeen in Hartpool und fünf Minuten nach Anpfiff, brach auf den Rängen eine Schlägerei aus, die bis auf das Spielfeld überschwappte. Der Ärger begann, als eine Gruppe von ASC in das End der Heimfans eindrang. Als die Schlägerei dann anfing, bekamen die Eindringlinge Verstärkung von Dutzenden Aberdeen Hooligans, die über das Spielfeld gelaufen kamen. Das Spiel wurde für einige Minuten gestoppt, bis wieder Ordnung hergestellt war. Obwohl es keine Festnahmen gab, wurden dreißig Leute aus Aberdeen des Stadions verwiesen. Insgesamt 250 Aberdeen Fans hatten diese Reise auf sich genommen, unter ihnen sechzig Aberdeen Soccer Casuals.

Bei einem Spiel in Bradford gab es auch Ärger. „Neunzig ASC Jungs machten sich auf die Reise Richtung Süden und die meisten machte Zwischenstopp in Leeds," erzählte Paul. „Wir nahmen einen sehr frühen Zug, in der Hoffnung auf Auseinandersetzungen mit ´The Ointment,´ der Hooligan Crew aus Bradford. Sie wussten, dass wir kommen würden, denn einige unserer Jungs standen mit ihnen in Kontakt, aber zu unserer Enttäuschung war vor dem Spiel nicht wirklich etwas von ihnen zu sehen. Wir saßen also friedlich, trinkend im City Centre und begaben uns schließlich zum Stadion, um zu sehen ob sich hier etwas tun würde. Dort sahen wir eine kleine Gruppe von sechs bis sieben Oinment Jungs in einer Kneipe, doch die Polizei war bereits über unsere Position informiert. Wir verabredeten mit den Typen aus Bradford, uns nach dem Spiel in Manningham zu treffen, fernab von Überwachungskameras. Wir versuchten ihnen klar zu machen, dass wir kein Interesse an einem Treffen in der Stadt hätten. Wir schüttelten die Polizei ab, fuhren nach Manningham und spazierten herum auf der Suche nach ihnen. Telefonate wurden geführt und die Bradford Gang sagte uns, wir sollten in die Innenstadt kommen, weil sie nicht zu uns kommen würden. Wir fuhren wieder Richtung Stadt, wurden aber bald von einer Polizeieskorte entdeckt. In Reichweite der Überwachungskameras wollten die meisten Jungs sowieso nicht, dass etwas passiert. Während wir zum Bahnhof gingen, spazierten zirka dreißig Bradford Hooligans vor uns auf der Straße. Siebzehn Mann von uns, die ein Stück vor dem Mob gingen, rannten los, um an sie ranzukommen. In diesem Moment hielt die Polizei den Rest von uns auf. So lag nun alles an den siebzehn Mann! Sie standen und gaben es Bradford, trotz Unterzahl und gegen Waffen wie Flaschen und Kneipenschilder."

Aberdeens Hauptrivalen waren jedoch unumstößlich die Glasgow Rangers. Mit ihnen gab es Ärger seit den Sechzigern, als die Rangers Fans förmlich den nördlichen Ballungsraum überrannten. 1967 warnte der Polizeichef von Aberdeen die Rangers Fans, dass jeder der während des Spiels am Neujahrsabend verhaftet werden würde, wegen der Feiertage eine Woche in der Zelle sitzen müsse.

Beide Seiten standen sich wieder 1979 im Skol Cup Finale gegenüber, als die umstrittene Entlassung von Doug Rougvie die Aberdeen Fans wütend machte. Die Feindseligkeiten setzten sich in den frühen Achtzigern fort, damals war Aberdeen klar das führende Team im schottischen Fußball . Es mutete fast an, als ob ihre Rivalitäten mit Dundee, die Old Firm Derbys (Glasgow Rangers gegen Celtic) unwichtig erscheinen ließen.

Die Attacke eines Celtic Fans gegen Gordon Strachan schien die große Unbeliebtheit von Aberdeen FC wiederzuspiegeln. Und bei einen Spiel im Ibrox Park machte die 0:5 Niederlage die Rangers Fans rasend. Als die Aberdeen Hooligans dann das Stadion verließen, wurden sie von Tausenden Glasgowern empfangen.

„Es war wie eine Szene aus dem Film Zulu,“ erinnerte sich Dan Rivers. „Die Rangers waren uns zahlenmäßig um ein hundertfaches überlegen und sie machten diese dröhnenden Buhgeräusche, wie die Zulus in diesem Film, mit wütenden Sprechchören wurde das Ganze untermalt. Der Rangers Mob stürmte immer näher an die Aberdeen Leute und als diese das Stadion verlassen wollten, füllte sich die Luft mit fliegenden Flaschen. Ein Kampf mit allen Mitteln brach aus und schien Ewigkeiten zu dauern.“

Die Verpflichtung und der Erfolg von Graeme Souness als Trainer bei den Rangers 1986 heizte die alte Feindschaft erneut an. Besonders weil er auf Kosten der eigenen Mannschaft ging. Im Mai 1987 gewannen die Rangers, auswärts in Aberdeen ihre erste Meisterschaft seit Jahren. Die Rangers Fans stürmten den Platz und feierten den Erfolg. Die Torpfosten wurden raugerissen,

Diese von der Polizei veröffentlichte Aufnahme, zeigt eine Schlägerei zwischen Aberdeen und Bradford City Hooligans im Juli 2003 vor dem Bradford City Centre.

Stadion sowie Innenstadt wurden von Rangers Anhang überrannt. Das machte die Heimfans sehr wütend. Die Aberdeen Leute nahmen diesen Erfolg übel. Er signalisierte, dass ihre Vorherrschaft beendet war. Aberdeens Frustration darüber wurde am besten durch ein unsportliches Foul von Neil Simpson an Ian Durrant 1988 verdeutlicht. Dieser Vorfall sorgte dafür, dass Durrant zwei Jahre nicht spielen konnte und fast seine Karriere beenden musste. Die geschmacklose Tatsache, dass einige Aberdeen Fans dieses Ereignis feierten, indem sie Gedenk-T-Shirts druckten, linderte ihren Frust ein weinig ändertet jedoch nichts an den Tatsachen.

Im folgenden Jahr schlug Aberdeen die Rangers im Skol Cup Finale, wobei die ASC die Glasgow ICF vor dem Spiel überrannten. Im Laufe des Spiels schafften es sechzig Rangers Hooligans in Aberdeens End, wurden aber schon bald von Hunderten rausgeprügelt! Daran waren ASC Leute aber auch normale Fans beteiligt. Danach feierte man den Sieg über die Rivalen.

In den Neunzigern wurden die Auseinandersetzungen so heftig, dass der Sicherheitschef der Rangers die Begegnungen mit Aberdeen, als gleichwertig mit den Old Firm Derbys beurteilte. Bei einem Ligaspiel im Pittodrie Stadion am 1. April 2000 dauerte eine zuvor verabredete Schlägerei nach dem Spiel über eine Stunde an. Beteiligt waren fast 200 Personen. Die Polizei musste auch in den umliegenden Straßen für Ruhe sorgen und einige Wochen später wurden im Laufe der Ermittlungen siebzehn Personen wegen Plünderungen festgenommen.

Im Jahre 2002 musste das Spiel zwischen den beiden Vereinen zwanzig Minuten unterbrochen werden. Grund waren einige Aberdeen Fans, die über die Zäune auf das Spielfeld kletterten, wozu sie der Wurf einer Münze gegen einen ihrer Spieler aus der Gästekurve, veranlasst hatte. Schlägereien brachen auf den Rängen aus und griffen auf das Spielfeld über. Die Begegnung wurde schließlich unterbrochen. Bei anschließenden Polizeiermittlungen wurden zwanzig Hooligans identifiziert, die meisten davon aus Aberdeen, einige erhielten Haftstrafen.

Selbst wenn die beiden Clubs nicht gegeneinander spielten, Aberdeen aber in oder nahe Glasgow spielte, kam es oft zwischen den Gruppen zu Auseinandersetzungen.

„Eigentlich kamen wir ASC Jungs von einen Pokalspiel in Dumfries, wir waren neunzehn Mann, als wir auf eine Gruppe von vierzig Rangers Hooligans trafen," sagte Paul. „Eine Schlägerei brach aus, bei der es eine Weile vor und zurück ging, bis die neunzehn ASC Leute die Rangers Jungs in eine Bar zurückprügelten. Einer von uns musste ins Krankenhaus. Acht erhielten Haftstrafen zwischen drei und acht Monaten."

Die Spitzenzeiten der ASC sind heute nur noch Erinnerungen derer, die damals beteiligt waren. Alte Rivalitäten gibt es nicht mehr und aus einstigen Erzfeinden wurden Freunde. 2001 trafen sich einige bekannte ASC Hooligans, mit ihren ehemaligen Kontrahenten des Motherwell Saturday Service, zwecks Gründung der ´Indipendent Football Casuals.´ Diese Verbindung kam durch das Internet zustande. Geschichten wurden ausgetauscht und Telefonnummern gewechselt. Das Treffen der zwei Gruppen fand in Motherwell statt, wo die Besucher bei ihren Gastgebern untergebracht wurden; diese Gastfreundschaft wurde später erwidert.

Diese Freundschaft rief allerdings einige Bestürzung bei der gegenwärtigen Generation von Hooligans hervor. Die Aberdeen Soccer Casuals sind immer noch eine Größe unter den schottischen Hooligan Firms. Ihre Anzahl ist natürlich seit dem Höhepunkt der Achtziger stark zurückgegangen. „Die ASC sind größtenteils nicht mehr das, was sie mal waren, bevor sich die Polizei um sie gekümmert hat und die Gefängnisstrafen kamen," sagte Paul. „Die durchschnittliche Größe des Aberdeen Mobs heute beträgt zwischen fünfzig bis sechzig Mann, bei großen Spielen 150. Nur Hibs und Rangers können da wohl mithalten. Die schottische Szene allgemein hat allerdings wieder Zulauf und es tauchen einige jugendliche Crews auf. Doch die Polizei hat aufgerüstet und es ist schwer irgendwelche Aktionen zu machen. Auch ist geplant, wie in England ´Banning Orders´ (Platzverweise/ Aufenthaltsverbote) zu erteilen, das würde einige Mobs wohl sehr hart treffen." Wie auch immer, die Hinterlassenschaften der Szene sind eine Menge über Mode, Unterhaltung und kämpfen als Lebensstil.

Weiterführende Literatur: Bloody Casuals, Jay Allan (Famedram); Congratulations You Have Just Met The Casuals (Blake Publishing)

G

Glasgow Celtic

Stadion: Parkhead
Firms: Celtic Soccer Casuals
Feinde: Rangers

Im antiken Rom teilte sich das Publikum, das die Gladiatorenkämpfe besuchte, in zwei Lager, das grüne und das blaue. Mehr als zweitausend Jahre später spielt sich etwas ähnlich aufregendes, viermal im Jahr in Glasgow ab.

Der Nordirlandkonflikt wird langsam aber sicher beigelegt, doch einige Meilen um das Parkhead Stadion und den Ibrox Park ist dieser Krieg noch voll im Gang. Während auf einer Seite des Stadions noch immer die irische Fahne geschwenkt wird und man IRA Songs singt, schwingt man auf der anderen Seite den Union Jack und protestantische Schlachtrufe sind zu hören. Es ist eine Feindschaft, die mit Hass, Leidenschaft und Gewalt einher geht. Das ist ´The Old Firm,´ das größte Lokalderby der Welt, jedenfalls wenn man Schotten fragt.

Celtic und Rangers Anhänger hassten sich nicht immer. Als Celtic in den Achtzigerjahren des achtzehnten Jahrhunderts gegründet wurde, gab es enge Beziehungen zwischen beiden Clubs. Sie luden sich gegenseitig ein, in dem jeweiligen Stadion Spiele gegen englische Vereine zu gucken. Im Jahre 1893 einigte man sich sogar darauf, das Pokalfinale im Celtic Park stattfinden zu lassen und die Einnahmen zu teilen.

Bill Murray behauptet in seinem Buch *The Old Firm,* dass diese enge Zusammenarbeit aufgrund finanzieller Interessen bestand. ´Die Vereine haben sich in den Anfangstagen aus finanziellen Gründen unterstützt und um mehr Einfluss bei dem schottischen Fußballverband zu erlangen.´ Geld war aber auch ein ausschlaggebender Punkt bei der Entzweiung, das und die religiösen Aspekte.

Die Anhänger beider Vereine kommen aus einer stark gespaltenen Stadt. Die Gefolgschaft von Celtic besteht aus irischen Katholiken, die der Rangers aus Protestanten, die auch den größeren Teil der Bevölkerung im Einzugsgebiet stellen. Diese Spaltung wurde um so deutlicher, als die Anhänger der Vereine anfingen sich stärker von einander abzugrenzen. Das war etwas, was den religiösen Eifer der Besitzer beider Clubs noch unterstützte, bei den Rangers trat das offener zu Tage als bei Celtic.

Im Jahr 1894 wurden die ersten Ausschreitungen zwischen Fans verzeichnet und zwei Jahre später berichtete die Zeitung Scottish Sport, dass es bei diesen Derbyspielen ´böses Blut´ gäbe.

Am Neujahrstag 1898 begrüßte Celtic die Rangers als Gast im Celtic Park. Die Begegnung war ausgeglichen und es stand 1:1, als Fans der Heimmannschaft das Spiel durch einen Platzsturm stoppten. Ein weiteres Aufeinandertreffen, vier Jahre darauf, wird von einen Journalisten wie folgt beschrieben: ´Es war das schändlichste Ereignis, das ich je in einem schottischen Fußballstadion gesehen habe.´ Er stellte noch die sarkastische Frage warum Hundekämpfe verboten wären, wenn so etwas gestattet sei.

Im März 1905 sorgten Ausschreitungen von Celtic Fans für den Abbruch des Pokal Halbfinalspiels, zu dem Zeitpunkt lag ihre Mannschaft bereits mit zwei Toren zurück. ´Das war das berüchtigte Quinn Craig Spiel,´ schrieb Murray. ´Quinn war vom Platz gestellt worden, weil es den Anschein gemacht hatte, er hätte einen Verteidiger der Rangers treten wollen. In einem Block durchbrachen die Fans den Zaun und machten sich mit nagelgespickten Zaunlatten auf die Jagd nach dem Schiedsrichter.´ Ein Vorstandsmitglied von Celtic wurde von einem Stein getroffen, als er versuchte durch eine Ansprache wieder Ruhe herzustellen. Das Spiel wurde dann endgültig abgebrochen, weil nach Wiederanpfiff neue Angriffe auf Spieler gestartet worden.

Die ökonomische Entwicklung und die lautstarke Forderung nach einer eigenen Verfassung für Irland verstärkten die Rivalitäten bei den Old Firm Derbys noch.

1912 eröffnete der Belfaster Schiffsbaubetrieb Harland & Wolff eine Werft in Glasgow. Es war bekannt, dass dieser Betrieb stark protestantisch beeinflusst war, es ging sogar so weit, dass die gewaltsame Vertreibung von Katholiken aus bestimmten Belfaster Bezirken von der Geschäftsführung gebilligt wurde. Die Belegschaft bestand fast ausnahmslos aus Protestanten, also aus Rangers Anhängern. Die Werft wurde ein Anziehungspunkt für Sympathisanten des nordirischen Oranier Ordens, von dem viele Mitglieder in den vorangegangenen Jahren nach Schottland gekommen waren.

Auf der anderen Seite wurde durch den Aufruhr um die Irische Verfassung, von der schottisch-katohlische Gemeinde ein besonderer Sinn von

Identität gestärkt. Diese Umstände führten natürlich zu noch mehr Gewalttaten bei den Old Firm Derbys und das sollte erst einmal so bleiben.

In der Zeit zwischen den Weltkriegen war es normal, dass bei einem Derby 100 oder mehr Leute verhaftet worden. Die Zeit in der sich die Vereine immer mehr von einander trennten, ging mit einer Rückkehr der Bandenkultur einher. In den 1890ern regierte der ´Penny Mob´ in Townhead und im East End, ihr Name rührt von den Erlösen, die sie Ladenbesitzern abpresste.

Zu Beginn des zwanzigsten Jahrhunderts gab es ständig Schlägereien zwischen den San Toy Boys, die protestantisch waren und den Tim Malloys, einer Vereinigung mehrerer katholischer Gangs, die sich verbündet hatten um ihre Feinde zu bekämpfen. Tim ist die englische Form für Taigs was soviel wie Katholiken heißt, Malloys ist ein Slangwort, das sich auf Boys reimt. Dieser Name wird oft mit Celtic Anhängern in Verbindung gebracht. Polizeiberichte von damals spiegeln die Brutalität wieder, mit der sich die Banden, deren Mitglieder altersmäßig meist in den Zwanzigern und Dreißigern waren bekämpften.

Der erste Weltkrieg beendete die Zeit der Tim Malloys, doch sie behaupteten ihre Position auch bei der Ostseeflotte. Einige dieser Flotten-Gangs existieren in anderer Form noch heute.

Auf der anderen Seite gab es die Billy Boys, die ihre Gewalttätigkeiten im Ibrox Park auslebten. Bei dem Pokalfinale 1930 zwischen den Rangers und Patrick Thistle, griffen die Billy Boys ihre Gegner, die South Side Stickers und die Liberty Boys mit Stöcken, Steinen, Flaschen und anderen Wurfgeschossen an. Eine weitere Gang, von der man wusste, dass sie mehr als 2.000 Mitglieder hatte, war eine Bande Namens Redskins. Allgemein waren diese Gruppen auch bekannt als die Razor Gangs, die Rasiermesser Banden. Die Bandenmentalität gepaart mit den verschiedenen religiösen Konfessionen, sorgte für eine Menge Ärger bei den Fußballspielen.

Im April 1920 war Celtic dazu gezwungen, das Stadion für vier Wochen zu schließen. Fans hatten bei einem Spiel gegen Dundee den Platz gestürmt und den Schiedsrichter angriffen. Ein Spieler von Dundee bekam einen Schlag gegen den Kopf, während ein anderer bewusstlos vom Spielfeld getragen wurde.

Im Jahre 1922 kam es am Rande eines Celtic Spiels in Morton zu ausgedehnten Ausschreitungen. Die Celtic Anhänger reisten in einem großen Convoy an, sie schwenkten Sinn Fein Flaggen und posaunten mit Hörnern. Dann gerieten sie mit Morton Fans, die größten teils aus einer streng protestantischen Gegend kamen, aneinander. Celtic brauchte nur einen Punkt, um die Meisterschaft zu sichern und bereits während der ersten Halbzeit brachen Schlägereien aus. Als ihr Verein 1:0 in Rückstand geriet, gab es für die Celtic Anhänger kein Halten mehr und die Spieler mussten sich vor diem Gewaltausbruch in Sicherheit bringen. Die Mannschaften kehrten nach einiger Zeit zurück und der benötigte Ausgleich wurde erzielt.

Die konfessionellen Unterschiede konnte man außer acht lassen, wenn man sah was passierte, wenn beide Fanlager aus Glasgow in Wut gerieten, wie es beim Wiederholungsspiel des schottischen Pokalfinales 1909 der Fall war. Das Spiel endete unentschieden und zum Erstaunen der Zuschauer schickte der Schiedsrichter die Spieler vom Platz, um ein weiteres Wiederholungsspiel zu veranlassen, statt in die Verlängerung zu gehen. Ein Bericht darüber in der Times liest sich folgender Maßen: ´Von überall hörte man ärgerliche Rufe, die forderten das Spiel fortzusetzen. Eine verwegene Gruppe von Anhängern stürmte auf den Platz und alle um sie herum machten mit. Die Masse wollte zu den Gängen, durch die man die Spieler weggehen sah. Von einen Moment auf den anderen befand sich die Polizei in einem Gerangel mit den Tausenden. Steine und Flaschen wurden geworfen und die Polizei setzte Schlagstöcke ein. Eine wilde Schlägerei nahe dem östlichen Tor stellte ein Ablenkung dar, doch abseits davon sahen die Massen sich berufen das Tor samt Netz niederzureißen. Diese Zerstörung wurde von Jubelschreien begleitet, die Seite wurden gewechselt und das gleiche Schauspiel fand auch mit dem anderen Tor statt.

Das Gestell der Rasenwalze lag noch neben dem Spielfeld, doch schon bald wurde es von einigen Kerlen missbraucht um den Platz damit um zu pflügen.

Das Eintreffen berittener Polizei ließ einen Teil der Massen auseinander laufen und ein Schlagstockeinsatz sorgte für Ordnung auf den Rängen. Doch auf die Berittenen ging auch ein Schauer aus Flaschen und Holzlatten nieder und einer der Reiter wurde gnadenlos von seinem Pferd geschleudert. Es wurden dann Versuche gemacht, die großen Tribünen anzuzünden, doch das konnte zum Glück durch die Polizei verhindert werden.

In dem Gedrängel wurde ein Polizeibeamter von mehreren Schlägern bis zur Bewusstlosigkeit getreten. Die Feuerwehr traf ein, aber einige Personen aus dem Mob, stellten sich auf den Schlauch und verhinderten so, dass Wasser fließen konnte.

Erst nach dreistündigen Ausschreitungen wurde die Situation unter Kontrolle gebracht.´

Der Ärger zwischen den Celtic und Rangers Fans setzte sich auch in der Nachkriegszeit fort. Augenscheinlich gab es bei jedem Spiel in den Fünfziger- und Sechzigerjahren Randale. Die Bandenmentalität gab es noch immer, doch sie hatte sich entwickelt. Die traditionell von Familien geführten Gangs verloren an Einfluss, dafür gewannen konfessionell gebundene Gruppen, wie die protestantischen Billy Boys an Dominanz.

Die aufkommende Jugendkultur der Fünfzigerjahre mit Teddy Boys und Rockern in Verbindung mit dem Gangleben, sorgte für gefährliche Zeiten. Es wurde als normal angesehen, sich zu betrinken, zum Fußball zu gehen und sich zu prügeln. Die jungen Gangs bekamen in der Nachkriegszeit so die Gelegenheit die Macht zu übernehmen. In den neu erbauten Siedlungen gab es überdurchschnittlich große Mengen junger Leute, von denen viele Messer trugen. Es war dieses Bild vom harten Mann, das dafür sorgte, dass Fußballgewalt bei Celtic, den Rangers und schottischen Länderspielen einen solchen Zulauf erhielt.

Ein anderes Phänomen, das in Glasgow entstand, waren die Gang Graffitis. Der Spruch ´XXX Rules OK´ kam in den Fünfzigern in der Stadt auf und wurde Jahre später von anderen Fußballmobs in England übernommen.

Die Celtic Fans fuhren fort Unruhe in der schottischen Liga zu verbreiten. Es gab 1961 Ärger bei einem Pokalfinale in Dunfermline.

Ein Jahr darauf hielten Celtic Anhänger das Halbfinalspiel im Pokal gegen St. Mirren für zwanzig Minuten an. Hunderte stürmten auf das Spielfeld, als es so aussah, dass ihr Team verlieren würde. Einige der Beteiligten waren eindeutig unter zehn Jahre alt. Kommentatoren behaupteten, dass es sich dabei um einen bewussten Akt der Fans handelte, um so ein Wiederholungsspiel zu erzwingen. Ein Vorstandsmitglied von Celtic bestritt das natürlich.

Der Daily Record stellte die Frage: ´Was kann Celtic machen, um die regelmäßigen Gewaltausbrüche einiger Anhänger unter Kontrolle zu bringen?´ Es wurde eine Reihe von möglichen Lösungen präsentiert, darunter waren Vorschläge, beispielsweise Kinder nicht mehr bei großen Spielen einzulassen oder bestimmte Teile des Stadions für junge Leute zu sperren. Auch offizielle Ordner sollten eingesetzt werden.

Der Trainer von St. Mirren forderte sogar Zäune und Wassergräben. Der Oberbürgermeister der Stadt fühlte sich durch die Situation bedrückt, er berief ein Treffen der Vereine und des Fußballverbandes ein. „Jahrelang haben wir versucht, das gute Image der Stadt Glasgow in der Welt zu verbreiten. Doch in ein paar Augenblicken wurde alles zunichte gemacht," sagte er verzweifelt.

Celtic Spielte im April 1966 gegen Liverpool FC im europäischen Pokal der Pokalsieger, von vielen Zeitungen wurde dieses Spiel als ´Battle of Britain´ stilisiert. Das Hinspiel in Glasgow verlief ohne größere Zwischenfälle und die Liverpool Fans wurden sogar von der Polizei, den Bahnverantwortlichen und den Busunternehmern für ihr Verhalten gelobt. Die Celtic Anhänger wurden nicht gelobt, da sie nach dem Spiel Fans der Gastmannschaft mit Flaschen beworfen hatten.

Fünf Tage später fuhren Tausende aus Glasgow zum heiß erwarteten Rückspiel nach Merseyside. Die Erwartungen wurden nicht erfüllt und als Liverpool als 2:0 Sieger vom Platz ging, fingen Celtic Fans an zu randalieren. Den Ausschlag dafür gab ein nicht gegebenes, aber auch nicht regelgerechtes Tor von Celtic. Anhänger stürmten auf das Spielfeld, griffen die Polizei an und schleuderten Flaschen in die Massen der Liverpool Fans.

Zwanzig Personen mussten ins Krankenhaus gebracht werden, ein Mitarbeiter der St. John Ambulace beschrieb es als das gewalttätigste, was er in seiner dreißigjährigen Arbeit bei Fußballspielen gesehen hat. Aber schon vor dem Spiel gab es Anzeichen, dass die ausgelassene Stimmung kippen könnte.

Schottische Anhänger sammelten sich bereits am morgens in der Liverpooler Innenstadt und mittags waren schon viele betrunken. In großen Gruppen marschierten sie grölend durch die Einkaufsstraßen, wo einige von ihnen einem erfolglosen Bankräuber auf seiner Flucht vor der Polizei halfen.

Richter Shinwell, Glasgows ältester Richter regte sich auf, er sagte: „Dieses bestialische Verhalten beschmutzt den Namen der Stadt Glasgow." Und er fuhr fort: „Jeder anständige Bürger Glasgows gerät durch diese Leute in Misskredit. Ich bezeichne diese Personen als heruntergekommene, fanatische Hooligans, die von den Spielen ausgeschlossen werden sollten."

Auch die Glasgow Evening Times brachte ihre Bestürzung zum Ausdruck: ´Das arme Glasgow leidet wieder unter den Taten einiger Chaoten.´ Weiter stand in diesem Bericht: ´Sogar in Liverpool, dem zu Hause der bösen Jungs des englischen Fußballs, hatte man so etwas noch nicht gesehen. Die Celtic Anhänger benahmen sich so brutal und unsportlich, dass sogar von den Liverpool Fans gefordert wurde, diese Hooligans sollten verschwinden. Das zeigte doch, wie schlimm die Zustände in Glasgow sind.´

Nicht ganz zwei Jahre später reiste der Celtic Anhang nach Newcastle, dort veranstalteten sie wie es ein Polizeibeamter nannte: „Schlicht eine Nacht voll von Zerstörung und Vandalismus." An diesem Samstag trafen mehr als 200 Busladungen in Newcastle ein, darunter viele Fahrgäste die bereits betrunken waren.

Siebenundfünfzig Festnahmen erfolgten und einundsechzig Leute mussten im Krankenhaus behandelt werden. Der Polizeisprecher John Martin sagte: „Mobs von jungen Hooligans liefen Amok in der Stadt, sie schlugen Schaufenster ein und in einigen Fälle begingen sie Diebstahl. Sie versuchten sich Zugang zu Tanzlokalen, öffentlichen Gebäuden und anderen Veranstaltungsplätzen zu verschaffen. Zwischen 19.00 Uhr und 01.00 Uhr erhielten wir zirka 100 Notrufe."

Ereignisse in Nordirland und ein wiederaufleben der Gang-Kultur sorgten in den späten Sechzigern für einen erneuten Anstieg der Gewalt bei den Old Firm Derbys. Es gab Messerstechereien und dreiundzwanzig Festnahmen, als die Vereine im Januar 1970 aufeinander trafen.

Im August 1972 führten weitere Ausschreitungen zu einem Treffen der zuständigen Richter, der Polizei und der Vereine, um zu beraten wie man der Gewalt ein Ende bereiten könne. Was da auch immer diskutiert worden war, es nützte nichts.

Denn ein Jahr später gab es auf den Rängen die gleichen Ausschreitungen, wie schon bei so vielen vorangegangenen Begegnungen. Ein Journalist berichtete in der Times: ´Als Celtic das zweite Tor schoss verwandelte sich die eine Seite des Stadions in eine grün-weiße Welle. Hinter mir im Copeland Road End herrschte eisiges Schweigen der rot-weiß-blauen Masse. Doch dann wurde es auch dort unruhig. Ein Schauer von Dosen und Flaschen flog durch die Luft. Einiges landete hinter dem Tor, wo Sanitäter und Fotografen auseinander strömten. Aber wesentlich mehr bekamen die Fans auf den unteren Rängen ab. In einem verzweifelten Fluchtversuch kletterten viele auf das Spielfeld. Polizeiverstärkung versuchte dem Einhalt zu bieten, in dem zahlreich Personen, die auf dem Spielfeld waren festgenommen wurden. Für einige Anhänger war das Spiel abrupt beendet, weil sie Schnitt- und Platzwunden am Kopf und im Gesicht hatten.´

Celtics Torhüter musste flüchten, außerdem gab es achtzig Festnahmen.

Wieder wurde ein Treffen arrangiert an dem Richter, Polizei und Clubs teilnahmen, aber wieder konnte am Ende keine Lösung gefunden werden. Rangers Trainer Willi Waddell sagte, es wäre der erste Gewaltausbruch seit zwei Jahren gewesen, er versuchte es als einen einzelnen Zwischenfall darzustellen. Andere Beobachter waren wenig beeindruckt von den Versuchen Ordnung zu schaffen, sie beschuldigten vielmehr die Vereine den Ärger, durch ihre religiöse Haltung zu unterstützen. „Es war einfach Zeitverschwendung. Niemand wollte zugeben, dass es Probleme zwischen einigen der katholischen und protestantischen Anhänger gibt, obwohl das die Ursache ist," sagte Richter Albert Long. „Ob sie es zugeben oder nicht, Rangers sind ein protestantischer Verein und Celtic ein katholischer und da gibt es nun mal religiöse Feindschaften. Wenn das nicht so wäre und diese Einstellung nicht von den Vereinen unterstützt würde, wären es zwei ganz normale Fußballvereine."

Long war der einzige, der bei dem zweistündigen Treffen war und das Schweigen brach: „Wir wurden darauf hingewiesen, dass alles in dieser Sitzung Besprochene vertraulich wäre. Aber das verstärkt noch die Haltungen. Niemand ist an einer wirklichen Problemlösung interessiert. Ich denke man hätte diese ganze Affäre offener in der Presse behandeln sollen. Dann wären wir in der Lage mehr Licht ins Dunkel zu bringen. Wir benötigen einige offene Gespräche, um eine Lösung zu finden. Man wollte uns erzählen, dass soziale Problem der Auslöser wären, doch dem ist nicht so.

Als vorgeschlagen wurde, die Rangers könnten ja auch mal einen katholischen Spieler unter Vertrag nehmen, sagte der Verein man würden die Geschäfte führen, wie man es für richtig hält. Es könne niemand von Außen darauf Einfluss nehmen.

Ich wies auch auf die irische Flagge im Parkhead Stadion hin und bezeichnete sie als provokativ und haltlos. Der Vorsitzende von Celtic sagte darauf, dass die Fahne nicht diesen offensiven Zweck hätte. Ich forderte Celtic auf, die Fahne abzunehmen, im Gegenzug sollten die Rangers öffentlich bekannt geben, dass sie keine religiöse oder halbreligiöse Organisation sind. Beide wichen diesem Antrag aus."

Die Sitzung hatte nur wenig Wirkung und die Gewalttaten setzten sich fort, es häufte sich sogar, dass Rangers Anhänger in Schlägereien bei Celtic Spielen verwickelt waren. Es gab aber auch Abwechslung. Zum Ende der Saison 1978 reiste die Celtic Gefolgschaft zu einem Spiel in Edinburgh. Erneut benahmen sich die Fans erbärmlich, im Stadion und nach dem Spiel, als sie randalierend durch die Strassen der Stadt zogen.

Dreißig Festnahmen wurden insgesamt gemacht, davon vierundzwanzig im Stadion, wo auf den Platz stürmende Fans das Spiel für einige Minuten anhielten.

Ein Anwohner, der in der Nähe des Stadions seit sechsundzwanzig Jahren wohnte, beschrieb die Lage wie folgt: „Es waren die schlimmsten Ausschreitungen, die ich gesehen habe, seit ich hier wohne. Es sind immer Celtic oder Rangers Fans die Ärger machen. Leute die in Stadion Nähe wohnen werden an einem Samstag genötigt aus ihren Häusern zu fliehen, nur wegen dieser Hooligans. Wenn die Anhänger aus Glasgow sich nicht benehmen können, sollte man sie von solchen Veranstaltungen ausschließen."

Einige Monate danach, wurde ein Spiel südlich der Grenze von einem Augenzeugen, als das schrecklichste beschrieben was man je in Turf Moor gesehen hätte.

Mitte September 1978 spielte Celtic im englisch-schottischen Pokal in Burnley. Das Spiel wurde abgebrochen, weil Fans der Heimmannschaft auf das Spielfeld rannten, um den Wurfgeschossen der Celtic Leute zu entgehen. Sechs Leute wurden schwer verletzt, darunter zwei Polizisten. Zwanzig weitere Zuschauer mussten ins Krankenhaus, die meisten davon wurden auf Bahren weggetragen. Der Ärger hatte angefangen, nachdem Celtic Fans wütend auf ein Tor Burnleys reagierten.

Die Zäune, die eine Trennung der Anhängerschaften gewähren sollten, hatte nicht standhalten können, als die Gäste versuchten in den Block der Gastgeber zu kommen. Es wurden Duzende Steine und mit Urin gefüllte Flaschen geworfen.

Eine Lokalzeitung schrieb dazu diesen Artikel: ´Das ganze Spiel über gab es Provokationen. Als die Polizei realisierte, dass sie nicht in der Lage war die Celtic Anhänger nur durch den Gästeeingang zu lassen, stellte sie eine zweite Verteidigungsreihe auf, die das Bee Hole End und die Longside von einander trennen sollte. Sie kämpfte einen Kampf, den sie nicht gewinnen konnte und nach zirka einer halben Stunde sah man schadenfrohe Celtic Anhänger auf der Longside. Sie starteten nun einen Versuch die Longside einzunehmen. Augenblicklich wurden sie zurückgeschlagen, es gab Sprechchöre, die besagten das Celtic niemals die Longside einnehmen würde, doch das passierte auch noch.´

Als die Celtic Fans es zehn Minuten später erneut versuchten, hatten sie Erfolg, sie jagten die Fans von Burnley auf das Spielfeld. Selbst die Flüchtenden wurden noch mit Flaschen beschmissen.

Das zu Hause des harten Kerns der Celtic Gefolgschaft war ´The Jungle,´ eine langgezogene Tribüne, im unteren Teil des Stadions. Hier sah man leidenschaftliche, lautstarke und wild, rebellische Anhänger. Es wurde zu einem der berühmtesten und einschüchternsten Ends im Fußball. Alle Gegner, die verrückt genug waren, einen Versuch zu machen The Jungle einzunehmen, riskierten ihr Leben und es gab nur wenige, die so etwas wagten. Ein Eindringen war fast unmöglich, außer wenn die Eindringlinge grün und weiß trugen, denn jeder Fan in The Jungle trug seine Vereinsfarben. Dieser Umstand behinderte auch das Entstehen einer Casual Hooligan Firm bei dem Verein.

Die Hooligan-Kultur kam 1984 nach Glasgow, Jahre nachdem der Look schon in Aberdeen und Motherwell populär war. Lange davor gab es schon die Celtic Soccer Crew, die aber mit den Lokalrivalen, von den Rangers nicht mithalten konnte, von Aberdeens Mob und den Hibs ganz zu schweigen. Unter den Celtic Leuten gab es eine weitverbreitete Abneigung gegen die eigenen ´Casual Hooligans,´ die gelegentlich sogar zu Gewalttätigkeiten führte.

Bei den älteren Celtic Schlägern war es üblich, die Farben des Clubs zu tragen und die Vereinstreue zu betonen. Die schwächlich aussehenden Jungs in engen Jeans und Sportklamotten waren nicht willkommen. Diese jungen Hooligans für ihren Teil, guckten auf die Alten mit Verachtung, aber auch einer gewissen Angst. Das Auftauchen von Hooligans ging einher mit Ereignissen, die sich bei Spielen im Ausland, beziehungsweise in Europa ereigneten.

Die Vereine aus Glasgow, waren die ersten britischen Clubs, deren Fans in großer Zahl der Mannschaft ins Ausland nachreisten. Für Celtics Europa Pokalfinale 1967 in Lissabon, wurde sogar Reiseführer rausgegeben. (1987 waren einige Rangers Fans so versessen darauf die Europapokalbegegnung ihres Teams in der Sowjetunion zu sehen, dass sie Kontakt zu dem Glasgower Ableger der kommunistischen Partei aufnahmen. Eine solche Party Tour lag außerhalb der Vorstellungskraft anderer Fans.)

Bei Reisen ins Ausland gab es oft Ärger. Ein Freundschaftsspiel im August 1984 in Cliftonville Nordirland, wurde abgebrochen, als die Polizei mit Hartgummigeschossen auf Fans schoss. Die Wut der Cliftonville Fans begann sich zu steigern, als nach nur zwanzig Minuten Spielzeit anti-nordirische und IRA Sprechchöre erklangen. Schließlich wurden 2.000 der 8.000 Celtic Fans durch einen Schlagstockeinsatz der Polizei aus dem

Stadion getrieben. Der Abbruch fand nach fünfundsiebzig Minuten statt, da führte Celtic schon mit 4:0.

Die Randale setzte sich derweil auf der Straße fort und neben dem Haupteingang wurde ein Feuer gelegt. Die Polizei bestritt zu hart vorgegangen zu sein, sie wies darauf hin, dass sie angegriffen worden war. Unter den Waffen, die bei diesem Angriff von Fans benutzt wurden, waren Eisenstangen, eine Sense, ein Vorschlaghammer und Benzin. Die Bilanz: Mindestens fünfunddreißig Verletzte und einem Officer der nordirischen Polizei war die Dienstwaffe gestohlen worden.

Der Vizepräsident von Cliftonville Jim Boyce sagte niedergeschlagen: „Es sollte eine schöne Begegnung werden, doch es endete in einem Desaster." Sein Kollege von Celtic Desmond White beschuldigte die nordirische Polizei, zu hart vorgegangen zu sein. Er sagte: „Die Hälfte der Cliftonville Anhänger sind gleichzeitig auch Celtic Anhänger. Ich weiß nicht, was der Auslöser war, doch es war viel mehr Polizei im Stadion als notwendig. Die Fans sahen ein schönes Spiel, bis Spezialeinheiten der Polizei auftauchten. Ich sah mit entsetzen, wie Polizisten in Kampfmontur auf Zuschauer mit Knüppeln einschlugen und sie traten."

Drei Monate später spielte der Verein zu Hause im Pokal der Pokalsieger gegen Rapid Wien. Das Spiel wurde für fünfzehn Minuten unterbrochen, nachdem es Diskussionen um einen umstrittenen Elfmeter gab, der Celtic zugesprochen worden war. Aus dem Block der Celtic Fans wurde eine Flasche auf das Spielfeld geworfen und Rapids Auswechselspieler Rudolph Weinhofer fiel zu Boden, als sei er schwer verletzt. Er behauptete später, er wäre im Gesicht getroffen worden. Er lag für fast zehn Minuten regungslos da, während seine Mannschaftskameraden und andere Rapid Offizielle den verwirrten schwedischen Schiedsrichter belagerten.

Schließlich wurde der Elfmeter ausgeführt aber verschossen. Zu diesem Zeitpunk führte Celtic allerdings 3:0 und sie hatten auch das Hinspiel 4:3 gewonnen. Sie waren weiter, dass dachten sie jedenfalls.

„Schmeißen sie Celtic raus," war der Kommentar der Wiener, als sie und Celtic vor das Disziplinarkomitee der UEFA treten mussten. Mittlerweile hatte es erbitterte Wortgefechte zwischen den Vereinen und den dazugehörigen Medien gegeben.

Die Fernsehaufnahmen zeigten, dass der Rapid Spieler nicht von der Flasche getroffen worden war, das änderte jedoch nichts daran, dass er Schottland mit einem Kopfverband verließ. Die Bilder der Fernsehkameras wurden von einem Sanitäter des Roten Kreuz bestätigt, der an dem Abend des Spiels Dienst hatte. Er sagte aus: „Meiner Meinung nach hatte Weinhofer keine Verletzungen oder Beschwerden. Ich sah wie er zu Boden ging, doch er ließ niemanden an sich ran. Schließlich wurde mir gestattet, dass ich mir die Sache ansehe und ich konnte nichts feststellen."

Das UEFA Komitee traf zehn Tage später zusammen und bestrafte beide Vereine. Celtic musste eine Strafe von 4.000 £ für zwei Flaschen, die auf dem Spielfeld gelandet waren zahlen, Rapid Wien zahlte 5.000 £ für das Fehlverhalten der Spieler. Außerdem wurde Rapids Reinhard Kienast für vier Spiele gesperrt, er hatte Tommy Burns geschlagen. Der Trainer Otto Baric musste drei Spiele von der Tribüne verfolgen, weil er eine Flasche auf den Platz geworfen hatte. Weinhofers Behauptung, dass er von der Flasche getroffen worden sei, wurde widerlegt. Eine freudige Celtic Vereinsführung verkündete den ´Freispruch´ und sagte der Gerechtigkeit wäre Genüge getan worden.

Eine Woche später hörte man bei Celtic die Schocknachricht, dass es eine Wiederauflage der Begegnung geben sollte, nachdem neue Beweise bei der UEFA in Zürich eingegangen waren. Der österreichische Verein argumentierte jetzt, Weinhofer sei von einem kleinen nicht zu identifizierenden Gegenstand, möglicherweise einer Münze getroffen worden. Der Spieler musste das Feld verlassen, zu einem Zeitpunkt, als Rapid wegen einem Platzverweis sowieso nur zehn Spieler hatte. ´Diese neue Entscheidung schockt den schottischen Fußball und wirft alles über den Haufen,´ stand im Daily Record.

Der Austragungsort für das Wiederholungsspiel war Manchesters Old Trafford, wo Wiens 0:1 Sieg von erneuten Massenausschreitungen begleitet wurde. Beim verlassen des Spielfelds wurden der Torhüter und der Torschütze der Österreicher angegriffen.

Diese Vorgänge machten die Ansprache von Celtics Trainer zum Gespött, denn er hatte vor dem Spiel verkündet, das Ansehen des Vereins wieder herzustellen, sei wichtiger als das Ergebnis. Zwei Celtic Anhänger kamen wegen der Vorfälle drei Monate ins Gefängnis und der Verein musste eine Strafe von 18.500 £ zahlen, sowie das nächste Spiel im europäischem Wettbewerb unter Ausschluss von Zuschauern spielen.

Die Celtic Soccer Casuals tauchten im Novermber 1987 in den Schlagzeilen auf, als bei einem Spiel gegen die Hibs eine Gasbombe in deren Home

End geschleudert wurde. Mehr als 100 Personen wurden verletzt und Tausende flüchteten von den Rängen, wobei sie durch erblindete und sich übergebende Personen behindert wurden.

Die Bombe explodierte Mitte der zweiten Halbzeit. Berittene Polizisten tauchten auf, um das Spielfeld zu räumen und das Spiel wurde für sechzehn Minuten unterbrochen. Fünfundvierzig Personen kamen ins Krankenhaus, fünf davon mussten über Nacht bleiben.

Der dreizehnjährige Stephen Johnstone stand auf der Tribüne gleich neben dem Spielfeld, als die Bombe explodierte. Er berichtete: „Ich sah wie alle Leute in Panik gerieten und mir selbst ging es nicht anders. Ich sagte zu meinen Freunden, sie sollen laufen, einfach nur laufen und rannte selbst los. Die Menschen versuchten über den Zaun zu flüchten, da zogen die Polizisten ihre Knüppel raus und schlugen auf jeden ein. Das ging solange bis ihnen jemand zurief, dass wir vor dem Tränengas fliehen wollten. Dann halfen sie uns."

´Das Werk von Randalierern,´ lautete die Schlagzeile des Daily Record. ´Manch Schotte mag darüber geschmunzelt haben, dass die englischen Vereine wegen dem Verhalten ihrer Fans von europäischen Wettbewerben ausgeschlossen wurden. Doch diese Selbstzufriedenheit fand am Samstag an der Easter Road ihr Ende.´ Am folgenden Tag brachte diese Zeitung eine exklusiv Story, nachdem sich der Mann gemeldet hatte, der die Gasbombe schmiss. „Ich interessiere mich nicht für Fußball," erklärte er. „Ich gehe zu den Spielen um mich zu prügeln." Er behauptete, dass er und andere Celtic Hooligans sich fünfzig CS Gas Kanister besorgt hätten und auch bei zukünftigen Spielen für Unruhe sorgen wollten. Dumm für den jungen Mann war nur, dass er einige Spuren hinterließ, die von der Zeitung direkt an die Polizei weitergeleitet wurden.

Am nächsten Tag lautete die Schlagzeile der Zeitung ´Tränengas: Männer festgenommen!´ Die Leute beim CSC wurden weniger, nachdem die Polizei sich um sie kümmerte und auch die ´normalen´ Fans wurden den Hooligans gegenüber immer bösartiger.

Neil ein Mitglied des Frontline Mobs aus Wrexham, der eine Freundschaft mit den CSC Leuten hatte, war überrascht, wie die Celtic Hooligans von den Fans der eigenen Mannschaft behandelt wurden: „Wir besuchten sie einige Male und sie uns, bei ihnen gab es immer verrückte Situationen," sagte er. „Die Hooligans wurden von den Fans ihres Clubs gehasst, so einfach war das. Wir fuhren einmal zu einem Spiel gegen die Hearts, als wir in einem Pub saßen ging ein großer Mob von Celtic Fans vorbei. Sie sahen uns und gingen sofort auf uns zu. Sie riefen: ´Hooligans, Hooligans verpisst euch!´

Die CSC Firm konnte zahlenmäßig nicht mit diesen besoffenen Schalträgern mithalten. Wir waren ein paar Mal mit ihnen in Glasgow ausgegangen, doch als ihre Masse abnahm, wurden sie in den Clubs und Kneipen von Rangers Leuten terrorisiert. Im Ibrox Park waren die Hooligans akzeptiert und machten den Großteil der gewalttätigen Stadionbesucher aus. Die CSC hingegen waren auf dem absteigenden Ast. Viele blieben einfach weg, das war der Eindruck den ich in den paar Jahren unserer Verbindung hatte." In den späten Achtzigern veränderte sich die Anhängerschaft von Celtic. Die einstigen bösen Buben waren jetzt das beliebteste Team Europas, einschließlich Englands. Unterstützt durch die große Masse der irisch-katholischen Fans, in der ganzen Welt, stand Celtics Gefolgschaft im totalen Gegensatz zu Teilen der Rangers Anhänger, die sich noch immer absonderten und ein Spiegelbild der Hooligans waren, die der englischen Nationalmannschaft folgten.

Jeder Verein wollte gegen Celtic spielen. Denn sie brachten Fans mit und das garantierte ausverkaufte Stadien. Gleich nach der Tragödie von Hillsborough, wurde Celtic von Liverpool FC zu einem Benefizspiel eingeladen. Während die

Hier Bilder von einem Angriff des Frontline Mobs aus Wrexham auf einen Pub in dem sich Rivalen aus Chester aufhielten.

Rangers aus Angst vor Randale der Anhänger gemieden wurden, hatte Celtic viele Vorbereitungsspiele gegen englische Vereine. Auch wenn die Leute der CSC nicht allzu aktiv waren, zogen Celtic Spiele den Ärger wie ein Magnet an. 1987 wurden einige Personen festgenommen, weil sie sich nach einem Spiel gegen Arsenal Kämpfe mit gegnerischen Anhängern geliefert hatten.

Im Juli 2002 musste die Polizei 100 kämpfende Middelsbrough und Celtic Anhänger trennen, die bei einem Freundschaftsspiel auf den Platz gestürmt waren.

1994 stießen 200 Birmingham City und Celtic Hooligans vor dem Dubliner Pub in den Midlands zusammen. Steine und Flaschen flogen von beiden Seiten, fünf Personen wurden verletzt, es gab schließlich zwölf Festnahmen.

Die CSC versuchte ein Comeback in den Neunzigern, aber sie waren noch bedeutungsloser als vorher und machten nur selten Schlagzeilen. Die Ausnahme stellten Spiele gegen die Rangers dar, die noch immer durch den konfessionellen Hass geprägt waren.

Im Mai 1999 wurden über 100 Leute festgenommen, als sich die Rangers die Meisterschaft im Parkhead Stadion sicherten. Einige Anhänger stürmten schon während dem Spiel auf das Spielfeld und der Schiedsrichter wurde von einer geworfenen Münze am Kopf verletzt. Die Schlacht verlagerte sich später auf das Glasgow City Centre.

Im Oktober 2002 kam es zu vierzig Verhaftungen im Ibrox Park, nachdem es Schlägereien auf dem Platz gab, wobei Spieler der Rangers Schläge abbekamen. Einige Jahre zuvor wäre dieser Vorfall einfach unter den Teppich gekehrt worden, doch nun war so ein Verhalten nicht mehr akzeptabel. Das schottische Parlament schaltete sich ein, man begann Lieder und Zeichen der konfessionellen Zugehörigkeit zu ächten. Die Vereine versprachen ihren Teil dazu beizutragen, doch alte Gewohnheiten wird man nur schwer los. Im April 2005 wurden beim letzten Old Firm Derby der Saison zwanzig Leute verhaftet. Es gab Krawalle vor und nach dem Spiel. Die Medien berichteten sogar, dass es Kämpfe im ganzen Land zwischen Fans beider Lager gab.

Es kam auch zu Ausschreitungen am Fährhafen, von dem aus nordirische Fans nach Hause fahren wollten. Bis zu 100 Leute sollen daran beteiligt gewesen sein. Spezial-Einheiten der Polizei mussten an Bord gehen, um die Ordnung wieder herzustellen. Bill Aitken ein schottisches Parlamentsmitglied sagte: „Dieses Benehmen zeichnet ein dunkles Bild der schottischen Gesellschaft. Die Leute müssen daran erinnert, werden dass es hier um Sport und nicht um einen Religionskrieg geht. Aber ehrlich gesagt glaube ich, dass die Old Firm Derbys für einige nur eine Ausrede für sinnlose Gewalt sind."

Ein Blick auf die Statistiken der letzten Jahre, was Festnahmen und Verletzte betrifft, gibt Mr. Aitkens Recht mit seinen Äußerungen über die Feindschaft zwischen Glasgows mächtigen Vereinen.

Weiterführende Literatur: The Old Firm, Bill Murray (John Donald)

Da von den CSC Hooligans kein Fotomaterial zu bekommen war, hier einige Bilder einer Auseinandersetzung zwischen Luton Town und Watford Rowdys, die von einer Überwachungskamera gemacht wurden.

Glasgow Rangers

Stadion: Ibrox Park
Firms: Inter-City Firm, Her Majesty´s Service
Feinde: Celtic, Aberdeen, Hibernian, Motherwell

´Johnnie Stark war ein Produkt der Gorbals (Bezirk in Glasgow). Groß, mit breiten Schultern und düsteren Blick sah er aus wie ein Kämpfer – und das war er auch. Johnnie mochte die Frauen und die Frauen mochten ihn. Das war schön für die Frauen und hatte auch für ihn Vorzüge. Johnnie war aber auch immer für einen Kampf zu haben. Es gab keine Regeln wenn es in den Gorbals zum Streit kam, wenn die Gewalt eskalierte wurde jede Waffe benutzt.....´ So stellten Alexander Mc Arthur und H. Kingsley Long den Anführer einer brutalen Messerstecher-Bande der 1930er Jahre aus den Gorbals dar. Das Buch *No Mean City* spiegelt die Gesellschaft wieder, aus der die Anhänger der Glasgow Rangers kamen.

Bösartig, von Banden beherrscht und kompromisslos, waren es Gemeinden in denen Gewalt und das religiöse Bekenntnis die Straßen regierten. Es waren keine wohlhabenden Bezirke und so kreierten die Bewohner ihre eigene Parallelgesellschaft, in der ´harte Männer´ die Strassen regierten und Hoffnung nur ein weit entfernter Traum war. *No Mean City* schockte die schottische Gesellschaft und machte sie wütend. Glasgows Zentralbibliothek lehnte es sogar ab, die erste Ausgabe in ihr Programm aufzunehmen. So unbequem das Buch auch war, es war ein exaktes Portrait der Schattenseiten dieser Stadt. Und Leute wie Johnnie Stark, der Messerkönig, sammelten sich auf den Rängen des Ibrox Parks. Davon zeugt auch dieser noch oft von Rangers Fans gesungene Song:

Hello! Hello! We are the Billy Boy.
Hello! Hello! You´ll know us by our noise.
For we´re up to our knees in Fenian blood,
Surrender or you´ll die.
For we are the Bridgeton Billy Boys

Ein wirklich existierender Johnnie Stark war Billy Fullerton. 1906 in Bridgeton geboren, wurde er der Anführer der ´Bridgeton Billy Boys,´ Glasgows berühmtester Gang.

Im Jahr 1924 schoss er bei einem lokalen Fußballspiel ein Tor, daraufhin attackierte sein Gegenspieler, ein Katholik, ihn mit einem Hammer. Die Sache sprach sich schnell rum und einige Wochen später hatte Fullerton eine Armee von 800 Mann versammelt.

Die Billy Boys waren geboren und das nächste Jahrzehnt terrorisierten sie ihre Feinde bei Fußballspielen und auch regelmäßig bei protestantischen Aufmärschen.

Diese Einflüsse setzen sich im Ibrox Park bis heute fort. Von Mitte der Sechziger- bis in die späten Neunzigerjahre endete jede Reise des Vereins nach England mit Körperverletzungen. Im August 1967 waren die Fans im Highbury Stadion gezwungen auf das Spielfeld zu flüchten, um den Flaschen auszuweichen, die von Rangers Anhängern in Richtung North Bank geworfen wurden. Mehrere Leute bedurften ärztlicher Behandlung, darunter auch ein elf Jahre alter Junge, dessen Kopfverletzung mi t zwölf Stichen genäht werden musste.

Im Mai 1969 spielten die Rangers im Halbfinale des Fair Cups gegen Newcastle. Die Engländer gingen als Sieger vom Platz, doch der Tag blieb wegen dem Chaos vor, nach und während des Spiels im Gedächtnis.

´Fünfzig schreckliche Minuten im Leben eines Polizisten, in der Nacht als die Schotten durchdrehten,´ war die Schlagzeile einer Zeitung aus Newcastle. ´Es war eine Nacht voll zerschlagener Flaschen, angespitzter Spazierstöcke, Stiefel und Fäuste. Die Gewalttaten die stattfanden waren unkontrollierbar.´ Die Zeitung fuhr fort mit einer Auflistung der Ausschreitungen, begonnen um 18.45 Uhr, als alles noch friedlich schien, bis weit nach Mitternacht, als die letzten Polizei- und Krankenwagensirenen verstummten. Zwischendurch liefen Tausende Schotten Amok. Hunderte marschierten durch die Strassen und sangen loyalistische Lieder.

Gegen 21.00 Uhr hatten die meisten Pubs bereits geschlossen und der Großteil von denen, die noch auf hatten wurde verwüstet. Es gab Berichte über Rangers Fans, die auf Tische und Tresen kletterten und Beschimpfungen gegen alles was ihnen nicht passte rausbrüllten, nicht nur gegen Newcastle United. Während dessen streiften Banden durch die Straßen, die auf der Suche nach Einheimischen waren, die sie angreifen konnten.

Um 23.00 Uhr hatten die Schotten den Marlborough Cresent Busbahnhof besetzt, sie drängelten sich ungehindert an den Schlangen vorbei, die für die Busse anstanden. Ungehobelte Kerle schrieen Obszönitäten und belästigten Frauen. Sie kamen damit durch, weil die Polizei an anderen Orten beschäftigt war. Des weiteren stand in dem bereits zitierten Artikel: ´Als die Nacht hereinbrach häuften sich die Probleme. Kurz vor 23.00 Uhr, als die meisten Rangers Busse eigentlich abfahren wollten, wurden diese Zwischenfälle immer heftiger. Horden von Anhängern marschierten in Richtung Marlborough. Ein Jugendlicher mit freiem Oberkörper belästigte auf seinem Weg zum Bus jede Frau, die ihm begegnete. Unter normalen Umständen wäre jeder dieser Vorfälle polizeilich geahndet worden. Doch durch eine große Gruppe beschützt, die sich über seine Eskapaden belustigte, wurden diese Aktionen nur von den Opfern wahrgenommen.

Ein Junges Mädchen schrie verzweifelt nach der Polizei, doch niemand kam. Es war schließlich eine Frau mittleren Alters, die selbst angetrunken war, es aber schaffte die Leute wieder zur Vernunft zu bringen. Ein Rangers Fan starrte ihr ins Gesicht und sagte: „Ich habe schon Schafe gesehen, die schöner sind." Sie zog einen Schuh aus und schlug damit auf ihn ein, dann begann sie die ganze Gruppe durch den Busbahnhof zu jagen.´

Während des Spiels kletterten Dutzende Rangers Anhänger auf die Flutlichtmasten, andere thronten auf den Dächern angrenzender Gebäude. Ein Zeitungsverkäufer sagte: „So was habe ich in meinem Leben noch nicht gesehen. Die drehten total durch." Das wurde auch durch die Zeitung bestätigt: ´Alle Leute, die Zeuge der Krawalle wurden, waren der Ansicht, dass sie nicht bei Verstand seien.´

Sogar der Vorsitzende des Vereins nannte die eigenen Fans ´Verrückte.´ Die Ereignisse bei diesem Spiel stießen eine Vorstandssitzung an, in der über die Krawalle, die mit dem Verein in Verbindung standen, diskutiert wurde.

Das Resultat waren zusätzliche Ordner, die der Polizei Unruhestifter melden sollten. Zudem entschied sich der Club anti-katholische Gesänge mit einem Horn zu übertönen. Außerdem wurde beschlossen jugendliche Zuschauer nur noch durch gesonderte Eingänge einzulassen.

Im gleichen Jahr fielen die Rangers Fans in Leeds ein und benahmen sich genau wie in Newcastle. Selbst der größte Triumph der Glasgow Rangers, der Gewinn des Pokals der Pokalsieger, wurde von Gewalttätigkeiten der Anhänger überschattet. Bei ihrem 3:2 Sieg gegen die russische Mannschaft von Dynamo Moskau in Barcelona, gab es 150 Verletzte, fünfzehn Schotten wurden festgenommen und Tausende normaler Fans blieben sich selbst überlassen.

Der Tag begann schlecht und es wurde stetig schlimmer. Ein Achtzehnjähriger erlitt einen Schädelbruch, als er aus einem Fenster im zweiten Stock fiel, wo er seine Ankunft in Barcelona feierte. Später zerlegten 120 Rangers Anhänger eine Hotel Bar. Die Ausschreitungen erreichten während und nach dem Spiel ihren Höhepunkt, als der Platz dreimal von den Schotten gestürmt wurde. Dabei wurde einem russischen Spieler eine Flasche über den Kopf geschlagen und es kam zu Auseinandersetzungen mit der Polizei. Der erste dieser Platzstürme ereignete sich in der dreiundzwanzigsten Minute, beim Führungstreffer für die Rangers. Nummer Zwei fand beim zweiten Tor statt. Doch die finale Invasion kam mit dem Schlusspfiff und die meisten der angereisten Anhänger beteiligten sich daran. Flaschen und Holzsitze wurden als Waffen benutzt. Als die Krawalle beendet waren, sah man das Ausmaß der Verwüstung. Hunderte von Sitzen waren rausgerissen und es lagen zirka 2.000 Flaschen auf dem Spielfeld. Einem Gerücht nach sollen sogar spanische Polizisten mit gezogenen Waffen vor den Rangers Anhängern geflüchtet sein.

Verständlicher Weise waren die Russen verärgert. Sie beanstandeten, dass das Ergebnis nicht anerkannt werde dürfe. Der Trainer von Dynamo behauptete, dass zwei Drittel der schottischen Fans, die den Platz gestürmt hatten betrunken waren, sie hätten seine Spieler verängstigt und so deren Leistung beeinflusst. Seine Ansicht wurde vom russischen Fußballverband unterstützt, der die Bedingungen abnormal nannte, was mit den ständigen Unterbrechungen durch Fans begründet wurde. In einem Telegramm an die UEFA verlangten beide, der russische Verein und der Verband, dass das Spiel wiederholt werden müsste.

In Schottland gab es gemischte Reaktionen. Der Oberbürgermeister Glasgows verurteilte das Geschehene, als Taten von Hooligans, doch ein Glasgower Polizeibeamter, der die Anhänger begleitet hatte, beschrieb seine spanischen Kollegen als einen ´feigen, jämmerlichen Haufen.´ Er sagte sie hätten den Fans erlaubt auf den Platz zu gehen, nur um sie dann mit Knüppeln wieder runter zu jagen. Der britische Generalkonsul, der hochrangigste Diplomat in Barcelona, entschuldigte sich hingegen in gewohnt diplomatischen Ton: „Einige Besucher aus dem vereinigten Königreich legten ein Benehmen an den Tag, das der gastgebenden Stadt nicht gerecht wurde."

Die UEFA berief eine Versammlung ein, es war das erstemal im europäischen Pokal, dass das Ergebnis angefochten wurde, obwohl das Finale bereits gespielt war.

Die Stellungnahme, die zwei Wochen später folgte, war allgemein eine Verurteilung des Verhaltens der schottischen Fans. Aber da die Polizeiberichte aus Spanien nicht eintrafen, gab es keine Möglichkeit mehr zu tun.

Sehr zum Ärger der Russen, die extra auf eine Amerikareise verzichteten, in der Hoffnung es würde ein Wiederholungsspiel geben. Schließlich wurden die Rangers für zwei Jahre vom europäischen Wettbewerb ausgeschlossen, doch das Ergebnis blieb bestehen.

Der Barcelona-Krawall erntete zwar viele Schlagzeilen, doch in Glasgow gab es solchen Ärger über Jahre hinweg. Bereits im Jahr 1960 randalierten Rangers Anhänger in der Grenzstadt Berwick. Anlass war eine Begegnung im schottischen Pokal. Im folgenden Jahr gab es Ärger bei einem Europapokalqualifikationsspiel gegen die Wolves.

Das schottische Pokalfinale 1963 wurde überschattet durch negativ Sprechchören über den sterbenden Papst. Später im gleichen Jahr benahm sich die Rangers Gefolgschaft während einer Schweigeminute anlässlich des Todes von J.F. Kennedy schändlich. Im Oktober 1965 mussten Celtic Fans trotz des Pokalsieges ihrer Mannschaft eine Invasion der Rangers Leute erdulden. Zum Ende dieses Jahrzehnts wurden einige Spiele, unter anderem auch gegen Leicester und Dundee, wegen des Werfens von Flaschen unterbrochen.

´Wenig davon war neu,´ schreibt Bill Murray. ´Neu war nur, dass so ein Verhalten jetzt durch das Fernsehen einer größeren Öffentlichkeit unterbreitet wurde. Der Wandel in der Gesellschaft sorgte dafür, dass so etwas immer seltener toleriert wurde.´

Nicht einmal drei Monate nach dem Zwischenfall in Barcelona brachten Rangers Anhänger erneut Schande über den Verein. Bei einem Ligapokalspiel gegen die Hibs lieferten sie sich Schlägereien mit der Polizei auf dem Spielfeld und tauschten religiöse Beleidigungen mit ihren Rivalen aus. Die Polizei zog auch einige Regenschirme ein, deren Spitzen angeschliffen waren. Aber die richtigen Krawalle brachen los, als Pat Stanton von den Hibs in der fünften Minute der Nachspielzeit, der ersten Halbzeit ein Tor erzielte. Beim erklingen des Halbzeitpfiffs stürmten Hunderte auf den Platz. Die Hibs schossen auch in der zweiten Halbzeit zwei Tore, die wiederum mit Platzinvasionen beantwortet wurden.

Ein Zug der die Rangers Anhänger nach Hause brachte war danach total demoliert.

Der Verein versprach daraufhin rücksichtslos gegen die Hooligans vorzugehen. Drei Tage nach dem Ärger wurden vom Club Pläne angekündigt, aus dem Ibrox Park ein All-Seater Stadion zu machen, zudem sollte Alkoholverbot herrschen und zusätzliche Ordner und Polizisten sollten die Sicherheit gewähren. Es wurde auch versprochen für ein Ende der beleidigenden und obszönen Lieder zu sorgen. Gleichzeitig verlor man aber kein Wort über die anti-katholische Vereinspolitik, die viele als Wurzel des Problems sahen.

Neben den Krawallen außerhalb Schottlands, setzten sich zu Hause die Feindseligkeiten mit den Lokalrivalen von Celtic fort. Es gab bei jeder Begegnung der beiden Vereine schwere Ausschreitungen mit Dutzenden Verletzten und zahlreichen Festnahmen.

Das Spiel am Neujahrstag 1971 wurde zu einem der schwärzesten Ereignisse im britischen Fußball, bei einem Gedrängel kamen dreiunddreißig Menschen zu Tode und 500 wurden verletzt. Es sah so aus, als würden die Rangers das Spiel verlieren und Hunderte Anhänger begannen den Ibrox Park zu verlassen. Doch in der letzten Minute schossen sie den Ausgleich, als der Aufschrei des Publikums zu hören war, drehten viele der Fans um, die schon auf den Weg nach draußen waren. Einer von ihnen stolperte und ein Dominoeffekt sorgte für das blutige Chaos. Die Celtic Anhänger hatten daran keine Schuld, doch ihre Witze über den Vorfall verhärteten noch die Fronten.

Die Verbannung aus den europäischen Wettbewerben trug nur wenig zu einer Änderung des Verhaltens der Rangers Fans bei. Sie tranken noch immer exzessiv und prügelten sich. Im Oktober 1974, etwas mehr als zwei Jahre nach den Krawallen in Barcelona, liefen Rangers Fans bereits vor dem Spiel in Manchesters Old Trafford Amok.

Sie kamen zu Tausenden, viele erreichten ihr Ziel bereits in den frühen Morgenstunden und sie nahmen die Stadt buchstäblich ein.

Es ist unbestritten, dass es Behauptungen gab, United sei ein katholischgesinnter Verein, doch für die meisten, die mitreisten, stellte es nur eine weitere Invasion südlich der Grenze dar. ´Der einzig sichere Ort für uns war das Stretford End,´ wird der damals halbstarke Tony O´Neill in seinem Buch *Red Army General* zitiert. ´Vom Stretford End aus guckten wir über den Platz und sahen eine schwankende, blaue Masse. Es war beeindruckend, man wollte ein Teil davon sein. Ich hatte noch nie eine so große Auswärtsgefolgschaft gesehen. Der Krach, die Energie und der Hass den sie ausstrahlten, sorgte für eine Gänsehaut. Du spürtest, dass es noch knallen würde. Das Spiel zog verschwommen an einem vorbei und der Plan machte die Runde, dass man zum City Centre gehen sollte, dort würde es Ärger geben. Ich hörte, dass einige Gangs von United bereits vor dem Spiel versucht hatten die Schotten anzugreifen. Doch es schien mir, die Sache war nicht zu unserem Vorteil gelaufen. Das einzige Mal in meinem Leben dachte ich, halt dich raus. Meine kleine Gang und ich machten sich auf den Heimweg. Wir gingen am Scoreboard End vorbei, wo noch immer Schotten eingesperrt waren. Du konntest hören wie sie gegen die Tore hämmerten und schrieen, dass sie raus wollten. Es war nur eine Frage der Zeit, bis sie die Tore niedergewalzt hätten. Ich konnte sehen wie die Tore wackelten und wusste, wenn sie sich öffnen würden, wäre es um uns geschehen.´

Zwei Jahre später randalierte der Rangers Anhang in Birmingham, vor, nach und während eines Freundschaftsspiels gegen Aston Villa. Der Ärger begann bereits Stunden vor Anpfiff, als Rangers Fans mit Nachtzügen und Bussen eintrafen. Eine Einundzwanzigjährige, die auf dem Weg nach Hause war, wurde von einer Flasche am Kopf getroffen und eine weitere Person erlitt eine Stichverletzung am Bauch. Da die Rangers Anhänger außer Kontrolle waren, sorgte die Polizei dafür, dass fünfzig Pubs im City Centre geschlossen wurden. In der Halbzeit versuchten die Rangers Leute das Holte End einzunehmen. Außerdem wurden Flaschen, Dosen und andere Gegenstände auf das Spielfeld geworfen.

Als fünfzig Polizisten, die im Innenraum bereitstanden in Richtung Holte End gingen, wurden auch sie zur Zielscheibe.

Neun Minuten nach Beginn der zweiten Halbzeit erhöhte Aston Villa auf 2:0, was dazu führte, dass das Spiel durch Rangers Fans, die auf den Platz stürmten, aufgehalten wurde. Sie liefen über das Spielfeld und attackierten die gegnerischen Anhänger. Schließlich wurde das Spiel abgebrochen, es gab neunundneunzig Festnahmen und fünfzig Verletzte, darunter auch einige Rangers Leute.

Pubbetreiber und Ladenbesitzer waren in erster Linie darüber verärgert, dass so ein Spiel überhaupt stattfand. „Die Gefolgschaft der Rangers hat einen schlechten Ruf und es gab keinen ernsthaften Grund, warum dieses Spiel stattfinden sollte,“ sagte Horace Stokes, der Sprecher einer Bürgerinitiative. Der Vorsitzende von Aston Villa sagte, dass seinen Verein keine Schuld träfe, er hätte geglaubt, die Rangers Anhänger hätten sich gebessert. Er behauptete, die Probleme wären durch die Polizei entstanden, die zugelassen hätte, dass Rangers Fans seit dem frühen Morgen in der Stadt rumliefen. Seine Äußerungen wurden von einigen lokalen Politikern kritisiert, da sie glaubten, er wolle dadurch nur seine Verantwortung für die Trennung der Fans und für die Ordner im Stadion klein reden.

Direkt nach den Vorkommnissen verhielt sich die Polizei ruhig und studierte die Videoaufnahmen, der erstmals im Villa Park eingesetzten Überwachungskameras. Innenminister Merlyn Rees verlangte umgehend einen genauen Bericht. „Wir sollten diese Spiele allgemein in Frage stellen, da sie anscheinend zu einem Schlachtfeld von Betrunkenen verkommen sind,“ sagte er. Er hinterfragte das frühe Eintreffen der Rangers Fans, sowie ihren betrunkenen Zustand bei der Ankunft und kritisierte auch die misslungene Trennung im Stadion. „Der Schiedsrichter teilte mir mit, dass bereits zwei Stunden vor dem Spiel, als er ankam, zirka 200 Leute über die Zäune ins Holte End kletterten.“

Dieses Spiel der Glasgow Rangers rückte noch mehr in das öffentliche Interesse, als eine allgemeine Debatte über die Trennung der Fans im Stadion entflammte. Ein Vorstandsmitglied der Rangers sagte bereits die ´vollkommene Trennung´ der Zuschauer voraus, das bedeutete Unterbringung der Anhänger in verschiedene, getrennte Blöcke.

Der Polizeichef der West Midlands Police unterrichtete einen ehemaligen Beamten des Innenministeriums von den Vorgängen und es wurde sogar erwogen, Kneipen in der Nähe von Stadien zu schließen. Schließlich brach Villas Trainer Ron Saunders sein Schweigen: „Die Prügelstrafe sollte wieder eingeführt werden und es sollte härtere Gefängnisstrafen geben. Diesen Leuten Geldstrafen zu geben, ist ein Witz.“

Nur fünf der fünfundfünfzig Festgenommenen wurden verurteilt, wobei die höchste Strafe sechs Monate Haft war. Viele Journalisten wiesen auf die religiöse Einstellung der Rangers hin, ein Eindruck der sich bei ihnen über die Jahre gebildet hatte.

The Daily Record, The Glasgow EveningTimes und sogar die protestantische Sunday Post, bekundeten ihren Unmut darüber, dass die Rangers noch immer keine katholischen Spieler in ihren Reihen aufnahmen. Der Sportjournalist Ian Archer vom Glasgow Herald war einer der ärgsten Kritiker: ´Dieses Land wäre schöner wenn die Rangers nicht existieren würden. Sie sorgen für Beschämung, weil sie der einzige Fußballverein der Welt sind, der meint seine Spieler müssten alle der selben Religion angehören. Und gelegentlich bringen auch ihre Anhänger Schande über das Land, wenn sie sich wie Tiere benehmen.´

Nach dem jahrelang bestritten worden war, dass es so etwas wie eine anti-katholische Vereinspolitik gäbe, trat der geläuterte Vorstandsvorsitzende Willie Waddle an die Presse. Er verkündete, dass die Rangers einen Katholiken verpflichten würden, wenn es einen gäbe, der gut genug wäre. Es gab Applaus von den Journalisten, doch es änderte sich nichts. Es würde erst in einem anderen Jahrzehnt vorkommen, dass ein Katholik ein Rangers-Trikot trägt.

Der vielleicht schlimmste Zusammenstoß bei einem Old Firm Derby ereignete sich 1980, vor den Augen der gesamten Nation, beim schottischen Pokalfinale. Celtic schoss das entscheidende Tor in der letzten Minute, die Fans stürmten auf den Platz, um den Sieg zu feiern, als sie auf einen wütenden Rangers Mob stießen. ´Schauer von Steinen, Flaschen und Dosen regneten auf das Spielfeld nieder,´ berichtete der Daily Record. ´Kämpfende Fans, bewaffnet mit Eisenstangen und Holzlatten, die sie von den Tribünen abrissen, sorgten für die gewalttätigsten und abstoßendsten Bilder, die es seit siebzig Jahren in Glasgow gab. Berittene Polizisten mit gezogenen Knüppeln galoppierten über das Spielfeld, wobei sie versuchten, die verfeindeten Fans von einander zu trennen und auf die Ränge zurückzudrängen.´

Die Ausschreitungen dauerten fast eine Stunde an und am Ende gab es 160 Verhaftungen im Stadion und fünfzig davor.

Eine Schockwelle, ausgelöst durch die Fernsehbilder, ging durch die Fußballwelt. Vereine, Verband und die Polizei versuchten die Schuld beim jeweils anderen zu suchen, die Regierung hingegen verlangte Aufklärung und Lösungsvorschläge für das Problem.

Für den Journalisten Alex Cameron vom Daily Record bestand kein Zweifel wer die Schuld trug, er schob sie in seinem Artikel den Rangers zu: ´Wie lange müssen wir noch warten Rangers? Wie viele schreckliche Szenen müssen sich noch abspielen, bevor ihr diesen Konfessionskrieg im schottischen Fußball beendet? Die Schläger beider Glasgower Vereine, die das Spiel mit ihren Grausamkeiten störten, waren von Hass getrieben. Vergessen wir für einen Moment wer die Schlägerei begonnen hat oder wie man sie hätte verhindern können. Die Wurzel des Übels ist in der Religion zu suchen.

Niemand kann einen einzelnen Verein für alles verantwortlich machen. Die Rangers behaupteten starrköpfig, sie würden ihren Teil dazu beitragen die Mauer zu durchbrechen. Sie würden das durch eine moderne Vereinsführung tun. Doch das wäre nur der Fall, wenn sie auch wirklich einen katholischen Spieler verpflichten würden, wie sie es nach den Krawallen in Birmingham angekündigt hatten. Die Rangers machten dieses Angebot damals freiwillig, doch ihr Verhalten zeigt, dass es ein ungeschriebenes Gesetz der religiösen Apartheid bei ihnen gibt. Das ist auch der Auslöser der Feindseligkeiten unter den Fans. Der Club aus dem Ibrox Park hat sich aus der Verantwortung gestohlen und ein Versprechen gebrochen. So kann es sicherlich nicht weiter gehen.´

Erbitterte Wortgefechte entspannen sich in den folgenden Tagen. Während Fangruppen die Schuld bei der Polizei suchten, wiesen der schottische Staatssekretär George Younger, der Fußballverband und die Polizei auf das Verhalten der Celtic Fans vor dem Spiel hin. „Aus der Sicht der Polizei hätte die Tumulte auf dem Spielfeld nicht stattgefunden, wenn sich die Celtic Anhänger anders verhalten hätten," berichtete der Minister dem Parlament. Seine Ausführungen wurden von Oppositionspolitikern der Labour Party übertönt, die sich darüber aufregten, dass Leute dafür beschuldigt wurden betrunken zu sein, bei einem Spiel, dessen Hauptsponsor eine Brauerei war! Die Labour Party hielt die konfessionellen Unterschiede für den Auslöser.

Während Celtics Trainer Billy McNeil seine Spieler verteidigte, gaben die Rangers eine kurze Stellungnahme ab, in der sie sich mit den Ergebnissen der Polizeiarbeit und den Aussagen des Ministers zufrieden zeigten. Drei Stunden später schlug Celtics Vereinsführung zurück. Sie schickte einen erbosten Brief an die Rangers und den schottischen Fußballverband. Sie kritisierten die Haltung der Rangers und bezeichneten sie als ´entsetzlich,´ zudem schrieb man, dass jeder Versuch, von Seiten des Verbands, die beiden Vereine im kommenden Jahr vom Wettbewerb auszuschließen, der Tod für den schottischen Fußball sein werde.

Die Polizei wurde beschuldigt, im Stadion so gut wie ´nicht-existent´ gewesen zu seien als die Krawalle ausbrachen. Angesprochen auf die religiösen Unterschiede der Vereine, sagte der Vorsitzende von Celtic: „Bei uns kann jeder spielen unabhängig von Hautfarbe oder Glaubensbekenntnis. Wären zwei Spieler am Samstag nicht verletzt gewesen, hätten wir mit sieben Protestanten und vier Katholiken gespielt. Aber trotz Kritik wird auch weiterhin die irische Fahne in unserem Stadion wehen, das hängt mit dem Ursprung des Vereins zusammen."

Ein umgehend zu ändernder Punkt waren die Sicherheitsvorkehrungen, die von der Polizei bis dahin bei Spielen getroffen wurden. Zudem gab es nun ein Alkoholverbot in allen schottischen Stadien und es schien, als würde der Ärger dadurch in den folgenden Jahren abebben. In einer Studie über diese Maßnahmen, die von Wissenschaftlern aus Edinburgh erarbeitet wurde, stellte sich heraus, dass die Festnahmen und die Gewalttaten rückläufig waren.

Da die Rangers und Celtic sich ausschließlich um einander kümmerten, bemerkten sie kaum die Änderungen, die sich in der schottischen Fußball-Szenen abspielten. 1980 wurde die in Liverpool geprägte ´Casual-Mode´ in Aberdeen übernommen und einige Jahre später geschah gleiches in Motherwell und Dundee. Doch es würde noch eine Weile dauern bevor dieser Trend auch im Ibrox Park Fuß fasste.

Ein Rangers Hooligan mit dem Spitznamen Burlington´s erzählte: „Es gab auch in Schottlands größter Stadt Trendsetter, doch es dauerte bis 1984, dass die Rangers einen richtigen Hooligan Mob hatten, dass war vier Jahre nach Aberdeen. Der Name unserer ´Inter-City Firm´ (ICF) war bei West Ham abgeguckt, während unsere andere Gang ´Her Majesty´s Service,´ die ihre Mitglieder hauptsächlich aus dem südlichen Teil der Stadt rekrutierte, den Namen aus Loyalität zur britischen Krone wählte.

Zu dieser Zeit waren die Rangers Mobs jung und unerfahren. Das Durchschnittsalter von sechzehn Jahren, war ein entscheidender Nachteil im Vergleich zu den älteren Firms aus Aberdeen und Motherwell. Wie dem auch sei, diese jungen Burschen wurden älter und blieben dabei, einige gehören noch heute zum harten Kern. Die ersten großen Schlagzeilen machten die Hooligans 1984 nach einem Old Firm Derby. Die Überschrift der Evening Times lautete: ´Kavallerie beim Angriff.´ Der Bericht war mit einem Foto versehen, das zirka 400 Rangers Hooligans im Celtic Park zeigte, alle trugen die damals üblichen Skimützen. Nach der Begegnung spielte sich außerhalb des Stadions ´Die Schlacht an der Janefield Street´ ab. Dabei wurden sogar Polizeipferde und Diensthunde verletzt. Komisch dabei war, dass sogar die Celtic Soccer Casuals eine anständige Menge Leute zusammen bekamen, sie hatten eine gar nicht so schlechte Crew, bis zu dem CS Gas Zwischenfall 1987 (siehe Celtic). Die Nachwirkungen der Strafverfolgung ließ ihre Firm merklich schrumpfen. Doch bevor es soweit gekommen war, fanden mehrere Auseinandersetzungen zwischen den Hooligans beider Glasgower Vereine statt. Einige dieser Prügeleien waren wirklich grausam. Sie ereigneten sich oft im City Centre, egal ob einer der Vereine spielte. Beim Gallowgate einem traditionellen Stammlokal der Celtic Anhänger gab es einige Kämpfe während der Old Firm Derbys, genauso wie in Govan rund um den Ibrox Park.“

Bei Celtic verschwanden die Hooligans Ende der Neunziger, obwohl es bei Old Firm Derbys noch immer zu Ausschreitungen kam, doch hierbei handelte es sich eher um einen Konfessionskrieg, weniger um Fußballschlägereien. Die damaligen Rangers Hooligans blickten auf die Zukunft, mit der Gewissheit weite Reisen anzutreten. „Unsere hauptsächlichen Feinde waren die ´Aberdeen Soccer Casuals´ und der ´Capital City Service´ der Hibs,“ sagte Burlington´s. „Die Firms beider Clubs waren für uns zwanzig Jahre lang würdige und gute Gegner. Ich bin sicher, wenn du mit Jungs der anderen beiden Firms reden würdest, würden sie dir bestätigen, dass es zwischen uns einige legendäre Aufeinanderreffen gab. In den Achtzigern waren die Jungs vom CCS unsere Erzfeinde, der Hauptgrund war, dass wir bei ihnen schneller waren als in Aberdeen und auch die Tickets für die Spiele in Edinburgh waren leichter zu bekommen. Es war nicht sonderlich erstrebenswert nach einer vierstündigen Zugfahrt wieder zurückgeschickt zu werden, nur weil man keine Eintrittskarte hatte.

In meinen Augen fiel der ASC Mob nach den Verhaftungen 1986 (siehe Aberdeen) etwas ab, aber ich glaube so was ist normal. Jetzt nahmen die Hibs die Sache in die Hand. Der CCS war in den Jahren 1987 bis 1994 regelmäßiger Besucher im Ibrox Park. Wir hatten gegen sie gute Schlägereien, von denen wir einige gewannen und manche verloren, so wie es halt normal ist. Vor 1986 hatte Aberdeen mit Abstand den größten und besten Mob in Schottland. In der Saison 1984/85 kamen sie massenhaft in den Ibrox Park. Von 1995 bis 2005 waren dann die ASC und die ICF so ziemlich die einzigen nennenswerten Mobs in Schottland. Die ´Dundee Utility´ war in den frühen Neunzigern ebenfalls eine aufstrebende Firm, aber das hielt nicht lange an.“

Die Feindschaft mit den Hibs war auf religiöser- und auf Hooliganebene. Sie wurden von den Rangers Leuten als ´Edinburgh Celtic´ angesehen, das sorgte dafür, dass es oft Streit zwischen den Anhängern beider Vereine gab. Als sich beide Mobs in den Achtzigern zu wahren Hooligan-Kräften entwickelten, bekam diese Feindschaft immer mehr Wettbewerbscharakter.

„Natürlich wollten wir uns mit ihnen messen, als wir erkannten, dass sie einer der besten Mobs waren. Das passierte dann auch und wir konnten einen Sieg verbuchen,“ sagte Burlington´s. „Auf dem Höhepunkt der Hooligan-Szene, zwischen 1984 und 1989 konnte kein Mob von sich behaupten besonders dominant zu sein. Unsere Gang und die der Hibs, beide hatten ihre Erfolge. Doch die Zeiten änderten sich später in den Neunzigern. Eine der Sache, die den Wandel hervorrief, war die ´Scottish National Firm,´ sie bestand zwischen 1996 und 1998, in ihr vereinigten sich verschiedene schottische Hooligan Mobs."

Am letzten Spieltag der Saison 1985/86, hatten sich einige Mannschaften noch etwas vorgenommen. Die Hearts mussten zu Hause gegen Dundee gewinnen, um den Titel zu holen, andernfalls würde ihnen Celtic die Meisterschaft streitig machen. Die Rangers brauchten einen Heimsieg gegen Motherwell. Das war nötig, damit sie sich noch für den UEFA Pokal qualifizierten. Und um es noch spektakulärer zu machen, stellte man Graeme Souness als neuen Trainer vor.

Motherwell kam in den Ibrox Park mit einem kleinen Mob, der aus 150-200 Mann bestand. Das wäre an vielen Tagen genug gewesen, doch nicht an diesem, an dem die Ränge bei den Rangers mit Hooligans vollgestopft waren. Die Vorkommnisse abseits des Spielfeldes waren eine gute Einführung für einen jungen Burschen, der auch noch zwanzig Jahre später mit der ICF verbunden sein sollte. „Ein Dutzend von uns, alle zwischen dreizehn und fünfzehn Jahre alt, bekleidet mit Jumbo Kordhosen, Kickers Schuhen und Next Pullovern, machte sich auf den Weg in die Stadt, wir nahmen die U-Bahn zum Ibrox Park. Alle waren voll Erwartungen wegen der Verpflichtung von Graeme Souness.

Auch die Hooligans erwarteten etwas, sie hingen rund um die U-Bahnstation Ibrox rum und hielten Ausschau nach eintreffenden Motherwell Leuten. Das Spiel wurde damals von 20.000 Menschen besucht, bei den heutigen Zuschauerzahlen unvorstellbar. Es gab zwischen den Fanlagern die üblichen Geplänkel und Beschimpfungen.

Die Rangers gewannen und sicherten sich so einen UEFA Cup-Platz. Dann strömten die Zuschauer aus dem Stadion. „Wir rannten von hinten zum Brommloan Road Stand und sahen ein Meer von Hooligans. Es waren alles Rangers Leute, die darauf warteten, dass der Motherwell Mob aus dem Stadion kommen würde. Die Motherwell Jungs ihrerseits, hatten auch nicht vor wegzulaufen. Plötzlich ging es los, die Polizei wurde einfach überrannt, die Pferde spielten verrückt und natürlich hörte man von überall her Sirenen. Was für ein Nervenkitzel. Es war unglaublich! Ich war infiziert und viele meiner Freunde auch. Das Adrenalin pumpte. Wir redeten noch Wochen und Monate später drüber. Das war der Beginn für uns, von da an gingen wir bei jeder sich bietenden Gelegenheit zum Fußball."

Die Fehde mit der Firm aus Aberdeen war die beständigste und wohl die einzige, die bis ins neue Jahrtausend überdauerte.

Burlington´s ist der Meinung, dass Auseinandersetzungen im Jahre 1987 das endgültige Erscheinen der ICF als führender Mob Schottlands markierte.

„Das Spiel im Pittodrie Stadion ist aus verschiedenen Gründen denkwürdig. Die ASC waren noch immer die beste Firm in Schottland und die Rangers hatten nach neun Jahren wieder die Chance eine Meisterschaft zu gewinnen. Wie so oft kamen die Rangers mit einer großen Gefolgschaft und bei Spielende reichte ein Kopfballtor von Terry Butcher zu einem 1:1, das war genug für den Titelgewinn. Wir stürmten auf das Spielfeld und dachten die ASC Leute würden es uns gleich tun, doch warum auch immer, von ihnen war nichts zu sehen. Etwa 100 von ihnen zeigten sich an einer Ecke des Platzes, sie wurden aber schnell wieder auf die Ränge gescheucht. Unsere Firm muss so zwischen 200 und 300 Mann stark gewesen sein. Draußen standen viele ASC Jungs und waren mehr als sauer, dass ihr Platz vor den Kameras des nationalen Fernsehens von uns eingenommen wurde. Sie machten sich in Massen auf den Weg. Für die nächsten ein bis zwei Stunden gab es über ganz Aberdeen verteilt kleinere Schlägereien. Meiner Meinung nach zeigte das ein bisschen, dass das Zeitalter der Rangers ICF begonnen hatte."

Nicht alle Schlachten des Rangers Mobs waren gegen so große Firms und nicht alle waren vom Sieg gekrönt. Wie so viele andere Firms erlitt auch die ICF Niederlagen an den unmöglichsten Orten. Burlington´s erklärte es wie folgt: „Die schlimmste Niederlage war gegen Kilmarnock 1994. Zwanzig von uns wurden, als sie aus dem Zug stiegen, bereits von einer mehr als doppelt so großen Killie Firm erwartet. Wir nahmen später Rache dafür, als wir im Mai 1995 mit einem neunzig Mann zählenden Mob bei ihnen einfielen, zu diesem Zeitpunkt hatten sich die Rangers die Meisterschaft bereits gesichert. Wir schossen eine Feuerwerksrakete in Kilmarnocks London Road, um unsere Ankunft zu signalisieren. Der Killie Mob leistete Widerstand, doch an diesem Tag war die Rangers Firm einfach besser. Komisch daran ist, dass keiner von uns diese Killie Firm danach wieder gesehen hat."

„Die Fair City Firm (FCF) aus St. Johnstone kam 1989 nach Glasgow und zwar an dem Tag der

Hillsborough Tragödie. Sie wär beinahe bei ihrer Ankunft an der Queens Street Station wieder zurück geschickt worden. Die hatten damals einen Mob von 100 Leuten, doch sie wurden von einem sehr guten Rangers Mob überrannt. Ich habe zwischenzeitlich mit einigen Ex-Mitgliedern der FCF gesprochen, sie sind der Meinung, dass ihre Firm nach diesem Tag aufhörte zu existieren.

Wir hatten auch Auseinandersetzungen mit Falkirk Fear, Airdrie Section B, Morton MSC und St. Mirrens LSD, um nur ein paar zu nennen. Auch einige der unbekannteren Mobs können dir eine ordentliche Hauerei liefern."

Die Verbindungen der Glasgow Rangers zu loyalistischen Gruppen ist gut dokumentiert. So ist es auch keine Überraschung, dass ICF Mitglieder wiederholt an politischen Veranstaltungen abseits des Fußballs beteiligt waren. Die meisten dieser Anlässe waren in Schottland, wo der Mob sich gegen pro-Irische Aufmärsche sammelte, wie zum Beispiel die Bloody Sunday oder Connolly Paraden. Die ICF verbündete sich dann oft mit der ´CSF´ (Casual Soccer Firm) der Hearts, einem anderen Mob mit loyalistischen Verstrickungen. Bündnisse wurden aber auch mit kleineren Gruppen, wie dem Mob aus Morton geschlossen. Gegen sie stand bei solchen Anlässen eine Allianz aus Hooligans von Celtic, den Hibs und der linksradikalen Gruppe Red Action. In den letzten Jahren hat die Polizei diese Veranstaltungen gut unter Kontrolle gehabt, doch in den Achtzigern und Neunzigern gab es zahlreiche Ausschreitungen.

Das letzte große Aufeinandertreffen gab es 2000 in Edinburgh bei einem Connolly Marsch. Der loyalistische Einfluss war offensichtlich auch ausschlaggebend für die Krawalle rund um eine Begegnung gegen Dublin 1984. Der irische Verein verließ den Platz als Sieger, doch Gewalt bestimmte die Schlagzeilen. In der Halbzeit brach Unruhe aus, als Rangers Anhänger sich Schlägereien mit der Polizei lieferten, die bis nach dem Schlusspfiff andauerten. Während Rangers Trainer Jock Wallace die irischen Zuschauer lobte, ließ er an den eigenen Anhängern kein gutes Haar: „Sie sind eine Schande für den Verein. Sie ruinieren den Ruf der Glasgow Rangers. Wir würden es vorziehen, wenn solche Leute von unseren Spielen fernbleiben."

Die ICF nahm aber auch längere Reisen auf sich, um die loyalistische Bewegung zu unterstützen. Im Januar 1993 fuhren Dutzende der Rangers Jungs nach London. Dort schlossen sie sich mit Hunderten anderen Hooligans zusammen und wollten einen Versuch starten, die jährliche Bloody Sunday Parade anzugreifen.

Organisator dieses Zusammenschlusses waren die damals noch unbekannte Nazi-Gruppe Combat 18 (C18) und die Ulster Defence Association (UDA). Die Strategie dahinter war, dass durch solche Aktionen eine Art Bürgerkrieg gegen die irisch-katholischen Gemeinden entfacht werden sollte. Wie viel die Rangers Leute wussten ist unklar, doch die Idee der Organisatoren war es, Krawalle in Kilburn, dem Herzen Londons irischer Gemeinde anzuzetteln. Nur die Festnahme von 396 Personen, des 600 Leute zählenden Mobs, verhinderte das. Die meisten der Festgenommenen waren Fußball-Hooligans.

Viele Gegner der Rangers, speziell Celtic Fans, haben oft darauf hingewiesen, dass es enge Verbindungen von loyalistischen Rangers Anhängern zu Rechtsradikalen gäbe. Die gesamte Anhängerschaft als Faschisten zu bezeichnen, wäre jedoch völlig falsch, aber in den vergangenen siebzig Jahren gab es auch diese Beziehungen.

Billy Fullerton, der Anführer der Billy Boys war einst Bezirksleiter der faschistischen Partei und hatte 200 Mann unter seiner Kontrolle. Im Jahre 1926 wurden die Billy Boys von konservativen Politikern angeheuert, um einen Generalstreik zu zerschlagen. Sie griffen daraufhin Gewerkschaftsversammlungen und Treffen der kommunistischen Partei an. Fullerton gründete sogar einen schottischen Ableger des Ku Klux Klan, der Hintergedanke war wohl, den Katholiken die Rolle der Schwarzen in Amerikas Süden zukommen zu lassen.

In seinem Buch *The Old Firm* schreibt Bill Murray, dass weder die faschistische Partei noch der KKK jemals ganz verschwanden, das fasst die Verstrickungen wohl am besten zusammen.

Für einige teils angesehene Rangers Fans war auch die rechte Politik sehr interessant. Aber die meisten konnten nicht viel aus- beziehungsweise anrichten.

In der jüngeren Vergangenheit gab es auch Verbindungen zwischen der ICF und der British National Party, sowie zu Combat 18. Für manche war es eine Erweiterung ihres loyalistischen Denkens, andere kamen erst dazu, als der Rangers Mob eine Freundschaft mit einer rechtsradikalen Crew des Chelsea Mobs einging. Während einige Rangers Jungs versuchen die Verbindungen runterzuspielen und behaupteten es gäbe nur eine generelle Symphatie, kann man ein paar doch als durchaus politisch aktiv bezeichnen. Einige Verbindungen sind klar zu erkennen. ICF Mitglieder waren von der BNP bei Wahlen aufgestellt und andere haben Unterstützerlisten unterschrieben oder wurden von den Medien im Zusammenhang erwähnt.

Die loyalistisch und rechts gesinnten Leute der ICF fanden gleichwertige Partner beim Chelsea Mob. Das sorgte dafür, dass zwischen den beiden Gruppen seit zwanzig Jahren eine feste Verbindung besteht.

Diese Freundschaft begann 1985, als die Rangers zwecks eines Wohltätigkeitsspiels für die Opfer des Feuers von Bradford, in London zu Besuch waren. Im folgenden Jahr, ironischerweise am Valentinstag, spielte Chelsea im Ibrox Park. Ein großer Chelsea Mob war angereist und man mischte sich freundschaftlich mit dem Mob der Heimmannschaft. Aber nicht jeder in Glasgow war begeistert. Viele der Chelsea Jungs hatten Massen von Falschgeld dabei, mit dem sie die örtlichen Geschäfte überschwemmten, was den Zorn der betrogenen Ladenbesitzer hervorrief.

Die Verbindung hat sich Mitte der Achtzigerjahre gebildet und noch heute fahren Leute beider Seiten zu den wichtigen Spielen des anderen, oder man unternimmt zusammen politisch motivierte Reisen zum Beispiel nach Nordirland.

Die jährliche Begegnung Chelseas im Goodison Park, mit den vermeintlichen Katholiken von Everton, wurde unter den Hooligans besser bekannt als ´NF-Orange Connection´.

In der Saison 1994/95 war Chelsea nach zwanzig Jahren, wieder für den europäischen Wettbewerb qualifiziert. Als sie zusammen mit dem Chelsea Anhang nach Spanien und Österreich reisen wollten, wurden einige Rangers Hooligans bereits aus Belgien wieder abgeschoben.

Burlington´s erzählte betreffend der Verbindung mit den Chelsea Jungs: „Bei einem Spiel an der White Hart Lane 1986 festigte sich die Freundschaft mit Chelsea. Die Yids (Tottenhams Hooligans) waren schon immer ein Feind der Chelsea Gefolgschaft. Die Rangers kamen mit einer großen Firm und vielen Fans, die durch ein riesiges Chelsea Kontingent ergänzt wurden. Schon vor Anpfiff überrannten wir die Yids außerhalb des Stadions, sogar die Schaltträger der Rangers beteiligten sich. Die Polizei verriegelte die Stadiontore, doch einer Firm aus Rangers und Chelsea Leuten gelang es sie zu öffnen. Sobald sie drin

Schlagstockeinsatz gegen Rangers Fans bei einem Gedenkspiel zu Ehren von Paul Miller (White Hart Lane 1986).

war wurde ein Großangriff gestartet. An diesem Tag war der Spurs Mob einfach nicht in unserer Liga, er wurde auf eigenen Territorium gedemütigt, sehr zur Freude unserer Kumpels von der Stamford Bridge."

Vier Jahre danach wollten sich Rangers Hooligans mit Jungs der Chelsea Headhunters anlässlich eines Freundschaftsspiels Chelsea gegen die Hibs treffen. Drei Kleinbusse voll Chelsea Hooligans machten sich auf die Reise, mit der Absicht, sich mit Rangers und Hearts Leuten zu vereinen, bevor sie die Konfrontation mit dem CCS der Hibs suchen würden. Doch unter den Chelsea Jungs war ein Informant und so wusste die Polizei über ihre Pläne bescheit. Als die Headhunters Schottland erreichten, wurden ihre Fahrzeuge raus gewunken und alle Insassen verhaftet. Bei ihnen wurde ein großes Waffenarsenal gefunden, darunter viele Messer, die sie bei einem Überfall auf ein Geschäft in Cumbria, eine Nacht zuvor erbeutet hatten. Ein paar der Rangers Jungs fuhren trotzdem nach Edinburgh, doch da die Londoner nicht kamen, blieb es ruhig.

Die Verbindung mit den Headhunters wird dafür gesorgt haben, dass sich die rechte Gesinnung bei einigen festigte, aber es gab Anzeichen beim Verein, dass sich die konfessionelle Engstirnigkeit etwas legte. Der Wendepunkt kam 1986, mit der Verpflichtung von Graeme Souness. Die Rangers hatten einige Jahre keine Meisterschaft mehr gewonnen und der Zuschauerdurchschnitt war auf 20.000 gefallen. Man war nicht nur Meilen hinter Celtic, auch Aberdeen hatte sie überholt und es gab nur noch geringfügigen Abstand zu Dundee United.

Die Vereinsführung beabsichtigten dieses leistungsschwache Team umzukrempeln. Souness war als konservativ und königstreu bekannt, er war aber auch ein Siegertyp. Eine seiner ersten Verpflichtungen war Maurice Johnston, der erste bekannte, katholische Spieler des Vereins. Einige Fans reagierten mit Entsetzen und zerrissen ihre Mitgliedsausweise. Doch als die erste von neun folgenden Meisterschaften infolge gewonnen wurde, legte sich der Unmut ein wenig. Das Tabu war gebrochen. Souness verpflichtete auch Mark Walters, den ersten schwarzen Spieler des Clubs, ironischer Weise wurde er auch von Everton umworben, um dort erster schwarzer Spieler zu werden.

Während der religiöse Hass nicht ganz so schnell beigelegt wurde, etablierte sich Walters schnell als einer der beliebtesten Spieler. Die Rangers Anhänger fingen sogar an daran Freude zu finden, auf die rassistischen Bemerkungen hinzuweisen die Walters von Celtic Fans entgegengebracht wurden.

Das alte Verhaltensmuster war durchbrochen und würde hoffentlich niemals mehr zurückkehren. Doch der Jubel der Rangers Fans, als Paul Gascoigne pantomimisch andeutete eine Flöte zu spielen, wie es bei den Oraniermärschen üblich ist, oder das posieren von Andy Goram neben einem loyalistischen Banner, zeigt wie stark der Loyalismus bei den Anhängern verwurzelt ist. Jahre zuvor hatten einige führende loyalistische Terrorisierten, unter ihnen auch der berüchtigte Johnny ´Mad Dog´ Adair, eine Loge im Ibrox Park.

Der Ärger an der White Hart Lane hatte dafür gesorgt, dass für einige Jahre kein englischer Verein Freundschaftsspiele gegen die Rangers austragen wollte. Ihre nächste Reise südlich der Grenze führte sie 1993 nach Sunderland, wo es dann auch zu massiven Ausschreitungen kam. Ein Reisebus voll mit ICF Leuten trat die Reise an und sie wussten von anderen, die sich unabhängig davon auf den Weg gemacht hatten. So war also eine wahre Horde von Rangers Hooligans unterwegs. Burlington´s konnte hierzu folgenden Bericht abgeben: „Der Bus kam um 11.00 Uhr an und jeder ging erst mal ins City Centre um ein paar Bier zu trinken. Wir saßen in einer Kneipe und hatten einen Union Jack mit, auf dem ´Rangers ICF´ stand. Die Fahne hängten wir ins Fenster der Kneipe, was eigentlich ungewöhnlich für uns war, da wir es sonst bevorzugten unerkannt zu bleiben. Wir nahmen noch ein paar Bier, als ich mal auf die Toilette musste. Während ich dort war hörte ich Lärm vom Tresen. Als ich wieder den Raum betrat war alles voller Blut.

Offensichtlich war eine Sunderland Firm reingekommen und frech geworden, da bearbeitete sie einer unserer Jungs, der mittlerweile tot ist, mit einem Messer. Ich bin nicht für den Einsatz von Waffen, aber wenn du in einen Laden stürmst, der voller Gegner ist, musst du mit allem rechnen. Die Polizei war schnell zur Stelle, doch nach einer Weile ließ man uns alle Richtung Roker Park ziehen. Zu diesem Zeitpunkt waren wir etwa 100 Leute, alle waren echt aufgedreht. Es gab noch eine kleine Auseinandersetzung zwischen ein paar von uns und einigen Schalträgern. Als das beendet war, fanden wir uns auf der Hauptstraße wieder und da waren eine Menge Pubs, vor denen noch mehr Sunderland Hooligans rumhingen.

Ohne ein Wort zu verlieren rannten wir auf sie zu, doch sie liefen weg. Polizisten erschienen plötzlich, einer von ihnen packte sich einen von uns, der ihn zuvor geschupst hatte und sagte ihm er solle sich verpissen. Aber der Polizeieinsatz geriet ins wanken. Jetzt sagte der Rangers Mob der Polizei, wo sie hin sollte, die Firm marschierte durch Sunderland als wäre es ihr Revier.

Einige plünderten Geschäfte, während es kleine Plänkeleien mit einer wenig präsenten Sunderland Firm gab. Um so näher wir dem Stadion kamen, desto verzweifelter versuchten die Polizisten, dass einzudämmen, was man mittlerweile als Aufstand bezeichnen konnte. Schließlich gingen wir ins Stadion. Nach dem Spiel wurden wir direkt in die Busse gesteckt und erhielten eine Eskorte aus der Stadt.

In der Umgebung gab es an diesem Tag um die 100 Festnahmen, die erste bereits um 08.00 Uhr. Die Zeitungen waren noch einige Wochen danach voll von Berichten über die Krawalle.

Die Polizei verhaftete einige Leute wegen der Messerattacken, aber es kam zu keiner Verurteilung. Das war ohne Zweifel einer der verrücktesten Tage, nicht so sehr was die Schlägereien betraf, doch in Bezug auf die Gesetzesverstöße in jedem Fall."

Ein Spiel im Pittodrie Stadion 1987 war der Wendepunkt im Kräftemessen mit den ASC Leuten gewesen. Und im Jahre 1994 äderte sich bei einem Spiel gegen die Hibs auch das Machtverhältnis gegenüber dem CCS. Die Rangers hatten jahrelang den zweitbesten Mob in Schottland. Also verabredete man ein Treffen mit dem CCS in Slateford, einem Vorort von Edinburgh an der Zugstrecke nach Glasgow. Zweiundzwanzig ICF Jungs machten die Fahrt und sie wurden von 100 CCS Leuten empfangen. Es konnte nur einen Sieger geben, doch diese Niederlage war der Auslöser für den Rangers Mob, sich besser zu organisieren und so bereitete man sich auf eine Revanche vor.

Glücklicherweise sagten Burlington´s und sein Kumpel Blue, tauchte beim nächsten Spiel im Ibrox Park keiner der Hibs auf. Blue fügte hinzu: „Ich war erleichtert, denn ich bin überzeugt, dass einer von ihnen getötet worden wäre. Mit all den Waffen und Jungs, die wir damals auf der Strasse hatten. Seit dem gab es selten Zusammenstöße zwischen den beiden Firms.

Die ´Scottish National Firm´ verursachte eine Spaltung des CCS Mobs, denn einige von ihnen lehnten es hartnäckig ab mit Rangers oder Hearts Leuten ein Bündnis einzugehen. Als die Rangers 2005 den Titel an der Easter Road gewannen, wobei die ICF mit 100 erfahrenen Hooligans anreisten, die meisten davon zwischen fünfunddreißig und Vierzig Jahre alt, war kein Hibs Mob zu sehen.

Es gab aber auch spaßige Randerscheinungen bei Reisen zu den Hibs, wie Burlington´s erzählte: „Eine der lustigsten Reisen war, als wir mit zirka fünfzig Leuten in einem Sonderzug, auf der Heimfahrt waren. Irgendwer zündete eine Zeitung an und bewarf damit jemanden. Wie nicht anders zu erwarten, eskalierte die Situation und schon bald suchte jeder nach Zeitungen, die er anzünden und werfen konnte. Das nächste was kam, war eine Ansage über die Zuglautsprecher: ´Könnte die ICF bitte aufhören, zu versuchen sich gegenseitig, beziehungsweise den Zug anzuzünden.´

Im Juli 1997 pilgerten Tausende Rangers Anhänger zu einem Dave Watson Gedenkspiel im Goodison Park. Es schlossen sich ihnen auch einige Chelsea Jungs an. Im Laufe der Gewalttätigkeiten diese Tages, wurden siebenundsiebzig Personen festgenommen, der Großteil davon waren Rangers Leute.

Im folgenden Jahr spielten die Rangers im Prenton Park in Trenmere gegen den irischen Club Shelbourne. Außerhalb des Stadions gab es Ärger, als ein Rangers Anhänger versuchte den Zigarrettenautomaten im Mersey Clipper Pub abzureißen. „Es war das erstemal, dass ich einen berittenen Polizisten in einer Kneipe sah," sagte Burlington´s. Nach dem Spiel gab es noch den üblichen Stress mit den Scousers, auf dem Rückweg durch Liverpool.

Die größeren Auftritte des Rangers Mobs in jüngster Vergangenheit fanden statt, als der Verein auf dem Kontinent spielte. Um genau zu sein, war es gegen die niederländischen Vereine Feynoord Rotterdam und PSV Eindhoven. Jim ´Jinks´ McTaggot, einer der führenden Leute der ICF erhielt ein lebenslanges Stadionverbot, nachdem er 1999, bei einem Spiel gegen Eindhoven zu einer vierwöchige Gefängnisstrafe verurteilt wurde.

Drei Jahre später war er wieder in den Niederlanden, diesmal anlässlich eines Spiels gegen Feynoord Rotterdam. Er berichtete in dem kürzlich erschienen Buch *Top Boys* von dem Trip: ´Ich muss sagen, Rotterdam wirkte echt einschüchternd. Viele Feynoord Hooligans hatten sich an der Strasse aufgestellt, auf der die Rangers Anhänger eskortiert wurden. Sie bewarfen unsere Busse mit allem möglichen, es war eine wirklich verrückte Atmosphäre, echt wild. Es sollte ein schrecklicher Tag werden. Viele der Rotterdam Anhänger waren mit Flaschen und Steinen bewaffnet. Es war die fürchterlichste Stimmung, die man bei einem Auswärtsspiel haben konnte.´

Der Erzfeind der Rangers Hooligans abgesehen von Celtic, blieb Aberdeen. Im Oktober 2000 und im Februar 2002 gab es Ausschreitungen im Pittodrie Stadion.

Bei der letzten, der beiden Begegnungen, verlagerten sich die Schlägereien auf das Spielfeld und das Spiel musste für zwanzig Minuten unterbrochen werden. Es gab dann auch noch ein Aufeinandertreffen der beiden Mobs an einem Bahnhof.

Generell befinden sich die Hooligans in Glasgow auf dem Rückzug, dass liegt zum einen an den harten Gerichturteilen und der zunehmenden Überwachung, zum anderen fehlen in Schottland die Gegner.

„Bei den Rangers gibt es heute einen harten Kern von vierzig Leuten. Die erscheinen, egal ob es regnet, schneit oder die Sonne scheint. Man muss dazu sagen, dass wir uns die Spiele jetzt aussuchen, das ist der Unterschied zu der Zeit, als noch mehr Aktivität vorherrschte," sagte Burlington´s. „Aber noch immer zeigen sich Rangers Jungs, ob zu Hause, auswärts oder in Europa, wo wir auch schon einige heftige Krawalle verursachten."

Der Friedensprozess in Nordirland hat dazu beigetragen, dass der Bezug der Rangers Anhänger zum Loyalismus etwas zurückgegangen ist. Ein kürzlich gesendeter BBC Bericht deckte allerdings auf, dass es noch immer konfessionelle Streitigkeiten bei den Old Firm Derbys gibt, gegen die noch nicht ausreichend vorgegangen wird.

Die Gewalttaten scheinen größtenteils rückläufig zu sein, doch der Hass bleibt. Als Roy Keane im Oktober 2003, seine Mannschaft Manchester United auf das Spielfeld im Ibrox Park führte, waren Hass-Gesänge von Tausenden zu hören. Er hatte zuvor den Wunsch geäußert, für Celtic zu spielen. Da hätte er wohl wissen können was ihn erwartet. Abseits des Platzes war es ähnlich wie neunundzwanzig Jahre zuvor, als die Rangers Anhänger Manchester einnahmen, bloß mit vertauschten Rollen. „Als die Kneipen öffneten waren wir bereits mit fünftausend Reds in Glasgow," erzählte Eddie Beef einer der bekanntesten United Hooligans.

„Wir waren überall und sie waren nirgends zu sehen." Der Mob von United zählte 400 Leute. Ganz in schwarz gekleidet besetzten sie Rangers Kneipen seit dem frühen Morgen. Sie schlugen an diesem Tag alle Angriffe der Rangers Hooligans nieder. Wenn man die Situation mit dem Besuch der Rangers Anhänger 1974 in Manchester vergleichen würde, könnte man sagen, eine Komplettwende wurde vollzogen.

Hier sieht man ein Aufeinandertreffen zwischen einem Rangers Mob und Dundee Hooligans, das sich ereignete, als Aberdeen und Dundee United im schottischen Pokalfinale in Glasgow gegeneinander spielten.

H

Heart of Midlothian

Stadion: Tynecastle
Firms: Gorgie Boys, The Casual Soccer Firm
Feinde: Hibs, Celtic

Bei einer Debatte des House of Lords, erwähnte Lord Tebbit, dass er einst in Edinburgh im Fußballstadion war. Damals 1953 kam es zu Ausschreitungen, die für den konservativen Adeligen der Grund waren, nie wieder einem Fußballspiel beizuwohnen. Doch er war nicht der einzige, der sich von der Wildheit des Mobs aus Edinburgh geschockt zeigte.

In den Siebzigerjahren galten Hearts Anhänger als gefürchtet. „Du musstest keine Angst vor uns oder den Rangers Mob haben," sagte ein Celtic-Veteran. „Die Hearts Typen schienen alle riesig zu sein und sie waren gute Schläger, ohne jede Angst. Die Schlimmsten Hooligans kamen damals aus Edinburgh, daran besteht kein Zweifel."

Ihre Spezialität war es gegnerische Ends einzunehmen, dass praktizierten sie sogar bei beiden Glasgower Vereinen.

Wie bei den Rangers, war die Anhängerschaft konfessionell protestantisch gesinnt.

Der Hearts Fan und Autor C.S. Ferguson schrieb, wie er als Jugendlicher mit dem Bus der ´Gorgie Sons of Willam Supporters´ nach Dumfries fuhr und von den Anwesenden Leuten beeindruckt war: ´Der Bus war berüchtigt und unser Verein so gut wie abgestiegen. Wir saßen die ganze Fahrt über einfach nur da und versuchten möglichst unauffällig auszusehen.´ So beschreibt er diese Reise, in seinem Buch mit dem passenden Namen *Bring Out Your Riot Gear, Hearts Are Here!* Krawalle waren eine Begleiterscheinung, die von Teilen der Gefolgschaft des Vereins ausging. Ferguson schrieb hierzu: ´Wenn man zu dieser Zeit den Hearts folgte, war es klar, dass man früher oder später in Ärger verwickelt war. Ob man nun wollte oder nicht.´

Doch 1981 stiegen die Hearts aus der ersten Liga ab, die schlimmsten Eskapaden der Hooligans des Vereins waren jetzt nur noch Geschichte. Sie stellten immer noch eine Macht dar, doch Firms von Vereinen wie Falkirk, Motherwell und Ayr United setzten sich zunehmend zur Wehr. Hinzu kam, dass der Mob aus Edinburgh zerstritten war, speziell zwischen Mods und Skinheads gab es Unstimmigkeiten. Der harte Kern der Hearts Hooligans waren Skinheads und Typen mit Wedge-Cut, sie trugen grüne Bomberjacken und den obligatorischen Vereinsschal. Unter ihnen war auch Wattie von der Punkband ´The Exploited.´ Der Verein wurde zudem von Leuten aus den Orten westlich der Stadt unterstützt, dabei sind die gefürchteten Broomheads Skins zu erwähnen.

Die Ortschaften südlich und östlich von Edinburgh unterstützten eher die Hibs. Die Hearts erhielten auch Zulauf aus der Stadt Livingston. Doch es gab gelegentlich Spannungen zwischen den Skins und Punks aus Livingston und den Jungs aus Edinburgh, die teilweise blutig ausgetragen wurden. Ein Pokalspiel gegen den Verein Queen of the South wurde zur Nebensache, als ein Mob aus Livingston und einer aus Edinburgh, in der Kurve der Hearts, aufeinander losgingen. Anschließend richteten sich die Aggressionen auch gegen die Polizei.

Die Saison 1981/82 endete mit einem Aufstand, als die Hearts zu Hause den Aufstieg gegen Motherwell verpassten. Die Fans aus Edinburgh ließen wieder ihre Wut an der Polizei ab, so dass drei Beamte, die Kopfverletzungen erlitten hatten, die Nacht im Krankenhaus verbringen mussten. Im Sommer 1982 kam Leeds United anlässlich eines Freundschaftsspiels und auch einige Hooligans der Service Crew tauchten auf. Die Aufmerksamen unter den Hearts Anhängern bemerkten, dass einige der Leeds Jungs keine Vereinsfarben trugen. Es war das erstemal, dass der Casual-Look im Tynecastle Stadion zu sehen war. Nach dem Spiel stellte sich der Leeds Mob so gut wie möglich, dem schottischen Willkommenskomitee der Hearts.

Das der Hearts Mob vor der Ära der modernen Hooligans auch Service Crew genannte wurde, ist aber ein Zufall.

Bei einem Gedenkspiel zu Ehren von Tom Hart, dem kurz zuvor verstorbenen Vorsitzenden der Hearts, gegen die Hibs, kam es erneut zu Massenausschreitungen. Dieser Vorfall sorgte dafür, dass Forderungen laut wurden, die Hearts Gefolgschaft von Auswärtsspielen auszuschließen, noch bevor die Saison begonnen hatte.

Die Pokalspiele dieser Saison bei den Rangers und bei Celtic, waren für den Mob aus Edinburgh glorreiche Momente. Besonders im Parkhead liefen sie Amok, nachdem Danny McGrain von Celtic einem der Hearts Spieler ein Bein gebrochen hatte und ein anderer unter merkwürdigen

Umständen vom Platz gestellt wurde. Bei der Rückkehr in die Premier League wurde der Hearts Mob zu Hause von den Rangers Hooligans überrannt, das war etwas, was Jahre zuvor unmöglich schien.

Ein Besuch von Aberdeen und dem dazugehörigen Casual Mob, beeinflusste stark die Mode der jungen Heart Hooligans. Als im Sommer 1984 die Hooligans auch die schottischen Zeitungen erobert hatten, kam bei den Hearts eine kleine Gang auf, die sich selbst ´Casual Soccer Firm´ (CSF) nannte. Sie wurde das erstemal bei einem Spiel gegen Dundee United aktiv, wo sie von einer wesentlich größeren Firm der Tayside Trendies verjagt wurde. Sie waren zu dieser Zeit so wenige, dass Hooligans von den Hibs und den Hearts sich abseits der Fußballspiele trafen, um sich auszutauschen. Mit dem Beginn der modernen Hooligan-Ära verließ den Hearts Mob das Glück.

Nach Jahren der Vorherrschaft wurden die Gorgie Boys immer weniger, als eine neue Generation von Hooligans aufkam. Diese Szene und ganz Edinburgh wurde von den Hibs dominiert. Die Casual Soccer Firm der Hearts würde für die nächsten zwanzig Jahre die zweite Geige, hinter dem Capital City Service der Hibs spielen.

Für eine Weile schien es so, als würde man dem Beispiel von Dundee folgen und einen gemeinsamen Mob auf die Beine stellen. Doch das erstemal als die beiden Mobs zusammen los gingen, lief alles schief. Es endete mit gegenseitigen Beschuldigungen versagt zu haben. Ein Pokalhalbfinale zwischen Dundee und Aberdeen, das in Edinburgh ausgetragen wurde, führte dazu, dass sich die Mobs wieder vereinten. Doch am Ende beschuldigten die Hibs ihre Lokalrivalen, es versaut zu haben. Eine erbitterte Fehde brach daraufhin aus. Die Hibs verteilten sogar Flugblätter, die verkündeten, dass sie sich nie wieder mit den Hearts Mob zusammentun würden.

Beim ersten Edinburgh Derby der Saison 1984/85, stürmten Hearts Anhänger das Spielfeld an der Easter Road. Zwölf Fans wurden noch im Stadion festgenommen. Zwanzig Personen mit Wunden und Beulen mussten behandelt werden, die meisten Verletzungen waren durch geschmissene Steine und Münzen verursacht worden. Nach dem Spiel gab es zweiundvierzig weitere Festnahmen.

Selbst der Torhüter der Hibs wurde von einer großen Murmel am Kopf getroffen. Der Vorsitzende der Hearts Wallace Mercer kritisierte die Arbeit der Polizei, er behauptete, wenn die Polizei eine Menschenkette vor dem Block der Hearts gebildet hätte, wäre es nicht zur Platzstürmung gekommen. Er sagte: „Ich suche nicht nach einer Entschuldigung für die Idioten und Hooligans. Wir müssen aber mit der Polizei enger zusammenarbeiten, um die Beamten strategisch richtig einzusetzen."

Diese Art von Reklame war das Letzte was Edinburgh, als Touristenstadt brauchte.

´Der Ruf von Edinburgh, als ruhiger Urlaubsort und der gute Name der Hearts sind zerstört. Alles durch den Ausbruch von Unruhen bei einem Fußballspiel, es ist so schockierend, wie unheimlich,´ kommentierte eine Lokalzeitung. Der Bericht fuhr fort: ´Es liegen noch wichtige Ereignisse vor uns. Die Hearts haben sich gerade wieder für den europäischen Wettbewerb qualifiziert und wenn sich ihr Verhalten nächsten Monat in Paris nicht ändert, werden sie damit den gesamten schottischen Fußball in Verruf bringen. In der kommenden Saison müssen neue Regelungen in Kraft treten. Der Verein muss für das Verhalten der Anhänger Sorge tragen. Wie auch immer eine Lösung aussieht, sie muss schnell und hart durchgesetzt werden. Denn alles in allem, steht zu viel auf dem Spiel.´

Doch die Situation wurde schlimmer. Bei einem Heimspiel gegen Celtic, wurden die Hooligans, von den eigenen Fans, die sie nicht mochten angegriffen. Das Ergebnis war, dass der Verein durch die Disziplinarkommission des schottischen Fußballverbandes verwarnt wurde.

Ende März 1985 war Edinburgh ein heißes Pflaster. Aberdeens Mob war gerade an der Easter Road zu Gast gewesen und bei Zusammenstößen mit dem Hibs Mob, wäre ein CCS Hooligan beinahe ums Leben gekommen. Es gab besonders unschöne Szenen im Stadion und der ganze Tag wurde ausführlich von der Presse beleuchtet. Kurze Zeit darauf sollte es zu einem Pokalspiel Hearts gegen Aberdeen im Tynecastle Stadion kommen. Hearts und Hibs Hooligans schlossen sich wieder einmal für einen gemeinsamen Angriff zusammen. Das alles kam zu einem Zeitpunkt, als eine breitere Öffentlichkeit begann, sich mit dem Thema Fußballkrawall zu beschäftigen. Denn nur einige Tage vorher waren Millwall Hooligans in Luton ausgerastet.

Nur Wochen später sollte das Edinburgh Derby stattfinden und bei den Verantwortlichen wuchs die Angst. Fünf Tage vor dem Spiel traf sich der Vorsitzende der Hearts mit hochrangigen Polizisten, um über Sicherheitsmaßnahmen im Stadion zu beraten. Ein Grund für dieses Treffen war ein

Brief, der unter den Hearts Fans rumging. Darin wurden die jüngsten Massenausschreitungen in England verherrlicht und auf die laschen Sicherheitsmaßnahmen im Stadion hingewiesen. Unterzeichnet war der Brief mit ´Casual Soccer thugs – Firm but handy.´

Verein und Polizei machten sich öffentlich über den Brief lustig. Sie sagten, es handele sich um höchstens zehn bis fünfzehn Leute. Doch hinter verschlossenen Türen bereiteten sie sich auf das Schlimmste vor. Vier Tage vor dem Spiel schrieb die Evening News, dass alle Fußballfans der Stadt auf den Beinen sein werden, während der Verein weiterhin Hooligans aufforderte, dem Spiel fernzubleiben. Die Polizei kündigte an, dass auch zivile Beamte im Dienst sein würden und dass Überwachungskameras zum Einsatz kämen. Die Hearts vereinbarten auch ein Treffen zwischen den Spielern beider Vereine, damit sich diese ihrer Verantwortung bewusst würden. Die Offiziellen versuchten augenscheinlich den zu erwartenden Ärger herunter zu spielen, doch nur einen Tag vor dem Spiel, veröffentlichte die Evening News die dritte Titelstory zu diesem Thema:

´Hooligan! Hooligan! Hooligan!´

Isoliert sie morgen im Tynecastle Stadion. Der Fußball musste in den vergangen Wochen so viele Angriffe von Seiten der Hooligans ertragen. Das muss aufhören. Das Derby, morgen im Tynecastle ist ein erklärtes Ziel von ihnen, große Menschenmassen, ein spannendes Spiel und eine aufgeheizte Atmosphäre. Stoppt sie, damit dieses große Sportereignis nicht ruiniert wird. Stoppt sie bevor sie das Spiel zerstören. Die Polizei und die Vereine können nur bis zu einem gewissen Punkt einwirken. Aber die große Masse der echten, verantwortungsbewussten Fans, kann auch mithelfen. .... Der Sport verkraftet nicht mehr viele der abstoßenden Zwischenfälle, wie sie sich letzten Samstag an der Easter Road abspielten. Die Hibs wären gut beraten gewesen etwas mehr zu machen, als nur eine Warnung rauszugeben. Die Zukunft der Vereine und des gesamten Fußballs liegt nun in den Händen von euch, den Fans. Das Spiel gehört noch immer euch. Und gerade jetzt braucht es eure treue und positive Hilfe, um diese Schläger zu isolieren, damit man sie von den Rängen verbannen kann. Fangt morgen damit an.

Nach all der Aufregung wurde das Spiel wegen Schneefalls abgesagt. Die Begegnung wurde auf den folgenden Dienstag verlegt. Während der Veranstaltung gab es dann vierundzwanzig Verhaftungen, mit diesem Ergebnis war die Polizei zufrieden. Der Großteil der Verhaftungen ereignete sich nach dem Spiel, als die Mobs sich auf der Gorgie Road begegneten. Ein Polizeisprecher sagte: „In Anbetracht der besonderen Umstände, unter denen das Spiel stattgefunden hat, sind wir mit dem Verlauf sehr zufrieden."

Die Hearts Hooligans waren weniger zufrieden. Das erstemal seit man sich erinnern konnte, waren die Hibs Sieger eines Aufeinandertreffens bei einem Derby. Dieser Zwischenfall war bezeichnend für den Machtwechsel zwischen den Hooligan Mobs aus Edinburgh. Einige der Hearts Leute begannen sogar zu Hibs Spielen zu gehen, weil dort die Chance auf Krawall größer war.

Die Hearts Hooligans erlangten aber die Kontrolle über die eigenen Fans wieder, von denen sie zuvor verspottet wurden.

Kleine Hooligan-Gangs bildeten sich in der Stadt, sie hießen: Tufty Club, The Hyvots Dressers, The Muirhouse Casual Firm oder The Saughton Chosen Few. Kämpfe untereinander wurden zu einem Teil des Nachtlebens der Stadt.

Zu einem Spiel gegen Celtic Glasgow 1985 reiste der Hearts Mob sogar mit 250 Leuten an. Sie wurden von 150 Celtic Hooligans am Gorge Square erwartet und es brachen sofort Tumulte aus.

Die CSF setzte ihre Machenschaften die ganzen Achtzigerjahre über fort, es gab Schlagzeilen, wie die der Sunday Mail: ´Hooligan-Terror trifft die Städte.´ Das war einen Tag nachdem sich 300 CSF Leute Schlägereien mit Celtic Anhängern in Glasgow geliefert hatten und in Edinburgh Hibs auf Aberdeen Hooligans trafen.

Wie bei den Glasgow Rangers, so hatten auch bei den Hearts protestantisch gesinnte Hooligans Beziehungen zu loyalistischen oder rechtsextremen Gruppen wie Combat 18 oder der BNP. Sie schlossen sich wiederholt mit Rangers Hooligans zusammen, um pro-irische Paraden anzugreifen. Einige von ihnen fuhren auch Mitte der Neunzigerjahre zu Combat 18 Veranstaltungen nach London.

Der Bekannteste unter den rechten Leuten der CSF war wohl Warren Bennett, der Sicherheitschef der BNP und persönliche Aufpasser des Parteivorsitzenden Nick Griffin. Bennett verbindet eine lange Geschichte mit den Hearts, er wurde bereits in Holland verhaftet und aus Frankreich abgeschoben. Er war auch die Hass-Figur des Daily Record, bei jeder Möglichkeit wurde sein Foto auf der Titelseite abdruckt.

Der Konfessionsstreit erreichte nicht die Ausmaße wie in Glasgow, doch er war ein Reizpunkt bei Derbys oder bei Spielen gegen Celtic. Bei einem Spiel im Tynecastle Stadion im Oktober 2002 lieferten sich Hearts und Celtic Hooligans Prügeleien in den angrenzenden Strassen, nach einem Spiel voll konfessioneller Schlachtrufe, Beschimpfungen und dem schwenken von Fahnen. Die Lieder der Heimfans, wie ´Rule Britannia´ oder ´No Surrender to the IRA,´ wurden durch IRA Songs beantwortet, obwohl der Vorsitzende von Celtic vor dem Spiel darum gebeten hatte, so etwas zu unterlassen.

Ein weiblicher Ordner wurde angegriffen, zwanzig Personen wurden festgenommen oder des Stadions verwiesen und in den letzten Minuten kesselte die Polizei eine Gruppe von Anhängern ein, um einen Platzsturm zu verhindern. Nach dem Spiel kam es schließlich zu einer Massenschlägerei, als Hearts Hooligans die Celtic Leute auf ihrem Weg zu den Bussen überfielen. Auch im Laufe einer anderen Begegnung mit Celtic, in Glasgow, wurden vierzehn Hearts Leute verhaftet, Grund waren religiöse und rassistische Beleidigungen.

In den Neunzigern waren die Jungs vom Hearts Mob auch engagiert bei der ´Scottish National Firm.´ Doch durch ihre geringe Anzahl, war auch ihr Einfluss eingeschränkt. Das Ende der SNF sorgte dann auch für einen Rückgang der Fußballkrawalle in Schottland generell, speziell jedoch in Edinburgh.

Aber in der jüngsten Vergangenheit kam eine neue Generation von Hooligans auf. Zum Beispiel konnte die Polizei bei einem Edinburgh Derby im März 2002 an der Easter Road, die beiden kämpfenden Parteien nur mit Hilfe von Diensthunden und CS Gas trennen. Und der Ärger setzte sich fort, als die Hearts im folgenden Jahr 1:5 an der Easter Road gewannen. Vierzig rivalisierende Hooligans lieferten sich anschließend Auseinandersetzungen auf den Strassen, dieses Mal wurden sie aber von der Polizei gefilmt und später kam es zu diversen Hausbesuchen durch Beamte. Die Brutalität, mit der fünfzig Hooligans bereits vor dem Spiel einen Pub angriffen, ließ die Befürchtung zu, man würde wieder in alte Zustände zurückfallen. Charlie Michie von der Fußballüberwachungseinheit sagte: „Wir wissen genau wer beteiligt ist und einige der Rädelsführer wurden bereits bestraft, andere werden es in der Zukunft. Viele von ihnen sind fehlgeleitete Halbstarke, doch wir werden dafür sorgen, dass Edinburgh ein Ort wird, an dem sie sich nicht wohlfühlen.“ Der Optimismus der Polizei schien begründet, denn später in der gleichen Spielzeit, vereitelte man eine im Voraus arrangierte Prügelei am Rande eins Heimspiels der Hearts gegen Celtic. Durch einen Hinweis kam man dahinter, dass das Aufeinandertreffen in Edinburghs Bezirk Balgreen geplant war, doch eine starke Polizeipräsens konnte es verhindern. Im Stadion wurden die Hearts Fans aufgefordert Provokationen wie den Hitlergruß und Obszönitäten zu unterlassen. Dieses Spiel zeigte, dass die Hooligan-Szene bei den Hearts wieder auflebt, die Leute der neuen Generation tun sich mit älteren zusammen, die wieder aktiv werden. Ein Polizist der Fußballüberwachungseinheit sagte dazu: „Leute die vor zehn oder fünfzehn Jahren beteiligt waren kommen zurück. Sie vermissen die Gewalt und den Nervenkitzel. Es ist besorgniserregend, dass Männer, die es eigentlich besser wissen sollten, an solch extremen Gewalttaten beteiligt sind. Die jüngeren Leute erschienen genau zu dem Zeitpunkt, als die älteren sich wieder etabliert hatten. Mit ihren Kontakten zu rechtradikalen Gruppen, sind sie augenscheinlich ein Grund zur Sorge.“

Weiterführende Literatur: Bring Out Your Riot Gear, Hearts Are Here, C.S. Ferguson (Terrace Banter)

Hibernian

Satdion: Easter Road
Firms: Young Leith Team, Capital City Service, Baby Crew
Feinde: Hearts, Aberdeen, Motherwell

Die Hibs Hooligans leckten ihre Wunden, nachdem sie im März 1985 einen Besuch von Aberdeens Mob bekommen hatten. 400 Aberdeen Soccer Casuals hatten in ihrer Stadt und auf ihren Strassen randaliert. Einer der Hibs Jungs lag in kritischen Zustand im Krankenhaus und auch andere hatten schwere Verletzungen davongetragen. Aber das schlimmste war, die ASC Hooligans lachten sie aus.

Dieses Heimspiel war die Bewährungsprobe für den Mob, der bald zu Schottlands meistgefürchteter Fußball-Firm werden sollte. Sie waren vielleicht nicht die ersten und sie haben heute nicht mehr die Schlagkraft von einst, doch zwischen 1988 und 1994 war der Capital City Service (CCS) der Hibs die führende Hooligan-Macht im Land.

Es gab auch schon in den Siebzigerjahren Mobs bei den Hibs, wie zum Beispiel das ´Young Leith Team´ (YLT), das war noch bevor es die modernen Hooligans gab. Diese Gruppen begannen sich in bestimmten Bezirken zu bilden.

Der CCS entstand Ende 1984, kurz nachdem die Casual-Mode Edinburgh erreicht hatte. Die Mitglieder der Firm kamen aus der ganzen Stadt. Für das Finale im Skol Cup 1991 reisten sogar 400 Jungs des CCS nach Glasgow. Normalerweise waren sie bei Auswärtsfahrten nur die Hälfte. Selbst das war eine große Firm, für einen Verein der durchschnittlich nur 10.000 Zuschauer hatte.

Als Aberdeen am Anfang der folgenden Saison in Edinburgh spielte, wusste jeder dass es Ärger geben würde. Die ASC Hooligans, die mit dem Zug anreisten, wussten es. Die CCS Jungs, die sich hinter dem Waverly Centre sammelten, wussten es. Und sogar die Polizei war im Bilde. Die schweren Zusammenstöße fingen nicht erst nach dem Spiel an, als der Hibs Mob die ASC Leute, trotz Polizeieskorte angriff. Wobei diese sich wehrten und es Schlägereien auf dem gesamten Weg zum Bahnhof gab. Es gab auch eine Szene die dieses Aufeinandertreffens berühmt, berüchtigt machte. Es war der Wurf eines Molotowcocktails in die Reihen der Aberdeen Anhänger. In seinem Buch, *You´ve Just Met The Casuals* schrieb Dan Rivers dazu: ´Es gibt bestimmte Sachen im Leben, die vergisst man nicht, dein erstes Haustier, deine Hochzeit, der Tod von jemandem und der Geburtstag von deinem ersten Kind. Da müsste man noch eine Sache zufügen, nämlich wie ein Molotowcocktail, durch die Luft auf dich zu fliegt.´

Die Explosion dieser Brandbombe markierte einen neuen Abschnitt in der Feindschaft zwischen Hibs und Aberdeen Hooligans. Beim nächsten Spiel der beiden Vereine in Edinburgh, wurde ein bengalisches Feuer in den Aberdeen Mob geschleudert. Außerdem wurden zwei Busse voll mit ASC Jungs angegriffen, als sie in Edinburgh ankamen, dabei wurde vom CCS der gesamte Inhalt einer Kneipe durch ein Fenster nach draußen befördert.

Bei einem weiteren Zusammenstoß 1987, wurde einer der ASC Leute durch mehrere Messerstiche schwer verletzt. Die Folge war, dass zum nächsten Spiel in Edinburgh, ein 600 Mann starker Mob aus Aberdeen anreiste. Nur ein riesiges Polizeiaufgebot konnte Massenausschreitungen verhindern.

In der Folgezeit wurde es schwerer Konfrontationen auszutragen, die Polizei mischte sich nun ein, sie schickte Busse zurück oder zogen die potentiellen Unruhstifter einfach aus den Zügen. Wenn die Gangs dann aneinander gerieten waren sie meist gleichwertig. In seinem kürzlich erschienenen Buch *Casuals* erinnert sich Cameron C. Strachan an einen Ausflug nach Aberdeen. Um nicht die Aufmerksamkeit der Polizei zu erregen, hatten die CCS Leute entschieden, sich bereits um 06.00 Uhr morgens an der Waverley Station zu treffen. Doch der Zeitpunkt erwies sich als zu früh, es tauchten nur zwanzig Mann auf. Eine Stunde später waren sie doppelt so viele, obwohl einige der Ansicht waren, sie wären noch immer nicht genug, entschied man sich die Reise Richtung Norden anzutreten.

Strachan schrieb: ´Wir wussten, dass wir zahlenmäßig weit unterlegen waren, wenn wir auf die ASC treffen würden, mussten wir auf der Hut sein.´ Das waren sie dann auch, als sie an einem Pub voller Aberdeen Hooligans vorbei kamen. ´Die besten Jungs aus Aberdeen waren da und sie waren wütend,´ vermerkte Strachan. ´Einige von ihnen kamen aus der Seitentür. Sie schrieen: „Kommt schon!" Unser Mob fühlte sich herausgefordert und einer meiner Kumpels griff in die Tasche seiner Jacke, um so zu tun als ob er ein Messer hätte, doch er hatte keins. „Kommt schon Aberdeen!" rief er einer Gruppe von ihren Leuten zu. Sie zogen sich zurück. Wir sahen zum anderen Ende der Union Street, dort tauchte ein weiterer Mob aus Aberdeen auf. Die Hälfte von uns rannte dort hin, die anderen blieben stehen und bepöbelten die Typen im Pub. Sie fingen an, an beiden Enden der Hauptstrasse zu verschwinden. „CCS, CCS!“ riefen wir. Am Schluss wurde unser grinsender Mob von der Polizei weggeführt.´

Seit die Hooligans der Hibs sich formiert haben, waren sie unter verschiedenen Namen bekannt, darunter auch ´Inter-City Service´ oder ´Hibs Soccer Trendies,´ beides sind Namen aus der Anfangszeit. Ein anderer Name war ´Hibs Bender Crew,´ nach einem Mob aus Newcastle, mit dem sie ein Bündnis hatten. Es gab sogar eine Mädchenbande, die sich ´Lassie Soccer Trendies´ nannte, doch bei den meisten CCS Jungs waren sie eher unter den Namen ´The Gobblers´ (die Truthähne) bekannt. Ein weiterer Name der die Runde machte war ´The Family´, hinter dem Namen verbarg sich eine Elitetruppe der besten Jungs des Mobs. Der Name war augenscheinlich von italienischen Mafiosi abgeguckt, passte aber ohne Zweifel zu der Aura, von der die Firm umgeben war.

Bei einem Gespräch mit einem Akademiker, sagte einer der führenden CCS Hooligans mal: „Ich werde ihnen erzählen, warum wir uns ´The Family´ nannten. Nun, sehen sie sich einen dieser Burschen an, wenn er heute aus seinem Haus geschmissen würde, hätte er zirka sechs Plätze wo er erst einmal bleiben könnte. Und wenn irgendwer einen Hibs Hooligan anpackt, helfen wir ihm.“

Ein anderer Ableger des CCS war die ´Baby Crew´ oder wie sie bei ihrer Gründung 1985 hieß, die ´Blackley Baby Crew,´ benannt nach dem Trainer John Blackley. Diese Crew bestand aus Jungs und Mädchen, die noch zu jung waren, um in einen Pub zu kommen. Während der Ferien oder am Wochenende traf man sie auf der Princess Street. Sie lungerten vor einem Imbiss rum und stellten Leute auf die Probe. Fans aller Vereine, ob Hearts, Rangers oder Celtic, liefen Gefahr von ihnen verprügelt und beraubt zu werden.

Wie viele andere schottische Firms, hatte auch der Hibs Mob Bündnisse mit englischen Fußball-Gangs. Die erste Verbindung entstand mit Newcastles Firm, als im Frühjahr 1987 eine Gruppe von zwanzig Jungs es vorzog, sich das Spiel zwischen Newcastle und Leicester im St.James Park anzugucken, statt sich zu Hause ansehen zu müssen, wie die Hearts den Titel holen. Den Lokalrivalen reichte ein Punkt aus ihrem Spiel gegen Dundee, selbst wenn sie scheiterten, brauchte ihr direkter Verfolger Celtic einen Sieg mit fünf Toren Vorsprung gegen St. Mirren.

Zu diesem Besuch in Newcastle schrieb Strachan: ´Vor dem Spiel griffen die Hibs und die jüngeren Newcastle Hooligans den Leicester Mob an, die Hibs waren in der ersten Reihe und die Schlägerei endete zu ihren Gunsten. Die älteren Newcastle Leute waren nicht so begeistert, denn sie hatten von der Sache nichts mitbekommen. Die jüngeren waren um so glücklicher. Während des Spiels machte das Gerücht die Runde, dass nördlich der Grenze unglaubliche Dinge passierten. Die Hearts lagen zwei Tore zurück und Celtic war mit fünf Treffern in Führung. Die Hibs Leute fingen an wie wild herum zu springen, sie sangen: „Ihr habt die Meisterschaft verloren, ihr habt die Meisterschaft verloren,“ dabei rissen sie die Rückenlehen ihrer Sitze ab und benutzten sie als Frisbeescheiben. Die Hälfte der Leute in der Newcastle-Kurve stimmte in ihren Gesang ein, auch sie begannen Teile der blauen Plastiksitze rumzuschleudern. Die Hearts wurden nicht Meister und die Hibs Hooligans hatten an diesem Tag ihre Leidenschaft für Ausflüge in den Süden entdeckt.“

Doch die Verbindung zum Newcastle Mob sollte nicht lange halten. Als später im selben Jahr beide Mobs bei einem Länderspiel zwischen England und Schottland aneinander gerieten, war die Freundschaft beendet.

Es entwickelte sich dann eine Verbindung zwischen dem CCS und den ´Fine Young Casuals´ (FYC) aus Oldham, diese Allianz war wohl eine der berüchtigtsten in der Geschichte der britischen Hooligan-Szene. Der Oldham Veteran Carl Spiers erzählte: „1985 gab es ein Saisonvorbereitungsturnier auf der Isle of Man, eingeladen waren Oldham, die Hibs, Stoke und Bury. Stoke hatte die größte Firm, gefolgt von den Hibs und Oldham. Es war nicht überraschend, dass aus Bury kein Mob kam.

Die Hibs und Oldham Hooligans verstanden sich glänzend, sie veranstalteten einige Saufgelage und hingen das Wochenende über miteinander rum. Die Stoke Hooligans machten wie immer ihr eigenes Ding. Einige der Oldham und Hibs Jungs tauschten Adressen aus und hielten Kontakt.

Als die Hibs dann ein Jahr später zu einem Freundschaftsspiel gegen Oldham, in den Boundary Park kamen, hatten sich gerade die Fine Young Casuals gegründet. Noch waren es ein kleiner Mob, mit einem Durchschnittsalter zwischen Sechzehn und Siebzehn. Diese Jungen wurden nach dem Spiel von dem Hibs Mob überrannt, weil die älteren Typen aus Oldham die Firm aus Edinburgh nicht ernst genommen hatten, waren sie erst gar nicht erschienen.

Später in der Nacht entschieden sich einige CCS Leute noch in Oldham zu bleiben. An diesem Abend entstand eine richtige Freundschaft zwischen den Mobs. Von nun an besuchten sich die Firms beider Vereine abwechselnd. Man lud sich gegenseitig zu wichtigen Begegnungen ein. Bei den Hibs waren das Spiele gegen die Hearts, Aberdeen, Celtic und die Rangers. Bei uns in Oldham hießen die Gegner Leeds, Spurs, Man United und Man City.

Das beste Beispiel für diese Oldham-Hibs Verbindung war, als wir gegen Bolton anlässlich eines FA Pokalhalbfinales im Burnden Park spielten. Ein Mob von mehr als 100 Mann machte sich per Zug auf den Weg. Darunter die zwanzig besten Jungs der Hibs, doch als der Zug in Bolton eintraf, wurden wir von der gesamten örtlichen Polizei empfangen. Sie durchsuchten jeden von uns.

Es war erschreckend was einige der Hibs Hooligans im Zug abluden, ich habe noch nie so viele Waffen auf den Boden fallen sehen. Nur wenige von uns hatten Eintrittskarten und die Leute, die keine hatten, wurden von der Polizei wieder in einen Zug Richtung Manchester gesteckt. Auf dem Rückweg wurde erzählt, Man Uniteds Firm würde in einem uns bekannten Pub im City Centre sitzen. Wir stürmten den Laden, zerlegten die Bar und verprügelten einige der Reds, die allerdings mutig kämpften. Diese Runde ging an uns und für die nächste Stunde marschierten wir unbehelligt durch Manchester.

Einer der Jungs hatte die verrückte Idee einen Doppeldeckerbus zu kapern und damit zurück nach Bolton zu fahren, das machten wir dann auch. Wir drängelten uns alle in einen Bus und sagten dem Fahrer, er solle ohne Zwischenstopp nach Bolton fahren. Nachdem wir ein Trinkgeld für ihn gesammelt hatten, ließ er uns am City Centre in Bolton raus, wo wir bis nach Spielende blieben. Dann trafen wir direkt auf die ansässige Firm, wieder war die Oldham-Hibs Allianz Sieger, obwohl einige unserer Leute festgenommen wurden. Die Bullen jagten uns um 18.30 Uhr aus der Stadt, doch da hatten wir längst genug Schaden angerichtet."

Im August 1990 war man so verrückt ein Freundschaftsspiel gegen Millwall zu arrangieren, diese Begegnung schrie förmlich nach Gewalt. Der CCS war auf seinem Höhepunkt und die Mitglieder warteten gespannt auf die Begegnung. Mindestens 200 von ihnen trafen sich am Donnerstag spät in der Nacht, um Reisebusse zu besteigen, die Richtung London fahren sollten. Voll von Alkohol und Pillen, war es doch die Creme de la Creme der schottischen Hooligans. Zu ihrem Pech hatte die Polizei von der Aktion Wind bekommen, als die Hooligans nun geduldig warteten, um in die Busse zu steigen, trafen die Ordnungshüter ein und schickten die Fahrzeuge weg.

Oldhams Carl Spiers heute.

Frustriert aber nicht entmutigt, wählten Dutzende alternative Transportmittel. Einige nahmen die Bahn, andere Linienbusse und ein paar flogen sogar. Sie kamen in London an und sammelten sich bis der Mob neunzig Leute zählte, dann machten sie sich in Richtung Millwall-Gebiet auf. Als sie die Old Kent Road runter gingen, begann die Gruppe zu singen: 'Wir dachten ihr seid hart, wir haben uns geirrt,' und 'Hibees Family.' Danach griffen sie einen Pub der Millwall Leute an. Sie kämpften gegen einige zähe Londoner, schmissen die Scheiben ein und kippten ein Auto um. Nahe des Stadions traf eine Ausreißergruppe, bestehend aus fünfundzwanzig Hibs Jungs, auf eine gleich große Gruppe Millwall Hooligans, mit dem besseren Ende für die Schotten.

Die wilden Reaktionen der Millwall Typen im Stadion konnte die Demütigung, die sie erfahren hatten, nur wenig lindern. Etwa 1.000 machten den Versuch an den Hibs Mob ran zu kommen, doch abgesehen von Drohungen und aggressiven Gehabe, führte es zu nichts. Die 300 Hibs Hooligans wurden von einer fast genauso großen Polizeieskorte aus dem Stadion geführt. Für die Jungs vom CCS, die ihre Busse in Edinburgh nicht hatten besteigen dürfen, war es eine teure Reise geworden, doch es hatte sich gelohnt.

Die Rave-Szene kam 1988 in Edinburgh an und schon bald waren viele der CCS Mitglieder begeisterte Partygänger, einige begannen regelmäßig in Clubs zu gehen. Ecstasy mochte die Droge der Liebe sein, doch die Anwesenheit von vielen Hibs Hooligans, sorgte auch für Ärger im Nachtleben. Besonders fiel das auf, wenn Leute vom Motherwell Mob anwesend waren. Beide Mobs besuchten die Clubs des anderen mit steigender Regelmäßigkeit.

Es gab einige Festnahmen bei den Hibs, als sie sich im April 1989 Schlägereien in einer Disco in Motherwell geliefert hatten. Und nur ein paar Tage später griff der CCS Mob erneut die Motherwell Jungs an, als diese auf dem Weg zu einem Musikfestival waren.

Einer der CCS Hooligans war auch Mitglied bei einer Band, die sich 'Guitar Casuals' nannte, bei ihren Konzerten gab es oft Ärger, so dass sie schon bald nirgendwo mehr auftreten durften.

In den späten Achtzigerjahren hatten die Hibs eine erbitterte Fehde mit Dunfermline, bei der es auch abseits von Fußballspielen zu Zwischenfällen kam. Einer der CCS Jungs wurde mindestens dreimal Opfer solcher Angriffe, nach zwei dieser Attacken bedurfte er ärztlicher Hilfe. Sogar die Frau dieses Hooligans wurde verbal und mit Waffen bedroht, eine der Drohungen war, dass man in das Haus der Familie eine Brandbombe werfen würde. Der CCS entschied, sich zu revanchieren.

Am Abend des 7. September 1990 fuhr ein Mob von dreißig bis vierzig Leuten nach Dunfermline. Viele trugen Sturmhauben und die meisten waren bewaffnet. Sie gingen zum Nachtclub 'The Well' und dort direkt zum Haupteingang. Sie schafften es die äußere Tür zu zertrümmern, doch die besser gesicherte Innentür hielt ihnen Stand. Ausgerüstet mit Äxten, Schwertern, Eisenstangen und Knüppeln, liefen sie auf die Rückseite des Ladens, sie stürmten in die Bar aber kamen nicht in den Discobereich. Ein Bierkrug wurde durch ein Fenster geschleudert und als die Leute begannen die Disco fluchtartig zu verlassen, rannten die Hooligans aus Dunfermline direkt in die Arme einer kleinen Gruppe von Hibs, die sie attackierte. Drei schafften es abzuhauen, sieben andere wurden erwischt. Einer der Dunfermline Jungs wurde dreißigmal mit einer Axt und anderen Waffen geschlagen. Seine Freunde mussten ihm sprichwörtlich den Rücken zusammenhalten, bis ein Krankenwagen eintraf. Er musste anschließend eine vierstündige Operation über sich ergehen lassen. Eine Polizistin, die seine Verletzungen sah, fiel in Ohnmacht. Einem andere Mann war in die Schulter gestochen worden und jemand hatte eine Stuhl auf seinem Kopf zerschlagen.

Elf Monate später wurden zwei Personen für diesen Angriff verurteilt. Für Verstöße gegen das Versammlugsgesetz, Sachbeschädigung, versuchten Mord und drei Körperverletzungen wurden Andy Blance und Ivor Levine zu fünf beziehungsweise vier Jahren Haft verurteilt. Der Richter sagte, dass ihr Verhalten in einer zivilisierten Gesellschaft nicht geduldet werden dürfe.

Blance stritt jegliche Beteiligung an dem Angriff ab, er behauptete in einem Pub in Inverkeithing gearbeitet zu haben, er präsentierte auch fünf Zeugen, die seine Aussage bestätigten. Doch die Staatsanwaltschaft hatte einen Zeugen, der sagte, Blance wäre zum Zeitpunkt des Angriffs, für fünfunddreißig Minuten nicht in dem Pub gewesen. Blance wurde schließlich knapp, mit acht zu sechs Stimmen verurteilt. Er hatte bereits einundvierzig Vorstrafen, darunter eine zweijährige Haftstrafe wegen Körperverletzung, zudem konnte die Staatsanwaltschaft beweisen, dass er in der laufenden Fehde mit Dunfermline persönlich angegriffen worden war. Dann gab es da noch das kleine Problem mit den Medien. In der Zeit zwischen der Attacke und dem Prozess, erregte der CCS ein nie da gewesenes Medieninteresse. Und augenscheinlich brachte jede schottische Zeitung einen Bericht über die Gruppe. Obwohl das keinen direkten Einfluss auf den Prozessausgang hatte, wurde doch eine Atmosphäre geschaffen, die den Eindruck erweckte, dass diese außer Kontrolle geratene Gang nur durch die Polizei gestoppt werden könne.

Die erste dieser Reportagen, wurde nur Tage nach dem Überfall auf The Well und einem Edinburgh-Derby verfasst, bei dem sechsunddreißig Personen festgenommen wurden. Herausgeber war die Evening Times, die Schlagzeile lautete: ´Aufgedeckt: Hooligan-Schläger verbreiten Terror im schottischen Fußball.´ Und der Artikel fuhr fort: ´Ein Anwalt aus Edinburgh wird verdächtigt, der Anführer der Hibs Hooligans zu sein. Die Polizei hat noch einen weiteren einundvierzig Jahre alten Mann im Visier, wie auch einige Leute zwischen zwanzig und dreißig. Sie sind die Köpfe hinter all dem Ärger und sie benutzen Teenager als ihre Frontsoldaten. Zudem gib es Beweise für eine hierarchische Machtstruktur innerhalb der Gang. Den Mitgliedern werden bestimmte Aufgaben gegeben, so wählt zum Beispiel der Anführer aus, wer aggressiv genug ist, in der ersten Reihe zu kämpfen. Diese Leute sind für organisierte Krawalle und Erpressungen verantwortlich. Andere bereiten die Reisen der Bande vor oder sind für den Druck und den Vertrieb von Flugblättern und Visitenkarten zuständig.´

Die Zeitung hatte ihre Informationen aus einem Polizeibericht. Es wurde auch behauptet, dass der im Bericht erwähnte Anwalt eine homosexuelle Beziehung zu einem seiner Handlanger hätte, zudem wurde ein Zwanzigjähriger erwähnt, der mit einem erst drei Jahre alten Mercedes rumfahren würde und dass andere Jungs der Bande sich Kleinbusse mieteten, wenn sie zu Auswärtsspielen fuhren.

Diesem Artikel folgte ein weiterer in Edinburghs Evening News. In einer dreiteiligen Reportage gewährte die Zeitung den Lesern einen einzigartigen Einblick, in die dunklen Machenschaften des CCS. Hier ein Ausschnitt: ´Der Terror den die Hibs Hooligans verbreiten, ist militärisch organisiert und präzise. Sie prahlen damit innerhalb von Stunden einen Mob von 240 Leuten zusammentrommeln zu können, wenn eine Auseinandersetzung ansteht. Sie berufen sich darauf Leute aus sieben ´Familien Wohnbezirken´ zu rekrutieren, da wären Dalkeith, Penicuik, Leith, Niddrie, Corstorphine, Inch und Tollcross. Es gibt mitternächtliche Übungen, die im Armeestiel auf der Princess Street abgehalten werden. Beim Erklingen einer Pfeife verstecken sich die Mitglieder, die alle identische Trainingsanzüge tragen, in Seitenstraßen. Ein paar Minuten später sammeln sie sich wieder. Die Hooligans behaupten, diese Übungen fänden statt, um den Mob bei Tumulten besser unter Kontrolle zu haben."

Die Leser wurden auch vor gefährlichen Hooligans gewarnt, die in ihrer direkten Nachbarschaft leben könnten. Dieser Abschnitt des Artikels, der eher wie eine Warnung zur Volksgesundheit klang, liest sich folgender maßen: ´Wir kennen alle einen der Hibs Hooligans. Vielleicht ist es ihr Nachbar oder der stille junge Mann, der in ihrer Stammkneipe sitzt, unter Umständen bringt er ihnen sogar jeden Morgen die Post. Abgesehen von den Gräueltaten, die sie im Laufe der Jahre angehäuft haben, führen die meisten der Hibs Hooligans ein normales Leben. Der Großteil von ihnen arbeitet, sie tragen gute Kleidung und achten auf ein gepflegtes Äußeres, sie haben Freundinnen und genießen es in Restaurants oder Nachtclubs zu gehen. Doch wenn Samstag ist, vergessen sie ihr gepflegtes Image und ziehen herum, auf der Suche nach Streit. Der Hooligan ist eine Art Jekyll und Hyde-Figur, eine Art Werwolf, der sich verwandelt wen die Uhr am Freitag Mitternacht schlägt.´

Zusätzlich hängten die Medien die angeblichen, kriminellen Verstrickungen des Mobs an die große Glocke. Die Evening Times behauptete, Einblick in einen Polizeibericht gehabt zu haben, der aussagte, dass der CCS in Drogengeschäfte, Diebstähle, Erpressung und Prostitution verwickelt wäre.

Einige Zeit später war die Überschrift der Titelseite, des Daily Record: ´Die Drogendealer am Spieltag. Die Rave-Droge Ecstasy, die normalerweise in Discos verkauft wird, ist durch Fußballschläger auf dem Vormarsch auf den Rängen der schottischen Stadien.´

In dem Artikel wurde behauptet, die Hibs Hooligans würden einen Teil des Ecstasy-Marktes in Edinburgh organisieren. Erwähnt wurde auch, wie groß das Drogenproblem in Schottland wäre, sowie die Menge der Drogen bei der größten Beschlagnahme und das die Polizei Angst hätte eine Ecstasyfabrik könnte im Land Fuß fassen. Aber all das konnte keine Beweise dafür liefern, dass die CCS Leute daran beteiligt waren.

Anders sah es mit einer Polizeistatistik aus, die besagte dass einige der Hooligans wegen Dealerei verurteilt wurden. Doch das war kein Beweis dafür, dass der CCS einen Teil des Drogenmarktes in der Hand hatte. Die Anführer des CCS machten sich in einem vernünftig geführten Interview mit der Scotland on Sunday, über die aufgestellten Behauptungen lustig. Der Autor schloss den Artikel damit ab, dass wohl einige Personen des Mobs in kriminelle Machenschaften verwickelt seien, doch das wären diese Leute auch, wenn sie nicht dem CCS angehören würden.

Der Akademiker Richard Giulianotti, der viel Zeit darauf verwandte die Gruppe zu studieren, warf die Frage auf, welcher Drogenbaron wohl seine Geschäfte gefährden würde, nur um an Straßenschlachten teilzunehmen. Die Evening Times behauptete auch, dass die Gang, die Türsteherei in den Pubs der Innenstadt übernommen hätte. ´Die Hooligans haben auch Kneipenbetreiber eingeschüchtert, um so als Rausschmeißer in den betreffenden Läden angestellt zu werden. Wenn die Wirte ablehnten, wurden ihre Autos demoliert. Die Hooligans täuschten in den Kneipen auch Schlägereien vor, um dann die eintreffende Polizei zu attackieren, was sie teilweise auch noch mit Videokameras filmten.´

Die Theorie bezüglich der Übernahme von Türsteherjobs, kam auch durch eine Fehde zwischen dem CCS und dem Unternehmen Westland Securities zustande. Einem in Edinburgh ansässigen Sicherheitsunternehmen, welches viele der Kneipentüren in der Stadt kontrollierte. Die Büros des Unternehmens wurden von Hooligans verwüstet, der Chef bedroht und einige der Türsteher angegriffen. Die Theorie war, dass die Hooligans versuchten, das Sicherheitsunternehmen aus dem Geschäft zu drängen, um so selbst die Kontrolle der Türen zu übernehmen. Ungefähr dreißig der CCS Mitglieder waren Türsteher und einige der Jungs verbrachten die Nächte gern in den Clubs der Stadt. Sie behaupteten allerdings, dass die Angriffe auf das Unternehmen nur eine Racheaktion gewesen wären, weil viele von ihnen Hausverbot in Kneipen und Clubs hatten.

Die Inhaftierungen von Blance und Levine, sowie das große Medieninteresse, konnten den CCS nicht stoppen. Mit einem großen Mob fuhr man zu einem UEFA Pokalspiel nach Belgien, das Spiel fand in Anderlecht statt, doch bereits in Brüssel gab es Ärger. Und in der Saison 1992/93 gab es zwei Zusammenstöße mit Aberdeens Mob. Beim ersten dieser Aufeinandertreffen, in Aberdeen, kämpften fünfzig Hibs gegen siebzig Aberdeen Leute im City Centre. Später in der Saison gerieten 200 rivalisierende Hooligans in Edinburgh aneinander. Die Polizei schien offensichtlich genug zu haben, im folgenden Jahr beschlagnahmte man die Busse, mit denen die ASC Jungs anreisen wollte.

Auch Reisen nach Glasgow waren oft sehr lebhaft, egal ob im Ibrox Park oder Parkhead. Eine der größten Mobilmachungen fand 1991 anlässlich des Finalspiels im Skol Cup statt, 400 von den CCS Jungs machten sich auf die Reise (siehe Anfang des Kapitels).

Der Hibs Mob besuchte aber auch kleinere Vereine wie Airdrie und St.Mirren. Oft fuhr man mit dem Zug, was häufig zu Problemen in den Bahnhöfen führte. Bei einem Spiel in St.Mirren gingen achtzig der CCS Jungs in das gegnerische End, dort trafen sie auf die selbe Zahl von einheimischen Hooligans. Auf dem Heimweg machten sie noch einen Zwischenstopp in Glasgow, wo sie auf einen großen Celtic Mob stießen, von dem aus eine Gasgranate in ihre Reihen geschleudert wurde. Als der Rest des Hibs Mobs dann die Verfolgung aufnehmen wollte, tauchte die Polizei auf und kesselte ihn ein. Doch anstatt sie wie sonst, ins Stadion zu geleiten, riefen die Polizisten Verstärkung und brachten die Hooligans zu einer Polizeiwache, wo alle festgenommen wurden. Fünfundfünfzig Leute erhielten Anzeigen wegen Störung des öffentlichen Friedens, obwohl diese später wieder fallen gelassen wurden.

In den frühen Neunzigern war die Hooligan-Szene in Edinburgh rückläufig. Einige verfielen dem Rave, doch die meisten waren durch die neuen Polizeimaßnahmen abgeschreckt. Es gab auch Frustration unter den CCS Leuten, weil nur wenige Firms die Reise an die Easter Road machten, so dass es nur selten zu Auseinandersetzungen bei Heimspielen kam.

Mitte der Neunziger reiste nicht mal mehr der Mob aus Aberdeen an. Ein Akademiker äußerte die Vermutung, dass der Rückgang der Hooligans, ganz einfach auf einen Wechsel der Einstellung unter den Fans zurückzuführen sei. Ein Hooligan zu sein war nicht mehr in Mode.

Da fast keine anderen Firms mehr kamen, verlegte der CCS seine Aktivitäten auf Konzerte, die in der Stadt abgehalten wurden. Bei jeder größeren Veranstaltung in Edinburgh gab es Schlägereien. Das brutalste Konzert war ein Madness Gig im Jahre 1993, bei dem es bereits zu Ausschreitungen kam, bevor die Band die Bühne betreten hatte. Ein Bericht darüber, auf der Internetseite ´Skinhead Nation´ las sich folgender maßen: ´Bei dem Madness Konzert zeigte der CCS eine schreckliche Bandbreite von Gewalttaten. Solche Auftritte sorgten dafür, dass der Mob, der meist gefürchtete in ganz Schottland war und einer der verrufensten in ganz Großbritannien. Auch wenn nur wenige Mitglieder der Firm unter der 8.000

Menschen zählenden Masse waren, immer wenn der CCS Schlachtruf erklang, sammelten sie sich und nahmen es mit jeder Gruppe auf, die sich ihnen in den Weg stellte.´

Kenny ein Schwarzhändler von Konzertkarten, stimmte zu, dass zu dieser Zeit Konzerte im City Playhouse eine ´launige´ Angelegenheit waren. Er sagte: „Damals wurde es überall ruhiger, doch im Westen ging es immer noch ab und in Edinburgh war es am schlimmsten. Wenn ein Konzert an einem Samstag war ging es besonders hoch her. So gegen 18.30 Uhr tauchten dann meist ein paar Dutzend der Hooligans auf, sie waren tadellos gekleidet, hatten Mädchen im Schlepptau und sondierten erst einmal die Umgebung. Die Mädchen liefen hin und her, sie hielten Ausschau nach anderen Gruppen und versuchten rauszufinden, von wo sie kamen. Dann liefen sie zu ihren Freunden, denen sie von der Situation berichteten. Sie waren die best gekleidetsten Spinner, die ich je gesehen habe und sie terrorisierten jede Gruppe von Leuten, die sie nicht kannten. Sie waren für einige echt ein Alptraum. Es war wirklich nicht einfach mit ihnen, da sie jeden angriffen der nicht zu ihrem Mob gehörte.“ Aus verschiedenen Gründen war der CCS nur noch ein Witz im vergleich zu seiner früheren Größe, als 1990 die ´Scottish National Firm´ gegründet wurde, diese Firm war ein Zusammenschluss mehrerer verfeindeter Fußball-Gangs.

Die Idee mit den protestantischen Rangers und Hearts Hooligans eine Allianz zu schmieden, wäre zu den guten Zeiten des CCS nicht in Frage gekommen. Dieser Vorgang spaltete am Ende noch den Rest des Mobs. Einige zogen sich zurück, weil sie mit diesem ihrer Meinung nach loyalistischen Mob, nichts zu tun haben wollten. Andere sahen darin die Gelegenheit, dass Schottland so einen Mob bekommen würde, der internationales Niveau hätte. Dabei kam noch zum tragen, dass die Hooligans sich zunehmend der Kritik von normalen Fans ausgesetzt sahen und Auseinandersetzungen mit Hooligans aus anderen Ländern waren halt so eine Sache, man brauchte Leute, um mithalten zu können. Doch die Scottish National Firm erwies sich als kurzlebig und das Endergebnis war, dass beim Hibs Mob nichts mehr so war wie zuvor. Die Meisten der frühen CCS Anführer stiegen aus, einige endeten im Gefängnis und mindestens einer ihrer bekannten Jungs Namens Big James wanderte nach Thailand aus.

Aber eine neue Generation Hooligans kommt bei den Hibs auf. Anfang 2003 brachte eine Lokalzeitung einen Bericht darüber, dass der CCS eine Internetseite ins Leben gerufen habe, die Zeitung schrieb: ´Auf dieser Seite wird Gewalt verherrlicht und Mitgliedern der Bande wird ein Forum geboten, wo sie sich austauschen können.´

Es wurde auch geschrieben, dass der Verein und die Polizei Angst vor einer Wiedergeburt der Hooligan-Gangs hätten. Die Zeitung schätzte, dass der CCS jetzt aus einem harten Kern von dreißig bis vierzig Leuten besteht.

Es gab auch wieder Probleme bei einer Begegnung mit den Hearts, bei der es zu einem kurzen Aufeinandertreffen der Mobs kam, in dessen Verlauf auch einige Flaschen flogen. Die Hibs behielten die Oberhand über die Hearts und schon zu Beginn der neuen Saison gab es wieder Ausschreitungen. Ein Platzsturm setzte ein, als der Schlusspfiff erklang und die verfeindeten Hooligans gerieten auch noch nach dem Spiel im Stadion an der Easter Road aneinander. Im August 2004 richtete der Verein ein Freundschaftsspiel gegen Leeds United aus. Und es kam direkt vor dem Stadion zu einem kleinen Scharmützel zwischen Hibs Jungs und einigen älteren Typen von Leeds Service Crew.

Auch wenn die Aufeinandertreffen nicht mehr auf dem Level der Schlachten gegen Aberdeen in den Achtzigerjahren waren, so zeigten sie doch, dass das Problem mit den Hooligans nicht ganz verschwunden ist. Einige Wochen nach dem Leeds Spiel bedurfte es eines massiven Polizeieinsatzes, um Prügeleien zwischen Hibs Hooligans und einem Mob aus Dundee zu beenden. Es scheint so, als wäre man noch weit davon entfernt die Hooligans bei Hibernian ausgerottet zu haben.

Weiterführende Literatur: Casuals, Phil Thornton (Milo Books)

M

Motherwell

Stadion: Fir Park
Firms: Motherwell Saturday Service, Tufty Club, Soccer Shorties, Nu-Kru
Feinde: Aberdeen, Rangers, Airdrie

Es gibt viele Mythen in der Hooligan-Szene, beispielsweise dass die Hooligans von Everton und Liverpool sich verbünden um Auswärtige anzugreifen, dass alle Man City Hooligans fünf Minuten vom Stadion entfernt wohnen oder dass die Firms von Chelsea, Man United und West Ham nie besiegt wurden. An einer dieser Mythen, die in Schottland bekannt ist, scheint aber einiges wahr zu sein und zwar, dass die Mobs von Motherwell und Aberdeen sich abgrundtief hassen, beiden wird auch nachgesagt, der erste Hooligan Mob in Schottland gewesen zu sein.

Einen Teil dieses Mythos kann man schnell auflösen, denn die Motherwell Hooligans geben bereitwillig zu, dass der ASC Mob, der erste nördlich der Grenze war. Etwas ist aber um so zutreffender, beide Mobs hassen sich bis aufs Blut. In der Saison 1981/82 stieg Motherwell in die First Division auf und so kam es im Folgejahr zu Begegnungen mit den großen schottischen Vereinen.

Ein Besuch im Pittodrie Stadion war der Auslöser, dass sich der ´Saturday Service´ (SS) gründete. Denn dort trafen die Skins und Bootboys aus Motherwell auf einen Mob, der wie Callum Bell in seinen Buch *Saturday is Service Day* schreibt: ´Wie eine Bande Schwuchteln aussah, sie trugen Strickpullover, gebleichte Jeans und hatten Wedge-Frisuren.´ Doch nach dem Spiel erwiesen sich diese ´Schwuchteln´ als härter wie erwartet. Bell schrieb: ´Uns wurde deutlich gezeigt, was Hooligans sind.´

Zu dieser Zeit entstand auch eine Freundschaft zwischen einigen halbstarken Motherwell Anhängern und einem Leeds Hooligan, der in den Norden gezogen war. Die Motherwell Jungs begannen jetzt sich so zu kleiden wie ihr neuer Kumpel. Bis dahin hatten Skinheads die Stadion-

Der Motherwell Mob auf Tour.

ränge in Motherwell beherrscht, doch viele von ihnen übernahmen den neuen Look, denn so fiel man nicht so schnell der Polizei auf und nicht zu vergessen, wirkte diese Kleidung auch mehr auf Frauen. Zum erstenmal fielen diese jungen, gut gekleideten Schläger, der Polizei bei einem Spiel in St. Mirren auf, als sie sich im Home End Prügeleien mit Einheimischen lieferten.

Der Name Saturday Service kam von den eingeschränkten Servicezeiten der Bahn am Wochenende, diese hießen Saturday oder Sunday Service. „Dieser Name begleitete den Mob aus Motherwell für viele Jahre, obwohl sich einige Splittergruppen entwickelten. Es gab auch Versuche den Mob einfach aus langer Weile umzubenennen," wie Scott ein Mitglied des Mobs erzählte. „Es gab den 'Tufty Club,' die 'Soccer Shorties' und eine Mädchen Gang, die 'Soccer Sisters.' Und wer sich den Name 'Nu-Kru' ausgedacht hat, weiß ich ehrlich gesagt nicht."

Als die schottische Presse auf die Hooligans aufmerksam wurde, gab es einen Artikel, der sich eingehend mit dem Motherwell Mob befasste. Da war zu lesen: 'Aberdeens ASC Mob war der erste Hooligan Mob Schottlands und hatte schon bald einen gefürchteten Ruf. Es dauerte dann zwei Jahre bis Schottlands zweiter Hooligan-Mob in Motherwell gegründet wurde. Der Name dieser Gang war Saturday Service, die jüngeren Hooligans unter 16 Jahren nannten ihre Gruppe Tufty Club. In den zwei vorangegangen Spielzeiten hatten die Hooligans aus Aberdeen bereits für Ärger im gesamten Land gesorgt. Auch in England war die Hooligan-Szenen im Vormarsch und es gab kaum noch Skinheads in den Stadien. Jetzt wo Motherwell auch einen solchen Mob hatte, entstand schnell eine Feindschaft mit den Jungs aus Aberdeen. Einer der schlimmsten Zusammenstöße der beiden Gruppen ereignete sich 1983, als der ASC Mob im Fir Park in den Block der Heimfans ging. Die Motherwell Firm wurde auf das Spielfeld gescheucht und das Spiel musste angehalten werden. Es heißt sogar, dass Aberdeens legendärer Mannschaftsführer Willie Miller in den Block sprang, um die Leute zu beruhigen. 1985 wurden dann siebenundvierzig Aberdeen Hooligans festgenom-men, nachdem sie Motherwell Leute bei einem Spiel in Aberdeen überfallen hatten, später wurden für diesen Vorfall mehrere Haftstrafen verhängt.'

Der Casual-Look der 80er.

Der SS wuchs schnell. Scott sagte hierzu: „Als der Mob gegründet wurde waren wir nur ein Dutzend Jungs, doch schon bald schlossen sich viele Skinheads an. So hatten wir schnell eine Gang von siebzig bis achtzig Leuten, bei wichtigen Spielen 150 und bei den ganz großen Begegnungen konnten es auch 400 werden. Das Gute an dem Mob war, dass viele Leute immer dabei blieben, im Gegensatz zu mir. Es gab einige alte Haudegen, doch die Stärke des Mobs war der Zusammenhalt, keine einzelnen Personen. Wir mochten es wenn man uns 'Dressers' oder 'Trendies' nannte, Casuals hörten wir nicht so gerne, weil wir uns von den Aberdeen Typen abheben wollten.

Eine Sache, die immer wieder missverstanden wurde, war die Abkürzung SS. Viele glaubten wir wären eine rechtsradikale Firm, weil wir überall SS hinsprühten, doch das ist Quatsch. Natürlich gab es auch bei unserem Mob einige Leute, die Kontakte zu rechten Gruppen hatten, aber die breite Masse hatte keinerlei politischen Ambitionen."

Das gleiche gilt wohl auch für religiöse Spannungen, die bei vielen Spielen in Schottland für Probleme sorgten. Wie uns ein anderer ehemaliger Hooligan berichtete kümmerte sich der Motherwell Mob um so etwas nicht: „Die meisten schottischen Vereine haben eine größtenteils protestantische Gefolgschaft, aus dem Grund, weil die meisten Katholiken von Geburt an Celtic Fans sind. Die Portestanten besuchten hingegen die lokalen Vereine, nur wenige Katholiken taten das. Wir hatten ein paar Katholiken in unserer Firm und die, die ich kannte waren gute Kerle. Sie wurden auch nicht diskriminiert oder schlecht behandelt. Es kam im Stadion schon mal dazu, dass anti-katholische Gesänge zu hören waren, doch das war meist nur bei Spielen gegen Celtic der Fall. Die Rangers Leute beleidigten wir auf andere Weise, Religion war definitiv nur gegen Celtic interessant. Ich würde sagen, dass für die meisten von uns Religion unwichtig war."

Doch eine Beschwerde, die an eine schottische Zeitung und die Vereinsverantwortlichen von Motherwell geschickt wurde, zeigte auf, dass es im Fir Park einigen Leuten nicht nur um die sportlichen Rivalitäten ging. Der Brief las sich wie folgt: ´Ich schreibe diesen Brief, um sie darüber in Kenntnis zu setzen, wie ich beim letzten Spiel im Fir Park gegen Celtic behandelt worden bin. Ich war von einem in Motherwell lebenden Freund zu diesem Spiel eingeladen, der zwar keine Dauerkarte hat, aber trotzdem zu vielen Spielen geht. Als neutraler Fan war ich sehr gespannt auf das letzte Spiel der Saison, besonders weil die Meisterschaft noch nicht entschieden war.

In dem Augenblick als ich meinen Platz einnahm (East Stand, Reihe B, Sitz 107) begannen einige sogenannte Motherwell Anhänger mich zu beleidigen. Ich wurde als ´katholischer Bastard´ beschimpft, obwohl ich keinerlei Vereinsfarben trug, die darauf hindeuteten. Ich versuchte diesen Umstand anfänglich einfach zu ignorieren. Die Beleidigungen zielten nicht nur auf mich und meine Begleiter ab, auch einige Celtic Spieler wurden bepöbelt. Den Spielern Agathe und Blade wurde zugerufen, sie sollten wieder in ihre Lehmhütten verschwinden, zudem nannte man sie ´schwarze Bastarde´. Lennon wurde als ´katholischer Bastard´ bezeichnet und Bellamy nannten sie einen ´walisischen koksschnüffelnden Bastard.´

Diese sogenannten Fans riefen auch einige Male Ordner zu sich und sagten ihnen, dass wir Celtic Fans wären. Einer der Ordner kam zu uns rüber und fragte ob dem tatsächlich so wären, ich erklärte ihm daraufhin, wir wären neutrale Fußballfans, die nur das Spiel sehen wollen. Danach sagte der Ordner den Motherwell Anhängern, er könne nichts machen, solange wir uns ruhig verhalten und das Spiel gucken würden. Die Beleidigungen setzten sich fort und eine älterer Ordner mit einem Hörgerät wurde von den Motherwell Leuten beschimpft, weil er uns nicht rausschmiss. Dann geschah das Unglaubliche, der Ordner kam auf mich zu und sagte, er müsse uns des Stadions verweisen, weil wir die letzten zwanzig Minuten lang die Motherwell Fans beleidigt hätten. Ein Polizeibeamter wurde hinzu gerufen und sagte uns wir sollten ihm zu unser eigenen Sicherheit folgen. Das taten wir dann auch, schließlich wurde uns gesagt, dass wir das Stadion zu verlassen hätten. Ich versuchte noch dem Polizisten und dem älteren Ordner die Situation zu erklären, doch ich stieß auf taube Ohren. Uns wurde gesagt, wir hätten das Stadion zu verlassen, andernfalls würde man uns festnehmen. Ich wurde noch darauf hingewiesen, wenn ich ein Problem mit der Behandlung hätte, könne ich eine Beschwerde schriftlich bei ihnen einreichen.

Da in der heutigen Gesellschaft eigentlich Wert darauf gelegt wird, Rassismus und religiöse Beleidigungen zu ächten, ist es traurig, dass im Stadion von Motherwell immer noch Leuten ein Forum geboten wird andere zu diskriminieren.“´

Als dann die Hooligan-Szenen in Schottland zu wachsen begann, wurden die Auseinandersetzungen rund um die Stadien immer brutaler. Hatten sich die Schläger vorher noch mit einer normalen Prügelei zufrieden gegeben, so wurde es jetzt doch erheblich gewalttätiger. Scott sagte dazu: „Augenscheinlich war Aberdeen für einige Jahre unser hauptsächlicher Gegner, weil es nur hier einen Hooligan-Mob gab. Die Rangers und Celtic hatten immer eine Menge ´normaler Fans,´ die einem Kampf auch nicht aus dem Weg gingen und Airdrie fing an, ein lokaler Gegner zu werden, doch das war noch bevor sich die Prügeleien zu wahren Straßenschlachten entwickelten, bei denen auch Waffen zum Einsatz kamen.

Damals war es normal eine Spiel zu unterbrechen und wir kamen mit Sachen durch, die in England längst geahndet wurden. Es gab schon ein paar verrückte Ereignisse. Mitte der Achtzigerjahre kamen die Aberdeen Hooligans zweimal in unser End, beide Male wurden Leute dabei auf das Spielfeld gejagt und beim zweiten Mal musste sogar das Spiel gestoppt werden.“

Eine der größten Massenschlägereien in Schottland fand bei einem weiteren Spiel in Aberdeen statt. Mitglieder beider Firms sind sich einig, dass die Polizei diese Schlacht den ASC Leuten anhängen wollte. Bell schrieb in seinem Buch *Saturday is Service Day* darüber:

Die Geschichte zwischen den Firms beinhaltet auch einen berüchtigten Überfall auf unseren Mob. Dabei wurden durch einen gut geplanten Polizeieinsatz siebenundvierzig Leute festgenommen.

Die Stimmung im Zug war gut, bis wir in Aberdeen ankamen. Dort war besonders auffällig, dass keine ASC Jungs zu sehen waren. Schließlich sahen wir doch einige ihrer Späher, aber sie hielten Abstand zu uns. Ein paar der älteren Jungs und ich ließen sich etwas zurückfallen, falls ein Angriff von hinten erfolgen würde. Ich war ziemlich weit hinten und versucht mir einen Überblick zu verschaffen. Links von uns gab es einige Seitenstraßen und ich konnte sehen, wie dort einige ASC Typen parallel zu uns langschlichen. Ganz offensichtlich ging hier etwas vor, auch andere bemerkten das. Neben mir ging ein Polizist, der nicht sehr gesprächig schien. Normalerweise erzählten uns die Beamten, dass sie uns für den letzten Dreck hielten und auch ohne uns genügend zu tun hätten. Doch dieser Polizist überraschte mich, denn er sagte mir, was der ASC-Mob geplant hatte: „Sie werden euch am Ende dieser Straße angreifen, also sag deinen Leuten, sie sollen sich bereit machen." Ich guckte ihn fragend an und er fuhr fort: „Sie warten dort mit einem großen Mob und werden in der Übermacht sein. Sag das deinen Jungs."

Ich erzählte einigen Leuten, die vorne gingen, von der Sache und schnell setzte Getuschel ein. Die Stimmung kochte hoch. Der Cop sagte: „Da oben auf der Straße wird es passieren. Seid ihr fertig?" Ich nickte. Der Polizist zog nun seinen Knüppel und beschleunigte seinen Gang. „Kommt schon! Macht euch bereit." Die Leute die vorne gingen zogen nun auch das Tempo an und das setzte sich bis in die hinteren Reihen fort. Wir konnten jetzt einige ASC Leute am Ende der Straße sehen, die uns beschimpften. Die Jungs von uns, die vorne waren, rannten die enger werdende Straße rauf, als noch mehr ASC Typen erschienen. „Jetzt geht's los," rief mein neuer, uniformierter Freund. „Komm schon!"

Und es ging wirklich los. Einige Wurfgeschosse regneten auf uns nieder, ein paar von uns schmissen auch Gegenstände, bis wir in eine Sprint verfielen. Wir rannten weiter die Straße hoch und einige ASC Hools kamen in unsere Richtung, doch bevor ein Schlag fiel tauchten immer mehr Polizisten auf und nahmen Leute vom Aberdeen Mob fest. Überall erschienen plötzlich Mannschaftswagen und die ASC Jungs wurden zur Seite gedrängt, weitere Polizisten kamen und hielten uns auf. Auch am anderen Ende der Straße tauchten jetzt ASC Typen auf, doch die Polizei hatte alles im Griff, sie schien gut informiert zu sein.

Es gab siebenundvierzig Festnahmen, darunter auch einer von unseren Jungs. Er war etwas zu frech gewesen, als die Polizei uns zum Stadion führte, wobei über die Straße einige Beleidigungen mit ASC Leuten ausgetauscht wurden. Zu seinem Pech wurde sein Name und seine Adresse in einer Zeitung abgedruckt, so erhielt er einige Monate lang beleidigende Briefe.

Es gab aber auch verrückte Tage, an die sich die Jungs aus Motherwell gerne zurück erinnern. „Ja, es war gewalttätig, aber wir hatten auch Spaß," sagte Scott. „Wir waren teilweise echt außer Kontrolle und es ist schon verwunderlich, wie wir uns durchschlugen, ohne dass einer von uns getötet wurde oder im Knast landete. Einmal hatte uns der Aberdeen Mob in der Waverley Station in Edinburgh eingekesselt. Sie waren zehnmal mehr als wir und zwischen den Mobs standen nur ein Polizist und eine Polizistin. Ich glaube die Aberdeen Typen hatten etwas Mitleid mit denen von uns, die stehen blieben. Einige von uns griffen sich damals einen Reinigungswagen und kamen mit Eimern und Mobs bewaffnet um die Ecke, um sauber zu machen.

Ein anderer Vorfall ereignete sich bei einem League Cup Spiel in Airdrie. Die Cops begleiteten uns nach der Begegnung zum Bahnhof, doch dort sagten wir in der Hoffnung noch mal in die Stadt zu kommen, dass wir nicht genügend Geld für den Zug hätten. Unser Plan ging jedoch nach hinten los, denn die Polizei entschloss sich, uns die zwölf Meilen nach Hause zu Fuß zu eskortieren. Auf diesem Weg hielten wir jedes vorbeikommende Taxi an, um nach Motherwell zu kommen.

Nach einem Halbfinalspiel im schottischen Pokal gegen Celtic, zerlegten wir auf der Rückfahrt einen Bus. Nachdem einige Scheiben rausgetreten wurden, kam ein Polizist in den Bus und drohte uns mit Haftstrafen. Als er bemerkte, dass er nicht beachtet und sogar veralbert wurde, wies er den Busfahrer an, uns umgehend aus Glasgow zu bringen. Auf dem Rest unseres Heimwegs schmissen wir dann die gesamte Ausstattung des Busses auf die Straße. Als nichts mehr außer dem Fahrersitz vorhanden war, ging einer zum Fahrer und fragte ihn so höflich wie es ging, ob er kurz aufstehen könnte, um auch seinen Sitz rauszuwerfen. Das wäre vielleicht nicht so wild gewesen, wenn wir nicht gerade auf der Autobahn gewesen wären. Einer von uns hörte später den armen Fahrer jammern: „Das war das Schlimmste, was ich je erlebt habe. Alles was ich wollte waren ein paar Überstunden. Es hätte nicht schlimmer sein können. So eine Tour übernehme ich nie wieder."

Es gab aber auch Tage die nicht ganz so lustig für die Motherwell Hooligans waren. Scott erzählte von einem Spiel gegen die Rangers: „Vor den Stadion wäre es beinahe zu Krawallen bekommen, wir wurden von lauter Schalträgern umzingelt, die uns verprügeln wollten. Für die 150 Leute von uns war es schon ein gutes Ergebnis, dass wir fast ohne Verluste davon kamen, wenn man bedenkt, dass wir fünf zu eins in Unterzahl waren. Einer der Rangers Hooligans sagte bei einer TV Dokumentation, sie hätten uns an diesem Tag fertig gemacht, weil sie einen unser Jungs aufgeschlitzt hatten. Die Wahrheit ist aber, dass wir die ICF zweimal verjagt haben, unser Kumpel wurde nur von ihnen erwischt, weil er versprengt wurde, als er sie verfolgte.

Bei einem anderen League Cup Spiel unter der Woche schlugen wir den Mob aus Airdrie in seinem eigenen Revier, das war echt befriedigend."

Abgesehen von den bekannten Schlägereien, hatte der Motherwell Mob auch einige Auseinandersetzungen mit weniger bekannten Firms aus Schottland, wie Scott berichtete: „1984/85 hatten wir in der First Division auch einige Schlachten mit Mobs kleinerer Vereine. Der Mob von Queen of the South lieferte uns immer gute Prügeleien, egal wo wir auf ihn trafen. Auch in Arbroath wurde es lustig, als sich lokale Schläger nur aus Spaß mit uns prügelten.

Ich war auch nicht sonderlich gut auf St. Johnston zu sprechen, nachdem mir im Alter von vierzehn Jahren von einem der Jungs dort die Nase gebrochen worden war. Doch auch Motherwell war kein großer Verein, deshalb glaube ich, dass wir für einige eine echte Überraschung waren, so haben wir schließlich auch unseren Ruf erlangt."

Wie viele schottische Firms war der SS nicht sonderlich an Spielen der Nationalmannschaft interessiert, selbst als die sogenannte schottische Allianz (SNF) gegründet wurde, gab es keine Beteiligung. „Ich habe mich nie um Länderspiele gekümmert," sagte Scott. „Ein paar taten es, doch nie mehr als zirka vierzig Mann. Wir hielten es für Quatsch, sich mit anderen Firms zu verbünden, wir waren Motherwell und unsere Unabhängigkeit war unsere Stärke. Doch ich weiß nicht, ob sich wirklich alle von uns daran hielten."

Diese Ansicht spiegelt sich auch in einem Artikel wieder, den *Trainspotting* Autor Irvin Welsh verfasste, als England und Schottland 1999 in einem WM Qualifikationsspiel aufeinander trafen: ´Die Schottischen Anhänger sind weniger Fußballfans, als vielmehr professionelle Partymacher. Sie folgen während der Saison kleineren Vereinen oder Jugendmannschaften. Die Atmosphäre unter ihnen ist rau aber friedlich, sie versuchen sich bewusst von den englischen Hooligans zu unterscheiden. Selbst bei der aufgeheizten Stimmung um dieses Spiel, kann man es sich nur schwer vorstellen, dass Hibernian, Aberdeen, Rangers und Motherwell Hooligans zusammen gegen jemanden Kämpfen.´

Da es in Schottland nicht soviel Vereine mit Hooligan-Mobs gab und diese sich in einer Spielzeit viermal begegneten, war die Abneigung unter ihnen größer, als in anderen Ländern, wie beispielsweise England. Die Szenen war also allgemein übersichtlicher und die Polizei hatte es bei ihnen leichter als die Beamten in England. Doch bis jetzt ist es der Polizei nicht gelungen einen großen Schlag gegen den Saturday Service zu landen, auch wenn der Ruf der Gang das vermuten lässt. Scott sagte zu diesem Thema: „Die alten Leute, die immer noch zum Fußball fahren, kamen auch alle mal in das Visier der Ermittler, doch überraschender Weise gab es keine großen Prozesse. Wir wussten allerdings früh, dass wir unter Beobachtung stehen. Denn einer unter uns war Sohn eines hohen Polizeibeamten und als er einmal festgenommen wurde, sagte sein Vater: „Über dich und deine Freunde gibt es einige Akten." Es war das erstemal, dass uns bewusst wurde, dass wir unter Beobachtung stehen, ich glaube es war so um 1984.

Den SS-Mob gibt es bis heute. Einige Jungs wie ich haben irgendwann aufgehört, doch es gibt auch welche, die einfach weiter gemacht haben. Die Firm hat noch immer einen guten Ruf und viele wollen mitmischen, obwohl es nicht mehr so viele sind wie zu der Zeit, in der ich aktiv war. Auch der Tufty Club erlebte eine Wiederauferstehung, obwohl er fast vergessen wurde, nachdem die Jüngeren zum SS-Mob übergegangen waren. Es gibt wieder mehr junge Leute und so kommt es auch, dass dieser Mob erneut in Erscheinung tritt."

Abgesehen von den wenigen Gründungsmitgliedern und den neuen Leute, die nachrücken, musste Scott zugeben, dass die Szenen zwar nicht tot, aber doch allgemein gesehen im Rückgang ist. „Noch immer mischen einige der alten Leute mit und neue Gesichter sind auch aufgetaucht, sie sind bis zu einem gewissen Punkt aktiv. Doch kann man unter den heutigen Umständen überhaupt noch richtig aktiv sein? Zu Auswärtsfahrten im schottischen Pokal kommen noch immer einige gute Leute zusammen und wenn Gegner da sind kann es schon mal rund gehen, doch meist ist es nur ein großes Besäufnis. Einige alte Feindschaften kochten noch einmal hoch, aber die Polizei hat sich einen Menge bei den Kollegen in England abgeguckt und so ist es nun an Spieltagen doch um einiges ruhiger."

Der Saturday Service hat heute eine gut gemachte Website. Der folgende Artikel dieser Seite bringt am besten auf den Punkt, wie es zur Zeit um die Firm aus Motherwell bestellt ist:

Der Saturday Service besteht bis heute, zwar nicht in der Form wie einst, doch wenn man sich

im Fir Park genau genug umschaut, wird man einige Hooligans sehen. Man sieht auch eine Menge alter Mitglieder, die nicht mehr aktiv sind, doch für Außenstehende wirken sie immer noch wie der ehemalige Mob. Der Kleidungsstil hat auf jeden Fall überlebt und es ist schwer zu sagen, wer aktiv ist und wer
nicht. Einige Ältere fingen auch an zu den Rangers oder zu
Coventry zu fahren, doch sie wurden von dem Rest als Verräter angesehen. Der Mob war ja immer auf dem Standpunkt 'Wir sind Motherwell' und alles andere ist nicht akzeptabel. Die Masse der alten Hooligans sieht sich allerdings noch immer die Spiele an und sollte mal etwas abgehen, sind sie nicht abgeneigt mitzumischen. Es ist halt schwer sich ganz zur Ruhe zu setzen, besonders für die Leute, die von Anfang an beim Mob waren und die Zeiten mitbekommen haben, in denen wir wohl die beste Firm in ganz Schottland waren. Der Saturday Service war immer eine relativ kleine Vereinigung, doch er ist bis heute auch immer eine Herausforderung. Eines steht fest, wir hatten den besten Namen!

Weiterführende Literatur: Saturday Is Service Day, Callum Bell (Selbstverlag)

Einige Mitglieder des Saturday Service zeigen provokant den Hitlergruß.

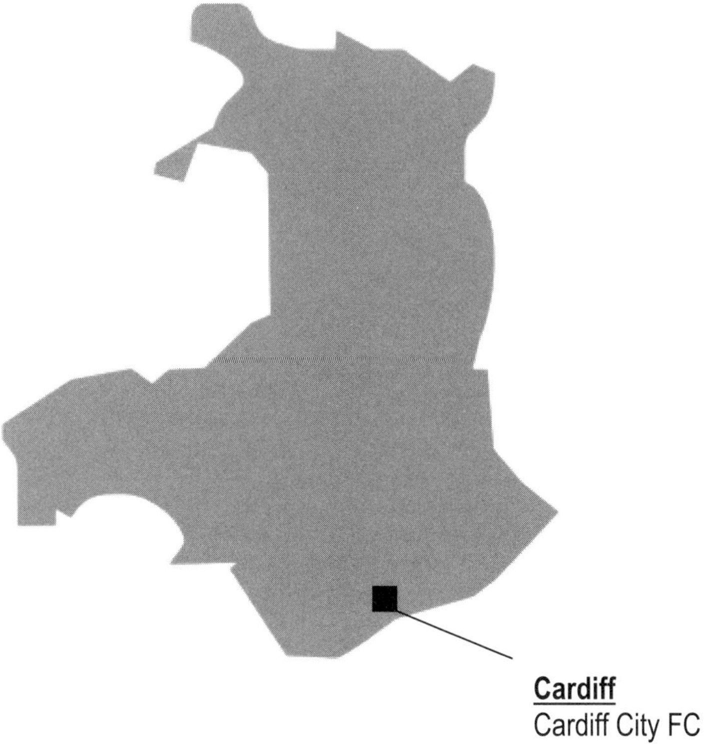
Cardiff
Cardiff City FC

C

Cardiff City

Stadion: Ninian Park
Firm: Soul Crew, Valley Commandos
Feinde: Swansea, Bristol City, Millwall
Polizei Operationen: Javelin, Base

Sie kamen kurz nach Mittag mit Zügen, Bussen oder Autos an. Ein Rinnsal verwandelte sich in einen Strom und gegen 15.00 Uhr waren mindestens 1.000 von ihnen in der Stadt. „Wir sind Tiere!“ schrieen sie, als sie zu Hunderten Pride Hill, Shrewsburys Haupteinkaufsstraße hoch und runter marschierten. Innerhalb einer Stunde hatten die meisten Geschäfte geschlossen und die Anwohner waren verschwunden. Die Fans hatten die Straße für sich. Cardiff Citys Littlewoods Pokalspiel in Shrewsbury fand bei entsetzlichem Wetter statt. Es machte auch schnell die Runde, dass Scharen von Cardiff City Anhängern die Stadt eingenommen hätten. So kam es, dass mehr auswärtige Fans als Einheimische erschienen. Das Spiel schien in einem langweiligen Unentschieden zu enden, bis Shrewsbury in letzter Minute, ein Tor durch einen umstrittenen Freistoß erzielte.

„Ihr Schafficker,“ schrieen einige tollkühne Fans der Heimmannschaft, allerdings hinter den sichernden Zäunen. Streitereien zwischen einigen hundert Cardiff Leuten und der Polizei brachen aus und es dauerte einige Minuten bis die Ordnung wieder hergestellt war. Aber dieser Friede war nur kurzweilig. Bei den meisten Spielen im Gay Meadow Stadion wurden die Fans beider Seiten gleichzeitig rausgelassen. Doch dieses Mal entschied sich die Polizei, den Fans der Heimmannschaft den Vortritt zu lassen.

Die Stimmung wurde immer angespannter und die meisten Shrewsbury Anhänger eilten nach Hause. Sie ließen eine zunehmend wütender werdende und fluchende Armee von Walisern hinter sich. Ihr Geschrei konnte man noch 300 Meter vom Stadion entfernt hören.

Noch mehr Gebrüll setzte nun ein und Hunderte von Cardiff Anhänger brachen durch die Polizeiabsperrungen. Sie strömten in die Innenstadt, zerschlugen Schaufenster und kippten Autos um. Ein Shrewsbury Fan, der neben einem Polizeitransporter stehen blieb, im Glauben, dass dieser ihm Schutz gewähren würde, wurde in den Bauch gestochen und brutal zusammengeschlagen. Auch sechs Polizeibeamte wurden verletzt und es gab einundzwanzig Festnahmen.

Auf dem Heimweg des Cardiff Mobs gab es zudem noch Ärger in mehreren Städten auf der Route. „Es war wie im Krieg,“ sagte der Präsident der lokalen Handelskammer. „Es ist wirklich entsetzlich und deprimierend zu sehen, dass so etwas in einer so schönen, alten Stadt passierte.“ Der Verein Cardiff City machte die Polizei dafür verantwortlich gegen Ende des Spiels die Kontrolle über den Gästeblock verloren zu haben.

Bei Luton Town betrachtete man die Zwischenfälle wohl mit Genugtuung. Man hätten gegen Cardiff City in der Vorrunde des Pokals spielen sollen, aber da Lutons Vereinsführung keine Gästefans in ihre Stadion lassen wollte, wurde Cardiff vom Fußballverband zum Sieger erklärt, ohne gespielt zu haben.

„Ich bin nicht schadenfroh wegen der Zwischenfälle in der letzten Nacht, weil sie einen weiteren traurigen Höhepunkt, für den Sport, den ich so liebe, darstellt,“ sagte Lutons Vorsitzender und er fuhr fort: „Aber solange Vereine wie Cardiff City es ihren Anhängern nicht verbieten, zu Auswärtsspielen zu fahren, wird es immer wieder solche Szenen geben. Wenn massive Polizeieinsätze das sind, was sie für richtig halten, ist es ein Verhängnis für den Fußball. Cardiff City hatte mit seinen Fans mehr Probleme als jeder andere Verein der Liga, deshalb sollten die Vereinsführung ihr Handeln einmal überdenken.“

In der Vergangenheit hatte sich die Hooligan Gang ´Soul Crew´ aus Cardiff einen Namen gemacht. Massenkrawalle bei Spielen gegen Millwall, Stoke, Leeds und das Erscheinen eines Bestseller Buches, das ihre ´Heldentaten´ aufführte, sowie ein legendärer Auftritt in der BBC TV-Serie *Hooligans,* ließ es einigen Leuten trotzdem nicht bewusst werden, dass es ein massives Hooligan-Problem in Südwales gab. Während das Medieninteresse allmählich nachließ, blieben die Probleme.

Weit zurück, in den späten Sechzigerjahren randalierten Cardiff City Fans im ganzen Land und im Jahre 1969 bewarfen sie sogar Aston Villa Anhänger mit Bolzen von Eisenbahnschienen. Im folgenden Jahr führte die Aussicht auf Gewalttätigkeiten, bei einem Besuch Millwalls dazu, dass Stiefel mit Stahlkappen an den Stadioneinlässen konfisziert wurden.

1974 beschloss der Verein, dass Personen unter siebzehn Jahren nur in Begleitung von Erwachsenen ins Stadion durften, es sei denn sie hatten eine Sondererlaubnis. Im August gab es dann bei einem Spiel von Cardiff City in Bristol 137 Festnahmen, nur sechs Einheimische waren unter den Verhafteten. Es war auch das erstemal, dass bei einem Fußballspiel in England mehr als 100 Personen verhaftet wurden. Der größte Teil wurde bei Ausschreitungen vor dem Spiel festgenommen, darunter fünf Dreizehnjährige, vierzehn Vierzehnjährige und weitere vierzig Jungs zwischen fünfzehn und achtzehn.

Während der Begegnung machten sich einige Heimfans über ein in Wales geschehenes Grubenunglück mit Gesängen lustig, was später von der Polizei als ´Provokation´ gedeutet wurde. Der Verein Cardiff City sagte, dass man ´entsetzt und angeekelt´ über das Verhalten bestimmter Anhänger wäre.

Zudem wurde behauptet, dass einige der Unruhestifter erst um die zehn Jahre alt waren. Was ist die Ursache von so viel Gewalt beim Fußball?´ Lautete die Schlagzeile in einer Zeitung aus Bristol. ´Liegt der Fehler in erster Linie in den Familien und in den Schulen? Haben wir einen seelenlosen, unpersönlichen Lebensstil geprägt, bei dem der Sinn für Abenteuer und Spannung nur dadurch befriedigt werden kann, indem man randaliert?´

Der Besuch in Bristol gab nur einen Vorgeschmack auf einen der gewalttätigsten Tage der Fußballgeschichte: Der Besuch von Manchester United nur einen Monat später. Es gibt verschiedene Ansichten, wer an diesem Tag die Oberhand hatte, aber alle sind sich einig, dass es ein totales Chaos gab. Tony O´Neill einer der Anführer des Man U Mobs, nannte die Ausschreitungen ´unbeschreiblich,´ während Akademiker der Leicester Universität sie ´einen Wendepunkt in der Sportberichterstattung´ nannten.

Erstmals in Wales wurde das Hauptaugenmerk nicht auf das Spiel, sondern auf die Ereignisse danach gelegt. Ein Cardiff City Fan erzählte, er sah über 600 Man U Leute in den Straßen randalieren. Sie schmissen Scheiben ein, demolierten Autos und kippten sie um.

Die Laune der Manchester Anhänger schien zu sinken, als ein 2.000 Mann starker Cardiff City Mob auf sie zu kam. Die Stimmung im Stadion war nahezu unbeschreiblich, 10.000 Reds (Manchester United Fans) beschimpften Tausende genauso feindselige Waliser.

´Es war wahnsinnig,´ beschreibt es O´Neill in seinem Buch *Red Army General.* ´Diese Waliser forderten englisches Blut.´

Die hauptsächlichen Aufeinandertreffen fand nach dem Spiel statt, aber auch hier ist der Ausgang heiß umstritten. Worauf sich beide Seiten einigen konnten war, dass es eine der größten und längsten Massenschlägereien, bei einem Fußballspiel bis heute war.

Ein anderer großer Verein, dessen Mob den Ninian Park als ungemütlichen Ort kennen lernte, war der von Everton, als er 1977 in der fünften Runde des FA Pokals zu Gast war. Die Sonderzüge aus Liverpool wurden noch bevor sie im Bahnhof von Cardiff anhielten mit Mauersteinen bombardiert.

Die 4.000 Everton Fans, die im Stadion den Canton Side Stand bevölkerten, wurden fortwährend angegriffen. Als Evertons Duncan McKenzie dann ein umstrittenes Tor erzielte, stürmten Hunderte von Cardiff City Hooligans in den Gästeblock. Sie taten das mit einer solch wilden Entschlossenheit, dass viele der Everton Fans das Stadion umgehend verließen und direkt zum Bahnhof zurückgingen. Für einige war dies keine weise Entscheidung, weil sie von Einheimischen verfolgt wurden und über die Gleise flüchten mussten.

„Jeder der schuldig gesprochen wird, eine offensiv Waffe getragen zu haben, wird auch wenn es das erste Mal ist, direkt eine Gefängnisstrafe erhalten," sagte Sir Lincoln Hallinan ein Richter am Cardiff Magistrate Court, im Laufe der Aufarbeitung der Geschehnisse.

Ein Siebzehnjähriger wurde zu achtundzwanzig Tagen Haft verurteilt, weil er im Besitz eines Steins gewesen war. Ein anderer Mann erhielt eine vierzehntägigen Haftstrafe, weil er einen halben Mauerstein unter seiner Jacke getragen hatte.

Es lief nicht immer so, wie die Cardiff City Hooligans es wollten. Im September 1972 hatten sie Aston Villas Quinton Mob brutal aus dem Home End des Ninian Park vertrieben. Als sie nun 1974 bei Villa spielten, waren die Gastgeber auf Rache aus.

„Es war 13.30 Uhr," erinnerte sich einer der Villa Hooligans. „Die Cardiff Typen hatten offensichtlich versucht das wichtigste End im Stadion früh zu besetzen, aber sie wurden beobachtet. Um fair zu sein, es waren nicht mehr als 100 von ihnen. Villa Leute umstellten sie, so konnten sie weder vor noch zurück. Der berüchtigte Pete ´The Greek´ führte die Aktion an und die meisten der Cardiff City Leute blieben einfach verängstigt sitzen."

Früh in der nächsten Saison kam Cardiffs Mob erneut ins Straucheln, als er in London gegen Millwalls Firm antrat. Das Auflaufen der Spieler war das Zeichen für die Millwall Leute, den Gästeblock zu stürmen. Ein paar Cardiff Jungs blieben stehen und kämpften. Die meisten aber flüchteten in andere Bereiche des Stadions, auch wenn sie Teilweise nochmals Eintritt zahlen mussten.

´Sogar als wir dachten es kann nicht schlimmer werden, fanden die Millwall Hools Wege zwischen uns zu stoßen,´ schrieb David Jones in dem Buch *Soul Crew.* ´Mehr und mehr Millwall Leute rotteten sich zusammen, als das dritte Tor für Cardiff City fiel, jubelten wir nicht einmal mehr. Das Ergebnis des Spiels war uns jetzt egal, wir hatten uns um wichtigere Dinge zu kümmern, zum Beispiel, wie wir aus diesem Scheißladen lebend rauskommen würden.´

Das Blatt wendete sich im nächsten April in Cardiff. 200 Millwall Leute strömten aus dem Stadion, doch ihr Selbstvertrauen schwand, nachdem sie von einem walisischen Mob nach dem anderen angegriffen wurden. Einige Jungs attackierten die Londoner sogar mit den Stangen der Baugerüste, die am Ninian Pub standen.

Ein weiterer Verein, mit dessen Firm die Soul Crew wiederholt aneinander geriet, war Chelsea. Im Laufe der späten Siebziger- und frühen Achtzigerjahren gab es zwischen diesen beiden Fraktionen mindestens fünf Massenschlägereien.

1977 zerstörten Cardiff City Hooligans die gerade neu installierte Anzeigentafel im Stadion an der Stamford Bridge. Chelseas Mob nahm später in der Saison Rache, als Tausende vor und nach dem Spiel in Cardiff Amok liefen.

Zwei Jahre später drang eine Busladung Chelsea Hooligans, unter Führung von Steve Hickmott, in die Bob Bank des Ninian Park ein und es kam auch zu Schlägereien in den angrenzenden Grünanlagen.

Im September 1982 besetzten 500 Chelsea Leute das City Centre von Cardiff, was nicht schwer war, da es wenig Gegenwehr gab.

Das größte Spiel zwischen beiden Vereinen fand im März 1984 statt, Chelsea war ganz oben in der Tabelle und Cardiff spielte gegen den Abstieg. Mindestens 7.000 Chelsea Anhänger begaben sich auf die Reise, unter ihnen 1.000 Hooligans. Dagegen wirkte die die Zuschauerzahl seitens der Gastgeber mit 4.000 Menschen fast lachhaft. Es gab vor dem Spiel Schlägereien im City Centre und nach dem Spiel brachen noch wesentlich schlimmere Ausschreitungen aus. Die Mannschaft aus Cardiff schien den Klassenerhalt zu sichern, als sie in den ersten fünfundzwanzig Minuten drei Tore erzielte. Aber die Londoner machten in den entscheidenden Minuten ebenfalls drei Tore und somit den Ausgleich.

Kurz vor dem Abpfiff begann der Großteil des Chelsea Mobs das Stadion zu verlassen, nur um sich hinter der Bob Bank wieder zu sammeln. Die Cardiff Hooligans hatten sich so etwas gedacht und waren vorbereitet. Sie kämpften wie besessen und verteidigten erfolgreich ihr End.

Das Blatt wendete sich außerhalb des Stadions. Wo viele der Chelsea Hooligans, aber auch normale Fans einen 700 Mann starken Cardiff Mob überrannten. Der Mob hatte versucht die Gäste auf ihrem Weg zurück zum Bahnhof zu überfallen, wurde jedoch zurückgeschlagen. ´Das waren die schlimmsten Ausschreitungen die ich jemals gesehen habe,´ schrieb David Jones. ´Chelsea hatte die wohl beste Firm, die je in den Ninian Park kam.´

Portsmouth war neben Chelsea der einzige Verein, dessen Firm hartnäckig in Cardiff antrat. In den späten Siebzigern nahmen die Engländer das Garage End ein und im Oktober 1982 hatten sie bereits um 11.00 Uhr eine Firm von 400 Jungs im Cardiff City Centre. Sie schlugen den Cardiff Mob klar und die weiteren Plänkeleien, auf dem Weg zum Stadion, waren nicht mehr als ´Wiedergutmachungsversuche´ von Seiten der Soul Crew.

Eine der frühen Legenden unter den Cardiff City Hooligans war Frankie. Er war so bekannt, dass sogar Lieder über ihn im Stadion gesungen wurden.

1971 leitete er einen Angriff gegen den Millwall Mob in einem Clockwork Orange Kostüm und einige Zeit später liefen er und einer seiner Freunde in eine fünfzigköpfige Gruppe Leeds Hooligans. „Ich gehe zu einem Spiel nur aus einem einzigen Grund, der Randale. Das ist meine Leidenschaft," sagte Frankie. „Ich kann damit nicht aufhören. Ich habe so viel Vergnügen, wenn ich aggressiv bin, dass ich beinahe eine feuchte Unterhose davon bekomme. Ich fahre durch das ganze Land dafür."

Die Soul Crew wurde in den frühen Achtzigern gegründet, von einem Londoner Hooligan Namens Nicky Parsons, der kurz vorher nach Cardiff gezogen war. Parsons hatte sich den Namen ausgedacht, weil viele der Cardiff Jungs Soul Musik mochten. Eine andere Erklärung ist, dass er Mitglied eines kleinen Nordlondoner Mobs gewesen war, der sich Ende der Siebziger Soul Firm nannte.

Die ersten Soul Crew Ausflüge gingen nach Lincoln und nach Derby wo Birmingham City Spielte, die Aussicht auf eine Schlägerei mit den Zulus war aufregend. 350 Mann waren im Zug, als sie auf der Heimfahrt den Zulus im Bahnhof von Derby begegneten. Sie verjagten die Typen aus Birmingham, von denen einige über die Gleise flüchteten. Das war ein entscheidender Moment für die Soul Crew. Vorher waren die Cardiff City Hooligans verschiedene kleine Mobs aus ganz Südwales, die Grangetown Boys, die Dock Lads und Ely waren aus Cardiff. Es gab auch Gruppen, die aus der Region weiter westlich kamen, aus Neath, Port Talbot (der Pure Violance Mob), Lianelli und aus Bridgend. Dann gab es da noch die Valley Boys aus den Bergarbeiterregionen, Merthyr, Tydfil, Aberdare und Rhondda. Als sich diese Gangs zusammentaten, konnten sie als Soul Crew geeint, einen Mob von mehr als 500 Leuten auf die Beine stellen.

Doch diese verschiedenen Gruppen zu organisieren war nicht immer einfach, von Zeit zu Zeit kam es zu Unstimmigkeiten, die teilweise auch gewalttätig gelöst wurden.

Die rassische Herkunft hat in der Soul Crew nie eine große Rolle gespielt. Darin spiegelt sich das Einzugsgebiet rund um Cardiff. Das industrielle Südwales hat eine Geschichte, die stark von den Gewerkschaften und linker Militanz geprägt ist, aber auch der Einfluss der schwarzen Werftarbeiter war zu erkennen.

In den frühen Achtzigern versuchte Nicky Parsons einige sehr rechts stehende Politiker in die Firm zu integrieren, dafür wurde er förmlich aus der Stadt gejagt. Jahre später jedoch, bändelten einige Soul Crew Mitglieder mit der Neo-Nazi Gruppe Combat 18 an. Im Jahre 1998 trafen sich dreißig von ihnen bei einer Combat 18 Versammlung in der Stadt. Ihnen wurde aber umgehend und unmissverständlich klar gemacht, Politik nicht mit der Hooligan-Sache zu vermischen.

Die Erzfeinde der Cardiff Citys Hooligans kommen aus Swansea, obwohl die beiden Vereine in den letzten fünfundzwanzig Jahren selten gegeneinander gespielt haben.

In den frühen Achtzigern sahen die Cardiff Fans mit Unglauben und Eifersuch den kometenhaften Aufstieg Swanseas, unter John Toshack, durch die verschiedenen Ligen.

Doch das änderte sich schnell, während sich Cardiff City in der Meisterschaftszone ansiedeln konnte, geriet Swansea ins Straucheln. Oft hat Cardiffs Mob die Wettkämpfe abseits des Spielfelds dominiert, doch das war nicht immer so. Die Soul Crew kam 1984 im Vetch Park in arge Bedrängnis, als ein Versuch Swanseas North Bank einzunehmen gehörig daneben ging. Nach einem anderen Spiel wurden die Cardiff Hooligans des Pure Violance Mobs aus Talbot von der Swansea Firmangegriffen und von der Promenade aus ins Meer gejagt. Dieser Zwischenfall sollte sie noch lange verfolgen, denn nicht nur Swansea sondern auch Millwall und Wrexham sangen in Richtung der Soul Crew ´schwimmt weg, schwimmt weg!!´

Es gab zwischen Cardiff und Swansea Leuten über Jahre hinweg immer wieder kleinere Schlägereien, aber niemals standen sich beide Mobs in voller Stärke gegenüber.

Das änderte sich im November 1991, als Cardiff City gegen Swansea im FA Pokal gelost wurde. Es war das erste Aufeinandertreffen der beiden Clubs in diesem Wettbewerb seit achtundsiebzig Jahren.

Es war ein Traumlos, zu einer Zeit, als die Soul Crew gerade auf ihrem Höhepunkt war. Die Masse der bekannten Cardiff City Hooligans traf sich in Neath. Gegen Mittag war die Gruppe auf 150 Leute angewachsen. Es wurde beschlossen, statt im Convoy, getrennt in Kleinbussen zu fahren, in der Absicht, so die Polizei abzuschütteln. Danach wollte man sich wieder in Swansea zusammenfinden. Überraschender Weise war auf den Straßen keine Polizei zu sehen und die Gruppe Cardiff Leute geriet umgehend, bei Ankunft in eine Prügelei mit Swansea Hooligans.

Sie erhielten bald Unterstützung von 300 Jungs, die mit einem der vielen Züge gekommen waren, in denen die Cardiff Fans anreisten. Außerhalb des Stadions prügelte sich diese Gruppe mit hundertachtzig Swansea Leuten. Ein Bisschen näher am Stadion gab es eine weitere Schlägerei gegen 200 Mann aus Swansea.

Soul Crew Co-Autor Tony Rivers beschrieb es so: ´Sie versuchten ihr Stadion zu halten solange es ging. Wir stürzten uns auf die Feinde, Swansea hatte keine reelle Chance. Ich könnte schwören, dass einige von ihnen Tränen in den Augen hatten, als wir sie über den Platz traten und prügelten. Andere Cardiff Hooligans jagten Swansea Leute beim Queen´s, einem ihrer beliebtesten Pubs. Es war die vollkommene Vernichtung! Einige unserer Jungs, die weiter hinten standen, sahen nicht einmal was vorne vorging, so groß war die Menschenmasse bis zur ersten Reihe. Der Swansea Mob fing an sich aufzulösen, sie ließen am Boden liegende Freunde, zerbrochene Schaufenster und ein paar demolierte Autos hinter sich.

Es gab seit dem zwar noch Cardiff-Swansea Konfrontationen, doch dabei war hauptsächlich die Polizei der Sieger, so etwas wie an diesem Tag habe ich nie wieder erlebt.´

Noch war es nicht zu Ende. „Hätte ich die doppelte, dreifache oder vierfache Menge an Einsatzkräften gehabt, wären die Gewalttätigkeiten trotzdem fortgesetzt worden," sagte der Einsatzleiter der Polizei, Mel Poole.

Neununddreißig Leute wurden festgenommen, sechs Zugwaggons waren beschädigt und aus sechs Doppeldeckerbussen, die Cardiff Fans vom Bahnhof zum Stadion gebracht hatten, waren die Scheiben rausgetreten. Einigen normalen Verkehrsteilnehmern wurden Bussitze durch die Windschutzscheibe geworfen.

Nach Abpfiff lieferten sich Hunderte von rivalisierenden Hooligans, viele von ihnen mit Steinen und Falschen bewaffnet, wahre Schlachten auf dem Spielfeld. Die Polizei schätzte die Zahl, der Beteiligten aus Cardiff auf 900 Personen.

Das Aufeinandertreffen der beiden Seiten, zweiundsiebzig Stunden später im Autoglass Pokal, war durch ein schnelleres Handeln der Polizei geprägt. „Was passiert ist, war schrecklich und fernab der Vorstellungskraft und ich werde keine Wiederholung dieser Zustände tolerieren," führte Poole aus.

„Ich werde alles in meiner Macht stehende tun, um den Frieden in der Stadt zu gewähren, damit er nicht von diesen unmenschlichen Kreaturen, wie am Samstag, gebrochen wird."

Während der Siebzigerjahre trug Cardiffs Mob Auseinandersetzungen mit den großen Londoner Firms aus und Mitte bis Ende der Achtziger entpuppten sich die Wolves und Birmingham City als die ´beliebtesten´ Gegner bei den Cardiff Jungs.

Einer der führenden Soul Crew Leute, Neil McNamara, wird das Spiel im Molyneux Stadion 1988 wohl nie vergessen. Die Wolves waren Tabellenführer der vierten Liga und Cardiff City war Zweiter, so entspann sich ein erbitterter Kampf, der nicht nur auf dem Platz ausgetragen wurde. McNamara war mit einem Kleinbus angereist, der schon bald von 200 Wolves umstellt war. Der Van und die Insassen wurden angegriffen, ein Ytong Stein wurde durch ein Fenster geschleudert und traf McNamara am Bauch. Folge war eine geplatzte Milz und innere Blutungen, die ihn beinahe das Leben gekostet hätten.

Es gab auch einige harte Aufeinandertreffen mit den Zulus. In den frühen Achtzigern kam ein riesiger Zulu Mob nach Cardiff und verabreichte der Soul Crew, wie viele der Waliser behaupteten: „Die schlimmste Tracht Prügel die wir je bekommen haben".

Das geschah obwohl der Cardiff City Mob 600 Mann stark war. Nach einer anfänglichen Schlägerei schaffte es eine kleine Gruppe der Zulus, ihre Polizeieskorte abzuschütteln, diese Gruppe überfiel dann Cardiff Hooligans nahe dem Philharmonic Pub. Es sprach sich sofort rum, dass die Zulus in der Nähe waren und augenblicklich leerte sich der Laden. „Wir wussten schon ein bisschen was uns erwartet," erzählte *Soul Crew* Co-Autor David Jones. „Wir stießen sofort auf fünfundzwanzig Zulus, die mit Messern rumfuchtelten. Sie gingen wie Roboter auf uns zu. Alles was man sehen konnte waren ihre weißen Zähne, als sie uns angrinsten. Ich wurde von einem großen Regenschirm am Kopf getroffen und war zum zweiten Mal an diesem Tag außer Gefecht gesetzt, am Ende war der Cardiff Mob vernichtet."

Einige Jahre darauf trafen sich die Vereine wieder, als Birmingham City in die dritte Liga abstieg. Beim Hinspiel waren 500 Cardiff Jungs auf den Straßen unterwegs, es war aber kein Mob der Gäste zu sehen. Die Soul Crew wartete ungeduldig auf das Rückspiel.

Im April 1996 machten sich dann Hunderte auf die Reise. Schon gegen 11.00 Uhr waren 100 Cardiff Hooligans im Birmingham City Centre mit 150 Zulus aneinander geraten. Im Stadion drohten Fans beider Seiten aufs Spielfeld zu klettern, aber die Polizei rückte schnell an und konnte so eine Eskalation verhindern. Nur die große Polizeipräsenz konnte größere Ausschreitungen auch außerhalb des Stadions verhindern. Denn beide Mobs die je 1.000 Mann zählten, versuchten die Polizeiabsperrungen zu durchbrechen.

Es gab nur eine erfolgreiche Auswärtsfahrt der Firm zu Millwall, aber die hatte es in sich. Die Soul Crew war auf ihrem Gipfel, als Cardiff City das Los zog, im November 1996 im Autoglass Pokal bei Millwall anzutreten. Für jeden normalen Fußballfan war es ein unwichtiges Spiel, in einem unwichtigen Wettbewerb. Für die Soul Crew war es aber die Chance sich an den Besten zu messen. 150 Waliser begaben sich mitten in der Woche auf die Reise nach London und kamen dort um 16.30 Uhr unangemeldet an.

Eine Stunde später teilete die Soul Crew den Millwall Leuten mit, dass sie 150 Mann wären, kein Polizist in Sicht sei und am wichtigsten, dass sie auf Millwall-Gebiet wären. Millwalls Gang war völlig überrascht. Mit nicht mehr als vierzig Mann hatten die Londoner aber immer noch ein wenig Hoffnung es zu schaffen. Es gab einen kurzen Zusammenstoß außerhalb des Stadions, während im Stadion die Masse der Heimfans nach walisischem Blut lechzten, doch auch sie mussten zugeben, dass dieser Tag an die Soul Crew ging.

Das erste Spiel der Saison 1999 war Cardiff City zuhause gegen Millwall. Die Hooligans hätten es nicht besser legen können. Nur Minuten nachdem die Festsetzung verkündet wurde, überschlugen sich die Meldungen im Internet. Drohungen und

Gegendrohungen wurden ausgetauscht und interessierte Beobachter von anderen Firms, gaben ihre Expertenvorhersagen ab. ´Macht euch bereit Waliser, wir kommen um euer Land zu verwüsten,´ verkündete einer. ´Wir werden die englische Flagge hissen.´ Ein Millwall Fan drohte: ´Lasst es uns direkt angehen. Die Cardiff Hools sind hart wie Nägel, doch ihnen fehlen die Köpfe, Millwall kommt in eure Stadt Jungs.´ Ein anderer sagte voraus, es werde ´das Aufeinandertreffen des Jahres.´ An diesem Tag kam eine wahre Flut von Kommentaren über das Internet und dadurch war für die Medien sicher, dass die Gewalttätigkeiten weit im voraus geplant worden waren.

In den Tagen nach dem Spiel, wurden diese Internet-Nutzung als eine unheimliche Weiterentwicklung der Hooligan-Szene bewertet. Da zur gleichen Zeit die jährliche Kriminalitätsstatistik vom National Crime Intelligence Service veröffentlicht wurde, hängte man die Nutzung des Internets an die große Glocke. Eine Zeitung schreib: ´Diese Schläger haben entdeckt, dass eine Mitteilung im Netz schneller und sicherer ist, als Mund zu Mundpropaganda oder Briefkampagnen.´

Dass der Millwall und Cardiff City Mob ihre Leute durch direkte E-Mails mobilisiert hatten, wurde nicht enthüllt.

Am Morgen des Spiels trafen sich die Cardiff Hooligans in einer Kneipe in Grangetown.

Die ersten Millwall Leute kamen kurz nach 11.00 Uhr an und wurden umgehend zu Sam´s Bar eskortiert, die nahe dem Bahnhof und gefährlich dicht an einigen Pubs der Cardiff Jungs lag. Die Polizei hatte offensichtlich vor die Millwall Hooligans an einem Ort zu versammeln, um sie dann als große Gruppe zum Stadion zu eskortieren. Doch noch bevor das passierte, griff ein dreihundertköpfiger Cardiff Mob den Pub an. Angriffe dieser Art setzten sich fort und wenn die Polizei versuchte eine Schlägerei zu beenden, brach an einer anderen Stelle eine neue aus. Eine Stunde später kamen weitere 150 Millwall Hooligans an. Jetzt hatte ihre Gesamtzahl 300 erreicht und die Polizei beschloss, dass es Zeit war sich in Bewegung zu setzen.

Es war Tony Rivers nach ein guter Mob: „Ich sah ihre Gesichter. Es waren ihre Besten. Wieder war kaum einer unter dreißig und sie hatten ein paar grausam aussehende Bastarde dabei, wir allerdings auch."

Die Cardiff City Hooligans entschieden, dass in der Stadt jetzt zu viele Polizisten seien, um noch mal einen großen Angriff zu starten. Sie machten sich auf ihren Weg in den hinteren Teil der Stadt, mit der Absicht, die Londoner auf ihrem Weg zum Stadion zu überfallen.

Eine 600 Leute zählende Cardiff Firm wurde von einem Polizisten mit Motorrad entdeckt. Polizeiverstärkung wurde gerufen und es entspann sich eine große Straßenschlacht. Ein Polizeihubschrauber zeichnete diese Vorkommnisse auf, es war kein schöner Anblick!

Die Polizeiberichte von diesem Tag registrierten acht Stunden andauernde Unruhen. Bei einem Zwischenfall, wurde eine kleine Polizeieinheit samt zweier Zivilpolizisten von einer großen Gruppe Cardiff Hooligans, in einem Park nahe dem Stadion, eingekesselt. Ein Polizeivideo zeigt deutlich, wie sie Schutz suchten, als der grölende Mob über sie herfallen wollte. Der Hubschrauberpilot reagierte geistesgegenwärtig. Er legte den Helikopter auf die Seite und schuf so eine Windbarriere zwischen den beiden Gruppen. Das Video wurde später genutzt, um bei Lehrgängen zu zeigen, wie der Einsatz bei einem Fußballspiel nicht geführt werden sollte. Zu sehen waren kleine Polizeitrupps, die unkoordiniert vorgingen.

Die Intensität der gegenseitigen Verachtung zwischen den Fangruppen war im Stadion spürbar.

Die Millwall Anhänger schimpften und grölten, die Cardiff Seite sang und schleuderte Wurfgeschosse. Das Spiel endete unentschieden und als der Millwall Anhang bereit war das Stadion zu verlassen, wartete draußen bereits ein 1.500 Leute zählender walisischer Mob.

Viele versuchten in den Gästeblock zu kommen. Die Polizei wiederum versuchte, die Cardiff Hooligans draußen zu halten und die Millwall Anhänger drinnen. Die Ordnungskräfte machten ihre Aufgabe so gut wie unmöglich. Einige Millwall Leute schafften es auszubrechen, doch die zahlenmäßige Überlegenheit ihrer Rivalen ließ sie wieder zurückweichen. Minuten später versuchten vierzig Millwall Hooligans die Tore am Grandstand zu öffnen, nur um auf fünfzig von Cardiffs härtesten Jungs zu treffen. ´Ich hätte keine fünfzig schlimmeren Typen aussuchen können auf die sie hätten treffen sollen,´ schreib Rivers. ´Die Millwall Typen bekamen grausam Dresche. Zwei von ihnen wurden sofort K.O. geschlagen, der Rest verjagt. Einige wurden noch erwischt, als Hunderte von ´normalen´ Cardiff City Fans anfingen sich an der Sache zu beteiligen.´

Die Polizei machte sich berechtigter Weise Sorgen bezüglich des Rückspiels Anfang Dezember. Nach Beratungen zwischen dem National Crime Intelligence Service und der Metropolitan Police kam man zu dem Ergebnis, dass nach den Ereignissen im August und dem tiefen Hass der Anhänger beider Vereine aufeinander, es beim nächsten Mal auch zu Toten kommen könnte.

Millwall Hooligans hatten bereits die südwalisische Presse kontaktiert und die Nachricht übersandt: ´Bleibt weg, sonst passiert was!´ Einer warnte noch: ´Ich würde den normalen Cardiff Fans raten, zu Hause zu bleiben und keinesfalls zum nächsten Spiel in The Den zu kommen. Wir gehen davon aus, dass die Leute, die kommen Streit suchen und den werden sie bekommen. Jeder Cardiff Typ wird das Ziel von Angriffen werden.´

Der größte Polizeieinsatz, der jemals bei einem nationalen Fußballspiel stattgefunden hatte, wurde auf die Beine gestellt. Zum erstenmal in der Geschichte der Polizeiarbeit bei Fußballspielen, wurden die Bewegungen von einem der führenden Cardiff City Hooligans mittels seines Mobiltelefons überwacht. Die Cardiff Fans wurden aufgefordert die Fahrt nicht zu machen, was aber 700 Mann nicht davon abhielt. Jede Bewegung, die sie machten, wurde von Hunderten Polizisten verfolgt und um vorzubeugen, dass sie planlos in Südlondon herumirren, wurde ihnen erlaubt ohne Eintrittskarten ins Stadion zu gehen.

Der Polizeieinsatz lief reibungslos, auch wenn sich Millwall Fans nach dem Spiel Auseinandersetzungen mit der Polizei lieferten, beide Mobs trafen nicht aufeinander.

Die dritte Liga war in diesem Jahr ein Hooligan-Paradies, mit den Vereinen Stoke City, Bristol City und Wigan. Das Auswärtsspiel von Cardiff in Stokes neueröffnetem Britannia Stadium, löste nach dem Abpfiff einen riesigen Polizeieinsatz aus. 600 Polizisten konnten die Ausschreitungen zwischen zwei der größten Hooligan Mobs dieser Zeit nur eindämmen.

Die Soul Crew traf sich 350 Mann stark früh morgens in Stafford, aber die Polizei war am Ball und fing sie bei ihrer Ankunft in Stoke ab. Die Cardiff Jungs wurden in bereit stehende Busse gesteckt, mit der Absicht sie direkt zum Stadion zu bringen, doch als der Mob anfing zu randalieren und einige Busfenster zerbrachen, verweigerten die Busfahrer die Arbeit. So war die Polizei gezwungen, die Hooligans zu Fuß zum Stadion zu bringen.

Durchsuchungen von anderen Reisebussen aus Cardiff brachten ein riesiges Waffenarsenal zu Tage, darunter mehr als 100 Teppichmesser und sogar eine Kreissäge. Die Versuche der Polizei, die Fan Gruppen im Stadion zu trennen, wurden bald von Cardiff City Anhängern zunichte gemacht, indem sie einige Absperrbänder, die Bereiche des Stadions als Pufferzonen abtrennten, einfach durchrissen. Als Hunderte der Gästefans reinströmten, mussten Sondereinheiten der Polizei die Stoke Hooligans auf der Laufbahn zurückhalten. Es gab im Stadion gelegentliche Ausbrüche von Gewalt, unter anderem wurden einige Sitze aus der Verankerung gerissen und rumgeschleudert. Ein ausgedehntes Chaos folgte.

400 Cardiff Hooligans kletterten über einen Zaun, der die rivalisierenden Gruppen trennen sollte. Sie wurden von Polizeibeamten mit CS Gas, sowie berittenen Kräften empfangen. Um die Ordnung wieder herzustellen wurden sogar Hunde losgelassen. Die Polizei von Staffordshire leitete sofort danach die Operation ´Javelin´ ein und achtzehn Monate später saßen 200 Leute in Haft. In Südwales ließ die Polizei mit Hilfe der Presse vierundsechzig Fotos von gesuchten Personen veröffentlichen. Vierundfünfzig stellten sich freiwillig und einundzwanzig weitere Personen wurden bei morgendlichen Hausdurchsuchungen festgenommen.

Dem folgte eine weitere Aktion, bei der die Medien der Region Staffordshire sechsundsechzig Fotos veröffentlichte. Außerdem waren bereits am Tag des Spiels neunundzwanzig Verhaftungen erfolgt.

Dutzende Leute erhielten Gefängnisstrafen und die meisten ein nationales Stadionverbot zwischen zwei und zehn Jahren. Richter Graham sagte: „Die schrecklichsten Szenen dieser Unruhen fanden während des Spiels im Stadion und in der Hartshill Road statt. Dort sah es aus wie auf den Straßen Beiruts vor zehn Jahren."

In jenem Sommer kaufte der frühere Wimbledon FC Besitzer, Sam Hammam, den Verein Cardiff City. Und eine Woge der Erwartungen ging durch die Reihen der Fans. Die Waliser schienen vorangegangene Demütigungen zur Seite zu schieben und eine neue Art von Stolz und Nationalgefühl machte sich breit. Für viele war mit der Ankunft Hammams die Hoffnung verbunden, eine Fußballmannschaft zu bekommen, auf die man stolz seien konnte. Einer seiner glühendsten Anhänger war der Cardiff City-Verrückte Annis Abraham, ein lokaler Geschäftsmann und ein ehemaliges Soul Crew Mitglied. Er wurde zu einer Art Mittelsmann zwischen dem neuem Besitzer und den Hooligans.

Hammam versprach, dass er den Club oder wie er sagte, die ´Familie´ in allen Facetten führen will. Und mit der Hilfe von Abraham gab es Fanfeste, an denen auch große Teile der Soul Crew teilnahmen.

Die Polizei sah es mit Schrecken, als Hammam, Neil McNamara einen der Soul Crew Anführer, als seinen persönlichen Bodyguard einstellte. Andere Hooligans, einschließlich einiger mit Stadionverbot, wurden an Spieltagen als Ordner eingesetzt.

Die Presse berichtete darüber, dass Hamamm stolz eine Anstecknadel der 'Valley Commandos' bei einer Vorstandssitzung des Vereins getragen habe. Und dass im Jahre 2001 siebzig der führenden Soul Crew Mitglieder von ihm, zu einen Empfang mit Champagner und Shrimps, in ein Hotel in Mansfield eingeladen waren. Clubeigene Reisebusse starteten vom Ninian Park, mit Hammam und einer ausgesuchten Reihe von Hooligans an Bord. Sie ließen es sich auf ihren Reisen mit frischen Kuchen und Fruchtsaft gut gehen.

Hammam war sogar so freundlich, mit einigen seiner Freunde auf Fotos zu posieren. Der National Crime Intellegence Service war ungläubig, denn bis dahin hatten sie anders geartete Probleme mit der Soul Crew gehabt.

Im Februar 2001 trafen Birmingham City und Liverpool FC im Finale des Worthing Cup aufeinander, der Austragungsort war Cardiff. Fast im selben Moment, als das Halbfinalspiel von Birmingham abgepfiffen wurde, gingen die Drohungen im Internet los.

Zwei Ligen trennten die Vereine. Die Zulus trafen 150 Mann stark, bereits eine Nacht vor dem Spiel in Cardiff ein. Die daraufhin ausbrechenden Schlägereien mit Einheimischen dauerten zwei Stunden. Zahlreiche Pubs waren gezwungen zu schließen, sechzehn Personen wurden festgenommen und neun ins Krankenhaus gebracht.

Der folgende Aufstieg brachte Cardiff City wieder mit Millwall, Stoke City, Bristol City und Huddersfield in eine Liga. Eine Welle des Optimismus ging durch den Verein und die etwas merkwürdige aber enge Beziehung zwischen dem Clubinhaber und den Hooligans, schützte die Soul Crew vor Kritik, die von Außen kam.

Cardiff City startete die neue Saison mit einem Heimspiel gegen die Wycombe Wanderers. Das Spiel endete mit einem enttäuschenden Unentschieden, doch es sprach sich herum, dass sich ein weitaus gefürchteterer Gegner in der Stadt befand. Manchester United spielte am nächsten Tag ein Wohltätigkeitsspiel gegen Liverpool in Cardiff und zirka 150 Red Army Typen aus Manchester und London waren bereits während des Spiels gegen Wycombe eingetroffen. Sie hatten sich in einem der beliebtesten Pubs der Cardiff Jungs eingenistet. Die Polizei umstellte eiligst den Laden und als die Cardiff Anhänger zurück in die Innenstadt strömten, herrschte kurz Verwirrung, dann brach Wut aus. Es gab einige Minuten lang Schlägereien zwischen dem Cardiff Mob und der Polizei, aber die Waliser schafften es nicht zu den Manchester Hooligans durchzubrechen, die noch im Pub waren. Als der Abend anbrach, ließ auch die Polizeipräsenz ein wenig nach, so dass einige der Manchester Jungs entkommen konnten. Beide Seiten verständigten sich auf einen Treffpunkt in Grangetown. „Wir gingen zu einer Kneipe Namens Poet's Corner," erzählte einer der United Jungs. „Wir waren ungefähr fünfzig und immer mehr kamen an, als ein paar Cardiff Typen auftauchten. Einige von uns gingen zu ihnen und sagten ihnen, sie sollen zusehen, dass sie ihre Leute zusammenbekommen. Dann sollten sie zu uns rüber kommen, anderenfalls würden wir zu ihnen kommen. Sie fingen an sich aufzuspielen, also wurden ein paar Backpfeifen verteilt und sie wurden gejagt. Dann tauchten mehr und mehr von ihnen in Taxis auf und auch die wurden verscheucht. Langsam wurden wir sauer auf sie, weil sie blöde Wichser waren. Einige von ihnen wurden aus den Taxis gezogen und verprügelt, es passierte aber nichts bedeutendes. Am folgenden Tag wurde es lustiger. Einige Manchester Hooligans zusammen mit einigen Hibs Jungs, die nicht ins Stadion gegangen waren, trafen noch während dem Spiel auf eine gleich große Cardiff Firm. Cardiffs Mob hatte angefangen, aber schließlich liefen sie wieder! Einige wurden erwischt und von den anderen im Stich gelassen."

Vierzehn Tage später wurde Cardiff City bei der Auslosung des Worthington Cup, ein Auswärtsspiel bei Millwall zugelost. Die Ängste der Medien wurden nicht bestätigt, obwohl einige Soul Crew Leute die Reise mitten in der Woche antraten. Sie konnten jedoch Millwalls Mob nicht daran hindern, nach dem Spiel zu randalieren.

Ein wesentlich größerer Mob reiste Anfang Oktober zu Bristol City. Die Polizei schaffte es beide Lager vor dem Spiel voneinander fernzuhalten. Aber nach dem Spiel verfolgte ein fünfzigköpfiger Bristol Mob Cardiff City Anhänger, was dazu führte, dass einige Hundert Waliser aus ihrer Polizeieskorte ausbrachen.

Das Rückspiel, das Weihnachten stattfand, sprach Bände über die Soul Crew. Es kamen 300 Jungs aus Bristol mit dem Zug an und wie Jahre zuvor die Millwall Leute, wurden sie in Sam's Bar gesteckt. Einige Cardiff Hooligans schlichen rum, aber sie waren anscheinend nicht genug oder wollten in der Stadt nichts machen.

Um 14.00 Uhr wurde der Bristol Mob zum Stadion geführt und obwohl sich kleinere Cardiff Gruppen einschlichen und Rempeleien begannen, gab es nicht wirklich Ärger. Im Stadion gerieten die Bristol Fans in einen Hagel von Beschimpfungen und Wurfgeschossen. Ein gut achthundertköpfiger Cardiff City Mob war im Block B untergebracht, der Block, dessen Sitze am nächsten zu dem Gästeblock sind, von dort aus flogen ganze Schauer Wurfgeschosse.

Sondereinheiten der Polizei standen daneben, als Cardiff Fans in Plastikflaschen pinkelten und diese dann in den Gästeblock warfen. Ein riesiger Jubel ging durch die Masse, als eine Polizistin von einem solchen Geschoss getroffen wurde, aber selbst das ließ die Beamten nicht einschreiten.

Cardiff City verlor 1:3, sehr zur Freude der Gäste. Ein riesiger Mob von Walisern versammelte sich außerhalb des Stadions. Allein an einer Stelle waren 1.000 Mann zusammen gekommen. Aber statt die Bristol City Firm anzugreifen, kämpften sie mit der Polizei, deren Einsatz ein einziges Desaster war.

Während der Hauptteil der Beamten die Bristol Anhänger zum Zug eskortierte, wurden nur vierzig Polizisten zurück gelassen, um den tobenden Cardiff Mob in Schach zu halten. Unter einem Hagel von Wurfgeschossen, bei dem von Steinen bis Verkehrsschildern alles dabei war, mussten sich die Polizisten nach einstündigen Ausschreitungen zurückziehen. Sogar das Überwachungsteam der Polizei zog ab. Es wurden mindestens 110 Fahrzeuge beschädigt und ein Fotograf bewusstlos geschlagen.

Eine Woche später begleitete ein großer Polizeieinsatz den Besuch von Leeds United. Das Spiel in der dritte Runde des FA Pokals wurde auf einen Samstag gelegt und im Fernsehen übertragen. Die Leeds Sevice Crew wurde bereits in Hereford abgefangen und bis in den Bahnhof von Cardiff begleitet, bevor sie direkt ins Stadion eskortiert wurden.

Es waren buchstäblich Tausende von Cardiff Hooligans an diesem Tag auf den Beinen, für viele war es das größte Spiel ihres Lebens. Cardiff City gewann und Hunderte stürmten auf das Spielfeld und provozierten die Gäste. Draußen ereigneten sich dann Vorfälle wie beim Spiel gegen Bristol, als normale Leeds Fans und ihre Fahrzeuge attackiert wurden und der Cardiff Mob auch mit der Polizei aneinander geriet.

Das Spiel erweckte nationales Medieninteresse, wohl weil es gegen Leeds und live im Fernsehen

Aufnahmen einer Überwachungskamera zeigen wie Leeds Hooligans versuchen an die Gäste aus Cardiff zu kommen.

war. Doch die Ausschreitungen waren am Ende nicht so schlimm, wie die beim Spiel gegen Bristol und wieder einmal gab es keinen richtigen Schlagabtausch der Mobs.

Ein großer Teil der Aufmerksamkeit der Presse wurde auf Anschuldigungen gelegt, die sich auf das Verhalten von Sam Hammam bezogen. Es wurde geschrieben, dass er noch während das Spiel im Gang war, um den Platz spazierte und vor den Heimfans den ´Ayatollah´ spielte, was nach Meinung der Medien zu den Ausschreitungen geführt haben sollte. In Wahrheit brauchten die Cardiff Hooligans nur wenig Ermutigung, denn eine Masse von 3.000 Mann war an diesem Tag nur da um sich zu prügeln. Die restlichen Ausschreitungen der Saison waren vergleichsweise auf kleinen Niveau. Es gab Ärger in Huddersfield, als das anstehende Spiel wegen eines überschwemmten Spielfelds abgesagt werden musste.

Fünf Personen wurden bei Cardiff Citys Spiel in Northampton wegen Schlägereien kurz vor Abpfiff festgenommen und in Chesterfield gab es vor und nach dem Spiel Auseinandersetzungen. Einem Bericht des NCIS darüber kann man folgendes entnehmen: ´Gegenstände wurden geworfen und Polizisten gerieten unter Angriff, als Hooligans von beiden Vereinen versuchten aneinander ranzukommen. Die Ausschreitungen dauerten bis in die Abendstunden.´

Cardiff kam in die Play-Offs, wo sie auf ihre alten Feinde aus Stoke City trafen. Dieses Heimspiel wurde von einem der größten Polizeieinsätze des Landes begleitet, 2.000 Beamte standen bereit, doch das Spiel musste für sieben Minuten unterbrochen werden, als Stoke Hooligans sich im Stadion Schlägereien mit der Polizei lieferten. Nur 800 Stoke Anhänger sahen wie ihre Mannschaft in Cardiff die Play-Offs gewann. Am Ende des Spiels musste die Polizei Schlagstöcke einsetzen um einen 600 Mann starken Cardiff Mob von ihren Gegnern fernzuhalten. Es muss wohl einen allgemeinen Seufzer der Erleichterung gegeben haben, als die Saison vorbei war. Danach sollten die Dinge nie wieder so sein wie zuvor.

Eine Kombination aus der negativen Berichterstattung um das Spiel gegen Leeds United und die darauf folgende Ausstrahlung der Serie *Hooligans* auf BBC lenkte das nationale Interesse auf Cardiffs Fußballclub und seinen Besitzer, sowie auf die Soul Crew und die Polizei von Südwales.

Sam Hammam wurde nach dem Spiel gegen Leeds in die Defensive gezwungen und versprach, den Verein von Hooligans zu säubern.

Sein Versuch wurde von der BBC hinterfragt, nicht zuletzt weil einige Tage nach dem FA Pokalspiel ein Undercoverreporter heimlich ein Treffen auf dem Clubgelände gefilmt hatte, an dem auch einige bekannte Soul Crew Mitglieder beteiligt waren. Hammam sagte nun, er wolle Licht in die Sache bringen. Außerdem war er dazu gezwungen, die Einstellung von McNamara, als seinen persönlichen Bodyguard zu rechtfertigen, nachdem dessen Hooligan-Vergangenheit von den Medien aufgedeckt wurde. Der Bock hätte sich zum Gärtner entwickelt, war Hammams Antwort für die Medien, aber auch das wurde in Frage gestellt, nachdem McNamara verhaftet wurde, weil er in dem Hotel, in dem die Queens Park Rangers Gast vor einem Spiel gegen Cardiff City waren, mitten in der Nacht einen Feuerlöscher geleert hatte.

Einen Monat nach den Fernsehsendungen setzten sich der Verein und die Polizei zusammen und verständigten sich auf einige neue Sicherheitsmaßnahmen, sowie Personaländerungen bei den Ordnern. Am Ende wurde dem Verein gesagt, dass die staatliche Unterstützung für den Bau eines möglichen neuen Stadions, vom Erfolg bei der Bekämpfung von Unruhestiftern abhänge. Der Oberbürgermeister Russell Goodway sagte: „Ich habe klargestellt, dass zukünftige Planungen des Vereins nur von der Gemeinde unterstützt werden, wenn in Bezug auf Hooligans eine Null-Toleranzpolitik durchgesetzt wird. Falls Cardiff City ein neues Stadion bekommen sollte, und diese Hoffnung teilen wir alle, dann muss vom heutigen Tag an klar gestellt sein, dass jeder identifizierte Rowdy Stadionverbot erhält. Eine kürzlich gezeigte TV Dokumentation hat Herrn Hammam, dem Club und der Stadt viel Schaden zugefügt. Niemand kann es sich leisten Hooligans zu dulden, es ist vielmehr unsere Verpflichtung diese Bedrohung auszuschalten."

Derweil startete die Polizei die Operation ´Base,´ um die Personen die hinter den Krawallen bei den Spielen gegen Leeds und Bristol steckten, zu identifizieren, aber noch wichtigere Entwicklungen spielten sich hinter den Kulissen ab.

Die Polizei von Südwales war bereits von anderen Stellen wegen ihrer Einsätze bei Fußballspielen kritisiert worden, und die Effektivität ihrer Fußballüberwachungseinheit wurde in Frage gestellt. Im Mai 2001 lag der Metropolitan Police eine Beschwerde vor, die sich mit der Beziehung eines der Polizisten der Überwachungseinheit, zu einigen der führenden Hooligans befasste.

Am Tag des FA Pokalfinales war Sam Hammam mit einigen Soul Crew Jungs, unter ihnen auch

Annis Abraham und Neil McNamara, in Sam´s Bar und trank ein paar Bier. Einer der Polizeibeobachter aus Cardiff war in Begleitung eines Kollegen von Arsenal, als sie auf die Gruppe stießen. Der walisische Polizist in Uniform gab Hammam die Hand und trank ein ihm angebotenes Bier in einem Zug aus. Dieser Zwischenfall wurde auch von einer Überwachungskamera gefilmt, die eigentlich die Gruppe Cardiff City Leute filmen sollte. Eine zweite Beschwerde kam von einem Polizistenbeamten aus Hartlepool, der fragte ob es richtig sei, wenn einige Kollegen aus Cardiff die Nacht vor einem Spiel mit einschlägig bekannten Soul Crew Mitgliedern trinken würden.

Die walisische Polizei stellte nun interne Ermittlungen an und mindestens eine weitere Anschuldigung wurde von einem Beamten einer anderen Einheit hervorgebracht. Die Ermittlungen verliefen ergebnislos, doch die betroffenen Polizisten wurden versetzt und ein neues Team wurde zur Beobachtung bei Fußballspielen zusammengestellt.

„Die BBC-Sendung war der Anfang vom Ende der Soul Crew," sagte einer der über fünfzehn Jahre dabei war. „Der Verein, die Stadt und die Polizei standen unter dem Druck etwas unternehmen zu müssen, und dass taten sie dann auch.

Der Tropfen, der das Fass zum überlaufen brachte, war ein Auswärtsspiel gegen West Ham, wo wir uns die ICF außerhalb der Stadions vornahmen. Das kam uns teuer zu stehen, denn einige unserer Top Leute wurden dafür aus dem Verkehr gezogen." Diese Äußerungen wurden gemacht, nachdem es beim ersten Besuch von Cardiff City im Upton Park seit vierundzwanzig Jahren, schwere Ausschreitungen gab. Ein Medienbericht beschrieb ´brutale Schlägereien rund ums Stadion´ und wie ´böse zugerichtete Körper auf der High Road und den Nebenstraßen lagen.´

Die Auseinandersetzungen dauerten bis 19.00 Uhr. Der Bericht geht folgender Maßen weiter: ´Früh am Tag hatte die Polizei um möglichen Ärger zu vermeiden, die West Ham Hooligans in einigen Pubs eingekesselt. Die Gäste im Earl of Wakefield an der Katherine Road wurden über eine Stunde festgehalten und erst eine halbe Stunde vor Anpfiff, nach Aufnahme der Personalien und einem Foto, entlassen. Obwohl gute Aussichten für eine ruhige Begegnung bestanden, wurden sie von den Rowdys zunichte gemacht, die nach Lust und Laune randalierten, obwohl die Polizei präsent war.´

Trotz solcher Artikel wurden die Ausschreitungen von einem der Cardiff Hooligans als ´ein ganz normaler Arbeitstag´ angesehen: „West Hams Mob war an diesem Tag nicht groß in Erscheinung getreten. Versteht mich nicht falsch, in den Achtzigern gehörten sie zu den Besten, aber das ist vorbei, sie sind am Ende. Wir zeigten uns und sie erklärten, dass sie nicht genug Leute hätten. Warum? Hatten sie ehrlich gedacht, wir würden uns nicht in ihr Revier trauen? Als wir auf den Mob trafen, den sie hatten, waren sie wirklich nicht auf der Höhe und wir erledigten sie innerhalb von Sekunden.

Bei einem Zusammenstoß flüchteten sie über einen Markt und stolperten in einen Obststand. Sie sammelten sich wieder und versuchten uns durch das Werfen von Äpfeln und Birnen auf Abstand zu halten. Ich dachte bis dahin immer ICF steht für Inter-City Firm und nicht für ´I Chuck Fruit´(Ich schmeiße Früchte)."

Die Polizei plante einen großen Schlag gegen die Soul Crew und Sam Hammam ging auf Abstand. Es gab mehr Stadionverbote und Fehlverhalten im Stadion wurde härter geahndet. Doch die Gewalt setzte sich fort. Im September 2003 bedurfte es 150 Polizisten, um Ausschreitungen bei Cardiff Citys Auswärtsspiel gegen Sheffield United niederzuschlagen. Extra Polizisten wurden angefordert, darunter berittene Einheiten und ein Helikopter, nachdem Beobachtungen vermuten ließen, dass die Cardiff Hooligans auf der Suche nach Konfrontation früh ankommen würden. Es kam zu Schlägereien an verschiedenen Plätzen quer durch die Stadt und einige Personen wurden in Krankenhäusern behandelt. Unter ihnen waren auch zwei Polizeibeamte der Fußballbeobachtungseinheit, einer aus Südwales und einer aus Südyorkshire.

Das Spiel wurde schließlich mit zehn Minuten Verspätung angepfiffen, weil Sheffield United Hooligans beim Versuch ihre Rivalen zu überfallen, ein Verkehrschaos angerichtet hatten. „Die Gewalttätigkeiten gegenüber der Polizei von Seiten der Cardiff City Hooligans waren sehr massiv, es war das Schlimmste was wir seit Jahren in Sheffield erlebt haben," sagte der Einsatzleiter Martin Hemmingway. „Meine Beamten haben einen guten Job gemacht, sie haben verhindert, dass noch größere Ausschreitungen stattfanden. Aber durch die Umstände konnten nicht viele Festnahmen gemacht werden. Doch die nun beginnenden, umfassenden Ermittlungen, werden viele Täter vor Gericht bringen."

Die Presse war schnell damit diesen Zwischenfall als eine weitere Eskapade der Soul Crew abzutun. Tony Rivers hingegen behauptete, dass es nicht so war: „Die ´Valley Rams´ (eine Fangruppe), organisiert Dutzende von Reisebussen im ganzen Land und augenscheinlich fahren da auch einige ehemalige Soul Crew Mitglieder mit. Sie sind mittlerweile eher daran interessiert sich zu besaufen, aber wenn sich zufällig ein Kampf anbietet, nehmen sie freudig teil." Abgesehen von seinem guten Ruf, beeinflusst der Cardiff City Mob noch immer die englische Hooliganszene.

„Ich würde sagen, sie sind so eine Art Leeds aus Wales. Sie sind bekannt dafür viele zu sein, aber sie sind nicht unbesiegbar, wie sie immer glauben," das war die Sicht, eines Darlington Hooligans, obwohl er zugeben musste, dass sein Verein nie mit einer Firm nach Wales gereist ist. „Sie sind ein guter Mob für die unteren Ligen, definitiv auf gleicher Höhe mit Stoke, Hull und Plymouth. Ja, sie sind viele, aber das macht nicht unbedingt die beste Firm aus." Der gleichen Meinung war auch ein Northampton Hooligan: „Sie sind nichts Besonderes, sie sind nur viele. Fünfzig gute Leute können es mit ihnen aufnehmen. Wir haben sie 1997 bei uns mit wenigen alten Northapmton Jungs überrannt. Einige der Hafenarbeiter sind gut drauf, aber jede Stadt hat einige harte Burschen. Zusammenfassend kann man sagen, sie haben eine große Firm, doch es ist zwanzig Jahre zu spät, um mit einem 500 Mann Mob rumzulaufen."

Einer der Fulham Jungs berichtete ähnliches: „Ich habe den Cardiff City Mob in Fulham nur einmal richtig in Aktion erlebt. Das war, als das Spiel dreißig Minuten gestoppt werden musste, weil Cardiff Hooligans eine Schlägerei am Einlass der Heimfans anfingen. Ein Mob von ihnen kam durch und wollte unser End einnehmen. Fulhams Firm konnte sie zurückhalten, bis 250 von ihnen aus dem Gästeblock, über das Spielfeld kamen. Wir wurden an diesem Tag durch ihre pure Masse besiegt. Ich akzeptiere das, wir wurden aber nur durch ihre zahlenmäßige Überlegenheit geschlagen, nicht weil sie härter, mutiger oder besser organisiert waren."

Die Bristol Firms sind sich in Sachen Cardiff nicht einig: „Unserer Meinung nach sind sie auf unserem Niveau, obwohl sie einen großen Mob zusammen kriegen," sagte Mel, ein Bristol City Hooligan und fügte hinzu: „In den Achtzigern waren sie teilweise, auf Abwegen. Es schien, als würden sie die schlimmsten Hänger, Vandalen, Steinewerfer und Wassersportler (Werfer von vollgepinkelten Flaschen) anziehen. Unschlagbar? Sie haben mehr als einmal auf die Fresse gekriegt." Chris Brown von den Bristol Rovers ist da etwas großzügiger: „Es ist schwer sich ein Urteil über die Soul Crew zu bilden, weil sie ihren Ruf in den unteren Ligen errungen hat. Nach meinen Erfahrungen liefern sie nur eine gute Show ab wenn sie die Oberhand haben. Sagt es nicht laut, aber ich fand Swanseas Mob gleichwertig. Ich würde sagen, Cardiff City hatte keinen gut organisierten Mob, ein Großteil der Typen kam aus dem Umland, weniger aus Cardiff selbst. Das führte natürlich zu internen Streitigkeiten. Aber jede halbwegs große Stadt, mit nur einem Fußballclub, sollte einen vernünftigen Mob auf die Beine stellen können. Also, waren unter ihnen wirklich gute Jungs? Vielleicht Acht von Zehn. Haben sie sich gut verkauft, mit dem coolsten Namen und einem riesigen Selbstvertrauen? Da würde ich sagen, das taten Zehn von Zehn."

Eines ist sicher, viele etablierte Hooligan-Gruppen schenkten Cardiff Citys Firm nicht den gebührenden Respekt. David Jones erinnerte sich, wie West Hams Bill Gardner die Cardiff Leute abwies, als beide Mobs in der New Street Station aufeinander trafen. „Bringt eure beschissene Kinder Firm vom Bahnsteig," knurrte Gardner. „Wir warten auf die Zulus und wollen nicht, dass ihr uns das versaut. Wir geben euch fünf Minuten, also verpisst euch."

Fast zwanzig Jahre später war Manchester Uniteds Tony O´Neill ähnlich arrogant. Als er Tony Rivers und einigen seiner Freunde in Cardiff über den Weg lief, sagte er: „Renn weiter kleiner Junge," mit einer verachtenden Geste, als würde er eine Fliege verscheuchen. Doch die meisten, die Cardiff Citys Firm abwertend beurteilen, sind selten gegen die Waliser angetreten, insbesondere nicht seit den neunziger Jahren.

Die Cardiff Hooligans könnten auch genauso gut entgegnen, dass West Hams ICF, von dem Ruf lebte, den sie in den Siebzigern und Achtzigern errungen hatte. Spurs Anführer Trevor Tanner umging Cardiffs Firm, indem er vor dem Worthington Cup Finale, das in Cardiff stattfand, mit seinem Mob die Nacht lieber in Swansea verbrachte. Das war sicherer als in Cardiff.

Cardiff City Hooligans reisten zu einem Pokalspiel in Tottenham 2002, mit 1.000 Leuten an und prügelten die Heim Firm durch Nordlondon (siehe Tottenham).

Die großen Gangs, die in den Achtzigern und Neunzigern gegen Cardiff angetreten sind, haben eindeutig mehr Respekt vor der Soul Crew. „Meiner Meinung nach wurde die Soul Crew, im Gegensatz zu vielen anderen Firms, über die Jahre besser," sagte einer vom Zulu Mob.

Mit Sicherheit hatte Cardiff City in den letzten fünfzehn Jahren eine der größten Firms Großbritanniens. Mit Mobs, die zu Hause und auswärts über 800 Leute zählten. Gelegentlich führte ihre große Masse dazu, dass Gegner wenig dagegen halten konnten oder sie einfach die Polizei auf den Plan rief. Es ist wahr, dass Cardiffs Firm nicht so gut organisiert war wie andere, besonders bei Heimspielen. Auch auswärts war eher ihre Masse als ihre Organisation ihr Rückhalt.

An einem guten Tag stellt Cardiffs Mob eine Herausforderung für jeden dar. Die Wildheit mit der sie Millwalls Firm im August 1999, in Cardiff überrannten und die Tatsache, dass sie einige Monate später mit 700 Mann bei Millwall auftauchten, bestätigt das.

Welche andere Firm kann schon von sich behaupten, den gesamten Millwall Mob geschlagen zu haben? Und erst kürzlich schlugen sie die West Ham Jungs in London. Es gab nur wenige Firms, die so einfach durch das East End marschierten, wie die von Cardiff City.

„Alles was ich sagen kann, ist dass sie in der Saison 2004/05, in Massen bei uns auftauchten. Sie wollten es wirklich wissen," sagte Jenko von den Wolverhampton Wanderers. „Wir hatten eine riesige Firm, mindestens 500 Leute. Es war wie in den alten Tagen, mit Hooligans auf beiden Seiten, die es von morgens bis abends krachen ließen. Vor dem Spiel bekämpften sich überall kleinere Gruppen. Und danach wurde es verrückt, als beide Haufen versuchten, aneinander ranzukommen. Spät in der Nacht riefen noch einige ihrer bekannteren Jungs bei mir an. Sie sagten, und ich zitiere wörtlich: 'Die Wolves wollten es auch, aber wir haben das Rennen gemacht. Ihr seid zweimal zurückgewichen.' Ich stimme da nicht zu. Ich sah einen Mob von 200 Mann in ihre Richtung gehen, er wich zurück, aber nur, um sie von einer anderen Position aus anzugreifen.

Sind sie unschlagbar? Nein, kein Arsch ist das. Sind sie mutige Kämpfernaturen? Ja. Sie sind wohl eine der fünf Firms im Lande, gegen die jeder gerne mal antreten würde."

Weiterführende Literatur: Soul Crew, David Jones und Tony Rivers (Milo Books)

Bolton Hooligans bei einem Angriff auf die Burnley Firm.

Demnächst erscheint:

White Riot–Die Combat 18 Story

Journalist Nick Lowles arbeitet die Geschichte Großbritanniens wohl gefährlichster Nazi-Terrorgruppe von der Entstehung bis zum Untergang auf.